黔西南年鉴

QIANXINAN NIANJIAN

2019

·总第18卷·

黔西南州年鉴编纂委员会　主办
黔西南州史志办公室　编纂

方志出版社
Publishing House of Local Records

图书在版编目（CIP）数据

黔西南年鉴 . 2019 / 黔西南州史志办公室编 . -- 北京：方志出版社，2019.12

ISBN 978-7-5144-4053-9

Ⅰ . ①黔… Ⅱ . ①黔… Ⅲ . ①黔西南布依族苗族自治州 -2019- 年鉴 Ⅳ . ① Z527.32

中国版本图书馆 CIP 数据核字（2019）第 290632 号

黔西南年鉴（2019）

编　　者：黔西南州史志办公室
责任编辑：冯　松

出 版 人：冀祥德
出 版 者：方志出版社
地址　北京市朝阳区潘家园东里 9 号（国家方志馆 4 层）
邮编　10021
网址　http：//www.fzph.org
发　　行：方志出版社图书经销中心
电话（010）67110500
经　　销：各地新华书店
印　　制：云南速盈印刷有限公司

开　　本：889mm×1194mm　1/16
印　　张：33.25
字　　数：1003 千
版　　次：2019 年 12 月第 1 版　　2019 年 12 月第 1 次印刷
印　　数：001 ～ 800 册

ISBN 978-7-5144-4053-9　　定价：300.00 元

如有印装问题请与承印厂联系，联系电话：0871-63302934

《黔西南年鉴（2019）》作者名单

（按姓氏笔画顺序排名）

马潇玥　王　安　王　峰　王　爽　王太忠　王凤兵　王庆典　王林玉　王国栋
王明念　王沾帅　王思清　韦　鸿　韦永江　韦永江　韦明标　韦章泽　毛昌贵
邓毅林　龙　虎　田有才　付雪君　代　裕　白诗国　任长林　刘　奇　刘　娟
刘　敏　刘发达　刘志权　刘周君　刘贵兴　刘崇方　刘婷婷　刘德发　闫　蕊
牟堃焱　苏忠华　苏朝治　李　强　李洪虹　杨　乔　杨　岚　杨　胜　杨　莉
杨思富　肖　洋　肖　蔚　吴　杰　吴大鹏　吴婷婷　岑　波　何　微　余金秋
汪　波　宋应翔　张　伟　张　恒　张　艳　张　祺　张卫民　张忠云　陆文礼
陆锐豪　陈　进　陈　程　陈　焰　陈尤清　陈翱鹏　范德强　卓　维　罗　凤
罗　红　罗　怡　罗　康　罗　琪　周梦雅　周朝全　孟凡瑞　赵兴祥　郝少强
胡　超　胡成金　胡光耀　胡绍勇　胡爱博　柏春兰　柳艳平　段金辉　贺　灵
秦汉娣　秦黔玲　贾　敏　夏春鸿　钱卜丽　钱朝霞　徐佳嘉　郭仁标　唐　韵
唐大江　唐枫秋　唐保华　黄　丽　黄　涛　黄方山　黄安友　黄启霖　黄照康
龚天竹　常　芮　梁正伟　董　彬　蒋文丹　覃　徐　番自刚　蒙跃实　雷靖波
谭广云　谭文艳　潘迪丽　戴珊珊　魏永敏

封面图片　董国刚

封底图片　赵　伟

编辑说明

一、《黔西南年鉴（2019）》系统记述2018年度全州自然、政治、经济、文化、社会等方面情况。

坚持以马克思列宁主义、毛泽东思想、邓小平理论、“三个代表”重要思想、科学发展观、习近平新时代中国特色社会主义思想为指导，坚持辩证唯物主义和历史唯物主义立场、观点和方法，全面客观系统记载和反映黔西南州2018年度经济建设、政治建设、文化建设、社会建设、生态文明建设等方面的基本情况及取得的成绩和经验，充分发挥地方志存史、资政、育人作用，竭诚为全州经济社会发展服务，并为黔西南州志编修积累资料。

二、本年鉴以条目记述形式为主，主要由编辑说明、黔西南州行政区划图、图片资料、目录、特载、州情概览、大事记、中共黔西南州委、黔西南州人大及其常委会、黔西南州人民政府、政协黔西南州委员会、纪委监委、民主党派和工商联、群众团体、法治、军事、综合经济管理、水利电力、城乡建设、交通运输·邮政、工业、农林和扶贫开发、商贸服务、金融、财政税务、通信、科技气象、教育、文化旅游·体育、卫生、民族宗教、县市概貌、人物、附录、索引等部分组成。除特载外，记述时限为2018年1月1日至12月31日。

三、本年鉴资料，主要由州直各部门、中央及省驻州各单位、各县（市）、义龙新区及有关单位提供，部分资料由州史志办公室直接收集。本书内“州”“黔西南州”指“黔西南布依族苗族自治州”。

四、年鉴中采用的数据，一般以统计部门为准，未列入统计范围的，以业务主管部门提供的数据为准。

黔西南布依族苗族自治州政区划图

审图号：黔E（2019）001号

Scale 1：660 000

黔西南布依族苗族自治州兴义市城区图

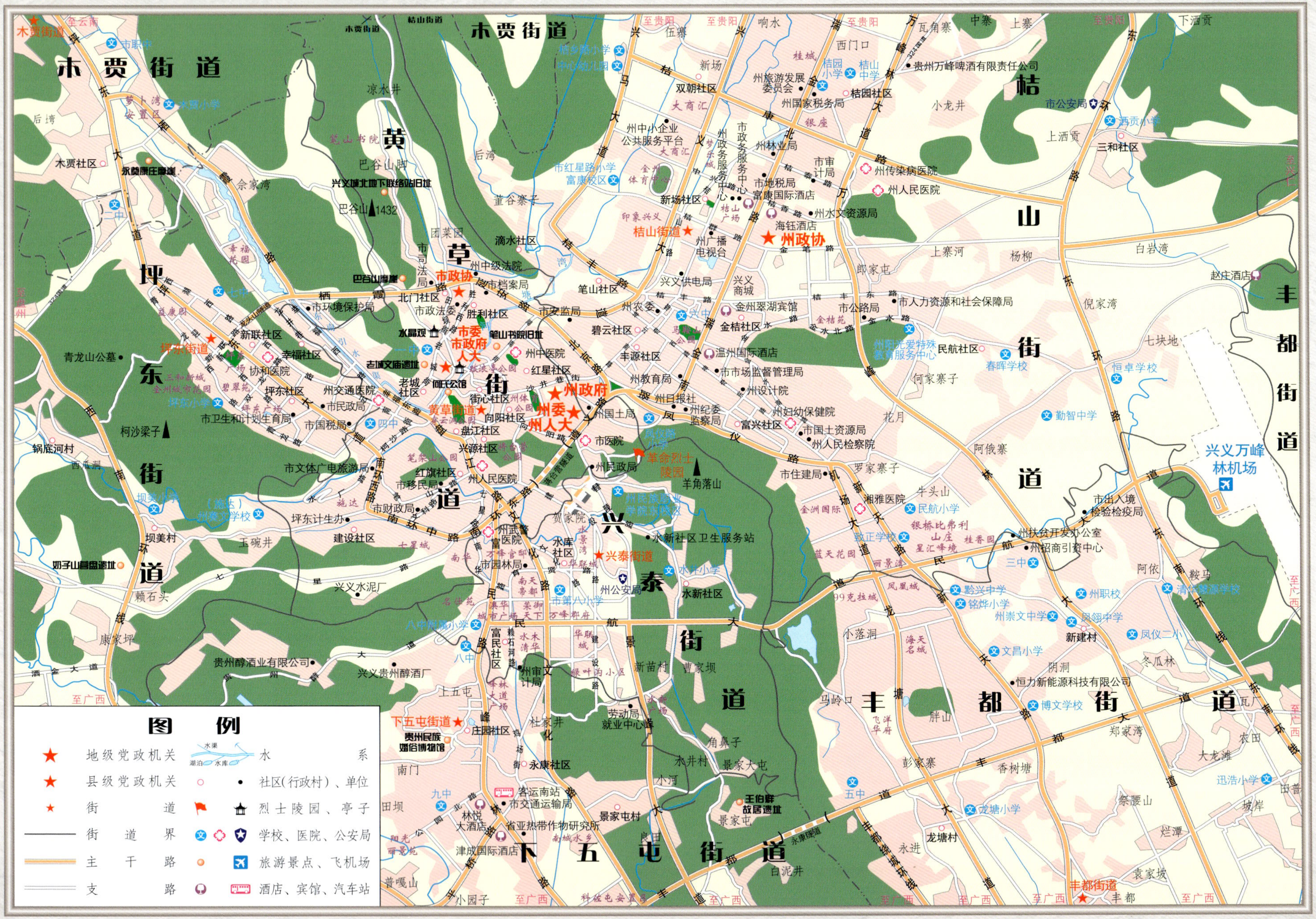

黔西南数字 2018

总面积：1.68 平方千米
金融机构人民币贷款余额：1129.75 亿元
全州地区生产总值（GDP）：1163.77 亿元
第一产业增加值：212.92 亿元
第二产业增加值：375.80 亿元
第三产业增加值：575.05 亿元
全州人均地区生产总值：40608 元
年末户籍人口：365.17 万人
城镇户籍人口：128.88 万人
全年出生人口：6.52 万人
全年城镇新增就业：3.65 万人
失业人员再就业：5682 人
全年建成易地扶贫安置房：2.56 万套
全年农林牧渔业增加值：226.0 亿元
全年种植业增加值：139.3 亿元
全年粮食总产量：101.5 万吨
全年林业增加值：16.5 亿元
全年渔业增加值：6.3 亿元
蔬菜及食用菌产量：192.2 万吨
园林水果产量：23.8 万吨
茶叶产量：0.8 万吨
年末猪存栏：122.2 万头
牛存栏：48.3 万头
羊存栏：49.0 万只
家禽存栏：849.0 万羽
全年猪出栏：153.3 万头
牛出栏：16.9 万头
羊出栏：36.9 万只
家禽出栏：1021.7 万羽
全年农业机械总动力：290.6 万千瓦
全年规模以上工业企业利润总额：29.1 亿元
建筑业总产值：119.01 亿元
全年进出口总额：3803 万美元
实际外商直接投资：24653 万美元
全年共引进招商引资项目：632 个
省外到位资金：926.25 亿元
全年接待总人次：6338.76 万人次
旅游总收入：509.01 亿元
全年邮政行业业务总量：3.0 亿元
年末全州公路通车里程：17830.43 千米
高速公路通车里程：470.7 千米
年末全州机动车拥有量：72.88 万辆
轿车和 SUV 拥有量：29.09 万辆
电信业务总量：158.27 亿元
医疗卫生机构：2145 个
卫生机构床位：17228 张
卫生机构人员：23272 人
卫生技术人员：17257 人
执业（助理）医师：5725 人
执业医师：4225 人
助理医师：1500 人
生态保护红线面积：4529.07 平方千米
拆除水产养殖网箱：837.5 万平方米
移动电话用户：335.3 万户
全年快递服务企业业务量：714.71 万件
全年财政总收入：187.45 亿元
全年一般公共预算收入：117.89 亿元
全年一般公共预算支出：379.98 亿元
全年保险公司原保险保费收入：24.78 亿元
全年保险公司原保险赔付支出：9.97 亿元
全年全体居民人均可支配收入：18735 元
城镇常住居民人均可支配收入：30407 元
农村常住居民人均可支配收入：9485 元
全年城镇常住居民人均消费支出：19906 元
农村居民人均消费支出：8759 元
城镇居民人均有现住房建筑面积：35 平方米
农村居民人均有现住房建筑面积：38 平方米
全年专利申请：2240 件
全年省级名牌：40 个
城镇职工基本养老保险：21.52 万人
城乡居民基本养老保险参保：179.92 万人
失业保险参保：10.56 万人
工伤保险参保：21.09 万人
城市居民最低生活保障：1.7256 万人
农村居民最低生活保障：25.31 万人
社会服务机构收养救助：225 人
全州销售社会福利彩票：1.95 亿元
全年技术合同登记：61 项
全年技术合同成交额：15.77 亿元
全年有机产品认证证书：51 张
全年普通高等教育招生：6108 人
普通高中招生：30751 人
中职教育招生：12750 人
普通中学招生：60409 人
普通小学招生：57568 人
特殊教育招生：273 人
幼儿园在园幼儿：121815 人
贵州省第十届运动会金牌：30 枚
贵州省第十届运动会银牌：31 枚
贵州省第十届运动会铜牌：21 枚
全民健身器材安装：9 套
乡镇体育健身工程：8 个
村级农民体育健身工程：60 个
完成光缆建设：5964 公里
新安装有线数字电视用户：92486 户
新建乡镇广播影视综合服务站：21 个
问诊、巡诊点：1113 个

（数据来源：黔西南州统计公报）

◆ 领导视察调研 〈〈〈〈

2018 年 5 月 21 日，州委书记刘文新（右二）到兴仁县回龙镇杨家湾村调研危房改造工作推进情况　　（龙　波　摄）

2018 年 11 月 12 日，州委副书记、州长杨永英（前右）率州党政表团到浙江省宁波市考察产业发展 （黄 莹 摄）

2018 年 6 月 19 日，州人大常委会主任邓家富（右一）率队在普安县安宁煤矿调研　　（州人大常委会办公室　提供）

2018 年 4 月 25 日，州政协主席陈国芳（左二）赴兴仁县鲁础营回族乡督导脱贫攻坚工作　　（州政协办　提供）

◆重大活动

○ 2018国际山地旅游暨户外运动大会

2018年10月15日，由文化和旅游部、国家体育总局、省人民政府主办，以“天人合一·高品质生活”为主题的2018国际山地旅游暨户外运动大会在兴义市隆重开幕。来自亚洲、欧洲、美洲、非洲等多个国家和地区的1200多名嘉宾出席会议，共商国际山地旅游发展大计，共促旅游文化融合发展。开展主体活动5项、配套活动9项、国际山地户外运动赛事活动18项、系列活动36项，展示黔西南民族文化、民族服饰，打造国际山地旅游暨户外运动目的地，发挥文化旅游交流平台作用，契合人们崇尚自然、追求健康、向往高品质生活的愿望，引导健康绿色生活方式，推动文化旅游体育深度融合。国家体育总局副局长杨宁到会致辞，《中国国家地理》杂志社社长兼总编辑李栓科，韩国前总理、韩中经济文化交流中心总顾问李寿成演讲，法国前总理、国际山地旅游联盟主席德维尔潘等发表演讲，会议期间举行“贵州山地旅游产业发展与市场拓展”座谈会和首届首届多彩贵州民族服饰设计大赛颁奖仪式。

2018国际山地旅游暨户外运动大会开幕现场 （邢贵龙 摄）

○ 第六届中国美丽乡村·万峰林峰会

2018 年 10 月 14—17 日，第六届“中国美丽乡村·万峰林峰会”在黔西南州举办。

该届峰会由各民主党派中央、全国工商联黔西南“星火计划、科技扶贫”试验区联合推动组、贵州省人民政府、欧美同学会（中国留学人员联谊会）主办，由民革中央社会服务部、民盟中央社会服务部、民建中央社会服务部、民进中央社会服务部、农工党中央社会服务部、致公党中央社会服务部、九三学社中央社会服务部、台盟中央社会服务部、全国工商联扶贫与社会服务部、中央电视台第七套农业节目、农民日报社、中国民族贸易促进会、中国农产品市场协会、中共贵州省委统战部、贵州省人民政府新闻办公室、贵州省科技厅、贵州省民宗委、贵州省农委、贵州省林业厅、贵州省旅发委、贵州省扶贫办、黔西南州人民政府共同承办。

民革北京市委、民进各省（市、自治区）组织、农工党北京市委、宁波市对口支援办分别派员出席活动，来自全国统一战线的 260 余名嘉宾（其中：省部级 8 人，厅局级 62 人）出席峰会。

第六届中国美丽乡村·万峰林峰会开幕现场　　（州报社　提供）

○ 2018 年山地旅游户外运动系列活动

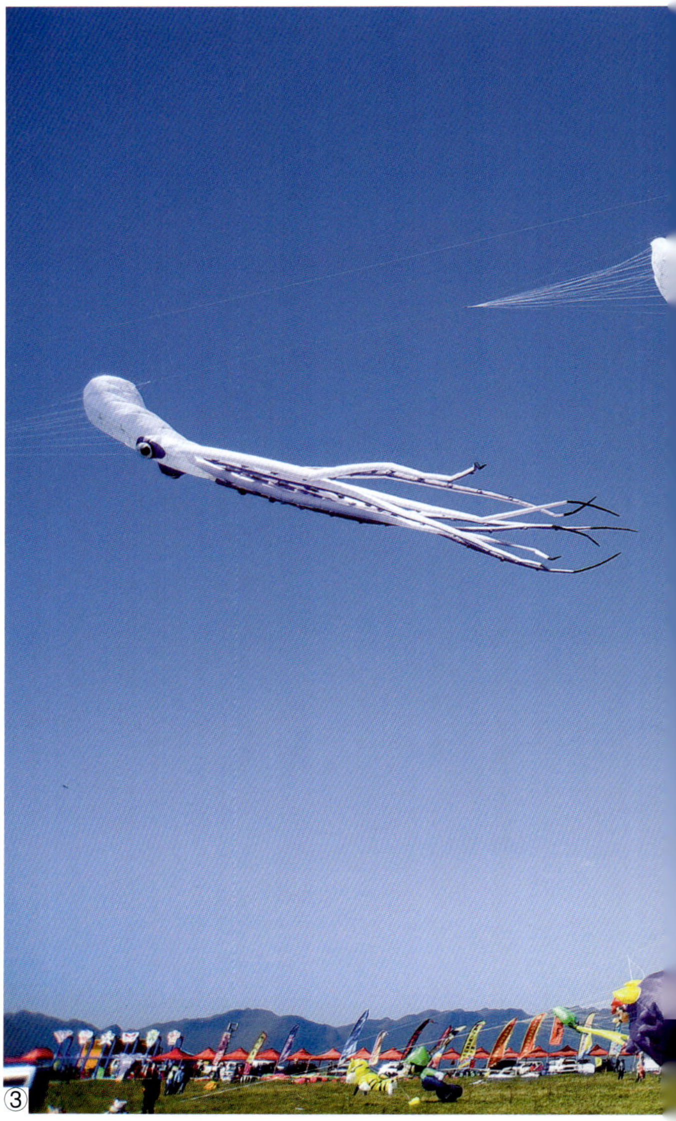

①2018 年 8 月 29—30 日，2018 年翱翔贵州——国际滑翔伞邀请赛在安龙县国家山地户外运动示范公园举行（王　健　摄）

②2018 年“全景贵州”女子国际公路自行车赛（义龙新区　提供）

③2018 年 11 月 3—4 日，2018 国际山地旅游暨户外运动大会兴仁分会场活动之一——全国第二届“兴仁放马坪”露营风筝大赛在放马坪高山草原景区举行（刘朝富　摄）

④2018 年 10 月 22 日上午，“普安红”杯贵州省健身瑜伽公开赛决赛在普安世界茶源文化广场举行，图为混合双人项目比赛（桂　松　摄）

⑤2018 年 11 月 11 日，2018 国际山地旅游暨户外运动大会白龙山国际山地越野跑公开赛在贵州醇景区举行（王　霞　摄）

⑥2018 年晴隆跨界车王挑战赛发车仪式（邢贵龙　摄）

MTOS
2018国际山地旅游暨户外运动大会
兴义白龙山国际山地越野跑公开赛
终点

⑤

MTOS
2018晴隆跨界车王挑战赛暨赛车公益嘉年华

⑥

基础设施建设

①马岭水利枢纽工程是“十二五”期间国家172个重大水利项目之一，总库容1.29亿立方米，总投资26.6亿元，于2015年9月开工建设。水库正常蓄水位1030米，死水位985米，正常蓄水位库容1.20亿立方米。图为大坝建设2018年10月完成封顶　（邢贵龙　摄）

②国道552线望谟至册亨公路改扩建工程有序推进，路面工程已经基本完工。该项目总长53.985千米，投资3.84亿元，已完成投资3.34亿元，工程形象进度完成96%，图为2018年10月30日路面已成型的回头湾路段　（胡　奎　摄）

③五嘎冲水库，总投资9.6亿元，是一座聚城乡生活和工业供水、灌溉、发电等功能为一体的中型水库，总库容9912万立方米。该水库大坝高108米，坝顶宽6.6米。2018年07月18日整体工程量完成85%　（邢贵龙　摄）

④2018年，晴隆县西泌河水库大坝建设正在有序加快推进。该项目总投资5.17亿元，总库容1715万立方米，水库坝顶高程696米，坝高88米，坝顶宽度10米，坝底宽度83.8米，坝顶全长144.2米　（陈亚林　摄）

①

②

③

④

农业产业

① 2018 年，安龙县万峰湖镇坝盘芭蕉育苗基地的芭蕉苗（匡奇燃　摄）

② 2018 年，兴义市白碗窑镇引进国家百合原种培育产业化精准扶贫项目。该项目培育栽植百合花 80 余个品种，有观赏型、食用型、观赏加食用型（李　婷　摄）

③ 2018 年，普安县青山镇“四球古茶”育苗基地（黄太富　摄）

④ 2018 年，兴仁县屯脚镇猕猴桃种植基地，果农在采摘猕猴桃（肖　雄　摄）

⑤ 2018 年，普安县在调整农业产业结构工作中，除了发展“一红一白”两大产业外，还引进企业种植中药材，种植天麻、白芨、何首乌等。其中，在青山、高棉等乡镇流转土地栽培何首乌达 1500 亩。图为 6 月 4 日，工作人员正在青山镇歹苏村基地查看何首乌长势（邢贵龙　摄）

①

②

③

④

⑤

◆ 民族风情 <<<<

○ 民族文化活动

2018 年 4 月 14—16 日，“八古陂鼐·风情冗渡”布依民俗文化推介活动，在册亨县冗渡镇陂鼐古寨和大寨村举行。图为活动现场（韦 欢 摄）

2018 年 8 月 2 日（农历六月二十一）查白歌节。来自贵州、广西、云南三省（自治区）的布依族青年男女以及周边群众聚集在义龙新区顶效镇查白场以歌会友，欢度节日（丁义权 摄）

2018 年 2 月 10 日（正月初六），册亨县丫他镇巧洞村苗族群众载歌欢舞庆祝新春（黄 河 摄）

○ 2018 年册亨布依文化年活动绣娘大赛剪影

（本版图片由梁兴星、骆秀先　提供）

○ 布依"三月三"

诵读《议榔规》（肖 雄 摄）

草龙扫寨（郭泽玉 摄）

2018年4月18—19日（农历三月初三），系布依族重要传统节日，望谟等县举办节日庆典活动，缅怀祖宗先辈、歌颂新时代、感恩山水自然、祈盼风调雨顺、交流思想感情。

抢糠包（陈民华　摄）

热闹的长桌晚宴（刘学兰　摄）

（本版图片除标注以外均为邢贵龙提供）

◆ 社会事业

○ 脱贫攻坚

2018 年，全州脱贫攻坚战取得阶段性胜利，持续巩固了 2016 年度 27 个项目 6.91 万人的搬迁成果，同时，全面建成 2017 年度 17 个项目，建成住房 2.57 万套，完成年度项目 11.31 万人搬迁入住任务。2016 年、2017 年累计完成搬迁 18.22 万人，累计解决就业 8.96 万人，新市民计划取得实效；提前一年基本实现 30 户以上村民组“组组通”硬化路；解决 38.68 万农村人口饮水安全问题。

义龙新区顶效镇生态移民安置区占地 90 亩，于 2015 年进行建设，涉及 240 户共 1109 名生态移民群众，2018 年 4 月 11 日，已全部建成投用。图为规范、整齐、漂亮的安置区 （邢贵龙 摄）

谈幸福过上小康日子 （刘 娅 摄）

快乐新家 马别社区 （江 涛 摄）

搬迁群众在安龙联翼饰品厂上班　　（王　健　摄）

搬迁群众在佩凤服装厂务工　　（王　健　摄）

2018 年，普安县青山镇高箐社区采用“合作社 + 基地 + 农户”的利益联接模式，在社区里建成 300 亩三七中药材基地　　（陈民华　摄）

麻山的味道　　（罗万平　摄）

搬迁农民变工人　　（胡　韵　摄）

就近务工　　（张德厚　摄）

○ 文化　体育　卫生　民生

① 2018年7月以来，万峰林旅游集团投入资金500万元，在兴义市南盘江镇打造润龙湾水上世界基地，建设内陆水上帆船、快艇、摩托艇、钓鱼艇等9项水上游乐设施。图为建成的润龙湾水上世界基地一角　　（邢贵龙　摄）
② 2018年2月3日，兴义供电局紧急启动低温雨雪冰冻灾害蓝色预警，图为兴仁供电局党员突击队前往重冰区大丫口观冰点，保障电网安全稳定运行　　（段明芬　摄）
③ 2018年2月9日，晴隆县干部职工撒盐除冰　　（陈　鹏　摄）

"兴义·万峰林"号彩绘飞机首航成功　　（魏浩然　摄）

2018年12月4日，义龙新区3000余名干部师生在义龙一中足球场上诵读《中华人民共和国宪法》　　（李　跃　摄）

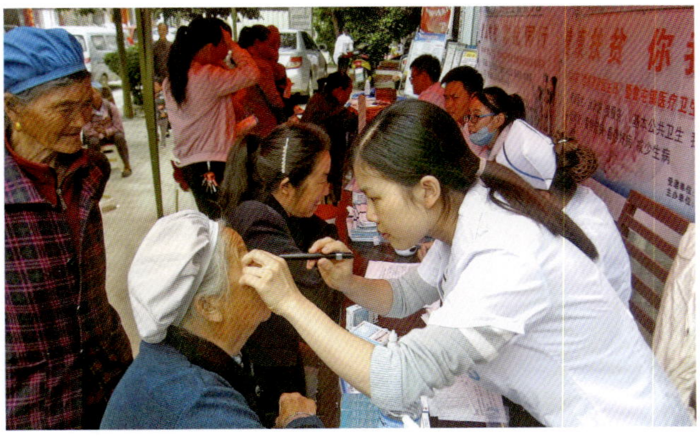

2018年5月23日，义龙新区卫生和计划生育局联合鲁屯镇卫生院于2018年"世界家庭医生日"在鲁屯街上开展义诊活动　　（李先宇　摄）

2018年11月9—12日，2018"万峰林"杯第二届QBA篮球联赛在兴义举行，65支参赛队伍在兴义体育中心展开角逐　　（王明锋　摄）

○ 扫黑除恶

2018 年 8 月 8—23 日，兴仁县法院公开开庭审理被告人杨某等 17 人组织、领导、参加黑社会性质组织和开设赌场、寻衅滋事、强迫交易罪等一案（熊庭波 摄）

2018 年 12 月 19 日，全州公安机关 2018 年特（巡）警冬训大练兵跨区域应急拉动演练暨警务实战大比武在兴义市举行（殷选择 摄）

2018 年 8 月 22 日，望谟县公安局按照州公安局关于开展扫黑除恶“夏秋风暴”专项行动的部署要求，在全县范围内开展扫黑除恶“夏秋风暴”专项整治集中统一行动（韦 垒 摄）

2018 年，兴义治安防控警务装备先进的“平安战斧”（杨仁智 摄）

○ 生态综合整治

万峰湖安龙库区“清网”前，网箱密布

万峰湖安龙库区“清网”后，湖光潋滟

（本版图片摄影：邓伯祥　黄　莹）

目 录

特 载

州情概览

大事记

中共黔西南州委

黔西南州人大及其常委会

黔西南州人民政府

政协黔西南州委员会

纪委监委

民主党派和工商联

群众团体

法　治

军　事

综合经济管理

水利电力

城乡建设

交通运输·邮政

工　业

农业和扶贫开发

商贸服务

金融

财政　税务

通　信

科技　气象

教　育

文化旅游·体育

卫　生

民族宗教

县市概貌

人　物

附　录

索　引

CONTENTS

Special Column

An Overview of the Southwest Guizhou Prefecture

Important Events

CPC Committee of Southwest Guizhou Prefecture

Committee of National People' s Congress and Its Standing Committee of Southwest Guizhou Prefecture

People' s Government of Southwest Guizhou Prefecture

People' s Political Consultative Committee of Southwest Guizhou Prefecture

Committee of Discipline Inspection and Supervision

Democratic Parties and Federation of Industry & Commerce

Organizations of Associations

Government by Law

Military Affairs

Comprehensive Economic Management

Hydraulic Engineering and Hydroelectricity

Urban and Rural Development

Transportation and Postal Services

Industries

Agriculture and Poverty Alleviation

Commerce and Service

Finance

Finance and Taxation

Communications Services

Science and Technology Meteorology

Education

Culture, Tourism and Sports

Healthcare

Ethnic Groups and Religious Affairs

Cities, Counties and Districts under Jurisdiction

Figures

Appendix

Index

特 载

在州委七届七次全会上
关于州委常委会工作的报告

（2019 年 1 月 3 日）

州委书记　刘文新

同志们：

受州委常委会委托，我向全会作工作报告。

一年来，州委常委会坚持以习近平新时代中国特色社会主义思想为指导，树牢“四个意识”，坚定“四个自信”，坚持“两个维护”，坚决贯彻落实中央和省委、省政府各项决策部署，牢记嘱托、感恩奋进，大力培育和弘扬新时代贵州精神，坚持以脱贫攻坚统揽经济社会发展全局，守好发展和生态两条底线，继续打赢打好三大攻坚战，深入实施三大战略行动，统筹推进稳增长、促改革、调结构、惠民生、防风险工作，落实“五步工作法”，坚持“四个导向”，狠抓落细落小落实，全州呈现经济持续较快发展、社会和谐稳定、人民安居乐业、政治生态风清气正的良好局面。去年 9 月，孙志刚书记到黔西南调研时对我州工作给予了“四个新”的充分肯定，即脱贫攻坚取得新成绩、经济社会发展迈上新台阶、城乡环境有了新改善、干部群众展现新面貌。

一年来，州委常委会主要做了以下工作。

一、坚定不移学习贯彻习近平新时代中国特色社会主义思想和党的十九大精神，政治站位不断得到提高

州委常委会深学笃用习近平新时代中国特色社会主义思想，把学习宣传贯彻党的十九大精神和习近平总书记在贵州省代表团重要讲话精神作为首要政治任务，不断增强思想自觉、政治自觉、行动自觉、学习自觉，坚持用习近平新时代中国特色社会主义思想武装头脑、指导实践、推动工作。

（一）深入学习宣传贯彻党的十九大精神和习近平总书记在贵州省代表团重要讲话精神。紧扣“两学一做”学习教育和“牢记使命、感恩奋进”主题教育，在全州广泛开展“组织发动学、领导带头学、党员率先学”“立体化宣传、多层面宣讲、全覆盖培训”“遍访贫困户、宣讲十九大、精准再识别”三大主题宣传教育和“基层群众感恩奋进巡回宣讲

报告会”等活动，各级各部门组建1424个宣讲团（队、组），深入推进“七进”宣讲常态化，突出不同层次、不同领域，持续开展面向干部群众的对象化、分众化、互动化宣讲活动，激发了全州上下决战脱贫攻坚、决胜同步小康的内生动力。全州各级各部门21万人次参与“党的十九大精神全媒体知识竞赛”。把党的十九大精神纳入各级党校（行政学院）培训必修课，州级举办12类16期专题研讨班，分级分批培训各级党员干部31.7万余人次，带动全州各级党组织依托党校（行政学院）、“新时代学习大讲堂”、在线学习平台等，全覆盖培训县乡村三级党员干部。

（二）深入学习宣传习近平新时代中国特色社会主义思想。致力于学懂弄通做实，推动学习贯彻往深里走、往心里去、往实里做。始终把习近平总书记对贵州工作重要指示、批示精神作为我州理清发展思路、完善发展战略、制定发展举措的根本遵循，以苦干实干业绩回报习近平总书记的殷切关怀。全州各级各部门党委（党组）认真组织开展理论学习，实现广大干部职工理论学习全覆盖，推动习近平新时代中国特色社会主义思想深入人心。修订完善了《中共黔西南州委理论学习中心组学习制度》，指导全州各级党委（党组）做好理论中心组学习，严格按照“八有”要求开展中心组学习，做到有制度、有计划、有考勤、有记录、有笔记、有心得、有检查、有总结。建成农民讲习所1311个、市民讲习所146个，以“新时代农民（市民）讲习所”为平台，开展讲习活动1.2万余场次。

（三）坚决维护习近平总书记核心地位与党中央的权威和集中统一领导。全州各级各部门高举习近平新时代中国特色社会主义思想伟大旗帜，始终把坚决维护习近平总书记的核心地位、维护以习近平同志为核心的党中央权威和集中统一领导作为第一政治任务、最高政治原则和根本政治规矩，旗帜鲜明讲政治，在思想上高度认同核心、在政治上坚决维护核心、在组织上自觉服从核心、在行动上紧紧跟随核心，始终在政治立场、政治方向、政治原则、政治道路上同以习近平同志为核心的党中央保持高度一致。习近平总书记每次发表重要讲话、作出重要指示，州委都及时传达学习、研究贯彻措施。中央、省委作出重大部署，州委都认真学习研究，以做“证明题”的思维和方式狠抓执行落实，以有力有效的工作结果证明上级决策的正确性。党中央号召的坚决响应，党中央部署的坚决落实，党中央禁止的坚决杜绝，不折不扣贯彻落实中央、省委的各项决策部署，努力用无愧于新时代的新业绩来诠释对党的忠诚。

二、坚定不移打好脱贫攻坚战，精准扶贫方略不断得到落实

州委常委会深入贯彻落实习近平总书记关于扶贫开发的重要论述，坚持以“4541”为主要抓手，深入推进抓党建促脱贫攻坚，全面开展“春风行动”和“夏秋攻势”，集中火力、精准发力、齐心协力，坚决打赢打好脱贫攻坚战，精准扶贫、精准脱贫基本方略得到精准落实。兴仁市实现减贫摘帽目标，安龙县减贫摘帽各项工作深入推进。预计全年实现10.52万贫困人口脱贫，142个贫困村出列，贫困发生率将下降至5.02%。

（一）纵深推进“四场硬仗”。全力打好以农村公路“组组通”为重点的基础设施建设硬仗。按照“不搬迁的村寨要通公路、不能通公路的村寨要搬迁”的要求，投资17.49亿元实施农村“组组通”硬化路2798.23千米，实现全州30户以上的村民组通硬化路率达到100%，提前一年完成“组组通”公路三年大决战任务。罗望高速建成通车，紫望高速部分交工验收，纳晴、六安高速启动建设，兴义环城高速加快推进，高速公路通车里程突破500千米，全州全社会交通固定资产投资完成300亿元，目标任务完成率100%，同比增长37.6%。投资19亿元推进马岭水利枢纽等37座大中小型骨干水源工程建设，率先在全省基本实现“市州有大型水库、县县有中型水库”目标，全面完成农村饮水安全巩固提升工程年度任务；投资8.66亿元实施农网改造升级项目738个；投资20亿元实施信息基础设施建设，实现行政村4G网络、光纤全覆盖，30户以上自然村85%通4G网络。新建通组光缆5939千米，新建乡镇广播影视综合服务站21个，新增多彩贵州“广电云”用户9.21万户。建成乡镇级“农体工程”8个、村级“农体工程”60个。全力打好易地扶贫搬迁硬仗。全面实施新市民计划，深入贯彻落实“六个坚持”，努力做到“搬得出、稳得住、快融入、能致富”。2016年计划搬迁的69104人全部搬迁入住，

2017年计划搬迁的113105人已入住110328人，占年度任务的98%，2018年计划搬迁的156297人，将于今年6月前搬迁入住。建成新市民居住区24个，完成全州60万农户、620万亩承包地确权登记颁证工作，完成户籍转移18333个和新市民居住证办理128105万个，农低保转城低保2919户8905人，新纳入符合安置地城市低保条件的困难群众273户649人，成立基层党组织48个和居委会29个，建成新市民社区卫生服务中心（卫生室）27个、警务室26个、公共法律服务工作室14个、新市民讲习所18个、公办学校（幼儿园、小学、初中）68所，设立新市民服务中心27个，开展就业培训3.19万人，实现就业6.59万人，办理"安居险"14.15万人。谌贻琴省长对我州在易地扶贫搬迁中探索实施的新市民计划给予充分肯定并作出批示。《新华每日电讯·精准脱贫攻坚战进行时》头版头条以题为《"新市民"政策套餐助易地扶贫搬迁群众"快融入"》，对我州探索实施的新市民计划进行了宣传报道。新市民社区党建工作在全省抓党建促脱贫攻坚推进易地扶贫搬迁安置地党的建设座谈会上作经验交流，并要求全省学习借鉴。全力打好产业扶贫硬仗。认真落实"八要素"，通过"退一进十"和"六个协同"，稳步推进农村产业革命。全州调减玉米种植87.67万亩，累计完成蔬菜、食用菌、薏仁米等种植308.36万亩，带动贫困户15.94万人增收致富。针对农业产业结构调整中可能出现的市场、自然等风险，积极探索实施"农调扶贫险"。以平均每亩2000元收入为目标，以州级财政30%、县市新区财政60%、企业或农户自缴10%的参保比例，筹措参保资金4000多万元，持续推进"千企帮千村"精准扶贫行动，建立起以政府、企业（农户）、保险公司共同参与的风险分担机制。目前，累计承保总面积57.59万亩。首单理赔已在安龙县兑现，共向8户农户和1家食用菌合作社赔款140810元。孙志刚书记、谌贻琴省长等省委、省政府领导对我州推进农业产业革命给予充分肯定并作出重要指示。坚持把发展产业、促进就业作为脱贫攻坚治本之策，通过充分整合资源，集中力量办事，加快发展扶贫产业、加快促进培训就业，不断增强贫困群众稳定脱贫的能力。全力打好教育医疗住房"三保障"硬仗。累计下达各级各类教育资助资金7.21亿元，资助68.93万人次，办理生源地信用助学贷款4.13万笔，贷款金额2.75亿元，所有高中、中职和高校均开通"绿色通道"，直接免除建档立卡贫困户学生学费、教科书费、住宿费。全州参加城乡居民医保的建档立卡贫困人口72.41万人，实现参保全覆盖，建档立卡贫困人口医疗保障累计受益5.72万人次，医疗总费用2.73亿元，补偿2.62亿元，实际报销比达95.73%，建档立卡贫困人口慢性病签约人数68.72万人，建档立卡贫困人口家庭医生签约实现全覆盖，签约服务人数69.13万人。农村"危改""三改"累计开工1.42万户、开工率103.74%，累计竣工1.4万户，超额完成年度目标任务。

（二）扎实开展"五个专项治理"。建立健全长效机制45个，全州"五个专项治理"工作取得阶段性成效。贫困人口漏评错评专项治理方面，对被国家、省直接点名存在的11个方面问题进行整改，将查摆出的整户漏评3364户1.41万人、户内漏人8536户1.60万人进行重新识别，纳入国办系统；将查摆出的涉及5935户2.05万人的错评问题进行整改，严格按照清退程序在国办系统内进行了清退处理。贫困人口错退专项治理方面，对被省直接点名存在的6个方面问题进行整改，将发现的528户2283人错退户进行重新研判，制定了后续帮扶措施。农村危房改造不到位专项治理方面，对被国家和省直接点名存在的15个方面的问题进行整改，对认定不精准436户、超面积建房542户，门、窗、水电未安装就违规组织验收39户进行了整改。扶贫资金使用不规范专项治理方面，对被国家、省直接点名和自查自纠存在的232个问题，已完成整改224个。共清理出闲置扶贫资金2473.67万元，采取加快拨付项目资金等方式全面化解闲置资金。扶贫领域腐败和不正之风专项治理方面，对被国家和省直接点名存在的问题进行整改，开展农村"组组通"等3项专项监察，共发现扶贫民生领域问题4958个，立案1385件，党纪政务处分1304人，移送司法机关9人，问责420人，涉案金额8992.02万元。其中，扶贫领域存在问题3080个，立案838件，党纪政务处分778人，移送司法机关2人，问责342人，涉案金额3126.36万元。

（三）全面落实"四个聚焦"。着力把握脱贫攻坚"四个聚焦"机遇，多渠道多形式争取和筹集扶贫资金222.69亿元投入深度贫困地区。大力推动扶贫资金向深度贫困地区聚焦。落实中央和省财政专项扶贫资金3.66亿元，支持3个深度贫困县、4个极贫乡镇和165个深度贫困村发展，实施项目448个，扶持贫困户83769户116742人。大力推动东西部扶贫协作向深度贫困地区聚焦。聚焦完善宁波市与黔西南州党政领导互访对接机制和联席会议制度，签订了《黔西南州·宁波市2018年对口帮扶协议》，落实帮扶资金3.367亿元，实施帮扶项目153个。双方互派挂职干部81名，选派572名各专业技术人才到宁波培训，从宁波柔性引进491名专家人才到我州服务。两地结对帮扶单位、社（村）、企业300多家，劳务协作、产销对接取得实质性突破。大力推动基础设施建设向深度贫困地区聚焦。有效提高深度贫困地区道路交通、水利设施、农村电网、移动通讯质量。大力推动帮扶力量向深度贫困地区聚焦。黔西南“星火计划、科技扶贫”试验区建设取得明显成效，中央统战部、各民主党派中央、全国工商联在我州实施项目117个，投入资金7.92亿元。引导16家商会协会、598家民营企业参与“千企帮千村”精准扶贫行动，投资9.78亿元实施项目1111个，帮扶贫困村640个，帮扶贫困人口150417人。公安部、中国联通、中国黄金集团等中央定点帮扶单位和省发改委、省林业厅等省直定点帮扶单位，加大向深度贫困地区倾斜力度，州直部门向贫困县、极贫乡镇、深度贫困村选派第一书记、驻村干部175人，县直单位和乡镇向深度贫困地区派驻第一书记、驻村干部、大学生村干部、包保责任人11460人。

（四）深入推进抓党建促脱贫攻坚。采取组织调训、州级示范培训、县级兜底培训等方式，全覆盖培训各村党组织书记，对全州3200余名第一书记和驻村干部进行了轮训，进一步提高村党组织书记、第一书记和驻村干部抓党建促脱贫攻坚的能力。推动攻坚力量下沉到深度贫困村民组，在全州151个深度贫困村村民组组建党小组132个，选派党小组长132名，派出驻组帮扶干部250名、贫困户结对帮扶干部623名，选派省州级科技特派员178名、农业专家124名进村到组开展帮扶工作，形成攻坚力量下沉“五个工作清单”，得到省委常委、省委组织部部长李邑飞同志，副省长吴强同志肯定批示，并在全省推广学习。派出9个调研督导组对驻村工作进行交叉督导调研，督促第一书记和驻村干部真抓实干、真蹲实驻、真帮实促。注重关心激励脱贫攻坚一线驻村帮扶干部，集中为全州4360名第一书记、挂帮干部办理每人每年100元“脱贫攻坚关爱险”，面向优秀第一书记、驻村挂帮干部定向招录乡镇公务员110名。出台《关于进一步加强农村基层组织建设提升农业产业结构调整组织化程度的工作整改方案》，深入贯彻落实农村产业革命“八要素”和村级组织建设“一任务两要点三清单”，开展100个党建扶贫示范创建工作，带动全州每个行政村至少建立一个村级经济合作组织，进一步提升农业产业结构调整组织化程度，发展壮大村级集体经济。

三、坚定不移打好污染防治攻坚战，生态文明建设不断得到推进

州委常委会认真贯彻落实习近平生态文明思想，践行绿水青山就是金山银山的理念，把生态文明建设融入经济社会发展各方面，全力打好污染防治攻坚战，着力抓好中央环保督察反馈问题的整改落实，不断推进生态文明建设。

（一）全面推进绿色发展。积极培育壮大绿色环保产业，建立健全绿色低碳循环发展的经济体系。以两网融合和创建低电价示范区为支撑，打造新型循环经济产业园，对产业园进行绿色化、循环化改造。深入推进“千企改造”“千企引进”，不断推进工业经济与生态文明建设协调发展。建成具有良好经济效益和社会生态效益的绿色产业企业53家，建成利用固体废弃物加工新型建材项目3个。深入推进绿色黔西南建设行动计划，夯实退耕还林基础圈定绿色面积，全面完成2017年退耕还林任务37.9万亩，利用退耕还林完成玉米种植结构调整面积21.56万亩。组织开展较大规模的义务植树活动，全州共完成造林88.08万亩，森林覆盖率预计达到58.5%。加快森林城市创建，申报了2个（册亨县、望谟县）省级森林城市、10个省级森林小镇、28个省级森林村寨、95个省级森林人家。册亨县获贵州省绿化委员会、贵州省林业厅正式授牌“贵州省森林城市”，填补了黔西南无森林城市的空白。

（二）着力打好污染防治攻坚战。扎实推进蓝天保卫工程。全面开展全国第二次污染源普查，大力实施新一轮大气污染防治行动计划，扎实开展火电、水泥等十大行业治污减排专项行动，各县（市）城

区 PM_{10}、$PM_{2.5}$ 平均浓度全面达标，全州环境空气质量优良率达 100%。推进划定县城禁燃区，启动城市建成区 35 蒸吨及以下燃煤锅炉淘汰工作。落实环境空气质量预测预警，提升应对污染天气的能力。扎实推进碧水保卫工程。建成城镇生活污水处理厂 53 座，日处理污水能力 22.5 万吨，建成污水管网 917.43 千米，城镇生活污水处理率达到 93.01%。桔山、下五屯和马岭污水处理厂等完成提标改造，兴义市、兴仁市建成污水处理厂污泥处置中心。建成重点流域水质自动监测站 9 座、饮用水源水质自动监测站 2 座。强力开展“清网、清源、清岸、清违”行动，万峰湖、光照湖、平班库区、龙滩库区等水域 837.5 万平方米水产养殖网箱全部拆除，占全省拆除面积的 37.45%。全面落实“河（湖）长制”，全州 344 条河流、173 个湖（库）全部设置了河（湖）长，全面开展清“四乱”行动。扎实推进净土保卫工程。完成重点行业 230 个企业遥感信息核查和全州 519 个单元 3113 个农用地土壤污染点位详查核定和采样监测。长江经济带固体废物大排查和“清废行动”发现的 60 个问题全部整改完毕。建成兴义市、兴仁市、贞丰县、普安县医疗废物处置中心。进一步完善城乡生活垃圾收运系统，全州生活垃圾焚烧发电日处理能力达到 1200 吨。

（三）扎实抓好中央环保督察反馈问题的整改落实。对中央环保督察组反馈的问题，以统筹兼顾、突出重点为原则，以铁腕治污、铁的目标、铁的责任、铁的手段，集中时间、集中力量开展为期 100 天的督察整改攻坚战，坚决抓好问题整改落实。中央环保督察反馈的 25 个问题，完成整改并长期坚持巩固 24 个，1 个整改事项持续推进。中央环境保护督察组交办我州的环境信访投诉问题共 96 件，均已办结。在整改过程中，对履行生态环保责任不力的党政干部问责 41 人。建立健全生态环保领域长效机制，有效巩固中央环保督察反馈问题的整改成果。

四、坚定不移打好风险防范攻坚战，重大风险不断得到防范化解

州委常委会深入贯彻习近平总书记关于打好防范化解重大风险攻坚战的重要指示精神，增强忧患意识，防范风险挑战，强化稳定压倒一切的意识，强化政治责任，深入推进防范化解风险工作。

（一）切实防范政治安全风险。始终站在政治和全局的高度看待防范化解政治安全风险问题，各类政治安全风险得到有效防控，良好的政治生态得到巩固和提升。强化政治把关，建立健全风险评估系列制度，从源头上防范决策失误、公权私用、安全生产、环境污染、侵占民利、舆论炒作、铺张浪费等方面的问题和风险发生。强化政治意识，提高政治站位，自觉从政治上看待问题，从大局上想问题，见微知著，绝不放过各种政治风险隐患。强化政治责任，时刻对标中央、省委的部署要求，主动站在全国、全省大局想问题，采取有力措施，抓好重点领域的政治风险防范化解工作，凡是有可能对大局造成不利影响的事，坚决不做。

（二）切实防范财政金融风险。认真抓好防控政府性债务风险、打击非法集资、整治校园网贷、清欠民工工资、保障困难群体安全温暖过冬等工作，全力消除各类隐患，坚决防范化解以债务风险为主的经济风险。强化风险意识，加强风险管控，牢牢掌握工作主动权，把基础工作做扎实，坚决守住不发生区域性、系统性风险底线，扎实抓好政府债务、金融风险等金融重点领域风险防范化解工作。全面推动新型金融产品创新服务等工作，提前规划偿债资金来源，保证资金链不断裂，防控偿债风险。建立州、县两级政府性债务管理工作机制，进一步加强地方政府债务风险评估和预警，切实履行政府性债务“借用还”主体责任。完善融资担保体系，建立融资担保贷款风险分担机制，政策性担保机构实现州本级及县域全覆盖，有效缓解小微企业融资难、担保难，特别是贷款难的问题，建立融资担保贷款风险分担机制，有效缓解小微企业融资难、担保难的问题。

（三）切实防范社会稳定风险。扎实开展扫黑除恶专项斗争“雷霆行动”“夏秋风暴”，重拳出击，打掉一批侵害基层政权的黑恶势力、一批阻碍脱贫攻坚的黑恶势力、一批徇私抱团阻挠国家重点建设项目的恶势力团伙、一批破坏生态环境和妨碍公务的恶势力团伙、一批聚众黄赌毒的恶势力团伙、一批涉嫌经济领域犯罪的恶势力团伙、一批强迫特殊人群劳动的犯罪团伙，集中抓捕了一批黑恶负案在逃人员，专项行动深入人心，取得了阶段成果，有力防范了社会安全风险。深入开展打击“盗抢骗”、电信网络诈骗犯罪、网络贩枪等专项行动，深入整治“黄赌毒”等社会丑恶现象。探索运用大数据进

行社会治安综合治理的新思路新方法，率先发展大数据风险感知警务，广布“风险探测器”，构建了信息先知、精准预测、及时预警、有效预防的平安风险“先知三预”防控体系，确保对风险动态掌握不失控，现行刑事案件发案率持续下降，破案率持续上升。制定实施《节庆活动矛盾纠纷防范处理办法》，并对涉及群众切身利益的年度重大建设项目和重大决策逐一进行了社会稳定风险评估。

（四）切实防范安全生产风险。高度重视生产领域的安全风险防范，州委常委会5次召开会议研究和部署安全生产工作，研究出台了《黔西南州党政领导干部安全生产责任制实施办法》《黔西南州推进安全生产领域改革发展的实施意见》，进一步明确各级各部门职责，全面落实安全生产责任制。严格认真开展事故原因调查和排险除险相关工作。构建隐患排查治理长效机制，严格督促企业开展安全风险分级管控和隐患排查治理“双控”体系建设，在全州开展安全隐患大排查、大整治专项行动，强化企业的主体责任，实现所有州内企业全覆盖。大力推动煤矿、非煤矿山、危化品、工贸行业领域“双控”体系标准化规范运行示范企业创建。持续开展消防、煤矿、交通、建筑施工、管道输送等方面安全排查整治行动，有效防范化解安全生产风险。强化防汛抗旱工作的统筹调度，因灾损失是近年的最低程度。突出抓好地质灾害防控，狠抓自然风险防范化解，扎实开展高寒地区、易发生凝冻地区的道路、山体滑坡等重点领域的安全防范工作，有效保障了群众生命财产安全。

五、坚定不移抓好实体经济发展，发展质量不断得到提高

州委常委会深入践行“五大发展理念”，深入推进供给侧结构性改革，完善发展思路，创新发展路径，立足资源优势，激活发展要素，在发展特色农业、新型工业、现代服务业上不断创新，在更多产业发展领域实现突破。乡村振兴战略深入实施，新型城镇化建设步伐加快，预计全年地区生产总值同比增长12%左右，增速全省第一。

（一）大力发展特色农业。坚持用绿色理念引领农业产业化发展，立足山地资源，厚植生态优势，深入推进农业供给侧结构性改革。全州已建成省级现代高效农业示范园区47个、州级以上龙头企业387家，农民专业合作社4080家，完成无公害农产品产地认定面积159.6万亩、产品认证118个。其中，“安龙白芨”获农业农村部颁发农产品地理标志证书。党中央、国务院关心关注的浙江安吉“白叶一号”扶贫茶苗在普安县成功举行首种仪式，2000亩茶苗覆盖2个乡镇、862户贫困户2577人，获得国务院扶贫办肯定。种植烤烟27万亩，收购烟叶64.35万担，实现烟农收入9.37亿元，同比增加2.6亿元。全州农业增加值预计完成220亿元，同比增长6%。

（二）大力发展新型工业。以“大电强网+大产业”为引领，深入实施千企引进、千企改造工程，不断做大实体经济。全年共实施“千企”工程改造项目137个，完成投资153亿元，24户企业列入省级改造重点，20户企业列入州级改造重点。132户企业纳入省级中小企业“专精特新”培育名单，35个中小企业发展项目获省级支持资金2005万元。安龙汇珠薏仁米、普安宏鑫茶业、册亨布依酒业等37家企业被评为省级工业企业品牌培育试点企业。引进了义龙振华新材料二期、贵州路兴碳素、贵州锦兴轻合金装备制造、扬德电池等一批优强新兴产业企业，增添了全州工业发展活力；兴仁登高铝业、义龙振华新材料一期、安龙木纹石、中电普安电厂等一批大项目投产达产。全州67个生产煤矿、33个建设煤矿，正在进行集团化、综合机械化、信息化、自动化、标准化“五化”改造升级，完成煤矿机械化升级改造21个、主体矿建设8个，原煤过站量1300万吨，同比增长29.6%。电力装机突破1000万千瓦，发电突破300亿千瓦时，全社会用电突破100亿千瓦时，同比增长47.6%，其中工业用电72.6亿千瓦时，增长93%。投资27.13亿元推进电网建设，220千伏环网已覆盖“兴兴安贞义”工业园区，电网供电能力持续增强，“大电强网”工业发展基础更加牢固。工业投资完成320亿元，增长8.5%，新增企业入库92户，规模以上工业企业494户。民营经济增加值完成560亿元，民营经济增加值占GDP比重达到57%，新增市场主体1000户。全州工业增加值预计增长11.1%，增速全省排名第2位。

（三）大力发展现代服务业。成功举办2018国际山地旅游暨户外运动大会、第六届“中国美丽乡村·万峰林峰会”、第四届黔西南州旅游产业发展大会。完成旅游投资120亿元，建设推出万峰林“乡愁集市”等一批重点项目。兴义万峰湖、贵州醇景

区、兴仁放马坪高山草原景区获评国家AAAA级旅游景区，安龙山地户外运动示范公园等7个景区获评国家AAA级旅游景区，提前实现计划到2020年完成400座旅游厕所的民生实事目标。成功举办兴义万峰林国际徒步大会、白龙山国际山地越野跑公开赛、贞丰三岔河国际露营大会、义龙“海峡杯”女子垒球赛等一批体旅深度融合的赛事活动。全州旅游业实现持续“井喷”，全年接待游客突破6000万人次，旅游收入479亿元，同比增长均在40%以上。打造了贵州万峰林等6个现代服务业集聚区、4个现代物流园区、9个农贸市场、1个次级金融中心、2个会议会展中心等各具特色的服务业发展平台。兴义万峰林现代服务业集聚区、义龙新区郑鲁万工业园生产性服务业集聚区、中国兴仁薏仁米配套服务产业集聚区等入选全省100个重点现代服务业集聚区。着力打造中国南方绿色云基地，义龙大数据产业园引进了中联创、蜂巢算力等一批优强企业，全州存储能力达120PB、运算能力达150GHz、传输出口带宽达1200G，已连接到中国电信国家主干网贵安直连点，网络延迟降到10ms以内；大数据与实体经济深度融合150家，数字经济占比提高到28%，高技术制造业增加值占规模以上工业增加值的比重达2.85%。预计社会消费品零售总额同比增长12.5%，服务业增加值同比增长16%。

（四）大力推进乡村振兴。以打造“四在农家·美丽乡村”行动计划升级版为主要载体，全年共投入美丽乡村建设资金36.58亿元，着力实施乡村振兴“十项行动计划”，统筹推进实施乡村产业融合提升、乡村基础设施提升、乡村生态建设提升等十大工程，打造了36个精品型、86个提升型、102个普及型美丽乡村示范村；投入“四在农家·美丽乡村”基础设施建设六项行动计划资金28.06亿元，农村小康路、小康水、小康电等全面推进，大部分农村垃圾实现收集处理、集中式水源地有效保护、便民设施、文体活动设施、污水处理设施、照明设施正在不断完善。大力培育乡村产业，立足资源优势，着力发展生态、高效、观光农业，对农民专业合作社进行重点扶持，成功打造了一批产业发展典型。

（五）大力加快新型城镇化。全年完成城市基础设施固定资产投资180.89亿元，新增城镇道路73千米，新增城市公共停车位4143个；完成海绵型项目17个；以示范小城镇为抓手推进小城镇建设，小城镇累计完成投资54.2亿元。棚户区改造有序实施，城市地下综合管廊、城市污水管网、“城市双修”等项目建设扎实推进。城镇化率提升到46%。兴义市国家新型城镇化试点建设取得新突破，已完成《兴义市绿地系统规划》《城市色彩规划》《城市综合交通体系规划》等编制的修改完善，完成110个村庄规划编制，清水河、泥凼和乌沙3个示范小城镇完成“8+X”项目投资1.84亿元、其他项目投资14.43亿元，累计完成投资16.27亿元。兴仁县撤县设市申请获国务院批准，晴隆普安县城拓展区规划建设等工作取得明显成效。2018年，全州城镇化率达46%。

六、坚定不移推进改革开放，创新活力不断得到激发

州委常委会始终把改革开放作为加快发展、后发赶超的关键一招，持续推进深化改革，不断扩大开放，促进外部资源和要素集聚，不断激发高质量发展的动力和活力。

（一）深入推动全面深化改革。全年召开6次州委全面深化改革领导小组会议，审议通过一系列重大改革文件和方案，严格做到与中央、省委对标对表，蹄疾步稳有序推进改革。严格落实“一把手抓改革、改革抓一把手”主体责任，加强对各地各部门全面深化改革的领导，推动各项改革举措落实。《黔西南州改革重大举措实施规划（2014—2020年）》2018年涉及的47条改革任务，已启动35条（未启动改革事项原因是省委顶层设计方案未出台或不涉及黔西南州），完成20条；《州委六届八次全会重要改革举措实施规划（2016—2020年）》2018年涉及的29条改革任务，已启动25条，完成15条；《州委全面深化改革领导小组州委依法治州工作领导小组2018年工作要点》明确的187项改革任务，已启动175项（未启动改革事项原因是省委顶层设计方案未出台），完成108项，其余改革举措正稳步有序推进。大力宣传改革经验和典型，推动形成了全面深化改革的浓厚氛围，《黔西南州“六个协同”深入推进农村产业革命》《黔西南州“四联动”还万峰湖水清岸绿》《黔西南州“三打”推动扫黑除恶取得实效》《易地扶贫搬迁“四好”新社区的贞丰探索》等9个改革典型案例被《贵州改革

情况交流》采用并上报中央改革办。

（二）努力构建全面开放格局。出台《关于全面扩大对外开放的意见（2018—2020年）》，明确将黔西南州建设成贵州面向东盟地区的桥头堡和贵州内陆开放型经济试验区重要组成部分。积极优化营商环境，以特色农产品出口为依托，重点发展蔬菜、桐油、薏仁米、花卉、芭蕉芋等产品出口，外贸进出口总额预计完成0.4亿美元。实际利用外资预计完成2.465亿美元。顶效经济开发区获省政府批复，变更认定为省级黔西南州高新技术产业开发区。积极打造万峰林机场开放平台，加大航线培育力度，新增、加密部分航线，兴义万峰林机场旅客吞吐量达到110万人次。采取请进来和走出去相结合的方式，着力推动对外交流合作，成功举办第六届贵州·台湾经贸交流合作恳谈会黔西南民族特色产品展示展销活动，组织农产品、美食企业参加2018中国餐饮大会暨贵州第二届生态美食文化节及食博会、酒博会、数博会、茶博会等对外开放活动。认真开展产业大招商，累计新引进项目632个，投资总额964.33亿元，新增到位资金925.25亿元，完成年度目标的106.35%。全州重大工程和重点项目累计完成投资1041.2亿元，占全年目标任务的101.36%，固定资产投资增速在全省排名第一。

七、坚定不移推进民主法治建设，各方智慧力量不断得到凝聚

州委常委会始终坚持党的领导、人民当家做主、依法治国有机统一，全面推进社会主义民主法治建设，为决胜脱贫攻坚、同步全面小康提供坚强思想保证和强大精神力量。

（一）加强对人大工作的领导。支持人大及其常委会依法行使立法、监督、决定、任免等法定职权。通过审议专项工作报告、开展执法检查、工作评议、专题询问等形式，切实加强对“一府一委两院”的法律监督和工作监督。持续推动《马岭河峡谷风景名胜区保护条例》《黔西南州乡村医疗卫生管理条例（草案）》《黔西南州民族民间中医药保护发展条例（草案）》《黔西南州新市民管理服务条例（草案）》立法工作，修订《黔西南州自治条例（修订草案）》，清理《黔西南州天然林保护条例》《黔西南州执行〈森林法〉变通条例》等涉及生态环境保护的条例。审议国民经济和社会发展“十三五”规划中期实施评估报告、《黔西南州州域城镇体系规划（2017—2030）》并作出决议。对《食品安全法》《黔西南州城乡规划建设管理条例》《组织法》《代表法》《监督法》《贵州省乡镇人大工作条例》的实施情况进行监督检查。依法对州人民政府脱贫攻坚工作开展了专题询问，对州安监局、州林业局工作开展了评议。认真做好人大代表提出议案、建议办理工作，严格依法执行国家机关工作人员的任免工作。组织开展全州经济工作运行、农村危房改造、煤矿产业发展等专题调研。全力抓好贞丰县、安龙县脱贫攻坚督导帮扶工作，集中精力支持安龙县减贫摘帽，组织开展“脱贫攻坚·人大代表在行动”主题活动，动员各级人大代表和人大干部主动投身脱贫攻坚主战场，帮助贞丰县、安龙县协调解决资金1900多万元、项目80多项。

（二）加强对政协工作的领导。支持各级政协组织依照章程履行政治协商、民主监督、参政议政职能。组织开展8项课题调研、2个专题视察、8次委员面对面协商，首次举行州长与政协委员座谈会。围绕实施脱贫攻坚“春风行动”、农业产业结构调整、民办教育发展、住宅小区管理、煤炭产业转型升级、农村环境整治等专题开展调研视察，形成了一批高质量调研视察报告。全面推进州领导领衔面对面督办提案工作，扎实开展提案办理评议，下达州政协委员提案办理专项经费220万元，解决民生事项22件。集中政协“火力”帮扶兴仁市减贫摘帽，帮助兴仁市解决帮扶资金800多万，协调各类资金1100余万元、项目16个。结合协商民主改革，出台《关于加强人民政协协商民主建设的实施意见》《关于推进人民政协政治协商民主监督参政议政制度化规范化程序化实施办法》《关于加强和改进人民政协民主监督工作的实施意见》，规范和完善政治协商、民主监督、参政议政机制，出台《黔西南州政协委员述职办法（试行）》，探索推行委员三级述职制度，发挥好政协委员在政协组织中的主体作用。加强和改进人民政协党的建设工作，在专委会设立联合党支部，实现党的组织在专委会的全覆盖，探索实行党员委员组织关系一方隶属、参加双重组织生活的办法，发挥党员委员的引领和带头作用。

（三）全面推进依法治州工作。创新提出法治考核评价体系、组织管理体系、全面推进机制、监督管理机制“四项机制”，着力构建“一线三面一张网”工作推进机制，推动建成党委领导、人大监督、政府实施、政协支持、各部门协作配合、全社会共同参与的法治建设新格局。成立黔西南州律师行业党委，实现全州律师事务所基层党组织全覆盖，积极开展“律师参与城市管理执法”试点，推进兴义市依法治城。引导、督促各类社会组织、行业协会、企业加强自治，指导村民委员会依法自治，打造共建共治共享的法治建设新格局。人民法院受理各类案件 51700 件，审结 46000 件；人民检察院受理审查脱贫攻坚一线刑事犯罪，逮捕 302 件，审查起诉 49 件；受理审查办理协助农民工解决讨薪讨债案件 185 件，帮助农民工追回 278 万元，审查逮捕非法经营、非法吸收公众存款、制售假冒伪劣商品等涉企犯罪案件 49 件，审查起诉 60 件，有效维护了人民群众利益。

（四）巩固安定团结良好局面。不断巩固团结奋斗的思想政治基础，引导广大统一战线成员增强中国特色社会主义信念，积极参政议政、民主监督。积极促进政党关系、民族关系、宗教关系、阶层关系、海内外同胞关系和谐，进一步深化拓展了统战工作。深入贯彻习近平总书记关于民族团结进步的讲话精神，自觉履行守护民族团结生命线的政治责任，聚焦决战脱贫攻坚、决胜同步小康，推动文化交融创新，激发创新活力，全州民族团结进步事业迈上新台阶，成功创建“全国民族团结进步示范州”。全面贯彻党的宗教工作方针，深入落实《宗教事务条例》，不断提高宗教事务法治化水平。发挥民主党派中央、全国工商联的协商民主优势，深入推进黔西南“星火计划、科技扶贫”试验区建设。坚决担起党管武装政治责任，大力支持驻州部队和国防后备力量建设，继续抓好双拥共建，促进军民深度融合发展，走访慰问驻军部队、烈军属、军休干部和困难优抚对象；对 735 名退役士兵开展汽车维修、种植、养殖等职业教育和技能培训。加强对外及对港澳台合作交流，深化改革，扩大开放。扎实抓好工会、共青团、妇联、科协、文联等群团组织工作，持续在维权维稳、构建和谐、服务大局等方面发挥作用，形成了社会和谐稳定、人民安居乐业的良好局面。

八、坚定不移抓好宣传文化工作，思想根基不断得到筑牢

州委常委会自觉承担起举旗帜、聚民心、育新人、兴文化、展形象的使命任务，大力弘扬“新时代贵州精神”，着力推动新时代宣传思想文化工作创新发展，为决胜脱贫攻坚、同步全面小康提供坚强思想保证和强大精神力量。

（一）认真落实意识形态工作责任制。深入贯彻落实习近平总书记关于意识形态工作系列重要讲话精神，贯彻落实中央、省委关于意识形态工作的要求，全面加强全州宣传思想和意识形态工作。制定下发了《中共黔西南州委关于全面加强意识形态工作的意见》，进一步强化意识形态工作责任制的落实，提出了实施“两个全覆盖，六个三年行动计划，一率一考”的工作框架和体系，全面推进意识形态工作责任制的落实。定期分析研判意识形态领域动态动向，对全州意识形态领域情况进行了分析研判，共梳理出我州意识形态领域存在五大类 54 个风险点。将意识形态工作纳入各级领导班子和领导干部年度考核内容，将意识形态工作责任制落实情况纳入执纪监督范围，在年度民主生活会中对履行意识形态责任制情况进行对照检查，在年终述职中对意识形态工作情况进行述职。加强新闻媒体阵地、文艺作品和出版物、社科研究机构和思想文化类社团、高等院校、网络意识形态领域、宗教领域等各类意识形态阵地建设，牢牢把握意识形态工作主动权。

（二）坚持正确舆论导向传递黔西南好声音。抓好主流媒体的宣传工作和宣传内容的监督管理，把握正确舆论导向，坚持正面宣传为主，唱响主旋律，传播正能量，讲述黔西南好故事、传递黔西南好声音，中央主要媒体刊发黔西南相关稿件 1100 多条次，省主流媒体刊发黔西南相关稿件 2600 多条次，国内外各网络媒体刊播、转发黔西南相关稿件 30 余万篇次，树立了黔西南好形象。全面开展群众性精神文明创建活动，广泛开展“最美家庭”“最美媳妇”“最美婆婆”等系列评选，着力开展“脱贫攻坚群英谱”宣传和“好人黔西南”道德建设，推荐上报身边好人 50 人、第六届全省道德模范候选人 10 人，入选“中国好人榜”4 人、“贵州好人榜”15 人、贵州省“新时代好少年”5 人、全国“新时代好少年”1 人。坚持全媒体格局，持续增强新闻宣传

对外传播影响能力，进一步推进了对黔西南政治经济、社会民生、山地旅游、民族风情、文化体育全面发展的良好宣传势头。

（三）培育和践行社会主义核心价值观。强化对精神文明创建的引领，把培育和践行社会主义核心价值观作为文明城市、文明村镇、文明单位、文明家庭、文明校园创建的根本任务，加强社会公德、职业道德、家庭美德、个人品德建设，注重家风建设，积极培育道德模范、先进典型，积极营造良好的社会风气。扎实开展理论学习，领导干部率先垂范，通过中心组学习会、专题会、干部职工会、党课、党员大会、研讨会等方式，对中央文件、会议精神坚持做到及时学、抓紧学、全面学，确保广大干部职工理论学习全覆盖。通过开展“三下乡”“宣传干部上讲堂”“党员干部上讲堂”“专家上讲堂”等方式，大力宣传社会主义核心文化，推动社会主义核心价值观深入人心。

（四）大力培育和弘扬新时代贵州精神。坚持脚踏实地、真抓实干，引导广大党员干部树立正确政绩观。坚持以问题为导向，深入研究问题破解难题，深入基层做群众工作，尽锐出战、精准施策。大力弘扬“新时代贵州精神”，文化自信不断增强，干部文明素质、精神状态明显提升，广大党员干部以敢为人先的勇气、快人一步的底气、攻坚克难的志气，更实的工作作风、更好的精神状态、更有效的工作措施，扬己之长，齐心协力，打赢脱贫攻坚这场硬仗。

（五）深入推进民族特色文化强州建设。利用丰富多样的民族节庆和丰富多彩、个性突出的民族文化特色，打造“布依戏、苗族歌、彝族舞”的民族风情文化品牌，打造了《布依八音》《阿妹戚托》等少数民族精品节目。进一步加大了对贵州龙文化、“兴义人”文化、牂牁文化、夜郎文化、南明文化、张之洞文化、红色文化等的特色地域文化的开发、挖掘、宣传力度。推进贵州醇“酒旅”小镇、万峰谷“文创”小镇、贞丰“土布”小镇、义龙“八音”小镇以及安龙笃山、贞丰三岔河、义龙健康城体育示范产业基地规划建设，开发了“黔小龙”“苗族小绣服”等特色文创产品。开展黔西南州原创歌曲征集大赛，推出了一批能够体现黔西南州秀美的自然风光、厚重的历史文化、浓郁的民族风情、独特的山地文化、感恩奋进的精神状态等特色元素的歌曲。出版了一批具有本地气息的小说、散文、报告文学、诗词等文学作品。推出了一批正能量影视剧、广播剧，《古茶飘香幸福来》填补了我州广播剧制作空白。

九、坚定不移全力保障和改善民生，人民的美好生活向往不断得到实现

州委常委会坚持以人民为中心的发展思想，紧紧抓住人民群众最关心最直接最现实的利益问题，既尽力而为，又量力而行，一件事情接着一件事情办，全州人民生活持续改善，幸福感和满意度不断提升。

（一）优先发展教育。积极实施教育立州战略，千方百计改善硬件和软件条件，推动教育均衡发展，晴隆县、册亨县、望谟县三县义务教育基本均衡发展获国家督导评估认定通过。全州提前两年实现国家下达的县域内义务教育基本均衡发展，教育教学质量不断提升，教育事业呈现蓬勃发展。7个贫困县农村学前教育儿童营养改善计划实现了全覆盖。大力解决教育发展重大瓶颈问题，着力改善办学条件，兴义师院、黔西南职院办学规模逐步扩大，民办教育健康发展。高中阶段教育提质增效成效明显，本科录取率首次超过50%，兴义八中、兴义一中“册望班”的一本录取率分别达到94%和84%。大力推进学前教育发展，新建幼儿园41所，剥离学前班35个，创建州级示范幼儿园10所。狠抓师资队伍建设，招聘特岗教师580名。

（二）着力解决群众就业。建立健全促进充分就业服务激励机制，培育开发公益性、服务性等符合新时代发展的就业岗位，促进各类人群充分就业。建成9个返乡农民工创业园、9个创业孵化示范基地，新增就业人口4.3万人，实施贫困劳动力全员培训6.79万人次，培训后实现就业创业及脱贫3.8万人。全州城镇新增就业预计完成4.3万人，失业人员再就业5669人，就业困难人员再就业3674人，农业富余劳动力转移就业6.45万人，农民工新增返乡就业创业人数3.76万人，城镇登记失业率控制在目标任务4.2%以内。大力实施大学生创业计划，鼓励、引导和支持我州大学生创业。

（三）推进健康黔西南建设。坚持把人民健康放在优先发展的战略地位，完成157个深度贫困村卫

生室、26 个新市民居住区医务室和 126 个乡镇卫生院标准化建设，基本实现“小病在乡镇，大病进医院，康复回乡镇”的就医新格局。争取省级拨给三年提升计划补助资金 1.1 亿元，列入贵州省“百院大战”项目 11 个，总建筑规模 50.33 万平方米。成功创建国家级医师资格考试基地、实践技能考试基地。全州共建成乡镇卫生院中医馆 83 个，州中医院三甲创建工作顺利通过省级复审，全州县级人民医院均达到二级甲等综合医院标准。建成州级危重孕产妇和新生儿救治中心 4 个，县级救治中心 8 个，妇幼健康服务能力明显增强。

（四）织密织牢社会保障网。全州参加企业职工基本养老保险、机关事业基本养老保险、失业保险、工伤保险分别 8.87 万人、10.45 万人、10.24 万人、20.68 万人。参加城乡居民基本养老保险、城镇职工医疗保险、城乡居民医疗保险、参加生育保险分别 178.84 万人、19.69 万人、295.75 万人、15.41 万人。企业退休人员养老金增加到 2303.08 元，机关事业单位退休人员人均养老金提高到 4400 余元。社会保险基金支出共计 39.48 亿元。建立覆盖城乡的最低生活保障制度，全州纳入城乡最低生活保障 27.28 万人，未脱贫人口 70.4% 纳入最低生活保障，发放低保金 6.97 亿元；纳入特困供养 5710 人，发放供养金 4602.99 万元。

（五）打造社会治理新格局。紧紧围绕“推进社会治理体系和治理能力现代化”的总体目标，积极打造社会治理新格局，为社会治安综合治理、信访维稳、矛盾纠纷排查、平安建设等工作搭建良好的工作平台。大力支持独立行使审判权、检察权，全州法院共受理各类案件 3.01 万件，审结 1.75 万件，检察机关依法严惩发生在脱贫攻坚一线的刑事犯罪，批捕起诉 210 件。

十、坚定不移纵深推进全面从严治党，党的建设不断得到加强

州委常委会始终扛起管党治党政治责任，聚焦主责主业，严肃党内政治生活，全面落实新时代党的建设总要求，推动全面从严治党向纵深发展。

（一）始终把党的政治建设摆在首位。深入学习贯彻习近平总书记关于党的建设和组织工作重要思想，认真落实新时代党的建设总要求，坚持以党的政治建设为统领，把坚决做到“两个维护”作为最高政治原则和最根本的政治纪律。严格执行中共中央《2018—2022 年全国干部教育培训规划》、严格落实新修订的《中国共产党纪律处分条例》，坚决防止“七个有之”，认真落实“五个必须”，切实把铁的纪律转化为日常习惯和自觉遵循。各级党组织和广大党员干部始终把准政治方向、坚持政治领导、夯实政治根基、涵养政治生态、防范政治风险、永葆政治本色、提高政治能力。尊崇党章，严格执行新形势下党内政治生活若干准则，认真落实“三会一课”、民主生活会、民主评议党员、谈心谈话等制度，增强党内政治生活的政治性、时代性、原则性、战斗性。狠抓“关键少数”，注重形成“头雁效应”，带头增强推进党的政治建设的自觉性和坚定性，带头加强政治历练。

（二）突出政治功能狠抓基层党组织建设。坚持党建引领，紧扣脱贫攻坚深入开展基层组织建设提升行动。制定实施《在脱贫攻坚中加强村级组织建设任务清单》，层层督导县乡党委落实任务清单，推动脱贫攻坚重点工作清单式管理。构建“县领导 + 组织部门 + 乡（镇）党委 + 第一书记”四级帮扶网络，通过“一村一策”深入整顿提升软弱涣散后进村党组织。严格执行《中国共产党支部工作条例（试行）》，推进党支部标准化、规范化建设，分领域统筹推进国企、高校、中小学、非公企业和社会组织等各领域党建工作，“两个覆盖”质量不断提升，基层党组织的组织力进一步增强。

（三）建设高素质专业化干部队伍。坚持党管干部、党管人才的原则，着眼长远，系统谋划，通盘考虑，进一步拓宽选人用人视野，打通机关、企事业单位干部交流渠道。聚焦脱贫攻坚需要，提拔县处级干部 53 人，全州脱贫攻坚重点贫困县共提拔干部 268 人。其中兴仁“减贫摘帽”后及时启动考核识别和选拔工作，目前已提拔或转重县级干部 9 人。组织开展全州县处级优秀年轻干部专项调研，分类掌握 900 余名优秀县处级和正科级干部，同时储备了一批优秀少数民族、非中共党员和妇女等结构型干部。深入落实《关于在脱贫攻坚一线从严管理干部的意见》，运用“四位一体”机制，依托“黔西南智慧党建云”平台强化过程管理和动态考核。开展“不担当不作为”突出问题专项整治，推行兴仁市“减贫摘帽”专项考核识别干部做法，全面考评

干部在脱贫攻坚一线中的工作业态。制定实施《关于进一步激励脱贫攻坚一线干部新时代新担当新作为的实施意见》《加强脱贫攻坚一线干部健康管理实施方案》等，大力发现、表彰和选拔敢于负责、勇于担当、善于作为、实绩突出、清正廉洁的干部，更加重视对一线干部的关心关爱，激励广大干部立足本职、担当作为。

（四）持之以恒推进作风建设。认真落实党风廉政建设责任制，巩固提高作风建设成果，紧盯“四风”新动向、新情况，抓好对“一把手”和重要领域、重要岗位、关键环节的作风整治，坚决铲除形式主义、官僚主义滋生土壤，严肃查处形式主义、官僚主义问题54件54人，给予党纪政务处分52人，涵养务实担当的新风正气。深化“一案一整改”，“三同步”一体推进，指导兴义市、贞丰县、望谟县围绕余越前案查摆问题，制定措施，抓实整改，探索运用“两单一书”，选取118个典型案例开展以案整改，督促案发单位防控廉洁风险，健全机制，堵塞漏洞。举办扶贫领域形式主义、官僚主义突出问题联展，全面开展会前一刻钟警示教育，7.14万名党员干部受到教育。通报典型案例105次214人，以警示震慑深化标本兼治。

（五）巩固发展反腐败斗争压倒性态势。深入推进国家监察体制改革，监察监督“横到边”，实现对州直94个党政机关、企事业及义龙新区纪律审查和巡察全覆盖。查办全省首例留置案、全省首例对非公职人员留置案、首例对公职人员未采取留置措施直接移送审查起诉案，彰显监察体制改革的制度效能。扎实开展脱贫攻坚作风建设年活动，大力整治扶贫领域腐败和不正之风，累计查处违反中央八项规定精神问题169件185人，党纪政务处分158人。制定实施《中共黔西南州委关于聚焦脱贫攻坚深入开展政治巡察的意见》，巡察党组织242个，发现问题2775个，处理党员干部11人。坚持挺纪在前，践行“四种形态”，推进干部约谈常态化，全州共约谈43272人。受理信访举报2972件，立案2176件，结案2155件，全省排名第四，其中，立案查处县处级干部34件，全省排名第三，党政纪处分2064人。

（六）进一步强化巡视反馈问题整改和巡察工作。坚决把抓好巡视整改作为最重要的政治任务，以对党绝对忠诚的担当，全力做好巡视“后半篇文章”。中央第四巡视组移交问题线索201件已全部办结。省委第三轮巡视第三巡视组反馈的7个方面55个具体问题，已完成阶段性整改31个，正在推进整改24个，整改完成率56.36%；移交的231件问题线索，正在初核6件，予以了结209件，立案16件，合计办结225件，结案率97.4%。修订《七届中共黔西南州委巡察工作规划（2017—2021）》，对州级巡察对象进行再梳理、再确认，明确巡察对象为86个，巡察工作更加聚焦。统筹推进全州年度巡察工作，启动了三轮州级巡察。将优秀中层干部、后备干部、新任年轻干部、专业人才纳入“组长库”或“人才库”，全州巡察机构编制从90名增加到173名，到岗人数从57名增加到138名，巡察力量得到全面加强。

一年来，州委常委会在总揽全局、协调各方、领导全州抓好各项工作的同时，不断加强自身建设，着力提高把方向、管大局、作决策、保落实的能力。坚决扛起脱贫攻坚重大政治责任，牢记嘱托、感恩奋进，只争朝夕、苦干实干，决战脱贫攻坚、决胜同步小康。严格执行廉洁自律准则，深入学习贯彻习近平总书记关于进一步纠正“四风”、加强作风建设重要批示精神，坚持把中央八项规定及其实施细则、省委十项规定及其实施细则精神贯彻到工作学习生活的各方面和全过程。认真践行“五步工作法”，牢牢把握“八要素”，坚持“四个导向”，扎实抓好各项工作落实。

一年来，州委常委会各项工作的顺利推进和成绩的取得，得益于党中央的坚强领导、得益于习近平总书记的关怀厚爱、得益于省委的正确决策，是全州各族干部群众齐心协力、抢抓机遇、开拓进取、顽强拼搏的结果。

在推进工作中，我们有以下几点体会：一是必须树牢“四个意识”。提高政治站位，保持政治定力，时刻把“四个意识”牢记在心中，体现在行动上，时时事事处处同以习近平同志为核心的党中央保持高度一致，积极向以习近平同志为核心的党中央看齐，向省委对标，严守政治纪律和政治规矩，把讲政治作为首要原则，遇事多想政治要求、办事多想政治规矩、处事多想政治影响、成事多想政治效果。二是必须筑牢以人民为中心的发展思想。坚持以脱贫攻坚统揽经济社会发展全局，一切工作都向脱贫攻坚聚焦、一切工作都围绕脱贫攻坚进行，在易地扶贫搬迁中全面深入实施“新市民计划”，让30多万搬迁群众获得实实在在的利益。三是必须守好发展和生态两条底线。坚定不移实施工业强州战略，加快推进实体经济发展。扎实推进蓝天、碧水、净土保卫战，确保大地常绿、空气常新、碧水长流、土壤常净。四是必须加强党的建设。把深入学习贯彻习近平新时代中国特色社会主义思想摆在最重要的位置，学思践悟、融入灵魂、融入血液，提高政治站位，严守党的政治纪律和政治规矩，营造好、维护好风清气正的政治生态。

在肯定工作的同时，我们也清醒地看到，脱贫攻坚任重道远，实体经济发展不强劲，债务化解和风险防控任务仍然艰巨，公共服务水平还不高，城乡发展不均衡，农村劳动力转移难度较大，有的党员干部能力素质跟不上发展的新形势，作风不硬不实不细，不担当、不作为现象仍然存在，部分党员先锋模范作用不明显、部分村级党组织的战斗堡垒作用发挥不够好，部分企业、“两新”组织对党建重视不够等问题依然存在，需要引起高度重视，在今后的工作中切实解决。

进入新时代，必须要有新作为，把握新机遇。全州上下要更加紧密地团结在以习近平同志为核心的党中央周围，认真贯彻落实习近平总书记2019年新年贺词精神，树牢“四个意识”，坚定“四个自信”，坚决做到“两个维护”，牢记嘱托，感恩奋进，大力培育和弘扬新时代贵州精神，深入落实中央、省委的决策部署，咬定目标使劲干，为决战脱贫攻坚战、决胜同步小康而不懈奋斗！

希望同志们对州委常委会的工作提出意见和建议。

2018年5月24日，州委书记刘文新主持召开州委全面深化改革委员会会议

2018年7月27日，州委书记刘文新出席黔西南州新时代双拥模范城创建工作大会

2018年10月31日，州委书记刘文新会见华为贵州代表处有关人员

2018年12月6日，州委书记刘文新在兴仁市调研产业发展

（州委办　提供）

政府工作报告

——在州八届人大三次会议第一次全体会议上

（2019年1月9日）

州人民政府州长　杨永英

各位代表：

现在，我代表州人民政府向大会作工作报告，请予审议，并请政协委员和其他列席人员提出意见。

一、过去一年工作回顾

刚刚过去的2018年，在州委的坚强领导下，在州人大、州政协的监督和支持下，我们认真贯彻省委、省政府和州委的各项决策部署，践行新发展理念，深化供给侧结构性改革，守好发展和生态两条底线，全力打好三大攻坚战，在稳增长、促改革、调结构、惠民生、防风险上主动作为，经济社会呈现稳中有进、提质升位、民生改善的良好态势，较好地完成了州第八届人大二次会议确定的目标任务。预计地区生产总值增长12%，农林牧渔业增加值增长6.5%，规模以上工业增加值（2000万元口径）增长11%，服务业增加值增长16%；500万元以上固定资产投资增长20%，社会消费品零售总额增长12.5%；一般公共预算收入增长3.1%；城镇、农村居民人均可支配收入分别增长10%、11%；城镇新增就业4.02万人，登记失业率控制在4.2%以内；城镇化率提高到46%；森林覆盖率提高到58%。

（一）尽锐出战，精准施策，三大攻坚战取得重大胜利。一是脱贫攻坚战取得决定性胜利。四场硬仗战果显著。建成新市民居住区17个，建成住房36811套，累计实现18.22万人搬迁入住，解决就业创业6.58万人，新市民计划取得实效，得到中央有关部委及省委、省政府的肯定；提前一年基本实现30户以上村民组“组组通”硬化路；解决38.68万农村人口饮水安全问题；全州实现10.52万贫困人口脱贫、142个贫困村出列，兴仁市实现减贫摘帽。产业革命卓有成效。认真落实总书记亲自关心的“白叶一号”工程，完成白茶种植1万亩，带动贫困户1093户3483人；实施“退一进十”工程，调减籽粒玉米种植面积87.67万亩；在全省率先开展“农调扶贫险”，保障农民增收10亿元以上。对口和定点帮扶持续给力。“星火计划·科技扶贫”试验区建设取得新进展，争取中央统战部、各民主党派中央、全国工商联等帮扶项目117个，投入资金7.92亿元；公安部、中国联通分别投入帮扶资金1.04亿元、0.91亿元；宁波市帮扶财政资金3.4亿元，实施帮扶项目135个。五项专项治理成效明显。有效解决了漏评、错评、错退等一批突出问题，群众认可度显著提升。二是污染防治攻坚战取得突破性胜利。扎实推进中央、省委环保督察反馈问题整改，解决了一批突出问题。四大生态工程取得明显成效，完成营造林88万亩，石漠化治理206平方千米，水土保持综合治理322平方千米，实现林业产值351亿元，增长

47.6%；建成城镇生活污水处理厂55座、配套管网917千米，城镇生活污水处理率提高到93%；认真落实河长制，扎实开展“四清行动”，万峰湖“清网行动”战果丰硕，“两江一河”网箱全部拆除，县级以上集中式饮用水源地水质达标率保持100%；报废淘汰黄标车3153辆，在全省率先“清零”；兴义等4县市医疗废物处置中心建成投用。三是风险防控攻坚战取得阶段性胜利。严格落实政府债务风险防控措施，一般债务率基本持平、专项债务率降低23%、综合债务率降低8%，全州已由风险提示地区转为无风险地区；加强银行存量不良贷款处置，有效防控金融风险。严格落实安全生产、食品药品安全责任制，有效遏制重特大事故发生。巩固“三维一体”信访维稳源头防控工作机制，全面推行“1+N”大数据警务模式，创新开展“雷霆行动”“夏秋风暴”，推进“扫黑除恶”专项斗争，社会治安形势持续好转。

（二）调整结构，推进转型，高质量发展取得重大进展。一是农业结构调整实现新突破。精品水果发展到35万亩、中药材发展到63万亩、茶叶发展到40万亩、食用菌发展到3.5亿棒；新增省级园区3个，农业园区完成投资156.5亿元，实现销售收入198亿元；新增龙头企业35家、新型合作社685家；完成无公害农产品认定159.6万亩，产品认证118个，“安龙白及”等4个农产品获国家地理标志商标。二是工业转型升级实现新进展。能源保障加快提升。完成煤矿机械化升级改造21个，原煤过站量突破1300万吨，扭转连续5年煤炭产量下滑局面；中电普安电厂建成发电，贞丰自备电厂第1台机组点火试产，册亨丫他等光伏电站建成发电，电力装机突破1000万千瓦，发电量突破300亿千瓦时，用电量突破110亿千瓦时。传统产业加快升级。实施“千企改造”项目137个，累计完成投资153亿元，24户企业列入省级改造重点，登高煤电铝等一批企业投产达产，煤电网产融合加快推进。新兴产业加快发展。“千企引进”深入实施，新增规上工业企业入库92家。义龙大数据产业园引进蜂巢算力、中联创等30家优强企业，华为黔西南数据中心建成运营；大数据与实体经济融合企业达150家，大数据企业主营业务收入160亿元，增长38%，数字经济占比提高到28%；义龙振华新材料（二期）、锦兴轻合金装备制造等项目加快建设。特色轻工业加快发展。纳入省级中小企业“专精特新”培育名单132户，普安宏鑫茶业、册亨布依酒业等37家企业被评为省级工业企业品牌培育试点。三是服务业提质增效实现新拓展。成功举办2018国际山地旅游暨户外运动大会等重大活动；旅游投资完成120亿元，兴义万峰湖、兴仁放马坪、贵州醇景区获评国家AAAA级旅游景区；游客突破6000万人次，旅游收入479亿元，均增长40%以上。建成商业街、综合市场、农贸市场各9个，县域电商运营服务中心8个、示范项目18个，村级电商服务站点覆盖率达69.1%，培育电商市场主体260家、培训电商人才1.2万人次。

（三）狠抓项目，扩大投资，发展短板实现有效补齐。一是城乡基础设施进一步改善。完成城市基础设施投资180.89亿元，建成海绵城市项目17个、城镇道路73千米、城市公共停车位4143个；争取资金23.67亿元，完成棚改14529户；安龙招堤等3个湿地公园获评“国家湿地公园”，册亨县被评为省级森林城市；小城镇建设完成投资54.2亿元，培育贞丰龙场、普安江西坡等一批特色小城镇，建成54座小城镇生活垃圾转运设施；美丽乡村建设完成投资28亿元，224个示范村加快建设，册亨板万村列入中国传统村落保护发展“示范村”。二是交通基础设施进一步完善。完成投资300亿元，盘兴高铁实质性开工，罗甸至望谟高速公路主线建成通车，紫云至望谟高速公路部分交工验收，兴义环城高速公路加快建设，纳雍至晴隆、六枝至安龙高速公路开工建设，高速公路通车里程突破500千米，兴义市成功创建“四好农村路全国示范县”。三是水利基础设施进一步夯实。完成投资60亿元，马岭水利枢纽等37个骨干水源工程完成投资计划，望谟上亭等12座中小型水库完成大坝主体工程，兴义纳达等6座水库实现截流，晴隆西泌河等7座水库下闸蓄水，普安白水等10座中小型水库开工建设，在全省率先实现“市州有大型水库、县县有中型水库”目标。四是信息基础设施进一步提升。完成投资20亿元，省网核心节点上链带宽达680Gbps，光缆线路总长6.5万千米，基站总数达8500个。

（四）破除障碍，推进创新，发展活力得到充分释放。一是改革推动释放新活力。兴仁成功实现撤县设市；组建州国资委，国有平台公司加快实体化进程；结构性减免退抵税 17.03 亿元；投资审批制度改革下放 5758 个项目审核权限，企业登记办理时间缩减到 5 个工作日，新增市场主体 5 万户；实施“三权”抵押贷款 4.26 亿元，探索“林地占补平衡”改革；万峰林、双乳峰等 8 个景区实现“三权分离”。二是创新驱动激发新动能。建成省级科技企业孵化器 2 个、州级创业孵化示范基地 4 个、省州级众创空间 10 家，创建省级农业科技示范园 5 家；顶效经济开发区获省政府批复为黔西南州高新技术产业开发区。三是开放带动带来新动力。新增备案外商投资企业 9 家，利用外资 2.46 亿美元，增长 12%；开放平台加快建设，产业园区完成投资 185 亿元，实现工业总产值 450 亿元，分别增长 2.8%、9.8%；招商引资到位资金 925.25 亿元，增长 10.29%；兴义海关获批设立；兴义万峰林机场旅客吞吐量突破 100 万人次。

（五）尽力而为，量力而行，民生福祉得到持续增强。一是教育事业全面发展。九年义务教育巩固率、高中阶段毛入学率分别达 89.6%、91.9%，高考本科录取率突破 50%；晴隆、册亨、望谟通过义务教育基本均衡发展国家督导评估认定；争取教育项目资金 6.9 亿元，建设校舍 103.19 万平方米；学生营养餐全面集中供餐，1450 所学校实现“校农结合”。二是就业创业稳中向好。建成州级以上农民工创业示范园 6 个、示范点 17 个，引导扶持高校毕业生、返乡农民工等就业创业 4.04 万人，公益性岗位累计安置困难人员就业 6000 人，贫困劳动力实现就业创业 4.5 万人。三是医疗卫生稳步提升。全州县级人民医院全部达到二甲标准，建成州级危重孕产妇和新生儿救治中心 4 个、县级救治中心 8 个，完成 126 个乡镇卫生院标准化建设；创建国家卫生县城 1 个、卫生乡镇 9 个。四是文体事业蓬勃发展。新增“广电云”用户 9.2 万户，新建乡镇广播影视综合服务站 21 个；农村公益电影放映 1.43 万场；建成文化服务中心 19 个、民族文化纪念馆 12 个；成功承办“海峡杯”女子垒球赛、全国垒球锦标赛等重大赛事；建成 103 千米健身绿道和 8 个乡级、60 个村级农民体育健身工程。五是社会保障不断加强。纳入城乡最低生活保障 27.28 万人，发放低保金 6.97 亿元；城乡居民基本养老参保 179.93 万人；参加城乡居民、城镇职工基本医疗保险人数分别达 295.75 万人、19.69 万人，实现城乡居民基本医疗保险应保尽保。六是其他社会事业全面发展。成功创建全国民族团结进步示范州，深入创建全国禁毒示范城市，巩固提升双拥模范示范州创建成果；关心下一代、工青妇、红十字、老龄、残联、国安、国防、人防、外事、侨务、对台、气象、档案、史志、宗教等各项事业全面发展；民生项目完成投资 131.82 亿元，十件民生实事全面完成。

各位代表，过去一年的成绩来之不易，这是习近平新时代中国特色社会主义思想正确指引的结果，这是省委、省政府和州委坚强领导的结果，这是州人大、州政协监督支持的结果，这是全州干部群众团结奋斗、开拓创新的结果。在此，我代表州人民政府，向全州各族人民、干部职工表示崇高的敬意！向人大代表、政协委员，向各民主党派、各人民团体，向驻州人民解放军、武警官兵和人民警察，向所有关心和支持黔西南州经济社会发展的各界人士，表示衷心的感谢！

在肯定成绩的同时，我们必须清醒地看到全州发展不平衡不充分的问题依然存在，政府工作与满足人民日益增长的美好生活需要还存在不小差距：一是脱贫攻坚任务依然艰巨。全州尚有 15.86 万贫困人口未脱贫、175 个贫困村未出列、6 个贫困县未摘帽，33.85 万人易地扶贫搬迁新市民后续扶持、就业和社会治理压力大。二是高质量发展基础薄弱。战略性新兴产业、新经济、新业态发展缓慢，传统产业转型升级难度大；农业规模化、品牌化尚未形成，农产品市场竞争力不强；服务业发展质量不高，旅游业态单一，三次产业结构有待进一步优化。三是风险防控任重道远。传统税源支撑下滑，新兴财源培育不够，财税持续增收难度大，地方政府性债务负担较重，非法集资等违法违规金融活动隐患多，安全生产、社会治理等领域还存在薄弱环节。四是干部作风不够务实。少数干部精神不振、能力不足、担当不够，不作为、慢作为、乱作为等现象还不同程度存在。

这些困难和问题，我们一定高度重视，切实加以解决，绝不辜负全州人民的重托！

二、2019 年重点工作

今年是新中国成立 70 周年，是决胜全面建成小康社会、实现第一个百年奋斗目标的关键之年，做好全州经济社会发展各项工作至关重要。总体要求是：以习近平新时代中国特色社会主义思想为指导，全面贯彻党的十九大和习近平总书记对贵州工作系列重要指示批示精神，牢记嘱托，感恩奋进，守好发展和生态两条底线，按照十九届二中、三中全会、中央经济工作会议精神，深入贯彻全省经济工作会议和州委七届七次全会部署，统筹推进“五位一体”总体布局，协调推进“四个全面”战略布局，坚持稳中求进工作总基调，坚持新发展理念，坚持推进高质量发展，坚持以供给侧结构性改革为主线，坚持深化市场化改革、扩大高水平开放，围绕建设现代化经济体系，深刻把握“六稳”要求，坚决打好三大攻坚战，大力实施三大战略行动，加快发展山地旅游，扎实推进乡村振兴战略示范创建，统筹推进稳增长、促改革、调结构、惠民生、防风险工作，提高人民群众获得感、幸福感、安全感，保持经济持续健康发展和社会大局稳定，加快打造民族特色山地经济创新示范区，奋力夺取脱贫攻坚决战之年根本性胜利，为全面建成小康社会收官打下决定性基础。

按照上述总体要求，围绕“十三五”发展规划，今年要迎难而上、大干快上，确保实现三大目标。一是打赢脱贫攻坚年度战役。减少农村贫困人口8万人、70个贫困村出列；安龙县脱贫摘帽通过评估验收，贞丰县、普安县实现脱贫摘帽；易地扶贫搬迁入住15.63万人。二是经济增速稳中有进。地区生产总值增长11%左右，一二三产增加值分别增长7%、11%、15%左右；限额以上固定资产投资增长16%左右，社会消费品零售总额增长11%左右；一般公共预算收入增长3%，城镇、农村居民人均可支配收入分别增长9%和10%左右。三是发展质量不断提升。全员劳动生产率提高到每人7.3万元左右，科技进步贡献率提高到50%左右，研究与试验发展投入强度提高到0.9%，绿色经济、新经济、制造业占地区生产总值比重分别提高到42%、20%和25%左右；空气优良天数比例达到99%以上，森林覆盖率达到60%；城镇新增就业4万人以上，城镇调查失业率和登记失业率分别控制在5.5%、4.2%以内，常住人口城镇化率提高到49%；居民消费价格指数涨幅预期目标控制在3%以内。

围绕上述预期目标，今年要坚决贯彻落实“巩固、增强、提升、畅通”八字方针，全力推进八项重点工作取得新突破：

（一）坚持年度目标不动摇，全力夺取脱贫攻坚根本性胜利。盯紧“1123”脱贫目标，大力实施“4541”工程，对标“两不愁三保障”、对表“三率一度”，全面推进“六大行动”，坚决打赢精准脱贫攻坚战。全力改善基础设施。深入实施“四好农村路”建设，建成示范路800千米，加快改造建设乡村旅游路、产业路、资源路，切实解决农村出行难；深入实施农村饮水安全攻坚决战行动，全面解决农村饮水安全问题；加快推进农网改造，全面提升用电保障；深入实施网络扶贫五大工程，实现光纤到户率99%、行政村光纤网络和4G网络覆盖率100%。全力推进新市民计划。落实好新市民计划“1+13”系列措施，全面完成33.85万人的易地扶贫搬迁任务，完成2017年度已搬迁旧房拆除和复垦复绿任务；实施劳动力全员培训促进家庭就业全覆盖行动，确保有劳动力新市民家庭至少1人稳定就业，消除“零就业”家庭。全力攻坚产业扶贫。深入推进农村产业革命，全面落实“八要素”，加快山地特色种植、生态畜禽养殖等八大产业全产业链、全利益链发展，确保产业链延伸到村、项目覆盖到贫困户，带动10万贫困人口增收。全面落实“三保障”。办好职业教育精准脱贫班，实施贫困学生营养改善计划，确保建档立卡贫困学生资助全覆盖；实行“先诊疗后付费”等便民惠民措施，完成农村贫困人口13个病种大病专项救治，实现贫困县农村妇女“两癌”免费检查全覆盖、适龄儿童“营养包”发放全覆盖；加大老旧住房透风漏雨专项整治力度，因户施策全面解决农村住房安全问题。精准推进对口和定点帮扶。深入推进“星火计划·科技扶贫”试验区建设，继续争取中央统战部、各民主党派中央、全国工商联加大帮扶力度；推进慈溪—安龙等4个协作产业园建设，分别引进3家以上企业入驻；为各帮扶单位提供优质帮扶项目，争取更多帮扶力量。

（二）坚持高质量发展不动摇，全力推进产业发展取得新突破。深化供给侧结构性改革，加快构建现代化产业体系，全力推进质量变革、效率变革、动力变革，推动实体经济高质量发展。一是扎实推进新型工业加快发展。坚持工业强州战略，深入实施“双千工程”，完成投资335亿元以上，加快新型工业体系构建。加速煤电网产融合发展。加快推进煤矿“五化”改造，完成5个矿井综合机械化、5个辅助系统智能化改造，实现煤炭过站量1500万吨以上；加快煤层气利用，新增煤矿瓦斯发电装机3600千瓦；推进贞丰自备电厂第2台、安龙自备电厂第1台机组建成发电，大唐兴仁电厂实质性开工；加快地方电网建设，推动“两网融合”，推进低电价区尽快形成竞争优势。加快传统产业转型升级。坚定不移实施“千企改造”，完成投资155亿元，改造企业100户。加快煤电铝、煤电化、黄金等传统优势产业转型发展。加快兴仁登高铝（二期）、锦兴轻合金装备制造等项目建设，促进铝产业全产业链发展；加快阳光万峰实业等生态载能产业提质增效；加快兴电建材、益新装配式建材、阳光兴业等新型建材产业做大做强；加快兴化、宜化迁建，促进化工产业转型发展。推动新兴产业蓬勃发展。加大“千企引进”力度，着力引进世界500强、中国500强行业领军型企业，引进工业项目33个以上，新开工亿元以上项目10个、5亿元以上项目2个。推进义龙振华（二期）项目建成投产，加快贵州路兴新材料30万吨阳极碳素项目建设；推动义龙西子西奥电梯、宝康智能装备等全产业链发展。激发特色产业焕发生机。推进“品牌提升”行动，支持烟、酒、糖、茶、药、水等特色产业做大做强，实现产值300亿元以上。提高烟叶发展质量，促进“两烟”总量提升；支持薏仁米酒、灵芝酒、茶酒等保健酒提升品牌，重振贵州醇酒业；推动贞丰、望谟古方红糖项目建设；推进“普安红”“万峰绿”制茶产业规模化、品牌化发展；加快义龙红星医药产业园建设，促进贵州苗药、德良方等民族制药产业加快发展；支持金州龙泉、阳光清泉、飞龙雨等企业做大规模、做响金州水品牌。推进特色园区加快发展。加强工业主平台建设，完成投资200亿元，实现园区总产值460亿元。整合清水河、威舍园区做强做大，推进生态载能产业集群发展；加快兴仁巴铃重工园区建设，加速生态铝全产业链发展；扩大安龙石材产业园规模，提升中国“木纹石之乡”品牌；加快贞丰龙场循环产业园建设，推进建材产业发展；做强做优义龙郑鲁万工业园，推进新材料、大数据、装备制造、民族制药等产业集群发展；优化普安、晴隆、册亨、望谟工业园区产业定位，推动一二三产融合发展。二是扎实推进现代服务业发展。实施服务业发展行动计划，服务业增加值占地区生产总值比重50%以上。全力推进旅游业态拓展。加快南北盘江千里精品旅游线培育，推动万峰林AAAAA级旅游景区和安龙招堤、普安茶文化生态旅游AAAA级旅游景区创建，新增AAA级旅游景区5个，办好2019国际山地旅游暨户外运动大会等品牌活动，实施10个乡村旅游扶贫示范项目，推出10类文化旅游产品；推进安龙养生谷、义龙智能康养小镇等重点项目建设，培育一批大健康示范基地和体育运动训练基地；实现全年接待游客人次、旅游总收入分别增长30%以上。加快现代物流业发展。完成商贸物流投资80亿元以上，加快义龙货车帮智慧物流园等5个物流园区建设，推进兴义农产品物流中心、兴仁薏仁米国际交易中心等5个物流工程建设，全州冷库库容、冷链物流车辆分别达到10万吨和100台以上。加快商贸服务业发展。推进新市民居住区商业和综合服务设施全覆盖；加快农商互联示范县建设；加快电子商务进农村综合示范州建设，建成县、乡、村三级电子商务服务站点816个，覆盖90%以上行政村，电子商务交易额增长25%；批零商品销售额分别增长12%、14%以上。推进建筑和房地产业健康发展。大力发展绿色建筑、装配式建筑，实现建筑业产值100亿元；加强房地产市场调控，完成房地产投资100亿元，商品房销售428万平方米，增速10%以上。三是扎实推进大数据产业发展。深入实施大数据战略行动，推动大数据扩量提质，加快数字经济发展，数字经济占地区生产总值比重提高到30%。做强核心业态。加快义龙大数据中心和南方绿色云基地建设，引进大数据优强企业5家、数据增值服务企业10家，培育高成长型大数据企业15家，实现大数据企业主营业务180亿元，增长10%以上。做大关联业态。加快发展电子信息产业、软件与信息服务业，增加值分别增长20%以上，培育一批数字化、网络化、智能化新业态。做特衍生业态。深入实施“万企融合”行动，加快推进大数据应用和产业转型，建设融合标杆项目10个、示范项目100个，带动200户以上实体经济企业与大数据深度融合发展。四是全力支持民营经济加快发展。加大工业绿色发展基金、财政专项资金对民营企业的扶持力度，支持民营企业入驻产业园区、新市民居住区、500亩以上坝区、现代服务业聚集区等重点区域发展。认真落实降低民营企业用地、用能、税费等成本政策措施，加大融资担保支持力度，切实化解拖欠民营企业债务，帮助企业解决发展难题；降低民间资本进入基础设施、公用事业等领域门槛，全面提高民间资本投资占比，促进民营经济加速发展，民营经济占比提高到59%以上。

（三）坚持狠抓“三农”不动摇，全力推进乡村振兴取得新突破。全面落实统筹城乡发展行动，聚焦“五大振兴”，开创农业农村发展新局面。一是聚焦产业振兴，扎实推进产业革命。在种植业结构调整上取得突破。围绕“一县一业”“一坝一品”，重点推进全州500亩以上坝区、连片坡地产业结构调整，今年38个坝区率先实现亩产万元以上，建成“两江一河”精品水果、安龙石斛、晴普优质茶叶等10个产业示范带（点），新增精品水果、优质蔬菜、薏仁米、油茶各5万亩，新增中药材6万亩、茶叶10万亩、食用菌1.2亿棒，完成烟叶收购64万担以上，经济作物占比提高到75%，加快推进精品水果、优质蔬菜、中药材3个百万亩生态农业产业发展；各县（市、区）建设1至2个万亩以上无公害农产品基地，全州无公害农产品认证数量达260个，新增农产品地理标志颁证3个以上。在生态养殖业发展上取得突破。大力发展种草养畜、林下养禽，新增大牲畜出栏1万头、家禽出栏710万羽、禽蛋产量1万吨以上；加快推进安龙温氏集团100万头生态猪、普安100万只长毛兔、兴义1000万羽矮脚鸡等养殖基地建设；加快推进义龙万屯大牲畜交易集散中心建设；加强动物疫病防控，严防非洲猪瘟等疫情发生。在一二三产融合发展上取得突破。强化农业园区主平台建设，按照“五个一”标准，各县（市、区）重点建成2个以上一二三产融合示范园区，各乡镇重点建设1个以上县级农业园区；建设兴义纳灰、兴仁鲤鱼坝、安龙大秦、贞丰龙场、普安江西坡、晴隆沙子、册亨高洛、望谟桑郎、义龙楼纳等一批田园综合体，培育一批品牌园区，促进全州农产品加工转化率提高到43%以上。在拓展农产品市场上取得突破。建设金州农产品营销中心，推动兴仁薏仁米、安龙食用菌、晴普优质茶叶、册望精品水果等农产品集散中心建设，实现农产品销售额增长30%以上；深入推进农产品“十进”工程，实现农产品销售额17亿元以上；大力发展农村电商，实现农产品线上交易额20亿元以上。二是聚焦生态振兴，扎实推进人居环境整治。全面完善农村基础设施。深入实施“四在农家 · 美丽乡村”六项行动计划，实现农村电网供电可靠率99.8%；建成垃圾收集处理站113个，实现自然村寨垃圾收集设施全覆盖，农村生活垃圾得到有效治理；全面加快农村生活污水处理设施建设，切实提高农村生活污水处理能力。全域推进农村环境治理。全面推行“户收集、村集中、镇转运、县处理”垃圾收运处理模式，切实解决垃圾乱倒问题；全面开展农村生活污水整治，着力解决污水直排问题；严格执行村庄建设管理规划，切实解决房屋乱建问题。全力推进美丽乡村建设。全面开展乡村规划，深入实施“5个100”乡村振兴示范村创建工程，各县（市、区）分别创建民族特色型、小康示范型、文化旅游型、特色产业型、生态文明型美丽乡村1~2个，推动全州美丽乡村建设取得重大进展。三是聚焦人才振兴，扎实推进新型农民培养。大力实施乡村人才振兴计划，围绕山地农业、新型工业、现代服务业、乡村旅游发展和新型城镇化建设，加强职业农民、乡土人才等培训，为乡村振兴提供人才支撑。四是聚焦文化振兴，扎实推进农村文化繁荣。大力实施乡村文化振兴行动计划，完善农村公共文化服务体系建设，放映公益电影1.2万场以上，建成应急广播系统15套、全民健身体育设施项目30个；开展群众文化活动300场以上；完成文化艺术、非遗传承等培训1000人次以上。五是聚焦组织振兴，扎实推进乡村治理。推进依法治村、以德治村和村民自治有机结合，健全乡村治安防控、矛盾化解、公共安全、科技支撑、措施保障“五大”治理体系，不断提高社会治理法治化、社会化、智能化、专业化水平，促进乡村和谐有序。

（四）坚持扩大有效投资不动摇，全力推进基础设施取得新突破。全力实施重大工程、重点项目建设行动，完成投资1130亿元，增强投资对经济发展的拉动作用。一是全力补齐基础设施短板。改善交通基础条件。完成社会交通固定资产投资200亿元，推进盘兴高铁全线开工，建成紫云至望谟、望谟县城至蔗香连接线高速公路，加快推进纳雍至晴隆、六枝至安龙高速公路建设，力争开工建设贞丰经册亨至田林高速公路，加快普安至兴义一级公路建设，续建普通国省干线改造177千米，全面启动G324国道兴义小店子至顶效羊头山提等改造工程（马岭河大桥段）；续建极贫乡镇二级公路162千米，开工建设县乡道67.8千米；开展潘家庄经紫马至平街、波阳至鸡场二级公路规划修编；推进岩架滚装码头建设，继续推进龙滩电站1000吨级通航设施建设前期工作。加快水利设施建设。完成水利固定资产投资60亿元，推进安龙平桥水库等36座在建骨干水源工程建设，马岭水利枢纽工程下闸蓄水，建成普安三岔河等5座中小型水库。开工建设安龙官山等8座中小型水库和“两江一河”沿江产业带2个提水工程项目，力争安龙美女山水库获水利部批复。夯实电力信息基础。建设兴仁潘家庄110千伏、晴隆220千伏等输变电工程；加快农村电网改造，实现农村地区供电服务全覆盖。加快推进城域网宽带扩容，上链带宽达700Gbps，光缆总长达6.7万千米，4G基站总数达9000个。二是全力推进区域联动发展。加速“一圈同城”。优化兴义、兴仁、贞丰、安龙、义龙城际公交体系，加快构建“兴兴贞安义”半小时经济圈；充分发挥黔西南州高新技术开发区引领作用，推动兴义—义龙大数据、兴仁—义龙新材料、安龙—义龙装备制造、兴仁—贞丰生态载能、安龙—贞丰石材产业跨区域联动发展。助推“两翼齐飞”。加快晴普拓展区建设，全力推进市政基础设施、公共服务设施、特色产业园区等一批重大项目建设，促进晴普两城联动发展；加快册亨岩架、双江及望谟蔗香特色小镇建设，引领“两江一河”立体生态经济带建设，助推册望协同发展。三是全力推进城乡一体化发展。提升山地城市品质。坚持产城景融合发展，加快城市公共配套服务等基础设施建设，完成投资180亿元；抓实兴义市国家级新型城镇化试点，强化生态修复，塑造城市景观，做靓国际山地旅游城市名片；加大城中村、老旧小区改造力度，新开工棚户区改造3300套。提升特色小镇品味。完善公共供水、道路、燃气、信息网络等市政基础设施，加强教育、医疗、文化、体育等公共服务设施配套建设，不断完善小城镇发展功能；巩固提升兴仁薏仁、安龙蘑菇、贞丰糯食、普安茶旅等一批特色小镇，规划建设一批以中药材、花卉、精品水果等产业为核心的特色小镇，引领全州特色小镇发展。

（五）坚持改革开放创新不动摇，全力推进动能培育取得新突破。一是坚定不移深化重点领域改革。持续开展“减证便民”行动，企业和群众办事提供材料减少60%以上，工程项目审批、企业开办、不动产登记办理时间分别压缩到80个、3个、5个工作日以内，加快9县（市、区）政务服务中心标准化建设，推进6个开发区管理体制改革和创新发展；加快国有平台公司实体化，积极推进混合所有制改革；全面推进“三权分置”“三变”改革，加快农村产权交易市场建设；积极稳妥推进机构改革，深化事业单位、医药卫生、教育等领域改革。二是坚定不移扩大对外开放。不断提高招商引资质量。持续开展产业大招商行动，各产业园区重点引进1家以上优强企业，推动百亿级产业扩幅强链；压实招商引资责任，提升招商引资“四率”，引进500强企业1家以上，重点产业招商引资到位资金400亿元以上。不断扩大区域合作。积极参与内陆开放型经济试验区建设，主动融入“一带一路”和长江经济带，推进产业发展、基础设施等对外合作；大力发展外向型经济，实际利用外资增长10%；加快兴义万峰林机场航线开发，旅客吞吐量突破120万人次。三是坚定不移推进创新驱动。加快大数据与实体经济深度融合，推进“数字工业”发展，加强高新技术企业培育，新增高新技术企业5家，国家科技型中小企业评价入库达到30家，实现科技进步水平指数54%以上，高新技术产值120亿元以上。加强科技创新平台建设，创建省级农业科技园区10个，推动黔西南高新技术产业开发区申报国家级高新区。推进喀斯特研究院科技体制改革试点。

（六）坚持守牢风险防线不动摇，全力推进风险防控取得新突破。一是切实防控政府性债务风险。严格落实地方政府性债务风险防范化解主体责任，积极化解存量债务，严格控制增量债务；严格落实“七严禁”，规范政府性投融资行为；认真组织实施财源建设行动，积极盘活资产资源，坚持用发展的办法化解债务。二是切实防控金融领域风险。严格落实属地风险处置责任，深入开展银行机构不良贷款、互联网金融、交易场所、非法集资等领域风险排查监测和处置预警；坚决打击各类违法违规金融活动，确保将各种风险隐患消灭在萌芽状态。三是切实防控安全生产风险。全面落实推进安全生产领域改革发展的实施意见，压实安全生产责任，确保主要指标持续下降；坚持源头严防、过程严管、风险严控，确保食品药品安全。四是切实防控社会矛盾风险。加强社会治安防控体系建设，推进州级应急平台与大数据、“雪亮工程”“天网工程”等整合，提升风险排查预警等领域数据监测管控能力；深化“扫黑除恶”专项斗争；坚决依法打击非法宗教和邪教活动，全面抓好意识形态工作责任制落实，切实防控意识形态和国家安全领域风险，确保社会大局稳定。

（七）坚持守好生态底线不动摇，全力推进污染防治取得新突破。一是全力打好“青山保卫战”。扎实开展国土绿化、绿色富民、森林资源保护三大行动，完成营造林40万亩、石漠化治理174.61平方千米，发展壮大精品水果、花卉苗木、油茶、板栗、花椒等林业产业，实现产值360亿元，比上年增长23.49%，加快推进生态建设与生态产业融合发展，让山更绿。二是全力打好“碧水保卫战”。加快推进“两江一河”千里水土保持示范带建设，加强生态保护修复，完成水土保持综合治理200平方千米；扎实开展城市黑臭水体治理攻坚行动，推进“两江一河”流域“四清行动”深入开展；加快工业、农业、生活污染源和水生态系统整治，开工建设城镇污水处理厂29个，配套管网101千米，新增污水处理能力5.08万吨，实现建制镇污水处理设施覆盖率达75%，农村污水治理率达到30%，县城以上集中式饮用水源地水质达标率保持100%，让水更清。三是全力打好“蓝天保卫战”。深入开展扬尘、工业企业大气污染、散煤燃烧等治理行动，确保城市环境空气质量优良率达99%以上，让天更蓝。四是全力打好“净土保卫战”。实施土壤污染治理行动计划，分类推进土壤环境保护，加强土壤环境修复；扎实推进工业渣场、工业固废综合利用，抓好医疗废物、危险废物等污染防治；启动兴义、兴仁等城市餐厨废弃物处置设施建设；加大“三废”回收管理体系建设，加快推进生活垃圾分类收集处理，开工建设3个垃圾焚烧发电厂，彻底整治垃圾污染，让土更净。

（八）坚持以人民为中心不动摇，全力推进民生保障取得新突破。一是切实增强就业保障。实施高校毕业生就业创业计划和基层成长计划，扶持450名以上高校毕业生创业，选派500名以上高校毕业生到基层锻炼；实施农民全员培训计划，培训农村贫困劳动力、新市民各5万人次以上，培训后实现就业创业2.5万人以上；做好退役军人优抚安置工作。二是切实增强就学保障。深入实施“教育立州”战略，推进义务教育优质均衡发展；推进黔西南州省级师资发展中心建设；规范城区义务教育管理，消除城镇义务教育学校“大班额”，切实减轻中小学生课外负担；强化控辍保学，义务教育巩固率提高到90%以上；推动学前教育普惠提质，学前三年入园率提高到91%以上；办好职业教育，优化兴义师院、黔西南职院学科和专业设置，支持社会力量办学，切实提高办学质量。三是切实增强医疗保障。完成6个在建县级医院、11个社区卫生服务中心项目主体工程，实现36个新市民居住区医疗机构全覆盖；加快推进州区域远程影像诊断中心、妇幼保健院、全民健康信息平台、义龙新区人民医院等项目建设；启动州中医院迁建前期工作；实现跨州跨省异地就医住院医疗费用即时结算；加快建立分级诊疗制度，县域内就诊率达到87%左右。四是切实织牢民生网底。统筹推进城乡社会救助体系建设，加大对农村留守儿童、困境儿童、特困供养失能半失能老人的关爱救助力度，实现农村生活不能自理特困人员供养全覆盖，集中供养率达20%；做好易地扶贫搬迁新市民农低保转城低保工作。五是抓实其他社会事业。推进十大运动休闲特色小镇建设，办好汽车拉力、攀岩、露营、越野跑、棒垒球等品牌赛事。扎实推进新一轮全国双拥模范城创建，巩固提升全国民族团结进步示范州创建成果，加强信访工作法治化建设，重视国防动员和后备力量建设，支持军队建设和监察委、法院、检察院工作，加强国家安全、司法行政、民族宗教、外事侨务、人防等工作。

群众工作无小事，我们要把好事办好、实事办实，全面落实“十件民生实事”：1.全州30户以上自然村寨全部通硬化路，行政村通客运班车率达100%；农村公路安全生命防护工程处置里程500千米。2.解决20.06万农村人口饮水安全问题。3.新建2所城镇义务教育学校、10所公益性幼儿园，改扩建10所寄宿制学校、申报1所普通高中省级特色示范学校、1所普通高中省级示范学校，补充特岗教师300名。4.新建城市公共停车位3000个。5.公益性岗位累计安置困难人员就业6000人，农业劳动力转移就业5.91万人。6.完成州市共建养老产业园一期工程，提质改造城乡养老服务机构30所。7.实施城镇安居工程3300套、改造农村危房4000户。8.全面推进厕所革命，新建改造农村户用卫生厕所6.79

万户、农村公共卫生厕所336个、城镇社区公共卫生厕所52个、旅游厕所125个。9.新建乡镇老年体育活动中心、农民体育健身设施35个、乡镇级“农体工程”8个、村级“农体工程”60个，建设文体活动场所36个、便民设施40个，完成100千米健身绿道建设。10.新建农村“雪亮工程”视频监控3000个。

各位代表，人民对美好生活的向往就是我们的奋斗目标。以上实事，我们将一项不漏地办实办好，努力提升人民群众的获得感、幸福感、满意度！让全州人民生活一天比一天更加美好！

三、加强政府自身建设

新形势、新任务对政府自身建设提出了新的更高要求。我们要提高政治站位，加快政府治理能力和治理体系现代化建设，全面提高落实力和执行力，为人民群众提供优质高效服务。

（一）强化政治担当，切实提高执行能力。提高政治站位。树牢“四个意识”、坚定“四个自信”、践行“四个服从”，坚决维护以习近平同志为核心的党中央权威和集中统一领导，自觉从政治上把握大局、看待问题、谋划事业、推动工作，不折不扣执行党中央、国务院，省委、省政府方针政策，雷厉风行落实州委工作安排，做到州委有部署、政府见行动，州委有号召、政府见成效。强化战略谋划。深学笃用习近平新时代中国特色社会主义思想，精准把握党的路线方针政策，大兴学习之风、调研之风、实干之风，坚持问计于民、问需于民、问效于民，聚焦经济社会发展目标和老百姓最急、最需、最忧、最盼的民生热点难点、痛点、堵

2018年3月27日，州委书记刘文新，州委副书记、州长杨永英沿湖巡查网箱清理情况　（州委办　提供）

点，谋划推出一揽子务实管用的举措，采取一系列立竿见影的工作行动，让党中央各项决策部署在我州落地见效、开花结果。狠抓工作落实。强化“真抓实干、马上就办、办就办好”，迅速将各项决策部署转化为具体行动、转化为发展实效；对既定重大战略、重大工作、重大项目要一以贯之、一鼓作气、一抓到底；面对脱贫攻坚、污染防治、债务化解等急难险重任务，勇于担当、敢于创新，迎难而上加以解决。

（二）坚持依法行政，切实提高治理能力。树牢法治思维。强化法治理念，增强法治意识，守牢法律底线，切实提高运用法治方式深化改革、推动发展、化解矛盾、维护稳定的能力，形成平时学法、办事依法、遇事找法、解决问题用法、化解矛盾靠法的良好法治环境，推动政府权力在法治轨道上运行。健全政府决策机制，完善公众参与、专家论证、风险评估、合法性审查、集体讨论决定等重大行政决策程序，提高科学决策、民主决策、有效决策水平。加强规章建设。进一步完善政府立法机制，科学确定立法项目，切实提高立法质量。加强对城乡建设、环境保护、文化保护等方面立法工作，加快《马岭河风景名胜区保护条例》《新市民权益保障条例》等法规制定，继续抓好规范性文件“三统一”，深入开展政府规范性文件清理，形成科学合理、切实可行、具体管用的制度规范体系。公正文明执法。推行行政执法公示、过程全记录和重大行政执法决定法制审核制度；加强执法人员资格管理；完善执法决策机制、监督机制，规范综合行政、市场监管、安全生产等领域行政执法，开展不规范、不公正、不文明执法行为集中整治行动，做好行政裁决、行政复议、行政应诉，切实营造公正文明执法环境。真诚接受监督。自觉接受人大及其常委会的法律和工作监督，自觉接受政协的民主监督，高度重视民主党派、工商联和无党派人士的意见建议，充分发挥工青妇等人民团体桥梁纽带作用，接受新闻舆论和社会公众监督，认真办好人大代表议案、建议和政协提案，主动回应代表、委员关切，提高办理质量。

（三）优化政务环境，切实提高服务水平。营造诚信透明的政策环境。强化政策落实督促检查，在开放平台探索设立“政策兑现窗口”，严格兑现承诺事项，严禁“打白条”“放空炮”。营造公平有

序的市场环境。建立和落实市场准入负面清单，降低投资门槛，实行“非禁即入”，清理和废除妨碍统一市场和公平竞争的各种规定和做法，营造宽松便捷的市场准入环境；加强重点领域市场监管，打击传销、制售假冒伪劣商品等违法行为，营造公平有序的市场竞争环境；健全消费维权机制，加强重点人群消费维权，营造安全放心的市场消费环境。营造优质高效的服务环境。加快政务服务标准化建设，确保兴义、册亨、义龙达标；提升“互联网＋政务服务”，推进跨层级、跨地域、跨系统、跨部门、跨业务的协同管理和服务，实现线上“一网通办”，线下办事“只进一扇门”，现场办理“最多跑一次”，确保服务和效率高于周边、成本和负担低于周边；畅通政企沟通渠道，落实好联系服务重点企业制度，规范政商交往行为，构建“亲”“清”新型政商关系。

（四）加强廉政建设，切实守好廉洁底线。扎实开展“不忘初心、牢记使命”主题教育，牢固树立以人民为中心的思想，正确对待手中权力，把实现和发展人民福祉作为检验政府工作成效的第一标准。深入推进干部约谈常态化，教育全体党员干部自警自省，防微杜渐，切实筑牢思想之“堤”，增强“不想腐”的自觉。进一步规范政府系统权力监督制约，建立最严格管理制度，用好大数据监管手段，强化政策性跟踪审计，构建州县乡三级财政资金预算、拨付使用、绩效评估全链条监控机制，强化公共资源招投标管理，推行公共资源交易“远程不见面”开标，管好脱贫攻坚、基础设施建设、公共资源交易等领域资金，把机制建设贯穿权力运行始终，切实织密制度之“网”，扎牢“不能腐”的笼子。坚持有腐必反、有贪必肃、有案必查，严厉查处损害群众利益的各类案件，对“压黄线”的问责、对“闯红灯”的出拳，对“涉禁区”的亮剑，重点整治基层干部损公肥私、贪污挥霍、执法不公、优亲厚友、为黑恶势力充当“保护伞”等腐败问题，高悬惩腐之“剑”，强化“不敢腐”的震慑。

各位代表！脱贫攻坚、同步小康已到了决战决胜关键时刻。让我们以习近平新时代中国特色社会主义思想和党的十九大精神为引领，在州委的坚强领导下，牢记嘱托，感恩奋进，扎实工作，奋力拼搏，坚决夺取脱贫攻坚根本性胜利，以优异成绩庆祝新中国成立70周年！

名词解释

1.“四清行动”：指的是2018年州委、州政府为抓好中央第七环保督查组反馈问题整改，推动以万峰湖为重点的南北盘江—红水河流域污染问题彻底整治，清理污染源、清理沿岸污染物、清理网箱养鱼、清理水上违章建筑的行动。

2.“三维一体”：指的是州委、州政府为加强信访维稳源头防控工作提出的“维护合法权益、维护社会稳定、维护社会秩序”三项重点任务。

3.“1+N”大数据警务模式：“1”指的是一个大数据实战化指挥中心；“N”指的是大数据警务工作模式，包括大数据风险感知警务、大数据客运安防反恐防恐警务、大数据山地旅游警务、大数据脱贫攻坚警务、大数据城区防控警务、大数据新型农村（社区）警务、大数据重大安保警务、大数据督察警务等。

4.“三权分离”：指的是为推动旅游景区产业化发展，激发旅游发展活力，提出“所有权、管理权、经营权”三权分离。

5.“六稳”：2018年12月13日中央政治局召开会议，分析研究2019年经济工作，会议指出2019年经济工作要“稳就业、稳金融、稳外贸、稳外资、稳投资、稳预期”。

6.“六大行动”：为坚决夺取2019年脱贫攻坚根本性胜利，州委、州政府提出要实施脱贫攻坚问题歼灭战行动、易地扶贫搬迁新市民计划行动、振兴农村经济的深刻产业革命行动、全面落实“四个聚焦”行动、劳动力全员培训促进家庭就业全覆盖行动、乡村振兴示范引领行动六大行动。

7.“两癌”：指的是乳腺癌和宫颈癌。

8.“五化”改造：指的是为推动传统煤矿产业转型升级，对煤矿实施“标准化、机械化、自动化、信息化、集团化”升级改造。

9.“两网融合”：指的是“南方电网贵州电网公司电网和金州电力公司的地方电网”融合。

10.“一圈同城”：指的是“以兴义中心城市为核心、以兴仁、安龙、贞丰县域中心城市为支撑的兴兴安贞城镇”同城发展。

11.“两翼齐飞”：指的是“以册亨县、望谟县组成的东翼发展区”和“以普安县、晴隆县组成的北翼发展区”共同发展。

州情概览

基本概况

【政区位置】 黔西南布依族苗族自治州位于滇黔桂三省（自治区）结合部，省境西南隅，云贵高原东南端。地跨北纬 24° 38′ ~ 26° 11′，东经 104° 35′ ~ 106° 32′，东西长 210 千米，南北宽 177 千米。东与黔南布依族苗族自治州罗甸县接壤，南与广西西林、隆林、田林、乐业 4 个县隔江河相望，西与云南省富源、罗平县和六盘水市盘州市毗邻，北与六盘水市水城县、六枝特区接壤，东北面与安顺市关岭、镇宁、紫云隔江相望。

【国土面积】 全州总面积 1.68 万平方千米，占全省面积的 9.7%，在全国 30 个自治州中排列第 26 位。在全州面积中，陆地面积 1.65 万平方千米，占 98.21%，水域面积 296 平方千米，占 1.76%。宜耕地面积占 1%，宜林面积占 37.5%，宜牧面积占 11.8%；山地占 53.8%，丘陵占 14.9%，盆地占 4.4%，河谷坝子占 26.9%。人口密度为每平方千米 204 人。

【人口数量】 全州 2010 年第六次人口普查常住人口为 280.59 万人，其中，男性为人口 144.43 万人，占 51.47%，女性人口为 136.16 万人，占 48.53%；汉族人口为 169.20 万人，占 60.3%，各少数民族人口为 111.39 万人，占 39.7%；居住在城镇的人口为 78.99 万人，占 28.15%，居住在乡村的人口为 201.60 万人，占 71.85%。2018 年，户籍人口 365.17 万人，比上年末增加 4.56 万人。其中城镇户籍人口 128.88 万人，占年末户籍人口的比重为 35.3%。男女性别比（以女性为 100）为 108.53。全年出生人口 6.52 万人，出生率为 18‰；死亡人口 1.93 万人，死亡率为 5.33‰；自然增长率为 12.64‰。

州内居住着汉族、布依族、苗族、彝族、回族、黎族、仡佬族、壮族、瑶族、侗族、蒙古族、白族、水族、土家族、满族、藏族、哈尼族、仫佬族、朝鲜族、傣族、土族、维吾尔族、京族、畲族、纳西族、哈萨克族等 35 个民族。其中：布依族占全州总人口的 29.68%，占全州少数民族人口的 70.26%；苗族占总人口的 7.40%，占全州少数民族人口的 17.52%。

【行政区划】 2018 年，全州辖 2 市、6 县、1 新区，即兴义市、兴仁市、安龙县、贞丰县、普安县、晴隆县、册亨县、望谟县和义龙新区。下设 26 个街道，82 个镇，18 个乡（其中 3 个民族乡，即兴仁县鲁础营回族乡、晴隆县三宝彝族乡、望谟县油迈瑶族乡），共126个乡、镇、街道，其中：街道26个、镇82个、乡18个。辖村1008个、社区223个。

【地形地貌】黔西南州属珠江水系南北盘江流域，属典型的低纬度高海拔山区。整个地形西高东低，北高南低。最高点在兴义市七舍、捧乍高原顶峰，海拔2207.2米；最低点在望谟县红水河边大落河口，海拔275米，高差1932.2米，海拔大多在1000～2000米之间。州境内地形起伏大，地貌复杂，可分为5个不同地貌区，即低山侵蚀山地峡谷区、岩溶高原槽坝区、岩溶侵蚀高原区、岩溶侵蚀山地区、侵蚀山地河谷区。全州土壤分为12类，35个亚类，160余个土属，470多个土种。土壤多属酸性和微酸性红、黄壤。

【气候特点】全州气候属亚热带季风湿润气候区。常年全州平均气温16.4℃，各地平均气温在13.9℃（普安）～19.5℃（望谟），1月平均气温7.3℃，极端最低气温–8.9℃（1968年2月14日出现在安龙）；7月平均气温23.1℃，极端最高气温41.2℃（2012年5月6日出现在册亨）。无霜期年平均317天，最长365天，最短219天。年平均日照时数1454.3小时。年平均降雨量1327.2毫米，年平均降雨日数为189天，最多达216天（1981年），最少为137天（2009年）。极端年最大雨量2047.8毫米（1965年晴隆县），极端年最少雨量639.7毫米（2011年兴义市）。降雨集中在每年5月至9月，6月最多。热量充足，雨量充沛，雨热同季，无霜期长，终年温暖湿润，冬无严寒，夏无酷暑。

历史文化

【建置沿革】春秋、战国至秦、汉、两晋为夜郎国、牂牁郡、夜郎县、夜郎郡、兴古郡。南北时期为东爨（cuàn）、乌蛮。唐、宋、元时期先后为西平州、盘州、于矢部、罗甸国、泗城州、普安路、普安部、安隆州。明代为普安卫、普安府、泗城州、普安厅、普安司、普安州、安南所、安隆所。明朝末年，南明永历朝廷播迁安龙，改安隆千户所为安龙府，属于云南行省。清代先后为普安卫、普安州、普安县、安南卫、安南所、安笼所、安笼府、南笼厅、南笼府、安南县、永丰州。清嘉庆二年（1797），改南笼府为兴义府，治所驻今安龙县城；改永丰州为贞丰州，次年置兴义县。兴义府辖贞丰州（今贞丰县及望谟一部分）、册亨州（今册亨县）、普安县（今普安县）、新城县（今兴仁县）、安南县（今晴隆县）、兴义县（今兴义市）和捧鲊巡检（今兴义捧鲊镇）。民国三年（1914年），撤销兴义府，境内隶贵西道。民国九年（1920年），撤销贵西道，各县直属贵州省。民国二十四年（1935年），贵州分设11个行政督察区，州境属第三行政督察区，治所驻兴仁县，辖兴仁、兴义、盘县、安龙、贞丰、安南（今晴隆）、关岭、普安、册亨9个县。

1950年4月，设贵州省兴仁专区，为贵州省派出机构，辖兴仁、兴义、普安、盘县、晴隆、关岭、安龙、贞丰、册亨、望谟10个县，专署驻兴仁县城。1951年11月，兴仁专署由兴仁县城移驻兴义县城关镇。1952年11月8日，专区以专署驻地命名，改兴仁专区为兴义专区，以原兴仁专区辖区为兴义专区辖区。1955年6月15日，贵州省人民政府兴义区专员公署改称贵州省兴义专员公署。1956年7月18日，撤销兴义专区，将专区所辖的兴义、兴仁、普安、晴隆、盘县、关岭6个县划归安顺专区管辖，专署由兴义县移至安顺；安龙、贞丰、册亨、望谟4个县划归黔南布依族苗族自治州管辖。

1965年7月18日，兴义专区建置重新设立，专署驻兴义县城关镇，为贵州省人民委员会派出机构。将安顺专区所辖兴义、兴仁、盘县、普安、晴隆5县和黔南布依族苗族自治州所辖安龙、贞丰、册亨、望谟4县划入兴义专区管辖。11月13日，撤销安龙、贞丰、册亨、望谟4个县，后分别建立安龙、望谟布依族苗族自治县和贞丰、册亨布依族自治县，仍均隶兴义专区。1966年，兴义专区辖兴义、兴仁、盘县、普安、晴隆5个县和安龙、贞丰、册亨、望谟4个自治县。1967年，兴义专区改称兴义地区，驻地及辖区不变。

1971年1月，盘县改为特区，归六盘水市所辖。兴义地区辖8个县（4个自治县）。1981年9月21日，国务院批准撤销兴义地区及安龙、贞丰、册亨、望谟4个自治县建置。

1982年5月1日，黔西南布依族苗族自治州人民政府正式成立，自治州人民政府驻兴义县城。1987年11月6日，经国务院批准，撤销兴义县，建立兴义市，自治州人民政府驻兴义市。1992年9月经州政府批准成立州顶效经济开发区，1995年9月经省政府批准为贵州顶效经济开发区，属县级建制，辖顶效镇，开发区工委、管委会分别属州委、州政府派出机构。2012年1月，经省政府批准，顶效开发区行政区划扩至兴义市原郑屯镇、鲁屯镇、万屯镇及马岭镇的马岭河以北区域。2013年6月2日，州委、州政府以顶效经济开发区、安龙经济开发区为基础，组建义龙新区。2014年12月26日，贵州省发展和改革委员会批复设立贵州城乡统筹发展综合改革义龙试验区（简称义龙试验区）。2016年9月23日，经中共黔西南州委、黔西南州人民政府研究决定原义龙试验区更名为义龙新区。

【民族文化】 民族节日主要有布依族“三月三”“六月六”“查白歌节”“毛杉树歌节”；苗族“二月二”走亲节、“八月八”风情节、“采花节”（又叫“跳花坡”）；彝族“火把节”等。民族歌舞，布依族“八音坐唱”、布依铜鼓十二则、查白歌节、土法造纸、布依戏等被列入国家级非物质文化遗产，彝族舞蹈“阿妹戚托”被誉为“东方踢踏舞”。

【文物考古】 截至2018年底，全州有文物藏品11625件（套），其中国家一级文物45件（套），约占全省国家一级文物的一半。从兴义市万屯墓群和兴仁县交乐墓群出土的东汉时期的抚琴俑、铜车马、连枝灯、摇钱树、巴郡守丞印、陶质水塘稻田模型，在安龙等地发现的铜釜、铜洗（盆）、编钟、羊角钮钟，均为文物精品。普安青山铜鼓山遗址从1980年进行正式发掘，2002年进行第二次发掘，两次发掘面积共2399平方米，发掘清理房址4座、窑址1座、灰坑11个，出土较完整陶器、石器、青铜器、铁器、玉器、冶铸青铜陶范模等500余件（套），陶器碎片1万余件，出土文物与同时代邻近的滇、巴蜀、楚文化均有差异，具有独特的地方风格，尤以内模、外范最为突出，对探讨古夜郎文化具有重要意义。1974年贵州省博物馆考古工作者在兴义市顶效镇东侧猫猫洞发掘出土7件珍贵人类化石，4000多件石制品及数量众多的哺乳动物化石，发现用火遗迹，1980年中国科学院将猫猫洞遗址出土的人类化石定名为“兴义人”，并称“在一个遗址内出土人类化石之多、石器材料之丰富、骨器数量之大、制作之精致，在华南旧石器时代晚期是首屈一指的，在全国也十分突出”。兴义市顶效镇绿荫村是中国已知海相地层中唯一同时发现爬行动物和鱼化石的地方，其化石种类和数量之多，受到国内许多专家、学者的重视，被誉为“古生物化石宝库”，1957年在该处首次发现的距今2.4亿年的“贵州龙”化石，是中国报道的第一个三叠纪水生爬行动物化石。州境内还有多处摩崖石刻，文字有汉文、彝文、阿拉伯文、满文，字体正、草、隶、篆兼备，内容既有官方文告，也有民间乡规民约、名人题记、历史事件记述等，涉及政治、军事、经济、文化、社会等各个方面，是刻在石头上的“史书”。

自然资源

【水能资源】 境内河流均属珠江流域，州境内共有河长10千米以上、流域面积大于20平方千米的河流102条，南盘江、北盘江、红水河是州内三条较大的江河。南盘江发源于云南沾益马雄山南坡，由云南沾益、陆良、罗平八大河乡，至兴义三江口流靠州境，沿州南界，流经兴义、安龙、册亨，至册亨双江口与北盘江汇合，在州境内流长264千米，年径流量一般在262亿～151亿立方米之间，多年平均年径流量为194.9亿立方米，流域面积6522.6平方千米，占全州地域面积的38.83%；北盘江发源于云南沾益马雄山西北坡，由云南宣威、贵州水城，至普安龙吟丫口流靠州境，沿州北界，流经普安、晴隆、兴仁、贞丰、望谟、册亨，至册亨双江口与南盘江汇入红水河，在州界流长237千米，州内流长94千米，总流域面积8758.42平方千米，占全州地域面积的52.15%；南、北盘江在册亨双江口汇合后为望谟、广西的界河，称红水河，沿望谟县南缘，由西向东，经蔗香、坝从、渡邑至桑郎河口流离州境，流长44千米，年径流量在523亿～249亿立方米之间，流域面积1515平方千米。在三大河流的支流中，属一级支流的河流39条，河流长1504.4千米；二级支流55条，河流长1097千米；三级支流12条，河流长188.1千米。乌蒙余脉在境内的乌龙山是南、北盘江的分水岭，南盘江的支流由北向南注入南盘江；北盘江的支流由南向北、向西或向东注入北盘江。各河流从河源到河口，从分水岭到河槽，两岸坡度陡峻，汇流时间快，局部地段有跌坎、陡滩，水流湍急，河流的比降大（南、北盘江平均比降在1.6‰左右，支流的平均比降一般在10‰左右）。各河流一般在5月初水位上涨，流量和含沙量猛增，直至10月底河水才逐渐由浑变清，水位递减。汛期5—9月的总流量占全年的80%～90%，其中6—8月是丰水期，这期间的径流量占全年的50%～70%，1—4月为枯水期，这期间的径流量占全年的10%左右。由于境内河流落差大，全州可供开发的水能资源丰富，水能理论蕴藏量为312.5万千瓦（界河以半数计），比全国平均值高一倍，可供开发的水能资源发电量达1000万千瓦以上，是全国三大水电基地之一的红水河水电基地的重要组成部分。现已开发建成鲁布格电站，天生桥一、二级电站，平班电站，光照电站，董箐电站，鲁贡电站等大中小型电站，装机容量达600万千瓦以上，年发电量达到128亿千瓦时以上，是“西电东送”的重要电源基地、电力枢纽和通道。

【矿产资源】境内已发现矿藏41种，占全省已发现矿种的一半，正式提交储委批准有开发价值的21种。已探明的地下矿藏有煤、金、锑、铊、铅、锌、铁、汞、铜、铝土、砷、磷、萤石、大理石、石灰石、黏土、石英砂、铝、石膏、白云石、钼、冰洲石、水晶、硅石、钴、高岭土等。其中煤炭资源是“西南煤海”的重要组成部分，已探明储量75.28亿吨，远景储量190多亿吨，名列全省第三位，多数发热量为7000～8000大卡/千克，主要分布在普安、兴仁、贞丰、安龙、晴隆、兴义等地，可采量39.8亿吨。2015年，完成煤矿建设固定资产投资40亿元；生产原煤3138万吨；金矿资源已探明的特大型矿床1处、大型矿床4处、中型矿床1处、小型矿床4处及矿点、矿化点数十处，保有储量占贵州省的90%以上，已探明的地质储量约500金属吨，远景储量1000吨以上，被中国黄金协会命名为“中国金州”。

【生物资源】黔西南州气候多样，给动植物生长和繁衍提供了得天独厚的自然条件。境内植物种类达3913种以上。其中珍稀植物300多种，著名植物有叉孢苏铁、贵州苏铁、云南穗花杉、红豆杉、辐花苣苔、伯乐树、麻栗坡兜兰等；油料植物有麻疯树（又名小桐子、柴油树，是生产生物柴油的重要原料树种）、黄连木、油桐、油茶、乌桕、石栗、宜昌南、香叶树、千年桐等；果树植物有板栗、核桃、桃、李、梨、猕猴桃、红泡刺藤、栽秧泡、大果榕、橘、橙、苹果、矮杨梅、杨梅、枇杷、大乌泡、梅、椪柑、柿、番石榴、拐枣、仙人掌、头状四照花、知梗四照花、猫儿子、白木通、葡萄、黄毛草莓等；香料植物有花椒、山鸡椒、竹叶椒、木姜子、砂仁、少桂花、刺芫荽、八角、薄荷等；纤维植物有棕榈、构树、野葛、山核桃、化香树、龙舌兰、龙须草、料慈竹、麻竹、毛金竹、撑绿竹、小蓬竹、箭竿竹、地瓜藤等。境内有中草药资源近2000种，其中植物药1800多种，动物药163种，矿物药12种。特色药用植物有小花清风藤、石斛、铁皮石斛、环草石斛、艾纳香、米楠、灵芝、黄褐毛忍冬（金银花）、倒提壶、木蝴蝶、余甘子、通草、黑草、天花粉、黄精等。境内有野生动物12纲542种11亚种以上，其中被列入国家一级保护动物的有黑叶猴、云豹、金雕、黑颈鹤、蟒等6种，国家二级保护动物有猕猴、穿山甲、白腹锦鸡、虎纹蛙等36种，境内国家一级、二级保护动物占贵州省的45.98%。境内拥有林地945.23万亩，牧草地297.43万亩，2018年末全州森林覆盖率57%。

【风景名胜】境内有国家级风景名胜区马岭河峡谷（含国家地质公园万峰林、万峰湖）和贞丰双乳峰风景区2个，省级风景名胜区7个，省级自然保护区4个，省级以下风景区50多个。文化遗址有“兴义人”古文化遗址，万屯、交乐古墓群，贵州龙化石；名胜古迹有安龙招堤、明十八先生墓、兴义府试院、五省会馆、晴隆“二十四道拐”抗战文化遗址、何应钦故居、刘氏庄园等。

【交通条件】黔西南州素有“西南屏障”和“滇黔锁钥”之称，是黔桂滇三省（自治区）毗邻地区重要的商品集散地和商贸中心。截至2018年底，州境内交通运输线路，铁路有南昆线、威红线，南昆线境内长 187 千米，威红线境内长 9 千米；公路有沪昆高速、汕昆高速、晴兴高速公路和 324 和 320 国道，其中沪昆高速公路境内长 65 千米，汕昆高速公路境内长 127 千米，晴兴高速公路 70.92 千米。境内通航河道 50 条，航道总长 1017.33 千米，其中北盘江航道 289.21 千米，南盘江航道 267.38 千米，红水河航道 107 千米，北盘江支流航道 88.8 千米，南盘江支流航河道 82.49 千米，红水河支流航道 78.11 千米，内河航线有 17 条，定期航班有 85 次。“十二五”期间，西南水运出海中通道改扩建项目全面建成，州境内 261.79 千米四级航道与 500 吨级 5 座码头 10 个泊位全部投用。2012 年引进省外造船企业在州境内落户建厂开展千吨级船舶建造，实现千吨级货船运行，改写了全省无千吨级船舶的历史。2018 年，兴义机场先后开通北京、上海、广州、深圳、成都等 16 个大中城市、12 条航班航线，旅客吞吐量突破 112 万人次。

经济社会发展

【概况】 2018 年，全州地区生产总值（GDP）1163.77 亿元，比上年增长 12.0%。按产业分，第一产业增加值 212.92 亿元，增长 6.9%；第二产业增加值 375.80 亿元，增长 11.5%；第三产业增加值 575.05 亿元，增长 14.3%。第一产业、第二产业、第三产业增加值占地区生产总值的比重分别为 18.3%、32.3%、49.4%。全州人均地区生产总值为 40608 元，比上年增长 11.4%。

【农业结构调整】 2018 年，精品水果发展到 77.66 万亩、中药材发展到 64.36 万亩、茶叶发展到 44.66 万亩、食用菌发展到 3.54 亿棒；新增省级园区 3 个，全州省级园区共完成总投资 145 亿元，实现总产值 216 亿元，销售收入 164 亿元；新增龙头企业 35 家、新型合作社 858 家；完成无公害农产品认定 159.6 万亩，产品认证 118 个，“安龙白及”等 4 个农产品获国家地理标志商标。

【工业转型升级】 2018 年，完成煤矿机械化升级改造 21 个，原煤过站量突破 1300 万吨，扭转连续 5 年煤炭产量下滑局面；中电普安电厂建成发电，贞丰自备电厂第 1 台机组点火试产，册亨丫他等光伏电站建成发电，电力装机突破 1000 万千瓦，发电量突破 300 亿千瓦时，用电量突破 110 亿千瓦时。传统产业加快升级。实施“千企改造”项目 137 个，累计完成投资 153 亿元，24 户企业列入省级改造重点，登高煤电铝等一批企业投产达产，煤电网产融合加快推进。

【新兴产业】 2018 年，“千企引进”深入实施，新增规上工业企业入库 92 家。义龙大数据产业园引进蜂巢算力、中联创等 30 家优强企业，华为黔西南数据中心建成运营；大数据与实体经济融合企业达 150 家，大数据企业主营业务收入 160 亿元，增长 38%，数字经济占比提高到 28%；义龙振华新材料（二期）、锦兴轻合金装备制造等项目加快建设。特色轻工业加快发展。纳入省级中小企业“专精特新”培育名单 132 户，普安宏鑫茶业、册亨布依酒业等 37 家企业被评为省级工业企业品牌培育试点。服务业提质增效实现新拓展。成功举办 2018 国际山地旅游暨户外运动大会等重大活动；旅游投资完成 120 亿元，兴仁放马坪、贵州醇景区获评 AAAA 级旅游景区；全州接待游客 6338.76 万人次，同比增长 47.28%，实现旅游收入 375.48 亿元，同比增长 48.58%。建成商业街、综合市场、农贸市场各 9 个，县域电商运营服务中心 8 个、示范项目 18 个，村级电商服务站点覆盖率达 69.1%，培育电商市场主体 260 家、培训电商人才 1.2 万人次。

【城乡基础设施建设】 完成城市基础设施投资 180.89 亿元，建成海绵城市项目 17 个、城镇道路 73 千米、城市公共停车位 4143 个；争取资金 23.67 亿元，完成棚改 52862 户；安龙招堤等 3 个湿地公园获评“国家湿地公园”，册亨县被评为省级森林城市；小城镇建设完成投资 54.2 亿元，培育贞丰龙场、普安江西坡等一批特色小城镇，建成 54 座小城镇生活垃圾转运设施；美丽乡村建设完成投资 28 亿元，224 个示范村加快建设，册亨板万村列入中国传统村落保护发展“示范村”。

【交通基础设施建设】 全州全社会交通固定资产投资完成 301 亿元，盘兴高铁实质性开工，罗甸至望谟高速公路主线建成通车，紫云至望谟高速公路部分交工验收，兴义环城高速公路加快建设，纳雍至晴隆、六枝至安龙高速公路开工建设，高速公路通车里程突破500千米。实施普通国省干道改造208.737千米，建成路基160.5千米，建成路面91千米。创建“四好农村路”示范路800千米，兴义市成功创建“四好农村路全国示范县”，贞丰县成功创建“四好农村路省级示范县”。脱贫攻坚农村“组组通”公路三年决战任务超前完成，建成“组组通”公路2877.058千米，提前一年实现30户及以上村民组通硬化路率100%的目标。新（改）建农村公路501.815千米。

【水利基础设施建设】2018年，完成投资60亿元，马岭水利枢纽等37个骨干水源工程完成投资计划，望谟上亭等12座中小型水库完成大坝主体工程，兴义纳达等6座水库实现截流，晴隆西泌河等7座水库下闸蓄水，普安白水等10座中小型水库开工建设，在全省率先实现“市州有大型水库、县县有中型水库”目标。

【信息基础设施建设】2018年，完成投资20亿元，省网核心节点上链带宽达680Gbps，光缆线路总长6.5万千米，基站总数达8500个。信息基础设施进一步提升。

【改革创新】2018年，兴仁实现撤县设市；组建州国资委，国有平台公司加快实体化进程；结构性减免退抵税17.03亿元；投资审批制度改革下放5758个项目审核权限，企业登记办理时间缩减到5个工作日，新增市场主体5万户；实施“三权”抵押贷款4.26亿元，探索“林地占补平衡”改革；万峰林、双乳峰等8个景区实现“三权分离”。建成省级科技企业孵化器2个、州级创业孵化示范基地4个、省州级众创空间10家，创建省级农业科技示范园5家；顶效经济开发区获省政府批复为黔西南州高新技术产业开发区。新增备案外商投资企业9家，利用外资2.46亿美元，增长12%；开放平台加快建设，产业园区完成投资185亿元，实现工业总产值450亿元，分别增长2.8%、9.8%；招商引资到位资金925.25亿元，增长10.29%；兴义海关获批设立；兴义万峰林机场旅客吞吐量突破100万人次。

【教育事业】2018年，九年义务教育巩固率、高中阶段毛入学率分别达89.6%、91.9%，高考本科录取率突破50%；晴隆、册亨、望谟通过义务教育基本均衡发展国家督导评估认定；争取教育项目资金6.9亿元，建设校舍103.19万平方米；学生营养餐全面集中供餐，1450所学校实现“校农结合”。

【就业创业】2018年，累计建成9个返乡农民工创业园，9个创业孵化示范基地，引导扶持高校毕业生、返乡农民工等就业创业4.27万人，公益性岗位累计安置困难人员就业6000人次以上，贫困劳动力实现就业创业5.36万人。

【医疗卫生】2018年，全州县级人民医院全部达到二甲标准，建成州级危重孕产妇和新生儿救治中心4个、县级救治中心7个，完成126个乡镇卫生院标准化建设；创建国家卫生县城1个、卫生乡镇9个。

【文体事业】2018年，新增“广电云”用户9.2万户，完成56个行政村综合文化服务中心覆盖工程广播器材配置工作；新建乡镇广播影视综合服务站21个；农村公益电影放映1.43万场；建成新市民居住区文化服务中心19个、民族文化纪念馆12个；成功承办“海峡杯”女子垒球赛、全国垒球锦标赛等重大赛事；建成103千米健身绿道和8个乡级、60个村级农民体育健身工程。

【社会保障】2018年，纳入城乡最低生活保障28.35万人，发放低保金7.12亿元；城乡居民基本养老参保179.93万人；参加城乡居民、城镇职工基本医疗保险人数分别达295.75万人、19.69万人，实现城乡居民基本医疗保险应保尽保。

【生态建设与保护】2018年，全州森林覆盖率为57%，森林面积达到1436.78万亩，湿地总面积为45.68万亩，全州湿地保护率达到64.48%，自然保护区面积为52.48万亩。林地保有量为1516.31万亩、森林蓄积为3929.9万立方米，城市（林木）绿化率达到56.03%。全年上级投入林业资金共计7.63亿元，其中，中央资金6.97亿元，省级财政资金6610.84万元，根据2018年林业统计年报，2018年度完成林业产值300.46亿元，其中，第一产业完成102.37亿元；第二产业完成45.47亿元；第三产业完成产值152.62亿元，助推精准脱贫和乡村振兴发展。

【专项治理】2018年，推进中央、省委环保督察反馈问题整改，解决一批突出问题。四大生态工程完成营造林64.99万亩，石漠化治理206平方千米，水土保持综合治理322平方千米，实现林业产值300.45亿元，增长47.6%；建成城镇生活污水处理厂55座、配套管网917千米，城镇生活污水处理率提高到93%；落实河长制，开展“四清行动”，巩固万峰湖“清网行动”战果，“两江一河”网箱全部拆除，县级以上集中式饮用水源地水质达标率保持100%；报废淘汰黄标车3153辆，在全省率先“清零”；兴义等4县市医疗废物处置中心建成投用。严格落实政府债务风险防控措施，一般债务率基本持平、专项债务率降低23%、综合债务率降低8%，全州已由风险提示地区转为无风险地区；加强银行存量不良贷款处置，有效防控金融风险。严格落实安全生产、食品药品安全责任制，有效遏制重特大事故发生。巩固“三维一体”信访维稳源头防控工作机制，全面推行“1+N”大数据警务模式，创新开展“雷霆行动”“夏秋风暴”，推进“扫黑除恶”专项斗争，社会治安形势持续好转。

精神文明建设

【文明在行动·满意在贵州创建活动】2018年，实施“多彩贵州·美丽城市”创建工作，抢抓城市基础设施建设，整治城市环境突出问题，打造干净整洁的城市环境。实施旅游厕所环境整治，营造干净文明的如厕环境。破解城市交通拥堵、出行难、停车难等问题，推进全州境内高速服务区、收费站全面参评全省、全国优秀、示范服务区、收费站工作，贞丰服务区、安龙服务区和丫他服务区实现全面升级改造。

开展乡村环境整治，助力脱贫攻坚，从州直20家单位和各县（市）委宣传部抽派60余人，组建脱贫攻坚环境整治2个面上督查组、16个线上督导组，对兴仁市16个乡（镇、街道）、165个村（居、社区）、2181个村民组全面进行督导督查，督促兴仁市重点对乡（镇、街道）行政办公区域、集镇大环境卫生秩序、通乡通村通组公路、村寨串户路沿线

黔西南州兴仁市兴仁广场“好人墙”

2018 年 11 月 12 日，黔西南州“新一轮州市共创全国文明城市”暨“争做文明市民　共创文明城市”系列主题活动动员大会在兴义举行

暴露垃圾、医疗广告和村（居、社区）办公区域、农户庭院及室内卫生开展专项整治。

在 2018 年度全省“文明在行动 · 满意在贵州”活动考核中，兴义市排全省第 3 名、兴仁市第 25 名、望谟县第 45 名、安龙县第 58 名、贞丰县第 65 名、晴隆县第 69 名、册亨县第 74 名、普安县第 75 名，黔西南州综合排名全省第 8 名，全州没有一个县（市）年度综合考评掉入全省后 10 位。

【道德建设】 2018 年，开展“明礼知耻 · 崇德向善”身边好人推荐评选活动，发动干部群众向中国文明网“好人线索”推荐平台推荐身边好人线索，向省文明办报送身边好人推荐材料 60 例，入选“贵州好人榜”好人 17 人，“中国好人榜”好人 4 人。评选推荐第六届贵州省“明礼知耻 · 崇德向善”道德模范，向省组委会报送候选人 10 人，6 人获得道德模范称号，3 人入选道德模范提名奖，道德模范入选人数排名全省第一。开展“好人黔西南 · 道德大讲堂”访谈直播节目 45 期，帮扶礼遇扶持“黔西南好人”计 33.8 万元。

【未成年人思想道德建设】 2018 年，开展“扣好人生第一粒扣子”主题教育实践活动，利用清明节、“六一”“七一”等时间节点，在未成年人中广泛开展革命传统教育，引导青少年铭记革命历史、崇尚革命英雄、继承革命事业。清明前后，组织青少年到革命战争纪念地、烈士陵园等地瞻仰宣誓、祭扫献花，礼敬先烈前辈，感恩幸福生活。“六一”“七一”前后，组织未成年人唱响歌颂党、歌颂祖国、歌颂新时代的优秀歌曲和童谣，以“传承红色基因 · 童心向党”歌咏诵读活动为载体广泛传唱。

文敏获全国第一批“新时代好少年荣誉”，丁梦凡等 5 名同学入选贵州省“新时代好少年”。在贵州省“传承红色基因 · 童心向党”歌咏诵读活动中，兴义市向阳路小学、望谟县第四中学、望谟县第二小学、望谟县实验小学选送节目获展播。在全省“祖国好 · 家乡美”书法绘画活动、优秀童谣创作征集活动中，黔西南州 9 名学生获奖。

【群众性精神文明创建活动】 2018 年，下发《黔西南州精神文明创建活动行动计划（2018—2020 年）》，到 2020 年，力争兴义市跨入全国文明城市行列，兴仁市、安龙县、贞丰县至少有 1 个县进入全国文明城市提名资格城市，册亨县确保创建全省文明城市，普安县、晴隆县、望谟县务必挤进全省先进城市行列，全州县级以上文明村、文明乡镇占比达到全州村镇总数的 60% 以上。

拟定《黔西南州新建房产项目文明小区建设管理标准（试行）》，将文明小区建设纳入全州新建房开项目同步规划、同步建设、同步验收。召开精神文明建设表彰会，对 2015—2017 年度“五大”文明创建进行表彰。在全州新市民居住区开展“弘扬家庭文明新风尚 · 共建和谐美好新家园”创建评选活动，评选表彰先进家庭 50 户。

以“争做文明人　共创文明城”系列主题活动为载体，激发公众重视和参与文明城市创建热情，营造全社会关心、关注、支持文明城市创建良好氛围，共同打造干净整治、文明有序、和谐畅通城市环境。并组织召开新一轮州市共创全国文明城市暨“争做文明市民　共创文明城市”动员大会。全省农村精神文明建设会议在兴义召开。

【精神文明建设阵地建设】 2018 年，争取中央专项彩票公益金支持乡村学校少年宫项目资金 30 万元，在安龙县普坪镇中心小学和望谟县麻山镇中心小学实施乡村学校少年宫项目建设；争取“农民文化家园”贫困地区村综合文化服务中心示范点建设经费 290 万元，在贞丰、晴隆、册亨和望谟四个贫困县组织实施“农民文化家园”贫困地区村综合文化服务中心示范点项目 29 个；争取省级乡镇精神文化活动中心建设 15 万元，在兴义市清水河镇组织实施乡镇精神文化活动中心建设。

（陈　进）

各县（市、新区）所辖乡镇、街道

【兴义市】 黄草街道　兴泰街道　桔山街道　丰都街道　坪东街道　木贾街道　下五屯街道　万峰林街道　马岭镇　威舍镇　清水河镇　乌沙镇　白碗窑镇　七舍镇　捧乍镇　敬南镇　泥凼镇　仓更镇　南盘江镇　鲁布格镇　三江口镇　雄武乡　猪场坪乡　则戎乡　洛万乡　沧江乡

【兴仁市】 城南街道　城北街道　东湖街道　真武山街道　百德镇　巴铃镇　回龙镇　屯脚镇　潘家庄镇　下山镇　新龙场镇　大山镇　波阳镇　马马崖镇　鲁础营回族乡

【安龙县】 招堤街道　栖凤街道　钱相街道　普坪镇　龙山镇　笃山镇　洒雨镇　海子镇　万峰湖镇

【贞丰县】 珉谷街道　永丰街道　龙场镇　者相镇　北盘江镇　小屯镇　长田镇　白层镇　鲁贡镇　沙坪镇　挽澜镇　连环乡　平街乡　鲁容乡

【普安县】 南湖街道　盘水街道　龙吟镇　兴中镇　江西坡镇　楼下镇　青山镇　新店镇　罗汉镇　地瓜镇　高棉乡　白沙乡

【晴隆县】 莲城街道　东观街道　沙子镇　鸡场镇　中营镇　碧痕镇　大厂镇　花贡镇　光照镇　茶马镇　安谷乡　紫马乡　长流乡　三宝彝族乡

【册亨县】 者楼街道　纳福街道　坡妹镇　冗渡镇　巧马镇　丫他镇　岩架镇　双江镇　秧坝镇　八渡镇　弼佑镇　百口乡

【望谟县】 王母街道　平洞街道　新屯街道　石屯镇　乐元镇　打易镇　麻山镇　桑郎镇　乐旺镇　郊纳镇　昂武镇　蔗香镇　大观镇　边饶镇　油迈瑶族乡

【义龙新区】 顶效镇　郑屯镇　鲁屯镇　万屯镇　新桥镇　德卧镇　龙广镇　木咱镇　雨樟镇

（州史志办）

大事记

1月

1日，贞丰县开展全民健身“走进新时代·徒步迎新年”活动，数千名徒步爱好者参与。

3日，省委第八巡视组正式进驻贞丰县开展为期一个月左右的巡视。

6日，邓家富当选黔西南布依族苗族自治州第八届人民代表大会常务委员会主任。

9日，州委组织部、州脱贫攻坚指挥部、州财政局、州扶贫开发办公室联合下发《关于为脱贫攻坚一线干部办理“关爱险”的通知》，“脱贫攻坚关爱险”主要包括人身意外险100万元、意外住院医疗险5万元，保险费标准为每人每年600元。按照干部管理权限分级入保，中央及省、州选派的脱贫攻坚一线干部所需保险费，纳入州级财政预算；各县（市、新区）选派的脱贫攻坚一线干部所需保险费，纳入县级财政预算。3200余名第一书记和驻村干部受益。

同日，州卫计委召开全州卫计系统电视电话会部署流感防治工作。

10日，以色列驻成都总领事蓝天铭（Amir Lati）一行到州访问。先后到安龙县国家农业公园、金惠花卉产业园、贵州大秦光伏农业科技有限公司和兴义市十里坪农业生态园区、下五屯街道下纳灰考察现代山地特色高效农业和美丽乡村建设情况。

11日，全省精神文明建设表彰大会在贵阳举行，全州获全省创建文明城市工作先进城市1个，全省创建文明乡（镇）工作先进乡（镇）14个，全省创建文明村工作先进村30个，全省精神文明建设工作先进单位53个，全省文明家庭10户，全省文明校园10所，全省未成年人思想道德建设工作先进县2个，全省未成年人思想道德建设工作先进单位3个，全省未成年人思想道德建设工作先进工作者2名、关工委系统1名，全省文明城市3个（确认往届文明城市2个、文明城市1个），全省文明乡镇21个，全省文明村40个，全省文明单位111个（确认往届全省文明单位60个、该届全省文明单位51个）。

同日，晴隆县有机产品认证示范创建区申报成功，系全州首例。

13日，水利部核查组到州开展全面建立河长制工作中期评估核查。

26日，黔西南州第一个异地商会“贵阳市黔西南商会”在贵阳市观山湖区成立。

是月，南方电网超高压天生桥局通过全国文明单位复查，继续保留“全国文明单位”荣誉。该单位2011年获“全国文明单位”

称号，2014 年通过第一次复查。

是月，晴隆县沙子镇晴隆肥姑食品有限责任公司总经理王世莉获评“全国农业劳动模范”，兴仁县农业局农业技术推广站站长、高级农技师杨连坤获评“全国农业先进工作者”。

是月，中央、省级下拨自然灾害生活救助资金 4258 万元，州级财政补助 220 万元，县级政府匹配 472 万元，共计 4950 万元，解决全州 62611 户 156886 名受灾困难群众今冬明春口粮、衣被取暖等基本生活困难，确保安全温暖过冬。2017 年 1—10 月，全州受特大暴雨降雨、强降水影响，山体滑坡、洪涝等自然灾害导致 407257 人受灾，紧急转移安置 7320 人，紧急生活救助 4049 人。

是月，贞丰三岔河被批准为省级旅游度假区。

2 月

1 日，州委书记刘文新到兴义市走访慰问福利院老人、劳模、老党员、二女户、百岁老人，为他们送去党委、政府的关怀和温暖，致以新春的亲切问候和美好祝福。

12 日，中共中央总书记、国家主席、中央军委主席习近平在四川省成都市主持召开打好精准脱贫攻坚战座谈会，听取脱贫攻坚进展情况汇报，集中研究打好今后 3 年脱贫攻坚战之策。公安部挂职干部、兴仁县新龙场镇民裕村第一书记程显臣作为脱贫攻坚一线的基层代表，向习总书记汇报、介绍了脱贫工作情况。

同日，州委、州政府召开座谈会，向老同志通报 2017 年全州经济社会发展情况和党风廉政建设情况。

同日，州委副书记、州长杨永英出席在晴隆县“阿妹戚托”小镇举行的“2018 年春风行动”暨三宝彝族乡易地扶贫搬迁集选房启动仪式。

13 日，州委书记刘文新到兴义市检查节日期间供水保障、安全保畅、市场供应等工作，走访慰问环卫工人、城管队员、特警交警。

是月，兴义市加强元旦、春节、元宵节期间烟花爆竹燃放管理，规定 2 月 15—17 日（农历除夕夜至次年农历正月初二）、3 月 1—2 日（农历正月十四至农历正月十五）这两个时间段，兴义大道—桔山大道—万峰大道—324 国道范围内；北京路—遵义路—电大周边—向阳路—街心花园周边以及丰源市场及天生桥总厂区域；云南路—柯沙路—坪东大道—青龙路—迎新路—西湖路—栖霞路—延安路以及佘家湾（水泵房安置区）；下五屯鱼陇五六组，万峰林纳录一组所有区域禁放烟花爆竹。城区以外的区域可以燃放爆竹，严禁燃放烟花。

是月，州委、州政府评选出 36 个单位获“2017 国际山地旅游暨户外运动大会筹备服务工作先进集体”荣誉称号，授予 161 人“2017 国际山地旅游暨户外运动大会筹备服务工作先进个人”荣誉称号。

是月，春节黄金周全州接待游客 571.44 万人次，同比增长 23.8%，实现旅游收入 36.51 亿元，同比增长 42.79%。

是月，兴义一中教师刘婷婷，为全州首例入选第三批国家“万人计划”。

3 月

6 日，州委书记刘文新到兴义市调研扫黑除恶专项斗争推进情况。

24 日，由郑州大学汉字文明研究中心、西南大学汉语言文献研究所主办，兴义民族师范学院承办的民族地区使用汉字的历史与现状专题研讨会在兴义举行。

同日，兴义市人民医院生殖医学中心顺利实施贵州省首例孕中期经腹部选择性减胎术，标志着兴义市人民医院胎儿宫内治疗水平有新的突破，为怀有异常胎儿的多胞胎准妈妈们提供了一种新的治疗途径。

26 日，全州各地各校在全国第二十三个中小学生安全教育日分别举行“做自己的首席安全官——平安校园行”安全教育日主题活动。

30 日，黔西南州对外开放暨招商引资大会召开。次日，全州贯彻落实对外开放暨招商引资大会精神商会民企座谈会在兴义召开。

是月，州委书记刘文新分别到兴仁县、晴隆县、贞丰县、义龙新区及州发展改革委、民政局调研，强调要大力培育和弘扬新时代贵州精神，苦干实干、超常奋斗，有力有序抓紧抓实脱贫攻坚和改革发展稳定各项工作，确保关键之年顺利开好局、起好步。在包保联系的兴仁县兴隆煤矿调研，召开会议研究全州煤炭工业转型升级发展相关问题。

是月，医疗废物清运处置覆盖兴义市445家医疗机构。

是月，全州实施《医疗健康扶贫作战方案》，各县（市、新区）从财政划拨200万元至500万元，成立医疗扶助基金，用于建档立卡户享受“四重保障”后的再次报销和医疗费用扶助，让其在州内生病住院100%报销，州外住院报销90%以上。经实施“六重医疗保障”后，有效遏制因病返贫致贫现象。全州建档立卡户享受“六重医疗保障”9606人，产生医疗费用4378.99万元，获取补偿4154.83万元，其中，基本医疗保险（含重大疾病报销和再次报销）3527.8万元，大病保险98.68万元，医疗救助328.15万元，医疗扶助200.2万元，住院报销比例达94.88%，高于全省平均水平。

4月

9日，浙江省安吉县溪龙乡黄杜村20名党员给习近平总书记写信表达捐赠1500万株“白叶一号”茶苗给西部适合种茶的贫困地区意愿。经国务院扶贫贫办牵线搭桥，确定贵州普安、沿河和湖南古丈、四川青川4县为受赠对象，计划新种茶园5000亩。其中普安县获捐600万株，规划种植2000亩，并命名为“白叶一号”工程。10月22日，在普安地瓜举行“白叶一号”茶苗首种仪式。

13日，由州总工会、州农委主办的“黔西南州2018年首届职工手工制茶技能大赛”在兴义桔山广场举行。

18日，2018国际山地旅游暨户外运动大会·中国望谟“三月三”布依族文化节开幕式在望谟县王母广场举行。

19日，贵州电网公司智能电表和低压集抄全覆盖现场经验交流会暨工作座谈会在普安供电局举行，全省8个地区19个县供电系统的70余人参加会议。

23—24日，中国儿童少年基金会“春蕾计划”一对一助学为兴义九中、兴义阳光书院、兴义八中330名女学生发放助学款共计40.6万元，其中兴义九中受助61人，兴义阳光书院受助24人，兴义八中受助245人。

26日，宁波市新选派的39名党政干部和专业技术人才到州挂职。

27日，州委副书记、州长杨永英主持召开会议，专题研究普安·晴隆拓展区建设工作。

是月，州委书记刘文新分别到册亨县、普安县、兴义市以及州委宣传部调研。强调各县要落实省委、省政府决策部署，用好“五步工作法”，牢牢把握“八要素”，紧紧围绕“六个坚持”，扎实推进脱贫攻坚“春风行动”，持续提高脱贫质量、扩大脱贫成果。在州委宣传部强调要深入学习宣传贯彻习近平新时代中国特色社会主义思想，坚持正确政治方向，全面增强工作本领，为决战脱贫攻坚、决胜同步小康凝聚磅礴力量。

是月，贵州省环保厅发布2018年4月全省9个中心城市环境空气质量排名。监测显示，4月贵州省空气质量较好，7个城市优良天数比例都为100%，其中兴义市最好。

5月

1日，万峰林景区360极限飞球“飞跃兴义”正式向广大游客和市民开放，在徐霞客广场举行开业仪式。

2—6日，民进中央社会服务部率中央电视台体育频道工作人员及民进浙江省委会、民进江阴市委相关人员赴黔西南试验区开展定点扶贫工作调研，并召开2018年帮扶安龙座谈会，开展体彩公益行“足球进校园”捐赠活动及公益片拍摄，开展“同心彩虹”幼教教材捐赠活动，考察安龙县援建学校。

4日，省委第三巡视组巡视黔西南州委，兴义市委工作动员会召开。省委组织部副部长张新出席并讲话，省委第三巡视组组长冯泽民就即将开展的巡视工作作动员讲话。州委书记刘文新主持会议并代表州委作表态发言，州委常委、兴义市委书记许风伦代表兴义市委作表态发言。

5—31日，兴义各旅游景区对北京、天津、河北的游客实行门票全免政策。

9日，由国家市监总局主导的“2018中国品牌价值评价信息发布暨第二届中国品牌发展论坛”在上海举行。在大会发布的“地理标志产品区域品牌”百强榜单评价结果中，兴仁薏仁米位列“地理标志产品区域品牌”榜单第19位。

同日，州财政局落实省、州村干部基本报酬有关要求，向各县（市、新区）下达2018年村干部报酬配套资金3428.76万元。

15日，国际家庭日。全国妇

联在人民大会堂召开第十一届全国“五好家庭”表彰大会，望谟县委宣传部退休干部张瑞深家、贞丰县白层镇猫坡村大坪组村民潘应芬家被评为全国“五好家庭”。普安县龙吟镇城阳小学原校长邓泽林家、兴义市马岭镇人民政府职工俞令坤家、兴仁县回龙镇金子田村村民张国景家被评为全国“最美家庭”。

是月，兴仁入围教育部公布的第五批国家级农村职业教育和成人教育示范县创建名单。

是月，省旅游资源规划开发质量评定委员会将贵州醇景区列入2018年创建国家AAAA级旅游景区名单。

截至当月，宁波市对口帮扶黔西南州22年，自1996以来，宁波市累计在黔西南州实施帮扶项目1695个，援助各类资金6.59亿元。

19日，贵州顶效经济开发区更名申报为贵州顶效高新技术产业开发区，产业发展规划原则上通过省级专家评审。

25日，兴义供电局对金州500千伏变电站开展高压试验。

26日，2018金州“三碗粉”全国首家“安龙剪粉”品牌示范店开业庆典暨安龙县名特优农产品直营总店授牌仪式在安龙举行。现场授予向康养餐饮服务管理有限公司《安龙剪粉品牌示范店》《安龙县名特优农产品直营总店》牌匾，并发放《安龙剪粉经营许可证》。

26—27日，黔西南州民政局出品、兴义市方舟殡葬服务公司总经理杨远康编剧的微电影《走出老凼子》在山东省枣庄市“中国梦·扶贫攻坚影像盛典”评比中荣获一等奖。

28日，国家检察官学院与黔西南州检察院在北京沙河校区签署《精准培训、实务咨询、理论研究“三位一体”教学实践示范基地新模式备忘录》。

29日，普安县2018第二期电商创业培训开班，来自全县12乡镇（街道）的50余名电商爱好者及淘帮手参加培训。

同日，黔西南州农产品销售“泉涌”工程指挥部与宁波帝象文创商业管理有限公司签订合作框架协议，双方合作在宁波市奉化区设立黔西南州特色农产品销售中心。

30日，望谟县开展2018年山洪泥石流灾害防御暨水库抢险联合演练。

31日，中共黔西南州委、黔西南州人民政府在黔西南日报发布《致全州科技工作者的慰问信》。黔西南州主场活动在兴义举行，40名优秀科技工作者代表参加。

同日，以“民族团结一家亲、同心同向奔小康”为主题的2018年黔西南州民族团结月活动在兴义市桔山广场举行。集中开展党和国家民族政策、民族法律法规和民族知识宣传教育，现场累计发放宣传资料及用品5000余份。

同日，台盟中央社会服务部扶贫处处长田靖率省市台盟一行赴望谟县石屯镇，开展联合调研暨“六一”慰问帮扶活动。

1—5月，全州各级民政部门发放自然灾害生活救助资金2943.4万元、救灾大米1077吨等，保障6.9万户19.46万受灾群众冬令春荒期间基本生活。

6月

1日，州委常委会召开扩大会议，传达学习5月31日中央政治局会议精神，以及全国禁毒工作电视电话会议精神、全省党风廉政警示教育大会精神，强调要精准对标对表，强化落细落实，以忠诚干净担当的政治本色坚决打好三大攻坚战。

同日，中国文字博物馆《汉字》巡展走进兴义民族师范学院。《汉字》巡展是中国文字博物馆精心打造的面向国内国际的大型展览，通过讲述汉字发展、演变、应用的历程诠释中华文明，生动地叙述中国故事，让观众更好地了解中国传统文化。

同日，网约车平台和驾驶员开始纳入出租车服务考核体系，进行等级评定。

同日，州首家省级医养结合试点——草喜堂养生养老中心在兴仁城北揭牌。

3日，由中国社会科学院舆情实验室、中国旅游报社“中国旅游影响力调查课题组”联手中国社会科学出版社中社智库、人民网舆情数据中心等机构主办的“中国旅游影响力调查2018——贵州省最具影响力十大景区”调查结果公布，兴义万峰林景区榜上有名。

4日，州委、州政府召开专题会议，听取2018国际山地旅游暨户外运动大会、中国美丽乡村·万峰林峰会前期筹备工作情况汇报，对做好下一步筹备工作进行研究部署。

同日，黔西南州第十届“爱心送考”大型公益活动在各县（市、新区）同时启动。全州共有1100余辆车车主报名参加，其中公交车260余辆、出租车700余辆，各类社会车辆150余辆。

4日，黔西南州环境状况公报新闻通报：2017年，全州环境空气质量优良率达到100%，环境空气质量综合指数2.51，从2016年的全省第四上升到全省第一，各县市城区PM10、PM2.5平均浓度达到空气质量改善目标要求。

4～6日，北京首都旅游集团有限责任公司赴兴义市、贞丰县考察旅游合作事宜。

5日，黔西南州2018年“6·5”环境日集中宣传活动在兴义街心花园举行，有18个州直单位和16个市直单位参加，州政府副州长李杰出席了活动。

同日，中共黔西南州委宣传部、黔西南州史志办公室、黔西南日报社发布《“见证——纪念改革开放40周年主题征文”征稿启事》，活动于12月结束。收到稿件200余篇，次年，州史志办选89篇结集出版《见证——黔西南州纪念改革开放40周年征文选编》。

6日，州新市民社区党组织班子成员能力素质提升专题培训班在州委党校开班。

同日，州开展为期一个月的全州旅游消费产业集群摸底调查工作。

同日，州公安机关首届“老黄牛式好民警”评选揭晓。黄强、李云飞、刘朝峰、周圣、吴仕才、黄荣章、吴天荣、黄亨德、杨秀德、罗应书10位同志获“老黄牛式好民警”荣誉称号。

7日，全省“把握产业‘八要素’用好‘五步工作法’”主题大讲习活动在兴义举行。省发展改革委党组书记、主任陈少波作讲习报告。

同日，2018年高考开考，全州共有29061名考生报名参加，比2017年增加1972人，增长率7.28%。高职分类招生考试录取3908人，实际参加高考考生25153人。全州共设置9个考区，23个标准化考点，854个标准化考场。

8日，国防大学国家安全学院技术三级（副军职）教授、少将军衔、博士生导师、原战略所所长孟祥青应邀到州作“我国安全环境与国家安全战略”国防教育专题讲座。

9日，中国歌剧舞剧院黔西南州艺术帮扶项目在黔西南少年艺术团启动，90余人参加该剧院组织的艺术课程培训。

9—11日，州总工会组织18名制茶（评茶）能手参加在毕节威宁举行的“乌撒烤茶杯”贵州省第七届手工制茶暨首届评茶师职业技能大赛，黔西南州选手荀仕旺获手工制茶大寨扁形绿茶一等奖，施海获评茶师大赛一等奖。

11—12日，公安部党委委员、驻部纪检组组长、督察长、扶贫开发领导小组副组长邓卫平率扶贫调研组一行，到黔西南州普安县和兴仁县调研指导对口扶贫工作。

12日，州委常委会召开扩大会议，传达学习习近平总书记重要指示、重要讲话精神和李克强总理批示精神，对进一步抓好脱贫攻坚、开放合作、招商引资和防范化解重大风险等工作进行研究部署。

同日，省人大常委会党组副书记、副主任袁周率领省人大环资委专职副主任委员杨洪民、省民宗委主任石松江一行到望谟县红水河开展巡视活动。

同日，省政府副省长陶长海到黔西南州调研工业经济发展情况，先后到兴义市、义龙新区、安龙县部分工业企业进行实地了解，并开展巡河活动，巡查万峰湖，检查河长制落实情况。

15日，贵州省单株碳汇精准扶贫试点启动会暨精准扶贫信息采集开发培训会在兴仁县马马崖镇大湾村召开。省环境能源交易所、州发改委、兴仁县发改局等单位负责人及大湾村80户贫困户参加会议。

同日，贵州省首台世界最先进的影像检查设备东芝Aquilion ONE 320排（640层）高端CT、黔西南州医学检验质量控制中心落户落户兴义市人民医院。

同日，州消防支队组织兴义市城市公交公司200多名员工学习消防安全知识。

21日，民航西南地区管理局组织有关单位对兴义万峰林机场航站楼及配套设施改扩建工程进行行业验收。各验收组通过现场验收，认为兴义万峰林机场航站楼及配套设施改扩建工程达到设计要求，符合民航现行的有关验收标准及规范，一致同意通过行业验收。

21—22日，省委副书记、省长谌贻琴到黔西南布依族苗族自治州望谟县、册亨县调研深度贫困地区脱贫攻坚工作。

22日，州政府与中国二冶集团在兴义签订战略合作框架协议，就交通、智慧城市建设、精准扶贫项目建设等领域开展合作。

23日，州委常委会召开扩大会议，传达学习省长谌贻琴在该州调研时的讲话精神，研究贯彻落实措施。

同日，州委常委会召开扩大会议，传达学习习近平总书记在十九届中央国家安全委员会第一次会议上的重要讲话精神，以及6月19日省委常委会议精神、全省网络安全和信息化工作会议精神，研究贯彻落实措施。

25—27日，共青团黔西南州第七次代表大会召开。

26日，第31个“6·26”国际禁毒日之际，黔西南州在民族职业技术学院举行“6·26”国际禁毒日“健康人生、绿色无毒——黔西南州创建全国禁毒示范城市誓师大会”活动。

27日，州委常委会召开（扩大）会议，传达学习省委十二届三次全会精神，研究贯彻落实措施。强调要牢记嘱托、感恩奋进，坚决按照省委全会决策部署，全面发起总攻、务必夺取全胜，以苦干实干业绩诠释对党的忠诚。

28—29日，全省供销社服务乡村振兴助力脱贫奔小康现场观摩推进会在黔西南州举行。

29日，2018年黔西南州高校毕业生现场招聘会在黔西南民族职业技术学院举行。

同日，贵州省农村土地承包经营权确权登记颁证工作验收组在普安召开的总结会上宣布，普安县农村土地承包经营权确权登记颁证工作各项指标及作业成果均符合国家相关要求，同意通过验收。

是月，兴义市南盘江镇人民政府申报的“布依族八音坐唱”项目，贞丰县人民政府申报的“布依族铜鼓十二调”项目，晴隆县三宝彝族乡人民政府申报的“‘阿妹戚托’舞蹈”项目，册亨县人民政府申报的“布依戏”项目和“布依转场舞”项目，获2018—2020年度“贵州民间文化艺术之乡”称号。

是月，全国普法办公室发布关于表彰第四批“全国法治县（市、区）创建活动先进单位”的通知，决定表彰全国422个县（市、区）为第四批“全国法治县（市、区）创建活动先进单位”。黔西南州兴义市榜上有名。

是月，全州参加高考的25153人中，一本上线3815人，二本上线8767人，合计12582人。取得600分及以上的，文史类453人，理工类456人，合计909人，比上年增加580人；全省前100名中，黔西南州占19名，比上年增加4名；二本以上上线12582人，比上年增加1112人。按文史类、理工类分类，全州上线人数为：文史类，一本上线710人，二本上线2334人，合计3044人；理工类，一本上线3105人，二本上线6433人，合计9538人。

29日，全省首个村级离退休干部党支部在望谟县新屯村成立。

29—30日，黔西南州工会第七次代表大会召开。

30日，首次使用业务信息系统结算住房公积金年度利息。

是月，落实全省2018年健康扶贫“春风行动”，对165个深度贫困村的卫生室进行规范，对990所农村中小学医务室进行标准化建设，在26个新市民居住区建设医务室任务完成22个。

是月，黔西南州代表队的施海在威宁自治县举行的“贵州省首届评茶师技能大赛”上获一等奖。

是月，中国经济林协会授予望谟县“板栗名县”称号。

是月，册亨县投入1488.14万元建成17个远程医疗会诊平台，助力医疗健康扶贫攻坚战。

是月，全州2017年1570户因自然灾害住房倒损的群众入住新居，提前1个月完成省里面下达的任务。

是月，北京东方美食研究院、中国红厨帽委员会在北京举行的第二届“一带一路”烹饪艺术家伊尹赛，30多个“一带一路”沿线国家和地区的顶尖厨师参赛，兴义市段大华餐饮作为黔菜传承唯一代表参赛，其制作的“鸡爆虾”菜肴获得伊尹金奖，并获得红厨帽餐厅的称号。

是月，省新闻工作者协会主办的第三十三届（2017年度）贵州新闻奖评选结果揭晓，州内10件作品获奖。

是月，兴义民族师范学院尹倩老师荣获全国高校外语教学大赛贵州省赛区特等奖。

是月，中共中央追授姜仕坤“全国优秀共产党员”称号。

7月

1日，全省脱贫攻坚“七一”表彰大会在贵阳举行。会上省委书记、省人大常委会主任孙志刚向被党中央追授为“全国优秀共产党员”的姜仕坤家属颁授证书、奖章。

同日，按照省委统一部署，在全省脱贫攻坚“七一”表彰大会黔西南州分会场对部分获省委表彰的先进个人和集体颁发奖章后，黔西南州召开脱贫攻坚“七一”表彰大会。会议深入学习习近平扶贫思想，深入学习省委十二届三次全会和全省表彰大会精神，深入学习姜仕坤先进事迹，对全州脱贫攻坚优秀共产党员和先进党组织进行表彰。

4日，州委常委会召开（扩大）会议，传达学习习近平总书记在中央政治局第六次集体学习时的重要讲话精神、在同团中央新一届领导班子成员集体谈话时的重要讲话精神，以及中央、省委近期有关会议精神，研究贯彻落实措施。

5日，中国共产党黔西南州第七届委员会第六次全体会议在兴义举行。全会由州委常委会主持。州委书记刘文新作了讲话。全会听取、讨论州委常委会工作报告，充分肯定州委七届五次全会以来州委常委会的工作。审议通过《中共黔西南州委关于打赢脱贫攻坚战三年行动全面发起总攻夺力夺取全胜的实施意见》《中国共产党黔西南州第七届委员会第六次全体会议决议》。州委副书记、州长杨永英总结并安排全州经济工作。州委副书记、州政府常务副州长穆嵘坤就《实施意见（讨论稿）》向全会作了说明。州委委员41人，候补委员8人出席会议。

同日，国家税务总局黔西南布依族苗族自治州税务局挂牌成立。州税务局成立后，将承担所辖区域内各项税收、社保费和非税收入征管等职责，承继原州国家税务局、州地方税务局税费征管的权利义务。

同日，州委书记刘文新致信祝贺州老年大学成立三十周年。

6日，州人大常委会致信全州人大代表，要求代表投身脱贫攻坚主战场，当好扶贫政策宣传员、为民办事服务员、社情民意信息员、依法行政监督员。

6—7日，生态环境部“清废行动2018”巡查组到黔西南州开展巡查。

10日，第六届贵州·台湾经贸交流合作恳谈会在黔西南州兴义市召开。省政协主席刘晓凯，两岸企业家峰会台湾方理事长萧万长，中共中央台办、国务院台办主任助理周宁出席开幕式并致辞。省政府副省长卢雍政主持开幕式，省政协副主席张光奇出席，州委书记刘文新致辞。

同日，“新时代黔台绿色产业合作”主题论坛在兴义举行。

11日、州长杨永英到兴义万峰林机场新建航站楼项目指挥部现场办公，要求做好移交转场工作，确保8月中旬实现营运。

12日，省人大常委会副主任刘远坤率省执法检查组到黔西南州开展城乡规划“一法一条例”执法检查。

同日，全州党风廉政警示教育大会在兴义召开，州委书记刘文新出席并讲话。

13—16日，由中央统战部副部长冉万祥为组长的国务院扶贫开发领导小组督查巡查组，赴黔西南州兴义市、望谟县、晴隆县开展脱贫攻坚督查巡查工作。

14日，兴义市人民医院获“国家标准化代谢性疾病管理中心”授牌。

15日，国家药监局发布《关于长春长生生物科技有限责任公司违法违规生产冻干人用狂犬疫苗通告》，州疾控中心查实黔西南州无涉事批次问题疫苗，为慎重起见，全州境内停用该公司生产的狂犬疫苗。

18日，州委常委会召开（扩大）会议，传达学习习近平总书记致生态文明贵阳国际论坛2018年年会的贺信精神和副总理孙春兰在开幕式上的讲话精神，以及7月9日省委常委会议有关精神和第十三届贵州旅游产业发展大会、全省旅游扶贫工作推进会精神，研究贯彻落实措施。

同日，“中华民族一家亲·贞丰布依风情浓”2018海峡两岸各民族欢度“六月六”布依风情节系列活动分别在贞丰古城、丰茂广场和必克古寨举行，来自台湾和省州县以及周边地区的各民族同胞欢聚贞丰，共度佳节。

19日，黔西南州扫黑除恶专项斗争“夏秋风暴”启动仪式在兴义举行，活动标志着为期6个月的扫黑除恶专项斗争“夏秋风暴”全面启动。

20日，全国人大常委会副委员长、民进中央主席蔡达峰到州考察脱贫攻坚工作。次日，在兴义市召开民进基层组织建设座谈会，蔡达峰出席并讲话。

同日，水利部副部长陆桂华率队到兴仁县就2018年坡耕地水土流失综合工程项目进行专题调研。

24日，黔西南州以产业大招商为主题的招商引资座谈会在深圳举行。

25—26日，黔西南州外事侨务办公室、州教育局联合在兴义举办的“黔西南州首届外语辩论赛”。

26日，州委常委会召开（扩大）会议，传达学习习近平总书记对毕节试验区工作的重要指示精神，会议同时传达全国政协主席汪洋在统一战线参与毕节试验区建设座谈会上的重要讲话精神和在贵州考察调研时的重要指示精神，研究贯彻落实措施。

27日，黔西南州新时代双拥工作暨全国双拥模范城创建工作大会在兴义召开。

同日，政协第八届黔西南州委员会常务委员会第七次会议在兴义召开，州政协党组书记、主席陈国芳出席并讲话。

30日，黔西南州回族学学会成立大会在兴义举行。

31日，州委书记、兴义军分区党委第一书记刘文新率队走访慰问驻州部队官兵，代表州委、州人大常委会、州政府、州政协向大家送上节日的祝福，并向大家长期以来为全州经济社会发展作出的贡献表示衷心的感谢、致以崇高的敬意。

同日，宁波日报与黔西南日报联合推出为期五天的“黔西南奇境奇情奇俗亲子研活动”。

是月，全州调整住房公积金缴存基数上下限，上限为月缴存额3956元，下限分区域执行三类标准：一类区（州直、兴义、义龙新区）为168元，二类区（兴仁市、安龙县）为156元，三类区（册亨县、望谟县、贞丰县、普安县、晴隆县）为146元。

是月，贵州德良方药业省获推荐代表参加中国质量协会主办的“全国质量标杆企业”评比。

是月，宁波签约对口帮扶黔西南州县（市）医院，14家医疗卫生单位与州相应机构建立结对帮扶关系，开展“人才培养、科室帮建、远程会诊”等帮扶工作。

是月，州喀斯特研究院被中国科协评为2017年度全国“科技助力精准扶贫先进团队”，州农委陈鹏、州林业局余醇、晴隆县茶叶产业局罗琳被评为“科技助力精准扶贫先进个人”。

同日，“永远跟党走”第十三届中国青少年艺术节全国总决赛闭幕，黔西南州参赛的108名青少年共荣获2个第一名，3个第二名，7个第三名，黔西南州教育局获最佳组织奖。

同日，省交通运输厅正式下文批复兴义环城高速公路初步设计，同意修建该高速公路。兴义环城高速公路起于义龙新区磨盘山，与已建成通车的晴兴高速公路对接，接线处与汕昆高速公路十字交叉，经楼纳、丰都、则戎、石聋、洒金，止于兴义市西北破古，利用既有汕昆高速公路兴义西互通位置新建枢纽立交并形成交通流转换。路线全长61.393千米。项目初步设计总概算101.88亿元，总工期（自开工之日起）为4年。

是月，来自宁波工程学院的12名大学生到兴仁县“在水一方”移民居住社区开展对口帮扶支教活动。并通过开展走访、发放爱心物资、结对帮扶等形式，进一步加深黔甬两地团委在教育帮扶、人才交流等方面的协作。

8月

1日，州委常委会召开（扩大）会议，传达学习贯彻近期省委常委会议精神和全省生态环境保护大会暨国家生态文明试验区（贵州）建设推进会精神。

同日，“兴义·万峰林号”彩绘飞机从首都北京首航飞抵兴义。首航成功标志着黔西南又多了一张靓丽“名片”。

同日，乌克兰基辅青少年芭蕾舞剧《天鹅湖》在兴义上演。

3日，州政府与中国二十冶集团战略合作框架协议签约仪式在兴义举行。

6日，经国务院批准，民政部批复贵州省人民政府，同意撤销兴仁县，设立县级兴仁市，以原兴仁县的行政区域为兴仁市的行政区域，兴仁市人民政府驻城北街道民主路20号。由黔西南布依族苗族自治州管辖。

同日，省委常委、省委宣传部部长慕德贵赴晴隆县调研脱贫攻坚工作。

8日，在兴义召开环境保护督察工作会，省委第五环境保护督察组对黔西南州开展环境保护督察工作，进驻10天。

8～9日，黔西南州妇女第七次代表大会在兴义召开。

9日，贵州省第十届运动会“中国银行杯”摔跤比赛在遵义市体校开赛。黔西南州参赛选手陈福政在乙组63公斤级摔跤比赛中获得冠军，也是州代表团在省十运会比赛获得的首枚金牌。

同日，省政协副主席陈坚率领省政协民宗委专职副主任于俊生，省政协民宗委副主任、贵阳学院原党委书记蒙秋明等省政协视察组一行，到黔西南州开展全省民族文化旅游升级版情况专题视察。

10日，州委常委会召开（扩大）会议，传达学习习近平总书记对王继才同志先进事迹作出的重要指示精神和7月31日中共中央政治局会议精神，以及8月3日省委常委会议精神，研究贯彻落实措施。

同日，2018“习酒·我的大学”圆梦奖学金黔西南受助学生公示，新录取的80名大学生获得资助，习酒集团已经连续12年开展资助项目，该项目仍在继续进行。

11日，省政府副省长、省公安厅厅长郭瑞民率省调研组一行到黔西南州安龙县、贞丰县，就环境污染综合治理、易地扶贫搬迁推进等工作进行调研。

12日，州政府召开迎接2018年国务院大督查工作推进会。

13日，州委书记刘文新在州防汛抗旱指挥中心主持召开全州防汛工作视频调度会议。

14日，中国物品编码中心到州开展“标签连接中国·报务千县万企”应用培训。

16日，在首个“中国医师节”来临之际，州委宣传部、州卫生和计划生育委员会对100名优秀医生进行命名表彰，之后，有6名医生获得全省第二届“百名优秀医生”称号。

17日，州委常委会召开会议，传达贯彻近期省委常委会议、省委巡视整改工作领导小组会议以及省委中心组暨新时代学习大讲堂时代前沿知识专题讲座等会议精神，研究部署有关工作。

同日，黔西南州召开动员部署会，正式全面开展全州第四次全国经济普查工作。

18日，兴义万峰林机场T2航站楼转场启用仪式在兴义万峰林机场举行。

同日，中国·贵州首届山歌民谣演唱大赛第三场海选赛在贞丰县者相镇纳孔村举行。

是月，中央红军过境黔西南时留下的10处文物列入第六批省级文物保护单位。分别是：安龙中华苏维埃国家银行旧址、安龙中央红军总部旧址、册亨坛坪红军桥、普安楼下红军桥、兴仁海河战斗遗址、兴仁红军中央军委纵队指挥部旧址、兴义威舍红军战斗遗址、兴义阿依红三军团驻地旧址、贞丰红军长征白层渡口遗址、贞丰白岩关红军战斗遗址。

20日，州委书记刘文新主持召开州委专题会议，研究推进中央巡视反馈意见黔西南州整改工作。州委副书记、州长杨永英，州委副书记、州政府常务副州长穆嵘坤参加。

21—22日，省政府副省长魏国楠到黔西南州兴义市、贞丰县、普安县、义龙新区等地，开展联系服务重点企业及产业大招商活动。

24日，州委常委会召开会议，传达学习习近平总书记在全国宣传思想工作会议、中央军委党的建设会议上的重要讲话精神和对首个“中国医师节”的重要指示精神，以及省近期有关会议精神，研究贯彻落实措施。

25日，中华预防医学会灾难预防医学分会援黔院士专家团走进遵义系列活动黔西南分会活动举行，40多名医学会专家通过学术讲座、查房指导、临床义诊等方式，在黔西南州开展医疗帮扶活动。

27—28日，全省离退休干部党建工作推进会在黔西南州召开。

27—29日，州八届人大常委会召开第十三次会议。

31日，兴义军分区党委十一届九次全体（扩大）会议召开。州委书记、兴义军分区党委第一书记刘文新出席并讲话。

9月

4日，首届“中国农民丰收节”来临，CCTV-7频道到贞丰开展《丰收中国·欢聚贞丰》节目录制，之后在国庆期间播放。

5日，州委常委会召开巡视整改民主生活会。

同日，州委常委会召开扩大会议，传达学习9月3—4日省委书记、省人大常委会主任孙志刚在该州调研时所作的讲话和指示精神，对抓好贯彻落实进行安排部署。

6日，经贵州省旅游资源规划开发质量评定委员会组织评定，黔西南州兴义万峰湖旅游景区达到国家AAAA级旅游景区标准，批准为国家AAAA级旅游景区。在万峰湖旅游景区被批准为国家AAAA级旅游景区之前，全州已有6处景区被批准为国家AAAA级旅游景区，分别是：兴义万峰林景区、马岭河峡谷旅游景区、贞丰双乳峰景区、贞丰三岔河旅游景区、晴隆史迪威24道拐景区、兴仁放马坪高山草原景区。

7日，全省法院系统第九届“天平杯”篮球赛开幕式在兴义举行，全省法院系统19支男女代表队、220名运动员将进行为期7天的比赛。

同日，黔西南州举行庆祝第34个教师节表彰大会，对202名教师及教育工作者进行表彰。

9—11日，全国政协常委、台盟中央副主席吴国华率台盟中央社会服务部副部长张骏，广东省政协委员、台盟广州市委副主委叶耀华，铜锣湾集团副总裁、澳门台湾总商会荣誉会长李济华等，到黔西南州考察并召开座谈会。

13日，省人大常委会副主任、秘书长陈鸣明率调研组到黔西南州开展领导干部联系服务重点企业调研工作。州委副书记、州长杨永英，州人大常委会主任邓家富陪同调研。

16日，中国（兴仁）薏仁米博览会，中国质量万里行走进贵州·兴仁2018中国薏仁米品牌国际论坛暨贸易洽谈会在兴仁县举行。

17日，黔西南“八月八”苗族风情节入选首届“中国农民丰收节”系列庆祝活动。

17—20日，“普安红”亮相莫斯科国际食品展秋展。首次亮相国际舞台，“普安红”就赢得俄罗斯品牌代理商的喜爱，成功推出6000套茶产品。

18日，兴仁县减贫摘帽通过国家专项评估检查。

19日，州委常委会召开扩大会议，传达学习贯彻9月6日和9月14日省委常委会议有关精神，安排部署近期重点工作。

25日，贵州省人民政府发布《关于桐梓等14个县（区）退出贫困县的通告》，同意桐梓县、凤冈县、湄潭县、习水县、西秀区、平坝区、黔西县、碧江区、万山区、江口县、玉屏侗族自治县、兴仁县、瓮安县、龙里县退出贫困县。

同日，省委常委、省纪委书记、省监察委主任夏红民到普安县调研。

26日，州政务大厅兴义市公安局港澳台居民居住证受理点发放黔西南州第一批5位台胞申领的居民居住证。

30日，全国第五个烈士纪念日，当天上午，黔西南州在兴义市烈士陵园举行向革命烈士敬献花篮仪式，深切缅怀英烈们的不朽功勋，深情寄托对烈士们的无限哀思。州委书记刘文新，州委副书记、州长杨永英，州人大常委会主任邓家富，州政协主席陈国芳，州委副书记、州政府常务副州长穆嵘坤，州委常委，州人大常委会、州政府、州政协和兴义军分区有关领导，州法院院长、州检察院检察长出席仪式。州委常委、兴义市委书记许风伦主持。

是月，中秋小长假，全州旅游消费稳中有增，市场秩序良好，游客满意度高，共接待游客170万人次，实现旅游综合收入10.6亿元，实现“安全、秩序、质量、效益”四统一目标。

10月

1日，省政府副省长卢雍政到黔西南州调研检查2018国际山地旅游暨户外运动大会筹备情况。

8日，州旅发委公布“十一”黄金周期间，全州接待游客459.11万人。同比增长52.67%，实现旅游收入27.92亿元，同比增长20.5%。

9日，全州生态环境保护大会暨生态文明建设推进会在兴义召开。州委书记刘文新出席会议并讲话，州委副书记、州长杨永英就《黔西南州全面加强生态环境保护坚决打好污染防治攻坚战实施方案》起草情况作说明，州人大常委会主任邓家富、州政协主席陈国芳出席，州委副书记、州政府常务副州长穆嵘坤主持会议。州委常委，州人大常委会、州政府、州政协有关领导，州法院、州检察院、兴义师院、黔西南职院负责人参加。

11日，由国家民委文宣司指导，贵州省民族宗教事务委员会、贵州省旅游发展委员会共同主办，黔西南州人民政府承办，中国服装协会、中央民族大学、中国少数民族文化艺术促进会、北京服装学院支持，以“多彩服饰·美丽贵州”为主题的首届多彩贵州民族服饰设计大赛在兴义开幕。

12日，黔西南州开展2018国际山地旅游暨户外运动大会开幕式综合演练，并在州指挥部召开演练工作总结会。

13—14日，在2018国际山地旅游暨户外运动大会即将召开之际，省政府副省长卢雍政赴黔西南州检查指导大会筹备情况。

14日，省委副书记、省长谌贻琴在黔西南州兴义市会见到贵出席2018国际山地旅游暨户外运动大会的国内外重要嘉宾。

15日，由文化和旅游部、国家体育总局、省人民政府主办，以“天人合一·高品质生活”为主题的2018国际山地旅游暨户外运动大会在黔西南州兴义市开幕。法国前总理、国际山地旅游联盟主席德维尔潘，韩国前总理、韩中经济文化交流中心总顾问李寿成出席开幕式并作主旨演讲。省委书记、省人大常委会主任孙志刚宣布开幕。省委副书记、省长谌贻琴，国家体育总局副局长杨宁致辞，埃塞俄比亚文化和旅游部国务部长布珠尼斯·梅瑟特，《中国国家地理》杂志社社长、总编辑李栓科演讲。韩国忠清南道政务副知事罗绍烈，国际山地旅游联盟理事弗兰西斯科·弗朗加利，全国人大常委会农业与农村委员会副主任、民盟中央专职副主席龙庄伟，欧美同学会副会长程东红，全国政协原常委、副秘书长何丕洁，省领导何力、卢雍政、王世杰、左定超等出席。开幕式由卢雍政主持。黔西南州委书记刘文新，州委副书记、州长杨永英，州人大常委会主任邓家富，州政协主席陈国芳，州委常委，州人大常委会、州政府、州政协有关领导出席。

同日下午，第六届中国美丽乡村·万峰林峰会在兴义开幕。全国人大常委会委员、农业与农村委员会副主任、民盟中央专职副主席龙庄伟出席并讲话。全国人大常委会委员、农业与农村委员会副主任委员、民进中央副主席王刚主持。欧美同学会（中国留学人员联谊会）副会长程东红出席。全国政协原常委、副秘书长、民革中央原副主席、黔西南试验区智库专家何丕洁，中华全国新闻工作者协会原党组书记、专职常务副主席翟惠生，农业农村部原总农艺师孙中华作主旨演讲。省政协副主席、民进贵州省委主委左定超讲话。州委书记刘文新致辞，州委副书记、州长杨永英出席。

16日，全国政协副主席、民进中央常务副主席刘新成赴黔西南州安龙县开展定点扶贫专题调研座谈。全国人大常委会委员、民进中央副主席王刚，省政协副主席、民进贵州省委主委左定超，州人大常委会主任邓家富，州政协主席陈国芳，民进中央社会服务部副部长刘文胜，州委常委、州政府副州长王雄义，州人大常委会副主任、民进黔西南州委主委黄健勇，州政府副州长郭峻，州政协副主席、州委统战部常务副部长蒋静等陪同调研或出席座谈会。

17日，黔西南州在2017年度全省各市（州）生态文明建设目标评价考核中获优秀等次，与贵阳市齐名。

同日，州委召开全州领导干部会议，传达学习10月16日省委常委会议精神，对强力抓好全州深度贫困地区脱贫攻坚工作进行安排部署。

同日，黔西南州创建“全国民族团结进步示范州”考核验收汇报会召开。国家民委监督检查司副司长李钟协、省民宗委主任石松江出席会议并讲话，州委书记刘文新汇报全州创建工作并作表态讲话，州人大常委会主任邓家富出席，州委副书记、州政府常务副州长穆嵘坤主持会议。

是月，国家铁路总公司、贵州省政府共同批复关于《新建盘县至兴义铁路初步设计》及《新建盘县至兴义铁路先期开工段站前工程施工图审核报告审查意见》。

22日，第四届黔西南州旅游产业发展大会在普安县召开。

22—23日，2018年全省第二次项目建设现场观摩会启动，第五组观摩代表走进黔西南州兴义市、兴仁市、安龙县等地，对黔西南州“千企改造”“千企引进”和大数据与实体经济深度融合的相关情况进行观摩。

24—26日，黔西南州八届人大常委会第十四次会议在兴义召开。

25日，州委、州政府召开专题会议，研究推进环保督察反馈问题整改落实工作。州委书记刘文新出席并讲话，强调要提高政治站位，坚持问题导向，强化责任担当，确保环保督察反馈问题全面如期整改到位。

29日，2018国际山地旅游暨户外运动大会和第六届“中国美丽乡村·万峰林峰会”黔西南州总结会在兴义举行。

30日，州委常委会召开扩大会议，传达学习省委十二届四次全会精神，研究部署贯彻落实措施。

“十一”黄金周期间，全州共接待游客459.11万人次，同比增长52.67%，实现旅游收入27.92亿元，同比增长20.5%。其中，接待过夜游客126.11万人次，同比增长82.08%；接待一日游游客333万人次，同比增长43.87%。

11月

1日，晴隆县西泌河水库正式下闸蓄水。水库总投资5.1727亿元。水库为中型水库，坝顶全长148米，正常蓄水位690米，总库容1715万立方米。水库主要用于供水、灌溉及发电，设计灌溉面积1114亩。

3日，以“聚力脱贫攻坚，培育精品粮油”为主题的贵州省第五届粮油精品展示交易会，在兴义市富康国际会展中心举行。

3—4日，2018国际山地旅游暨户外运动大会兴仁分会场活动之一——全国第二届“兴仁放马坪”露营风筝大赛在放马坪高山草原景区举行。

5日，黔西南州召开电视电话会议，传达学习贯彻中央第五生态环境保护督察组对贵州省开展“回头看”工作动员会精神，对全州落实好中央环境保护督察“回头看”工作进行再安排再部署。

6日，州史志办组织州志编纂委员会成员单位和州直相关部门负责人对《黔西南布依族苗族自治州志》进行评审。与会评委们一致认为《黔西南布依族苗族自治州志》观点正确、记述内容真实、使用语言规范、交叉处理适当，能够全面反映黔西南州历史发展情况，予以通过复审。8日，通过省方志办组织的专家评审会终审。2019年7月，通过省方志办验收。

6—7日，省政协副主席孙诚谊率队到黔西南州兴仁市、贞丰县开展主席会议视察，对兴仁市、贞丰县推进农村一二三产融合发展相关工作进行调研。

7日，全州扫黑除恶专项斗争推进会暨领导小组第三次全体会议举行。州委副书记、州政府常务副州长穆嵘坤出席会议并讲话，州委常委、州委政法委书记冉博，州政府副州长、州公安局局长李淞，州中级人民法院院长高峰，州人民检察院检察长刘青出席。

同日，政协第八届黔西南州委员会常务委员会第八次会议在兴义召开，会议学习贯彻习近平新时代中国特色社会主义思想和党的十九大精神，落实十二届省委三次、四次全会精神和七届州委六次全会精神，围绕全州农村环境整治、商贸服务业和农村公路养护情况进行协商，聚力脱贫攻坚。

9日，州委常委会召开扩大会议，传达学习10月31日中央政治局会议精神和习近平总书记近期有关重要讲话精神，研究贯彻落实措施。

11日，2018国际山地旅游暨户外运动大会白龙山国际山地越野跑公开赛在贵州醇景区举行。

12日，黔西南州“新一轮州市共创全国文明城市”暨“争做文明市民　共创文明城市”系列主题活动动员大会在兴义举行。

12—14日，省委常委、省纪委书记、省监委主任夏红民到黔西南州调研指导工作。

13日，2018年贵州省农村精神文明建设工作会在兴义举行。

同日，黔西南州产业大招商推介座谈会在宁波市举行。贵州省政府副省长魏国楠，宁波市政府副市长陈炳荣，黔西南州委副书记、州长杨永英出席。

14日，州委常委会召开扩大会议，传达学习习近平总书记在国家综合性消防救援队伍授旗仪式上的训词精神和中央军民融合发展委员会第二次会议精神，以及11月9日省委常委会议相关精神，研究贯彻落实措施。

15日，州委书记、州级总河长刘文新到兴义市现场督办中央环保督察反馈问题整改落实工作，并实地巡查马别河水环境治理情况。

19日，州委书记刘文新到州迎接中央生态环境保护督察“回头看”工作指挥中心调研。

20日，州委召开整改工作领导小组会议，部署推进省委第三巡视组巡视黔西南州反馈问题整改落实工作。

同日，以“做兴义好司机·创文明兴义城”为主题的兴义市首届百日交通零违法挑战活动在桔山广场拉开帷幕。

20—21日，省政协副主席、秘书长任湘生率调研组到黔西南州开展联系服务重点企业帮扶工作调研。

21日，省人大常委会副主任、秘书长陈鸣明到黔西南州调研。

23日，兴义万峰林机场年旅客吞吐量突破100万人次。跻身全国百万级机场行列。

同日，由黔西南州组织召开，以“聚焦环保大督察 共管共治黄泥河”为主题的2018年两省三地共管共治黄泥河联席会议第二次会议在兴义举行。

25日，全州易地扶贫搬迁工作推进会在兴义召开。会议强调，各县（市）、义龙新区党政一把手要当好施工队长、宣传队长、服务队长，加快让搬迁群众搬得出、稳得住、快融入、能致富。

同日，州委召开专题会议，对全州打好防范化解重大风险攻坚战进行研究部署，强调要增强忧患意识，提高把控问题、管控风险的能力，持续为全州决战脱贫攻坚、决胜同步小康提供安全稳定的社会环境。

26日，州委常委会召开扩大会议，传达学习习近平总书记重要讲话精神，全国人大常委会深入学习贯彻习近平总书记关于坚持和完善人民代表大会制度的重要思想交流会、全国政协召开的习近平总书记关于加强和改进人民政协工作的重要思想理论研讨会精神，以及11月22日省委常委会议精神，对全州近期重点工作进行研究部署。

27日，滇黔桂旅游集散联合体第一次全体会员代表大会在广西壮族自治区百色市召开，会上，黔西南州旅发委与广西百色市旅发委、云南文山市旅发委签订了框架合作协议，审议投票通过了《滇黔桂旅游集散联合体章程》和《滇黔桂旅游集散联合体选举办法》。

28日，州委副书记、州长杨永英在册亨县主持召开州政府领导面对面督办人大代表建议和政协提案工作座谈会。强调各级各部门要抓好州人大代表建议督促办理，认真梳理吸收建议，加大“两江一河”交通水利设施建设，加快产业脱贫步伐，实现产业兴、生态美、百姓富。

同日，黔西南州在湖南长沙举办“绝美喀期特·康养黔西南”2018年贵州省黔西南州冬季度假旅游推介会，宣布自2018年12月1日至2019年2月28日，全国游客到黔西南旅游，景区门票实行五折，对口帮扶贵州省的省、市以及港澳台居民免景区门票。同步推出“暖阳银发游”“温泉养生游”“风情研学游”“浪漫情侣游”“温馨亲子游”等精品线路。

29日，省委常委、省委组织部部长李邑飞率省调研督导组到黔西南州开展包案督访工作。

30日，州委常委会召开扩大会议，对生态环境部发布的《“回头看”典型案例通报（十九）贵州黔西南州兴仁市敷衍整改 金矿尾矿库环境隐患突出》进行全文传达学习，并深入剖析和深刻反思，部署立即开展整改、立即启动问责、立即举一反三等工作。

是月，根据《贵州省人民政府关于同意将贵州顶效经济开发区变更认定为黔西南高新技术产业开发区的批复》文件，明确黔西南高新技术产业开发区四至范围和核准面积以《中国开发区审核公告目录》（2018年版）为准，规划、环评沿用贵州顶效经济开发区审批手续，土地集约利用评价沿用贵州顶效经济开发区最新评估评价结果。同时，将黔西南高新技术产业开发区纳入省科技创新领导小组统筹指导，落实相关政策措施，研究解决发展中的重大问题。

12月

1—2日，2018年黔西南试验区统一战线聚力脱贫攻坚产业项目、“千企帮千村”示范项目现场观摩会在兴义召开。省委统战部副部长、省文史研究馆馆长王茂爱，州政协主席陈国芳出席并讲话，州委常委、州委统战部部长罗春红主持。

3日，贵州省“百名法学家百场报告会”法治宣讲黔西南州专场报告会在兴义举行。

4日，全州2018年职工“12·4”国家宪法日宪法知识竞赛活动在兴义举行。州人大常委会副主任、州总工会主席田大宝出席活动。

5日，黔西南州四大班子领导与到州出席部队活动的武警贵州省总队领导班子座谈，大家就持续巩固军政军民团结良好局面，携手推动军民融合深度发展进行深入交流。

同日，黔西南州特殊病康复中心在兴义和谐阳光医院挂牌成立。特殊病康复中心有床位100张，专业医护人员80余名，特勤人员32名，配备专业医疗设备。康复中心分脱毒治疗阶段、特殊疾病治疗阶段、心理康复阶段以及再就业培训阶段，主要为患者提供集科学戒毒、综合矫正、关怀引导等为一体的优质医疗康复服务，最终使吸毒人员彻底戒断毒瘾，回归社会。

6日，省人大常委会副主任、秘书长陈鸣明到黔西南州兴仁市、安龙县、义龙新区调研联系服务重点企业，并召开座谈会听取黔西南州工业经济运行及联系服务重点企业工作情况汇报，研究解决企业面临的问题和困难。

同日，武警贵州省总队参与脱贫攻坚现场推进会在兴义市乌沙镇普梯村举行。

9日，2018年全国青年女子垒

球锦标赛在义龙开赛，来自国内的10支队伍进行激烈对抗。

10日，州委常委会召开扩大会议，传达学习贯彻11月26日中央政治局会议精神、习近平总书记在中央政治局第十次集体学习时的重要讲话精神，研究部署全州近期有关重点工作。

11日，第61批中国博士后科技服务团（贵州黔西南）活动启动仪式在兴义举行。

同日，由国家体育总局手曲棒垒球运动管理中心、贵州省体育局、黔西南州政府、中国垒球协会主办，黔西南州体育局、义龙新区管委会承办的2018年“海峡杯”女子垒球赛在义龙新区鲁屯镇开赛。

14日，省扫黑除恶专项斗争第三督导组督导黔西南州工作动员会在兴义举行。

同日，贵州省教育大会在贵阳召开。会议对148名贵州省优秀教师、40名贵州省教育工作先进个人、200名贵州省特级教师进行表彰。黔西南州有28人获表彰。

16日，2018贵州·贞丰国际山地半程马拉松比赛在贞丰县举行，来自全国各地及柬埔寨、越南、泰国、老挝等国家的5000多名马拉松爱好者参加比赛。

17日15时25分，省、州第一座建成的然气分布式能源站——兴义市上乘发电有限公司清水河天然气分布式能源站燃机首次满负荷运行一次成功。

20日，2018年度州委议军会议召开，州委书记、兴义军分区党委第一书记刘文新主持并讲话。

21日，州委常委会召开会议，传达学习习近平总书记在庆祝改革开放40周年大会上的重要讲话精神和12月13日中央政治局会议精神，研究部署有关工作。

22日，省脱贫攻坚交叉考核组组长代中尧一行，到黔西南州检查考核脱贫攻坚工作，并在兴义召开2018年脱贫攻坚市州交叉考核情况交流会议。州委副书记、州长杨永英出席并汇报全州脱贫攻坚工作情况。

同日，2018首届万峰林暖冬嘉年华暨万峰布依羊汤锅节在兴义市万峰林街道办双升村鄢家坝乡愁集市举行。

25日，黔西南州庆祝改革开放40周年座谈会召开。

同日，黔西南州庆祝改革开放40周年系列文化展在州民族文化中心开展，通过摄影图片、诗词、书法、绘画等形式，展示全州40年来经济社会各方面取得的辉煌成绩。

26日，州委常委会召开扩大会议，传达学习中央经济工作会议精神和12月24日省委常委会议精神，研究部署全州近期有关重点工作。

27日，第四届“中国好教育”2018年度同课异构全国冠军总决赛暨高中教师专业发展论坛开幕式在兴义市举行。

同日，在成都举行的第六届中国新兴媒体产业融合发展大会上，《黔西南日报》荣获新华社颁发的“现场云优秀报道奖”。

28日，总投资139.7亿元、由中国铁路总公司和贵州省共同投资建设的盘州至兴义铁路开工仪式在兴义市清水河镇举行，标志着贵州实现“市市通高铁”的最后一个待开工项目启动。

29日，国家民委授予黔西南布依族苗族自治州“全国民族团结进步创建示范州”称号。

同日，黔西南州消防救援支队在兴义举行迎旗、授衔和换装仪式。

是月，第六届贵州省道德模范评选表彰活动组委会办公室按照评选程序和标准，对各地各系统推荐道德模范人选进行资格审核、初评、专家评审、组委会审议，评选出第六届贵州省道德模范51名，道德模范提名奖47名，黔西南州6人获道德模范称号，3人入选道德模范提名奖。

是月，黔西南州兴义市入选全国综合竞争力百强县名单并获评全国计生基层群众自治示范市。

是月，由国家卫生健康委、中国红十字会总会、中央军委后勤保障部卫生局联合下发《关于表彰2016—2017年度无偿献血贡献奖金奖等奖项获奖者的决定》，黔西南州获全国无偿献血先进城市称号。继获得2014—2015年度全国无偿献血先进城市称号之后，再次荣获全国无偿献血先进城市称号。

中共黔西南州委

工作综述

【两个维护】 2018年，黔西南州委牢固树立“四个意识”，坚定“四个自信”，把坚决维护习近平总书记的核心地位、维护以习近平同志为核心的党中央权威和集中统一领导作为第一政治任务、最高政治原则和根本政治规矩，旗帜鲜明讲政治，在思想上高度认同核心、在政治上坚决维护核心、在组织上自觉服从核心、在行动上紧紧跟随核心，始终在政治立场、政治方向、政治原则、政治道路上同以习近平同志为核心的党中央保持高度一致。“牢记嘱托、感恩奋进”，大力培育和弘扬新时代贵州精神，以新时代新业绩诠释对党的忠诚。

【习近平新时代中国特色社会主义思想学习贯彻】 2018年，黔西南州委深入学习贯彻习近平新时代中国特色社会主义思想，始终把习近平总书记对贵州工作重要指示、批示精神作为推动黔西南州发展的根本遵循。黔西南州委常委会修订完善《中共黔西南州委理论学习中心组学习制度》，组织引导全州各级各部门党委（党组）认真组织开展理论学习，建成农民讲习所1311个、市民讲习所146个，开展讲习活动1.2万余场次，推动习近平新时代中国特色社会主义思想深入人心。

【党的十九大精神学习宣传贯彻】 2018年，黔西南州委把学习宣传贯彻党的十九大精神和习近平总书记在贵州省代表团重要讲话精神作为首要政治任务，紧扣“两学一做”学习教育和“牢记使命、感恩奋进”主题教育，深入开展“组织发动学、领导带头学、党员率先学”“立体化宣传、多层面宣讲、全覆盖培训”“遍访贫困户、宣讲十九大、精准再识别”三大主题宣传教育和基层群众感恩奋进巡回宣讲报告会等活动，团结引导全州广大党员干部群众把以对习近平总书记的殷切关怀转化为干事创业的强大精神动力，激发决战脱贫攻坚、决胜同步小康的内生动力。

【省委十二届三次、四次全会精神贯彻落实】 2018年，黔西南州委召开州委七届六次全会，贯彻落实省委十二届三次全会精神，出台《中共黔西南州委关于打赢脱贫攻坚战三年行动全面发起总攻奋力夺取全胜的实施意见》。黔西南州委常委会学习贯彻《中共中央关于深化党和国家机构改革的决定》《深化党和国家机构改革方案》，贯彻落实省委部署启动全省深化党和国家机构改革工作协调会议精神、省委十二届四次全会精神，研究谋划黔西南州深化党和国家机构改革工作。

【重大活动举办】2018年，黔西南州委举办2018国际山地旅游暨户外运动大会、第六届“中国美丽乡村·万峰林峰会”、第四届黔西南州旅游产业发展大会、兴义万峰林国际徒步大会、白龙山国际山地越野跑公开赛、贞丰三岔河国际露营大会、义龙“海峡杯”女子垒球赛等一批体旅深度融合的赛事活动。

【全面从严治党】2018年，黔西南州委扛起管党治党政治责任，坚持以党的政治建设为统领，严守党的政治纪律和政治规矩，聚焦主责主业，严肃党内政治生活，推动全面从严治党向纵深发展。突出政治功能推进基层党组织建设，紧扣脱贫攻坚深入开展基层组织建设提升行动，构建“县领导+组织部门+乡（镇）党委+第一书记”四级帮扶网络，实施“一村一策”整顿提升软弱涣散后进村党组织。坚持党管干部、党管人才，聚焦脱贫攻坚，拓宽选人用人视野，建设高素质专业化干部队伍，激励脱贫攻坚一线干部新时代新担当新作为。推进党风廉政建设，紧盯“四风”新动向、新情况，抓好对“一把手”和重要领域、重要岗位、关键环节的作风整治。推进反腐败斗争，纪律审查和巡察实现全覆盖。开展脱贫攻坚作风建设年活动，大力整治扶贫领域腐败和不正之风。坚持挺纪在前，践行“四种形态”，推进干部约谈常态化。把巡视整改作为最重要的政治任务，全力做好中央第四巡视组、省委第三轮巡视第三巡视组反馈问题和移交问题线索巡视整改，统筹推进年度巡察工作，启动三轮州级巡察。州委常委会履行领导责任和主体责任，听取州人大常委会、州政府、州政协、州人民法院、州人民检察院党组工作情况汇报，听取州人民法院、州人民检察院党组全面从严治党工作情况汇报，推进落实新时代全面从严治党要求。

【脱贫攻坚】2018年，黔西南州委常委会贯彻落实习近平扶贫思想和重要论述，推行“五步工作法”，坚持“四个导向”，以“4541”为主要抓手，推进抓党建促脱贫攻坚，开展“春风行动”和“夏秋攻势”，向打赢脱贫攻坚战三年行动全面发起总攻夺取全胜，兴仁市实现减贫摘帽。纵深推进“四场硬仗”，全力打好以农村公路“组组通”为重点的基础设施建设硬仗，提前一年完成“组组通”公路三年大决战任务；推进易地扶贫搬迁，全面实施新市民计划，确保贫困群众“搬得出、稳得住、快融入、能致富”。把发展产业、促进就业作为脱贫攻坚治本之策，认真落实“八要素”，通过“退一进十”和“六个协同”，稳步推进农村产业革命，增强贫困群众稳定脱贫的能力；加强政策保障，加快项目建设，全面完成教育医疗住房“三保障”任务。扎实开展贫困人口漏评错评专项治理、贫困人口错退专项治理、农村危房改造不到位专项治理、扶贫资金使用不规范专项治理、扶贫领域腐败和不正之风专项治理，建立健全长效机制45个，“五个专项治理”取得阶段性成效。突出“四个聚焦”，多渠道多形式争取和筹集扶贫资金，统筹推进帮扶工作。采取组织调训、州级示范培训、县级兜底培训等方式，全覆盖培训各村党组织书记，推动攻坚力量下沉到深度贫困村民组，开展党建扶贫示范创建工作，深入推进抓党建促脱贫攻坚。

【生态文明建设】2018年，黔西南州委贯彻落实习近平生态文明思想，践行绿水青山就是金山银山的理念，把生态文明建设融入经济社会发展各方面，全力打好污染防治攻坚战，着力抓好中央环保督察反馈问题的整改落实，推进生态文明建设。培育壮大绿色环保产业，建立健全绿色低碳循环发展的经济体系，开展千企改造、千企引进，实施绿色黔西南建设行动计划，推进工业经济与生态文明建设协调发展，全面推进绿色发展。扎实推进蓝天、碧水、净土保卫工程，实施新一轮大气污染防治行动计划，强力开展“清网、清源、清岸、清违”行动，全面落实“河（湖）长制”，全面开展清“四乱”行动，以铁腕治污、铁的目标、铁的责任、铁的手段，集中时间、集中力量，开展百日督察整改攻坚战，建立健全生态环保领域长效机制。

【重大风险防范化解】2018年，黔西南州委贯彻习近平总书记关于打好防范化解重大风险攻坚战的重要指示精神，强化政治责任，增强忧患意识，深入推进防范化解风险工作。始终站在政治和全局的高度看待防范化解政治安全风险问题，抓好重点领域的政治风险防范化解工作，建立健全风险评估系列制度，从源头上防范决策失误、公权私用、安全生产、环境污染、侵占民利、舆论炒作、铺张浪费等方面的问题和风险发生，有效防控各类政治安全风险。抓好防控政府性债务风险、打击非法集资、整治校园网贷、清欠民工工资、保障困难群体安全温暖过冬等工作，建立州、县两级政府性债务管理工作机制，做好地方政府债务风险评估和预警，推进政府债务、金融风险等金融重点领域风险防范化解工作。开展扫黑除恶专项斗争“雷霆行动”“夏秋风暴”，全面落实安全生产责任制，推进安全生产领域改革发展，有力防范社会安全和安全生产风险。

【经济发展】 2018年，黔西南州委践行“五大发展理念”，深入推进供给侧结构性改革，完善发展思路，创新发展路径，立足资源优势，激活发展要素，在发展特色农业、新型工业、现代服务业上不断创新，坚持用绿色理念引领农业产业化发展，以“大电强网+大产业”为引领，实施“千企改造”，经济发展质量不断提高。统筹推进乡村振兴和新型城镇化建设，实施乡村振兴“十项行动计划”，以示范小城镇为抓手推进小城镇建设，兴仁县撤县设市获国务院批准，晴隆普安县城拓展区规划建设。

【全面深化改革】 2018年，黔西南州委把深化改革作为破解难题的关键举措，严格落实“一把手抓改革、改革抓一把手”主体责任，加强对全面深化改革的领导，召开6次州委全面深化改革领导小组会议，对标对表中央、省委改革部署，把改革工作的重要环节、重点改革事项抓在手上，审议通过一系列重大改革文件和方案，推动各项改革举措落实。大力宣传改革经验和典型，推动形成全面深化改革的浓厚氛围。

【对外开放】 2018年，黔西南州委把改革开放作为加快发展、后发赶超的关键一招，持续推进深化改革，不断扩大开放，促进外部资源和要素集聚，不断激发高质量发展的动力和活力。构建全面开放格局，出台《关于全面扩大对外开放的意见（2018—2020年）》，明确将黔西南州建设成贵州面向东盟地区的桥头堡和贵州内陆开放型经济试验区重要组成部分。优化营商环境，以特色农产品出口为依托，重点发展蔬菜、桐油、薏仁米、花卉、蕉芋等产品出口。顶效经济开发区获省政府批复，变更认定为省级黔西南州高新技术产业开发区。积极打造万峰林机场开放平台，T2航站楼转场投用，加大航线培育力度，新增、加密部分航线。推动对外交流合作，举办第六届贵州·台湾经贸交流合作恳谈会黔西南民族特色产品展示展销活动，组织参加2018中国餐饮大会暨贵州第二届生态美食文化节及食博会、酒博会、数博会、茶博会等对外开放活动。认真开展产业大招商，推进重大工程和重点项目建设，固定资产投资增速在全省排名第一。

【民主法治】 2018年，黔西南州委加强对人大、政协工作的领导，支持人大及其常委会依法行使立法、监督、决定、任免等法定职权，支持各级政协组织依照章程履行政治协商、民主监督、参政议政职能。推进协商民主改革，规范和完善政治协商、民主监督、参政议政机制，探索推行委员三级述职制度，发挥政协委员在政协组织中的主体作用。加强和改进人民政协党的建设工作，在专委会设立联合党支部，党的组织在专委会全覆盖，探索实行党员委员组织关系一方隶属、参加双重组织生活的办法，发挥党员委员的引领和带头作用。全面推进依法治州工作，构建“一线三面一张网”工作推进机制，推动建成党委领导、人大监督、政府实施、政协支持、各部门协作配合、全社会共同参与的法治建设新格局。巩固安定团结良好局面，积极促进政党关系、民族关系、宗教关系、阶层关系、海内外同胞关系和谐，统战工作深化拓展。发展民族团结进步事业，成功创建“全国民族团结进步示范州”。扎实抓好工会、共青团、妇联、科协、文联等群团组织工作，持续在维权维稳、构建和谐、服务大局等方面发挥作用，形成社会和谐稳定、人民安居乐业的良好局面。

【宣传文化】 2018年，黔西南州委自觉承担举旗帜、聚民心、育新人、兴文化、展形象的使命任务，落实意识形态工作责任制，实施“两个全覆盖、六个三年行动计划、一率一考”的工作框架和体系，加强意识形态阵地建设。把握正确舆论导向，坚持正面宣传为主，唱响主旋律，传播正能量，讲述黔西南好故事、传递黔西南好声音，树立黔西南好形象，大力宣传黔西南政治经济、社会民生、山地旅游、民族风情、文化体育全面发展。把培育和践行社会主义核心价值观作为文明城市、文明村镇、文明单位、文明家庭、文明校园创建的根本任务，积极培育道德模范、先进典型，推动社会主义核心价值观深入人心，文化自信不断增强，干部文明素质、精神状态明显提升。推进民族特色文化强州建设，打造体现黔西南州秀美的自然风光、厚重的历史文化、浓郁的民族风情、独特的山地文化、感恩奋进的精神状态等特色元素的民族文化节目品牌、文学作品、特色歌曲和影视广播剧。

【民生保障】2018年，黔西南州坚持以人民为中心的发展思想，紧紧抓住人民群众最关心最直接最现实的利益问题，既尽力而为，又量力而行，实施教育立州战略，优先发展教育，健全促进充分就业服务激励机制，促进各类人群充分就业，坚持把人民健康放在优先发展的战略地位，推进健康黔西南建设，织密织牢社会保障网，推进社会保障全覆盖，一件事情接着一件事情办，全州人民生活持续改善，幸福感和满意度不断提升。

【社会治理】2018年，加快建设立体化社会治安防控体系，大力推进“平安黔西南”建设，打造社会治理新格局，为社会治安综合治理、信访维稳、矛盾纠纷排查、平安建设等工作搭建良好的工作平台，推进社会治理体系和治理能力现代化建设，维护社会公共安全，使安全感和满意度“双提升”。开展扫黑除恶专项斗争“雷霆行动”“夏秋风暴”和打击“盗抢骗”、电信网络诈骗犯罪、网络贩枪等专项行动，整治“黄赌毒”等社会丑恶现象，严惩刑事犯罪。探索运用大数据进行社会治安综合治理的新思路新方法，率先发展大数据风险感知警务，广布“风险探测器”，构建信息先知、精准预测、及时预警、有效预防的平安风险“先知三预”防控体系，确保对风险动态掌握不失控，现行刑事案件发案率持续下降，破案率持续上升。完善节庆活动矛盾纠纷防范处理机制，实施对涉及群众切身利益的年度重大建设项目和重大决策社会稳定风险评估。大力支持独立行使审判权、检察权。

重要会议

【州委常委会会议】3月12日，在兴义召开七届州委常委会第四十二次会议。会议传达学习贯彻中共十九届三中全会精神，要求牢固树立“四个意识”，坚定“四个自信”，始终在思想上政治上行动上同以习近平同志为核心的党中央保持高度一致，切实把学习宣传贯彻中共十九届三中全会精神作为当前的一项重要政治任务。

3月23日，在兴义召开七届州委常委会第四十三次会议。会议传达学习十三届全国人大一次会议、全国政协十三届一次会议精神，要求进一步树牢“四个意识”、坚定“四个自信”，始终坚定不移地忠诚、拥戴、维护、捍卫习近平总书记这个党中央的核心、全党的核心，大力弘扬中华民族的伟大创造精神、伟大奋斗精神、伟大团结精神、伟大梦想精神，不忘初心、牢记使命、奋发有为，把人民对美好生活的向往不断变为现实。

6月12日，在兴义召开七届州委常委会第五十三次会议。会议传达学习习近平总书记、李克强总理对脱贫攻坚工作重要指示和批示精神及打赢脱贫攻坚三年行动电视电话会议精神，要求要深入学习习近平总书记对脱贫攻坚工作重要指示精神、李克强总理批示精神和打赢脱贫攻坚战三年行动电视电话会议精神，按照省委、省政府领导近期调研脱贫攻坚工作时的要求，真抓实干、埋头苦干，坚决夺取脱贫攻坚全面胜利。

7月26日，在兴义召开七届州委常委会第五十八次会议。会议传达学习习近平总书记对毕节试验区工作的重要指示精神，要求要提高政治站位，树牢“四个意识”，深入学习、深刻领会、牢牢把握习近平总书记的重要指示精神，始终在思想上政治上行动上同以习近平同志为核心的党中央保持高度一致，坚决扛好脱贫攻坚重大政治责任，深入实施打赢脱贫攻坚战三年行动，全面打好总攻、坚决夺取全胜。

9月2日，在兴义召开七届州委常委会第六十四次会议。会议传达学习习近平总书记在推进“一带一路”建设工作5周年座谈会上的讲话精神，要求要增强“一带一路”建设的责任感和使命感，强化机遇意识，筹备开好2018国际山地旅游暨户外运动大会、中国美丽乡村·万峰林峰会，加快重大开放平台建设，促进该州更大范围、更高层次的开放。

【2017年度县（市）、义龙新区、州直党（工）委书记抓党建工作述职评议会】2月11日在兴义市召开2017年度县（市）、义龙新区、州直党（工）委书记抓党建工作述职评议会。会上，各县（市）、义龙新区、州直党（工）委书记就抓党建工作情况向州委述职，刘文新代表州委一一作了点评。强调要深入学习、认真贯彻习近平总书记关于加强党的领导、全面从严治党的重要思想，严格按照中央、省委部署要求，始终牢记责任、切实强化责任、坚决担负责任，重整行装再出发，开创全面从严治党新局面。

【研究推动极贫乡镇脱贫攻坚专题会】2月27日在兴义市召开专题会议，研究推动极贫乡镇脱贫攻坚工作，强调要深入学习贯彻习近平总书记在打好精准脱贫攻坚战座谈会上的重要讲话精神，认真落实中央、省委部署要求，牢牢抓住2018年，努力干好每一天，确保脱贫攻坚取得突破性进展、决定性胜利。

【全州农业产业结构调整工作专题会】3月26日在兴义市召开专题会议，全面调度全州农业产业结构调整工作。会议强调，要进一步落实好省委、省政府决策部署，纵深推进脱贫攻坚“春风行动”，坚决打好农业产业结构调整攻坚战，不断扩大振兴农村经济的深刻的产业革命成果。

【七届州委全面深化改革领导小组第十一次会议】4月9日，七届州委全面深化改革领导小组召开第十一次会议，传达学习贯彻中央、省委有关精神，审议中共黔西南州委关于加强人民政协协商民主建设以及推进政治协商、民主监督、参政议政制度化规范化程序化等方面的相关文件，研究其他改革事项。

【十二届省委第二轮巡视黔西南州集中反馈会】4月17日在贞丰县召开十二届省委第二轮巡视黔西南州有关县集中反馈会议，省委巡视工作领导小组代表省委对已被巡视党组织再次约谈警示、敲下重锤，全力抓好整改落实，让将要被巡视的县（市、新区）受教育、受警醒，切实抓好自查自纠。

【传达学习省委有关会议精神】4月18日在兴义市召开会议，传达学习4月11日省委常委会议精神和十二届省委第二轮巡视黔西南州集中反馈会精神、全省县以上党政主要领导干部学习贯彻习近平新时代中国特色社会主义思想研讨班精神，以及近日《贵州日报》刊发的乾兴平署名文章，研究贯彻落实措施。

【省委第三巡视组巡视黔西南州委、兴义市委工作动员会】5月4日在兴义市召开省委第三巡视组巡视黔西南州委、兴义市委工作动员会。强调省委第三巡视组进驻开展巡视，充分体现省委对黔西南州各级党组织和广大党员干部思想上、政治上、工作上的关心爱护。各级干部一定要增强“四个意识”，坚定不移以习近平新时代中国特色社会主义思想为指导，坚决有力贯彻落实中央和省委巡视工作决策部署。一定强化责任担当，服从巡视安排，严守巡视纪律，做好巡视服务，坚决支持和充分配合省委巡视组开展工作。

【七届州委全面深化改革领导小组第十二次会议】5月24日在兴义市召开七届州委全面深化改革领导小组第十二次会议，强调要坚决贯彻落实中央、省委决策部署，有力有序推进全州机构改革各项工作。会议传达学习了中央全面深化改革委员会第二次会议精神，审议了《中共黔西南州委关于成立州委深化党和国家机构改革领导小组的通知》和《中共黔西南州委全面深化改革领导小组中共黔西南州委依法治州工作领导小组2018年工作要点》。

【州委全会会议】7月5日在兴义市召开中国共产党黔西南州第七届委员会第六次全体会议。全会号召，要紧密团结在以习近平同志为核心的党中央周围，以习近平新时代中国特色社会主义思想为指导，深学笃用习近平扶贫思想，大力培育和弘扬新时代贵州精神，牢记嘱托、感恩奋进，只争朝夕、苦干实干，向千百年来的绝对贫困发起总攻，坚决夺取脱贫攻坚战全面胜利，确保交上满意答卷、如期兑现庄严承诺。

【全州党风廉政警示教育大会】7月12日在兴义市召开全州党风廉政警示教育大会。强调要牢固树立“四个意识”，始终在思想上政治上行动上同以习近平同志为核心的党中央保持高度一致，坚持以最严态度、最严制度、最严措施管党治党，为全州脱贫攻坚战打好总攻、夺取全胜提供坚强保证。

【七届州委全面深化改革领导小组第十三次会议】7月19日，七届州委全面深化改革领导小组召开第十三次会议。强调要坚定不移以习近平新时代中国特色社会主义思想为指导，深入学习贯彻习近平总书记关于全面深化改革的重要思想，认真落实中央、省委决策部署，扎扎实实把全面深化改革推向深入。

【七届州委全面深化改革领导小组第十四次会议】9月19日，七届州委全面深化改革领导小组召开第十四次会议。要求要严格落实中央、省委部署要求，科学谋划、精心部署，按照既定时间表、路线图，有力有序抓好该州机构改革各项工作。狠抓改革工作落实，完善督察机制，强化结果运用，用好“三督三察”利剑，促进改革事项更好地落地见效。

【七届州委全面深化改革领导小组第十五次会议】11月9日，七届州委全面深化改革领导小组召开第十五次会议。强调要坚决贯彻落实中央、省委改革决策部署，将改革重点放到解决实际问题上来，推动各项改革任务落实落细落地。

【七届州委全面深化改革领导小组第十六次会议】12月10日，七届州委全面深化改革领导小组召开第十六次会议。强调要坚定不移以习近平新时代中国特色社会主义思想为指导，深刻总结改革开放光辉历程和宝贵经验，深入贯彻落实中央、省委决策部署，不断把新时代改革开放继续推向前进。

【省委第五环境保护督察组对黔西南州开展环境保护督察工作会】8月8日在兴义市召开省委第五环境保护督察组对黔西南州开展环境保护督察工作会。强调要深入贯彻落实习近平生态文明思想，扎实推进中央环保督察反馈问题整改和省级环境保护督察工作。

【州委巡察工作领导小组会议】8月9日在兴义市召开州委巡察工作领导小组会议，集中学习中央、省委关于巡视巡察工作的系列文件，传达学习省委常委、省纪委书记、省监委主任夏红民在党风廉政建设和巡视巡察等领域中央巡视反馈问题整改工作推进会上的讲话精神，对州委巡察工作有关重点事项进行研究安排。州委书记、州委巡察工作领导小组组长刘文新主持并讲话。

【督导安龙县脱贫攻坚减贫摘帽工作动员大会】8月16日，黔西南州召开督导安龙县脱贫攻坚减贫摘帽工作动员大会。强调要切实站在政治和历史的高度，以强烈的事业心和责任感，向减贫摘帽全面发起冲刺。牢固树立“四个意识”，深学笃用习近平扶贫思想，深刻认识到向减贫摘帽全面发起冲刺是必须坚决完成好的政治任务、必须坚决担当好的历史使命、必须坚决执行好的战略部署、必须坚决回应好的群众期盼，大力培育和弘扬新时代贵州精神，更加斗志昂扬地做好各项工作，确保安龙县如期实现减贫摘帽目标。

【七届州委巡察工作暨第四轮巡察动员部署会】8月17日，七届州委巡察工作暨第四轮巡察动员部署会召开。强调要深学笃用习近平巡视工作思想，认真贯彻落实中央、省委决策部署，扎实开展巡察工作，推动全面从严治党向纵深发展，持续营造山清水秀的政治生态，为全州决胜脱贫攻坚、同步全面小康提供坚强政治保证。

【研究推动极贫乡镇脱贫攻坚专题会】8月21日，州委书记刘文新主持召开州委专题会议，听取极贫乡镇脱贫攻坚情况汇报，研究解决工作中的困难和问题。强调要深学笃用习近平扶贫思想，认真落实精准扶贫、精准脱贫基本方略，大力开展项目攻坚行动，全面提高脱贫攻坚成效。

【全州领导干部会议】10月17日，州委召开全州领导干部会议，传达学习10月16日省委常委会议精神，对强力抓好全州深度贫困地区脱贫攻坚工作进行安排部署。

【州级督导推动安龙县脱贫攻坚减贫摘帽工作会议】11月6日，召开州级督导推动安龙县脱贫攻坚减贫摘帽工作会议。强调要坚定必胜信念、鼓足决胜勇气，保持清醒头脑、坚持超常奋斗，一鼓作气、一战到底、一举成功，如期交出优异答卷，顺利实现减贫摘帽。

（州委办）

组织工作

【概述】2018年，黔西南州委组织部贯彻全国全省组织工作会议和组织部长会议精神，落实新时代党的组织路线，实施“九项提升行动”，全面推进党建和组织工作各项任务落实，为决战决胜脱贫攻坚提供坚强组织保证。

【思想政治建设】2018年，开展“三大主题宣传教育活动”，推动中共十九大精神落地生根，落实“牢记嘱托、感恩奋进”，推进“两学一做”学习教育常态化制度化和“组织发动学、领导带头学、党员率先学”“立体化宣传、多层面宣讲、全覆盖培训”“遍访贫困户、宣讲十九大、精准再识别”三大主题宣传教育活动，组织党员干部学习习近平新时代中国特色社会主义思想和中共十九大精神。

聚焦民主团结奋斗，切实把党内政治生活严起来，把总书记有关团结、奋斗和全面增强“八种本领”重要论述和省委书记孙志刚、组织部部长李邑飞指导市州党委民主生活会重要讲话列入各级党组织民主生活会、组织生活会重要内容，组建10个督导组对全州各级党委（党组）民主生活会进行全覆盖督导，从严从实开好巡视整改专题民主生活会。实施干部素质能力提升工程和“行动大培训·能力大提升”工程，通过“新时代学习大讲堂”、新时代文明实践中心（站、所）等平台培训党员干部37.3万余人次。印发《关于深入开展向姜仕坤同志学习活动掀起学先进赶先进当先进热潮坚决夺取脱贫攻坚战全面胜利的决定》，教育引导党员干部争做姜仕坤式的好党员好干部。

【领导班子和干部队伍建设】2018年，实施干部选任基础工作和管理考核两项提升行动，拓展“四位一体”机制，落实《关于在脱贫攻坚一线从严管理干部的意见》，出台实施《关于进一步激励脱贫攻坚一线干部新时代新担当新作为的实施意见》，抓好不担当不作为问题等专项整治。选拔脱贫攻坚一线敢担当善作为干部，推行“减贫摘帽”等重大工作中考核识别干部机制，注重选拔使用脱贫攻坚实绩突出的优秀干部。

年内，全州提拔县处级干部53名，国家重点贫困县提拔干部268名。面向脱贫攻坚中表现优秀的村干部、第一书记等定向招录乡镇公务员110名。发现和储备900余名县处级、乡科级优秀年轻干部。选派42名干部人才到宁波市挂职。在年度考核、评先选优等方面向脱贫攻坚一线干部倾斜。“七一”期间，全州97名脱贫攻坚一线干部获全省表彰，州委表彰100名“脱贫攻坚优秀共产党员”。

出台《黔西南州加强脱贫攻坚一线干部健康管理工作实施方案》，通过建立干部保健基地、健全健康体检制度、落实重大疾病报告制度、开展健康教育、注重人文关怀等措施加强干部健康管理。集中4360名第一书记、驻村干部、挂职干部办理“脱贫攻坚关爱险”（人身意外险100万元、意外住院医疗险5万元）。健全完善选人用人机制，出台《关于干部选拔任用预审工作规程》，健全完善《关于选拔任用州管干部征求有关部门意见的办法》。

2018年，州委常委、州委组织部部长顾先林（右四）在贞丰县鲁容乡纳腊村督促指导脱贫攻坚工作

（州委组织部　提供）

【党的组织体系建设】2018年，落实基层组织建设24条措施，落实“下考两级”制度，将选优配强贫困村党组织书记纳入乡镇考核评价内容。从农村致富能手、复员退伍军人等选拔贫困村党组织书记，调整不胜任贫困村党组织书记46名。实施“三个培养”工程，储备6013名村常务后备干部。实行“一村一策”，推动115个后进村党组织全部整顿完毕。

抓好全省国企党建10项重点任务、高校党建20项重点任务、公立医院党建24项重点任务落实，各领域党建实现新提升。在产业工人、青年农民、高知识群体等领域发展党员2187人。探索评星定级、积分管理等方式，加强无职无岗党员、在职党员、老党员等分类管理工作。开展党员信教情况排查和扫黑除恶专项斗争，对76名有前科劣迹的村“两委”成员给予相应组织处理。

【落实抓党建促脱贫攻坚责任】2018年，探索实践“新市民社区”党建工作新路，制定出台“1+13”文件，推行易地扶贫搬迁新市民社区党建10项措施，采取单独建、流动建、联合建等方式，推进党组织全覆盖。建立“居委会+网格长+楼长（网格员）”管理模式，全覆盖设立社区综合服务中心，加强搬迁群众的服务管理，确保群众搬得出、稳得住、能发展、可致富。

配强“两委一队三个人”，突出抓好驻村干部和第一书记“新轮战”工作，新轮战第一书记249名、驻村干部250名，调整不合格、不称职、不胜任深度贫困村党组织书记17名及贫困村党组织书记16名。细化第一书记和驻村干部管理措施，强化工作调度，对6名满意率低于50%的驻村干部进行约谈调整、6名满意率低于60%的驻村干部进行教育提升。

2018年7月28日，全州组织工作推进会召开　　（州委组织部　提供）

组织力量排查深度贫困村民组151个，精准选派250名干部驻组帮扶、623名干部与贫困户结对、124名农业专家开展精准服务。及时进行归纳提炼和要素解构，形成党小组工作清单等“下沉攻坚力量5个工作清单”，得到副省长吴强，省委常委、组织部部长李邑飞批示，并要求在全省学习推广。

推行“村社合一”发展集体经济，抓好100个党建扶贫示范村创建，制定《关于进一步加强农村基层组织建设提升农业产业结构调整组织化程度的工作整改方案》，推行“村社合一”。年内，全州成立村级合作社4202个、“村社合一”合作社787个，合作社成员达到330342人。

【促进人才作用发挥】2018年，推进“六大人才引进开发工程”和“六大人才培育计划”，申报培育省级人才基地、院士工作站、大师工作室等人才平台。

成立“院士工作站”5个、省级“创业孵化示范基地”等11个。引进各领域急需紧缺人才587名。从宁波市引进挂职干部人才39名，专家人才264名。实施“农业专家精准服务脱贫攻坚”等行动，选1113名专家组建10个专家库，匹配到贫困村主导产业链上精准服务；组建农业专家服务队，在全州跨区域流动开展技术服务。开展专业技术人才差别化考核试点。兑现高层次人才住房补贴561万元，发放高层次人才津贴804万元。

【巡视反馈问题整改落实】2018年5—9月，省委第三轮巡视第三巡视组对黔西南州开展巡视，10月17日反馈巡视整改意见，提出党的基层组织建设和选人用人的问题16个方面。州委组织部高度重视、迅速行动，第一时间对巡视整改进行安排部署，细化提出52项整改措施。

由部主要领导任组长，各分管部务会成员具体负责，下设综合联络、组织工作、干部工作、督查督办4个小组，专门负责巡视整改工作。推行调度工作机制，按照“一月一调度”要求调度整改工作进展情况，分析解决突出问题，督促整改措施落实到位。

针对党的基层组织建设较薄弱等问题，提出20项整改措施；针对选拔任用干部不规范等问题，提出32项整改措施，特别是围绕强化打赢脱贫攻坚战的组织保障，在加强县（市）党政班子和州直部门重点岗位分析研判、优秀年轻干部跟踪培养、近距离接触解干部、引进专业人才助推州产业发展等方面结合实际进行细化。认真落实省委、州委关于领导班子“下管两级”的要求，开展乡镇党政班子和村支“两委”履职情况综合评估，提出加强班子建设的措施。

针对省委巡视反馈党的基层组织建设和选人用人方面的问题，切实做到聚焦关键问题、突出问题、疑难问题，坚持点上整改、面上结合，做到“举一反三、统筹推进”。在全州范围内认真开展相关问题全面排查，梳理同类问题，坚持标本兼治、全面整改，明确要求全州组织部门认真对照各地存在的党的建设问题和选人用人问题，坚持做到以巡视整改为镜深入剖析、举一反三、建章立制。

（黄　丽　黄照康）

宣传工作

【概况】2018年，黔西南州宣传思想工作，坚持以习近平新时代中国特色社会主义思想为指导，增强“四个意识”，坚定“四个自信”，做到“两个维护”。牢记嘱托、感恩奋进，自觉承担起举旗帜、聚民心、育新人、兴文化、展形象的使命任务，坚定不移贯彻落实中央、省委、州委决策部署，为全州经济社会发展提供有力思想保证和强大精神力量。

【意识形态工作】2018年，州委印发《中共黔西南州委关于全面加强意识形态工作的意见》，提出实施“两个全覆盖，六个三年行动计划，一率一考”的工作框架和体系，全面推进意识形态工作责任制的落实。出台《黔西南州意识形态工作责任制追责问责制度》，将意识形态工作纳入执纪监督范围。制定《黔西南州党委（党组）意识形态工作责任制工作台账》，加强对各级党委（党组）落实意识形态工作责任制的指导。印发《黔西南州各级党委（党组）落实意识形态工作责任制存在问题自查自纠工作方案》，在全州各级各部门党组（党委）开展意识形态工作责任制存在问题的自查自纠工作。

2018年，召开4次意识形态工作联席会议，对全州意识形态领域情况进行分析研判，印发《关于当前我州意识形态领域情况通报》。开展对州直部门党委（党组）和各县（市）党委、义龙新区党工委落实意识形态工作责任制专项督查。严格执行《统筹做好智库、思想文化类社团等举办报告会、论坛、讲座等管理的暂行规定》，制定《黔西南州新闻暨社会宣传工作管理规定（试行）》《黔西南州加强和改进新闻舆论工作联席会议的实施办法（试行）》《关于加强和改进对各县（市、新区）新闻媒体管理的意见》《关于进一步加强意识形态建设改进和完善新闻评阅工作的实施办法》等规范化管理制度，切实抓好各类阵地管理。

【理论武装工作】2018年，印发《2018年全州党委（党组）理论学习中心组专题学习重点内容安排》，对全州各级党委（党组）中心组学习重点内容进行统筹安排。印发《中共黔西南州委理论

2018年12月25日，黔西南州庆祝改革开放40周年座谈会在兴义举行

（州委宣传部　提供）

学习中心组2018年重点专题学习计划》，统筹做好学习工作。组织订阅《习近平谈治国理政》第二卷、《习近平新时代中国特色社会主义三十讲》《习近平扶贫论述摘编》《党建》《党委中心组学习》《新时代面对面》《贵州发展2017》《省委十二届三次全会关键词解读》等理论读物2.3万余册。

2018年开展州委理论学习中心组学习12次，围绕对习近平新时代中国特色社会主义思想、党的十九大精神、宪法修正案、中美经贸摩擦、习近平总书记关于巡视工作重要论述等重要专题进行学习研讨。修订完善《中共黔西南州委理论学习中心组学习制度》，严格按照“八有”要求开展中心组学习。汇总印发《中国共产党党委（党组）理论学习中心组学习规则》《〈中国共产党党委（党组）理论学习中心组学习规则〉实施办法》和《中共黔西南州委理论学习中心组学习制度》，全州各级党委（党组）认真开展学习。

组织全州各级各部门干部群众21万人次参与“党的十九大精神全媒体知识竞赛”。在全州宣传思想文化战线开展大调研活动，撰写调研报告30余篇。开展纪念改革开放40周年理论研讨会，征集到理论研讨文章120余篇。印发《2018—2020年黔西南州脱贫攻坚重点课题研究计划》，提出重点研究课题35个，围绕黔西南州脱贫攻坚经验总结、问题破解、实践创新、建立稳定脱贫长效机制等方面来进行课题研究。

【社会宣传】 2018年，州委宣传部等部门联合印发《2018年黔西南州科技文化卫生“三下乡”活动方案》，2月6日，在册亨县冗渡镇开展黔西南州“三下乡”集中示范活动。年内，全州各级各部门组织开展30余场“三下乡”活动，向群众发放以核心价值观为主要内容的年画及政策法规、科技、卫生知识等宣传资料20万余份（册）。为老百姓拍照冲洗全家福5000余张。州委宣传部印发《2018年“黔西南州脱贫攻坚群英谱”选树宣传行动计划的通知》，在全州各级各部门开展挖掘、选树、宣传身边好人工作。

州内主要新闻媒体在重要版面、重要时段、突出位置设置《黔西南州脱贫攻坚群英谱》专栏，广泛宣传先进典型事迹。2018年，肖启佑、余必丽等9人被列入“贵州省脱贫攻坚群英谱”。望谟卡法连队支部陈列馆、贞丰红军长征陈列馆、普安县楼下镇泥堡村红军长征纪念馆、则戎乡冷洞村贵州精神文化展厅被省委、省政府命名为省级爱国主义教育基地，册亨县布依博物馆被命名为省级爱国主义教育基地的培育单位。

在州体育场内设置“脱贫攻坚群英谱”“道德模范”“身边好人”等宣传展板，宣传全州各行各业涌现出来的先进典型。开展“脱贫攻坚群英谱”征文活动。组织开展“黔西南州新市民感恩奋进”巡回宣讲活动，赴各县（市）开展10场报告活动。开展“黔西南州脱贫攻坚先进典型”巡回宣讲报告活动，赴各县市新区开展9场宣讲。

全州建立“新时代农民（市民）讲习所”1457个（其中，市民讲习所146个、农民讲习所1311个）。印发《关于成立“新时代农民（市民）讲习所”领导小组及组建讲习员队伍的通知》《2018年黔西南州“新时代农民（市民）讲习所”全力推进行动计划的通知》，全州建立各级讲习队伍1400余个，组织开展习近平新时代中国特色社会主义思想、中共十九大精神、宪法及法律、法规、脱贫攻坚政策、禁毒宣传、扫黑除恶、民族政策及文明新风等讲习活动。

省发改委、农科院、省扶贫办等省级宣传员分赴普安、册亨、兴义、贞丰等乡镇（街道）开展中共十九大精神、产业八要素、五步工作法、脱贫攻坚政策、种养殖实用技术等讲习活动。各级讲习员深入干部群众中，通过村民会、院坝会、入户座谈、广播等形式开展进村入户讲习活动。

全州开展各类讲习活动2.4万余场次，聆听干部群众达80余万人次。利用各县（市、新区）大型电视大屏循环播放宣传标语，在机场、码头、高速公路、国道、省道、县道等重点位置设置大型宣传牌，学习宣传贯彻中共十九大精神及省委十二届二次、三次全会精神与州委七届五次、六次全会等重大会议精神。组织开展“弘扬我们的价值观·家家户户贴春联”、核心价值观主题微电影征集创作展示等活动，全州组织创作反映社会主义核心价值观的春联作品3000余副，制作社会主义核心价值观公益广告10万条（幅）。

【舆论引导】 2018年，围绕党的十九大、省第十二次党代会、州第七次党代会，全国及省、州“两会”，省委十二届二次全会、三次全会，州委七届五次、六次全会等重大时政会议开展舆论宣传；策划开展脱贫攻坚“春风行动”“脱贫攻坚夏秋攻势”“脱贫攻坚年终盘点”、新市民计划、改革开放四十年、“走向生态文明新时代”“万峰湖清网行动”、扫黑除恶专项斗争等重大主题宣传；完成系列省州项目观摩会、中央环保督察、国际山地旅游大会、万峰林峰会等重大活动的宣传报道任务。

在春节、省“两会”和全国“两会”期间掀起三个轮次正面宣传报道，对重点内容、重点选题进行策划，精选出52个外宣选题，组织记者组成特别报道组奔赴贫困县、4个极贫乡镇、165个深度贫困村进行蹲点调研采访，实现节日期间新闻报道对基层一线的全覆盖。印发《黔西南州新闻媒体开展免费广告助推脱贫攻坚工作方案》《2018—2020年黔西南州脱贫攻坚宣传工作计划》《黔西南州“文军”征战深度贫困地区脱贫攻坚作战方案》，统筹做好新闻宣传、网络宣传、宣传教育、理论宣传、对外宣传、文艺宣传等各项工作，打造全方位、多角度、立体化的“舆论扶贫”格局，为脱贫攻坚提供强大精神动力和舆论支持。

针对深度贫困县和极贫乡镇，开展免费广告助力脱贫攻坚宣传，《黔西南日报》、黔西南广播电视台持续刊发免费广告信息，按市场广告价值折合100万余元，及时为贫困地区农特产品打通市场销售渠道。12月4日，黔西南州与贵州广播电视台签订《宣传战略合作框架协议》，明确全州县级融媒体中心建设整体由贵州广播电视台负责建设。12月26日，兴义市融媒体中心云平台建成上线运行，成为全州最早完成建设任务的县市。

【文艺工作】 2018年，长篇报告文学《姜仕坤》获得第二届“灯都杯”中国作家报告文学奖、2017年度贵州省优秀文艺作品奖。诗集《荷叶上的太阳与月亮》获得贵州省第三届“尹珍诗歌奖”新锐奖。完成电视剧《铜鼓密码》在黔西南州境内的拍摄及后期制作。电影《云上之爱》于6月30日在贵阳举行首映式。微电影《归队》获中国金鸡百花电影节第三届国际微电影展映优秀作品奖。

岑岚书法作品入选中国书协举办的“现状与理想——当前书法创作学术批评展”、中国书协和新加坡书协联合主办的“第十三届国际书法家交流大展”。举办“歌唱新时代·宣传黔西南”黔西南州原创歌曲创作大赛，创作出《大美黔西南》《心仪兴义》《恋不够的黔西南》《峰湖恋歌》《情牵马岭河》《我在金州等你来》《水墨金州请你来》等歌曲。

印发《黔西南州实施中华优秀传统文化传承发展工程工作方案》，推动全州中华优秀传统文化传承发展工作。组织开展“文化进万家”活动。组织州内书法家开展送春联活动100余场，为群众送春联2.1万余幅。组织农村公益放映队在全州展播《十八洞村》等影片。

元旦、春节期间，全州精心组织开展文艺演出、灯展猜灯谜、舞龙舞狮、民族民间非遗文化展演、武术比赛、唢呐表演、布依山歌比赛、布依八音展示、山歌（小调）演唱、脱贫攻坚知识竞答、书画展览、影视展播、图片展览、“送春联进万家”“国学”知识问答等400余项群众性文化活动，编排歌舞、戏曲、小品、三句半等新创节目70余个，

2018年10月18日，2018国际山地旅游暨户外运动大会热气球飞行体验活动在兴义市万峰林景区举行
（州委宣传部　提供）

努力营造欢乐、祥和、喜庆的节日气氛。组织参加2018多彩贵州文化艺术节非遗周末聚活动，以“传承非遗文化惠民”为主题，非遗展演、美食品鉴、特产展销、文化旅游推介等。

举办“不忘初心 感恩奋进”黔西南州迎春书画小品展、首届“民主杯”全州书画作品展。主办黔西南州“黔印刻道”版画展。开展多彩贵州助力脱贫攻坚“春风行动”书画创作采风活动、“品味中国传统文化”大型文化巡回讲座。组织开展庆祝改革开放40周年暨黔西南州“唱响新时代 放歌新未来”2018年多彩贵州歌唱活动。做好新市民计划政策宣传工作，开展新市民计划微电影拍摄、图片展等工作。

【文改文产】2018年，争取3个15万优惠政策，扶持文化小微企业发展，黔西南州创彩广告传媒有限公司、兴义市永建奇石有限公司等280余家文化小微企业获得财政补助和低息贷款。黔西南州“万峰林文化创意产业基地”“贵州醇文化旅游基地”“贞丰县土布小镇”等11个项目被明确为“十三五”时期贵州省重点文化产业项目。册亨县雲娇布依特色织染刺绣公司荣获第六批省文化产业示范基地命名。贵州万峰谷生态文化旅游发展有限公司、贵州指趣网络科技有限公司荣获全省“十佳企业”称号。举办2018年黔西南州国际山地旅游商品设计大赛，通过大赛引导打造刺绣鸭舌帽、蓝染茶旗、草编十二生肖等文化旅游商品。组团参加第十四届深圳文博会，黔西南州参展企业现场销售额达10余万元，现场意向性订单额300余万元。

【对外宣传工作】2018年，中央主要媒体刊发黔西南相关稿件1800多条（次），省主流媒体刊发黔西南相关稿件3500多条次；国内外各网络媒体刊播、转发黔西南相关稿件30余万篇次；组织和邀请媒体记者1700余人次深入全州开展新闻报道和采访工作，进行广播、电视和网络直录播50余场次。组织策划“国际山地旅游暨户外运动大会”“中国美丽乡村 · 万峰林峰会”等系列重大活动宣传。组织开展新闻发布会、新闻通报会、媒体见面会和宣传推介活动等30余场次；出台《黔西南州人民政府新闻办公室新闻发布评估制度（试行）》。

（韦永江）

州直机关工委

【概况】州直机关工委系州委派出部门，编制15人，其中行政编制10人，工勤编制3人、事业编制2人。截至2018年12月31日，有书记1人，副书记3人（其中1人兼任州直机关纪工委书记），科长3人、副科长1人、副科级干部2人。负责领导州直机关的党建工作，主管州直单位11个党委、24个机关党委、14个党总支、430个党支部（含52个独立支部）、7624名党员。负责州直机关工委和分工联系州直机关的监督执纪问责工作。

【思想建设】2018年，州直机关工委以党的政治建设为统领，深入学习贯彻中共十九大精神和中共十九届二中、三中全会和省委十二届二次、三次、四次全会精神及州委七届五次、六次全会精神，组织基层党组织学习习近平新时代中国特色社会主义思想，学习《中国共产党章程》《中国共产党巡视工作条例》《中国共产党支部工作条例（试行）》《党的十八大以来习近平总书记对贵州工作的重要讲话和指示批示》等新理论新思想新精神和各项党内法规规定。在州直机关党组织中以“牢记嘱托、感恩奋进”为主题，开展主题党日活动，弘扬“团结奋进、拼搏创新、苦干实干、后发赶超”的新时代贵州精神，开展“不忘初心、牢记使命”——传承红色基因、走好长征新路理想信念教育。分期分批组织州直机关党务干部分别到浙江大学、上海交通大学、厦门大学、焦裕禄干部学院等省内外培训机构参加学习培训，共培训11期1000多人次。编发《党建工作信息》12期30条信息。投入31万余元为各基层党组织、州直党代表订阅党报党刊，为基层党组织购买学习资料。

【意识形态建设】2018年，州直机关工委委员（扩大）会议或中心组学习会多次集中学习中办发〔2015〕52号、黔党办〔2016〕1号文件；学习习近平总书记在纪念马克思诞辰200周年大会上的讲话、习近平总书记有关意识形态领域的重要讲话和习近平总书记关于巡视工作系列重要论述；学习《正确认识妥善处理中美贸易摩擦》；学习州委关于全面加强意识形态工作的意见；学习《中国共产党巡视工作条例》和省委书记孙志刚在巡视整改专题民主生活会上的讲话精神。9月6日召开工委班子落实巡视整改专题民主生活会，对意识形态存在的问题进行整改。9月27日学习新修订的《中国共产党纪律处分条例》。

【组织建设】2018年，州直机关工委召开30余次会议研究基层组织建设问题，对99个基层党组织进行撤、并、建。组织全年拟发展党员对象190人到州委党校进行专题培训。1月至11月，州直基层党组织新发展党员395名，占年度任务数的100%，全年发展新党员403名，占任务数的102.03%。将州级25家国有企业党组织关系划转到州国资委，划转工作于10月底完成。州直基层党组织党费收缴，全年收缴党费178万元，接转党员组织关系964人次；9月13日至10月8日，工委组织三个调研督导组对州直部分单位党组（党委）巡视整改专题民主生活会查摆问题的整改落实情况及发展党员存在问题整改落实情况等进行调研督导，并召开工委委员会议专题听取调研督导情况汇报和研究落实相关工作。截至12月底，清理排查未满18岁入党人员25名，手续不完整、有涂改、时间逻辑顺序有问题的党员160多名，已认定党员身份47人，不予认可党员身份3人，约谈3个州直机关单位分管党建的领导和具体经办人员。

【党建责任落实】2018年，州直机关工委严格按照中央、省委、州委关于党要管党、从严治党的要求，狠抓基层组织建设、党员队伍管理、党组织负责人履职尽责、党建扶贫等工作。受州委委托，州直于3月1日在兴义召开州直机关党组（党委）书记述职评议会，州直各单位党组织书记或分管党建工作人员、州直基层一线党代表和基层服务对象120余人参会，州卫计委、州林业局、州住建局等6个单位的党组书记现场述职，州委常委、州委组织部部长顾先林出席会议并逐一对述职单位进行点评和讲话，测评人员对述职单位进行测评。州直坚持加强对州直机关基层党组织的工作指导，推动单位党组（党委）履行抓党建的责任。对州直部分单位的党组（党委）因抓基层党组织不力进行集体约谈，先后改选党建工作推进不力党组织6个；组织州直单位党务干部和县（市）直工委负责人200余人到州直基层党组织规范化标准化示范创建单位观摩学习。

【“两学一做”学习教育】2018年，黔西南州直机关“两学一做”学习教育常态化制度化有序推进，“三会一课”、主题党日活动等得到进一步规范。截至3月底，组织520个基层党组织对9400余名党员进行民主评议，550多名县处级以上领导干部落实双重组织生活会制度。指导和审核103个单位党组（党委）民主生活会材料，州直工委参与指导16个单位的领导班子民主生活会。9月6日召开工委落实中央巡视整改专题民主生活会，派员到州直10个单位指导召开巡视整改专题民主生活会；审核州直机关66个单位党组（党委）专题民主生活会的备案材料。投入5.75万元定制“三会一课”学习记录本，规范“三会一课”记录。

【创新党建】2018年，针对兴义市开展的“三创”活动、社会治安综合治理、街道社区维稳等工

2018年，州直机关工委到兴义市南盘江镇田寨村开展省委十二届三次全会、州委七届六次全会精神宣讲活动（王沾帅 摄）

作，州直机关工委及时总结过去的经验，批准改选“向阳社区联合党总支”和“丰源社区联合党总支”。州市直单位与所在的联合党总支联合开展春节走访慰问和庆祝建党97周年文艺演出、辖区内单位的党员到社区报到、到斑马线开展文明劝导等活动，为州直机关部门、街道社区搭建资源共享、共建共管、共创共享提供有效平台。

创新机关党建载体。工委开展“四严四化”活动促进机关基层党组织标准化规范化建设。以党组织阵地标准化示范点建设为抓手，推动“四型”党组织创建。全年拨款18万元兑现州安监局、州住房公积金管理中心、州司法局等10个州直单位党建示范点建设补助。“一系统一品牌，一支部一特色”的党建工作格局基本形成。为州直机关党建工作打造一批看得见、摸得着、可借鉴的党建品牌，为州直机关各级党组织创新模式、创造性地开展工作提供典范。全年新增5至7个示范点，进一步增强机关党建品牌效应。

联合开展“主题党日”活动。全年，州直机关工委党支部、州委讲师团党支部、州委台办党支部、团州委党支部等多次联合开展“主题党日”活动，学习《中国共产党纪律处分条例》《中国共产党支部工作条例（试行）》《以习近平新时代中国特色社会思想为指导，加强家庭家教家风建设》和组织观看《文朝荣》《十八洞村》《榜样3》《天渠》等影视作品，进一步丰富主题党日活动的内容。

2018年，州直机关工委组织党务干部到州安监局现场观摩 （王沾帅 摄）

【机关党建文化】 2018年3月30日，州直机关党的工作会上表彰范春明、杨华等9名州直机关第四届“敬业标兵”，于8月11日在《黔西南日报》专版宣传“敬业标兵”事迹，号召州直机关党员学习“敬业标兵”事迹，向“敬业标兵”看齐。开展第五届“十大敬业标兵”推荐评选活动。

党建示范效应。3月，授牌命名州直机关10个党建示范点，组织州直机关100多名党务干部到州国税局、州公积金管理中心、州住建局、州安监局、州审计局等示范创建单位现场观摩，并在州安监局召开现场推进会。年内兴义、册亨、普安县直机关工委组织观摩人员100余人到州直党建示范点观摩学习和借鉴经验。兴义市、安龙县、晴隆县、册亨县等推动示范创建效果较好。州直工委在推进州直机关党建示范创建的基础上，将州直机关工委和所包保村打造成规范化标准化建设的样板，得到省委巡视组领导、省直工委领导和州委党建调研组领导的肯定。

唱响新时代·放歌新未来。根据州委宣传部《关于印发黔西南州“唱响新时代·放歌新未来”2018多彩贵州歌唱活动工作方案的通知》要求，组织开展推荐黔西南州“唱响新时代·放歌新未来”2018年多彩贵州歌唱活动，州直工委推荐的兴义民族师院合唱队，美声唱法、民族唱法各1人参加黔西南州歌唱活动选拔赛，合唱队和民族唱法获得参加全省歌唱大赛资格。

【党风廉政建设】 2018年，州直机关工委严格执行《进一步贯彻落实中央八项规定精神切实加强作风建设实施细则》。召开3次工委会学习王晓光案件及省、州相关文件精神，并安排部署工委开展领导干部利用“茅台酒”牟取私利专项整治工作。狠抓作风建设，严肃查处违纪违法案件，全年召开8次工委会研究州直基层党组织党员违纪案件9件，结案9件，处分党员9人（其中：党内严重警告处分2人，留党察看一年3人，开除党籍4人），开展干部约谈22人次，对州直基层党组织负责人纠错诫勉约谈11人次。

【巡视问题整改】2018年6月15日，省委第三巡视组对州直机关工委开展全面工作进行巡视，巡视中指出工委出差人员报销差旅费的手续中，存在漏填出差审批报告单的问题。针对省委巡视组反馈的问题，工委立即成立整改工作领导小组，财务人员对近年来执行出差审批情况进行清理排查。

针对学习中共十九大精神和习近平新时代中国特色社会主义思想方面存在学懂弄通上下的功夫不够，开展“三会一课”不规范等问题。对照州委中心组学习制度，工委中心组加强学习领导，为州直基层党组织订阅党课等读物。工委党员领导干部订阅了《习近平谈治国理政》第一卷、第二卷及《习近平新时代中国特色社会主义思想三十讲》《习近平的七年知青岁月》《习近平用典》等。

【脱贫攻坚】2018年，州直机关工委围绕脱贫攻坚是当前最大的政治任务，号召州直机关党组织主动奔赴一线开展“支部结对、干群结亲、精准扶贫、同步小康”。7月，州直机关工委党支部等6个州直基层党组织被州委授予“全州脱贫攻坚先进党组织”称号。

推树先进典型。在中国共产党成立97周年之际，推荐的3名优秀共产党员、2名优秀党组织书记、1个先进性基层党组织受省委表彰，推荐的6名优秀共产党员和6个基层先进基层党组织受到州委表彰。州住建局坚持党建扶贫，以建立一套精准扶贫机制、一个扶贫作战方案、一个扶贫工作专班的“三个一”推进脱贫攻坚。州人社局全面落实脱贫攻坚任务，采取多项举措落实医疗健康扶贫作战方案、贫困劳动力全员培训促进就业作战方案，围绕省、州培训作战方案确定的培训类别，结合实际情况、企业用工和市场需求，开展就业技能培训、农业技术培训、民族特色手工艺培训，为贫困群众拓宽增收渠道。

真帮实扶见成效。在抓好面上工作的同时，州直工委选派1名业务精、能力强的到帮扶点担任第一书记，从加强村支部建设入手，先后协调资金10万多元为村安装太阳能路灯，开展村党支部规范化标准化创建工作；州直工委包保领导分别到所包保的田寨村、红春村开展工作12次，解决实际问题20余个，先后协调资金400多万元修建的“南盘江镇田寨村老年日间照料中心”主体工程完工；协调帮扶资金90余万元帮助红春村建成党员阵地、村级广场及维修田寨村3号码头、公路、涵洞等。

扶智扶志工作。州直工委赴田寨村开展讲习活动，宣讲乡村振兴战略，开展省委十二届三次全会、州委七届六次全会精神宣讲等。

“泉涌”工程进机关。州直工委坚持抓好“泉涌”工程进机关调度工作，根据“泉涌”工程指挥部要求，按季度调度37个州直单位与黔西南州恒绿粮油有限公司的农产品供应情况，年度完成农产品进机关销售额105755元。帮助贫困村销售三宝鸡、乌骨鸡618只。

【民族团结示范创建】2018年，州直机关工委以党建为统领，以目标绩效管理和执纪问责为抓手，采取抓载体创新促民族团结进步创建、抓制度落实促民族团结进步创建、抓素质提升促民族团结进步创建、抓“两个责任”促民族团结进步创建、抓执纪问责促民族团结进步创建、抓脱贫攻坚促民族团结进步创建等措施推进创建工作并取得成效，2017年9月份被州民建办命名为“示范创建单位”，2018年5月份被州民建办命名为“巩固提高单位”。

（王沾帅）

统战工作

【概况】州委统战部是州委主管统一战线工作的职能部门。2018年，机关行政编制总数11名，其中行政编制9名、工勤编制2名，内设机构有办公室、干部科、民族宗教科、经济统战科4个科室。领导职数设部长1名、常务副部长1名、副部长2名（其中1名兼职），设科级职数4名。内设海外台侨社会联谊办公室，正科级事业单位，编制3名，设主任或副主任1名。下设州“星火计划、科技扶贫”试验区联络办公室，副处级事业单位，编制7名，其中工勤1名，设主任1名、副主任1名、科长或副科长3名。

【黔西南试验区建设】2018年，对接完成在产业扶贫、教育扶贫、医疗扶贫、智力扶贫、党建扶贫、就业扶贫、信息扶贫、人才培训、干部挂职等64个项目的实施。争取中央统战部、各民主党派中央、全国工商联等中央统一战线成员单位实施项目、捐赠、培训等117个，帮扶资金7.92亿元，捐赠资金1553.72万元，培训教师、医务人员、乡镇干部5726人，资助贫困学生3845人，免费义诊1510人。

【第六届“中国美丽乡村 · 万峰林峰会”】2018年10月14日至17日，第六届“中国美丽乡村 · 万峰林峰会”在黔西南州举办。

该届峰会由各民主党派中央、全国工商联黔西南“星火计划、科技扶贫”试验区联合推动组、贵州省人民政府、欧美同学会（中国留学人员联谊会）主办，由民革中央社会服务部、民盟中央社会服务部、民建中央社会服务部、民进中央社会服务部、农工党中央社会服务部、致公党中央社会服务部、九三学社中央社会服务部、台盟中央社会服务部、全国工商联扶贫与社会服务部、中央电视台第七套农业节目、农民日报社、中国民族贸易促进会、中国农产品市场协会、中共贵州省委统战部、贵州省人民政府新闻办公室、贵州省科技厅、贵州省民宗委、贵州省农委、贵州省林业厅、贵州省旅发委、贵州省扶贫办、黔西南州人民政府共同承办。

该届峰会把“聚焦脱贫攻坚，助力乡村振兴”作为大会主题。全国人大常委会委员、农业与农村委员会副主任、民盟中央专职副主席龙庄伟出席并讲话。全国人大常委会委员、农业与农村委员会副主任委员、民进中央副主席王刚主持。欧美同学会（中国留学人员联谊会）副会长程东红出席。全国政协原常委、副秘书长、民革中央原副主席、黔西南试验区智库专家何丕洁，中华全国新闻工作者协会原党组书记、专职常务副主席翟惠生，农业农村部原总农艺师孙中华作主旨演讲。省政协副主席、民进贵州省委主委左定超讲话。州委书记刘文新致辞，州委副书记、州长杨永英出席。州领导罗春红、黄健勇、郭峻、王林、廖星、黄榜泉、蒋静、莫武安、陈晴等参加。

第六届“中国美丽乡村 · 万峰林峰会”开幕式现场

（山旅会新闻中心　提供）

中央统战部、农业农村部、国家林业和草原局、民革中央、民盟中央、民建中央、民进中央、农工党中央、致公党中央、九三学社中央、台盟中央、全国工商联、欧美同学会（中国留学人员联谊会）、中国自然科学博物馆协会、中国民族贸易促进会、CCTV-7《美丽中国乡村行》栏目、民革北京市委、民进各省（市、自治区）组织、农工党北京市委、宁波市对口支援办分别派员出席活动，来自全国统一战线的260余名嘉宾（其中：省部级8人，厅局级62人）出席了峰会。

峰会期间，全国政协副主席、民进中央常务副主席刘新成率调研组赴安龙县万峰湖镇盘坝村调研定点扶贫工作，走访慰问贫困户，召开定点扶贫工作专题会议，安排部署民进中央定点扶贫工作；举行有中央统战部、各民主党派中央、全国工商联、欧美同学会（中国留学人员联谊会）和中国民族贸易促进会等单位部门负责人参加的“统一战线参与黔西南试验区脱贫攻坚座谈会”，共同探讨黔西南试验区新时期建设发展。此外，中央统战部开展定点扶贫调研；民革中央深入兴仁市、安龙县开展脱贫攻坚民主监督；民盟中央在兴义市开展峰会系列活动之民盟民医（民师）大讲堂、民盟民医义诊活动、民盟民师帮扶活动；民建中央深入册亨、望谟等县，开展参政议政课题调研；民进中央将民进企业家会长联谊会议放在兴义市举办，全国各地100余名民进企业家会长聚集黔西南，共话友谊、共谋发展。民进中央副主席王刚还出席上海协和双语万峰林学校办学工作协调会，安排部署学校筹办的各项推进工作；农工党中央对医药产业进行调研，帮助指导中草药种植，派专家、学者出席指导2018中国·望谟首届中医药（菊花）文化节暨产业商贸洽谈会；致公党中央、九三学社中央、台盟中央、欧美同学会分别围绕产业发展、医疗卫生帮扶、教育扶贫、科技扶贫等工作分赴相关县考察调研；全国工商联还派员赴兴仁、贞丰等县（市）开展脱贫攻坚和产业扶贫调研，推动“万企帮万村”精准扶贫行动深入开展；欧美同学会围绕“凝聚海归人才助力试验区脱贫攻坚”和科普考察调研，助推留学报国基地建设；中国民族贸易促进会围绕“一乡一品”建设和招商引资等工作深入义龙新区开展投资项目考察，帮助邀请韩国前总理、韩中经济文化交流中心总顾问李寿成出席山旅会开幕式并作主旨演讲。

峰会期间，全国各地260余名嘉宾领略黔西南的山水风光、特色风物和民族风情。传统媒体和新兴媒体全方位、多层次宣传报道开幕式及相关活动，做到中央媒体和地方媒体互动，传统媒体和新媒体互动。新华社、中国新闻社、人民日报、中国日报、中国政协报、中华工商时报、贵州日报、贵州都市报等各级媒体共刊载以“黔西南州举办第六届‘中国美丽乡村·万峰林峰会’”为主题的各类稿件1万余篇次。

【支持党外代表人士、民主党派、无党派自身建设】 2018年，新提拔县处级党外干部5名，交流县处级党外干部5名。推荐产生十二届省政协委员人选14名。经省直有关方面推荐，全州6名党外人士作为十二届省政协委员人选。向省委统战部推荐6名新的社会阶层人士联谊会（筹）会员人选。研究提出27名民主党派优秀干部初步人选；向州委组织部推荐75名党外优秀干部建议人选。做好州政协委员调整增补工作，经与州政协协商，向州委呈报调整增补州政协委员，撤销2名州政协委员资格，同意接受8名州政协委员辞职，新增补5名州政协委员。

支持民主党派加强参政党自身建设，帮助优化队伍结构，支持农工党州支部增补2名副主委、九三学社州支社增补1名副主委。

组织各民主党派、无党派人士、州工商联、非公企业家代表和工青妇代表、新社会阶层代表参加州委民主协商会议，对七届州委六次全会建真言，知情出力献实策。团结引导广大党外人士围绕州委、州政府中心工作积极参政议政，开展社会服务活动，为全州脱贫攻坚、同步小康凝聚人心、汇聚力量。开展纪念中共中央发布“五一口号”70周年活动，邀请中央社会主义学院原副院长、教授、博士生导师张峰到州内进行《五一口号与统一战线》专题讲座，开展纪念“五一口号”活动，深化政治共识。加强知联会组织建设，新发展6名党外知识分子和7名新社会阶层人士为州知联会会员。强化党外代表人士教育培训，积极争取浙江省委统战部、浙江省社会主义学院举办黔西南“星火计划、科技扶贫”试验区干部培训班，培训学员50人；在州社会主义学院和湖南大学举办黔西南试验区统战干部、师资队伍以及党外知识分子和新的社会阶层人士学习十九大精神暨习近平新时代中国特色社会主义思想培训班，培训学员100人。

【宗教工作】 2018年，州委成立由书记、州长任“双组长”的宗教工作领导小组，州委统战部部长罗春红任领导小组副组长兼办公室主任，调整充实全州宗教工作协调领导小组。成立宗教工作专项整改领导小组和整改专班，对中央巡视宗教工作发现的12个方面的问题制定《专项整改方案》对标对表开展自查整改，逐一销号。2018年9月底，州宗教工作领导小组办公室召开州直宗教工作专题会议，专题研究迎督查抓整改相关工作。10月中旬，全州宗教工作迎督查抓整改工作推进会召开，罗春红对全州迎督查抓整改工作进行再安排再部署，要求全州各级各部门坚持问题导向，抓住重点，全力以赴抓好中央宗教督查工作，抓好省委宗教工作领导小组督查该州反馈的宗教工作存在（10个方面）的问题，进一步细化整改措施，建立完善宗教工作相关体制机制，做到限时整改、逐一销号，并长期坚持。州委办、州政府办印发《关于加强和改进新形势下伊斯兰教工作的实施意见》。州委统战部制定出台《关于健全宗教界代表人士选拔培养机制的意见》，加大对宗教界代表人士的培养力度。州委宗教工作领导小组办公室制定《关于加强宗教和宗教思想传播管理的意见》《网络宗教事务管理机制工作制度》《联动处置机制工作制度》《群众动员机制工作制度》《定期研判机制工作制度》《信息共享机制工作制度》《关于分类处置浙江温州“华夏宣教中心”在黔西南州非法活动的意见》等7个机制建设措施意见。州委办下发《关于抓好宗教领域巡视整改督查工作的通知》，州宗教工作领导小组办公室制定下发《黔西南州宗教领域巡视整改工作方案》《迎督查抓整改方案专项督查方案》《黔西南州宗教工作信息联络员和宗教团体宗教活动场所协管员信息工作考核奖励办法（试行）》。完善《黔西南州宗教领域重大问题协作机制》《黔西南州宗教意识形态维护社会稳定议事机制》，按照“属地管理、分级负责”的原则，将宗教工作纳入年度目标绩效考核，确保督查整改工作有序推进。

【民族工作】 2018年，制定实施《黔西南州贯彻落实〈中共贵州省委　贵州省人民政府关于加强和改进新形势下民族工作的意见〉实施方案》《黔西南州贯彻落实〈国家民委关于支持黔西南“星火计划·科技扶贫”试验区建设的意见〉责任分工方案》，并印发各县（市）、义龙新区及州直相关单位。

2018年8月16日，国家民委监督检查司司长隋青、副司长李钟协，国家民委监督检查司民族团结进步创建指导处副处长孙沭沂，在国家民委听取黔西南民族团结创建工作汇报并讲话。受州委书记刘文新，州委副书记、州长杨永英的委托，州委常委、州委统战部部长罗春红，州人大常委会副主任、民进州委主委黄健勇出席并汇报。

10月17日，黔西南州创建“全国民族团结进步示范州”考核验收汇报会召开。国家民委监督检查司副司长李钟协、省民宗委主任石松江出席会议并讲话，州委书记刘文新汇报全州创建工作并作表态讲话，州人大常委会主任邓家富出席，州委副书记、州政府常务副州长穆嵘坤主持会议。

【非公经济统战工作】 2018年，州委统战部、州工商联组织开展民营企业家培训学习和有关会议7次，参与民营企业家1100余人次，引导民营企业家健康成长。出台《关于在全州工商联所属商会组织中开展“四好五型”商会建设工作的实施方案》，组织开展商会专题调研。联合州工信委制定，并经州委、州政府研究同意后印发《关于印发黔西南州领导干部联系服务企业有关制度和分工名单的通知》，构建政企沟通机制，帮助企业协调解决问题困难。州委统战部牵头州工信委、州工商联、州智力支边办组成专题调研组，调研全州民营经济发展情况，草拟《关于大力支持民营经济发展壮大的二十八条措施》。

州委统战部、州工商联2018年9月14日争取宁波市光彩事业促进会、宁波市佛教协会捐赠晴隆、册亨、望谟共50个深度贫困村共计资金400万元用于村产业发展。10月17日，组织贵州省施达集团、贵州林荣汽车贸易集团、贵州富康实业投资（集团）有限公司等捐款捐物共682.44万元。争取中国泛海控股集团资助黔西南州1500名贫困大学生750万元。

【对台工作】 1月20日，黔西南两岸自闭症康复论坛及星星天使特长会演在兴义市金州翠湖酒店举行，州台办主任杨丽敏应邀出席该次论坛并观看会演，还向部分贫困儿童发放兴义社会义工联合会“壹基金温暖包”。2月2日，2018年黔西南州台胞台属台商迎春座谈会暨奖助学金发放仪式在兴义举行。州委常委、州委统战部部长罗春红出席会议并作讲话。2月6日，台湾花莲发生6.5级地震，黔西南州兴义市万峰林爱心公益协会向会员们发出向花莲地震灾区捐款的倡议，得到100余人的响应，共得捐款12050元。4月2日，黔西南州对台工作会议举行，州委副书记、州政府常务副州长穆嵘坤出席会议并讲话，州委常委、州委统战部部长罗春红传达全国、全省对台工作会议精神，州政府副州长范华主持会议。4月18日，“中华一家亲·相约望谟三月三”暨“中国·望谟‘三月三’布依族文化节”活动在贵州省黔西南州望谟县开幕。来自台湾地区的阿美族、卑南族、鲁凯族等30位少数民族同胞与望谟人民共享布依文化盛宴。4月25日，以省农委副主任肖荣军为组长的省“黔台农业合作示范区”选点调研工作组一行到黔西南州调研。在州政协副主席陈晴及州台办、州农委等单位主要领导，安龙县有关负责人的陪同下，调研组一行深入安龙国家农业公园、金蕙花卉等2个台资企业调研，并组织召开座谈会。5月28日，受中国奥委会的邀请，中华台北奥委会执行委员郭中兴带领中华台北奥委会体育产业参访团到贞丰考察调研。中国奥委会副秘书长、中国奥委会财务部部长刘扶民，贵州省体育局党委委员、副局长宋广强，中共黔西南州委常委、州人民政府副州长王雄义以及贞丰县委书记陈湘飚等陪同。5月31日，台盟中央社会服务部扶贫处组织部分省市台盟赴黔西南联合开展联合调研和“六一”慰问活动。7月9日至12日，第六届贵州·台湾经贸交流合作恳谈会在兴义召开。国台办主任助理周宁出席，省政协主席刘晓凯致辞，台湾嘉宾团萧万长、胡志强等350人参加相关活动。8月10日至11日，省台办组织台湾新同盟会大陆部主任、新北市分会会长翁三隆一行34人到兴义市参访交流。8月18日，由省委统战部副部长、省台办主任周素平、省商务厅厅长季泓及省农委、省科技厅等部门负责人组成调研组到贞丰白层“龙之谷”黔台农业合作示范园区进行调研。州委常委、州委宣传部部长范华，州台办主任、州商粮局及贞丰县委、县政府主要负责人陪同。9月9日至11日，全国政协常委、台盟中央副主席吴国华率台盟中央领导及台商考察团到黔西南州考察调研。州委常委、州委统战部部长罗春红陪同调研。9月26日上午，在州政务大厅港澳台居民居住证受理点，发放黔西南州第一批台胞申领的居民居住证，台湾同胞何丽是第一个领走黔西南州台湾居民居住证的人。9月25日至28日，何应钦胞弟何辑五之子何绍彜、何应钦外孙女吴安文等一行33人到兴义探亲考察。10月27日至28日，中华新住民党主席、台湾贵州省商会会长翁世维一行，到贞丰考察生态农旅产业发展项目。11月9日，台湾南投、彰化农业经贸考察团在台湾中华知识产学合作交流协会秘书长严富美的率领下，一行26人到黔西南进行为期两天的农业经贸考察。

【统战工作】3月31日至4月2日，香港希望之友教育基金会执行委员吕贵海一行41人到黔西南州开展徒步活动；4月8日，由贵州中国和平统一促进会与德国华商联合总会、《欧洲新报》联合开展的2018德国华商贵州公益行暨携手助推“黔货出山”项目活动在贵阳市启动后，德国华商联合总会副会长兼秘书长《欧洲新报》总编辑范轩一行4人到望谟县和晴隆县开展资助活动，资助66名贫困学生，慰问6名优秀基层教师、6户军烈属和3位全国道德模范；6月21日至22日，德国汉堡华人华侨联合会会长、德国华商联合总会会长张禹华、Fep奥斯特罗德国汽车专家奥斯特罗和上海铍尔钠汽车电子有限公司执行经理王宝良一行3人到贞丰县和兴义市走访看望6位全国道德模范。

（苏朝治）

州委政策研究室

【概况】州委政研室（州委改革办），编制12名，内设机构5个：综合科（秘书科）、调研一科（建设经济强县科）、调研二科（农村改革试验科）、调研三科、改革科（督察科）。下设事业机构2个，州全面小康建设办公室副县级事业机构，隶属于州委政研室，有事业编制15名。《黔西南工作》编辑部正科级事业机构，隶属于州委政研室，有事业编制5名。2018年，在职干部职工24名，其中，行政人员10名，事业人员13名，工勤人员1名；副处级领导6人，科级干部6人。

【党建工作】2018年，州委政策研究室坚持以习近平新时代中国特色社会主义思想为指导，全面学习贯彻落实中共十九大精神，全年共开展理论学习132次，落实“三会一课”制度，全年召开支委会13次、党员大会31次，开展“新时代学习大讲堂”14期，召开主任办公会、全体干部职工学习会、理论学习中心组学习会18次，集中学习习近平总书记对意识形态工作的重要论述和中央、省委、州委有关意识形态的决策部署，对意识形态工作重要性的认识，掌握开展意识形态工作的方法路径。成立州委政策研究室意识形态工作责任制整改工作领导小组，将意识形态工作纳入年度目标绩效考核内容，定期不定期对意识形态落实情况进行督查。落实主体责任政治担当，严守党

2018年州委政研室召开《黔西南工作》骨干作者和供图作者座谈会，对文稿写作进行专题辅导（州委政策研究室　提供）

的政治纪律和政治规矩，落实党中央和省委、州委各项决策部署，严格遵守“中央八项规定”“省委十项规定”以及“州委八项规定”。执行“三重一大”制度，坚持“一岗双责”，落实“两个责任”。廉洁自律，在元旦等重要节假日，加大明察暗访力度，防止“四风”问题反弹回潮，按月开展“两个责任”备案，压紧压实主体责任，落实“四位一体”管理干部机制，用好监督执纪“四种形态”。结合黔西南州实际，组织人员深入研究习近平新时代中国特色社会主义思想，宣传普及，先后撰写《习近平扶贫开发思想与贵州决战脱贫攻坚》《习近平总书记关于生态文明重要论述的贵州实践》《习近平总书记关于贵州发展的重要论述》《建设具有强大凝聚力和引领力社会主义意识的基本途径》《强化巡视震慑作用深入推进全面从严治党》《按照“五个过硬”要求打造新时代干部队伍》《用好乡村振兴战略机遇建设美丽家园》等15篇理论阐释文章。

【重大文稿工作】2018年，州委政研室牵头起草《中共黔西南州委　黔西南州人民政府关于实施乡村振兴战略的实施方案》《黔西南州新市民计划政策措施推进措施》《在州委七届六次全会上关于州委常委会工作的报告》《在州委七届七次全会上关于州委常委会工作的报告》《关于坚决打赢脱贫攻坚战根本性胜利的实施意见》等6份重要文件。完成《州委关于省委第三巡视组巡视反馈意见整改方案》《州委关于省委第三巡视组巡视反馈问题整改进展情况的报告》《州委书记组织落实巡视整改情况的报告》等有关省委第三巡视组巡视反馈问题整改工作的材料。

【重大调研课题工作】2018年，州委政研室完成省委课题“易地扶贫整乡搬迁研究——以晴隆县三宝乡为研究对象”、省委改革办课题“黔西南州在易地扶贫搬迁中探索实施新市民计划研究”的研究和上报。对晴隆县三宝乡、册亨县双江镇等4个极贫乡镇及相关新居住区开展深入研究，完成《运用“五步工作法”推动整乡搬迁》《党建引领“五带三业”决战脱贫攻坚》《“五全模式”“一乡一特”推进产业扶贫》《“生态扶贫”推动实现百姓富生态美》4篇调研报告，作为州委七届六次全会参阅文件，各乡镇在打赢脱贫攻坚战中提供参考借鉴。围绕省委书记孙志刚调研黔西南州时的指示精神开展调研，完成《三宝彝苗同胞感恩奋进创造幸福生活》《延长产业链　提升价值链　加速实现食用菌产业裂变发展——安龙县食用菌产业发展调研报告》《牢牢把握八要素　全新打造石斛谷示范推动森林资源优势转化为经济优势——安龙县石斛产业发展调研报告》《贞丰县龙场镇对门山村以“五步工作法”抓实“五个专项治理”》《贞丰县“立、解、破”打造田园综合体做好乡村振兴答卷》《贞丰县聚焦“产业振兴”做活“糯食文章”》等6篇调研报告。

【专项调研工作】2018年，州委政研室围绕来一场振兴农村经济的产业革命开展调研，完成《黔西南州聚焦产业发展“八要素”调研报告》《黔西南州综合运用“358”模式实施“六大工程”推进乡村产业发展》《黔西南州产业结构调整“八要素”调研报告》《黔西南聚焦技术服务推进农村产业革命》《“五步工作法”在黔西南州的有力实践》《黔西南州“六个协同”推进农村产业革命》等6篇调研报告。围绕其他重点工作开展调研，完成《黔西南州推进旅游供给侧结构性改革促进全域旅游业发展》《黔西南州坚守生态底线践行绿色发展》《黔西南州"三农"问题与乡村振兴战略研究》《宁波市对口帮扶黔西南州工作情况报告》《全州河湖环境综合治理"转产上岸"存在问题与对策建议——以兴义市南盘江镇为例》等11篇调研报告。

【决策咨讯服务】 2018年，州委政研室每月及时收集全州经济建设、政治建设、文化建设、社会建设以及生态文明建设和党的建设各项工作情况，整理形成《决策咨讯月报》，州级领导、州直相关部门和各县市区科学决策提供有效咨讯，不断提升州委科学决策、民主决策、依法决策水平。全年编辑12期。

【脱贫攻坚工作】 2018年，州委政研室包保领导到扶贫点开展脱贫攻坚工作24次，协调解决扶贫资金32万余元。建立"四联四帮"机制（即支部联支部、帮支部谋发展，支委联村干、帮村干找路子，党员联组干、帮组干讲政策，干部联村民、帮村民解难事）。协调资金30万元，支持坡桑组30户村民维修百年布依吊脚楼，协调资金4万元用于修建长900米的环湖路，协调资金6万元用于民族文化广场的建设。在万峰湖镇坝盘村，投入资金8万元，指导群众开发古"八音"表演、参观古法造纸、对唱山歌、品尝布依农家美食等民族文化旅游产品，建设60亩白香果产业发展示范园，发展芭蕉产业1200亩。利用《黔西南工作》开设《脱贫攻坚》《新市民计划》《产业发展》等专栏，宣传脱贫攻坚取得的成绩。刊发《聚焦产业扶贫是振兴农村经济的必然选择》等30多篇有关脱贫攻坚文章。借助州外刊物平台，宣传脱贫攻坚工作。在国家民委《民族工作研究》、省委办公厅《工作情况交流》、省委政研室《贵州调研》、省委讲师团《理论与当代》等刊物发表《运用"五步工作法"推动整乡搬迁》《党建引领"五带三业"决战脱贫攻坚》《示范推动森林资源优势转化为经济优势》等10多篇有关全州脱贫攻坚的调研文章。

【全面深化改革工作】 2018年，黔西南州贯彻落实习近平总书记全面深化改革重要思想，对标对表中央、省委，落实各项改革部署，"规定动作"与"自选动作"相结合、整体推进与重点突破相结合、倒逼改革与自发改革相结合，为经济社会发展提供强大的持续动力。召开6次州委全面深化改革领导小组会议，深刻领会精神实质，指导实践、推动工作。落实"一把手抓改革、改革抓一把手"主体责任，全州全面深化改革工作进行全面系统安排，审议通过《中共黔西南州委全面深化改革领导小组中共黔西南州委依法治州工作领导小组2018年工作要点》等一系列重大改革文件和方案。对各地各部门全面深化改革工作的领导和指导，推动中共十八大以来各项改革举措落地落实。创新改革宣传手段，扩大宣传覆盖面。全州向省委改革办上报改革信息1200余条，被《贵州改革工作动态》采用53条，《黔西南州"六个协同"深入推进农村产业革命》等9篇改革典型案例被《贵州改革情况交流》采用。《易地扶贫搬迁"四好"新社区的贞丰探索》改革案例，得到省长谌贻琴的肯定并作出批示。《黔西南州"三打"推动扫黑除恶专项斗争取得实效》案例获得贵州全面深化改革优秀案例评选优秀案例，《黔西南打造"数据铁笼"实现全州财政管理"四个转变"》案例获得贵州

省委督导组赴黔西南州开展2018年全面深化改革、全面依法治州督查座谈会
（州委政策研究室　提供）

全面深化改革优秀案例评选专家特别推荐典型案例。改革课题“黔西南州在易地扶贫搬迁中探索实施新市民计划的研究”获得贵州省委全面深化改革重大问题调研工作三等奖。

【同步小康工作】 2018年，第三批（2017—2018）同步小康示范创建9个示范乡镇、18个示范村创建工作效果明显，形成一批具有较强示范性的小康示范乡镇和示范村。兴义市、兴仁市、义龙新区三个同步乡创建达标县继续围绕产业发展、设施建设、民生保障、乡村治理等方面不断巩固和扩大小康创建成果。实施县域经济发展监测分析，提出合理建议，县域四个方阵的经济发展出现新动能、新增长，为加快全面小康建设提供有力支撑。围绕年度计划目标，县（市）、义龙新区同步小康创建工作开展半年检查和年终考核，全年同步小康创建工作取得较好成绩。

【党刊宣传工作】 2018年，州委政研室《黔西南工作》把握新形势下宣传思想工作的任务，把握正确舆论导向，合计编印6期18000册，以高质量的文化供给增强文化获得感，讲述好新时代黔西南精彩故事。《学习十九大》《深入学习贯彻习近平新时期中国特色社会主义思想》专栏，刊登《准确把握中国特色社会主义进入新时代的基本依据》《深刻理解以人民为中心基本方略》《按照“五个过硬”要求打造新时代干部队伍》等15篇解读习近平新时期中国特色社会主义思想的理论文章，帮助读者进一步了解十九大报告的新观点新论断。开设《高层关注》栏目，刊登全国人大常委会副委员长、民进中央主席蔡达峰，全国政协副主席、民进中央常务副主席刘新成，省委书记孙志刚，省委副书记、省长谌贻琴等领导在黔西南调研视察的深度报道。开设《产业发展》等栏目，宣传黔西南州深刻理解和切实运用“五步工作法”、产业革命“八要素”等方法论推动产业扶贫和产业结构调整的成效和经验，刊发《综合运用“358”模式推进乡村产业发展》《按照“八要素”扎实推进农村产业结构调整》《用“小橙故事”振兴乡村产业》《四把“金钥匙”破解产业大难题》等一批政策解读清楚、成绩总结到位、理论提炼准确的深度稿件。开设《新市民计划》《纪念改革开放四十年》等栏目，组织策划一批有思想深度、理论高度、实践广度的研究文章，在《新市民计划》栏目中，刊发《实施“新市民计划”需要把握的几个问题》《“十五项改革创新”推动“新市民计划”落地落实》《实施“新市民计划”统筹推进易地扶贫搬迁》等10多篇反映实施新市计划成功经验的文章。在《纪念改革开放四十年》栏目中，刊发《改革开放是实现中国梦的必然选择》《改革开放四十周年的主要成就与经验》《数说黔西南州改革开放40年发展成就》《“西电东送”与黔西南的改革开放》《改革开放40年党内法规建设的主要成就》等文章，展示全州改革开放40年来取得的成就。

【经济强县和发展困难县工作】 2018年，继续对经济强县和发展困难县的“地区生产总值、公共财政预算收入、固定资产投资、全社会消费品零售总额、城镇居民人均可支配收入”等经济指标开展监测，按照季度撰写经济运行监测分析报告，并以专报件形式呈州委、州政府主要领导，以文件的方式呈报州人大常委会主任、副主任，州政协主席、副主席，印发相关县市、州直有关部门。

【农改试验试点工作】 2018年，指导省级试点县册亨、对比试点兴义市创新农村综合治理机制试验工作。推进兴义市农业供给侧结构性改革，构建现代农业产业体系、生产体系、经营体系。围绕农业产业结构调整，改善农业供给结构。深化农村“三变”改革，试点范围覆盖30%以上的行政村，推动城乡资源要素整合，促进适度规模经营，激发农村发展动能。年内试点涉及23个乡镇（街道）50个村（社区）于2018年6月启动试点改革工作。册亨县按照“关键环节探路、重点领域突破、综合推进解题”的原则，确定试点乡（镇）和试点村，结合脱贫攻坚易地扶贫搬迁工作，开展以易地扶贫搬迁搬后治理为主要内容的农村社会治理机制试验试点工作，在巧马镇、双江镇和10个村探索农村社会治理发展体系，乡风文明逐步显现，乡村经济效能提升，乡村治理成效突出。

（刘　娟）

督查督办

【概述】2018年1月，州委州政府督查室更名为州委州政府督查督办局，正县级机构，隶属州委办公室管理，增加行政编制5名、内设机构2个（办公室、督查三科）。调整后，核定编制13名（行政编制12名、机关工勤编制1名），内设机构6个（办公室、督查一科、督查二科、督查三科、目标绩效办、专项督查科），领导职数设局长1名、副局长3名、科长或副科长5名。州直机关目标绩效管理办公室调整归州委州政府督查督办局管理，更名为州目标绩效管理办公室，原核定行政编制2名不变，内设综合科更名为目标绩效管理科，内设机构领导职数按原设置不变。

2018年，共开展专项实地督查检查考核51次、书面跟踪督办2250件、会风会纪督查60次，呈报督查督办情况专报106期，获州委、州政府领导批示67条；上报省委办公厅《督查专报》20篇（其中被采用8篇）；完成2017年度全州目标绩效考核定等和奖金兑现工作。

【省委领导重要讲话分解督办】2018年，对省委书记孙志刚在2018年全省“两会”上的重要讲话、4月16日在六盘水市调研时的重要指示精神、9月3日在黔西南州调研时的重要指示、10月16日在省委常委会上的重要讲话等进行责任分解、跟踪督办。全年共分解督办事项12件380项，形成落实情况报告19篇。

【省政府领导重要讲话分解督办】2018年，对省长谌贻琴1月29日在省人代会参加黔西南代表团审议时的重要讲话、常务副省长李再勇4月18日在望谟县调研时的重要讲话进行责任分解，逐项明确牵头单位、责任单位、完成时限、工作要求，督促责任单位制定工作措施、跟踪调度，按时上报落实情况。

【省政府督查室交办工作督查督办】2018年，围绕国务院大督查8个方面内容，提前督促全州有关部门和县市做好自查整改、收集完善备查资料，牵头拟定迎检方案，总结提炼经验，全力做好迎检准备。国务院大督查后，针对反馈移交的5类重要问题和线索，分类建立台账，严格挂牌督办，系统推进整改。

【州委主要领导决策事项督查督办】2018年，开展学习中共十九大精神、脱贫攻坚工作、农业产业结构调整、易地扶贫搬迁、新市民计划、煤炭产业发展、安全信访维稳、林业工作等决策部署贯彻落实情况实地督查14次。对州委书记刘文新在州委七届七次全会、全州旅游发展大会、全州工业发展大会上的重要讲话精神进行分解督办，按时调度推进情况，对工作落实不力、推进缓慢的部门跟踪督查督办。

【州政府重大决策事项督查督办】2018年，将2018年政府工作报告、州政府常务会议定事项、州政府主要领导重要指示批示纳入台账重点跟踪督办，按照“分解责任、台账管理、跟踪问效、完成销号”原则进行专项督办。全年共督办常务会议定事项263项，办理州长批示件10件、决策事项51项，向州政府主要领导呈报督查督办专报30期。

【重要文件督查督办】2018年，将“州党发”“州党办发”安排部署工作的文件，分类建立台账进行跟踪督办、实地督查。全年共跟踪督查督办工作部署类重要文件61件。

2018年，州委副秘书长徐祖荣（左二）在册亨县冗渡镇美井村、观音村开展脱贫攻坚帮扶工作 （谭文艳　摄）

【州委决策事项督查督办】2018年，将州委常委会、州委专题会议定事项进行责任分解，明确办理时限，挂账跟踪督办，直至办结销号。全年共跟踪督办州委主要领导决策事项764件，办结717件、需长期落实并转入下年继续跟踪督办47件，上报《州委决策事项督办情况专报》13期。

【重点工作督查督办】2018年，围绕农村“组组通”公路建设、水路“三年大决战”、中央环保督察“回头看”反馈问题落实情况和省级重大工程和重点项目建设、农村环境卫生工作、管控露天焚烧等工作深入一线开展专项督查，并向州委、州政府报告工作落实情况。

【上级督查督办协助】2018年，抽调6人参加省委巡视组驻地服务，完成巡视组巡视期间服务保障工作。巡视后，起草《中共黔西南州委关于省委第三巡视组巡视反馈意见整改工作方案》，将巡视反馈7个方面的问题细化分解为55个问题，明确由15个整改专班和1个问题线索处置专班牵头整改，形成“1+15+5”巡视整改工作体系，向省委巡视组报送《中共黔西南州委关于省委第三巡视组巡视反馈问题整改进展情况报告》《中共黔西南州委书记刘文新组织落实巡视整改情况的报告》。

【目标绩效考核】2018年，贯彻落实州委办公室、州政府办公室《关于在全州开展“督考合一”工作推进目标绩效管理科学化进程的实施意见》，完成2017年度目标绩效管理综合考评工作和奖金发放工作，评出一等奖39个、二等奖30个、三等奖5个，按人均1.975万元标准发放离退休人员生活补助，全年发放奖金2亿余元。

【脱贫攻坚帮扶】2018年，全年共深入册亨县冗渡镇美井村、观音村开展帮扶工作13次，引导2个村发展肉兔养殖、柚茶和花椒种植，帮助争取产业发展和基础设施建设资金73万元，协调落实小水窖建设50个。2018年，美井村合作社养殖场建成投用，全村年产肉兔8.58万只，直接带动贫困户44户。

【督查能力建设】2018年，配合州编委办拟定州督查局三定方案，协助州委办公室在目标绩效办提拔中层干部2名，协同州委办公室人教科考调督查干部8名充实到州委州政府督查督办局。组织全州督查干部赴宁波市委党校开展能力提升学习培训，从9个县（市、新区）督查室（局）轮流遴选干部到州委州政府督查督办局跟班学习，选派2名干部到省政府督查室跟班学习。

【督查机制建设】2018年，建立“督考合一”问效机制，使“督”的结果成为年度综合考核的事实依据，“考”的过程成为完成督查事项的坚强保障，改变“督”重过程、“考”重结果，“督”而无力、“考”而无据现象。将督查督办结果与目标绩效管理结合起来，对执行力落实力不强、目标任务完不成、整改落实不认真、纪律作风有问题的责任单位，扣减单位年度目标绩效考核分值。

【督查体制建设】2018年，建立“追责问责”协同机制，把督查督办结果作为“四位一体”干部管理体系的重要环节，组织人事部门考核评价干部时把督查督办考核部门对评价对象的工作任务完成情况、纪律作风情况作为重要参考。初次督查对工作落实不到位、不按要求报告贯彻落实情况的单位和个人，在一定范围内通报批评、责令整改，情节严重的在新闻媒体上曝光；回访督查对整改落实不到位或妨碍、干扰、阻挠督查工作正常开展的，交由纪检监察机关给予党纪政纪处分；再访督查对工作仍无明显起色或敷衍塞责不落实的，交组织人事部门做出组织处理。

（韦章泽）

机构编制

【概述】2018年，州编委办贯彻稳中求进工作总基调，超前谋划、主动作为，常规工作优化做、重点工作创新做、改革工作有效做，稳步推进行政体制改革、深化“放管服”改革、深入推进事业单位体制创新、持续推进机构编制资源优化配置、强化机关党的建设、落实全面从严治党从严治办，狠抓落实，巩固成果，努力破解制约全州经济社会发展的体制机制障碍。

州编委办公室为州委工作机关，内设综合科、行政机构编制科、机构编制督查科、行政审批制度改革工作科；州事业单位登记管理局设在州编委办公室，内设业务科；核定行政编制12名、机关工勤编制2名，设主任1名，副主任3名，科级职数6名。州编委办公室下设2个正科级事业单位，事业单位机构编制管理中心、政务和公益域名注册管理中心，共核定事业编制9名，科级职数4名。

【统筹推进党政机构改革】 2018年，州编委办把准市县机构改革总体要求，在前期调研摸底基础上，对州县编制情况进行测算，精准掌握底数，对相关机构职责重叠交叉、职能相近、职责多头管理、职责划分不科学等事项进行梳理，对相关机构和职数设置再作清理，做到底数清、情况明。对全州机构改革工作提前谋划，提前思考，并作出安排。完成全州机构改革主体文件《黔西南州机构改革方案》《州级机构改革实施意见》《关于州政府机构改革方案情况的备案报告》及配套文件的起草，完成机构改革实施配套文件《关于做好州级党政机关“三定”规定有关事项的通知》《关于做好州级机构改革中机构人员转隶工作的通知》《关于规范州级党政机构简称的通知》的起草工作。

【行政审批制度改革】 2018年，州编委办深入推进行政审批制度改革，统筹推进全州“放管服”改革工作。共清理规范行政审批中介服务事项20项，梳理决定保留为行政审批必要条件的中介服务事项共44项；共取消行政许可事项11项，下放4项，新增14项，调整实施主体、权力名称或转变管理方式9项，合并实施4项，继续实施202项；动态调整权责清单105项，涉及12个部门；实施行政审批“六个一”改革（当场办结一批、网上办结一批、承诺办理一批、限时办结一批、上门服务一批、从严监管一批），编制州直33个部门行政权力运行流程图，并在州政府网站面向社会公布；制定“放管服”工作调度机制，牵头完成国务院大督查自查整改资料汇总，拟定了《黔西南州推进审批服务便民化深化“放管服”改革重点任务分工方案》，编制完成31个州政府工作部门3457项权力事项和责任事项，按照国务院要求取消7项涉及州县的相关事项。

【综合行政执法体制改革】 2018年，州编委办根据《黔西南州综合行政执法体制改革实施方案》要求，继续推进州级综合行政执法体制改革，完成县级综合行政执法体制改革方案报批并组织实施。完成城市管理综合执法局组建及相关机构撤并，确保州综合行政执法局的平稳有序组建。

【森林公安改革】 2018年，州编委办配合推进森林公安独立行使执法权工作，调整部分县（市）森林公安人员编制，组建义龙森林公安分局，为森林公安改革工作提供机构编制保障。

【监察体制改革及纪检监察派驻全覆盖工作】 2018年，州编委办配合州纪委州监委做好纪检监察派驻全覆盖相关工作，撤销州直部分行政单位纪检组，调整部分行政编制到州纪委州监委统筹使用；完成全州公检法司政法专项编制换置工作。调整设置州纪委州监委内设机构设置，确保纪检监察体制改革顺利进行。

【机制体制建设】 2018年，州编委办完成兴仁县撤县建市相关机构编制工作，印发《兴仁市党政机构和人大政协机关机构设置方案》。理顺国有资产管理职责，完善财政债务管理、公安网信、扫黑除恶、有组织犯罪侦察、境外非政府组织管理、留置工作协调等机构设置。

2018年，全州深化“放管服”改革转变政府职能电视电话会议召开
（曾宏灿　摄）

【事业单位改革】 2018年，州编委办对州级承担行政职能类和公益类事业单位进行全面排查摸底和数据核准，对机构、人员、编制、职责等进行摸排并提出拟改革方向，指导县市同步做好相关改革准备工作；起草推进经营类事业单位改革实施方案。

【机构编制督查】 2018年，对机构编制进行排查，重新建立整改台账，明确整改时限，实行逐级对账销号。4月，对各单位机构编制管理情况进行督导。10月，联合组织、人社等部门，对部分州直单位、各县（市）机构设置、领导职数配备、吃空饷等情况进行检查，及时反馈检查情况，系统数据实行周审核、月上报、季汇总。同时，通过QQ群，不定期收集各单位实有人员变化情况，加强实名制管理系统相关信息动态管理，要求单位及时办理入编下编手续，确保实名制数据的实时性、动态性和精准性。采取专项督查等形式，对各县（市）、各部门机构编制重点工作开展经常性督查，确保各项工作落到实处，推动机构编制工作再上新台阶。对于州直部分部门自行设立领导小组时与机构编制名称相冲突、重复行文明确所属单位职能职责的问题进行调查了解，对操作不规范的问题及时进行纠正。

【挂标续费和网站规范清理】 2018年，完成州直单位中文域名续费393家，督促各县（市、区）完成域名注册、续费、挂标5031个，完成率100%，实现网络红页全覆盖。与各县市编办签署《机构编制云平台信息安全承诺函》，开展自建网站清查，全国“两会”期间，规范清理自建网站54个，关闭13个。

【脱贫攻坚机构编制保障工作】 2018年，州委编办结合全州易地扶贫搬迁30余万人的实际，创新探索跨区域调整事业编制798名（划入兴义市343名，划入义龙新区455名）。迁出县划出情况：普安县134名、晴隆县226名、册亨县84名、望谟县314名，编制划转按程序在8月底前全部划转到位。切实解决好迁入地新市民的医疗、教育等各种公共服务需求。设置易地扶贫搬迁集中安置点管理服务机构，设立兴义市洒金新市民社区、义龙新区大龙潭、步马新市民社区工（管）委，从源头上保障了全州易地扶贫搬迁工作的稳步推进。

2018年，黔西南州编委办赴安龙县教育基地开展接受红色革命传统教育活动（曾宏灿 摄）

【公立医院改革】 深化和完善黔西南州建立现代医院管理制度，组建医管委，探索开展公立医院法人治理和深化公立医院的编制人事制度改革。

【县级融媒体中心建设】 2018年，州编委办将县市的广播电视台、新闻中心等整合为融媒体中心，作为党委直属事业单位，归口县市委宣传部管理，强化县市党委意识形态管理工作。

【法人年度报告公示和统一社会信用代码工作】 2018年，州编委办对全州2637家事业单位法人年度报告进行公示，合格率和公示率达100%。开展“双随机、一公开”抽查，实现机关、群团统一社会信用代码工作“一处跑、跑一次”即可办结。规范登记窗口的场所、人员、办理流程，做好纸质和网络版的审批流程服务指南，实行首问责任制、AB角工作制和容缺办理。

【重大调研课题工作】 2018年，州编委办围绕中央和省安排的重大课题开展调研，完成了“如何在深化事业单位改革中强化公益属性的课题调研”“如何深化教育、卫生机构编制管理课题调研”“推进贫困地区事业单位改革促进公益事业发展调研”“事业单位登记管理及事业单位运行监管评估专项调研”等课题研究工作，形成4篇调研报告，为上级决策提供参考。

【脱贫攻坚及县级干部包村工作】2018年，州编委办按照精准扶贫工作要求，选派1名正科级干部到兴义市泥凼镇经堂村任第一书记开展精准帮扶工作。3名县级干部包保帮扶兴义市泥凼镇经堂村、江边村、金竹凼村，积极与村“五人小组”一道，与村民开展共商，形成“一人驻村、全单位帮扶”的合力，以实际行动参与扶贫、助推脱贫。易青松获中共贵州省委表彰，获全省优秀村第一书记称号。

（曾宏灿）

离退休干部工作

【概况】州委离退局属州委工作部门，隶属州委组织部管理，正县级机构，列入州级财政全额预算。内设办公室、离休科、退休科、关工委办公室；局属老干部活动中心内设办公室、业务科、活动指导科。有编制28人，其中：行政编制9人，机关工勤编制1人，局中心管理岗位12人，技术岗位2人，工勤编制4人。2018年，在编人员23人，其中：县处级领导6人（局长1人，副局长2人，离退休干部工委专职副书记1人，离退休干部党校专职副校长1人，局中心主任1人），正科级干部7人，副科级干部4人，科级以下干部4人，机关、事业工勤人员4人。

【领导重视】2018年，州委召开常委会议，专题研究和解决离退休干部工作中的重大问题，州委、州政府主要领导向离退休干部通报经济社会发展情况并参加重大节日期间的走访慰问及有关重大活动。

州委全委会工作报告、州政府工作报告以及重大工作事项等，专门听取老同志意见和建议。3月下旬，召开全州老干部工作会议部署全年工作。州委常委、州委组织部部长顾先林出席会议并作重要讲话。

州委分管领导主持召开州委老干部领导小组会议，专题研究《关于深入贯彻落实党的十九大精神 认真做好新时代离退休干部工作的实施意见》，并行文至全州执行。文件明确各级党委、政府要将离退休干部工作纳入各级各部门目标绩效考核内容之一。将老干部党组织收缴党费的下拨比例由50%提高到80%，作为离退休干部党组织开展活动经费。

【正能量活动】2018年，州委离退局探索建立“311”工程+党建，推进“五员一体”。即参与“311”工程的老同志履行好脱贫攻坚帮扶员、留守儿童关爱员、新时代老干部讲习所讲习员、党建助推员、民意调查员的职责，引导老党员在党建引领、脱贫攻坚、民意收集、关心关爱等方面作好示范和表率，创建“产业发展示范点”18个、“党建扶贫示范村”20个、“脱贫攻坚示范户”100户。开展“311”+党建、“311”+关建、“四个助老”、异地建老干部党支部机制保障等重点课题调研并形成调研成果，为精准做好工作提供支撑。册亨县印发《不忘初心跟党走·脱贫路上夕阳红活动方案》，明确广大老干部要做好“六员”，把更多老同志动员到助力脱贫攻坚工作中来。

“老干返乡·助力小康”工程，得到省委常委、省委组织部部长李邑飞的肯定。州老干部脱贫攻坚服务团团长、晴隆县长流乡“民意调查·精准扶贫”顾问李昌琪领办的长流乡溪流村万亩辣木基地入选第八批“全国一村一品示范村镇”。义龙新区顶效镇马别社区、龙广镇纳桃村成立百人老专家创建“产业发展示范点”。其中，顶效马别金鹏宇鞋业，主要从事外贸订单生产、手工编织、旅游休闲鞋和成品鞋加工销售，设立分厂4间、手工编织点14个，带动贫困人口1500余人就业；龙广退役军人创业营地建设规模达15平方千米，带动周边1000余农户创业。

巩固“四在学校·幸福校园”品牌，探索易地扶贫搬迁+党建，拓展“精准扶贫·关爱同行”品牌。年内，全州建立关工委组织2592个，其中，“五好”基层关工委1927个，“五好”率达74.34%，“党建带关建”工作覆盖率达100%。组织“五老”宣讲团开展“学习习近平新时代中国特色社会主义思想”“关爱明天、普法先行”等讲座500余场次，参与“五老”人员2515人次，受教育青少年25万余人次；组织“五老”人员开展帮教活动、网吧监督、城区及校园周边环境整治800余次，帮教失足青少年278人次，整治突出问题60件，化解矛盾纠纷80件。争取省、州各级各有关部门解决资金88万元开展科技培训100余场次，培训农村青年1万人次和资助困难家庭学生、品学兼优学生720人；开展“六一”慰问200余场次，发放慰问金、物资205万余元，受益学生5万余人。探索在各县（市、新区）易地扶贫搬迁安置点建立7个关工委组织的基础上，在安置点建立7个联合关工委。册亨县巧马新市民社区打造“成长课堂”“青春课堂”和“银发课堂”。

【两项待遇】2018年1月，州委离退局组织15名厅级退休干部参加州委民主生活会征求意见会，并对收集的意见建议进行收集整理；2月，州委召开情况通报会，向副厅级以上离退休老同志，通报全州2017年经济社会发展和党风廉政建设相关情况，20余名副厅级以上老同志代表参加会议。州委离退局分别两次组织州直单位13名离休干部、20余名厅级退休干部赴兴义市贵州醇酒厂、兴义市洒金移民新城、万峰湖退渔还湖综合治理项目，安龙县钱相街道办五福小镇、万亩白芨种植基地等参观考察。围绕中组部“增添正能量·共筑中国梦”和省委老干部局“致敬改革开放·唱响同步小康”主题活动，开展“写”（纪念改革开放“我与金州40年”征文活动）、“看”（纪念改革开放“喜看新变化·感恩新时代”活动）、“研”（纪念改革开放专题调研）、“谈”（纪念改革开放40周年座谈会）、“展”（纪念改革开放诗词、书画、摄影联展）、“演”（纪念改革开放专题文艺会演）、“讲”（畅谈改革开放40周年“每月一讲”）系列活动。“纪念改革开放40周年”书画、摄影、诗词联展于10月18日至22日在兴义市举行，展出时间5天，展出作品525件。10月19日，州委常委、州委组织部部长顾先林到现场巡展。10月16日，由州盘江民族艺术团编排的歌舞《花开中国》参加“致敬改革开放·唱响同步小康”——贵州省老同志文艺会演。10月22日下午，全州离退休干部“颂歌改革开放·唱响同步小康”文艺会演在兴义举行。受州委书记刘文新、州长杨永英委托，州委常委、州委秘书长张谦在文艺会演上致辞。

2018年，州委离退局继续实施“千人老干进党校”工程，把相关学习内容纳入培训计划并组织培训。3月20日，采取以会代训方式，对100余名老干工作者开展中共十九大精神学习培训。5月，开展黔西南州“千人老干进党校”之大健康知识讲座和老干系统公文写作暨信息宣传培训班，州直单位副县级以上老干部和老干工作者300余人参加培训。开展“老干部阳光讲堂”活动，先后开展宪法、全国“两会”精神等专题讲座，500余名老干部参加活动。6月28日，贞丰县龙场镇党建馆挂牌建立首个黔西南州老干部党员教育基地。9月下旬，举办全州老干部党支部书记培训班，全州各老干部党支部（含异地老干部党支部、老干部助推新市民计划联合党支部）书记、副书记或委员及部分老干部工作者180余人参加培训。督促各级各部门为1000余名离休干部和副县级以上退休干部征订党报党刊，同时，争取经费为州直846名副县级老干部每人征订一份《晚晴》杂志。为老干部活动中心征订《人民日报》《贵州日报》等各类报刊20余种。

2018年，州委离退局督促离休干部离休费按时足额发放、医疗费按规定据实报销。为14名特殊困难离退休干部及遗孀发放特困帮扶资金13.5万元，各县（市）相应兑现特殊困难帮扶资金。审核并为州直部门56名离休干部提高护理费标准。落实并兑现州直44名中华人民共和国成立初期退休干部的生活、医疗补助费60余万元。在各县（市、新区）开通离休干部就医“绿色通道”。坚持信访工作包保责任制，对老干部来信来访热情接待、及时回复、妥善解决，做到件件有回音，事事有落实。2018年，接待处理老干部来信来访5件次，未发生离退休干部到京、到省上访事件。看望生病住院老干部13人次、协助原单位处理逝世老干部后事14人次等。5月中旬，邀请中国期刊协会老年期刊分会会长邓海燕率团到黔西南州考察，争取更多养生养老活动到黔西南开展，引荐更多企业家到黔西南州投资养生养老产业。9月下旬，组织走访慰问易地安置离休干部沙斌、杨蒿如、聂甲三，向他们送去州委、州政府的关怀和慰问，并向其通报全州经济社会发展情况。

【两项建设】2018年，州委离退局督促指导各县（市）跨行业、跨区域联合组建党支部，在易地扶贫安置点建立老干部助推新市民计划联合党支部等，扩大基层离退休党组织覆盖面。同时，在州、县老年社团组织中组建党支部，切实做到老干部活动到哪里，组织就覆盖到哪里。年内，全州建立各类离退休干部党组织305个（含临时党组织、联合党支部），其中，全州建立离退休干部党总支2个，异地组建离退休党支部19个。

2018年，州委离退局继续开展“一支部一特色”示范性离退休干部党支部创建活动，推动离退休干部党组织规范化建设，涌现兴义“国税情深”“情洒桑梓”、兴仁“初心不改”“夕照先锋”、普安“异乡情缘”“情系乡村”、贞丰“护花使者”、册亨“银发课堂”等独具特色的基层老干部党组织，形成以“夕照生辉”为主打，各支部品牌交相辉映的格局。年内，全州授予州级示范性离退休干部党支部8个，县级示范性离退休干部党支部13个。

2018年，州委离退局在全省率先探索建立村老干部党支部和老干部助推新市民计划联合党支部，丰富和夯实老干部党建工作体系，为高质量推进党的建设奠定坚实基础。探索创新老党员、老干部参与的易地扶贫搬迁+党建工作，在易地扶贫搬迁新市民社区采取“两联三共”（联合党支部、联合关工委，共建、共推、共帮）模式组建老干部联合党组织，为助推“新市民”计划实施，努力实现新市民搬得出、稳得住、快融入、能致富打下坚实基础。6月12日，兴义市坪东街道办、普安、晴隆驻兴义老干部党支部联合在兴义市南兴社区安置点成立中共兴普晴老干部助推新市民计划联合党支部和联合关工委，为搬迁贫困户“住得下、快融入、能致富”打下基础。6月29日，全省首个村级老干部党支部在望谟县新屯街道办新屯村挂牌成立，该支部按照“党建+文化”“产业+旅游”“谋划+定位”的模式，发挥“三变”效应，累计带动500余户2000余人实现多渠道增收，使村建档立卡贫困户170户650人精准脱贫，实现一户有一幢民族风情楼、年人均纯收入有一万元、户均有一人大学生、一户一个主导产业、一户一辆汽车、一户一台电脑的“六个一”目标定位。贞丰县首家在县城易地扶贫搬迁安置点水景湾社区建立乡镇住县城老干部联合党支部和联合关工委，设立党员活动阵地、新时代阳光驿站。8月27日至28日，为期2天的全省离退休干部党建工作推进会在黔西南召开。时任省委组织部副部长、省委老干部局局长孙拥辉，州委常委、州委组织部部长顾先林出席会议并讲话，州委组织部副部长、州委老干局局长刘海峰代表黔西南州向大会作“五建五抓”新时代老干部党建工作体系的经验介绍。贞丰县探索实践“三联三建”“四好”“五争五创”党建工作模式，助推新市民计划的实施。

【自身建设】2018年，州委离退局推进“两学一做”制度化常态化学习教育，专题学习全国、全省老干部局长会议精神，提出“七抓七促”贯彻落实会议精神（即抓学习领会，促思想统一；抓“三项建设”，促示范引领；抓工作谋划，促转型发展；抓创新推动，促活力激发；抓精准服务，促优质高效；抓活动深化，促显正能量；抓自身建设，促能力提升）；年内，组织党员干部职工政治理论学习40余次，每人撰写心得体会1篇以上。

2018年，州委离退局组织老干部工作者参加由省委老干部局举办的中共十九大精神和老干部工作业务培训等视频会议。举办全州老干工作者综合素质能力提升班，邀请有关专家和学者就公文写作、信息采写、拍摄技巧等方面内容进行专题辅导。开展电子政务操作技能培训，举办全州老干工作者和关工委系统在职干部业务培训班，围绕习近平新时代中国特色社会主义思想、公文写作、新闻信息编写及文书档案管理等主题进行专题辅导，提高广大老干工作者和关工委系统在职干部的综合能力和业务水平。印发《黔西南州老干部工作信息宣传考核办法》，组建一支老干部“写”的队伍，开通中共黔西南州委老干部工作局网站，通过《晚晴》《黔西南州老干部工作手机报》、微信公众号等对老干部工作和老干部先进典型进行广泛宣传。年内，在中组部《老干部工作交流》《贵州老年报》《情况交流》《晚晴》《黔西南日报》、网站等刊发信息稿件200余篇（条），其中《探“智慧路”建“夕阳云”》首获中组部《老干部工作交流》刊载，并获全省老干部工作创新大赛一等奖；《明方向　强管理　聚合力——着力打造“四会”老干工作队伍》《普安县运用“2345”工作法推进老干部学习活动阵地建设上台阶》《兴义市倡导节俭　传出文明——“倡导绿色生活、反对铺张浪费”传递正能量》等文章被《中国老年报》《晚晴》等媒体采用，获全省老干部工作创新大赛一等奖

1篇、二等奖1篇、三等奖1篇，优秀奖3篇。

2018年初，州委离退局领导班子成员围绕“‘311’+党建”“‘易地扶贫搬迁’+关建”“四个助老”“异地建立离退休干部党支部机制保障”等重点课题，深入各县（市）开展专题调研，宣讲中共十九大精神，督查老干部政治、生活待遇落实情况，形成调研报告供决策时参考。开展“我看改革开放新成就”调研并形成调研报告上报省委老干部局。根据《省委老干部局关于印发〈“探索新时代我省退休干部服务管理新模式”专题调研工作方案〉的通知》文件精神，采取问卷调查、座谈研讨、实地调研等形式开展专题调研，形成《黔西南州关于“探索新时代退休干部服务管理新模式”的专题调研报告》，提出以“四个助老”（机构助老、企业助老、志愿助老、以老助老）为总抓手，推动精准化、信息化“两化”并进，力争实现新型退休干部服务管理模式。扎实开展脱贫攻坚工作，及时调整充实驻村帮扶干部，在扶贫联系点召开群众共商会30余次，协调项目4个，争取各类资金43万元。为打江、山岔居委会40名留守儿童发放书包、学习用品及慰问金3万多元。

（胡爱博）

州关工委

【概况】2018年，州委常委、州委组织部部长顾先林任关心下一代工作委员会第一主任，州政协原主席黄义勇任主任，州委原副书记、省水利厅原正厅级纪检员田忠明任常务副主任，15名州级人员任顾问、副主任和委员。州委老干局1名副局长任关工委秘书长，负责关工委日常事务。关工委办公室为州关工委日常办事机构，属州委老干局内设科室，现有工作人员1人（州关工委办公室主任，行政编制）。

【主题教育】2018年，“清明”“七一”期间开展“学党史、颂党恩、跟党走”等爱国主义教育和革命传统教育，全州各级关工委组织97个“五老”宣讲团（组）开展“学习习近平新时代中国特色社会主义思想”“学习三史三情，传承红色基因，争做时代新人”“祖国好·家乡美”等主题教育活动446场次，受教育青少年22万余人次。将22所中小学作为全州首批“两史”教育示范学校进行创建，推动主题教育开展。兴义、兴仁、义龙等6个县（市、新区）被省教育厅关工委列入首批“省级家长学校教育试验区”，义龙新区被教育部关工委确定为全国10个“家庭教育立德树人实验基地”之一。组织学校及学生参加新时代好少年“红旗飘飘·引我成长”主题教育赛事活动，获全国演讲、朗诵总决赛二等奖1名、三等奖2名；获省演讲比赛二等奖1名、三等奖2名；获教育部关工委表彰的先进集体4个、示范学校9所、优秀班集体3个、先进个人4名、读书之星1名；学生征文作品获奖744篇（其中特等奖6篇、一等奖147篇、二等奖238篇、三等奖353篇）。组织学生参加第十八届“华人少年作文比赛”获国家级二等奖4名，三等奖8名；获省级金奖81名，银奖87名。

【法治教育】2018年，州关工委组织法治教育关爱团（组）开展“宪法至上、守法光荣”和“关爱明天、普法先行”活动，引导青少年学法、知法、守法、用法；组织老同志到监狱、强戒所等与失足青年进行座谈，开展“一帮一”活动，全州各级关工委组织75个法治教育关爱团（组）开展“宪法至上、守法光荣”“关爱明天、普法先行”等法治讲座310场次，受教育青少年21.6万余人次；组织“五老”人员开展帮教活动60场次，帮教失足青少年560人次；创建未成年人零犯罪社区（村、居）955个，教育转化校外未成年人367人，转化成功率达80%以上；组织“五老”网吧监督员参与网吧监督393场次，查处黑网吧9个；组织“五老”人员参与城区及校园周边环境整治259次，整治突出问题216个；组织“五老”人员参与矛盾化解1506次，化解矛盾纠纷624件。

【科技服务】2018年，州关工委联合农业、科协等部门开展“学科技、奔小康”活动。争取省关工委资金13万元、州农委资金3万元、州科协资金2万元、州老科协资金3万元，支持各县（市）、义龙新区关工委开展科技培训，实现县级关工委开展科技培训全覆盖。全州各级关工委联合有关部门，围绕果蔬种植、畜禽养殖、茶叶生产等，组织开展科技培训355场次，培训农村青年科技二传手、致富带头人3.5万余人次，3.2万余人基本掌握1至2门实用技术。贯彻落实省委、省政府“百千万工程”战略和州委、州政府脱贫攻坚战略，鼓励和支持“五老”人员积极参加“老干返乡·助力小康”“精准扶贫·关爱同行”工程，1334名“五老”人员就地就近与驻村工作组结对，参与脱贫攻坚，配合驻村工作组开展工作，协调项目49个，解决资金2262.7万元，受益群众达1.3万余人。争取省关工委支持，联合省农科院在册亨县岩架镇弄应村成功实施秋冬果蔬种植示范基地246亩，投资28万元，带动基地种植农户增加收入。

【关爱工作】2018年，全州各级关工委开展农村留守儿童家长（代理家长）培训9.7万余人次；开展“六一”慰问500次，发放慰问金、物资400余万元，受资助留守儿童、困境儿童3万余人。5月29日，州关工委联合州慈善总会、州移民局在普安县、晴隆县开展“托起明天的太阳”农村贫困留守儿童、水库移民贫困留守儿童关爱活动，发放资助金15万元，资助留守儿童300人。争取省关工委支持，在全州12所中小学开展“开学季·关爱行”活动，发放资助金30万元，资助困难家庭学生和品学兼优学生720人。组织“五老”人员与3000余名留守儿童、困难家庭学生开展结对帮扶，为他们送去学习、生活用品折合人民币33万余元；组织开展募捐活动35场次，募捐资金（物资折合人民币）35万余元，受益青少年2000余人；配合教育部门开展中小学生心理教育辅导3096场次，受辅导学生3.8万余人次。

【“五好”关工委建设】2018年11月26日至29日，州关工委组织召开全州“五好”基层关工委工作现场推进会，观摩兴义、兴仁、安龙8个基层关工委示范点，总结交流各县（市、新区）的成功经验和做法，推进“五好”基层关工委创建活动的开展，兴义市关工委推进“五好”基层关工委创建，于11月被省关工委命名为“全省基层关工委工作样板县”；兴仁市关工委联合禁毒办、司法局等部门开展法治教育宣讲活动；安龙县开展“习酒·我的大学”“国酒茅台·国之栋梁”等捐资助学活动，资助贫困学生370人，发放资助金130.5万元；贞丰县关工委成立珉谷街道办水景湾联合关工委，并开设“四点半学校”“周末小课堂”“假期学校”等，新市民社区学生开展文明礼仪、作业、书画等教育辅导，“关爱同行”活动；普安县关工委参与脱贫攻坚，配合有关部门协调项目资金近1000万元，受益群众达8000余人；晴隆县关工委鼓励和支持“五老”人员与驻村工作组和群众结对，发展辣木6000余亩、烤烟1700余亩、食用菌基地100多亩，惠及群众850余户；册亨县关工委成立巧马镇新市民社区联合关工委，组织“五老”人员开展劝学助学、矛盾调解、邻里互助等活动；望谟县关工委开展村校共建及关爱活动，开展“五老”人员业务培训和青年农民科技培训，义龙新区关工委探索“2+1”（即镇关工委、教育集团关工委＋老年协会、退休教师协会等）模式，进一步加强基层关工委组织建设和队伍建设。

【加强自身建设】2018年，在兴义、安龙、贞丰、普安、晴隆等易地扶贫搬迁安置点建立7个联合关工委。10月25日至26日，在州委党校举办全州关工委系统在职干部业务培训班，对来自州、县、乡三级关工委近170名在职干部进行培训。全州建立关工委组织2592个，参加关工委工作的“五老”人员1.5万余人，其中开展“五好”创建达标的基层关工委1927个，“五好”率达74.34%。实现关心下一代工作层层有组织、层层有人抓、层层有落实的工作格局。

（黄安友）

史志工作

【概况】2018年，黔西南州史志办公室围绕州委、州政府中心工作及省委党史研究室、省地方志办目标任务，以抓好大党建为引领，继续贯彻落实“十三五”全州党史、地方志两个规划工作，抓好党史、二轮修志、年鉴三项业务。

【党史工作】2018年，州史志办

完成《贵州改革开放四十年·黔西南》编写。完成《永远在路上》等理论文章7篇。开展《脱贫攻坚战略行动实录》专题研究。开展《黔西南解放实录》史料征编。开展抗日战争口述史料征集工作。对1931年9月18日至1945年8月15日期间，中共抗战亲历者进行摸底调研、建立个人档案等工作，同时，结合全州亲历者具体情况，筛选10人进行采访。通过征集、整理、研究这一时期史料，为进一步完善、补充、研究中国抗日战争史提供第一手资料。完成相关红色历史文化专题研究，完成“红军长征经过黔西南”“干部休养连长征在贵州”等课题研究。开展2007年以来中共黔西南党史大事记资料征集和汇编工作，完成汇编稿编写。开展《中国共产党黔西南第一次至第七次党代会资料汇编》征编。完成《中国共产党黔西南州历史（1930—1978）修订本》书稿编写，该书稿已经省委党史研究室审读，正在根据其意见进行修改和核实。

【二轮修志工作】2018年，州史志办完成《黔西南布依族苗族自治州志》书稿，并印制成册送州志编纂委员会顾问、成员单位复审后送省方志办进行终审。全志600余万字，是继清《南笼府志》《兴义府志》之后，又一部地州级综合志书。县志及部门志编纂。《册亨县志》已出版发行，未出版的县志6部，《贞丰县志》正在开展印刷出版的第二次招投标，《安龙县志》《普安县志》正在排版中，《晴隆县志》正在复审，其余县志正在编纂之中。开展名镇志编纂、地情资料开发等工作。按省志办《关于补充〈贵州省志·名乡名镇〉入志乡镇资料的通知》要求，新增安龙县龙广镇、新桥镇的资料收集编纂，补充完善兴仁县屯脚镇、兴仁县巴铃镇、册亨县坡妹镇、普安县青山镇的资料。

【年鉴工作】2018年，州史志办按时完成《贵州年鉴（2018）》黔西南部分的组稿工作。召开全州《黔西南年鉴（2018）》组稿工作暨业务培训会，完成部门组稿任务，通过编辑整理，形成初稿，报年鉴编纂委员会审核，最后报方志出版社编审，促进《黔西南年鉴（2018）》年鉴编纂质量的提升。在继续推动县（市）综合年鉴“一年一鉴、公开出版”的基础上，树立“高质量”意识，巩固年鉴全覆盖成果。

【宣传教育工作】2018年，州史志办完成庆祝改革开放40周年征文活动工作。与广西壮族自治区地方志办协作，完成近万字的“广西西林教案当事者马赖曹桂英”课题研究。

【党建扶贫工作】2018年，州史志办按时完成中央及省、州下发的脱贫攻坚工作任务，及时宣讲脱贫攻坚有关政策。选派一名主任科员驻村开展工作，按规定与单位工作脱钩，全力驻村。县处级领导每人包保联系一个贫困村，按要求每月至少到村1次，落实好脱贫攻坚要求，督促指导扶贫村打好“四场硬仗”完成脱贫攻坚各项任务。在春节、“七一”建党节、“八一”建军节之际对包保联系村久长村及领导扶贫点下扎村困难群众、复原退伍军人进行慰问，向困难群众送去慰问金和大衣、棉被、大米等物资。投入5000元帮助扶贫联系村久长村调整农业产业结构，投入5000元帮助下扎村集体活动室购置设备。

（覃　徐）

州委党校（州行政学院）

【概况】中共黔西南州委党校（黔西南州行政学院）属财政全额拨款参公事业单位。编制83人，其中参公编制34人、事业编制38人、工勤编制11人。现有教职工67人，其中参公22人，事业35人，工勤人员10人，其中：硕士研究生18人，专职教师22人，兼职教师16人，教师中副教授10人，教授1人。行政参公部门有办公室、组织人事处、行政管理处、教务处、学员工作处、基层党校工作处、保卫处，事业部门有马克思主义理论教研部、经济学教研部、党史党建教研部、公共管理教研部、法学教研部、文化与现代科技教研部、科研部、信息工作部、图书馆、对外培训部、编辑部。

【教学科研】2018年，州委党校（州行政学院）完成2期县干班、1期中青班、1期妇干班、1期民干班的培训任务，5个主体班次共培训学员214人。举办黔西南州深入贯彻州委七届七次全会精神示范培训班第二期、第三期，培训干部356人，其他省外、州外和州内短期特色培训班46期5370人，其中外出培训11期514人，全年共完成培训53期，培训学员5940人。发表论文45篇，其中公开20篇，内刊25篇，完成省部级课题“打造共建共治共享社会治理格局研究”的结题工作，市厅级课题结题19项，其中“黔西南州大数据产业发展研究”获优秀等次，校级课题结题2项；市厅级课题立项9个，校级课题立项2个，出版专著1部。编辑发行《黔西南州委党校论坛》4期，《黔西南资政参考》4期。2018年，黔西南省委党校研究生教学点被贵州省委党校评为优秀教学点，2016级、2017级研究生班主任连续两年获优秀班主任称号，在省委党校开展的“学习宣传贯彻党的十九大精神征文活动”中，2016级6名同学、2017级3名同学，共9名同学获得二、三等奖和优秀奖。举办主题“决胜全面建成小康社会，夺取新时代中国特色社会主义伟大胜利”第一届青年干部学术论坛，获省委党校研究生部的高度评价。

【教师队伍建设】 2018年，州委党校（州行政学院）建立教师激励机制。推出结合新形势与党校教学新布局由党校教师自拟专题的新做法。全年专题更新率达30%以上，及时公示教师的课时量，评选优质课，并在第34个教师节座谈会上予以表彰。7月9日至12日组织开展全州党校系统精品课评选活动。全州7个县市党校及州委党校8个教研部各选派一名教师参加；实施全州党校系统“名师工程”制定《全州党校（行政学院〈校〉）系统“名师工程”实施方案》《关于开展2018年度黔西南州党校（行政学院〈校〉）系统“名师工程”评审工作人员的通知》《关于开展2018年度全州党校（行政学院〈校〉）系统“名师工程”评审工作人员的通知》，经州委党校（州行政学院）科研评审小组、教学评审小组初审，“名师工程”评审工作人员领导小组研究决定，并报校委会审定。邓连引被评为黔西南州党校（州行政学院）系统名师；万纪耀、周舟、张维维、蒋平英、蒋昕呈、谢忠山、严松、唐光文、张元胜、王敏、马培育、蒲永进12人被评为黔西南州党校（州行政学院）系统领军人才；罗燕、汪顺成、柏诺雪、刘文琴4人被评为黔西南州党校（州行政学院）系统教研新秀。

【基础设施建设】 2018年，州委党校（州行政学院）完成100套教师公租房（每套60平方米）的分配入住及200套学员公寓（每套35平方米）和100套学员公寓（每套40平方米）的内部设施设备采购安装及投用工作。完成2019年预算编制及2018年决算办理等工作任务。全年增加馆藏纸质图书946册，征订报刊116种，与省委党校搭建联合采购数字图书平台，数字图书资源现已向全体教职工和学员开放使用。

【机关党建】 2018年，州委党校（州行政学院）认真贯彻落实中央及省委、州委的工作部署，制定《中共黔西南州委党校机关党委2018年度工作要点》，推动党内教育从“关键少数”向广大党员拓展、从集中性教育向经常性教育延伸。按照“三会一课”制度，组织党员集中学习。校委班子成员、教师到各县市、州直部门开展中共十九大精神、省委十二届三次全会、州委七届六次全会宣讲20余场，编发学习资料12期，信息20篇，报刊发表理论学习文章21篇，研究设置党员教育培训课

2018年，黔西南州纪检监察巡察干部培训基地揭牌仪式　（州委党校　提供）

2018 年，中共黔西南州委党校（黔西南州行政学院）春季主体班毕业典礼
（州委党校　提供）

题 5 篇。推进“两学一做”常态化教育活动，开展主题党日活动。学习新党章，组织全体党员重温入党誓词，领导班子中党员干部为党员讲党课，认真组织开展“两学一做”红色教育基地等活动，全年中心组组织学习 12 次，全校 3 个支部，50 余名党员开展专题学习研讨 40 余场，各支部组织学习 10 余次，召开支委会 10 余次，领导干部上党课 10 余次。贯彻落实中央及省、州决战脱贫攻坚、决胜同步小康的战略部署，积极投身同步小康创建。包保村处级干部平均每月到村开展帮扶工作 1 次，选派 5 名教师到帮扶联系点挂职扶贫。解决驻村干部工作经费 2 万元、生活补助 12.94 万元，扶贫经费 2.5 万元、贫困户慰问费 1.5 万元、驻村干部保险费 3055 元，个人捐款 7600 元、校（院）捐款 5550 元，有力助推帮扶点村级集体经济发展和贫困农户的脱贫步伐。

【党风廉政建设】2018 年，州委党校（州行政学院）印发《中共黔西南州委党校进一步落实全面从严治党主体责任和监督责任扎实推进良好政治生态建设的通知》，落实好主体责任和“一岗双责”，种好“责任田”。校委与各处（室、部、馆）签订《党风廉政建设责任书》，副科级以上领导干部签订《廉洁承诺书》和“不操办、不参加‘升学宴’‘谢师宴’承诺书”“领导干部不插手参与茅台酒经营情况承诺书”等。严格执行《党政领导干部选拔任用工作条例》。组织全校教职工集中学习中共十九大、省十二次党代会等重要会议精神，学习《中国共产党章程》《关于新形势下党内政治生活的若干准则》《中国共产党党内监督条例》《中国共产党纪律处分条例》及习近平新时代中国特色社会主义思想，为党员理论学习发放《习近平谈治国理政》第一、二卷等书籍和相关学习资料资。8 月 28 日校委班子召开 2018 年党校廉政警示教育大会，进行集体提醒约谈。全年举办黔西南州公安机关留置看护队伍培训班 1 期，培训学员 122 人，黔西南州纪检监察系统干部能力大提升培训专题培训班 5 期，培训学员 1291 人次，开展宣讲 20 余场，组织教职工学习 30 余次，组织党员学习 20 次，组织学员和教职工观看警示教育 20 余次。

（唐　韵）

州委讲师团

【概况】中共黔西南州委讲师团是中共黔西南州委参照公务员法管理的正县级事业单位，主要负责在职干部理论教育工作及党的路线方针政策的宣讲和研究。2018 年，内设办公室、教研室 2 个科室，人员编制 8 名，在职在编人员：团长 1 名、副团长 1 名、办公室主任 1 名、教研室主任 1 名、科员 1 名、工勤人员 2 名、退休人员 1 名。

【理论学习】2018 年，州委讲师团坚持把学习中共十九大精神、习近平新时代中国特色社会主义思想和党的路线方针政策作为首要任务。分别采取专题学习、集中学习、座谈讨论、听辅导报告、个人自学等灵活多样的方式，组织和号召干部职工认真学习中国特色社会主义理论体系，习近平新时代中国特色社会主义思想，中央及省委、州委有关会议精神及主要领导的重要讲话等内容。年内，共组织机关全体干部职工集中学习 43 次。

先后派 5 人次分别到厦门大学参加政协黔西南州委员会举办的 2018 年度第一期政协委员、政协干部履职能力提升培训班，中央直属机关党校参加州委组织部组织的“新时代中国特色社会主义重大问题研究”专题培训班，贵州省气象局培训中心参加省委宣传部、省委讲师团举办的贵州省2018年“新时代农民（市民）讲习所”讲习员骨干培训班，福泉市委党校参加省委宣传部、省委讲师团举办的第二期全省“新时代农民（市民）讲习所”讲习员培训班，福建省厦门市参加由省委宣传部组织的2018年贵州省文化产业暨甲秀文化人才培训班等班次学习。

【意识形态工作】2018年，州委讲师团认真组织学习中央和省、州有关意识形态工作的实施办法和细则，及时传达相关会议精神。加强组织领导，调整州委讲师团意识形态工作领导小组，制定并完善《中共黔西南州委讲师团意识形态工作责任制实施方案》《中共黔西南州委讲师团网络意识形态工作责任制实施方案》和《中共黔西南州委讲师团意识形态工作责任制台账》，召开5次会议研究意识形态工作，按要求抓好工作落实，开展马克思主义中国化最新成果、社会主义核心价值观网络传播，加强网上宣传思想文化阵地建设。

【理论宣讲】2018年，州委讲师团围绕中共十九大精神、习近平新时代中国特色社会主义思想、省州党的重要会议精神、脱贫攻坚等内容，针对不同群体听众，深入机关、农村、企业、军营、民间团体等开展讲习活动和理论宣讲。撰写宣讲通稿《中共贵州省委十二届三次全会和中共黔西南州委七届六次全会精神宣讲提纲》和《深入学习党的十九大精神　大力实施乡村振兴战略》，精心制作相关课件，为全州宣讲工作搞好服务。与州委宣传部联合组织开展全州省委十二届三次全会和州委七届六次全会精神州、县（市、新区）、乡（镇）、村四级宣讲活动及全州脱贫攻坚先进典型巡回宣讲活动。全州宣讲2万场，受众10万余人，其中，州委讲师团宣讲25场，受众1600余人。

在望谟、册亨、安龙三县组织开展“党的声音进万家　新时代思想上讲堂　总书记话儿记心上”省、州、县三级联动主题宣讲。由省委讲师团8名讲习员和州委讲师团团长邓一平、副团长王思彩及望谟、册亨、安龙县各1名讲习员组成的宣讲团，围绕省委十二届三次全会精神、州委七届六次全会精神、庆祝改革开放40周年、脱贫攻坚、同步小康、社会主义核心价值观等内容，先后分赴望谟、册亨、安龙三县开展进机关、进军营、进校园、进社区、进农村、进企业“六进”大宣讲活动，共宣讲33场，受众近3000人。

在全省“庆祝改革开放40周年”主题宣讲风采展示活动中，选送的1名选手荣获“全省十佳宣讲员”称号，2名选手荣获“优秀宣讲员”称号。撰写4篇宣讲稿参加全省讲师团系统评选2018年度优秀宣讲稿活动，副团长王思彩撰写的《新时代农村宣传思想工作怎么做》被评为优秀宣讲稿。

【理论研究】2018年，州委宣传部印发《中共黔西南州委宣传部　中共黔西南州委讲师团关于组织作品参加全省“学习宣传贯彻党的十九大精神”征文活动的通知》，共遴选推荐105篇文章参加征文活动，经省委讲师团、《理论与当代》杂志社组织评委

2018年8月23日，州委讲师团团长邓一平到安龙县人武部作宣讲报告　（王林玉　摄）

2018年8月22日，州委讲师团副团长王思彩到册亨县供电局作宣讲报告　（王林玉　摄）

2018 年 7 月 26 日，团长邓一平（右二）到望谟县郊纳镇高寨村开展工作（王林玉　摄）

评审，共 8 篇获奖，其中：1 篇获二等奖，5 篇获三等奖，2 篇获优秀奖。州委讲师团 1 篇获二等奖，1 篇获三等奖，单位荣获组织奖。撰文 1 篇参加由州委办组稿的中央办公厅法规局“学习贯彻习近平新时代中国特色社会主义思想，努力开拓新时代党内法规制度建设新局面”主题征文活动，获优秀奖，也是该次征文活动中贵州省唯一入选论文。

完成课题“黔西南州创新基层理论宣讲工作成效及经验”“‘讲’出新气象‘习’出新作为——黔西南州新时代农民（市民）讲习所调研报告”“黔西南州深度贫困村精准脱贫路径探索”。其中，“‘讲’出新气象‘习’出新作为——黔西南州新时代农民（市民）讲习所调研报告”获全省党委讲师团系统调研课题三等奖。完成论文 7 篇，其中，2 篇分别获全省“学习宣传贯彻党的十九大精神”征文活动二、三等奖；分别刊登在《党内法规研究》《理论与当代》《黔西南日报》《黔西南工作》等报纸杂志上。共撰写和组织 22 篇理论文章在省委讲师团《理论与当代》杂志发表，宣传黔西南、推介黔西南。

【网络理论平台】2018 年，州委讲师团充分利用“州委讲师团门户网站”和“黔西南宣讲”微信公众号，发布工作动态、提供理论宣讲资料、讲稿、课件等学习资料。

【脱贫攻坚和同步小康】2018 年，州委讲师团按照州脱贫攻坚指挥部要求开展好处级以上领导干部一对一包保贫困村工作，按月报送脱贫攻坚工作进展情况和信息，共报送 12 期。到包保联系村望谟县郊纳镇高寨村开展春节及中秋节慰问；到望谟县郊纳镇高寨村开展脱贫攻坚春风行动调研；与郊纳镇联系高寨村领导及村“两委”班子座谈，认真听取高寨村党建工作、产业项目推进情况介绍，并对党建工作和产业项目推进工作提出意见和建议；及时安排部署，跟踪了解村脱贫攻坚工作；开展扶贫扶智工作，先后 3 次为郊纳镇干部职工及村支“两委”宣讲扶贫政策、省委十二届三次全会和州委七届六次全会精神等；为高寨村贫困户杨昌珍家向州慈善总会协调慈善帮扶资助金 3000 元，向州直机关工委协调高寨村党组织活动场所建设经费 1 万元，将州委讲师团扶贫捐款 4850 元捐赠给高寨村，作为村集体经济产业扶贫资金。将支部留存党费 1000 元作为党内关怀资金资助村民方万奇治病。

（王林玉）

州老年大学

【概况】黔西南州老年大学成立于 1988 年，是中共黔西南州委、州人民政府批准设立的正县级参公事业单位。有参公事业编制 8 名、工勤 1 名，设校长 1 名、副校长 1 名。下设办公室、教务科、综合科、活动指导科 4 个科室，2018 年，在职干部职工 7 人，主要从事行政、教学管理工作，教师以外聘为主。

【贯彻落实全省老年教育工作会议精神】4 月 24 日，州老年大学组织召开全州老年教育工作会议，会上，州委常委、州委组织部部长顾先林出席会议并作重要讲话，对坚持老年教育的政治方向，做好老年教育工作提出具体要求；州老年教育工作小组办公室主任、州老年大学校长朱琳作 2017 年全州老年教育工作总结报告，对 2018 年工作任务进行安排部署；各县（市）老教办分别汇报老年教育发展情况、2017年亮点工作、老年教育“十三五”规划落实情况和存在的问题。

【基层老年教育】2018年，州老教办下发《关于2018年全州新建乡镇（街道）、村（社区）老年学校目标任务的通知》，督促指导各县（市）完成新建老年大学（学校）。年内，全州共有老年大学（学校）271所（比上年增加24所），其中州级1所，县（市）级8所，乡（镇）老年学校113所（比上年增加11所），乡镇（街道）老年学校建校率89.68%，村（社区）老年学校149所（比上年增加13所），在校学员3万余人。

【老年教育工作业务技能培训】2018年4月24日，州老年大学召开全州老年教育工作业务培训会。邀请原黔西南日报记者部主任黄贵华开展信息编写知识讲座，对州老年大学和各县（市）信息进行实例分析，深入浅出地讲解新闻、信息、总结的基础知识和如何撰写高质量的信息。各县市老教办主任（老年大学校长）、老年大学办公室人员、州老年大学学委会成员共30多人参加培训会。

【老年远程教育工作】2018年，州老年大学组织参加第五届全国老年远程教育优秀影像教材申报，向中国老年大学协会远程教育工作委员会上报老年远程教育影像教材3个，其中州老年大学上报《九成宫醴泉铭书法教学》《手杖操〈布衣欢歌〉教学》，兴义市老年大学上报《合唱歌曲〈红旗颂〉教学视频》，以上教材均被中国老年大学协会远程教育委员会评为特色教材；组织各县（市）老教办开展社区（村）老年学校建设情况和老年远程教育站（点）统计工作，黔西南州老年远程教育站点共有50个。

【老年教育理论研究】2018年，组织参加第三届全省老年教育工作创新大赛。组织全州老教系统干部职工开展创新研究工作，认真梳理和总结黔西南州老年教育工作的创新点，撰写理论文章，全州共完成13篇创新大赛文章，经州老教办筛选上报3篇参赛，最终都获得优胜奖。组织全州老教系统干部职工参加第十三次全国老年教育理论研讨会征文，完成理论文章7篇，其中兴仁市《老年大学社团建设的重要性及加强途径探讨》被中国老年大学协会远程教育委员会评为优秀论文，其作者受邀参加研讨会。

【宣传工作】2018年，州老年大学在党政办公网、《黔西南日报》、亮点黔西南网站、黔西南老干之家微信公众号、学校宣传栏等宣传老年教育教学和校园文化活动成果。在州老年大学建校三十周年之际，黔西南州电视台，州日报社专门安排记者到老年大学进行采访；黔西南州老年大学学委会宣传部成员撰写文章，向《黔西南日报》和《晚晴》杂志以及相关网站等投稿，宣传黔西南州老年教育和老年大学工作情况，被采用文章、消息、图片等共5篇（幅）。运用全省老教系统共享云盘平台，做好老教办和老年教育信息宣传工作。2018年共上报黔西南州老年教育相关工作信息简报121篇，同时按要求报送脱贫攻坚、同步小康、改革工作、民族团结等信息，强化全州老年教育的对外宣传工作。

【教育教学】2018年，州老年大学开设艺术系、体育健身系、乐器系、书画系四个系共11个专业，35个教学班，报名注册学员1300余人，每周在校活动学员1000余人次。年内，根据教学需要和老年人需求，开设器乐班，配备相应乐器，定期进行学习排练；成

黔西南州老年大学纪念建校三十周年大会会场　　（州老年大学　提供）

立合唱团，开展多种形式的合唱练习，丰富学习内容。9个校外班继续招收成员，班级人数2500余人，州老年大学每学期召开校外班座谈会，了解校外班建设和学员情况，听取意见和建议，安排部署相关工作事宜。

【校园文化活动】 2018年，州老年大学组织书法班学员16人，在春节前到清水河镇开展写送春联下乡活动，为群众写送对联1000余副。组织开展2018年老年节趣味性活动，17个教学班学员、教师和9个校外班学员、教师500余人参加活动，活动达1500余人次。学员、教师和离退休人员们都参与趣味性活动；组织开展纪念改革开放40周年读书活动朗诵比赛。比赛活动有16支参赛队报名参加，通过精彩角逐，最终评出一等奖1名，二等奖3名，三等奖4名。组织17个教学班班委、党小组成员，开展党员主题日活动和迎新座谈会。

【脱贫攻坚工作】 2018年，州老年大学驻兴义市清水河补打村第一书记轮换，继续安排1名科长作为驻村第一书记。

按照中央及省、州相关文件要求，截至10月底，校领导到包保贫困村开展工作12次，宣讲中共十九大精神，传达学习省、州级系列会议和文件精神，遍访贫困户，回访脱贫退出户，帮助村级谋划产业发展，协调文化广场建设等工作。

按照中共中央组织部办公厅关于印发《抓党建促脱贫攻坚工作督查重点》的通知和省委、州委相关文件精神，为州老年大学驻清水河镇补打村第一书记安排办公经费1万元，以帮助第一书记更好地完成同步小康驻村帮扶相关工作。协调资金1.4万元用于基础设施建设，协调扶贫专项资金6000元。春节期间走访慰问补打村帮扶贫困户11户，送去慰问金5500元；对州老年大学驻村第一书记进行慰问，送去慰问金500元；“六一”儿童节期间，走访慰问贫困儿童和留守儿童3户，送去慰问金共900元；“七一”期间走访慰问困难老党员3户，送去慰问金共900元。将187户建档立卡贫困户地理位置坐标采集进国家扶贫信息系统APP；对187户建档立卡贫困户开展信息采集，通过农户申请、村民小组提名、村委会和驻村工作队核实，经村民代表大会民主评议，村级公示7天无异议后，初选出新识别贫困户1户6人、脱贫户65户276人、贫困人口自然增加2人、自然减少2人；开展特惠贷回访工作，向贫困户发放告知书、签订补充协议，2018年“特惠贷”贷款发放139户617万元；帮助产业发展，按照清水河镇《春风行动方案》产业结构调整减退玉米精神，广泛动员宣传，多次到田间地头指导村民种植巨菌草416.96亩；协助落实村级基础设施，帮扶村通村路全覆盖，硬化率完成100%，通组路硬化完成96%，余下1条正在实施；协助复垦复绿工作，易地扶贫搬迁34户186人全部搬迁入住，驻村五人小组、村支“两委”多次到搬迁户家中做动员工作，督促未复垦复绿到位的搬迁户，除共居户外，旧房全部拆除且达到复垦复绿；开展住房安全调查，危房改造50户，对2014—2016年危房改造户进行单独“三改”；深入开展扫黑除恶专项工作，走访群众，排查矛盾纠纷，核实处理矛盾纠纷7件，完善“村规民约”，开展移风易俗，树立文明乡风；整治村庄环境，通过党员大会、村民小组会等宣传禁止焚烧秸秆、乱丢垃圾等，拟建立村民分段式清扫负责制，组织村民开展村庄环境清扫2次。

（张　恒）

州老年大学校长朱琳（左三）“七一”慰问贫困党员（州老年大学　提供）

黔西南州人大及其常委会

人大工作

【概况】2018年，黔西南州人大常委会召开10次常委会会议，听取审议“一府两院”专项工作报告18项，作出决议5项，审议法规案3件，开展12部法律法规案的执法检查，依法决定和批准任免一批国家机关工作人员，为全州经济建设、政治建设、文化建设、社会建设和生态文明建设做出积极贡献。

【党建工作】2018年，黔西南州人大常委会始终把深学笃用习近平新时代中国特色社会主义思想作为做好人大工作的根本保证，认真学习贯彻全国人大委员会委员长栗战书对人大工作“十个坚持”的要求，坚决同以习近平同志为核心的党中央保持高度一致。维护州委统揽全局、协调各方的领导地位，落实重大问题、重大事项请示报告制度，严守党的政治纪律和政治规矩，防止“七个有之”，始终做到对党忠诚。

落实全面从严治党“两个责任”。切实履行“一岗双责”，定期研究、检查督促党风廉政建设工作，常态化开展干部约谈，落实“两个责任”备案，层层落实管党治党责任。深化《中国共产党纪律处分条例》等党规党纪的学习，认真落实“八项规定”，开展廉政讲座、警示教育等活动，增强党员干部的纪律意识，从源头上预防腐败。

修订常委会党组理论学习中心组学习制度，组织学习习近平新时代中国特色社会主义思想、中共十九大精神和习近平总书记在贵州省代表团重要讲话，及时传达学习中央及省、州重要会议精神等，严格落实中心组学习“八有”要求，开展12次集体学习研讨。

【脱贫攻坚】2018年，黔西南州人大常委会学习贯彻习近平总书记精准扶贫精准脱贫思想，落实中央及省、州坚决打赢脱贫攻坚战的决策部署，始终突出将脱贫攻坚作为第一政治任务，加强扶贫领域立法。开展脱贫攻坚工作专题询问，对脱贫攻坚各项政策落实情况和易地扶贫搬迁工作中存在的问题进行有效监督，开展农村危房改造等专题调研。开展“脱贫攻坚·人大代表在行动”主题活动，印发《致全州各级人大代表的一封信》，动员全州各级人大代表积极投身脱贫攻坚主战场。围绕农村产业结构调整、易地扶贫搬迁等组织省、州人大代表视察调研，为相关工作建言献策。召开安龙县脱贫攻坚减贫摘帽工作动员大会和三次调度会议，深入安龙、贞丰两县召开座谈及宣讲会167次，走访贫困户500余户次，帮助制定帮扶措施、项目规划80余项，协调解决帮扶资金1900余万元。

【监督工作】 2018年，州人大常委会在深入重点领域和工业企业实地调研的基础上，审议州国民经济和社会发展“十三五”规划纲要实施中期评估报告、州域城镇体系规划（2017—2030）并作出决议；审查批准2017年州本级决算。审议上半年经济工作情况和下半年经济工作安排、全州工业经济运行、法治政府建设、民办教育、宗教工作等15个专项工作报告；审议州监委上半年工作，检察院开展公益诉讼等专项工作报告，形成审议意见15个。开展普安县煤炭产业发展、“两院”信息化建设及“大数据”运用等专题调研15次。按照中央和省的部署，做好州县（市）两级人大预算联网监督系统建设工作。组织开展对州安监局、州林业局的工作评议，提出改进工作的意见并跟踪督办。开展组织法、代表法、食品安全法、省乡镇人大工作条例、州城乡规划建设管理条例等12部法律、法规的执法检查，推动相关法律、法规在全州贯彻落实。配合省人大开展民族区域自治“一法两规定”等执法检查。认真开展规范性文件备案审查工作，举办规范性文件备案审查能力提升培训班，报备州人大常委会规范性文件10件，对州人民政府报备的12件规范性文件进行审查。畅通人民群众的利益诉求表达渠道，全年共受理人民群众来信来访175件次。

州人大常委会落实生态红线保护，开展《黔西南州执行〈中华人民共和国森林法〉变通规定》立法后评估。启动《黔西南州马岭河峡谷风景名胜区保护条例》的立法调研、论证、初审等工作。对全州县级以上集中式饮用水源、建筑工地、工业企业、重点湖库养殖等20余个防污治污点进行实地调研。组织开展以“尊崇自然·绿色发展·建设美丽金州”为主题的环保行专项活动。认真落实黔西南州全面推行河（库）长制的责任要求。

州人大常委会认真学习贯彻中央及省、州关于坚决打好防范化解重大风险攻坚战的决策部署，高度关注防范化解重大风险工作，结合听取审议州人民政府关于财政预决算和审计、经济运行情况等报告，提出支持和加强实体经济发展，平台公司实体化转型，认真落实中央化解债务政策、严防地方债务风险等意见建议。

【立法工作】 2018年，州人大常委会充分发挥人大在立法工作中的主导作用，突出重点领域立法。调整州八届人大常委会五年立法规划。做好《黔西南州草地生态畜牧业发展条例（草案）》审议相关后续工作。启动《黔西南州乡村医疗卫生管理条例（草案）》《黔西南州民族民间医药保护与发展条例（草案）》的立法调研工作。继续做好《黔西南州自治条例》的修订工作。配合省人大做好《贵州省宗教事务条例》《贵州省林木种苗管理条例》等8部法规的调研和征求意见工作。召开全州立法工作会议，开展“地方立法技术规范”等专题讲座。

【人事任免】 2018年，州人大常委会坚持党管干部和人大依法选举任免的原则，全年任免国家机关工作人员62人次。严格执行拟任命国家机关工作人员任前法律考试、履职承诺制度，组织新任命的国家工作人员向宪法宣誓，提高国家工作人员的宪法意识。

【代表工作】 2018年，黔西南州人大常委会结合新时代对人大代表履职的新要求，加强代表履职能力培训，组织开展1期省人大代表、2期州人大代表履职培训班，培训代表254人次。开展对代表建议办理专项资金补助项目实施情况督促检查；落实州领导面对面办理代表建议制度，认真做好州八届人大二次会议及闭会期间代表提出的144件议案建议的督办工作，确保议案建议办理“件件有着落、事事有回音”。认真贯彻《全省人大代表联络站建设的指导意见》精神，出台《全州人大代表联络站规范化建设的指导意见（试行）》，启动全州代表联络站建设。落实常委会组成人员联系代表、代表联系群众相关制度，对89名基层一线代表实行“一对一”联系。组织省、州代表开展专题视察、调研，邀请代表出席常委会组织的会议等，拓宽代表知情知政渠道。做好代表资格审查，完成1名省人大代表的退出和8名州人大代表变动情况等相关工作。对“脱贫攻坚·人大代表在行动”主题活动中涌现出来的模范履职的34名优秀州人大代表进行表彰。

【人大自身建设】2018年，州人大常委会按照十九大报告提出的建设“两个机关”的要求，强化理论武装。认真落实党组中心组和机关二五学习等学习制度，落实“三会一课”、专题民主生活会、“主题党日活动”等组织生活制度，组织、参与各类学习培训，巩固“两学一做”学习教育常态化制度化成果。认真贯彻落实“八项规定”，加大“四风”问题监督检查力度，抓好机关食堂、内务管理、公务接待等检查和整改，持续巩固作风建设成果。进一步规范“三会”请销假等相关制度，继续做好民族团结进步示范单位创建工作。聘任人大理论特约研究员35名，培训理论宣传骨干通讯员150人次。申报全省人大理论研究课题19个，结题14个。编发《黔西南人大》《黔西南州人大常委会公报》各6期，完成《人大论坛》发行工作。参与“第25届贵州人大新闻奖”评选，获一、二等奖各1件，三等奖3件。开展“第17届黔西南人大新闻奖”评选工作，对年度人大理论研究和人大工作宣传先进集体、个人进行表彰。

严格执行《党政领导干部选拔任用工作条例》和“四项监督”制度。选拔2名工作表现较为突出的干部担任科级领导职务，积极向州委推荐干部。开展干部不担当不作为突出问题集中整治，增强干部职工大局意识和责任意识。

人大会议

【州第八届人民代表大会第二次会议】黔西南布依族苗族自治州第八届人民代表大会第二次会议于2018年1月3日至6日在兴义市召开。

会议的主要议程是听取和审议黔西南州人民政府工作报告；审查和批准黔西南州2017年国民经济和社会发展计划执行情况与2018年国民经济和社会发展计划草案的报告；批准2018年国民经济和社会发展计划；审查和批准黔西南州2017年全州和州本级预算执行情况与2018年全州和州本级预算草案的报告；批准2018年州本级预算；听取和审议黔西南州人大常委会工作报告；听取和审议黔西南州中级人民法院工作报告；听取和审议黔西南州人民检察院工作报告；选举。

1月3日9时，州八届人民代表大会第二次会议举行预备会议，州八届人大常委会副主任张合建、黄健勇、张成刚、方俊、刘兴吉、王丽蓉、田大宝、徐芝桦在主席台就座。副主任张合建主持会议，全体人大代表出席。预备会表决通过大会议程、大会主席团和秘书长名单、财经审查委员会名单、议案审查委员会名单。

预备会结束后，召开州“两会”换届纪律培训会，州委书记刘文新出席并讲话，州委副书记、州政府常务副州长穆嵘坤主持会议。州委副书记、州人民政府州长杨永英，州人大常委会党组书记邓家富，州政协主席陈国芳，州委常委、州纪委书记刘良，州委常委、州委统战部部长罗春红，州委常委、州委组织部部长顾先林，州委常委、兴义市委书记许风伦，州委常委、州委秘书长张谦等出席会议。全体人大代表、政协委员出席。省委督导组组长、省纪委派驻省发改委纪检组原正厅级纪律检查员雷良龙等到会指导。全体与会人员观看警示教育片《镜鉴》《警钟》后，听取州委书记刘文新讲话，并集中学习严肃换届纪律的相关文件。

州“两会”换届纪律培训会结束后，召开州“两会”中共党员大会，州委书记刘文新出席并讲话，州委副书记、州政府常务副州长穆嵘坤主持会议。州委副书记、州人民政府州长杨永英，州人大常委会党组书记邓家富，州政协主席陈国芳，州委常委、州纪委书记刘良，州委常委、州委统战部部长罗春红，州委常委、州委组织部部长顾先林，州委常委、兴义市委书记许风伦，州委常委、州委秘书长张谦等出席会议，并在主席台就座。省委督导组组长、省纪委派驻省发改委纪检组原正厅级纪律检查员雷良龙等到会指导。州“两会”全体人大代表、政协委员中的中共党员参加会议，会议宣读州委关于成立临时中共党组织的决定。

1月3日15时，州八届人大二次会议第一次全体会议举行，大会执行主席刘文新、杨永英、邓家富、陈国芳、穆嵘坤、刘良、顾先林、张合建、黄健勇、张成刚、方俊、刘兴吉、王丽蓉、田大宝、徐芝桦在主席台前排就座。

省委督导组组长、省纪委派驻省发改委纪检组原正厅级纪律检查员雷良龙等到会指导，并在主席台前排就座。大会执行主席、主席团常务主席刘文新主持会议。州长杨永英代表州人民政府向大会作《政府工作报告》。州政协八届二次会议全体出席、列席人员列席会议。

1月5日9时，召开州八届人大二次会议第二次全体会议。大会执行主席刘文新、邓家富、陈国芳、穆嵘坤、刘良、罗春红、顾先林、许风伦、冉博、龙刚、贺登祥、田忠明、张合建在主席台前排就座。大会执行主席、主席团常务主席刘文新主持会议。会议听取州人大常委会副主任张合建受州人大常委会委托所作的《州人大常委会工作报告》，听取州中级人民法院、州人民检察院的工作报告，会议还表决通过该次会议选举办法，听取州人大常委会副主任张成刚作的《关于选举出席贵州省第十三届人民代表大会代表的说明》。

各代表团全体会议于1月4日全天、1月5日下午、1月6日上午对《州人民政府工作报告》《黔西南州2017年全州和州本级预算执行情况与2018年全州和州本级预算草案的报告》《黔西南州2017年国民经济和社会发展计划执行情况与2018年国民经济和社会发展计划草案的报告》《州人大常委会工作报告》《黔西南州中级人民法院工作报告》《黔西南州人民检察院工作报告》及会议选举办法、主席团提交的各项职务候选人名单进行审议和酝酿。

1月3日至6日州八届人大二次会议期间，大会共召开七次主席团会议。

1月6日14时30分，召开州八届人大二次会议第三次全体会议。大会执行主席刘文新、邓家富、陈国芳、刘良、顾先林、张合建、黄健勇、张成刚、方俊、刘兴吉、王丽蓉、田大宝、徐芝桦在主席台前排就座。省委督导组组长、省纪委派驻省发改委纪检组原正厅级纪律检查员雷良龙等到会指导。大会执行主席、主席团常务主席刘文新主持会议。该次会议应到代表345人，实际到会309人，符合法定人数，会议在表决通过总监票人、监票人和总计票人后进行选举。会议选举邓家富为黔西南州第八届人大常委会主任；刘良为黔西南州监察委员会主任；高峰为黔西南州中级人民法院院长；会议还选举黔西南州出席贵州省第十三届人民代表大会代表51名；会议通过设立黔西南州第八届人民代表大会法制委员会的决定和组成人员名单。受大会主席团委托，刘文新为邓家富、刘良、高峰3名新当选人员颁发当选证书。大会还举行宪法宣誓仪式。会议表决通过关于州政府工作报告的决议、关于黔西南州2017年国民经济和社会发展计划执行情况与2018年国民经济和社会发展计划的决议、关于黔西南州2017年全州和州本级预算执行情况与2018年全州和州本级预算的决议、关于州人大常委会工作报告的决议、关于州中级人民法院工作报告的决议、关于州人民检察院工作报告的决议。会议各项议程完成后，州委书记刘文新作出讲话。

【州第八届人大常委会第七次会议】

2018年1月6日黔西南州第八届人民代表大会常务委员会第七次会议在兴义召开。

州人大常委会主任邓家富，副主任张合建、黄健勇、张成刚、方俊、刘兴吉、王丽蓉、田大宝、秘书长徐芝桦以及常委会委员，共33人出席会议。会议由州人大常委会副主任方俊主持。州委常委、州纪委书记、州监察委员会主任刘良，州政府副州长谭辉，州中级人民法院院长高峰，州人民检察院检察长刘青列席会议。会议听取、审议州监察委员会主任刘良提请的州监察委员会相关人事任免议案。以无记名投票表决的方式表决通过，决定任命：李书红、周玉芬、黄小兵为黔西南州监察委员会副主任；王世继、韩锡才、曹明华、王卫为黔西南州监察委员会委员。

州人大常委会主任邓家富为新任命人员颁发任命书，并举行宪法宣誓仪式。

【州第八届人大常委会第八次会议】

2018年2月13日黔西南州第八届人民代表大会常务委员会第八次会议在兴义召开。

州人大常委会副主任张合建、黄健勇、方俊、刘兴吉、王丽蓉、田大宝，秘书长徐芝桦以及常委会委员，共30人出席会议。

会议由州人大常委会副主任田大宝主持。

州人民政府副州长黄曼，州监察委员会副主任周玉芬，州中级人民法院副院长李勇，州人民检察院检察长刘青、副检察长冯剑平，州人大常委会机关副处级以上干部、各县（市）人大常委会及义龙新区人大工委一名副主任、一名州八届人大代表、一名乡镇人大主席团主席列席会议。

会议听取、审议并表决通过《黔西南州人大常委会2018年立法计划》《黔西南州人大常委会2018年工作要点》《黔西南州人大常委会2018年审议议题计划》。

会议听取并审议通过州人民政府州长杨永英提请的人事任免议案。以无记名投票表决的方式表决通过，决定任命：郭峻为黔西南州人民政府副州长。

州人大常委会副主任张合建为郭峻颁发任命书，会议举行宪法宣誓仪式。

【州第八届人大常委会第九次会议】 2018年4月24日黔西南州第八届人民代表大会常务委员会第九次会议在兴义召开。

州人大常委会主任邓家富、副主任张合建、黄健勇、方俊、刘兴吉、王丽蓉、田大宝，秘书长徐芝桦以及常委会委员，共30人出席会议。

会议由州人大常委会副主任张合建主持。

州人民政府副州长郭峻、州监察委员会主任刘良、州中级人民法院副院长李勇、州人民检察院副检察长周仕刚、州食安委有关人员，州人大常委会机关副处级以上干部、各县（市）人大常委会及义龙新区人大工委一名副主任、一名州八届人大代表、一名乡镇人大主席团主席列席会议。

会议听取审议州人大常委会执法检查组关于《中华人民共和国食品安全法》执法检查情况的报告；书面通报2017年州人大代表建议专项资金办理落实情况；组织学习《中华人民共和国宪法修正案》《中华人民共和国监察法》。

会议听取并通过州人民政府州长杨永英、州中级人民法院院长高峰、州人民检察院检察长刘青提请的相关人事任免议案。以无记名投票表决的方式表决通过，决定任命：

周茂萍为黔西南州市场监督管理局局长；

辛汉昆为黔西南州统计局局长；

陈学农为黔西南州国有资产管理委员会主任；

决定免去：

陈晴的黔西南州统计局局长职务；

王相宾的黔西南州畜牧水产局局长职务；

周茂萍的黔西南州工商行政管理局局长和州食品药品监督管理局局长职务；

陈晴的黔西南州质量技术监督局局长职务自然免除。

任命：

查必林为黔西南州中级人民法院审判员；

张发为黔西南州人民检察院检察员；

陈松林为黔西南州人民检察院检察员。

免去：

王淑雯的黔西南州中级人民法院审判员职务；

刘启斌的黔西南州中级人民法院刑事审判第一庭庭长、审判员职务；

龙正超的黔西南州人民检察院检察员职务。

州人大常委会主任邓家富为新任命人员颁发任命书，并举行宪法宣誓仪式。

【州第八届人大常委会第十次会议】 2018年5月9日黔西南州第八届人民代表大会常务委员会第十次会议在兴义召开。

州人大常委会主任邓家富、副主任张合建、黄健勇、方俊、刘兴吉、王丽蓉、田大宝，秘书长徐芝桦以及常委会委员，共28人出席会议。

会议由州人大常委会副主任黄健勇主持。

州人民政府副州长黄曼、州监察委员会主任刘良、州中级人民法院院长高峰、州人民检察院检察长刘青、州城乡规划局局长李锦洪，各县（市）人大常委会及义龙新区人大工委一名副主任、一名州八届人大代表、一名乡镇人大主席团主席，州人大常委会机关副处级以上干部及州人大环资工委兼职委员列席会议。

会议听取、审议并通过《黔西南州州域城镇体系规划（2017—2030）》的议案，会议听取并审议通过州人民政府州长杨永英提请人事任免议案，以无记名投票方式表决通过，决定任命：

王雄义为黔西南州人民政府副州长，挂职时间2年，期满自然免除；

田宾为黔西南州人民政府副州长，挂职时间3年，期满自然免除。

州人大常委会主任邓家富为该次会议新任命人员颁发任命书，并举行宪法宣誓仪式。

【州第八届人大常委会第十一次会议】2018年5月21日黔西南州第八届人民代表大会常务委员会第十一次会议在兴义召开。

州人大常委会主任邓家富、副主任张合建、黄健勇、方俊、刘兴吉、王丽蓉、田大宝，秘书长徐芝桦以及常委会委员，共30人出席会议。

会议由州人大常委会副主任方俊主持。

州人民政府常务副州长穆嵘坤，州人大常委会机关副处级以上干部列席会议。

会议书面通报黔西南州农村危房改造工作情况；会议听取并审议通过州人民政府州长杨永英提请的人事任免议案，以无记名投票方式表决通过，决定免去：

邓修宇的黔西南州人民政府副州长职务；

决定任命：

王相宾为黔西南州民族和宗教事务委员会主任，免去其州农业委员会主任职务；

龙强为黔西南州农业委员会主任。

州人大常委会主任邓家富为该次会议任命人员颁发任命书，并举行宪法宣誓仪式。

【州第八届人大常委会第十二次会议】2018年6月26日至28日，黔西南州第八届人民代表大会常务委员会第十二次会议在兴义召开。

州人大常委会主任邓家富，副主任张合建、黄健勇、方俊、刘兴吉、王丽蓉、田大宝，秘书长徐芝桦及常委会委员，共33人出席会议。

会议由州人大常委会副主任张合建主持。

州人民政府副州长郭峻、田宾，州监察委员会委员曹明华，州中级人民法院院长高峰，州人民检察院检察长刘青、副检察长冯剑平，州直各有关部门负责人，州安监局、州林局领导班子成员，部分州人大常委会兼职委员，各县（市）人大常委会及义龙新区人大工委一名副主任、一名州八届人大代表、一名乡镇人大主席以及州人大常委会机关副处级以上领导干部列席会议。

会议听取、审议并以无记名投票方式表决通过州人民政府关于全州民办教育、宗教工作情况两个专项工作报告和州人大常委会执法检查组关于《黔西南州城乡规划建设管理条例》执法检查报告；通过州中级人民法院关于深化司法体制改革工作情况的报告，州人民检察院关于开展公益诉讼工作情况的报告。

会议审议《州人大常委会主任会议关于修改〈黔西南州人大常委会规范性文件备案审查办法〉的议案》，议定：由法工委牵头结合会议审议意见对该办法再次进行修改，提请下次常委会审议。

会议对州安监局、州林业局2017年度的工作进行评议，评议结果为州安监局“满意”，州林业局“基本满意”。

会议审议州人民政府州长杨永英、州中级人民法院院长高峰提请的相关人事任免议案，以无记名投票方式表决通过，决定免去：

范华的黔西南州人民政府副州长职务；

胡丹录的黔西南州林业局局长职务；

免去：

杨慧芳的黔西南州中级人民法院审判监督第二庭庭长、审判员职务；

赵舒的黔西南州中级人民法院刑事审判第三庭副庭长职务。

【州第八届人大常委会第十三次会议】2018年8月27日至28日，黔西南州第八届人民代表大会常务委员会第十三次会议在兴义召开。

州人大常委会主任邓家富，副主任张合建、黄健勇、方俊、刘兴吉、王丽蓉、田大宝，秘书长徐芝桦及常委会委员共31人出席会议，会议由刘兴吉主持。

州人民政府州长杨永英、副州长李杰，州监察委员会委员韩锡才、曹明华，州中级人民法院副院长岑卫，州人民检察院副检察长周仕刚，州发展和改革委员会、州财政局、州审计局、州环保局及州人力资源和社会保障局等州直有关部门负责人，部分州人大常委会兼职委员，晴隆县人大党组书记吴金山，各县（市）人大常委会及义龙新区人大工委一名副主任、一名州八届人大代表、一名乡镇人大主席，州人大常委会机关副处级以上领导干部列席会议。

州委组织部常务副部长罗定超到会作人事任免说明。

会议听取、审议并表决通过

州人民政府关于2018年上半年经济工作情况和下半年经济工作安排的报告；

会议审议并表决通过州人民政府关于2018年上半年全州国民经济和社会发展计划执行情况的报告、州人民政府关于2018年1—7月财政预算执行情况的报告；

会议听取、审议并表决通过州人民政府关于黔西南州2017年财政决算情况的报告、关于2017年度州本级预算执行和其他财政收支的审计工作的报告，对2017年财政决算进行审查，决定批准黔西南布依族苗族自治州2017年财政决算；

会议听取、审议并表决通过州人民政府关于全州环境保护工作情况的报告、关于城乡医保资金管理使用情况的报告；

会议听取、审议并表决通过州人大常委会代表资格审查委员会关于个别代表的代表资格审查报告，该次州人民代表大会个别代表的代表资格变动后，黔西南州第八届人民代表大会实有代表340人。

会议听取、审议州人大常委会主任会议、州人民政府州长杨永英提请的相关人事任免议案，表决通过：

任命王军为黔西南州人大常委会财政经济工作委员会主任，免去其黔西南州人大常委会研究室副主任职务；

任命刘远雄为黔西南州人大常委会民族宗教侨务工作委员会主任，免去其黔西南州人大常委会教科文卫工作委员会主任职务；

接受青祖辉辞去黔西南州人大常委会委员职务。

决定任命：

滕伟华为黔西南州人民政府副州长；

王丽琼为黔西南州人民政府副州长；

刘凌云为黔西南州林业局局长。

会议传达学习十三届贵州省人大常委会第四次会议精神（书面），通报州监察委2018年上半年工作情况（书面）。

会上，州人大常委会主任邓家富为新任命人员颁发证书，举行新任命人员向宪法宣誓仪式。

【州第八届人大常委会第十四次会议】2018年10月24日至26日，黔西南州第八届人民代表大会常务委员会第十四次会议在兴义召开。

州人大常委会主任邓家富，副主任张合建、黄健勇、方俊、刘兴吉、王丽蓉、田大宝，秘书长徐芝桦及常委会委员共28人出席会议，会议由王丽蓉主持。

州人民政府副州长黄曼、王雄义、周舟、王丽琼，州监察委员会副主任李书红，州中级人民法院院长高峰，州人民检察院副检察长冯剑平，州政府法制办、州发改委、州工信委、州农委等州直有关部门负责人，部分州人大常委会兼职委员，晴隆县人大主任吴金山，各县（市）人大常委会及义龙新区人大工委一名副主任、一名州八届人大代表、一名乡镇人大主席，州人大常委会机关副处级以上领导干部列席会议。

州委组织部副部长刘海峰到会作人事任免说明。

会议听取、审议并表决通过调整州八届人大常委会五年（2017—2021年）立法规划的议案；

会议听取、审议并表决通过州人民政府关于黔西南州国民经济和社会发展“十三五”规划纲要实施中期评估情况的报告，州人民政府关于开展法治政府建设工作情况的报告，州人民政府关于全州1—9月工业经济运行情况的报告，州人民政府关于“两江一河”精品水果产业带建设情况的报告；

会议审议并表决通过州人民政府关于2018年1—9月节能工作情况的报告；

会议听取、审议并表决通过州人大常委会执法检查组关于对全州贯彻实施《中华人民共和国地方各级人民代表大会和地方各级人民政府组织法》《中华人民共和国全国人民代表大会和地方各级人民代表大会选举法》《中华人民共和国全国人民代表大会和地方各级人民代表大会代表法》和《贵州省乡镇人民代表大会工作条例》执法检查情况的报告；

会议听取、审议并表决通过州人大常委会代表资格审查委员会关于个别代表的代表资格审查报告。该次州人民代表大会个别代表的代表资格变动后，黔西南州第八届人民代表大会实有代表341人。

会议听取、审议州人大常委会主任会议和州人民政府州长杨永英、州监察委员会主任刘良、州中级人民法院院长高峰、州检察院检察长刘青提请的相关人事任免议案，表决通过：

宪法宣誓仪式　　（魏浩然　摄）

任命：

雷太平为黔西南州人大常委会副秘书长（保留正处级）；

张利中为黔西南州人大常委会教科文卫工作委员会主任；

郑国兴为黔西南州人大常委会内务司法工作委员会副主任（保留正处长级）；

高华育为黔西南州中级人民法院审判员；

刘奇、裴关宇、张静为黔西南州人民检察院检察员。

决定任命：

何长锁为黔西南州文化广电新闻出版局局长，其原黔西南州文体广电新闻出版局局长职务自然免除；

王才丽为黔西南州体育局局长；

刘华为黔西南州商务和粮食局局长。

免去：

韦刚、郑国兴的黔西南州人大常委会副秘书长职务；

韩锡才的黔西南州监察委员会委员职务。

批准：

王卫辞去册亨县人民检察院检察长职务。

会议组织开展对州人民政府脱贫攻坚工作的专题询问，州人民政府及二十余个组阁部门的负责人员接受州人大常委会的询问。

会议传达学习贵州省十三届人大常委会第五次会议精神（书面）、贵州省十三届人大常委会立法工作会议精神（书面）。

会上，州人大常委会主任邓家富为新任命人员颁发证书，举行新任命人员向宪法宣誓仪式。

【州第八届人大常委会第十五次会议】2018年12月17日至19日，黔西南州第八届人民代表大会常务委员会第十五次会议在兴义召开。

州人大常委会主任邓家富，副主任张合建、黄健勇、方俊、刘兴吉、王丽蓉、田大宝，秘书长徐芝桦及常委会委员共32人出席会议，会议由田大宝主持。

州人民政府副州长滕伟华，州监察委员会副主任周玉芬及委员张六海、王世继，州中级人民法院院长高峰及副院长李勇、岑吉善，州人民检察院副检察长冯剑平，州政府秘书长詹丹志，州政府法制办、州移民局、州住建局、州规划局、州农委等州直有关部门负责人，部分州人大常委会兼职委员，晴隆县人大常委会主任吴金山，各县（市）人大常委会及义龙新区人大工委一名副主任、一名州八届人大代表、一名乡镇人大主席，州人大常委会机关副处级以上领导干部列席会议。

州委组织部副部长刘海峰到会作人事任免说明。

会议传达学习全省深入学习贯彻习近平总书记关于坚持和完善人民代表大会制度重要思想交流会精神；

会议初审《黔西南州马岭河峡谷风景名胜区保护条例（草案）》《黔西南州新市民权益保障条例（草案）》；

会议听取、审议并表决通过州人大常委会2019年立法计划，州人民政府关于八届人大二次会议代表议案、建议、批评和意见办理情况的报告，州人大常委会代表资格审查委员会关于个别代表的代表资格审查报告，州人大常委会关于召开州八届人大三次会议的决定（草案）、日程（草案）、议程（草案）、各类人员名单及常委会工作报告；

会议审议并表决通过《黔西南州草地生态畜牧业发展条例（草案）》，按照《黔西南布依族苗族自治州立法条例（草案）》

规定，决定提请州八届人民代表大会第三次会议审议。

会议听取、审议州人大常委会主任会议及州人民政府州长杨永英提请的相关人事任免议案，表决通过，任命：

刘兴吉为黔西南州人大常委会代表资格审查委员会主任委员；

邱国权为黔西南州人大常委会选举任免联络工作委员会主任、代表资格审查委员会副主任委员。

决定任命：

张玉龙为黔西南州财政局局长；

王军为黔西南州人力资源和社会保障局局长；

段棚为黔西南州住房和城乡建设局局长；

陈林涛为黔西南州交通运输局局长；

徐炼为黔西南州农业委员会主任。

免去：王军的黔西南州人大常委会财政经济工作委员会主任职务。

决定免去：

龙强的黔西南州农业委员会主任职务；

王林的黔西南州财政局局长职务；

王丽琼的黔西南州人力资源和社会保障局局长职务；

滕伟华的黔西南州住房和城乡建设局局长职务；

袁金富的黔西南州交通运输局局长职务。

接受：接受王军、段棚辞去黔西南州人大常委会委员职务，段棚的黔西南州人大常委会代表资格审查委员会委员职务自然终止。

会上，州人大常委会主任邓家富为新任命人员颁发证书，举行新任命人员向宪法宣誓仪式。

（秦黔玲）

赵伟　摄

黔西南州人民政府

政府工作

【概况】2018年，黔西南州贯彻省委、省政府和州委的各项决策部署，践行新发展理念，深化供给侧结构性改革，守好发展和生态两条底线，全力打好三大攻坚战，在稳增长、促改革、调结构、惠民生、防风险上主动作为。地区生产总值增长12%，农林牧渔业增加值增长6.9%，规模以上工业增加值（2000万元口径）增长11.4%，服务业（第三产业）增加值增长14.3%；500万元以上固定资产投资增长18.8%，社会消费品零售总额增长8.8%；一般公共预算收入增长3.1%；城镇、农村居民人均可支配收入分别增长9.5%、10.3%。城镇新增就业上报数完成4.3万人，登记失业率控制在4.2%以内；常住人口城镇化率提高到46.7%；森林覆盖率提高到57%。

【脱贫攻坚】2018年，黔西南州建成新市民居住区17个，建成住房36811套，累计实现18.22万人搬迁入住，解决就业创业6.58万人；提前一年基本实现30户以上村民组"组组通"硬化路；解决38.68万农村人口饮水安全问题；全州实现10.52万贫困人口脱贫、142个贫困村出列，兴仁市实现减贫摘帽。认真落实总书记关心的"白叶一号"工程，完成白茶种植1万亩，带动贫困户1093户3483人；实施"退一进十"工程，调减籽粒玉米种植面积87.67万亩；在全省率先开展"农调扶贫险"，保障农民增收10亿元以上。"星火计划·科技扶贫"试验区建设取得新进展，争取中央统战部、各民主党派中央、全国工商联等帮扶项目117个，投入资金7.92亿元；公安部、中国联通分别投入帮扶资金1.04亿元、0.91亿元；宁波市帮扶财政资金3.4亿元，实施帮扶项目135个。

【污染防治】2018年，四大生态工程取得明显成效，完成营造林88万亩，石漠化治理206平方千米，水土保持综合治理322平方千米，实现林业产值351亿元，增长47.6%；建成城镇生活污水处理厂55座、配套管网917千米，城镇生活污水处理率提高到93%；认真落实河长制，扎实开展"四清行动"，万峰湖"清网行动"战果丰硕，"两江一河"网箱全部拆除，县级以上集中式饮用水源地水质达标率保持100%；报废淘汰黄标车3153辆，在全省率先"清零"；兴义等4县市医疗废物处置中心建成投用。

【风险防控】2018年，一般债务

率基本持平、专项债务率降低23%、综合债务率降低8%，全州由风险提示地区转为无风险地区；加强银行存量不良贷款处置，防控金融风险。巩固“三维一体”信访维稳源头防控工作机制，推行“1+N”大数据警务模式，创新开展“雷霆行动”“夏秋风暴”，推进“扫黑除恶”专项斗争。

【农业结构调整】2018年，黔西南州精品水果35万亩、中药材63万亩、茶叶40万亩、食用菌3.5亿棒；新增省级园区3个，农业园区完成投资156.5亿元，实现销售收入198亿元；新增龙头企业35家、新型合作社685家；完成无公害农产品认定159.6万亩，产品认证118个，“安龙白及”等4个农产品获国家地理标志商标。

【工业转型升级】2018年，黔西南州完成煤矿机械化升级改造21个，原煤过站量突破1300万吨，扭转连续5年煤炭产量下滑局面；中电普安电厂建成发电，贞丰自备电厂第1台机组点火试产，册亨丫他等光伏电站建成发电，电力装机突破1000万千瓦，发电量突破300亿千瓦时，用电量突破110亿千瓦时。实施“千企改造”项目137个，累计完成投资153亿元，24户企业列入省级改造重点，登高煤电铝等一批企业投产达产，煤电网产融合加快推进。

“千企引进”实施，新增规上工业企业入库92家。义龙大数据产业园引进蜂巢算力、中联创等30家优强企业，华为黔西南数据中心建成运营；大数据与实体经济融合企业达150家，大数据企业主营业务收入160亿元，增长38%，数字经济占比提高到28%；义龙振华新材料（二期）、锦兴轻合金装备制造等项目加快建设。纳入省级中小企业“专精特新”培育名单132户，普安宏鑫茶业、册亨布依酒业等37家企业被评为省级工业企业品牌培育试点。

【服务业提质增效】2018年，黔西南州成功举办2018国际山地旅游暨户外运动大会等重大活动；旅游投资完成120亿元，兴义万峰湖、兴仁放马坪、贵州醇景区获评国家AAAA级旅游景区；游客突破6000万人次，旅游收入479亿元，增长40%以上。建成商业街、综合市场、农贸市场各9个，县域电商运营服务中心8个、示范项目18个，村级电商服务站点覆盖率达69.1%，培育电商市场主体260家、培训电商人才1.2万人次。

【基础设施建设】2018年，黔西南州完成城市基础设施投资180.89亿元，建成海绵城市项目17个、城镇道路73千米、城市公共停车位4143个；争取资金23.67亿元，完成棚改14529户；安龙招堤等3个湿地公园获评“国家湿地公园”，册亨县被评为省级森林城市；小城镇建设完成投资54.2亿元，培育贞丰龙场、普安江西坡等一批特色小城镇，建成54座小城镇生活垃圾转运设施；美丽乡村建设完成投资28亿元，224个示范村加快建设，册亨板万村被列入中国传统村落保护发展“示范村”。

完成投资300亿元，盘兴高铁实质性开工，罗甸至望谟高速公路主线建成通车，紫云至望谟高速公路部分交工验收，兴义环城高速公路加快建设，纳雍至晴隆、六枝至安龙高速公路开工建设，高速公路通车里程突破500千米，兴义市成功创建“四好农村路全国示范县”。

完成投资60亿元，马岭水利枢纽等37个骨干水源工程完成投资计划，望谟上亭等12座中小型水库完成大坝主体工程，兴义纳达等6座水库实现截流，晴隆西泌河等7座水库下闸蓄水，普安白水等10座中小型水库开工建设，在全省率先实现“市州有大型水库、县县有中型水库”目标。

完成投资20亿元，省网核心节点上链带宽达每秒680千兆，光缆线路总长6.5万千米，基站总数达8500个。

【改革创新开放】2018年，兴仁成功实现撤县设市；组建州国资委，国有平台公司加快实体化进程；结构性减免退抵税17.03亿元；投资审批制度改革下放5758个项目审核权限，企业登记办理时间缩减到5个工作日，新增市场主体5万户；实施“三权”抵押贷款4.26亿元，探索“林地占补平衡”改革；万峰林、双乳峰等8个景区实现“三权分离”。

建成省级科技企业孵化器2个、州级创业孵化示范基地4个、省州级众创空间10家，创建省级农业科技示范园5家；顶效经济开发区获省政府批复为黔西南州高新技术产业开发区。

新增备案外商投资企业9家，利用外资2.46亿美元，增长12%；开放平台加快建设，产业园区完成投资185亿元，实现工业总产值450亿元，分别增长2.8%、9.8%；招商引资到位资金925.25亿元，增长10.29%；兴义海关获批设立；兴义万峰林机场旅客吞吐量突破100万人次。

【民生福祉】2018年，黔西南州九年义务教育巩固率、高中阶段毛入学率分别达89.6%、91.9%，高考本科录取率突破50%；晴隆、册亨、望谟通过义务教育基本均衡发展国家督导评估认定；争取教育项目资金6.9亿元，建设校舍103.19万平方米；学生营养餐全面集中供餐，1450所学校实现“校农结合”。

建成州级以上农民工创业示范园6个、示范点17个，引导扶持高校毕业生、返乡农民工等就业创业4.04万人，公益性岗位累计安置困难人员就业6000人，贫困劳动力实现就业创业4.5万人。

全州县级人民医院全部达到二甲标准，建成州级危重孕产妇和新生儿救治中心4个、县级救治中心8个，完成126个乡镇卫生院标准化建设；创建国家卫生县城1个、卫生乡镇9个。

新增“广电云”用户9.2万户，新建乡镇广播影视综合服务站21个；农村公益电影放映1.43万场；建成文化服务中心19个、民族文化纪念馆12个；成功承办“海峡杯”女子垒球赛、全国垒球锦标赛等重大赛事；建成103千米健身绿道和8个乡级、60个村级农民体育健身工程。

纳入城乡最低生活保障27.28万人，发放低保金6.97亿元；城乡居民基本养老参保179.93万人；参加城乡居民、城镇职工基本医疗保险人数分别达295.75万人、19.69万人，实现城乡居民基本医疗保险应保尽保。

成功创建全国民族团结进步示范州，创建全国禁毒示范城市，提升双拥模范示范州创建成果；关心下一代、工青妇、红十字、老龄、残联、国安、国防、人防、外事、侨务、对台、气象、档案、史志、宗教等各项事业全面发展；民生项目完成投资131.82亿元，十件民生实事全面完成。

（宋应翔）

州人民政府常务会议

【八届州人民政府第十七次常务会议】1月9日在兴义市召开，州长杨永英主持。会议审议《关于调整州人民政府部分领导同志　秘书长工作分工的建议方案》《黔西南州关于品牌奖励的管理办法》《黔西南州人民政府办公室关于深化改革推进出租汽车行业健康发展的实施意见》《黔西南州网络预约出租汽车经营服务管理实施细则（试行）》《黔西南州进一步改革完善药品生产流通使用政策实施方案》《黔西南州食品安全齐抓共管责任机制》；会议对当前工作进行安排部署。

【八届州人民政府第十八次常务会议】1月19日在兴义市召开，州长杨永英主持。会议审议《黔西南州农村村民建房和宅基地管理实施细则（试行）》；会议研究黔西南州设计院改制国有资产产权处置、州工投集团公司和金州电力公司实体化项目、贯彻落实全省易地扶贫搬迁指挥长工作会议精神有关事宜；会议对当前工作进行安排部署。

【八届州人民政府第十九次常务会议】2月10日在兴义市召开，州长杨永英主持。会议审议《黔西南州食品安全齐抓共管责任机制》《黔西南州“2018项目攻坚年”工作方案》《黔西南州“四好农村路”三年攻坚行动方案》；会议研究黔西南州2018年行业税收任务分解、2017年城市棚户区改造项目35.45亿元贷款使用、预发州直机关剩余部分奖金和州邮政管理局、国家统计局黔西南调查队纳入州直机关目标绩效奖金发放范围有关事宜。

【八届州人民政府第二十次常务会议】2月24日在兴义市召开，州长杨永英主持。会议审议《兴义市民航片区州级收储国有土地出让开发方案》《黔西南州人民政府关于进一步加强物业服务管理工作的意见》《黔西南州推进煤矿“五化”改造升级及主体煤矿建设工作方案》；会议研究2018年州本级预算编制草案及进一步规范预算执行、审计署昆明特派办跟踪审计发现问题整改、支持义龙新区顶效镇楼纳村乡村振兴战略项目建设有关事宜；会议对有关工作进行安排部署。

【八届州人民政府第二十一次常务会议】3月23日至24日在兴

义市召开，州长杨永英主持。会议审议《黔西南州培育发展环境治理和生态保护市场主体实施方案》《黔西南州人民政府 贵州金融控股集团有限公司政企战略合作协议》《黔西南州易地扶贫搬迁新市民居住区规划技术导则》《黔西南州州域城镇体系规划（2017—2030）》《黔西南州2018年度经济发展综合测评目标绩效考评办法》；会议研究审计署昆明特派办跟踪审计发现问题整改、东西部扶贫协作工作进展、调整州政府相关议事协调机构领导成员、做好省政府对黔西南代表团提请帮助解决问题办理情况对接落实工作、一季度全州经济运行、州调查队部分业务划转和州小康办及州建强办整体划转、兴仁县迎接国家贫困退出第三方评估准备工作、一季度全州财税工作、一季度全州招商引资工作、全州煤矿“五化改造”工作、创建全国民族团结进步示范州工作、州金农生态公司与贵民公司联合新创公司共同出资成立农业基金、国土卫星执法、2018年度目标绩效考核奖金有关事宜。

【八届州人民政府第二十二次常务会议】3月29日在兴义市召开，州长杨永英主持。会议传达学习扶贫领域腐败和作风问题专项整治工作及扫黑除恶专项斗争有关精神；会议审议《黔西南州贯彻落实〈国家生态文明试验区（贵州）实施方案〉任务分工方案》《黔西南州中央环境保护督察反馈问题整改百日攻坚战实施方案》《黔西南州万峰湖污染综合整治攻坚战实施方案》；会议研究全州对外开放暨招商引资工作、州直机关2017年度目标绩效考核等次及奖金发放、原州直机关幼儿园有关事宜。

【八届州人民政府第二十三次常务会议】4月10日在兴义市召开，州长杨永英主持。会议传达学习全国集中式饮用水水源地环境保护专项行动视频会议精神；会议研究调整州人民政府部门行政许可事项、权责清单和行政审批中介服务事项有关事宜；会议对有关工作进行安排部署。

【八届州人民政府第二十四次常务会议】4月24日在兴义市召开，州长杨永英主持。会议审议《2018国际山地旅游暨户外运动大会黔西南州总体工作方案》《全州新市民计划配套方案推进措施》《黔西南州创建全国禁毒示范城市工作方案》《2018年“6·5”环境日“6·18”贵州生态日期间系列活动方案》；会议研究州保密技术服务中心项目建设、全州禁毒工作、2017年地方政府债务管理工作有关事宜；会议对有关工作进行安排部署。

【八届州人民政府第二十五常务会议】4月27日在兴义市召开，州长杨永英主持。会议审议《中共黔西南州委 黔西南州人民政府关于加强耕地保护和改进占补平衡推进绿色发展的实施方案》《黔西南州基本医疗保险支付方式改革实施方案》；会议研究黔西南州“多规合一”暨城乡规划空间管理信息平台建设、州建筑设计院改制、州水利电力勘测设计院改制、创建国家级医师资格考试实践技能考试基地、2018年全省第一次项目建设观摩会筹备、州政府领导分工建议有关事宜；会议对有关工作进行安排部署。

【八届州人民政府第二十六次常务会议】5月7日在兴义市召开，州长杨永英主持。会议研究2017年脱贫攻坚工作反馈问题及整改落实，国家土地督察武汉局反馈问题及违法用地整改、中央环保督察问题整改有关事宜；会议对有关工作进行安排部署。

【八届州人民政府第二十七次常务会议】5月25日在兴义市召开，州长杨永英主持。会议听取易地扶贫搬迁工作推进及三大数据核查存在问题情况汇报；会议审议《黔西南州解决推进煤矿“五化”及主体矿建设存在的主要问题攻坚实施方案》《黔西南州政府经济发展重大调研课题管理办法（试行）》；会议研究乡村振兴行动计划、黔西南州境内建成及在建高速公路资本金筹集、盘兴铁路前期工作及兴义南站站房规划建设、黔西南州2018年度享受政府特殊津贴人选、全州林业工作、兴义万峰林机场新航站楼建设有关事宜。

【八届州人民政府第二十八次常务会议】6月8日在兴义市召开，州长杨永英主持。会议审议《黔西南州国民经济和社会发展第十三个五年规划实施中期评估工作方案》《黔西南州优化煤矿驻矿安全监管工作实施办法》《黔西南州人民政府关于进一步落实能源工业运行新机制加强煤电要素保障促进经济健康运行的实施方案》；会议研究国家土地督察武汉局赴黔西南州例行督察、2018年上半年全州农业产业化现场观摩会、第六届贵州·台湾经贸交流合作恳谈会、州畅达公司为金州电力公司5亿元融资租赁业务提供增信担保、全州河湖治理“清网行动”奖励、承办2018年“海峡杯”女子垒球赛有关事宜。

【八届州人民政府第二十九次常务会议】6月20日在兴义市召开，州长杨永英主持。会议听取全州易地扶贫搬迁工作、中央环保督察反馈问题整改落实及2018年上半年经济运行情况汇报；会议审议《黔西南州农村困难留守老人配置幸福手环的实施方案》《黔西南州2018年农业产业结构调整“农调扶贫险”实施方案》《黔西南州整州推进农村集体产权制度改革实施方案》；会议研究兴义民航片区3000亩土地收储项目所需经费、提高城乡居民大病保险待遇、目标绩效考核有关事宜。

【八届州人民政府第三十次常务会议】7月4日在兴义市召开，州长杨永英主持。会议传达学习全省事业单位公务用车制度改革工作会议精神；会议听取全面提升全州新时代双拥工作、华大基因股份公司在该州开展基因检测工作、引进民营资本建设州级特殊病康复中心、黔西南州兴安开发投资有限公司公开发行企业债券、与中国科学院计算机网络信息中心签订战略合作意向书情况汇报；会议审议《杨永英同志在州委七届六次全会上的讲话》《黔西南州推进内陆开放型经济试验区建设2018年工作要点》《黔西南州纪委州监委 黔西南州公安局关于组建留置看护勤务队伍的工作方案》有关事宜。

【八届州人民政府第三十一次常务会议】7月9日在兴义市召开，州长杨永英主持。会议听取全州生活垃圾焚烧发电项目、2018年国务院大督查筹备、全州安全生产工作、2018年黄标车报废淘汰、州级产业招商专班工作及州喀斯特研究院与州扶贫投资公司合作情况汇报；会议审议《中共黔西南州委 黔西南州人民政府关于加强耕地保护和改进占补平衡推进绿色发展的实施方案》《黔西南州县级政府耕地保护责任目标考核办法》《黔西南州加强戏曲传承发展实施方案》《黔西南州教育装备制造及信息技术应用服务产业园投资战略合作框架协议》《浙江省宁波市居民（职工）赴黔西南州旅游（疗休养）优惠和组团奖励办法》；会议研究金州电力公司转让贵州振华义龙新材料有限公司股权、州城投公司转让州城投房地产开发有限公司股权、州政府与中国二冶集团有限公司、中国二十冶集团有限公司签订战略合作框架协议有关事宜。

【八届州人民政府第三十二次常务会议】7月26日在兴义市召开，州长杨永英主持。会议传达学习2018年全省市州林业局长座谈会暨林业生态脱贫总攻部署、全省脱贫攻坚“夏秋攻势”暨全面解决农村饮水安全问题攻坚决战行动启动会议精神及省人民政府研究讨论民航建设营运管理及航班航线和旅游包机专题会议精神；会议听取坡岗州级自然保护区功能区调整、中石油天然气管道黔西南州段迁改工作及隐患点应急治理工作情况汇报；会议审议《黔西南州人民政府迎接2018年国务院大督查自查报告》；会议研究黔西南州“雪亮工程”项目建设、州城投公司公开发行20亿元公司债券及州城投公司拟为普安县城投公司棚户区改造贷款项目和册亨县城投公司棚户区改造贷款项目提供担保、推荐州内单位参加第六批全国民族团结进步创建示范区（单位）评选有关事宜。

【八届州人民政府第三十三次常务会议】8月3日在兴义市召开，州长杨永英主持。会议传达第四次全国经济普查工作会议精神；会议听取省督查组赴黔西南州开展2018年国务院大督查明确重点工作专项督查、望谟县政务服务工作突出问题整改、兴义万峰林机场飞行区及航站区改扩建工程建设、黔西南州脱贫攻坚存在问题专项治理工作及2018年《政府工作报告》和重点工作“赶考”推进情况汇报；会议审议《黔西南州生态环境保护工作情况汇报》《黔西南州生态环境损害赔偿制度改革实施方案》《黔西南州政务服务工作突出问题整改方案》《黔西南州人民政府关于加快发展新经济培育新动能的实施方案（送审稿）》《贵州黔西南喀斯特区域发展研究院开展科技体制改革试点，推进科技扶贫工作方案（试行）》；会议研究全州“放管服”改革事宜。

【八届州人民政府第三十四次常务会议】8月16日在兴义市召开，州长杨永英主持。会议传达全省政府债务风险管控、生态环保、统计工作巡视整改工作动员部署暨征求意见座谈会及贵州省迎接2018年国务院大督查实地督查工作部署会会议精神；会议审议《黔西南州林地占补平衡管理办法》《黔西南州推行“林长制”工作的指导意见》《黔西南布依族苗族自治州残疾人保障办法》《中央巡视反馈生态环保问题整改方案》《黔西南州关于中央巡视组反馈脱贫攻坚问题的整改方案》《黔西南州政府债务风险管控工作巡视整改方案》；会议研究拆除重建州政府大院内综合办公用房新建服务用房会议室及附属用房有关事宜。

【八届州人民政府第三十五次常务会议】8月26日在兴义市召开，州长杨永英主持。会议审议《2018年上半年全州国民经济和社会发展计划执行情况的报告》《州人民政府关于全州环境保护工作情况的报告》《州人民政府关于城乡医保资金使用情况的报告》《州人民政府关于2017年财政决算情况的报告》《州人民政府关于2018年上半年财政预算执行情况的报告》《州人民政府关于2017年度州本级财政预算执行情况和其他财政收支的审计工作报告》。

【八届州人民政府第三十六次常务会议】8月30日在兴义市召开，州长杨永英主持。会议传达学习全省防范化解金融风险暨防范和处置非法集资工作领导小组（扩大）会、盘州梓木戛煤矿“8·6”重大煤与瓦斯突出事故警示教育现场会及广西贵州云南推进左右江革命老区振兴规划实施联席会议精神；会议听取中央第四巡视组反馈扶持对象不精准问题整改落实情况汇报；会议审议《黔西南州推进“厕所革命”三年行动方案（2018—2020年）》《黔西南州供给侧结构性改革2018年工作要点》《黔西南州进一步激发民间有效投资活力促进经济持续健康发展的实施方案》《黔西南州历史建筑保护管理办法》《黔西南州实施“万企融合”大行动 打好“数字经济”攻坚战方案》；会议研究副省长吴强赴册亨县调研脱贫攻坚工作、省信访工作联合实地督查组赴该州督查工作情况和整改落实工作、普安十六个县级自然保护区整合升级为普安县龙吟阔叶林州级自然保护区、州城投公司拟为贵州金源实业有限责任公司非公开发行8亿元项目收益债券提供担保、黔西南州与智纲智库就国际山地旅游暨户外运动大会进行合作、州级实施乡村振兴战略和农村人居环境等相关事宜。

【八届州人民政府第三十七次常务会议】9月15日在兴义市召开，州长杨永英主持。会议传达学习贯彻9月14日省委常委会精神，研究部署环境保护和民族宗教工作。

【八届州人民政府第三十八次常务会议】9月20日在兴义市召开，州长杨永英主持。会议传达学习全省第四次经济普查工作、全省2018年军队转业干部安置工作及2018年全国医改工作电视电话及全省2018年前三季度经济运行情况分析调度会议精神；会议审议《黔西南州加快推进项目前期工作保障有效投资工作方案》《州领导联系服务企业分工名单》《州直部门领导联系服务企业分工名单》《中共黔西南州委 黔西南州人民政府关于开展质量提升行动的实施方案》《黔西南州关于推进从事生产经营活动等事业单位改革的实施意见》《黔西南州推进审批服务便民化深化“放管服”改革重点任务分工方案（送审稿）》《州农委关于州级财政预算资金3450万元使用方案》；会议研究2018年全省第二次项目建设现场观摩会黔西南州拟观摩项目筹备、中央巡视组反馈该州脱贫攻坚存在问题整改情况、全州“千企改造”“千企引进”、州综合性实体政务大厅改造等相关事宜；会议安排部署中秋节、国庆节期间重点工作。

【八届州人民政府第三十九次常务会议】10月19日在兴义市召开，州长杨永英主持。会议传达学习10月19日省政府常务会议精神；会议听取全州工业经济发展情况、全州2018年前三季度经济运行情况和做好第四季度经济发展的建议汇报；会议审议《黔西南州人民政府关于全州“十三五”规划纲要实施中期评估情况报告》《黔西南州城乡建设用地增减挂钩助力脱贫攻坚三年行动方案》《黔西南州储备土地开发管理与“净地”出让改革实施方案》《黔西南州土地储备三年滚动计划》《黔西南州人民政府关于法治政府建设工作情况的报告》《黔西南布依族苗族自治州马岭河风景名胜区保护条例（草案）》《黔西南州2019年州本级部门预算编制方案》。

【八届州人民政府第四十次常务会议】 11月5日至6日在兴义市召开，州长杨永英主持。会议传达学习中央第五生态环境保护督察组对贵州开展“回头看”工作动员会议精神、全省工业园区巡视问题整改及工业园区改革发展工作会议精神；会议听取全州工业园区改革发展工作情况汇报；会议审议《全力抓好500亩以上坝区产业结构调整 促进黔西南州农业产业振兴三年行动方案》《黔西南州绿色产业扶贫投资基金管理方案（试行）》《黔西南州河（湖）长制工作督查监督、考核问责实施办法（试行）》《关于促进银行机构融资支持中小微企业发展的工作方案》《黔西南州银行机构融资支持地方经济社会发展考核管理办法（试行）》《州政府31个工作部门2018版权责清单目录》《黔西南州人民政府关于公布行政规范性文件清理结果的决定》《关于进一步加强公共资源交易领域招投标管理的通知》；会议研究推荐上报贵州省民族团结模范集体和模范个人、中央及省委巡视反馈脱贫攻坚存在问题整改工作、安龙县减贫摘帽工作、全州民航发展工作、盘兴铁路州境段资本金筹措等有关事宜。

【八届州人民政府第四十一次常务会议】 11月19日在兴义市召开，州长杨永英主持。会议审议《贵州省黔西南州智慧金州一期项目建设方案》《黔西南州大数据项目管理办法（试行）》《盘兴铁路项目建设土地房屋征收搬迁安置补偿方案》；会议研究黔西南州政务服务标准化建设推进工作、关于2018年黔西南州工业园区建设考核奖补资金、全州民营经济发展、州水投公司发行15亿元企业债券及为安龙县宏源公司发行公司债提供担保、兴义环城高速公路增加投资概算、调整黔西南州直（州管）机关事业单位退休人员一次性补贴有关事宜。

【八届州人民政府第四十二次常务会议】 12月3日在兴义市召开，州长杨永英主持。会议传达学习省政府研究招商引资有关工作专题会议精神；会议审议《黔西南州脱贫攻坚存在问题歼灭战行动方案》《黔西南州2019年农业产业结构调整行动方案》《黔西南州2019年全面提升发展环境行动方案》《黔西南州2019年统筹城乡发展行动方案》《黔西南州推进安全生产领域改革发展的实施意见》《黔西南州党政领导干部安全生产责任制实施办法》《黔西南州新市民权益保障条例（草案）》《黔西南州推动“农旅一体化”深度融合发展实施方案》《黔西南州“航旅一体化”实施意见》《黔西南州交管服务便利化“放管服”改革方案》；会议研究全州经济运行情况、整合组建金州文化旅游投资有限责任公司、划拨2017年全省项目建设现场观摩会州观摩项目筹备基金及关于贞丰县纳孔村、者相镇申报“海峡两岸少数民族交流与合作基地”有关事宜。

【八届州人民政府第四十三次常务会议】 12月21日在兴义市召开，州长杨永英主持。会议审议《2019年全州重大工程和重点项目建设行动方案》《黔西南州2019年服务业发展行动方案》《黔西南州2019年财源建设行动方案》《黔西南州2019年债务风险行动方案》《黔西南州州级党政机关和事业单位差旅费管理办法》《新建盘兴铁路兴义南站站房规模扩大合作建设协议》《新建盘兴铁路兴义南站站房周边土地综合开发合作协议》《省驻京办关于印发〈贵州省驻京信访工作考核办法（试行）〉的通知》；会议研究贯彻落实省委省政府主要领导重要批示精神、中央生态环境保护督察“回头看”转办信访举报问题整改落实、全州非洲猪瘟防控工作、全州极贫乡（镇）脱贫攻坚项目攻坚工作、金州电力公司收购及参股、调整机关事业单位工作人员基本工资标准和增加机关事业单位离休人员离休费、金州电力公司向州级财政借款有关事宜。

【八届州人民政府第四十四次常务会议】 12月26日在兴义市

召开，州长杨永英主持。会议听取州级储备两宗地处置事宜的汇报；会议审议《黔西南州第一批州级一般湿地名录》《黔西南州湿地保护修复制度实施方案》《黔西南州平安乡村建设行动方案》《黔西南州甲醇汽车推广方案》《中共黔西南州委办公室 黔西南州人民政府办公室关于进一步加强和改进全州国资国企监管的实施意见》《黔西南州推进州级投融资平台公司实体化发展考核办法》《黔西南州新时代高速公路五年决战实施方案》《2019年黔西南州保障和改善民生工作行动方案》《2019年黔西南州加快推动产业园区发展行动方案》《2019年黔西南州大力推进工业强州战略行动方案》《黔西南州2019年扩大招商引资工作行动方案》《黔西南高新技术产业开发区创建国家级高新技术产业开发区工作方案》《贵州黔西南国家农业高新技术产业示范区申建工作方案》《中共黔西南州委 黔西南州人民政府关于实施区域科技创新战略 加快建设创新型黔西南的实施意见》《关于大力支持民营经济发展壮大的若干措施》《2019年度黔西南州自行组织的非培训类厅局级及其以下人员因公临时出国计划》《黔西南州参加贵州省第十届运动会先进集体和优秀个人推荐名单》；会议研究兴义万峰林机场改扩建工程审计调整意见有关事宜。

【八届州人民政府第四十五次常务会议】 12月28日在兴义市召开，州长杨永英主持。会议审议《2019年政府工作报告》《杨永英同志在七届州委七次全会上的讲话》《州2018年国民经济和社会发展计划执行情况及2019年国民经济和社会发展计划草案的报告》《州2018年全州和州本级预算执行情况及2019年全州和州本级预算草案的报告》。

（宋应翔）

人力资源和社会保障

【概况】 2018年，全州人力资源社会保障工作，坚持人才优先、民生为本的工作主线。推进就业促进工作，完善社会保障制度，深化人事和职称制度改革，构建和谐劳动关系，开展精准脱贫和党建队伍及公共服务扎实有效。

【就业创业】 2018年，全州城镇新增就业4.02万人，增速排名全省第一；失业人员实现再就业0.57万人，完成0.55万人的103.64%；就业困难人员实现再就业0.37万人，完成0.35万人的105.71%；农业富余劳动力转移就业6.77万人，完成5.91万人的114.55%；农民工新增返乡创业4.27万人；城镇登记失业率在4.2%以内。公益性岗位安置就业困难人员累计0.6万人次以上。加大创业补贴资金的支付力度，发放就业见习补贴53.62万元，自主创业补贴19.90万元，创业场所租赁补贴18.69万元，就业创业服务补贴148.17万元，创业平台创建补助33万元。加强基层就业创业平台建设，全州建成创业孵化示范基地9个（省级孵化基地2个，州级4个）；农民工创业园9个（省级农民工创业园2个）、州级农民工创业示范点12个，被认定为州级农民工创业示范点的企业14家；黔西南州露露职业技能培训学校被省厅认定为省级家庭职业培训示范基地；建成就业社区51个（国家级1个，省级5个）。完成创业担保贷款2047笔2.107

2018年9月5日，省委组织部副部长、省人社厅党组书记、厅长潘荣（左三）在副州长、州委组织部副部长、州人社局党组书记、局长王丽琼（右二）和省厅驻州工作队队长付伟陪同下到晴隆县三宝乡和兴仁县黔仁茶基地调研就业扶贫工作

（州人社局　提供）

2018年5月23日，州人社局召开全州社会保险窗口作风建设工作会（州人社局　提供）

2018年10月10日，宁波市高级专家对口支援暨人力资源服务产业对接工作座谈会在州人社局召开（州人社局　提供）

亿元，带动就业5726人。

实施大学生创业计划，全州大学生实现创业450人，带动就业1745人。完善离校未就业高校毕业生实名制就业数据库登记，加强实名制就业动态管理，实名制登记2017届高校毕业生7113人，2018届高校毕业生6929人。完善困难高校毕业生就业援助机制，减轻就业困难高校毕业生经济压力，组织两所州属高校就业困难毕业生申请补贴。化解过剩产能职工安置，加强就失业监测和管理，将采矿业、制造业等15个行业65家企业纳入失业动态监测，样本企业就业总数1.28万人；全州176家企业申报2018年度稳岗补贴520.07万元，涉及企业职工2.17万人；失业条件符合人员发放“就业创业证”3529本。全州完成贫困劳动力全员培训4.3万人，完成3.3万人的130.3%，培训后实现就业创业及脱贫2.65万人，使用资金5677.03万元，初次就业率63.14%；完成新市民培训4.46万人次，866班次，涉及33个新居住区，实现培训后就业2.05万人次；新型农民职业技能提升培训1.1万人，其中贫困户0.92万人；创业培训完成0.11万人。

开展“就业援助月”“春风行动”“民营企业招聘周”等就业专项活动，发放宣传资料11万份。“就业援助月”活动走访就业困难人员和零就业家庭2337户；帮助就业困难人员实现就业1198人（其中，残疾就业困难人员100人，去产能职工28人）。“春风行动”为3.6万人提供公共就业创业服务，实现转移就业4818人。“民营企业招聘周”提供岗位信息4.6万条，签订就业（意向）协议1096人。“农村贫困残疾人就业帮扶活动”中走访建档立卡残疾人2193人，举办10场农村残疾人就业帮扶专场招聘会，提供农村贫困残疾人劳动力岗位2116个，达成就业意向116人。组织参加贵州省第45届世界技能大赛选拔赛，分获美容项目全省二等奖，平面设计、汽车喷漆、车身修理全省三等奖。圆满完成第三届“中国创翼”创业创新大赛贵州赛区黔西南州选拔赛，报送7个项目全省决赛，荣获贵州省赛区三等奖。

【社会保障】2018年，全州参加企业职工基本养老保险、机关事业基本养老保险、失业保险、工伤保险、城乡居民基本养老保险分别达11.18万人（在职89390人，退休22401人），完成100.06%；10.34万人（在职78653人，退休24775人），完成101.5%；10.56万人，完成104.83%；21.09万人，完成107.65%；179.92万人，完成104.83%。建筑业新开工建设项目工伤保险参保率达98.8%，超额完成任务。全州参加城镇职工医疗保险、城乡居民医疗保险、生育保险分别达19.69万人，完成103.47%；295.75万人，完成103.59%；15.41万人，完成101.32%。全州企业职工基本养老保险、机关事业基本养老保险、失业保险、工伤保险、城乡居民基本养老保险征缴收入为11.04亿元、13.83亿元、0.54亿元、1亿元、1.7亿元。

企业职工养老保险待遇实现“十四连涨”，年均增长10%以上。全州企业退休养老金待遇水平提高，月人均养老金从2010年1204.61元增到2018年2281元。连续三年调整机关事业单位退休养老保险待遇，月人均养老金平均提高700元。全州社保基金支出39.48亿元，其中城镇职工基本养老保险基金4.78亿元、城乡居民基本养老保险基金2.52亿元、机关事业单位养老保险基金16.02亿元（含清算）、城镇职工基本医疗保险基金3.08亿元、城乡居民基本医疗保险基金11.39亿元、工伤保险基金0.87亿元、生育保险基金0.39亿元、失业保险基金0.43亿元。全州实现养老保险基金的全面征缴，参加机关事业单位养老保险在职79559人，月均缴纳养老保险费1.27亿元；月均缴纳职业年金（个人部分）2100万元。全州各机关事业单位退休人员全部纳入社会化发放，实现全覆盖，退休24781人，月均支付统筹内养老金1.17亿元。职业年金归集上缴省级，归集全州2017年正式启动职业年金征缴3.2亿元，上划到省社保局职业年金归集户。年内对重算待遇的“中人”进行待遇补发，全州共补发4030人，金额3685.37万元。

对全州申报缴费存在问题的单位和报销有问题的定点医疗机构及药店进行重点稽核，实地稽核企业和定点医疗机构及药店共413户2468人，检查违规少缴社保费共34户（其少缴社保费97.27万元，全部追缴，欺诈冒领待遇116人，冒领10.87万元，追回7.54万元）。以农民工参保转移、易地扶贫搬迁人群的社会保险关系和军人退役养老保险关系转移为重点。做好基本养老保险关系跨省转移网上经办工作。开展基本养老保险关系转移接续经办督查。建设社会保险关系异地转移接续信息系统。为3885人办理社保转移手续（其中，州外转移410人次，州内转移3475人次；出具参保凭证98人次；开出联系函219人次；完成个人历史账户录入69人次）。全州共建8个档案管理机构（州1个，县7个），配备专兼职档案管理人员28名，州本级档案共入库4732盒、43386件，社保档案实现规范化管理。

2018年3月14日，州委书记刘文新（右三）率州委常委、州委组织部部长顾先林（左四）和州委常委、州委秘书长张谦（右二）到州人社局调研

（熊显彬　摄）

【人事人才】2018年，贯彻落实全省四级联考“放、管、服”工作试点，组织公开招录公务员，抓好公务员招录“四项权限”。年内全州计划招录公务员346名（其中，公务员211名，人民警察80名，州级机关公务员基层培养项目8名，选调生47名）。经报名、笔试、面试、体检、考察等环节，录用339人（其中，三级机关公务员216人，司法警察8人，森林公安4人，法警5人，人民警察61人，选调生45名）。做好各类干部调训，继续实施千人赴港培训计划，完成全州盐政执法人员专项分流面试、考察、录用和年内公务员统计年报、信息采集、党政人才监测统计。

规范事业招聘制度，加大贫困地区乡镇事业单位招聘，专项招聘不设置开考比例，按资格审查合格人数开考，定向招聘50%本地户籍人员；出适当比例岗位，定向招聘基层服务大学生、村（农村社区）支“两委”、退役大学生士兵、部队所在地随军家属。全州申报社会化职称5789人，评审通过5367人；申报民营经济组织专项职称402人，评审通过265人。开展享受政府特殊津贴选拔推荐工作，推荐6人参加全省评选，经专家评审全州获国务院津贴1人、省政府津贴3人；实施外国人来华工作许可制度，受理办证6人次。人才资源：统计全州全年2987个事业单位75748人的基本情况（其中，管理10442人，专业技术50164人，工勤3006人，其他从业12136人）。人才资源监测：年内监测统计全州事业单位人才总数

74536人（含中央在黔、省直单位）（其中，管理10835人，专业技术50731人，单位自行聘用的专业技术人才5233人，工勤技能人才3056人，单位自行聘用的技能人才4681人）。年内计划招聘和引进各类人才2186人，审批聘用1247人（公开招聘审批聘用1074人，人才博览会引进人才173人）。

通过第六届中国贵州人才博览会引才平台，全州引进各类人才173人，具有副高级职称7人，具有中级及以下职称14人。开展赴清华大学等6所知名高校引进人才活动，办理聘用审批手续21人。开展“百千万人才”推荐申报，推荐贵州鑫醇科技发展有限公司引进中国科学院福建物质结构研究所姚元根获得贵州省第四批“千人创新创业人才”的审批。联合州科技局、州人才办授牌安龙县欣蔓生物科技有限责任公司为“黔西南州博士后科技创新人才基地”。全州人力资源服务产业园正式建成投入使用，12月27日在州人力资源社会保障局广场举行启动仪式，获省人力资源社会保障厅同意筹建贵州省黔西南州人力资源服务产业园，授予“贵州省黔西南州人力资源服务产业园（筹建）”的牌子。年内园区共吸纳29家人力资源服务相关机构入驻，有宁波人才市场（宁波人才服务中心）、杰博人力资源服务有限公司等全国知名人力资源服务机构。州人力资源社会保障局与宁波人才服务中心、杰博人力资源服务有限公司还合资组建黔西南州黔甬人力资源开发有限公司，注册并入驻园区，业务正常开展。国内知名机构58同城、智联招聘入驻园区。

开展公立医院薪酬制度改革试点工作；调整全州机关事业单位工作人员基本工资标准、艰苦边远地区津贴标准；规范退休人员临时保留的补贴，清算兑现退休人员一次性退休补贴；做好州南盘江国有林场改制在职、退休人员的工资重算工作；落实村第一书记和驻村干部有关待遇。开展国有企业负责人薪酬制度改革。落实全州范围内国有企业的工资总额调查。全州机关（参照公务员法管理单位）应参加考核15608人，优秀等次1461人，占9.36%；全州事业单位应参考60034人，优秀等次10197人，占16.99%。州直72个单位完成考核和备案，备案率100%。办理机关和事业单位262人科级以下职务的任免职备案手续。审批办理机关和事业单位干部38人和工人4人退休备案手续。州直机关共9个单位进行新任职人员宪法宣誓，宣誓率100%。落实县以下机关建立公务员职务与职级并行制度，全州完成3897人晋升（转任）审批，兑现相应工资待遇。审核上报表彰先进单位或集体15个，先进工作者（省部级劳动模范）或个人29人，严格清理规范创建活动。兑现科级及以下年度考核确定为优秀、三等功、嘉奖的经费66.46万元，春节期间对省部级劳模进行慰问。

构建自主择业军转干部管理服务信息平台，在全省率先，全国领先实现“专网+互联网”开展年度登记，让服务对象足不出户实现年审，通过互联网“远程身份认证”登记占70%。保障好退役金、改革性补贴、医保等自主择业军转干部各项待遇，切实落实企业军转干部解困政策。将接收的33名（不含随调家属2人）军队转业干部进行安置，其中计划安置16人（不含随调家属2人）、自主择业17人，计划安置正团1人、营职4人、连职8人、技术3人，随调家属2人。

【劳动关系】2018年，全州共备案企业2029户，签订劳动合同8.84万人；审查用人单位195户，督促补订劳动合同0.59万人。对243家企业开展薪酬调查。构建和谐劳动关系综合试验区，出台《黔西南州构建和谐劳动关系综合试验区工作方案》，以贞丰县作为试点。接访劳动者9501人次，办理回复信访函件（含网络舆情）73件次。查办各类劳动保障监察案件403件，督促兑现农民工0.65万人的工资9013.56万元，结案率100%。开展春节期间农民工工资支付专项检查，解决工资拖欠问题27个，为农民工0.45万人追讨工资6789.6万元。

开展整顿人力资源市场秩序专项检查，参检368人次（人社部门260人次、工商部门108人次）；检查228户次（检查人力资源服务机构12户次、用人单位216户次），未接到有关“黑职介”“黑劳工”等强迫劳动和非法职业介绍行为及侵害劳动者合法权益的举报，全州无一起因违反就业管理相关法律规定的治安管理案件和刑事案件。开展遵守劳动用工和社会保险法律法规专项行动，参加专检112人，发放各类宣传资料7939份，接待咨询600人次，检查用人单位

770户，涉及劳动者3.92万人，责令补签订劳动合同0.14万人，查处未依法缴纳社保费案件49件，责令依法补缴社保费41.31万元；无移送司法机关处理案件。抓好保障农民工工资支付，年度考核在全省各市州排名居中上。整顿人力资源市场秩序专项行动，成绩突出，州劳动监察局被人社部、国家市场监督管理总局通报表扬。

全州受理劳动人事争议调解仲裁案件2492件，结案2454件，案件涉及劳动者2590人，涉及金额11592.9万元。仲裁调解1693件，仲裁裁决717件，结案率98.5%，调解率67.9%。开展劳动人事争议示范仲裁院创建活动，建成7家省级示范仲裁院，建成率达75%。在州内建成首个劳动人事争议职工法律援助工作站，同相关部门成立劳动人事争议职工法律援助工作领导小组，在州人力资源社会保障局仲裁院挂牌设立黔西南州劳动人事争议职工法律援助工作站，畅通群众矛盾纠纷依法解决通道。全州受理工伤认定1424件，不予受理15件，不予认定14件，给予认定1395件。办理工伤复议诉讼案件29件（其中，行政复议10件，行政诉讼19件）。行政诉讼案件全部出庭参加应诉，其中19件行政诉讼案件人民法院已经下达判决书，均为驳回原告起诉。工伤复议诉讼案件实现胜诉率行政首长出庭率两个100%。共受理符合劳动能力鉴定申请1099人次，开展因工伤（职业病）和因病非因工丧失劳动能力程度的鉴定1099人次。顺利通过省厅劳鉴考核领导小组的考核，考核结果A级。建立完善430人的托管台账。完成213个州直企事业参保单位退休3734人及320人遗属社保待遇资格认证。

【精准脱贫】 2018年，全州精准贫困劳动力就业创业5.36万人；易地扶贫搬迁劳动力家庭均实现一户一人以上就业，零就业家庭实现动态清零；以县为单位建立贫困劳动力岗位数据库，收集就业岗位15.74万个；举办脱贫攻坚“春风行动”专场招聘会42场，组织企业1140家，贫困劳动力达成就业意向1781人，易地扶贫搬迁劳动力1012人；举办易地扶贫搬迁专场招聘会80场，组织企业1177家，达成就业意向4561人（贫困劳动力1432人）；易地扶贫搬迁劳动力1454人；针对易地扶贫搬迁对象中无法输送到企业就业的困难人员，通过公益性岗位安置596人；新市民居住区同步建立就业创业服务中心；贫困地区、易地扶贫搬迁安置点创建就业扶贫车间，吸纳劳动力就地就近就业。设立“创业奖励”补助资金，增强内生动力，除一次性创业奖励、场租补贴外，对在居住点自主创业的新市民，每吸纳1名新市民中的贫困劳动力稳定就业半年以上，州县两级财政按4∶6的比例一次性给予1000元/人的创业奖励。

全州在宁波市设立1个州级和9个县（市、区）级对口帮扶城市劳务协作站，并派驻专人抓好两地劳务协作工作，互通人员、岗位等信息，促进就业意愿与岗位信息的精准匹配，共收集宁波企业用工信息4.5万条，组织输出899名贫困劳动力到宁波市就业。共同搭建好供需平台，宁波市人力资源社会保障部门通过组织企业或提供招聘岗位参与黔西南州现场招聘会29场次，提供适合贫困劳动力就业岗位3.4万个。宁波市通过对口帮扶地给予培训资金、师资资源等方面的扶持，帮助全州贫困劳动力提升就业技能水平。引进15名宁波市卫生、教育方面的高级专业技术人才到黔西南州开展短期帮扶活

2018年12月11日，省人社厅副厅长施长冬（左二）率队到黔西南州考察调研人力资源服务产业园项目，州人社局党组书记、局长王军率队陪同

（熊显彬　摄）

动。安龙技工学校35名学生通过“2+X”联合招生办学模式到宁波技师学院就读。组织36人在浙江纺织服装职业技术学院进行首期绣娘联合培训。落实省委书记孙志刚黔西南讲话精神，结合“国家扶贫日”系列活动，与宁波市沟通，推送350个“爱心专岗”，解决黔西南州贫困劳动力就业，月工资不低于5000元，企业发放不足部分由宁波市各县区财政补贴。全州通过爱心专岗组织输出265名贫困劳动力到宁波市就业。

做好建档立卡和易地搬迁贫困人员参保及参保关系转移衔接、待遇发放、户籍迁转等工作，全州建档立卡贫困人员25.16万人，60周岁以上建档立卡贫困人员4.29万人，其中符合条件参加养老保险18.28万人，实际参加城乡居民基本养老保险16.41万人，参保率89.77%。全州易地扶贫搬迁符合参保8.35万人，参保6.41万人，60周岁以上领取待遇1.18万人。认真开展被征地农民工作，全州被征地农民共27.85万人，60周岁以上符合条件的失地农民领待2.2万人，累计发放失地农民养老金1473万元。

成立医疗健康扶贫人社工作小组，抽调全州各级医保业务经办骨干，将参保缴费等问题延伸至各县市区进行督导，对督导发现的问题核实并反馈政府及脱贫攻坚相关部门，实行每周一调度两周一通报制度，掌握参保进展情况，确保建档立卡贫困户贫困人口参保缴费全覆盖。依托医保信息系统，将扶贫部门提供的建档立卡贫困对象身份信息、民政医疗救助标准植入医疗保险系统平台，由系统一次性计算出精准扶贫救助对象该享受的各项待遇，为保障对象看病就医费用结算提供便利，解决建档立卡贫困人口“垫资”“跑腿”难题。

做到“八个精准”，用心开展党建扶贫。处级干部到村开展慰问，为帮扶的10个贫困村50户贫困户送去棉衣50套和慰问金2.5万元。领导到包保村开展工作45次，召开共商会30次，走访联系群众100人次，针对群众实际制定帮扶措施，出资帮扶金10万元，帮助县乡村协调种养殖，帮扶村集体经济发展等项目7个，协调项目资金280万元。

【公共服务】 2018年，把窗口单位作风建设作为重点，列入重要议事日程，全面取消领取社保待遇资格集中认证，对照经办过程中存在的问题抓好整改，简化服务流程，减少证明材料，健全规章制度，提升服务，开展“群众满意的服务窗口”“流动红旗岗”“青年文明岗”等优质文明窗口服务。

深化行政审批制度改革，认真做好行政审批“接、管、放”，对承接和保留的行政审批事项，全部实行目录化、编码化管理，纳入州政府政务服务大厅组织实施，向社会公布。编制行政审批事项办事指南和审批流程，组织全州人力资源社会保障系统按照全国一体化政务服务平台标准，完善网上办事平台行政许可等六类事项及办事指南。调整权责清单动态，实现权责清单“三级四同”，严格实施140项国家职业资格目录清单。落实公平竞争审查制度，全面清理存量，严格规范增量。

集约节约、高效便民，构建一体化政务服务平台，简政放权、推进线上线下融合、建设政务服务一张网。金保信息系统运行平稳，县市区城乡居民医疗保险全部实现系统应用，人社通新增应用“异地安置就医备案”功能，异地安置人员可在手机端自助完成备案。黔西南医保监控系统完成上线签署，兴义市社保完成项目验收。年度全州社保卡制卡信息3.83万条，成功上报制作3.76条，批量激活兴义市、贞丰县、义龙新区城乡居民社保卡共33.58万张，组织各县市完成17.44万张新制社保卡的交接。

（雷靖波）

民政工作

【概况】 2018年，黔西南布依族苗族自治州民政局内设行政科室10个，分别为办公室、人事教育科（机关党委办公室）、双拥优抚安置科、救灾科、基层政权和社区建设科、区划地名办公室、社会福利和社会事务科、计划财务科、信息科、殡葬管理科；内设事业单位4个，分别为社会救助局（副县级单位）、减灾中心、民间组织管理局、慈善总会办公室。应有行政编制16名、机关工勤编制3名，事业编制14名、事业工勤编制2名；实有行政干部12名、行政工勤人员2名，事业干部7名、事业工勤人员2名。有参公单位1个，州老

2018 年 4 月 18 日，州人民政府组织召开全州民政工作会议

（州民政局　提供）

龄委办公室，内设 3 个科室；有参公编制 17 名，参公工勤 1 名，实有干部 12 名。有下属事业单位 8 个，分别为州社会福利院、州儿童福利院、州流浪乞讨救助管理站、州精神病医院、州军休所、州威舍军供站、州老年活动中心、州福利彩票管理中心。共有编制 72 名，其中管理岗位编制 26 名、专业技术人员编制 30 名、工勤编制 16 名。实有干部 52 人，其中管理岗位人员 19 人、专业技术人员 18 人、工勤人员 15 人。

【社会救助和兜底脱贫】 2018 年，开展城乡低保年度提标核查，农村低保在 2017 年的基础上提高了 9.64%，年保障标准达到 3889 元，为 26.95 万名农低保对象发放低保金 6.35 亿元；城市低保提高 6.95%，月保障标准达到 585 元，为 1.4 万城低保对象发放低保金 7710 万元。抓好特困人员供养，按照当地城市居民最低生活保障标准的 1.3 倍，将供养标准从 2017 年的 8300 元 / 年提高到 8892 元 / 年，为 5755 个特困供养对象发放供养金 6800 万元。实施医疗救助，出资 1914.25 万元资助 276427 名困难群众参保参合。按照《黔西南州城乡医疗救助实施办法》，对符合条件的 41000 人次困难群众实施救助，支出医疗救助金 5160 万元。对符合临时救助条件的对象实施临时救助，救助对象 30100 人，发放救助金 4430 万元；实施救急难 96 例，发放救助金 176.3 万元。

加强两项制度有效衔接，将符合条件的建档立卡贫困人口全部纳入最低生活保障范围，建档立卡贫困户中享受低保对象 149097 人，占低保总人数的 55.32%。开展新市民计划“农转城”工作，在晴隆三宝、册亨百口和望谟老麻山三个整体搬迁乡镇实施新市民计划“农转城”，搬迁入住的农低保对象 704 户 2769 人全部转为城市低保，符合安置地城低保条件的 27 户 128 人纳入城市低保。对非试点乡镇搬迁对象 2025 户 5305 人实施“农转城”，符合安置地城市低保条例的 92 户 216 人纳入安置地城低保。通过实施“农转城”，搬迁困难群众低保金人均年收入增加 3131 元。

【社会福利】 2018 年，推进州市共建养老产业示范园项目建设，州财政下达福彩公益金 1886 万元，用于开展土地征拆及相关前期工作，完成 206 亩土地征拨，启动建设老年养护楼和老年公寓 2 个项目，共投入项目资金 6586 万元。对《政府工作报告》中涉及民政工作的民生实事认真安排部署，完成社区日照料中心建设 25

2018 年，安排部署新市民计划兜底保障工作　（州民政局　提供）

2018 年，省民政厅副厅长杨亚军（中）到州儿童福利院看望集中供养孤儿
（州民政局 提供）

个（3 个省级示范点）、农村幸福院建设 40 个。将社会散居孤儿生活费补助从每月 600 元提高到 800 元、集中供养由每月 1000 元提高到 1300 元，全年为 733 名孤儿发放生活补助金 811 万元。开展孤残儿童、留守儿童困境儿童关爱慰问活动 54 场次，为 13817 名孤残儿童、留守儿童、困境儿童送去图书、学习用品，发放慰问资金 192.7 万元；对困境儿童基础信息实行台账管理，共录入系统 5274 人，并与监护人全部签订了“确认书”，在各村（居、社区）和学校都设置了专门的留守儿童办公室。做好流浪乞讨人员救助管理，共救助流浪乞讨对象 2012 人次，对滞留在站超过三个月的 80 余名救助对象全部进行了 DNA 取样，并落实了户口，纳入最低生活保障。

【慈善事业】2018 年，对失独失能老人、农村“三留守”人员和特殊困难群体开展“情暖万家”“托起明天的太阳”等关爱帮扶活动，发放慰问金 29.5 万元。组织 40 名留守儿童参加 2018“善行贵州·小候鸟”亲子夏令营活动。发放慈善助学款 98.1 万元，资助 327 名贫困学生上中学、上大学。组织开展“中国移动爱‘心’行动——贵州贫困先心病儿童救助计划”项目，对全州 409 名疑似先心病儿童进行筛查，确诊 91 名患儿接受手术治疗。配合兴义西南骨科医院开展“同心彩虹·站起来”骨病精准扶贫专项帮扶救助活动，为特殊困难群体提供医疗救助。

【区划地名】2018 年，完成第二次全国地名普查数据库国家第二、三、四、五轮验收意见整改，《国家标准地名志》（第一卷）词目通过省级审核。清理整治不规范地名 958 个；开展黔西南州地名标志设置，县城和乡镇街、路、巷设标率 100%，建制村设标率 50% 以上。对 2012 年以来全州涉及乡镇（街道）调整的 7 县市进行行政区划调整效果评估，兴仁县实现“撤县设市”目标。完成全州接边县市 788.13 千米界线、37 棵界桩的边界纠纷隐患排查，开展共建“滇黔和谐边界”试点工作。

【殡葬改革】2018 年，将兴义市、兴仁市、义龙新区列为全州殡葬综合改革试点市、区，以点带面稳步推进全州殡葬改革。投入殡葬改革资金 7.5 亿元，完成 16 个城市公益性公墓建设规划、建成投用 2 个；完成 31 个殡仪服务站建设规划、建成 2 个；完成 158 个农村公益性公墓建设规划、建成投用 19 个。实施惠民殡葬政策，为 2086 户执行殡葬改革政策的困难群众减免殡葬费用 288.5 万元；发放奖补金 2.25 万元，对实施生态节地安葬的 30 例进行奖励；全州火化率达 23%，较上年增长 5 个百分点。

【基层政权建设】2018 年，完成全州 1008 个村民委员会、203 个居民委员会的基层群众性自治组织特别法人统一社会信用代码赋码、颁证工作。制定出台基层群众自治组织依法履行职责、依法协助政府工作主要事项“两项清单”，总结推广社区协商经验。建成易地移民搬迁安置点社区居民委员会 21 个，其中 9 个已完成选举。

【婚姻登记】2018 年，全年依法办理结婚登记 29758 对、离婚登记 5952 对，撤销结婚登记 1 对，补发结婚登记 2803 对。补录 1993 年以来婚姻登记历史数据 24.99 万条，1970 年至 1993 年婚姻登记历史数据 6751 条。全州 8 个县级民政局婚姻登记处、12个乡镇人民政府婚姻登记处全部实现实时在线登记。

【福利彩票】 2018年，全州福利彩票总销售额达1.18亿元，比上年增574.7万元，销售总量、销售增量、销售增幅分别排全省第五、第三和第四位。

【社会工作】 2018年，组织社会工作职业水平考试，参考人数实现多年来零的突破。推进社会工作三区计划项目建设，在晴隆县阿妹戚托小镇建设“异地扶贫搬迁社区融入社会工作服务示范项目”，培育和引导民办社会机构参与社会工作服务。

【社会组织登记管理】 2018年，全州有社会组织1070个（社团505个、民非565个），2018年新成立社会组织75个（社团26个，民非49个），变更社会组织33个（社团16个，民非17个），注销社会组织24个。其中：有全州性社会组织220个（社会团体147个、民办非企业单位73个），2018年新成立登记社会组织10个、变更登记社会组织10个、注销1个。健全“双随机一公开”制度，依法管理社会组织，开展打击整治非法社会组织专项行动，排查整治涉嫌非法社会组织7个。州级清理出名称不规范社会组织5家、2年以上未参加年检的社会组织17个。指导社会组织开展党建工作，推动建立社会组织党支部73个。加强对社会组织意识形态工作的管理，引导社会组织积极参与脱贫攻坚。

2018年社会团体登记统计表

表1

序号	单位名称	法人代表	登记时间	地址
1	黔西南州生活道职业培训学校	温玉亮	2018-1-15	黔西南州兴仁县环城北路180号
2	黔西南州摩托车运动协会	田　勇	2018-3-27	贵州省兴义市笔山路92号
3	黔西南州义龙乒乓球协会	谢明亮	2018-6-27	黔西南州顶效镇兴仁路28号木陇社区服务站
4	黔西南州回族学学会	张合纲	2018-7-2	兴义市下午屯街道办事处平桥路兴义清真寺
5	黔西南州义龙水果种植协会	龙家芳	2018-8-31	黔西南州义龙新区顶效镇绿化村村委会办公楼内
6	黔西南州润泰职业培训学校	张　强	2018-9-27	黔西南州贞丰县珉谷街道纳妹村
7	黔西南州腾飞职业培训学校	唐永彪	2018-9-27	黔西南州义龙新区龙广镇纳桃村
8	黔西南州民族民间工艺品产业协会	彭　勇	2018-9-25	黔西南州兴义市兴泰街道办建设路53号原针织厂内
9	黔西南州天津商会	胡俊东	2018-10-18	兴义市桔山大道汇金中心A栋18-01号
10	黔西南州鱼鹰公益协会	李先进	2018-11-24	兴义市敬南镇新坪村十里坪

2018年社会组织变更登记统计表

表2

序号	名称	变更事项	变更后	变更登记时间
1	黔西南州彝学研究会	法定代表人	陇光国	2018-4-26
2	黔西南州为民法律维权工作站	住　所	兴义市桔山办金水北路58号	2018-6-1
3	黔西南州足球协会	法定代表人	黎　坚	2018-7-6
4	黔西南州林发车友俱乐部	法定代表人	刘　军	2018-8-2
5	黔西南州审计学会	法定代表人	吕剑平	2018-8-2
6	黔西南州内部审计协会	法定代表人	文建荣	2018-8-2
7	黔西南州水文水资源学会	法定代表人	卢树明	2018-9-19
8	黔西南州篮球协会	法定代表人	陈　丽	2018-10-11
9	黔西南州书法家协会	法定代表人	向成鹏	2018-10-22
10	黔西南州夕阳红艺术团	名　称	黔西南州夕阳红艺术协会	2018-12-14

2018年社会组织注销统计表

表3

序号	名称	法定代表人	地址	业务主管单位
1	黔西南布依族苗族自治州经纪人协会	冯跃进	兴义市湖南街82号	黔西南州市场监督管理局

（夏春鸿）

档案工作

【概况】 2018年，黔西南州档案局与黔西南州档案馆实行局馆合一体制，履行全州档案事业行政管理和档案保管利用两种职能，为州人民政府直属事业单位，参照公务员法管理。核定参公事业编制13名，工勤编制2名，州档案局下设事业机构为州现行文件资料服务中心，正科级事业单位，事业编制2名，列入州级财政全额预算。实有在职人员15人。内设办公室、业务监督指导科、宣教法规科、管理编研利用科、现行文件资料服务中心等5个科室（中心）。

【档案法治建设与宣传】 2018年，全州各级档案部门坚持开展档案行政执法检查和专项督查，各级档案部门建立“双随机一公开”行政执法机制，完成“一单两库”建设，全程记录并向社会公布档案行政执法检查。全州档案系统利用“双随机一公开”平台，开展档案行政执法检查76人次，检查单位107个。州档案局（馆）利用《中国档案报》、贵州档案及省电子政务网门户网站、金州政府网州档案局站点等报刊及网站平台开展档案宣传工作。

【县级综合档案馆项目建设】 2018年，全州县级综合档案馆项目建设推进。兴义市档案馆完成主体工程建设，进入附属工程施工阶段；安龙县档案馆项目在建设，且支付工程进度款360余万元；望谟县档案馆项目建设主体工程完成；普安县档案馆正开展地勘、压覆等前期工作。

【重点档案抢救保护与开发工作】 2018年州档案局（馆）完成《红军在贵州档案史料汇编－黔西南卷》项目初稿；晴隆县档案局编纂《二十四道拐档案史料汇编》一书请贵州人民出版社审核出版；册亨县档案局开展民族传统文化档案挖掘和保护工作，收（征）集布依摩经300册完成全文数字化扫描27512幅；兴仁市档案局投入资金8万元，编撰《兴仁档案史料选编》3辑30余万字。

【档案接收与利用】 2018年，州档案馆向7个州直单位下发《关于做好2018年州直相关单位移交各类到期规范档案进馆的通知》，接收州政府、州移民局、州统计局等17个单位档案4029卷/盒，75982件，电子目录5751条，接收34个州直单位报送现行文件228份，州档案馆有馆藏档案45799卷/盒，183938件。 全州档案系统提供档案利用4670人次，查找调动、退休、任职、职称、学历、报到证、知青证明等档案资料18609卷次，复印档案27500多页。

【档案信息化建设工作】 截至2018年，全州完成档案数字化扫描7879526副，其中州档案馆完成馆藏档案数字化扫描1823549副。

【档案业务培训及指导工作】 2018年，州档案局向全省食药监系统在黔西南州举办的业务培训班、望谟县档案管理培训班、州农行档案与保密知识培训班、州关工委档案业务培训班、贵州天下山水文化旅游开发有限公司项目档案培训班等进行档案业务知识培

2018年，州档案局局长马崇曾（右一）到兴仁县指导精准扶贫档案工作 （州档案局 提供）

2018年，州档案局副局长刘平（右一）带队到宁波市档案局开展档案数据异地备份工作 （州档案局 提供）

训，培训375人。到州政府办、州新华书店、州畅达投资公司、州人社局、州水投公司、州畜牧局、州农委、州卫计局、州道路运输局、州中心血站等州直机关、团体、企事业单位开展档案业务指导工作。

【档案安全工作】2018年开展“以防为主、防治结合”原则，落实“八防”活动，履行档案库房安全保管工作职责，常态化排除安全隐患；保障事故多发季节档案安全，制发《黔西南州档案局关于做好春、夏两季档案安全管理工作的通知》；确保档案数据不丢失，两年开展一次异地备份检查，2018年3月，完成宁波异质异地检查备份工作。

【精准扶贫档案工作】2018年制发《关于对精准扶贫及美丽乡村建设档案等工作进行调研督查的通知》《黔西南州档案局关于督导精准扶贫档案工作的通知》《黔西南州档案局关于对安龙县脱贫攻坚“减贫摘帽”精准扶贫档案工作进行督导的通知》等文件，成立脱贫攻坚“减贫摘帽”问题歼灭战档案资料督导专班，到县（市）开展精准扶贫档案指导、督促工作。2018年指导兴仁市完成全市22974户建档立卡贫困户户档建立工作，督导安龙县9镇（办）及义龙新区4个乡镇整理精准扶贫档案资料22884盒。

【土地确权档案工作和易地扶贫搬迁档案工作】2018年，州档案局局长马崇曾指导晴隆县确权办示范整理农村土地经营权确权登记档案73盒；指导兴仁市整理易地扶贫搬迁档案4359户（盒）；指导义龙新区马别易地扶贫安置点整理易地扶贫搬迁档案23户（盒）。

【传统村落和美丽乡村档案工作】2018年指导贞丰县平街乡花江村整理传统村落档案5盒，指导兴义市清水河镇联丰村雨补鲁寨（美丽乡村）整理档案3盒。

【重大建设项目档案工作】2018年，黔西南州9县市区196个重点项目，按照《国家重点建设项目档案管理登记办法》进行逐一登记上报省局；指导义龙试验区楼纳田园综合体和晴隆县易地扶贫搬迁重点建设项目档案业务工作；参与州发改委对全州石漠化综合治理工程项目的验收；参与州水务局对兴仁市鲁皂水库骨干水源工程建设项目档案进行验收。

【脱贫攻坚工作】黔西南州档案局派出中层干部到扶贫联系点望谟县乐元镇坝怀村任第一书记驻村开展脱贫攻坚工作，从工作经费中挤出1万元作为坝怀村第一书记的驻村工作经费，从州人社局协调1万元用于坝怀村工作经费，驻村干部在局领导的支持下从望谟县委组织部、县民宗委、乐元镇政府等单位协调60余万元用于坝怀村人居环境整治和基层阵地建设；处级干部每个月均到望谟县乐元镇里好村、纳管村两个包保联系点开展包保工作，到包保点都主持召开“五人小组”座谈会，并开展走访工作，了解村最新发展情况和存在的困难，帮助协调解决困难，从州人社局协调1万元资金用于里好村工作经费，帮助从企业协调10万元经费作为里好村基层阵地建设费用。

（柏春兰）

信访工作

【概况】2018年，全州信访总量（含国家局、省局登录信访件，问题属地是黔西南州）5532件次，较2017年4890件次增加642件次，增长13.13%。其中，初信初访3525件次，占比63.72%，重复信访2007件次，重访率36.28%；州、县两级受理登记信访事项总量3802件次，其中，初信初访2936件次，占比77.22%，重复信访866件次，占比22.78%；州信访局接待来访群众1184批次2877人次，办理来信事项522件次，受理、交办网上信访投诉事项495件次，州领导批示交办事项22件。

【领导重视】11月29日，省委常委、省组织部部长李邑飞率省调研督导组到黔西南州开展省领导包案督访活动，看望慰问信访干部，回访两批信访群众代表，听取包案督访事项化解情况汇报。此外，2018年，省委副秘书长、省信访局局长庞鸿，省信访局副局长谢晓东，省信访局副局长刘丽兰，省信访局副局长黄鹂，省信访局副巡视员罗智强及省信访工作联合实地督查组到黔西南州检查落实信访工作责任制等情况。

州委书记刘文新主持召开州委常委会或专题扩大会议，研究部署信访工作，州委副书记、州政府州长杨永英对信访工作作出批示指示，州委副书记、州政府常务副州长穆嵘坤，州委常委、州委政法委书记冉博，州委常委、州委秘书长张谦，州政府副州长、州公安局局长李淞调研指导信访工作并提出要求。

【探索建立律师参与信访工作】2018年，黔西南州印发《州委群工部（州信访局、州群工中心）印发〈关于建立律师参与信访工作推动疑难信访矛盾问题化解办结的调研工作方案〉的通知》，成立调研工作领导小组，于9月20日向州政府办报送《探索律师参与接访调处 推动疑难信访问题化解》的调研报告，省委网站刊发《黔西南州围绕“12374”探索律师参与接访调处》信息。

【“三维一体”信访维稳】2018年，全州执行《中共黔西南州委办公室　黔西南州人民政府办公室关于印发黔西南州“三维一体”信访维稳工作机制的通知》，在各类重要会议、重大活动期间，实现“五个不发生”“七个坚决防止”等工作目标，做到“黔西南州不出事、黔西南州人不惹事”。部（局、中心）荣获州委、州政府表彰的党的十九大和2018年全国“两会”信访维稳安保工作突出集体三等功和个人三等功（2人）、个人嘉奖（2人）。

【领导干部公开接访】2018年，印发《中共黔西南州委办公室　黔西南州人民政府办公室关于开展2018年州领导接待群众来访工作的通知》等，规定每周星期三为州领导接待日。严格实行“五公开”（即公开接访领导姓名、职务、分管工作、接访时间、接访场所）。坚持《贵州省县级党政领导与进京访重要重点人员面对面听取诉求工作制度》。2018年，州领导到州信访局接访下访群众186批次408人次，全州县级领导接访下访群众992批次2290人次。

【信访矛盾集中排查化解】2018年，全州按照国家和省、州安排部署，开展矛盾纠纷信访问题集中排查化解“百日攻坚战”“五个攻坚”“五个专项治理”“骨头案、钉子案”暨省级领导包案督访信访矛盾问题排查化解工作。年内，中联办交办信访矛盾问题6件，化解6件，化解率100%；省级交办信访矛盾问题167件（省信访联席办“百日攻坚战”交办128件，化解128件，化解率100%；省信访联席办“五个攻坚”交办39件，化解39件，化解率100%），化解167件，化解率100%；州级自行排查矛盾纠纷信访问题121件（“百日攻坚战”交办90件，化解90件，化解率100%；“五个攻坚”暨“骨头案、钉子案”交办31件，化解31件，化解率100%），化解121件，化解率100%；指导督促县级自行排查交办矛盾纠纷信访问题137件，化解137件，化解率100%；省级领导包案督访件12件，化解12件，化解率100%。

【“三无”县创建暨治理进京访工作】2018年，全州发生群众进京走访70批92人次，同比批次人次分别上升55%、29.82%。其中，兴义市27批次33人次；普安县11批次11人次；安龙县8批次13人次；晴隆县6批次7人次；望谟县5批次9人次；义龙新区5批次6人次；贞丰县4批次5人次；兴仁市3批次7人次；册亨县1批1人。发生群众在京非接待场所被劝返13人次，其中，义龙新区10人次，兴义市1人，安龙县1人，册亨县1人。截至2018年12月31日，全州有6个县市未发生非正常上访和到县以上超过50人的集体上访，也无因信访问题引发的极端恶性事件和舆论负面炒作情况，达到“两无”县创建标准。

【信访矛盾问题源头排查治理工作】2018年，全州开展“五个攻坚”（即重点领域、重点群体、重点问题、重点人员、京访治理）排查，坚持“不漏一个单位、不漏一村、不漏一户、不漏一人、不漏一件、不漏一项”“六个清楚”“一案一表”，排查情况全部纳入“三个四级”个案台账管理体系实行动态管理。2018年，排查矛盾纠纷100件、信访问题和信访积案1282件。

【特殊疑难信访问题补助资金工作】2018年，全州指导督促各县（市、新区）使用好2018年中央解决特殊疑难信访问题补助资金78万元，2018年省级解决特殊疑难信访问题补助资金6.1万元，州级自行筹措解决特殊疑难信访问题补助资金18.2万元。指导各县（市、新区）申报2019年中央解决特殊疑难信访问题补助资金197.4万元。

【防范化解风险工作】2018年，接省信访联席办《关于贯彻落实省四大班子秘书长联席会议暨切实防范化解风险专题会议精神做好群众信访工作的通知》后，州委常委、州委政法委书记冉博，州委常委、州委秘书长张谦，州政府副州长、州公安局局长李淞等领导分别批示指示，要求州、县两级群工（信访）部门对风险点进行认真排查梳理，制定防范措施。州信访联席办组织、协调、督促各级各部门对可能影响社会稳定的风险进行全面系统滚动排查。

【信访法治化建设工作】2018年，全州实施“诉访分离”工作制度，贯彻落实《中共中央办公厅国务院办公厅印发〈关于依法处理涉法涉诉信访问题的意见〉的通知》。推进依法分类处理信访诉求，落实《中共黔西南州委办公室　黔西南州人民政府办公室印发〈关于深入推进依法分类处理信访诉求的工作方案〉的通知》《黔西南州信访工作联席会议办公室印发〈关于进一步加强信访法治化建设的实施方案〉的通知》，在州级层面明确6个单位为州直试点单位，认真做好受理、交办、转送和督办工作，协调处理重要信访问题。

【维护社会和谐稳定工作】2018年，全国“两会”、省“两会”、州“两会”、中央第一轮巡视组进驻贵州开展巡视工作、国家退役军人事务部调研组赴黔西南调研退役军人信访问题、上级领导（中央、国家、省）赴黔西南州调研视察、2018年中国国际大数据产业博览会、省委第三巡视组巡视黔西南州、2018国际山地旅游暨户外运动大会和第六届“中国美丽乡村·万峰林峰会”等各类重要会议、重大活动期间，制定工作方案和应急预案，成立相应的信访维稳工作领导小组，严格执行24小时领导带班值守制度和“日报告”“零报告”制度，完成各项任务的安保维稳信访工作。

【脱贫攻坚暨同步小康工作】2018年，黔西南州印发《州委群工部（州信访局、州群工中心）关于进一步强化落实脱贫攻坚工作责任的通知》《州委群工部（州信访局、州群工中心）2018年脱贫攻坚包保帮扶工作计划》《州委群工部（州信访局、州群工中心）2018年开展扶贫工作作风问题专项治理实施方案》《州委群工部（州信访局、州群工中心）关于脱贫攻坚领域信访矛盾问题排查化解工作为打赢脱贫攻坚战、发起总攻夺取全胜营造良好的社会环境的通知》等，及时调整充实领导小组成员及其办公室，召开5次领导班子成员（扩大）会议，专题研究和安排部署脱贫攻坚有关工作。领导班子成员、督查专员严格按照省、州关于脱贫攻坚战有关要求，坚持按月进村入户走访，宣传相关政策，与群众共商共谋脱贫路子。2名驻村帮扶责任人轮番驻村开展工作，配合“五人小组”完成同步小康暨脱贫攻坚各项工作。

2018年，州部（局、中心）领导班子成员和督查专员先后率员到扶贫联系点安龙县龙山镇宜拉村和包保的贫困村安龙县笃山镇洪泥村、拉坡村开展帮扶工作，从贵州集法律师事务所聘请一名律师担任宜拉村法律顾问，法律服务费每年3000元，督促所聘请的法律顾问落实“四个一”“五办理”“六惠民”；给宜拉村委会赠送办公电脑两台，帮助改善村委会办公条件；划拨10000元信访维稳工作经费，划拨14800元产业扶贫工作经费（蜂糖李种植技术培训费）；积极组织干部人员参加2018年“扶贫日”募捐活动，全州85名信访干部自愿捐款10000元。

（州信访局）

侨联工作

【概况】黔西南布依族苗族自治州归侨侨眷联合会（简称黔西南州侨联），是由全州归侨、侨眷组成的人民团体。2018年，黔西南州侨联内设办公室和经济联络部，核定参公编制5名、工勤1名。其中领导职数2名，科级2名，财政全额拨款。

【参加第十次全国归侨侨眷代表大会】8月29日至9月1日，第十次全国归侨侨眷代表大会在北京召开，来自全国各地1300名归侨侨眷代表和来自110个国家700名海外侨胞嘉宾参加。贵州省出席第十次全国归侨侨眷代表大会代表17人，州侨联主席杨黔生作为代表参加会议。8月29日开幕式上，黔西南州侨联获人力资源社会保障部、中国侨联全国侨联系统先进集体表彰；黔西南州侨联主席杨黔生获中国侨联全国侨联系统先进个人表彰；黔西南州侨联兼职副主席、黔西南州政协研究室主任赵克难获中国侨联、国务院侨办全国归侨侨眷先进个人表彰。

【侨联改革工作】9月18日至21日，黔西南州侨联与州委统战部组成调研组赴各县（市、区）开展侨联改革工作调研，听取黔西南州侨联改革的建议和意见，通过常委会、党组会议讨论，拟定黔西南州侨联改革方案（初稿），征求有关部门意见，确保黔西南州侨联改革方案可行性。

【联谊工作】7月6—18日，中国侨联2018年“亲情中华 多彩贵州”黔西南夏令营活动举办。来自美国、西班牙和加拿大的30名同学通过学习汉语、书法、国画、茶道、剪纸、太极拳、刺绣、蜡染制作等，到南明历史遗迹、何应钦故居和中国华侨国际文化交流基地“晴隆二十四道拐”开展活动，进一步认识中国、认识黔西南。开展与宁波侨联互访工作。宁波市侨联与黔西南州侨联签订友好侨联协议，宁波市侨联组织侨商赴黔西南开展项目考察与扶贫工作对接，形成初步意向。做好2018国际山地旅游暨户外运动大会和第六届“中国美丽乡村·万峰林峰会”服务接待工作，州侨联邀请华人科学家张绍晴、德国贵州商会会长黎杨，中德足球俱乐部外籍教练团参与国际山地旅游与户外运动发展论坛，会上张绍晴教授、黎杨、波兰籍足球教练Krystian Sklodowski分别作“气候环境变化与人类生活”“全域旅游向全平易近旅游的转变”“体育运动是增进国际交流与提升教育的重要手段”主旨演讲，大会聘请张绍晴、黎杨为山地户外体育运动与旅游项目研究首席专家，为Krystian Sklodowski颁发山地户外体育运动——足球荣誉教练证书；办好第六届“贵州·台湾经贸交流合作恳谈会”；做好香港希望之友教育基金会、浙江省新华爱心教育基金会及省侨联主席吕虹、副主席李立一行赴黔西南调研考察工作；促成兴义一中代表团赴加拿大斯坦福国际高中考察，双方就“2+1”项目（兴义一中教育集团高中就读2年+斯坦福高中就读1年）、教师交流、培训项目合作探讨，校长黄利君和斯坦福高中董事长Jason Zhang签署《“2+1项目”合作备忘录》。全年参与接待、

2018年7月6日至18日“亲情中华·多彩贵州”黔西南夏令营在黔西南州举办
（州侨联　提供）

2018年9月20日，召开州侨联改革调研组赴望谟县调研暨中国侨联十代会精神学习会
（州侨联　提供）

2018年11月30日，华人科学家张绍晴教授在山地旅游大会上作气候环境变化与人类生活主旨演讲（罗丹 摄）

对接华人、华侨、海外社团及港、澳、台嘉宾900人次在黔西南州开展活动。

【脱贫攻坚】 2018年，经州侨联申请，浙江新华爱心教育公益基金会为晴隆民族中学60名学生资助珍珠班助学金15万元、香港爱心人士为全州30名贫困大学生资助助学金29.60万元。为黔西南州册望民族班贫困学生发放中国华侨公益基金会胡国赞爱心基金助学金5.1万元，做好魏基成天籁列车活动，获赠冬衣500件，棉被350套。州侨联继续选派一名优秀人员驻兴义市猪场坪乡田湾村帮扶，因户施策，制定帮扶措施：为遭电击失去双手的贫困户刘俭金家申请改厕安装智能马桶，通过残联项目与侨联职工捐款1.3万元帮助刘俭金安装义肢，协调解决临时生活困难救助补助金5000元，拨款2650元解决其小孩上学的生活费，购买16头猪崽帮助其发展养殖。年底，该户出栏生猪26头，收入7万多元，现存栏6头。对已帮扶脱贫的异地搬迁户、贫困户坚持脱贫不脱钩，定期走访慰问帮助解决困难，发放困难慰问金4500元，为贫困户王国启协调解决临时生活困难救助补助金5000元、6名因学致贫家庭大学生发放助学金4.46万元。

【共商产业】 2018年，州侨联领导深入兴义市猪场坪乡调研，与村“两委”班子、村民共商村集体产业事宜，引进白魔芋种植50亩，当前每亩产量1.2～1.6吨，每亩产值可达1.4万～1.9万元。

【改善民生】 2018年，为兴义市猪场坪乡田湾村拨款1.42万元，协调9万元帮助改善基础设施和发展集体经济。协调资金8万元拟建设学校科普中心一个，为田湾村小学购买电脑一台，用于“留守儿童之家”。年内帮助扶贫点发展种养殖业、开展春节慰问、爱心助学共计5.92万元。

【维护侨益】 2018年，州侨联坚持以人民为中心的发展思想，心系侨胞、广泛联系侨胞，做到侨胞在哪里工作就延伸到哪里。节假日上街设点发放涉侨宣传资料200份宣传侨法，向黔西南州各县（市、新区）归侨、贫困侨眷代表60人发放慰问金及补助金7万元，把党委、政府的新春祝福送到归侨侨眷家中。年内州侨联开展归侨侨眷走访工作，慰问生病、去世的归侨侨眷及其家属；对涉侨信访及时协调处理，引导归侨侨眷和海外侨胞运用法治思维和法治方式解决信访问题。

（韦 鸿）

州政务服务中心

【概况】 州人民政府政务服务中心为正县级事业单位，隶属州人民政府办公室管理，内设办公室、业务科、监督管理科、委托服务代理科、信息技术科，核定事业编制16名，管理人员15名，工勤人员1名。其中领导职数2名，科级职数6名。2018年，在职干部职工12人。

2018年，州人民政府政务服务中心，应公开权力事项3513项、应进驻事项386项，其中行政许可183项，行政确认、行政征收、行政给付、其他类权力事项203项。州及、县（市、义龙新区）、乡（126个乡镇、街道办）、村（1231个村居、社区）开通贵州省网上办事大厅服务站点，服务站、网厅网点覆盖率达100%。截至12月31日，全州10534项权力事项进驻大厅、交警分厅办理，实体政务大厅累计办理受理2586121件。州级网上办理16936件，网上办理率为26.85%，“一窗”分类受理事项占比64.4%。州级取消证明材料234个，州级保留299个，取消率达43.90%。

【集中进驻】2018年，州政务中心推进动态管理政务服务事项，建立事项公开目录清单、应进事项目录清单、未进事项目录清单，全州10440项权力事项进驻大厅办理。设立常驻窗口、综合窗口和分厅三种形式，33个行政权力部门进驻州政务大厅，其中常驻制部门7个、整体进驻8个、委托代理制部门17个、分厅1个（交警分厅），开展收件与受理、审查与决定、颁证与送达等服务工作。新增“商标注册”常驻窗口、“大中专毕业生报到”“会计职称考试”潮汐窗口，加挂“港澳台居民居住证申领”窗口。将部门政治素质高、业务能力强、能够履行首问责任制的行政编制或事业编制人员选派进驻政务大厅工作，组织开展上岗培训，对不合格人员退回原单位，重新选派；统一文本签订授权书。合理授予进驻窗口受理决定权、一般事项审批决定权、复杂事项组织协调权、流程管控代位办理权、行政审批服务专用章使用权和全流程监督权等权力。清理就近办理服务事项1181项，其中州级延伸到县级办理事项82项，延伸到乡村办理事项3项，县级延伸到乡级办理事项642项。

【集中公开】2018年，州人民政府政务服务中心按照实体大厅、网上大厅建设标准，整合州交易中心一楼大厅，拓宽政务大厅一楼、二楼、三楼，新增面积2000平方米，改造后州政务大厅总面积达5824平方米。新设前台受理窗口40个、后台审核办公室10个、自助办理区1个，新增联合审批办公室、多图联审办公室。2018年，州人民政府印发《州人民政府关于公布部分州直部门权力清单和责任清单动态调整结果的决定》《州人民政府关于调整一批行政许可事项的决定》（州府发〔2018〕6号）、《州人民政府关于公布州直部门继续实施行政许可事项目录的决定》及《州人民政府关于公布31个州政府工作部门2018版权力清单和责任清单目录的决定》文件，按照“应进必进”，动态管理事项的原则，公开权力事项3513项（含州税务局、州无管分局权力事项）、应进驻事项386项，其中行政许可183项，行政确认、行政征收、行政给付、其他类权力事项203项。州及、县（市、义龙新区）、乡（126个乡镇、街道办）、村（1231个村居、社区）开通贵州政务服务网服务站点，网厅网点覆盖率达100%，通过贵州政务服务网及州、县政府网站公布权力事项48464个。开展“减证便民”行动，全州取消证明材料857个（州级取消234个），保留证明材料2003个（州级保留299个）。开展办事指南第三方评估，对州级权力事项覆盖度、办事指南精准度及减证便民成效度进行评估，依托评估报告，对办事指南不规范，事项设定依据、申请条件不准确，申请材料不合法，办理流程不规范，未提供申请材料格式文本和示范文本下载等方面进行完善，编制申请表（书）、承诺书、委托书样本142个，评选出优秀样本7个。

【集中办理】2018年，全州10534项权力事项进驻大厅、交警分厅办理，截至12月31日，实体政务大厅累计办理受理事项2586121件。开展政务服务事项办理程度分类工作，按事项办理流程进行分类，一般事项393项、复杂事项269项，不宜进驻或暂不进驻事项37项。梳理就近办理服务事项，全州清理就近办理服务事项1181项，其中州级延伸到县级办理事项82项，州级延伸到乡村办理事项3项，县级延伸到乡级办理事项642项。通过委托下级受理、授权代办帮办、自助终端办理等方式实现事项就近办理事项85项。建立实体政务大厅自助申报区，引导办事企业群众通过省网上办事大厅申报办理事项、查询办理结果。全州公布权力事项、公共服务事项办事指南48464项，其中12337个事项可网上申报、网上预审、网上补正、网上咨询投诉。按全省统一“三环节”（申请与受理—审查与决定—颁证与送达）、“六步骤”（收件—受理—审查—决定—制证—发证）优化办理流程，全州零跑腿事项51项、最多跑一次事项1474项、最多跑两次事项3938项，最多跑一次事项占比28%。制定《黔西南州人民政府实体政务大厅“一窗式服务”改革工作实施方案（试行）》《黔西南州人民政府实体政务大厅“一窗式服务”改革工作实施方案（试行）》，在州实体政务大厅17个综合代理制单位试行“前台综合受理、后台分类审批、统一窗口出件”的服务模式，推行进驻事项由窗口工作人员“无差别”收件受理和出件，办理进驻事项1129件。开展“减证便民”行动，优化居民用低压电只需“用电人身份证明”“用电地址物业权属证明”，办理时间压缩到2.85个工作日。居民用高压单电源23个工作日，证明资料由11项减到8项。通过整合部门资源，优化审批流程，在州实体政务大厅17个联络制、委托代理制部门中采取“前台综合受理、后台分类审批、统一窗口出件”的服务模式，在州政务大厅全面推开“一窗式”改革，州本级综合代部门受理1129件，开展代办服务7825件、预约服务56件、上门服务5件、延时服务254件、咨询服务34907件，陪同服务4件。州级网上办理量16936件，网上办理率为26.85%，州级“一窗”分类受理事项占比64.4%。

【监督管理】2018年，州人民政府政务服务中心开展窗口服务质量突出问题清理整治工作，州本级自查出突出问题27个，提出整改措施40条，其中立查立改21条，限期整改、长期坚持19条。解决企业和群众办事难点问题，对兴仁县、安龙县、贞丰县、普安县、晴隆县、册亨县、望谟县开展政务服务效能调研，走访企业14家。畅通投诉举报渠道，规范事项办理，开通网上投诉、电话投诉、实体大厅投诉、模拟办事、随机抽查网上或实体大厅等方式。州纪委州监委建立政务服务协同监督工作程序，对日常工作中涉嫌违纪的反映或举报、重点工作未完成列入异常信息提示整改，办结及时率、群众满意度、“减证便民”“一站式”审批、事项办理线上线下等推进不力的情况，纳入协同监督工作程序监督范围。推进编码化管理服务事项，运用全省电子监察系统，加强事项办理过程监管，严格执行“零超时”。

【政务公开】2018年，州人民政府政务服务中心起草《州人民政府办公室关于印发黔西南州2018年政务公开工作要点的通知》《州人民政府办公室关于推进社会公益事业建设领域政府信息公开的实施方案》《州人民政府办公室关于推进公共资源配置领域政府信息公开的实施方案》，指导兴义市、贞丰县开展基层政务公开标准化规范化试点工作。贯彻落实《贵州省开展基层政务公开标准化规范化试点实施方案》，在州人民政府和兴义市、贞丰县政府门户网站开设基层政务公开标准化规范化试点专题栏目，公开10个试点领域2128个公开事项清单、流程图，试点工作政策文件、试点动态等。8月，省政府办公厅组织验收组对兴义市、贞丰县开展基层政务公开标准化规范化试点工作进行现场验收，安排部署迎接国家试点验收工作。将政务公开工作纳入州直部门年终目标绩效考核负面指标体系，将政务公开组织保障、制度建设、政府信息公开、政策解读、回应关切、服务公开、公众参及平台建设，纳入政务公开考核指标体系；将“五公开”落实到行政管理全过程，政务服务全流程。7月、10月，分别举行2018年政务公开工作培训会一期，将政务公开工作纳入公务员初任培训。

【脱贫攻坚】2018年，州政务服务中心包保册亨县弼佑镇秧佑村，班子成员按规定带队到秧佑村开展帮扶工作，选派党员干部担任驻村第一书记，坚持“三会一课”。2018年，秧佑村党支部被省委评为“全省脱贫攻坚先进党组织”、被州委评为“全州脱贫攻坚先进党组织”，被册亨县委评为“全县脱贫攻坚先进党组织”，被州司法局评为“全州民主法治示范村”。2018年，秧佑村组组通公路完成60%以上，98%的农户通水泥串户路，户户通自来水、通电，村庄整治完成太阳能路灯安装，古村落保护改造23栋村居，修缮21栋老旧吊脚楼，污水管道工程完成60%，启动实施污水处理厂、停车场等项目。秧佑村完成油茶种植8535亩、杉木种植15018亩，玉米调减150余亩，发展本地小黄牛养殖10户179头。完成易地扶贫搬迁95户414人。

（王庆典）

州民意调查中心

【概况】 黔西南州民意调查中心隶属黔西南州人民政府办公室管理，列入州级财政全额预算。2018年，设中心主任1名，副主任2名。核定事业编制19名（其中管理人员18名，工勤人员1名），内设机构共8个科室：办公室、受理一科、受理二科、督查督办科、调查调研科、热线电话管理科、关爱留守人员信息科、关爱留守人员综合业务科，内设机构科级职数共10名。

【党建扶贫】 2018年，州民调中心创新学习载体和方式，建立“每日读报、每周发言、每月讲课、每季研讨”集中学习和个人自学制度。中央、省、州重要会议召开和重要文件下发后，第一时间组织传达学习和贯彻落实，让全体干部职工在思想、行动上与中央、省委、州委保持高度一致。抓好“两学一做”学习教育，把学习党章党规、习近平总书记系列重要讲话精神作为干部精神之“钙”，落实“三会一课”等制度，严肃组织生活，使党员干部按照合格党员标准自动看齐，在工作和岗位上创先争优。

州民调中心始终坚持以脱贫攻坚作为工作重心，根据州委、州政府决策部署，坚持精准扶贫、精准脱贫基本方略，坚持“上规模、强龙头、创品牌、带农户”的思路，推广“公司+合作社+农户”模式。调整农业产业结构，突出主导产业和特色优势产业。组织望谟县乐元镇村组干部到贞丰县长田镇甘田村辣椒种植示范基地实地考察辣椒科学种植；协调产业资金完成10000羽鸡苗发放给董万村贫困户养殖项目；协调泉涌公司与董万村合作社土鸡订单农业项目；协调州科协科普经费完成580亩早熟蔬菜种植工作；到董万村开展省委十二届三次全会、州委七届六次全会精神宣讲、推动脱贫攻坚“五个专项治理”工作等。

2019年10月31日，州民调中心党支部到册亨县开展“脱贫攻坚·关爱留守妇女”主题党日活动 （州民调中心 提供）

【民意汇聚】 2018年，州民调中心完善“12345”州委书记、州长与群众直通交流（民意调查）热线，黔西南州民意调查网，民意调查员，短信，微信，民意调查信息管理系统等平台，推进宣传工作，提高群众对民意调查工作的知晓度。年内州民意调查中心精准办理4458件民意事项，已办结4331件，办结率97.15%，办结回复满意率97.80%。

【民意办理】 2018年，州民调中心贯彻落实全州大数据发展战略，完善民意调查信息管理系统平台和载体接收、受理、办理、回复、满意度调查等，以便各级党委政府和州级各部门通过信息化手段，提高信息抓取、资源链接、流程管理和统计分析等方面的数字化程度，高效及时地汇集民意，洞察民情，办理民愿，解决民需，吸纳民议。民意调查信息管理系统在全州上下同步启用以来，处理受理各类民意信息和事项用时与以往相比平均缩短2天，群众对事项办理及时性和办理结果合理性的满意度同比提升0.84个百分点。2017年8月正式启用民意调查信息管理系统办理民意事项至2018年12月31日，全州各县（市、新区）共精准办理民意事项8696件，其中群众满意占95.34%，不满意占2.03%，未评价或正在评价占2.63%。

【民意落实】 2018年，州民调中心分别与发改、国土、交通、住建、扶贫等部门建立项目类联动机制；工商联、州级龙头企业建立中小企业互联互通联动机制；

农行、农商行、贵阳银行等建立中小企业金融服务类民生愿望联动机制；人社、职院、农业等部门建立技能培训联动机制；民政、卫计、州内各大医院建立医疗救助类等联动机制，推动群众的民生愿望能够落实落地。年内州民意调查中心精准办理4458件民意事项：与兴义市联动办理1248件，兴仁市联动办理323件，安龙县联动办理379件，贞丰县联动办理323件，普安县联动办理519件，晴隆县联动办理544件，册亨县联动办理200件，望谟县联动办理196件，义龙新区联动办理384件，州直部门联动办理342件。州民调中心自办件158件。

【决策参考】2018年，州民调中心搭建民意畅达机制和平台，"12345"民生热线、民意调查网站、民意调查微信等多渠道收集基层民意和群众愿望。精准汇总分析各县（市、新区）基层群众需求，第一时间传递给各级各部门作为制定政策的参考和依据，各级各部门根据民意来规划设计制定政策，跟踪督促民意民愿实现，解决信息传递不畅通、不精准的问题，填补基层"信息流"及时有效传递的空白。对收集到的文化教育、医疗卫生、资源开发、环境保护、公共事业等重大民生重要事项、热点、难点问题进行调查调研，听取群众对党委、政府重大决策部署的意见建议，依据民意反映较集中、反映强烈的事项，提出办理意见和建议等，定期形成民意专报及时呈报州委、州政府，转相关县（市、新区）党（工）委、政府（管委）和相关州直单位，为各级决策提供参考依据，当好党委、政府参谋助手，提高决策的民意性，填补自下而上直接吸纳民意来辅助决策的空白。年内撰写社情民意专题参考报告《近期群众对城市基础设施建设中存在的问题的反映较为突出》《近期群众对全州村务监督方面的反映较为集中》《近期群众对全州政务服务作风方面的反映较为集中》《对安龙县群众反映民意事项办理落实情况调查调研报告》等4期，得到州委书记刘文新，州委副书记、州长杨永英，州人大常委会主任邓家富，州委常委、州政法委书记冉博，州人大常委会副主任刘兴吉等州领导批示5件次，各类民意被吸纳为政策措施，为全州、县、乡各级发挥出决策参考和执政辅佐职能。

【协同监督】2018年，州民调中心与州纪委建立《民意调查协同监督工作程序》，做好业务部门主体责任民意调查监督工作，切实压实岗位责任，倒逼各级各部门高效办理民意事项，及时回应群众期盼。配合州纪委州监委完成协同工作情况通报11期，对兴义市黄草街道办、仓更镇、敬南镇、兴仁县回龙镇、潘家庄镇、新龙场镇、安龙县海子镇、万峰湖镇、贞丰县珉谷街道、龙场镇、晴隆县长流乡、茶马镇、普安县盘水街道办、地瓜镇、册亨县冗渡镇、坡妹镇、望谟县郊纳镇、打易镇、义龙新区德卧镇、龙广镇等25个乡镇办理民意事项责任心较强、群众认可度高的，给予通报表扬；对办理民意事项过程中出现存在敷衍塞责、工作推诿、延时回复或不回复，群众认可度不高情况的12个乡镇通报批评。建立民意调查协同监督机制，理清责任链条，层层传导压力，推促各办理单位充分履行主体责任和监督责任，使民意调查工作得到落实。

【社会评估】2018年，州民调中心开展民意社会评估，解决工作中客观存在的内部评价普遍叫好、群众满意度不高等问题，促进各级各部门认真落实主体责任，发挥工作职能服务基层服务群众。根据州政务工作相关要求，开展全州各级窗口单位（部门）政务服务社会评估。7月至8月，州民意调查中心对州政务服务中心及入驻州政务服务中心窗口单位（部门）、政务服务分厅及各县（市、义龙新区）政务服务中心共36个单位（部门）政务服务群众满意度开展电话问卷抽样调查工作，共向810人次开展问卷调查，收回有效问卷810份。有效问卷中：满意749票，占92.47%，基本满意38票，占4.69%，不满意23票，占2.84%。调查结束，对调查结果进行梳理和分析，调查报告反馈给各相关单位部门，作为该单位推进工作、调整部署、整改落实等工作决策的参考依据。12月，州民意调查中心根据上级安排部署，评估人大代表建议、政协提案296件，其中文化教育48件，医疗卫生15件，资源开发34件，环境保护22件，公共事业97件，脱贫攻坚13件，其他67件。

（贺　灵）

州公共资源交易中心

【概况】 黔西南州公共资源交易中心是州人民政府直属正处级全额拨款事业单位，内设综合科、财务科、信息技术科、监督科、交易受理部、开标组织部、评标组织部、交易服务部、政策法规部9个科部。截至2018年12月31日，公共资源交易中心核定事业编制39名（其中包含正科级公益一类事业单位州农村产权流转交易中心，隶属州公共资源交易中心管理，核定事业编制6名），实有在职人员37人，列入州级财政全额预算。

2018年1月至12月，州公共资源交易中心完成交易1892宗，金额825.8亿元。其中，工程类1216宗，交易金额475.93亿元，节约资金9.73亿元，节约率2%；政府采购类416宗，交易金额281.13亿元，节约资金0.80亿元，节约率0.28%；土地和矿权交易类151宗，交易金额65.02亿元，增值2.23亿元，增值率3.4%；产权类109宗，交易金额3.71亿元，增值0.02亿元，增值率0.54%。PPP项目7宗，交易资金13.42亿元。

【分段式管理】 2018年，黔西南州公共资源交易中心巩固分段流程管理改革成果，州公共资源交易中心领导班子分管工作和各科室负责人进行轮换。对领导班子分管工作进行调整即是按照分段负责的管理思路，把项目交易分为受理、开标、评标、标后服务等四个主要环节。中心三名领导班子的分管工作全部重新进行了调整，充分轮换。原分管受理部的调整为分管开标部和评标部，原分管开标部和评标部的调整为分管交易服务部，原分管交易服务部的调整为分管受理部。对科室负责人进行大轮换即是除财务科外，其余科室负责人全部进行轮岗，干部多岗位锻炼，提升综合素质。

【公共资源交易监管体系搭建】 2018年，州公共资源交易中心在“智慧金州”平台建立汇集投标人（供应商）、招标代理机构、评标专家、招标（采购）人、各行业主管部门等公共资源交易各方主体信息监管系统平台，涵盖标前、标中、标后的全流程交易监管。2018年12月31日止，监管平台与中心数据对接已完成，发改、财政等部门数据连通尚未完成。

【政府采购类应收账款线上融资平台】 2018年，黔西南州公共资源交易中心与黔西南州财政局、中国人民银行黔西南州中心支行、中征（天津）动产融资登记服务有责任公司进行合作，共同搭建政府采购类应收账款线上融资服务平台，为黔西南州中小微企业融资提供服务，助推中小微企业发展。至2018年12月，黔西南州公共资源交易中心系统与银行系统完成调试，实现信息共享、业务互通。

【视频监控集中管理】 2018年，州公共资源交易中心确保监控数据安全，将开标室、评标室的90路监控视频迁入华为云计算中心存储。年内完善升级视频监控存储平台，实现云计算中心及交易中心双向存储，做到既可实时监控又可永久追溯。

【公共资源交易电子化全覆盖】 2018年，州公共资源交易中心在2017年项目交易全程电子化的基础上，进一步升级电子交易系统。实现政府采购类项目网上开评标，土地和矿业权类项目实现网上挂牌竞价，产权交易实现公告发布、网上报名，工程建设类项目中的道路交通、水利类项目也实现全程电子化。其中，工程建设类项目中的房屋及市政工程类项目完全实现无纸化，投标人不再需要打印装订纸质文件投标。

【“远程不见面”开标和跨省区评标】 2018年9月，州公共资源交易中心召开“远程不见面”开标和“易采虹”平台跨省评标启动会，正式实现“远程不见面”开标和运用“易采虹”平台开展跨省区评标，降低制度性交易成本，提升服务能力，预防围标、串标风险。2018年12月末，州公共资源交易中心已完成5宗工程建设项目的“远程不见面”开标，交易金额53091.37万元。

【协同监督】 2018年，州公共资源交易中心完成对投标企业橙色扣分情况查询8435次，查出存在橙色扣分情形798次；对投标企业红色信息查询21000余次，查出存在红色信息11次，不达标企业全部取消参与投标资格。

【脱贫攻坚】 2018年，州公共资源交易中心对照产业发展“八要素”要求，协助帮扶点完成农业产业结构调整，退减玉米种植979亩，协调茶叶加工厂建设资金20万元，惠及4000人；协助完成组组通公路建设及硬化4.6千米，协助完成通村油路建设5千米，启动5个村民组串户路建设，完成机耕道硬化0.8千米，协调资金15万元；为三所学校提供4万元的教育专项支持资金；协调爱心企业，为50户贫困户学生给予每人1000元资助；为脱贫攻坚项目开绿色通道，凡项目进场后，第一时间安排开标，确保在交易环节不耽误时间；根据州委、州政府安排，为脱贫攻坚项目提建议，助推项目推进。

2018年春节期间，黔西南州公共资源交易中心对28户贫困户进行慰问，共计发放慰问金14000元，对13户低保户发放大米6袋、棉衣25件、棉被6床；2018年“六一”儿童节期间，州公共资源交易中心对留守贫困儿童开展节日慰问，共计发放6万元的慰问物品；同年10月17日组织捐款共计7000余元。

（徐佳嘉）

黔西南无线电管理局

【概况】 2018年，原贵州省无线电管理局黔西南分局是公务员法管理的正县级机关单位，核定编制4人。原贵州省无线电管理局黔西南分局监测站是参照公务员法管理的副县级事业单位，核定编制11人。原属贵州省无线电管理局，机构改革期间，根据《省委省政府关于印发〈贵州省工业和信息化厅职能配置、内设机构和人员编制规定〉的通知》调整为省工业和信息化厅派出机构，分别更名为黔西南无线电管理局、黔西南无线电管理局监测站。

【安全保障工作】 2月9日至12日，黔西南无线电管理局对兴义万峰林机场、顶效火车站以及普安高铁站进行春运前走访调研工作。各单位加强台站管理，建立联系工作机制，合法设置台站，确保春运期间安全使用。

【业余操作技术考试】 8月25日，黔西南无线电管理局举办A类业余无线电操作技术考试，共有21名业余无线电爱好者参加考试，11人考试合格。

【无线电台（站）管理】 2018年，黔西南无线电管理局与州移动、州电信、州联通公司建立有效的沟通机制，掌握公众通信台站运行情况，5G网络建设规模及进度等。受理黔西南州新增台站3155个，其中州电信、州移动、州联通三大运营商新建基站3080个，新增广播电台1个，新增民用对讲机设台单位11家，共计75台（站）。年审单位20家和换发执照4本。开展频占费收取工作，完成数据库频占费核实工作。

【频率规划调整】 2018年，根据工业和信息化部2018年9月7日发布的《工业和信息化部关于调整223-235MHz频段无线数据传输系统频率使用规划的通知》文件要求，10月，黔西南无线电管理局核查在整改范围内的单位，并要求整改。

【卫星地球站核查】 2018年，避免5G系统对同频段或邻频段内依法开展的其他无线电业务产生有害干扰，10月16日至25日，黔西南无线电管理局卫星地球站核查小组到黔西南州各县市核实38个卫星地球站和2个微波站。核实过程中发现个别单位卫星地球站信息报送有误，已对其作出完善信息的处理意见。

【频率使用率评价】 2018年，为贯彻落实《国家无线电办公室关于开展2018年频率使用率评价工作的通知》文件精神，根据省局安排，黔西南无线电管理局制定《黔西南州2018年频率使用率评价监测工作方案》，通过数据采集、存储和分析等方法，采用固定监测和移动监测的方式，对国家要求监测的798—960MHz内数字集群、公众移动通信、铁路专用移动通信等10个业务频段进行监测，评估频谱使用情况。其中使用6个固定监测站进行37天的固定监测，使用移动监测车进行黔西南州各县市区的移动监测，行程共计435.88千米。

【完善联合执法机制】 2018年，黔西南无线电管理局与州市场监督管理局联合发文，建立《黔西南州市场监督局 贵州省无线电管理局黔西南分局关于黔西南州无线电发射设备市场监管工作长效机制》，扎实推进黔西南州无线电发射设备销售备案管理工作，强化事中事后监管，进一步规范市场经营行为。与黔西南州文化广电新闻出版局联合发文，建立《关于联合开展打击治理“黑广播”违法犯罪和集中整治违规设置使用调频广播电台专项活动实施方案》。深入开展打击“黑广播”和集中整治违规设置使用调频广播电台犯罪整治活动，发挥打击防范长效工作机制作用，维护良好的空中电波秩序。

【无线电宣传】2018年，黔西南无线电管理局与州电信、州联通、州移动三大运营商在黔西南州范围内向手机用户发放宣传短信110万余条；通过《今日兴义》刊登无线电科普知识，先后利用2·13世界无线电日、9·11集中宣传等节点刊登无线电管理文章8期，受众达30万人次；在93.9FM开展走进直播间活动；通过兴义市新闻中心微信公众号，向近12万订阅群众推送《中华人民共和国无线电管理条例》（以下简称《条例》）宣传专栏；向州委、州政府等相关机关单位及重点涉台单位共30家发放《条例》《无线电科普手册》《漫画〈条例〉解读》等宣传资料及物品共计120份；与兴义市阳光书院七年级语文组联合举办“无线电科普知识进校园”讲座，该校300多名学生参加该次活动，《民生兴义》电视栏目组全程参与报道。

【行政执法】2018年，黔西南无线电管理局对黔西南州无线电发射设备销售市场进行检查，组织开展销售市场执法检查，对市场销售的无线电发射设备是否具有“型号核准证”、型号核准与设备是否相符、各项参数指标是否符合国家规定、销售的无线电发射设备是否办理备案等情况进行检查。检查过程中共发出“责令整改通知书”6份。

【监督检查】2018年，黔西南无线电管理局全年开展各类监督检查4次，对黔西南州六县二市的酒店、宾馆、物业、医院使用对讲机情况进行检查，出动检查人员4人，历时半个月，检查对讲机使用单位56个，现场发放《条例》60本，发放责令整改通知书26份，发放办理设台通知30份，邮寄设台通知50份。

监测人员在“山地旅游大会”现场进行监测（张永勋　摄）

【干扰查处】2018年，黔西南无线电管理局共处理10起干扰投诉案件，其中移动通信干扰器干扰公众移动通信3起，手机信号放大器干扰公众移动通信5起，某厂车辆探测设备干扰公众移动通信1起，某门面售卖的“点菜机”基站干扰汽车无线遥控1起，实时维护公众移动通信正常和电磁环境安全。

【“双随机、一公开”工作】2018年，黔西南无线电管理局建立无线电管理“双随机、一公开”工作机制，每季度随机抽查两家设台单位，对检查内容按要求上网公示，对设台单位频率使用情况进行监督检查，发现问题及时整改，全年完成“双随机”抽查单位8家，未发现违法使用频率的情况。

【打击违法犯罪专项行动】2018年，黔西南无线电管理局定期进行“黑广播”“伪基站”监测活动，共完成专项监测24次，查处3起“黑广播”违法案件。1月5日，通过监测站24小时无线电监测发现2个贩卖假药的“黑广播”信号，分别在兴义市和兴仁市，并联合公安部门在24小时内成功查处，拆除设备；9月10日，通过普安县监测站发现普安县存在贩卖假药的“黑广播”信号，联合广电部门和公安部门在普安县城内成功查处和拆除1套“黑广播”设备。

【优化行政工作】 2018年，为规范和统一行政权力和责任事项的公示内容，参照贵州网上办事大厅省经济和信息化栏目内省局公示的相关内容。年内，黔西南无线电管理局在州政务中心网站上修订行政许可4项、行政处罚19项、行政强制3项、行政征收1项、其他（无线电销售备案）1项公示内容。

【重点频段监测、检测】 2018年，黔西南无线电管理局监测站全年共完成日常监测频段37段，累计监测时长达32982小时。在重要时期对民航、铁路、公安通信、森林防火、防汛、广播电视等重点频段进行特殊监测，制定针对兴义机场和州委、州政府的定点、不定期监测计划，坚持每月至少3次的定点监测；完成频率核查对比专项监测及常规监测工作；完成全国“两会”、省“两会”、元旦、春节、清明、五一、端午、中秋节、国庆节等重要节假日的无线电监测值班工作。

【保障各类考试无线电安全工作】 2018年，黔西南无线电管理局参与“2018年度黔西南州旅游发展大会暨户外运动大会”开幕式及各类考试无线电安全保障工作；参与高考、省级公务员招考、全国法律资格考试、各县市事业单位招考、部分行业资格考试等考试无线电监测保障20次，派出监考人员140人次，出动监测车39辆次，使用设备153台（套），阻断作弊信号2起，查处作弊人员3名。并在全国高等教育自学考试中，在兴义八一基地进行考试保障，加强军地沟通。

【基础技术设施建设】 2018年5月，黔西南无线电管理局配合设备厂家完成兴义机场航空子系统安装、验收工作，巩固机场电磁环境安全保障；完成购置新型反作弊侦测设备。

【卫星关口站及高压线路电磁环境测试】 2018年5月，黔西南无线电管理局安排监测人员在万屯镇开展ORBCOMM系统地面关口站拟选站址的电磁环境测试，在拟建站址山顶搭建帐篷，架置设备，进行2天的昼夜监测，完成该次电磁环境测试，并出具报告。7月，对兴义市供电局拟建和已建的高压输电线路对机场的影响进行电磁环境测试及线路规划的审核。

【人才队伍建设与培训】 2018年，黔西南无线电管理局组织全体职工参加行政执法证换证和新申领培训，考试合格后取得行政执法资格；7月19日至31日，组织全体职工参加国家工作人员在线学法用法考试，8月6日至15日组织全体职工参与宪法知识竞赛。行政执法人员配备：在职职工12人，获取行政执法资格证11人，完善相关制度和行政执法程序。

在大楼楼顶对“黑广播”进行监测定位和观察　　（汪杨　摄）

6月20日至22日，黔西南无线电管理局参加全省无线电管理技术技能综合演练。在无线电综合管理、无线电监测和检测等工作方面得到深入交流和技能提升。在比赛中，获得车载信号源查找第一名，徒步信号源查找、行政执法笔试和频率台站管理笔试第二名的成绩。

【黔西南无线电固定监测站和天线测试场建设项目】 2018年，黔西南无线电管理局组织实施义龙新区黔西南无线电固定监测站和天线测试场项目的建设工作，2018年全面完成前期规划、项目报批、预算工作及规划设计工作。

（闫　蕊）

政协黔西南州委员会

政治建设

【政治学习】2018年，州政协组织13次州政协党组会议、8次中心组学习研讨会议、4次常委会议、15次主席会议、18次机关干部职工学习会议，学习贯彻习近平新时代中国特色社会主义思想、中共十九大精神和习近平总书记在贵州省代表团重要讲话精神。组织召开深入学习贯彻习近平总书记关于加强和改进人民政协工作的重要思想理论研讨会，成立理论研讨中心，建立会议研讨制度。完善党组中心组学习制度，副县级以上领导干部撰写发言材料、学习心得79篇，扩大现场研讨发言范围，除中心组成员外，每次会议轮流安排1名县处级、1名科级干部发言。在政协机关推行“以写促学、以写验学”活动，机关干部公开发表文章126篇。

【党的建设】2018年，州政协召开全州政协系统党的建设工作座谈会，对政治建设、组织建设、作风建设和纪律建设工作进行专题研究。成立4个专委会联合党支部，重新组建离退休党支部，将中共党员委员分别列入各联合党支部，实现党的组织全覆盖。召开2017年度州政协党组民主生活会。邀请州纪委领导在政协常委会议上通报党风廉政建设情况，在政协机关召开党风廉政建设警示教育大会，召开6次专题会议研究党风廉政建设。

脱贫攻坚

【围绕脱贫攻坚谋划政协工作】2018年，州政协围绕脱贫攻坚重点、热点、难点问题召开常委会议、专题协商会议，开展调研视察。向州委、州政府上报“脱贫攻坚中如何做好群众工作提高群众认可度”“实施脱贫攻坚‘春风行动’推动农业产业结构调整情况”等调研报告。1名副主席任州脱贫攻坚指挥部副指挥长，抽调1名副处级干部常驻指挥部。

【帮扶兴仁市“减贫摘帽”】2018年，州政协领导班子成员和机关县处级干部督导12个乡镇（街道）、包保6个深度贫困村、12个一般贫困村。全年到贫困村开展工作819天次，其中州政协领导班子成员136天次，督促解决问题近千件次。解决帮扶资金800多万元，协调各类资金1100余万元、项目16个，帮助贫困村发展种养殖项目和发展2家小微加工企业。发动政协参加单位和政协委员投身脱贫攻坚，牵头组织送文化艺术进校园活动，组织爱心企业家助力脱贫攻坚。通过合力攻坚，兴仁贫困发生率下降至1.84%，通过国家专项评估检查，如期减贫摘帽。州政协办公室被州委、州政府表彰为全州脱贫攻坚先进集体。

【开展“百千万行动”】2018年，州委印发《关于在全州政协系统扎实开展脱贫攻坚“百千万行动”的实施方案》。全州政协系统70名政协主席、副主席挂帮70个贫困乡镇，101个政协委员企业帮扶165个贫困村，965名政协委员结对帮扶2828户贫困户，155名政协干部职工结对帮扶155户贫困户，超额完成结对任务，帮扶工作初见成效。探索出政协助力脱贫攻坚“3344”工作机制。

政协工作

【协商议政】2018年，州政协组织4次常委会议，围绕全州脱贫攻坚群众认可度、“春风行动”推动农业产业结构调整、财政预算执行、民办教育发展、住宅小区管理等内容，组织开展协商议政。11月7日，首次举行州长与委员座谈会，州委副书记、州长杨永英就农村人居环境整治与政协委员进行面对面专题协商。

【调研视察】2018年，州政协开展8次调研、2次视察活动。召开8次委员面对面协商会议，形成一批有质量的调研视察报告，内容涉及商贸服务业发展、农产品市场风险防范、贵州醇酒业公司生产经营、煤炭产业转型升级、民办义务教育阶段发展、农村人居环境整治、张之洞文化研究等方面。

【民主监督】2018年，州政协抓好脱贫攻坚中的民主监督，采取“进村入户暗访摸底、随机抽查核实、与村组干部座谈查找问题、共商解决问题措施”的四步工作方法，围绕全州农村公路养护、农村人居环境整治和煤炭产业转型升级等方面组织开展民主监督。落实习近平生态文明思想，抓好“河（库、湖）长制”工作，主席、副主席巡河34次，大田河州级河长陈国芳每季度组织州、县、乡、村四级河长巡河，落实源头治理要求，对企业违规排污实行罚款，大田河实现“零网箱”目标，水质达到二类标准。主席带队开展煤矿“五化”改造升级情况督导调研，深入企业开展“保目标”专项帮扶，帮助企业解决实际困难。副主席带队开展2次全州安全生产督查。

【提案工作】2018年，州政协八届二次会议审查立案提案247件，办复率100%。州委办督促办理落实23件由党群部门办理的提案。州长杨永英带领承办部门赴册亨县对《关于加大“两江一河”交通水利设施建设助推亚热带水果产业发展的建议》进行调研并面对面领衔督办。州政协主席陈国芳督办《关于加快盘兴、贵兴高铁建设进度的建议》。州政协各专委会督办6件提案。投入专项经费300万元解决民生提案31件。对5个州直承办单位和兴仁市开展提案办理落实情况进行民主评议。

【深化改革】2018年，州政协完

2018年9月3日，州政协主席陈国芳（中）率队赴安龙视察张之洞文化研究工作进展情况　　（州政协　提供）

2018年4月12日，州政协主席陈国芳（中）率队到兴仁开展煤矿“五化”改造升级及主体煤矿建设调研督查　　（州政协　提供）

成年度协商民主专题改革任务。将科教文卫体委和文史委整合，成立科教卫体与文史委员会，新设立农业农村委。出台《关于加强和改进人民政协民主监督工作的实施意见》《黔西南州政协委员述职办法（试行）》。

【委员培训管理】 2018年，州政协采取与国内大学联合办班方式，举办2期能力素质提升培训班，组织137名州政协委员和政协干部参训。专委会组织“提升委员文化素养，增强委员履职能力”专题培训。将316名州政协委员划分由州政协8个委、办、室、中心对口服务。

【党派团体协商】 2018年，各党派团体提交理论文章10篇、提案43件。形成重要文稿、重要工作主动征求意见的工作机制及重要议政性事务、重大接待共同推进落实的工作制度。做好全国政协副主席、民进中央常务副主席刘新成到州开展扶贫调研的服务工作，落实好九三学社各级负责人到州开展“同心树人”教育帮扶系列活动，参与民革中央开展脱贫攻坚民主监督工作，协助民革州工委开展“博爱牵手·情暖童心——对口关爱乡村贫困儿童夏令营”活动，为民建州支部争取“思源救护车”及“移民班”项目提供保障。

【团结联谊】 2018年，州政协与到州开展交流联谊的全国、全省和外地政协进行友好协商42次。州政协主席陈国芳带队赴黔南州参加左右江革命老区市（州）政协主席联席会议。副主席带队赴山东、安徽、浙江等地考察学习，引荐企业家到州考察和开展帮扶活动。专委会开展“实施健康中国战略、政协委员服务社会‘健康行’”活动，协助抓好民族团结进步示范州创建活动。

【自身建设】 2018年，州政协制定《关于进一步明确州政协领导班子成员工作责任制的规定》。在机关建成老同志阅文阅览室，定期组织老同志座谈，完成老干支部改选工作。整合科级以下干部力量，成立5个工作小组。落实目标管理、岗位责任、正向激励、负向约束“四位一体”干部管理机制，完善考核评价机制。州委在州政协机关提拔交流2名正处长级干部；2名处级干部交流进政协机关任职，调整4名县处级领导干部职位。机关提拔使用2名副科级干部。

【智力支边】 2018年，全州实施智力支边项目23个，项目资金折合人民币681.86万元，累计开展各类讲座25次，培训医卫人员、教师、农民、学生等共计2990余人次。

政协会议

【州政协八届二次会议】 2018年1月2日下午，州政协八届二次会议举行预备会。2018年1月2日下午，中国人民政治协商会议黔西南布依族苗族自治州第八届委员会第二次会议在兴义开幕。2018年1月5日，政协第八届黔西南州委员会第二次会议完成各项议程后闭幕。

【州政协常委会议】 2018年1月5日下午，州政协第八届常委会第五次会议在兴义举行。2018年4月10日，政协第八届黔西南州委员会常务委员会第六次会议在兴义召开。2018年7月27日，政协第八届黔西南州委员会常务委员会第七次会议在兴义召开。2018年11月7日，政协第八届黔西南州委员会常务委员会第八次会议在兴义召开。

（唐枫秋）

2018年1月2日，州政协八届二次会议在兴义开幕　（州政协　提供）

纪委监委

综　述

【概况】 按照深化国家监察体制改革的要求，2018年1月挂牌成立黔西南州监察委员会，与中共黔西南州纪委合署办公，实行一个机构、两块牌子。改革后，黔西南州纪委州监委共配领导班子10人，其中：书记（主任）1人，副书记（副主任）3人，常委5人，监委委员1人。内设机构18个，其中：综合类4个（办公室、组织部、宣传部、调研法规室），执纪监督类14个（党风政风监督室、信访室、干部监督室、案件监督管理室、案件审理室、第一纪检监察室、第二纪检监察室、第三纪检监察室、第四纪检监察室、第五纪检监察室、第六纪检监察室、第七纪检监察室、第八纪检监察室、第九纪检监察室）。共有派驻纪检监察组15个（其中综合派驻12个，单独派驻3个）。

【政治生态持续向上向好】 2018年，州纪委州监委牢固树立“四个意识”，坚决做到“两个维护”，坚决落实中央纪委二次全会、省纪委二次全会工作部署，树牢“干就是讲政治、不干就是不讲政治”的意识。将巡视和中央环保督察反馈问题整改纳入日常监督，定期调度，问责兴仁市及其相关部门敷衍应对群众生态环境投诉举报2个单位16人。万峰湖网箱养殖、马岭河三号桥等问题得到有力整治，完成对9个县（市、新区）政治生态分析研判，启动11个州直部门政治生态分析研判，推动全州政治生态持续向上向好。

【政治巡察】 2018年，州县（市、新区）巡察领导小组组长调整由党（工）委书记担任，全州巡察机构编制从90名增加到173名，到岗人数从57名增加到138名。聚焦“三大战略行动”，持续开展常规巡察，深入开展专项巡察，省州县三级联动对14个基层党组织开展巡视巡察。州县两级派出巡察组94个，巡察党组织242个，发现问题2775个，处理党员干部11人。紧盯中央、省委巡视反馈问题和州委巡察发现问题，督促各级逐条对照，制定整改方案，逐项整改销号。中央巡视移交201件问题线索全部办结。省委巡视移交231件问题线索办结227件，正在初核4件，结案率98.27%。

【作风建设】 2018年，坚持问题导向、目标导向、责任导向和结果导向，抓具体、补短板、防反弹，扭住不放，寸步不让，着力解决人民群众反映的问题。坚决防止“四风”问题反弹回潮，统筹开展交叉检查、明察暗访，严查违规发放津补贴、使用公车等问题，查处违反中央八项规定精神问题167件182人，给予党纪政务处分155人，点名道姓通报典型问题7期35件43人。抓实专项整治，保障“禁酒令”落地生根，严肃查处违反“禁酒令”40人，党纪政务处分18人；将1名县级干部检查工作时喝酒致村干部死亡作为典型案件，督促册亨县、有关州直部门召开专题警示教育大会，举一反三，形成震慑。精准监督问责，严查形式主义、官僚主义突出问题。制定《整治形式主义官僚主义突出问题工作措施》，利用智慧金州部署政务服务、公文流转、督查督办等功能，将各级纠“四风”情况纳入“两个责任”备案，查处形式主义、官僚主义问题54个54人，党纪政务处分52人，涵养务实担当的新风正气。

【惩治腐败】 2018年，坚持全要素适用调查措施，全州使用12项措施2345次，其中采取留置措施审查调查26人。查办全省首例留置移送宣判案、全省首例对非公职人员留置案和全省首例对公职人员未采取留置直接移送审查起诉案。坚持无禁区、全覆盖、零容忍，全州纪检监察机关受理信访举报2972件，立案2176件，同比上年增长7.6%，结案2155件，同比上年增长10.4%，全省排名第四，其中，州纪委州监委立案查处县处级干部34件34人，全省排名第三，党政纪处分2064人。

【维护群众利益】 2018年，贯彻省十二次党代会精神，落实州委“1+20”文件要求，大力整治扶贫领域腐败和作风问题，坚定不移护航脱贫攻坚。紧扣脱贫攻坚“春风行动”“夏秋攻势”，发布督战令，督促各级党员干部落实脱贫攻坚政治责任。派出工作组进驻兴仁市、安龙县，现场督战脱贫攻坚，为兴仁市顺利通过国家第三方评估验收提供坚强纪律保障。帮助安龙县强化脱贫攻坚工作，做好迎检准备。坚决整治群众身边不正之风和腐败问题，常态化开展“访、重、助”专项行动和专项监察，用好省扶贫民生领域监督系统和智慧金州，精准监督，清退违规享受非普惠制惠民政策2332人，严惩“蝇贪”“村霸”，发现问题4338个，立案1385件，党纪政务处分1304人，问责420人。坚决查处涉黑涉恶“保护伞”。把惩治“蝇贪”同扫黑除恶专项斗争结合起来，深挖彻查涉黑涉恶“保护伞”问题，立案11件，党纪政务处分6人。严肃查处册亨县人民法院原副院长黄金龙为“套路贷”涉恶团伙充当“保护伞”等典型案件。

【自身建设】 2018年，以国家监察体制改革为契机，选优配强纪检监察巡察干部，着力打造对党忠诚、业务精湛的纪律部队。坚持“来自五湖四海、走向四面八方”，加大系统内外、上下干部交流力度，实现机关“全体起立、重新坐下”。18个内设机构负责人平均年龄38.85岁，派驻纪检监察干部轮岗率达88.46%；从全州遴选16名优秀年轻干部充实到委机关，形成一支结构合理、作风过硬、素质优良、能打硬仗的干部队伍。认真落实中央纪委、省纪委调训任务，选派122名干部参加审查调查、综合能力和专题业务培训。依托州委党校建立“全州纪检监察巡察干部培训基地”，结合以会代训、以案代训、每周视频实战培训等方式，一体推进全州纪检监察巡察干部大学习、大培训，培训干部8171人次，开展“以讲促学”40期220人次。坚持从严从实监督管理，制定内部监督细则，开展内部督查，发现问题116个；严查不守规矩、跑风漏气等行为，立案7件，党纪政务处分7人。

（蒋开云　郭　勇）

【监察体制改革】 2018年，黔西南州积极推进监察体制改革试点工作，对标对表、照图施工，州县两级实现同步转隶，州县两级监察委员会全部完成组建，制度优势不断转化为治理效能。采取全面派驻和单独派驻相结合方式，授权派驻纪检监察组行使监察职能，州县两级派驻机构实现全覆盖，其中：实现州直94个党政机关、企事业单位及义龙新区纪律审查、监察全覆盖，确定州属企事业单位专职纪检监察员17名，实现监察人员、监察职能“双到位”。制定乡镇（街道）监察全覆盖试点工作方案，推动监察工作延伸到乡镇，全州126个乡镇（街道）挂牌成立监察办公室，配备监察办公室主任126名。整合民生监督和村务监督力量，选举产生村务监督委员会成员4193

人，其中，民生监督员564人，推进监督拓展延伸到村组。完善信访举报、线索处置、审查调查、案件审理等流程，推动纪法贯通、法法衔接。建成标准留置场所和专业看护队伍，率先实行留置场所看护任务由驻点公安干警执行的机制，医务人员24小时值班，连续两年审查调查安全零事故。

【扎紧“数据铁笼”】2018年，大数据比对发现异常数据共103711条，核查84098条，属实36716条，不属实43733条，立案89件，清退2332人；督办民意事项4458件，办结回复率97.15%，群众满意度97.80%；协同政务服务中心取消各类烦琐证明234项，群众获得感明显增强。《织密“数据铁笼”做实监督首要职责》改革案例，获2018年度贵州省专家特别推荐案例，在微信网络评选中获835455票，排名全省第一。

【宣传教育】2018年，组织召开全州党风廉政警示教育大会，开展扶贫领域形式主义、官僚主义突出问题警示教育联展，利用王晓光、赖小民案例以及全州近年来查办的典型案例开展警示教育，常态化组织干部职工到兴义监狱观摩、旁听法院开庭审理，以身边事警示教育身边人，全州71408名党员干部接受警示教育。以“廉洁黔西南”微信公众号等平台开展以案说纪、以案示警，微信公众号日均阅读1万余人次，利用各级媒体传播黔西南州党风廉政建设和反腐败斗争好经验、好做法，中央级媒体采用87篇（次），深化监察体制改革信息工作排名全省第一，黔西南州首例采取留置措施并移送审查起诉案的相关信息简报得到省委常委、省纪委书记夏红民肯定性批示。按照省纪委要求，组织全州纪检监察机关结合实际撰写调研报告72篇，其中，1篇获全省纪检监察优秀调研成果二等奖，1篇获全省纪检监察优秀调研成果三等奖。深度调研类信息在《人民日报》《中国纪检监察报》《中国纪检监察》《贵州纪检监察》杂志等媒体平台

2018年1月7日，州监察委员会成立，图为州委书记刘文新（右一），州委常委、州纪委书记、州监委主任刘良（右二）为州监察委员会揭牌

2018年6月22日，安龙县兴隆镇民生监督集中宣传活动，图为群众正在民生监督查询系统查询民生信息

2018年7月12日，全州党风廉政警示教育大会在兴义召开

（州纪委监察　提供）

2018 年 10 月 18 日，召开望谟县领导干部警示教育大会。图为省纪委副书记、省监委副主任朱江华到望谟县开展余越前案“一案一整改”工作
（州纪委监察　提供）

发表经验类信息文章 11 篇，州委常委、州纪委书记、州监委主任刘良署名文章《精准“画像”助力“森林”生态维护》被《中国纪检监察》杂志 2018 年第 22 期采用，并收录进中共中央党校出版社出版的《党的建设与思想政治工作优秀成果汇编》。

【“两单一书”】 2018 年，“风险提示单”精准识别廉洁风险。在案件审查调查环节，明确由调查组负责对所查办的案件进行违纪违法原因分析，全面查找风险和漏洞，制作“廉洁风险提示单”，一并移送审理；“风险整改单”压实整改责任。案件审理部门针对案发单位及其所在系统存在的廉洁风险，总结提出“廉洁风险整改单”，交由派驻纪检监察组或县市纪委开展精准监督、督促整改；“风险管控建议书”强化精准监督。派驻纪检监察组或县市纪委根据“廉洁风险整改单”，向被监督党组织下达“廉洁风险管控建议书”，督促制定整改方案，履行整改主体责任，将整改情况列入年度党风廉政建设责任制承诺书内容，实行年度考核，堵塞管理漏洞。11 月实施“两单一书”以来，全州纪检监察机关共制发“两单一书”各 32 份，向相关发案单位提出廉洁风险管控建议 78 条。

【“一案一整改”】 2018 年，制定《黔西南州全面深入贯彻“一案一整改”工作方案》，将“一案一整改”情况纳入“两个责任”、日常监督和年度考核范围，督促指导案发单位开展廉洁风险防控。年内，共选取 118 个典型案例开展“一案一整改”。

【民主生活会】 2018 年，州纪委领导班子成员按照联系分工，对州委管理的 101 个领导班子 2018 年度民主生活会相关材料进行全覆盖审核把关。层层压实州纪委州监委派驻纪检监察组组长、联系各县（市、新区）室主任、州纪委副书记、州纪委书记责任，坚决破除“蜻蜓点水”“隔靴搔痒”“一团和气”等形式主义问题。设计制作民主生活会问题清单模板、程序审核表、问题审核表和现场督导评价表，对参与督导人员进行专题培训；突出问题导向，开列问题清单。州纪委牵头会同相关部门开列巡察发现问题清单、监督检查发现问题清单、州直部门风险管控问题清单、县（市、新区）政治生态分析研判发现问题清单、“一案一整改”问题清单、州管干部函询约谈问题清单等 9 个问题清单，列出涉及 9 县（市、新区）和 50 个州直部门共计 1003 条问题。要求相关部门和单位在民主生活中严格

州纪委州监委召开 2018 年度领导班子民主生活会　（州纪委监察　提供）

2018 年 10 月 19 日，州委常委、州纪委书记、州监委主任刘良（左二）到册亨县百口乡调研日常监督工作（州纪委监察 提供）

对照标准，逐一认领查摆问题，确保民主生活会不虚、不空、不偏；突出结果导向，监督整改落实。将督导成果纳入领导班子和领导干部个人廉洁档案，为开展日常监督提供依据。将 2018 年度民主生活会查摆问题整改、“政府赶考”等纳入 2019 年党风廉政建设责任书内容，结合“两个责任”备案抽查、“四风”检查、协同监督等工作，对整改情况进行监督。

【日常监督】 2018 年，黔西南州深化备案制，“两个责任”更加严实。将 9 个县（市、新区）、132 个州直单位和国有企事业单位党组织纳入“两个责任”管理，州县 95 个派驻纪检监察组、126 个乡镇（街道）纪（工）委纳入“派驻监督”管理，1218 名村务监督委员会成员纳入“监督周报”管理，把监督贯穿履职尽责全过程；与州公共资源交易中心、州政务中心、州民意调查中心等职能部门，分别制定协同监督程序，强化监督的再监督，督促行业主管部门履职尽责，取消各类烦琐证明 234 项，民意事项办结率 97.15%，群众满意率 98.80%。

【纪法贯通】 2018 年，在法治化上用力，全要素试用“12+3”监察措施。坚持事前审批、事中报告、事后汇报，严格依法使用 12 项调查措施和 3 项商请协助措施，全年共使用 12 项措施 2345 次，其中采取留置措施审查调查 26 人，成功查办全省首例留置移送宣判案、全省首例对非公职人员留置案和全省首例对公职人员未采取留置直接移送审查起诉案；在专业化上用力，深度融合提升监督本领。通过以案代训、以案促学、以讲促学，政治学习和业务学习相结合，推进干部融合、工作磨合，打造纪法皆通“专才”，全年组织业务骨干开展专题视频授课 9 期、党支部集体学习 6 次，专题学习刑事法律法规、党内监督法规，规范证据收集程序，实现监察法和刑事法一体存在、一体运作、一体执行；在精细化上用力，纪法顺利贯通，法法无缝衔接。与政法各单位建立有效协调机制，形成配套制度，推动监察程序和司法程序有效衔接、高效转换，办案效率大幅提升，首例留置案在 34 天内完成从立案到移送审查起诉的全部调查过程；在标准化上用力，提升执纪执法质量。实体与程序并重，按照“实证监察法”路径探索执纪执法标准化工作，形成可交付、可衡量、可操作的指导性规则，审查调查效率显著提升，改革制度优势不断转化为治理效能。全年共受理信访举报 2972 件，立案 2176 件，同比上年增长

2018 年 3 月 29 日，黔西南州监委首例移送审查起诉案件公开庭审现场（州纪委监察 提供）

7.6%，结案 2155 件，同比上年增长 10.4%，全省排名第四，其中，立案查处县处级干部 34 件，全省排名第三，党政纪处分 2064 人。

（罗　红）

重要会议

【七届州纪委三次全会】 2018 年 2 月 6 日，中国共产党黔西南州第七届纪律检查委员会第三次全体会议在兴义举行。出席该次全会的州纪委委员 29 人，列席 317 人。州委书记刘文新出席全会并讲话。杨永英、邓家富、陈国芳、穆嵘坤、罗春红、许风伦、冉博、张世荣、张谦等州领导出席会议，有关方面负责人员参加会议。全会由州纪委常委会主持。会议的主要任务是：以习近平新时代中国特色社会主义思想为指导，全面贯彻落实党的十九大精神和习近平总书记在贵州代表团重要讲话精神，学习贯彻十九届中央纪委二次全会精神，学习贯彻省委书记孙志刚在十二届省纪委二次全会上的重要讲话和省纪委书记夏红民的工作报告，贯彻落实七届州委五次全会精神，总结 2017 年全州党风廉政建设和反腐败工作，部署 2018 年任务。会议审议通过刘良代表州纪委常委会所作的《坚定不移落实党的十九大全面从严治党战略部署，为打赢深度贫困地区脱贫攻坚战提供坚强纪律保证》工作报告。册亨县、州扶贫办、州医院、州城投公司党组织负责人向全会述廉述责。

七届州纪委三次全会会议现场　　（州纪委监察　提供）

重要文件规定

【《中共黔西南州纪委办公室关于印发〈黔西南州 2018 年专项监察工作方案〉的通知》】 明确 2018 年全州纪检监察机关统一开展的专项监察项目为：农村“组组通”公路项目建设、农村贫困人口大病专项救治和城乡医疗救助、精准贫困户识别和退出。2018 年 4 月 17 日，州纪委办公室印发《中共黔西南州纪委办公室关于印发〈黔西南州 2018 年专项监察工作方案〉的通知》。

【《中共黔西南州纪委　黔西南州监委关于印发〈整治形式主义官僚主义突出问题工作措施〉的通知》】 为落实省纪委省监委《关于深入整治形式主义官僚主义突出问题的工作方案》，结合该州实际，州纪委州监委制定整治形式主义、官僚主义突出问题工作措施共 14 条，印发各县（市）纪委监委、义龙新区纪工委、州委各部委、州级国家机关各部门、各人民团体、州管企业、州直各派驻纪检监察组对照查找整改。2018 年 4 月 26 日，州纪委州监委印发《中共黔西南州纪委 黔西南州监委关于印发〈整治形式主义官僚主义突出问题工作措施〉的通知》。

【《中共黔西南州纪委办公室黔西南州监委办公室关于印发〈黔西南州 2018 年扶贫领域监督执纪问责工作要点〉的通知》】 根据中纪委《关于 2018 年至 2020 年开展扶贫领域腐败和作风问题专项治理工作方案》和省纪委《贵州省 2018 年扶贫领域监督执纪问责工作要点》部署要求，聚焦脱贫攻坚行动，强化扶贫领域监督执纪问责。2018 年 5 月 9 日，州纪委州监委办公室印发《中共黔西南州纪委办公室黔西南州监委办公室关于印发〈黔西南州 2018 年扶贫领域监督执纪问责工作要点〉的通知》。

【《中共黔西南州纪委关于印发〈黔西南州纪委信访协同监督工作程序〉的通知》】 州纪委与州政法委、州公安局、州检察院、州中级人民法院、州司法局、州信访局、州民调中心建立信访协同监督机制，实行联络员制度，定期召集会议通报州纪委转交信访件办理情况，推动群众诉求落到实处。2018 年 5 月 24 日，州纪委印发《中共黔西南州纪委关于印发〈黔西南州纪委信访协同监督工作程序〉的通知》。

【《中共黔西南州纪委办公室关于印发〈黔西南州扶贫领域腐败和不正之风专项治理工作方案〉的通知》】 全面梳理国家考核、省级考核、巡视巡察、审计等发现的扶贫领域腐败和不正之风问题，集中开展专项治理，倒逼脱贫攻坚主体责任落到实处。2018 年 6 月 8 日，州纪委办公室印发《中共黔西南州纪委办公室关于印发〈黔西南州扶贫领域腐败和不正之风专项治理工作方案〉的通知》。

【《黔西南州监察委员会黔西南州投资促进局关于印发〈黔西南州营商环境建设协同监督工作程序〉的通知》】 州监委州投资促进局建立协同监督机制，集中整治各地各部门在项目筹备、落地建设、生产经营等涉企服务环节中存在的突出问题，以“优良环境、优质服务、优惠政策”，吸引外来投资，推动项目落地建设。2018 年 6 月 8 日，州监委州投资促进局联合印发《黔西南州监察委员会黔西南州投资促进局关于印发〈黔西南州营商环境建设协同监督工作程序〉的通知》。

【《中共宁波市纪律检查委员会中共黔西南州纪律检查委员会关于印发〈宁波与黔西南两地纪检监察机关扶贫协作监督执纪问责协同机制〉的通知》】 黔西南州纪委州监委与宁波市纪委市监委建立扶贫协作监督执纪问责协同机制，互通信息，按照干部管理权限和组织关系、工作隶属关系，共同加强对宁波市挂职干部和人才、项目、资金的教育、管理、监督。2018 年 10 月 19 日，宁波市纪委与黔西南州纪委联合印发《中共宁波市纪律检查委员会中共黔西南州纪律检查委员会关于印发〈宁波与黔西南两地纪检监察机关扶贫协作监督执纪问责协同机制〉的通知》。

【《中共黔西南州纪委办公室黔西南州监委办公室关于印发〈关于推动优化营商环境工作措施〉的通知》】 落实习近平总书记 2018 年 11 月 1 日在民营企业座谈会上重要讲话精神，根据《黔西南州纪委州监委关于贯彻落实习近平总书记在民营企业座谈会上重要讲话精神护航民营经济稳定健康发展的意见》，从整治招商引资中不兑现服务承诺、恶意拖延问题，整治公共资源交易、招投标违纪违法行为，整治政务服务不作为、慢作为、乱作为问题，严肃查处项目实施中故意刁难、吃拿卡要问题，严厉打击黑恶势力扰乱市场、破坏营商环境行为，坚决纠正其他损害营商环境的行为六个方面制定工作措施，优化黔西南州投资营商环境。2018 年 12 月 12 日，州纪委州监委办公室印发《中共黔西南州纪委办公室黔西南州监委办公室关于印发〈关于推动优化营商环境工作措施〉的通知》。

（蒋开云　钟　华）

民主党派和工商联

民革黔西南州工作委员会

【概况】2018年，民革黔西南州工作委员会围绕全州脱贫攻坚民主监督和“星火计划·科技扶贫”两项任务为工作目标向着制度规范、积极向上、充满活力、学习型的委员会积极迈进。年内工委共计党员86人，州委委员11人，主任委员为黄榜泉。

【脱贫攻坚和民主监督】2018年，民革黔西南州工作委员会协调民革中央脱贫攻坚民主监督调研组前往兴仁县马马崖镇田边村、大湾村，望谟县石屯镇打岩村等召开院坝会，实地走访贫困户，了解脱贫攻坚工作推进情况，与贫困户交谈，了解贫困户致贫原因、存在困难以及帮扶措施落实情况等。协调民革中央社会服务部调研员井建军，民革省委会副主委黄东兵一行到兴仁县马马崖镇、望谟县石屯镇开展脱贫攻坚民主监督工作。结合调研组在黔西南调研脱贫攻坚工作中发现的重点问题进行梳理上报，为地方政府的攻坚脱贫出谋划策，提出可操作的建议和意见。

【社情民意与参政议政】2018年3月，黄榜泉当选全国政协常委，全国“两会”期间提交《关于启动红水河水运大通道扩能建设的建议》《加强西部少数民族贫困地区文化扶贫工作的建议》《加

2018年，民革中央调研组到望谟开展脱贫攻坚民主监督调研（州民革　提供）

2018 年，黄榜泉（左一）带队到兴义树戛村开展美丽乡村建设帮扶工作

民革省委举办的纪念“五一口号”发布 70 周年暨民革成立 70 周年配乐诗文吟诵会颁奖现场

大对深度贫困地区金融扶贫力度的建议》得到关注。先后组织党员到马马崖镇田边村宣讲全国“两会”精神督导脱贫攻坚工作；赴贞丰县调研“百千万行动”工作；赴兴仁市麻沙河调研巡河制度落实情况；赴兴仁县马马崖镇、晴隆县沙子镇调研小城镇建设；赴望谟蔗香、晴隆江西坡调研“三农”问题；赴兴义乌沙普梯村、革里村、南盘江镇南龙村调研山地旅游扶贫；赴兴仁大山、贞丰龙场、义龙新区雨樟等调研历史文化遗产保护等。全州“两会”期间，工委提出《关于申报普安铜鼓山遗址、义龙新区交乐汉墓、万屯汉墓为国家考古遗址公园的建议》《关于在兴义建设“观赏石旅游观光园”的建议》获得州委、州政府重视，召开专题会议进行研究。撰写《黔西南州提高人口素质，助推脱贫攻坚，实现全面小康调研报告》《黔西南州充分发挥民营企业作用，农业产业化发展调研报告》两个调研报告供上级部门参考使用。

【组织思想建设】 2018 年，民革黔西南州工作委员会学习组织开展基层建设活动。发展民革党员，增强组织力量。继续开展“不忘初心，继续携手前进”主题教育活动。把主题教育活动与习近平新时代中国特色社会主义思想、学习多党合作和统一战线理论、学习民革党史和民革前辈优良传统紧密结合起来，确保政治信念和政治方向不变、与中国共产党的深厚感情不变，确保多党合作事业薪火永续。为纪念中共中央“五一口号”发布 70 周年、民革成立 70 周年，民革黔西南州工委

2018 年，“博爱牵手　情暖童心”夏令营开幕式　　（州民革　提供）

2018年，民革中央脱贫攻坚民主监督调研组在兴仁大湾村

组队参与，精选原创作品《风雨同舟 筑梦中国》参赛，并取得二等奖的优异成绩。全年赴贵州省社会主义学院、黔西南州社会主义学院参加学习12人次，参加政协委员、人大代表各类学习提高班14人次。

【社会服务和三农工作】 2018年，民革黔西南州工作委员会推动黔西南“星火计划·科技扶贫”试验区的建设和发展。民革工委多次协调民革各级组织多次出席黔西南旅游扶贫、科技扶贫、产业扶贫等研讨会，对黔西南试验区帮扶项目工作进行专题调研。2018年8月，在中山博爱基金会、中国少先队事业发展中心联合相关机构支持下，民革州工委组织开展2018“博爱牵手 情暖童心——对口关爱黔西南试验区乡村贫困儿童夏令营”活动，组织80名贫困儿童分别奔赴北京、上海两个城市，开展学习活动。协调民革中央组织的企业家赴黔西南试验区开展扶贫产业帮扶对接活动，通过意向企业与试验区政企交流，推动黔西南“星火计划·科技扶贫”试验区的建设和发展。组织党员赴义龙开展领导干部联系服务企业帮扶活动。

（龙　虎）

民盟黔西南州委

【概况】 中国民主同盟在黔西南州建立组织已有34年的历史。民盟黔西南州委员会下设有办公室、组织部、宣传部、社会服务部、议政调研部等5个部室。截至2018年12月，下辖兴义市工作委员会、州教育综合支部、兴义师院支部、黔西南职院支部、州医院支部、州综合支部、州中医院支部、州科技一支部、州科技二支部、州医卫综合支部、兴仁县支部等11个支部，共有盟员419名。

【思想建设】 2018年，民盟州委以加强思想建设为抓手，以增强履职能力为目的，认真组织开展多种学习活动。坚持把深入学习贯彻习近平新时代中国特色社会主义思想和中共十九大精神作为首要政治任务，通过专题学习会、支部组织生活会，引领盟员深入学习习近平新时代中国特色社会主义理论体系，准确把握科学内涵和精神实质，树牢“四个意识”，坚定“四个自信”，坚决做到“两个维护”；在学懂、弄通、做实上下功夫，通过主委会

2018年5月11日，民盟黔西南州委携爱心企业以及部分骨干盟员，到佳皂村开展“精准扶贫——民盟在行动”同步小康帮扶活动，图为盟员教师在科汪小学送课　（州民盟　提供）

议带头学、支部会议集中学、干部培训重点学、机关专题等形式，准确领会思想精髓、核心要义，切实做到学深悟透、融会贯通、笃定践行。

组织70余名盟员实地参观了盟员企业——贵州万峰湖水产发展有限公司高效水产养殖基地和兴义市鸿鑫农业发展有限责任公司生态种植基地，听取该公司助力脱贫攻坚情况介绍，感受盟员企业家在履行社会职责中发挥的作用，让盟员时刻不忘合作初心，在弘扬传统中坚定前进信心。

以“不忘初心，继续携手前行”主题教育活动为主线，开展施锡光百年诞辰纪念活动。施锡光于1954年在上海参加民盟，为兴义支部创建及黔西南州民盟的发展做出历史性贡献。纪念活动中，盟员们缅怀回顾施锡光的高尚人格和历史功绩，并号召全体盟员学习他的精神。邀请省人大常委会原副主任、民盟省委原主委顾久到黔西南州开展“做自觉的民盟人”的主题教育讲座，通过讲座再次号召盟员继承和弘扬民盟前辈们的优良传统，高举旗帜，凝聚力量，扎实工作，努力为经济社会发展贡献力量。

按照“围绕中心、服务大局、内聚人心、外树形象”的总体要求，把思想宣传工作寓于各项活动和报道中。共在《贵州日报》《黔西南日报》《多彩贵州网》等主流媒体上刊发报道30余条，向民盟贵州省委网站报送信息50余条。以民盟州委微信公众平台向外推送信息30余条，以腾讯新闻、兴义之窗等为宣传主阵地，刊登以盟员先进事迹、支部活动、参政议政、社会服务等为重点内容的宣传报道80余篇，以此扩大民盟的社会影响力。在州市媒体网站获30多万人次点击率，充分展现民盟良好形象。

2018年8月21日，民盟黔西南州委专职副主委罗敏（左三）一行在中共晴隆县委常委、统战部部长潘琼（右一）陪同下，到晴隆县阿妹戚托特色小镇调研民族文化传承与发展
（州民盟　提供）

2018年共计17篇优秀文章和论文入选省委改革开放40周年、纪念“五一口号”发布70周年征文活动和民盟中央民生论坛、教育论坛、法治论坛，充分展示民盟的文化内涵。

【组织发展】 2018年3月，民盟州委对州综合支部班子进行调整充实，完成支部的换届工作，对基层组织的建设和发展起到推动作用。以“盟员之家”为平台加强基层组织建设，通过开展参政议政主题培训、盟务交流及义诊等活动，使“盟员之家”真正成为盟员的学习园地、交流场所、议政平台，增强了组织凝聚力和盟员归属感。全年共组织28人分9批次参加中共贵州省委统战部、民盟省委、中共黔西南州委组织部、州人大、州政协组织的各类培训班，让年轻盟员尤其是年轻骨干盟员迅速成长。年内，共发展新盟员21名，其中博士1人，硕士研究生2人，大学文化14人，其他4人。平均年龄39.8岁。截至2018年12月底，全州共有盟员419人；大学以上文化程度333人，占79.47%；中高级职称348人，占83.05%；新的社会阶层盟员32人，占7.64%；县处级以上领导干部22人，副厅级以上领导干部4人，盟员平均年龄49岁。民盟州委积极引领盟员学先进、学典型，号召广大盟员立足岗位、双岗建功。2018年，共有刘符、邓定虎、郑小毛等53名盟员获得“国家教育部职业技能三等奖”“贵州省第十四批特级教师”“贵州省工人先锋号”等国家级、省级、州级和县市级相关部门的表彰。在春节期间民盟州委班子成员到70岁以上的老盟员家中进行走访慰问；重阳节组织20余位离退休老盟员赴美丽乡村万峰林街道办事处双升村乡愁集市，对乡村振兴战略、乡村旅游进行调研，了解黔西南州社会经济发展情况；针对老年病的防治，组织相关的健康知识讲座。通过开展关心、关爱活动，让老盟员感受到民盟组织的温暖，鼓励他们继续发挥作用，支持黔西南发展。

【参政议政】 2018年，民盟州委有各级人大代表、政协委员共42人，其中：省人大代表1名、州人大代表6名，兴义市人大代表1名、兴仁市人大代表1名；省政协委员2名、州政协委员18名、兴义市政协委员7名、兴仁市政协委员6名，占盟员总数的10.02%，是有史以来政协委员、人大代表最多的一届。

上报社情民意16条，得到州委、州政府、州政协领导的高度肯定，在2018年“两会”期间共提交建议案、提案76件，提案数量占州政协八届二次会议总提案数的27%，其中16件提案被选为督办提案，占督办总数的34%，其中14件提案被州领导督办。其中《关于加快政策性农业保险体系建设》的社情民意被省政协采用；《由政府法制办牵头，形成执业律师顾问参与事前法律风险预防常态化工作机制的建议》建议案被分管政法的副州长李淞督办，州人民政府专门出台了《关于推行法律顾问制度和公职律师制度的实施方案》《黔西南州人民政府法律顾问工作规定（试行）》《州人民政府办公室关于规范州政府法律顾问服务工作程序的通知》等制度，州、县、乡三级政府及其部门共聘请法律顾问997名。多种形式的建言献策，展现民盟风采，树立新时代民盟新形象。

完成民盟省委委托的三项调研课题，提交的调研报告作为相关部门决策参考。组织37名盟员分成3个调研组深入州卫计委、州人民医院，望谟县、安龙县和普安县的卫计局、县医院、乡镇等共计15个调研点进行调研，查找突出问题，提出对策建议。经民盟省委汇总后的调研报告获省委书记孙志刚、省长谌贻琴批示。在该州首次举行的“州长与政协委员面对面座谈会”上，委员周峰撰写的《农村生活垃圾和医疗废物分类处置》被选为面对面发言，得到了黔西南州委副书记、州长杨永英的高度肯定。在“州政协深入学习贯彻习近平总书记关于加强和改进人民政协工作的重要思想理论研讨会”上，民盟州委推荐文章《感恩新时代　努力建设新型政党》被选为大会发言稿。

2018年9月8日，民盟黔西南州委新市民社会服务工作站启动仪式在兴义市洒金南兴社区举行。图为中共黔西南州委常委、统战部部长罗春红（前排左一）和州政府副州长、民盟州委主委黄曼（前排右一）共同为工作站授牌

（州民盟　提供）

【社会服务】 2018年，民盟州委以“星火计划·科技扶贫”试验区建设为重要抓手，深入推进《民盟黔西南州委社会服务三年行动实施方案》等，按照“出主意、想办法、做好事、做实事”的工作方针，积极联系民盟中央、民盟省委和其他省、市盟组织到黔西南州开展扶贫工作。同时，创新帮扶理念整合各方资源，打造黔西南州独有的三个社会服务工作平台（民盟新市民服务工作站、民盟名中医工作室、民盟教育帮扶基地——兴义第三中学），深化社会服务工作。

以“民盟名师大讲堂”为平台，促进民盟中央加强对黔西南教育帮扶力度。争取民盟中央资金19万元，投入教育信息化建设；联系新东方教育集团为兴义三中、兴仁市民族中学配备“双师课堂”视频教学设备。免费使用新东方高中全年级网课资源，举行民盟“烛光行动—新东方双师课堂”公益活动。通过各级民盟组织的大力支持，兴义三中在2018年高考中，一本上线21人，二本上线353人，取得高考上线率连续翻倍增长的成绩；邀请北京、江苏、浙江等地的7名知名

2018年10月14日，出席第六届“中国美丽乡村·万峰林峰会”的民盟中央专职副主席龙庄伟（前排右二）在民盟中央社会服务部部长刘圣宇（前排右三）、州政协副主席廖星（前排右一）陪同下到民盟名中医工作室调研

（州民盟　提供）

教育专家赴该州开展了8场教育教学专题讲座。邀请民盟北京市委李志等6位教育专家分别为兴义三中语文、数学、英语、物理、生物等学科的骨干教师开展教学研讨和指导。通过联系兴仁市5名中学校长参加了民盟中央社会服务部和民盟江苏省委联合主办的校长培训班学习。

以“民盟名医大讲堂”为抓手，助推康养黔西南事业发展。经民盟州委争取，在民盟中央、民盟北京市委和民盟省委的支持下，在兴义市下五屯卫生院新建了“民盟名中医工作室”。民盟中央委员、北京康益德中西医结合肺科医院院长董瑞等20多名民盟名中医专家14次到民盟名中医工作室义诊，会诊患者1650多人次。通过民盟名中医工作室的带动，该卫生院收入从原来每月的15万元，增加到了25万元，就诊人数也增加50%。民盟名中医工作室还对建档立卡的贫困户义务就诊，确保老百姓不会因病致贫、因病返贫。还让当地患者在家门口就能享受到名中医专家的服务，减少就医成本，提高兴义市下五屯卫生院医疗技术水平，得到群众的支持和认可。

以“民盟新市民社会服务工作站”为着力点，推动“新市民计划”落实落地。在全州易地扶贫搬迁最大安置点兴义市坪东街道办南兴社区创建“民盟新市民社会服务工作站”，民盟州医院支部、州综合支部的医疗专家和法律工作者定期到该工作站开展义诊和法律咨询服务，民盟州委拨付专项经费帮助该工作站开通了法律援助视频网络，民盟医卫综合支部到该工作站进行艾滋病专题知识讲座。通过开展社会服务为搬迁群众尽快完成向新市民的转化创造条件，为助推黔西南州新市民计划的顺利实施贡献力量。

民盟州委研究制定《民盟黔西南州委脱贫攻坚行动实施方案》，从产业扶贫、教育扶贫、医疗扶贫、智力扶贫、政策扶贫及精准帮扶6个方面细化脱贫攻坚任务，明确时间表、任务图。组织机关干部到帮扶点——佳皂村和巧路村开展新春扶贫慰问活动，筹资5万元帮助村里发展稻田养鱼、开展吊瓜种植技术培训。鼓励和支持盟员专家到脱贫攻坚一线开展技术服务。其中欧珍贵、杨龙、邓忠治等盟员就热带水果、油茶等特色产业，在望谟县、册亨县、义龙新区开展技术培训，让当地400余贫困户熟练掌握种植技术。开展“精准扶贫——民盟在行动”活动，争取到爱心企业为佳皂村30户贫困户捐赠价值近

2018年12月2日，省委统战部副部长、省文史馆馆长王茂爱（左二）在州委统战部部长罗春红（左一）和州政府副州长、民盟州委主委黄曼（左四）陪同下，到民盟名中医工作室调研

（州民盟　提供）

7000元的物资，为该村贫困户子女捐赠4000元助学金，解决2名贫困儿童的就学问题。加大东西部协作力度。通过联系慈溪育才中学定点帮扶兴仁市第三中学和安龙县笃山镇民族中学，开展培训及资助贫困学生等工作，民盟慈溪基层委员会赴该州开展义诊活动，服务群众近千人次，发放药品价值3000余元。积极争取30余万元资金投入教育扶贫、产业扶贫、基础设施扶贫等领域，助力黔西南州脱贫攻坚。

【荣获奖项】 2018年，民盟州委获得民盟中央“思想宣传工作先进集体”“社会服务工作先进集体”表彰，“黔西南盟员之家”获民盟中央“优秀盟员之家”表彰，还获得民盟贵州省委“参政议政优秀单位”“组织建设先进单位”“创新优秀奖”表彰。盟员罗敏、朱琦获评“民盟中央社会服务先进个人”。

（张　祺）

2018年11月，民建组织会员走进册亨县双江镇　（州民建　提供）

2018年10月，民建中央农业农村工作委员会的代表和民建贵州省委的代表出席黔西南试验区脱贫攻坚座谈会　（州民建　提供）

中国民主建国会贵州省委黔西南州支部

【概况】 中国民主建国会贵州省委黔西南州支部于2015年12月11日成立，截至2018年12月底，有会员15名。

【社会服务】 2018年，民建黔西南州支部争取民建中央、民建省委支持，投入资金60万元，分别在晴隆县、望谟县开设中华思源教育移民班项目2个；争取中华思源工程扶贫基金会捐赠22.5万元在望谟县石屯镇喜毫村建设20口“思源小水窖”，正在完善建设项目资料中。引导会员企业参与产业发展，参与脱贫攻坚。支部委员黄继海充分发挥其遵义商会会长的影响力和号召力，结合商会及会员自身发展需求，领引会员企业家积极投身产业扶贫主战场，并取得阶段性成效。

年内民建黔西南州支部在兴义市七舍镇投资建设的白龙山生态旅游扶贫项目，直接带动320户贫困农户劳动就业，为贫困老百姓增收960万元。4月至8月组织会员近百人先后三次奔赴望谟县郊纳镇开展劳务输出现场招聘活动，解决贫困人口劳动就业百余人，户均增收4万元。商会还专门成立贵州遵商商贸有限公司，帮助扶贫地农产品走出大山，累计实现销售收入320万元。

民建黔西南州支部在安龙县万峰湖镇马安营村建立脱贫攻坚产业示范基地，总投资550万元，引进辣木籽种植及深加工技术，直接带动45户贫困农户脱贫致富，解决转产上岸产业匮乏的实际困难问题。11月组织会员20余人走进册亨县双江镇，与双江镇人民政府签订《脱贫攻坚战略合作协议》，形成长期帮扶双江镇的机制，从产业扶贫、教育扶贫、劳动就业扶贫、一对一结对子扶贫、农产品销售扶贫等方面开展帮扶工作，目前各项工作正在有序推进中。

民建黔西南州支部委员王文军引进阿里健康和武汉九州通投资，建设西南医药现代物流中心，累计完成投资2亿余元，项目已建成投产，解决就业200余人。同时携旗下黔西南州天地药业贸易有限公司、贵州大家康健药房连锁有限公司开展义诊活动3次，免费为环卫工人及贫困山区群众送医送药，累计捐助超过32万元。10月12日至17日，民建中央农业与农村委员会副主任马春秀、秘书长于艳斌等一行5人，就如何发展农村集体经济到贵州省黔西南州册亨县开展调研。对全州村级集体经济建设和脱贫攻坚打好产业发展硬仗提出了建议和意见，以民建中央农委会课题组名义在深入调研基础上，拿出切实可行的调研成果。10月，民建中央农业农村工作委员会的代表和民建贵州省委的代表到该州参加了2018国际山地旅游暨户外运动大会、第六届“中国美丽乡村·万峰林峰会”，出席统一战线参与黔西南试验区脱贫攻坚座谈会，考察民建会员企业家的白龙山生态旅游度假村项目、黔西南州中药材交易市场、浙兴商贸博览城。

（刘婷婷）

民进黔西南州委

【概况】 民进兴义支部建立于1985年12月4日，1994年11月中国民主促进会黔西南州委员会成立。民进黔西南州委现设有办公室、组织部、宣传教育部、议政调研部和社会服务部5个部室。截至2018年12月，下辖兴义市工委、兴义师院支部、电大职院支部、科技支部、联合支部、文化支部、兴义一中支部、医卫支部、中教支部、安龙支部和兴仁小组，有会员492人。

2018年，民进黔西南州委被民进贵州省委表彰为“参与脱贫攻坚工作先进集体”“会务宣传工作先进单位”“机关建设工作先进单位”，被黔西南州委、州政府表彰为2018国际山地旅游暨户外运动大会和第六届“中国美丽乡村·万峰林峰会”先进集体。

【重大活动】 1月19日至20日，全国人大常委会委员、民进中央副主席王刚带领慰问考察组一行，赴安龙县看望慰问贫困群众、驻村干部和挂职干部，并实地考察安龙县脱贫攻坚工作情况。

6月10日至13日，全国人大常委会委员、民进中央副主席庞丽娟率民进中央调研组一行赴黔西南州开展“国家通用语言文字普及工作”调研。

7月11日至13日，全国人大常委会委员、民进中央副主席兼秘书长高友东一行赴安龙县坝盘村实地考察乡村建设和民进引进项目实施情况，与镇驻村干部座谈，并组织召开民进中央和各省级组织挂职（驻村）干部工作交流会。同行的医卫专家一行赴安龙县医院，全天开展义诊、查房等帮扶活动。

7月20日至21日，全国人大常委会副委员长、民进中央主席蔡达峰率民进中央调研组，赴安龙县开展定点扶贫专题调研工

2018年6月10日，民进中央副主席庞丽娟（第一排右四）率队赴黔西南州开展“国家通用语言文字普及工作”调研，会见黔西南州民进会员代表，与会员代表合影

（州民进　提供）

2018 年 1 月 19 日，全国人大常委会委员、民进中央副主席王刚（左二）看望走访慰问黔西南州安龙县万峰湖镇坝盘村贫困户　　（州民进　提供）

作，实地考察调研安龙县温氏白秧坪养殖小区、景地生物科技有限公司发展食用菌产业带动脱贫攻坚情况及安龙县生态河堤治理等项目情况，并出席在安龙县召开的民进中央定点扶贫工作推进会和在兴义市召开的民进基层组织建设座谈会。

10 月 16—17 日，全国政协副主席、民进中央常务副主席刘新成，全国人大常委会委员、民进中央副主席王刚率民进中央调研组、民进各省级组织分管社会服务工作的领导、民进中央联络委员会委员和各省民进企业家联谊会会长赴黔西南州开展定点扶贫专题调研，并出席民进中央定点扶贫专题工作会，听取安龙县脱贫攻坚工作情况汇报。

10 月 16 日，民进企业家联谊会会长联席会议在兴义市召开，全国人大常委会委员、民进中央副主席王刚，贵州省政协副主席、民进贵州省委会主委左定超，中共黔西南州委副书记、常务副州长穆嵘坤出席会议。民进各省级组织分管社会服务工作的负责人、民进各省级组织企业家联谊会会长、贵州民进企业家联谊会及黔西南州民进企业家联谊会成员近 100 人参加会议。

【思想组织建设】 2018 年，民进黔西南州委以思想政治教育带动自身建设，抓住民进中央“加强思想政治教育”主题年活动契机，以“五学三贡献”活动为抓手，开展“四五六七八九”系列创新和系列创建工作，以创建“四型支部”“六型机关”“九有委员会”为目标，以开展“五讲五比”、组织建设“七抓七强”、构建“八大平台”为抓手，加强学习培训，在民进会员中创新推广“美月一读”活动，提高会员自身素质，坚持各类会议“一小时学习制度”，学习中共十九大、习近平新时代中国特色社会主义思想，中央、省、州“两会”等各类重要会议以及新修订的《中国民主促进会会章》等。

8 月，组织会员参加民进贵州省委举办的纪念“五一口号”发布 70 周年、改革开放 40 周年、民进贵州省委成立 30 周年演讲比赛，并获个人二等奖、三等奖。组织会员、贵州马大姐食品股份有限公司董事长马铃凤参加民进中央主题教育活动领导小组办公室主办的开明讲堂“我身边的先进”宣讲报告会。

2018 年，民进黔西南州委加强民进宣传工作，树立民进正面形象。全年编辑 45 期《民进黔西南简报》，编辑民进简讯 120 余条，在《民进贵州》、民进中央网站、亮点黔西南等媒体和书刊

2018 年 7 月 11 日，全国人大常委会委员、民进中央副主席兼秘书长高友东（左二）率队赴黔西南州安龙县坝盘村考察推进脱贫攻坚工作　（州民进　提供）

上发布。创建民进黔西南州网站、民进黔西南会员微信群和微信公众号，在民进黔西南州委网站上挂该会工作动态和要闻简讯，在中央及省、州媒体上宣传报道黔西南民进工作。

2018年，民进黔西南州委发展新会员23名，全州会员总数492人。会员在新社会阶层有新发展，年龄结构更为合理，在会员发展长期滞后的支部和空白单位有突破，发展会员的文化层次有提升。组织会员参加省级以上学习培训六期，培训会员16人次。中共中央“五一口号”发布70周年前夕，组织会员参加省、州、市座谈会、专题讲座近40人次。在州社会主义学院开办民进黔西南州委新会员及骨干会员培训班，50余名民进新会员及骨干会员参加培训。

推动“四型支部”建设，激发基层活力。2018年，各基层组织开展各种活动，民进兴义市工委开展“迎春”运动会、学《中华人民共和国宪法》《中华人民共和国监察法》《民进会章会史》知识竞赛、到威舍镇红星村接受红色教育等活动，民进医卫支部开展三下乡义诊活动、民进兴义师院支部开展法律免费咨询服务和关爱老会员活动，民进安龙支部组织会员到小学开展六一儿童节活动等。

【参政议政】 2018年，民进黔西南州委创新推行“三三参政”：实施“三早”措施、推行“三个一”参政议政工作机制、围绕“三重主题”开展议政调研。在2018年黔西南州“两会”上，民进黔西南州委通过收集社情民意信息、调研提交《关于推进构建我州医养结合、城乡统筹的养老服务体系的建议》《关于加强全科医生及助理全科医生培养、创新使用激励机制的建议》《关于规范建设畜禽定点宰杀点，加强肉禽市场检疫，让群众吃上放心肉的建议》等党派和个人提案25件。提案围绕中心、服务大局，重点更突出，涉及面更广，提案办理得到中共黔西南州委、州人民政府及相关部门的重视，通过面对面办理、现场办理和协商办理等形式，提案办理取得良好成效。

2018年7月20日，全国人大常委会副委员长、民进中央主席蔡达峰（右二），全国人大常委会委员、民进中央副主席王刚（右一）率队赴黔西南州安龙县考察调研

（州民进　提供）

2018年，民进黔西南州委配合民进中央、民进贵州省委和民进各地方委员会开展考察调研，参与黔西南州政协开展的调研活动，参加中共黔西南州委、州政府，兴义市委、市政府及统战部召开的各种情况通报会、座谈会、意见征求会，履行参政议政职责，会员中的特邀监察员、特约监察员、行风评议员等，参加民主监督工作，发挥民主监督作用。

【“星火计划、科技扶贫”试验区工作】 2018年，民进黔西南州委主动到民进中央、民进浙江省委、民进贵州省委对接联系工作，争取民进中央和全国各地民进地方组织对黔西南“星火计划、科技扶贫”试验区的支持和帮助，参与举办黔西南州第六届“中国美丽乡村·万峰林峰会”活动。

民进中央以“同心彩虹行动”为主要载体开展教育帮扶，启动实施安龙县骨干教师培养三年行动计划，在民进中央的号召下，民进各地方委员会开展培训班或送教到安龙。全年通过“请进来”到安龙开展培训11次，培训教师600余人，组织130余名骨干教师赴北京、上海、湖南、四川、云南等地参加西部教师培训、骨干教师培训、乡村英语教师培训、“同心彩虹行动”暑期班培训、音乐教师培训等各类培训。全年培训教师、医务人员、基

2018年10月17日，民进黔西南州委举行助推脱贫攻坚再出发暨“同心彩虹·站起来”骨病精准扶贫专项帮扶救助活动启动仪式　　（州民进　提供）

2018年10月16日，全国政协副主席、民进中央常务副主席刘新成（左三），全国人大常委会委员、民进中央副主席王刚（右一）深入黔西南州安龙县万峰湖镇坝盘村进村入户开展定点扶贫专题调研　　（州民进　提供）

层干部1000余人次，学生2000余人次。

民进各地方组织、开明慈善基金会、中国儿童少年基金会、北京明伦公益基金会、央视体育频道等先后到安龙县开展教育帮扶10余次，开展捐资助学、资助贫困学生等，资助困难学生600余人，投入教育类帮扶资金300余万元。

民进中央号召民进各地方委员会开展“书香彩虹——安龙行动”图书捐赠活动，累计捐赠图书12万册，价值200余万元。民进天津河西区委、民进苏州市委、民进南京市委等委员会与安龙县洒雨镇、钱相街道、普坪镇开展长达三年或以上的基础性教育对口帮扶。

经民进中央牵线，推动北京师范大学与兴义民族师范学院共建合作，双方在学院管理、师资队伍建设、学科专业建设、教育扶贫等领域合作形成初步意向，达成基本共识。

民进黔西南州委协调安龙县温氏生猪养殖项目加快推进。年内，广东温氏集团新增投资1.8亿元，生猪销售2000余万元，新建104个养猪分场。在民进福建省委会的联系下，福建民进企业家帮助安龙县销售食用菌1.5亿余元。

在民进中央的号召下，民进各地方委员会及民进企业家纷纷赴黔西南州及安龙县开展帮扶和考察，全年民进黔西南州委接待民进中央教育委员会、科技医卫委员会、联络委员会等专委会，北京、上海、天津、河北、江苏、浙江、福建、四川、贵州、陕西、南京等地民进组织近30批次、300余人赴安龙县开展人才培训、传统文化教育、发展民办教育、产业投资、助学帮困等，引进和投入资金600余万元。

【脱贫攻坚】2018年，民进黔西南州委专职副主委黎虹带领干部职工多次深入安龙县万峰湖镇毛凼子村走访贫困户、开展宣讲，与村“两委”商议发展大计。10月17日，举行民进黔西南州委助推脱贫攻坚再出发暨“同心彩虹·站起来”骨病精准扶贫专项帮扶救助活动启动仪式，在会上发出启动第二轮春阳同心行动倡议书，民进各州直支部、兴义市工委与民进黔西南州委签署“一支部一项目”活动责任书，民进企联会和毛凼子村签订帮扶责任书。

在春节前到安龙县万峰湖镇毛凼子村开展春节慰问，对精准贫困户、五保户、低保户共计27户进行物资慰问，送去大米、棉衣、鞋、奶粉等生活物资，并为17户低保户和五保户共计发放3400元慰问金。

【扶贫村发展种养殖业】2018年，民进黔西南州委采购14头价值7万余元的能繁母牛送给毛凼子村14户贫困户，邀请安龙县畜牧局技术员为农户进行养殖技术培训，现场解答养殖问题，为农户发放服务卡，长期为农户作技术指导；推动温氏集团在毛凼子村修建2个养猪分场，实现产出和分红；推动毛凼子村种植2000余亩刺梨，联系贵州天刺力集团与毛凼子村签订刺梨种植对接帮扶合作协议；向毛凼子村捐赠办公电脑4台，帮助安龙县毛凼子村、坝盘村解决脱贫攻坚工作经费共计4万元；协调民进黔西南州企联会与毛凼子签订帮扶协议，民进企业家与毛凼子村贫困户开展结对帮扶，拟发展庭院养殖经济，带动农户增收。

【茶业产业帮扶】2018年，民进黔西南州委结合贞丰、晴隆的实际，邀请专家和技师开展四期“盘江制茶师”培训，培养制茶能手，促进农户增收，带动贫困群众脱贫。

【教育帮扶】2018年，民进黔西南州委和黔西南州教育局共同主办黔西南州2018年“新高考改革研讨会”，邀请专家作专题报告。州公（民）办高级中学126名教学骨干参加会议。

【“一支部一项目”活动】2018年，民进兴义市工委开展“送课下乡”“送药下乡”“阳光儿童行动”等活动，组织教师、医生到乡镇、学校开展义诊、义教等活动；民进联合支部开展“同心彩虹·站起来”骨病精准扶贫专项帮扶救助活动，由会员企业西南骨科医院出资，在州慈善总会设立专项帮扶救助基金，针对黔西南州贫困人口中因骨伤骨病致残致贫者进行康复医疗救助，基金分期投入，第一期投入20万元，到2019年12月31日前达到100万元规模；民进兴义师院支部开展“雨润助学”活动，2018年资助贫困学生20名，发放资助金2.1万元，开展“免费法律咨询”等活动；民进中教支部发起“走进纳山教育教学支援活动”，为纳山小学送去资助金3万元，价值3万元的多媒体黑板一块，教学示范课2节，开展教学交流活动；民进一中支部组织教师开展送课活动；民进文化支部开展“送文化进校园、进村寨”活动等。民进企业家联谊会开展社会服务“微公益”，赴望谟乐旺镇乐宽小学、威舍十一中等开展捐赠活动。

（杨　莉）

中国农工民主党黔西南州支部委员会

【概况】2018年，中国农工民主党黔西南州支部委员会贯彻落实习近平总书记关于新时代党派工作的重要讲话精神，紧紧围绕州委州政府的工作中心，立足自身特点，充分发挥界别优势，积极履职，认真开展好各项工作，服务全州地方经济建设和脱贫攻坚，全面助推黔西南实验区建设发展。

【参政议政】2018年，支部充分发挥界别优势，以关注民生为重点，通过多种形式、多渠道积极开展参政议政工作。开展2期参政议政培训，向州委提交1份针对全州扶贫产业发展、体制改革等中心工作和社会热点问题的专题调研报告。

【社会服务】2018年，支部把社

2018年6月，农工党贵州省委秘书长蒙爱军到兴仁开展产业调研
（州农工党支部　提供）

会服务与脱贫攻坚工作紧密结合，开展许多卓有成效的工作。以山旅会和万峰林峰会为平台，在山旅会和万峰林峰会期间邀请农工党中央领导亲赴我州调研，关心黔西南州的发展；不断深化义诊服务，常态化与多样化结合。全年共开展义诊活动3次，诊疗群众1800人，送药价值1万元。开展“农工党健康教育社区行活动”，举办健康保健知识和法律咨询活动2次；与中国物品编码中心共同举办全国物品编码与标签应用培训工作。

（郑升松）

九三学社黔西南州支社

【概况】 九三学社黔西南州支社于2015年3月28日成立，截至2018年12月底，共有社员46名。

【思想建设】 2018年，支社组织学习习近平新时代中国特色社会主义思想和中共十九大精神及《中国共产党统一战线工作条例（试行）》等重要文件。针对全体社员，特别是新社员，组织学习九三学社的发展历史，了解九三学社的发展历程及政治地位。支社多次选派骨干力量参加社中央、社省委及各级统战部门的培训。

【社会服务】 2018年，支社按照州委统战部的统一安排，配合中共黔西南州委、州政府，做好第六届“中国美丽乡村·万峰林峰会”及2018国际山地旅游暨户外运动大会系列活动。九三学社安徽省委于4月12日至15日赴望谟县开展“同心树人”教育帮扶暨调研考前冲刺辅导活动，组织13位高考科目教育专家为望谟县高三1300多位学生及50名教师进行考前讲座，并为中学生讲课，捐赠2万元助学金和价值5000元的文体用品。5月28日至29日，九三学社中央书画院常务副院长、首都师范大学叶培贵教授率队在兴义市开展“同心树人”书法培训教育帮扶活动，培训100多名兴义市中小学书画教师及书法爱好者。6月3日至6日，九三学社浙江省委会专职副主委马永信一行8人赴晴隆县开展教育帮扶工作，在晴隆县新光小学设立奖学金并向新光小学赠送文体用品。九三学社省委投入专项资金5万元，援建义龙新区鲁屯镇平坝村卫生室。6月22日，全国政协常委、九三学社贵州省委主委、省农科院副院长黄宗洪为活动室揭牌，社省委和州支社医疗专家还开展“送医送药送健康”活动。10月21日至25日，根据社中央安排，九三学社天津市委秘书长张玉芳一行赴晴隆县开展“同心树人”活动，该次“同心树人”教师培训活动共培训教师176人（中学音乐教师25人，小学音乐教师36人，高中毕业班教师58人，高中文综教师57人），学生442人（中学268人，小学174人）；共有255名医护人员及县直部门干部职工参加医疗讲座。10月24至28日，经九三学社中央安排，兴义市第八小学教师骨干一行6人到首都师范大学附属育新学校开展“联系构成发展、交流促进提升”学习交流主题活动。

（范德强）

州工商联

【概况】 黔西南州工商业联合会设办公室、业务科2个内设机构，设直属事业单位会员服务中心加挂招商引资和精准扶贫服务中心牌子。2018年底，有执委84名、常委41名、非公副主席17名、副会长13名；全州8个县（市）基层工商联有36个行业商会、13个异地商会、18个乡镇（街道）商会。会员数达到10145个，其中：企业会员1744个、团体会员67个、个体会员8334个。在工商联界中，有州级以上政协委员36名、州级以上人大代表7名，其中省政协委员4名、省人大代表3名。

【“千企帮千村”精准扶贫】 2018年，州工商联举办“千企帮千村”工作推进会和“千企帮千村”台账管理与录入培训会，规范统一台账录入口径和方法，确保台账数据的真实性、及时性；组织各县（市、新区）工商联相关负责人赴六盘水市盘州市、铜仁市松桃县考察学习“千企帮千村”示范项目，增强抓好“千企帮千村”精准扶贫行动的信心；发挥民营企业的示范引领作用，指导推进“千企帮千村”示范项目创建，年内共建成40个“千企帮千村”示范项目，15个省级“千企帮千村”观摩项目；组织民营企业参加“扶贫日”募捐活动，在10月17日州2018年“扶贫日”现场捐募仪式中，州工商联组织13家商会或企业开展各类形式的捐募活动，捐募682.44万元，各县（市、新区）工商联（工委政治部）组织57家商会或者企业捐募42.47万元；在脱贫攻坚行动中，贵州泛亚实业（集团）公司、贵州光秀生态食品有限公司先后获得全国“万企帮万村”先进民营企业称号。据不完全统计，截至2018年12月底，录入“千企帮千村”精准扶贫台账企业625家，同比增长61.08%，实施项目1123个，同比增长44.34%，帮扶贫困村642个，同比增长42.67%，受帮扶贫困人数15.05万人，同比增长145%，投入总资金9.79亿元。

2018年3月8日，贵阳市、黔西南州统一战线助力贫困地区农产品销售座谈会召开
（州工商联　提供）

【东西部扶贫协作】 2018年，州工商联组织112家民营企业参加全国“万企帮万村”消费扶贫展销会，订39份采购意向合同金额约13.1万元，兴诚英华食品有限公司等5家企业分别与贵州勤邦集团等企业进行实质性的采购与合作，实现采购额103.1万元，主要领导亲自带队赴宁波市工商联对接、共商东西部扶贫协作工作。宁波市工商联、商会有关负责人到黔西南州晴隆县紫马乡新洋村、兴义市万峰林街道办万福村开展东西部精准扶贫协作及调研。州政协副主席、州工商联主席莫武安赴宁波与宁波市工商联签订了两地友好工商联协议，合力推动东西部扶贫协作工作。

【帮扶联系村减贫摘帽】 2018年，州工商联赴党建扶贫、同步小康创建联系点——回龙镇三妹孔村，开展各项工作，推进了三妹孔村脱贫攻坚减贫摘帽工作。切实抓好人口识别，在村支“两委”的支持配合下走访群众、慰问贫困户、宣讲十九大、召开共商会，开展“全口径”识别、“回头看”识别、清理核查、动态调整、查漏补缺等工作，精准识别建档立卡贫困户。助推产业扶贫，为黔西南福建商会、黔西南富康集团、兴义新正大饲料等商会或企业争取资金、技术支持，推进三妹孔村产业发展。实施三妹孔村构树秸秆颗粒饲料加工厂项目、三妹孔村生态养殖基地项目、芭蕉芋种植项目、薏仁米种植项目，并组织三妹孔村128户贫困户办理特惠贷541万元，27户贫困户办理自助发展资金53万元，用于发展种植、养殖业。完善基础设施，借助“千企帮千村”平台，向州工商联直属商协会、会员企业争取到96.67万元帮扶资金，推进该村通组路、串户路全部硬化等基础设施建设，安装太阳能路灯，进行危房改造、新办公楼建设、文化广场建设，实施“温心愿”房屋维修，推进完善村五星小学教育基础设施等教育扶贫项目；切实抓好评估验收，围绕“一达标、两不愁、三保障”评估验收要求，指导该村抓好减贫摘帽工作，实现三妹孔村义务教育阶段无因贫辍学生，实施生病住院贫困户报销政策，推动易地扶贫搬迁、生态搬迁共43户182人。量化216.3万元中央及省专项扶贫资金入股三妹孔村农机农民专业合作社、回龙镇育智幼儿园、兴仁百耀菌业公司，涉及贫困户85户。解决107户331人的农村低保。

【农特产品“泉涌”工程】 2018年，州工商联与贵阳市委统战部、市工商联协调对接，打造全州农产品销售平台公司——贵州黔货帮绿色产业发展有限公司。公司与贵州一树药房等多家企业接洽、商谈市场化合作模式并初步达成了农产品销售合作意向。促成2018年3月贵阳市考察团赴黔西南州进行了考察交流，4月贵阳市工商联组织40余家民营企业赴黔西南州对接洽谈，双方就助力农产品销售达成初步合作意向，其中贵州五福坊食品股份有限公司等5家企业现场与黔西南州民营企业签订农产品产销意向合作协议，将州内10余家涉农企业的产品对接进入贵阳喜乐生鲜超市旗下数十家店专柜销售。并与福建省泉州市、漳州市商议签订友好工商联事宜，组织州内农特产品企业到泉州市开展产销对接推介活动，帮助推介黔西南贫困村农特产品，提高全州农产品在泉州市场占有率，推动“黔货出山”。州工商联组织和动员执委、常委企业47家，州直属商会10家食堂采购“泉涌”食材，有1家州直属商会和9家执委企业与黔龙生态食品有限公司、粮油配送中心分别签订农产品购销合同和供货协议书。

【“星火计划·科技扶贫”试验区建设】2018年，州工商联对接黔滇桂煤炭交易中心，推动安龙石材产业园区建设和黔西南中药材种植，开展“万企帮万村”精准扶贫行动调研指导示范创建；邀请专家、学者、企业界人士出席试验区“中国美丽乡村·万峰林峰会”“国际山地旅游暨户外运动大会”，考察“千企帮千村”项目；邀请领导、专家、企业家到黔西南开展考察调研活动，2018年8月全国工商联第一联系调研组到黔西南州开展“构建亲清政商关系，民营企业推动实施乡村振兴战略”考察调研活动，调研组组长王伟表示，支持帮助卡拉哈生态牧业有限公司考察学习经费5万元，每年帮助销售3000只羊；兴伟集团出资200万元帮助碧痕镇新坪社区半坡组发展肉兔产业，每年收购1万只，支付100万元帮助肥姑食品有限责任公司用于生产加工，并每天收购1000盒肥姑凉面。

【招商引资】2018年，州工商联围绕产业帮扶，组织和动员州直属各商（协）会参与黔西南州2018年产业大招商突破年行动，开展招商引资工作。制定方案组织召开招商引资座谈会，制定《黔西南州工商联2018年度招商引资工作方案》，明确工作职责和任务目标。组织召开全州对外开放暨招商引资大会精神商会民企座谈会、2018年产业大招商突破年招商引资商会民企座谈会，贯彻省、州2018产业大招商突破年行动动员部署会会议精神，对年度招商引资工作进行安排部署。州工商联依托商会交流平台，为招商引资做好牵线搭桥。继续采取“走出去，请进来”的方式，安排山东淄博企业考察团、郑州医美集团、江苏省冷链协会考察团、宁波市党政代表团、红星美凯龙家居集团、上海市及厦门市贵州商会、中央统战部及万科集团、民进中央、广西钦州市工商联等进行商务考察，组织参加贵阳市工商联助力黔西南州“泉涌”工程推进活动，组织会员企业与福建、湖南等客商对接黔货出山项目。积极开展招商引资走访调研活动。到直属商（协）会、会员企业开展民营企业调研，民营企业参与军民融合发展状况调查和直属商（协）会产业大招商突破年走访调研，进一步掌握商会企业招商引资的基本情况，了解招商引资项目策划或及建设情况。截至2018年底，对接洽谈项目30个；开工建设项目8个，完成投资10.29亿元；组织参加招商项目推介会、洽谈会共3场次，以及投资考察活动30场次，参会（参加活动）200人次。

2018年9月19日至21日，黔西南州工商联举办的“不忘创业初心·接力改革伟业”非公经济党外代表人士理想信念教育上海培训班在上海交通大学海外教育学院开班
（州工商联　提供）

【"四好五型"商会创建】 2018年，为贯彻落实省工商联"四好五型"商会建设工作会议精神，州工商联组织召开黔西南州"四好五型"商会建设动员部署工作会，对该项工作作安排部署，制定《关于在全州工商联所属商会组织中开展"四好五型"商会建设工作的实施方案》及评价指标，并指导各县（市）工商联制定实施方案。截至2018年12月，黔西南州各级工商联商（协）会63家（含团体会员），其中州工商联所属商协会6家，其他州直属商协会10家、县（市）工商联所属商（协）会47家。

全州各级工商联指导所属商会按不低于20%比例要求确定首批创建单位并开展相关工作，黔西南州遵义商会获得全国"四好"商会、省级"四好五型"商会称号，黔西南州福建商会、黔西南州遵义商会、黔西南州山东商会、黔西南州浙江商会、册亨县布依刺绣商会、兴义市白碗窑商会、晴隆县茶叶协会获得州级"四好五型"商会称号。黔西南州工商联所属商会及团体会员中达到州级"四好五型"标准的商会4个，占比达到25%；各县（市）工商联所属商会及团体会员中达到县级"四好五型"标准的商会分别超过20%，全面实现2018年创建目标。

【商会组织建设】 在省妇联举办的2018年度贵州省城乡妇女岗位建功先进集体（个人）评选推荐工作中，州工商联推荐兴义市布谷鸟民族实业发展有限公司等集体或个人评选省巾帼文明岗、建功标兵、建功先进集体。在省发改委举办的贵州省优秀企业家和企业家精神典型案例工作中，州工商联推荐施达集团董事长黄秋为贵州省优秀企业家。

2018年9月2日至7日，黔西南州工商联组织全州30名新一代非公经济人士赴井冈山开展理想信念教育培训 （州工商联 提供）

【非公经济人士理想信念教育】 2018年，州工商联组织州工商联执常委企业、直属商（协）会、各县（市）工商联会员企业参加非公有制经济人士理想信念教育培训。7月6日，由州工商联举办，以"不忘创业初心·接力改革伟业"为主题的非公有制经济人士理想信念教育培训会在黔西南州社会主义学院举行。8月13日，黔西南州促进非公企业和社会组织党的建设、千企帮千村精准扶贫行动培训班在中共黔西南州委党校行政楼开班。促进非公经济及社会组织健康发展，树立中小、民营企业发展的信心，构建"亲清"政商关系。9月2日至7日，黔西南州工商联组织全州30名新一代非公经济人士赴井冈山开展理想信念教育培训。旨在运用井冈山这个没有围墙的革命历史博物馆，让新一届工商联执委企业家和新一代企业家接受革命传统教育、陶冶情操、净化心灵、提升境界，进一步增强对中国特色社会主义的信念、对党和政府的信任、对企业发展的信心。9月19日至21日，黔西南州工商联举办"不忘创业初心·接力改革伟业"非公经济党外代表人士理想信念教育上海培训班在上海交通大学海外教育学院开班。各县市工商联、义龙新区非公经济党外代表人士、州工商联直属商会党外会员代表50人参加培训。

（刘周君）

群众团体

黔西南州总工会

【概况】 黔西南州总工会内设机构6个，行政编制16名，在职在编15人；机关工勤编制2名，在职在编1人；州服务职工中心（公益一类），全额事业编制3名，在职在编2人；州工人文化宫（公益二类），自收自支事业编制3名，在职在编2人。

【劳模选树】 2018年，州总工会开展全国、全省五一劳动奖章、五一劳动奖状和工人先锋号等推荐评选工作，完成2个省级五一劳动奖状、8个五一劳动奖章、7个工人先锋号，3个省级五一巾帼标兵、3个五一巾帼标兵岗的推荐评选工作。组织开展“劳动模范上讲堂”活动491场次。

【脱贫攻坚】 2018年，州总工会围绕州委脱贫攻坚工作部署和省总工会关于“拔穷根 · 助圆梦”狠抓脱贫攻坚工作的十条路径，研究出台《黔西南州工会系统“十条路径”助力脱贫攻坚行动方案》，开展系列工作：在易地扶贫搬迁集中安置社区，建设工会“爱心帮扶超市”，为新市民购物提供打折优惠服务；通过再次精准识别、精准帮扶、精准保障等手段，结合生活救助、子女助学、医疗救助等措施帮助困难职工解困脱困；组织易地扶贫搬

2018年，劳动模范合影（张源 摄）

2018年，“生态环保 · 人人行动”现场（张源 摄）

迁服务工作队，进村入户开展搬迁动员工作，动员12户46人签订搬迁协议；推进新市民计划，在易地扶贫搬迁安置点探索建立“群团之家”，组织搬迁群众33人参加“定岗式”汽修培训。

【节能减排大参与行动】2018年，州总工会动员全州党政机关、企事业单位、人民团体所有工会组织和工会会员参与“生态环保·人人行动”竞赛活动，全州参加活动的单位共3510个，职工群众共41.5万人。

【维权帮扶】2018年，州县两级工会参与处理劳资纠纷、重大安全生产事故，协助有关单位处理农民工工资清欠、债务纠纷、贷款纠纷，防范和化解金融风险。在审判机关和劳动人事争议仲裁机构挂牌设立法律援助站，开展“尊法守法·携手筑梦”服务农民工法治宣传和公益法律服务行动。协助有关单位处理356名农民工工资清欠工作，督促相关企业兑现拖欠工资1361.49万元。参与晴隆沙子输气管燃爆等重大安全生产事故调查和善后处置。在高危行业大力推进工资集体协商，保障职工劳动保护等方面的权益。

【职工职业能力大提升行动】2018年，州总工会与州安监局共同组织开展以“落实全员安全责任，促进企业安全发展”为主题的“安康杯”竞赛活动。举办全州首届职工手工制茶技能大赛。同时，开展各项主题活动，如“当好主人翁·建功新时代”主题劳动和技能竞赛、以“争创一流业绩，建设精品工程”为主题的“六比一为”劳动竞赛活动、护士岗位技能大赛等。

【工会自身建设】2018年，州总工会在2018年度全省工会业务工作考评中获“优秀奖”，名次较上年度排位提升2位。年内，州总工会还修订完善州总工会机关内部管理制度21项。

【就业创业】2018年，州总工会

2018年，贞丰县开展“安康杯”活动现场（张源　摄）

2018年，慰问新市民社区困难职工　（乐永祥　摄）

2018年，黔西南州首届职工手工制茶技能大赛开幕式现场（张源　摄）

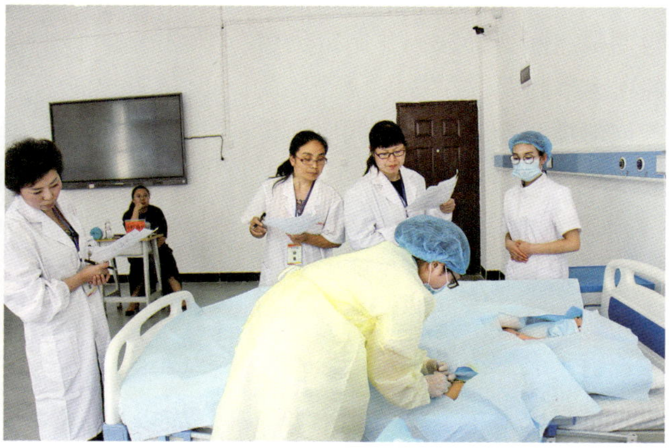

PICC护理比赛现场　（韦春英　摄）

2018 年，黔西南州货车司机等八大群体职工集中入会行动启动仪式
（乐永祥　摄）

深化就业援助月活动，与相关单位联合举办现场招聘会 9 场次，提供咨询服务 1.2 万人次，成功帮助 2800 人就业。开展“拔穷根 · 助圆梦”新市民“护工就业行动”技能培训促进就业现场招聘活动，为搬迁入住的精准建档立卡贫困户青壮年劳动力提供就业平台。在易地扶贫搬迁安置点举办劳动技能培训 113 班次，帮助实现就业 3823 人。

【工会改革】 2018 年，州总工会成立改革工作领导小组，把各项改革任务全部落实到人，明确各项改革目标要求、方法措施、时间期限、问责办法，并制定出台各项改革制度、方案共 12 个，改革创新项目历年最多。同时，督促指导推动县级工会改革。出台《黔西南州工会社会工作者管理办法（试行）》，得到省总工会支持并印发其他市州参照执行，解决各级工会缺人办事难题。推行工会会员服务卡，规范职工福利正常发放。

（王明念）

共青团黔西南州委

【概况】 2018 年，共青团黔西南州委内设机构 5 个，参公编制 13 名，下属全额拨款事业单位 1 个，编制 5 名。年内有参公人员 11 名，事业编制人员 3 名。

【思想引领】 2018 年，团州委坚持以党的十九大精神、习近平总书记在贵州省代表团重要讲话精神、习近平新时代中国特色社会主义思想武装青少年头脑。全州各级共青团组织，围绕学习宣传贯彻落实习近平总书记 7 · 2 重要讲话精神及团十八大精神，面向基层开展宣讲 35 场次，面向基层举办专题学习培训 29 场次，开展主题团日活动 1800 余场次，收到主题征文 50 余篇。清明节、“五四”青年节、“六一”儿童节、“七一”建党节等重要节日，开展“缅怀革命先烈 · 传承红色精神”“牢记嘱托 · 感恩奋进”“你好，新时代——争做新时代好队员”“我为什么要加入中国共产党”等活动，增强全州广大青年的“四个自信”。

【组织建设】 2018 年，团州委在产业集聚区、非公企业、农民专业合作社、新媒体、青年社会组织等“两新”领域建立团组织。团兴仁县委联合乡镇党委试点推行的基层党团共建模式取得实效，团贞丰县委团建工作纳入同级党委党建考核工作内容。成立县（市）农村青年致富带头人协会 8 个联系青春语青年沙龙、中和社工、金州学子春晖社、大山小爱、

2018 年 6 月 25 日，中国共产主义青年团黔西南布依族苗族自治州第七次代表大会召开
（团州委　提供）

2018年7月10日，举办第六届贵州·台湾经贸交流合作恳谈会暨黔台青年精英对接会
（州团委 提供）

阳光公益5个青年自组织。新建团委18个、团总支39个、团支部531个（其中“两新”领域212个、易地扶贫搬迁安置点25个），联系青年9万余名。6月24日至27日在兴义召开共青团黔西南州第七次代表大会，选举产生共青团黔西南州第七届委员会、常务委员会委员、书记、副书记。邀请省少先队总辅导员周晓群、省少先队鼓号队总辅导员付延毅等相关专家为150余名少先队辅导员开展业务培训。年内选派60余名团干、少先队辅导员参加全国、全省、全州各类培训班。

【脱贫攻坚】 2018年，团州委围绕大扶贫战略行动，开展黔西南共青团助力脱贫攻坚“四项行动”，建成青年志愿者脱贫攻坚青年夜校8个，“青春课堂”9个，组建脱贫攻坚青年突击队23支523人，脱贫攻坚志愿服务队10支372人，整合价值170多万元的物资开展脱贫攻坚帮扶活动。聚焦易地扶贫搬迁青少年的融入及成长成才问题，依托“青年志愿者脱贫攻坚夜校”和“青春课堂”，开展扫盲、双语教学等培训和课外作业辅导等志愿服务，开展青少年新市民“小陪审员”“青少年新市民法制讲堂”“12355”青少年权益保护热线线下“花季护航——法律知识进校园”等活动，定期分批次、年龄段为青少年提供心理健康监测和心理减压疏导。为搬迁青少年提供就业创业技能培训（其中，团兴仁县委依托易地扶贫搬迁安置点团支部，开展普通话推广、电子商务知识技能培训、电工及焊工技术培训、平车缝纫培训、家政服务培训、厨师烹饪技术培训等40余期，培训人员1400余人次）；团贞丰县委依托安置点团支部解决移民群众300余人就业，建立青年就业信息库，为青年提供职业规划和创业就业培训。开展“团团带你去逛街”“团团带你找工作”“团团带你学法律”等系列活动300余场次，覆盖青少年新市民4000余人次，实现新老市民共融共建。与宁波团市委签订《共青团宁波市委 共青团黔西南州委东西部对口帮扶协作框架协议书（2018—2020）》，围绕“六个精准”基本方略，开展“牵手营养晚餐补助计划”“牵手特色课堂建设计划”“牵手宁波看海行计划”“牵手人才交流计划”“牵手经贸合作计划”等活动，开展的“牵手·共健康”营养晚餐计划累计金额190万元，1268名学生受助。

【志愿服务】 2018年，团州委争取专项志愿者194名（其中，西

2018年7月28日，金州学子春晖社在册亨县秧坝镇宜哨村开设“青年志愿者脱贫攻坚夜校”
（州团委 提供）

部计划志愿者158名，研究生支教团志愿者36名）到黔西南州各县市服务。依托高校、机关年轻干部、西部计划志愿者、社会志愿者等资源，组建赛会志愿者队伍服务州内大型赛会，组织1000余名赛会志愿者为2018国际山地旅游暨户外运动大会和第六届“中国美丽乡村・万峰林峰会”、全省项目会、第六届贵州・台湾经贸交流合作恳谈会等10余场大型赛会提供接站服务、跟车讲解、参观引领、礼仪指引、酒店服务等志愿服务。团册亨县委依托巧马安置点团组织，把志愿服务与易地扶贫搬迁深度结合，围绕“感恩共产党・做好新市民”主题，发挥青年在易地扶贫搬迁过程中的“生力军”“突击队”作用。形成“1个特殊困难家庭+1个好邻居+n个志愿者”的邻里互助模式，在贵州省志愿服务文化暨首届志愿服务项目大赛中荣获大赛银奖、最佳人气奖。

【服务青少年】2018年，团州委以竭诚服务青年、维护青少年合法权益作为共青团工作的出发点和落脚点，贯彻落实《中长期青年发展规划（2016—2025年）》、社工人才队伍建设、希望工程、圆爱行动、青年创业就业、青少年维权等工作。举办第六届贵州・台湾经贸交流合作恳谈会暨黔台青年精英对接会，中国国民党中常委侯佳龄、台湾青年创业总会荣誉副总会长许登旺、台湾青年创业总会荣誉理事李黔高及所属团队等40余名嘉宾和全州各行各业优秀青年代表30余人参加会议。主办2018“幸福金州・青春同行”520大型交友派对，为700多名来自全州各级国家机关、事业单位和企业的单身青年搭建相互认识、交流、了解平台。青年企业家协会、农村青年致富带头人协会等团属协会，开展群团之家创业分享会、青年创业就业沙龙、青年创业就业培训等活动，整合资源支持青年创业发展，争取到微型企业“3个15万”扶持名额104个，帮助104名青年开展创业就业，解决青年创业资金瓶颈问题。评选出中国石化兴义分公司科佐屯加油站、贵州省兴义高速公路管理处兴义路政执法大队、望谟县公安局王母派出所等26个州级青年文明号单位。

【公益行动】2018年，团州委争取到“国酒茅台・国之栋梁——2018希望工程圆梦行动大型公益助学活动”“习酒・我的大学”“芙蓉学子”、贵州产业投资（集团）有限责任公司扶贫公益助学金等项目581万元，资助贫困大一新生1162名。与州统战部、州教育局、民革等单位联合开展2018“博爱牵手　情暖童心——对口关爱黔西南试验区乡村贫困儿童夏令营”活动，组织全州贫困乡镇的80名留守儿童到北京和上海两地参观游学，参加国防教育活动。联系黔西南中和社工服务中心、黔西南州鱼鹰公益协会、黔西南州蓝豹救援队、黔西南州阳光公益协会，开展社工培训、扶贫助困、公益宣传等工作。晴隆县阿妹戚托镇开展“壹基金”暖冬行动、“善行贵州・益童乐园”“壹基金・音乐教室”“精准治污爱心公益旧衣回收箱”“河流守望者”等涉及青少年社会工作项目70余项，涉及金额500多万元，覆盖青少年群体9400余人次。

【从严治团】2018年，团州委按照团中央基层组织建设部《关于开展违规发展团员核查整改工作的通知》及团省委组织部《关于开展违规发展团员核查整改工作的通知》要求，严肃发展团员和团员管理工作，印发《关于开

2018年6月1日，开展“你好，新时代——崇尚英烈，精忠报国，争当新时代好队员”新队员集体入队仪式　（州团委　提供）

2018 国际山地旅游暨户外运动大会和第六届“中国美丽乡村 · 万峰林峰会”志愿者 （州团委　提供）

展违规发展团员核查整改工作的通知》文件，在全州范围内对不满 13 周岁和无发展编号入团问题进行核查、整改。年后发展入团的，凡是入团时年龄不满 13 周岁或者无发展编号、未经该次整改认定的，一律不承认其团员身份。入团时不满 13 周岁、当时发展程序规范、现在已符合入团标准的，由其现在所在团支部召开支部大会重新讨论是否接受其入团，并报上级团委审核认定，入团时间以重新召开支部大会的日期为准。发展程序规范、符合入团标准、没有发展编号的，由其所在基层团委为其补发发展编号，并在《入团志愿书》封面右上角显著位置加印予以认定。发展程序不规范、目前仍不符合入团标准的，不承认其团员身份。清理出年内无发展编号入团 987 人，全州现剩余全年团员发展编号 301 个，缺少的 686 个团员发展编号已向团省委重新申请。清理出入团时不满 13 周岁的 191 人，其中 187 人达到入团年龄，相关支部正按照文件规定对该部分人员办理重新入团手续，对 4 名尚未满 13 周岁的学生，不予认定团员身份，所属团支部待学生满龄后，重新讨论是否接收入团。

（代　裕）

州妇联

【概况】 黔西南州妇联内设机构 6 个，即办公室、组织联络宣传部（女性社会组织服务中心、网络和新媒体中心）、妇女发展部、权益部、家庭和儿童工作部、州妇女儿童工作委员会办公室。2018 年，参公事业编制 15 名，实有 11 人，下属事业单位州妇女儿童服务中心（正科级公益一类事业单位），编制 3 名（管理人员），实有 1 人。

【思想宣传教育】 2018 年，州妇联成立意识形态工作领导小组，把意识形态工作纳入重要议事日程，纳入领导班子、干部职工目标管理。以“巾帼心向党 · 建功新时代”“百千万巾帼大宣讲”“争做巾帼好网民”“党的女儿话初心”“党史故事接力传播”等为主题，持续开展中共十九大精神宣讲活动。依托各级“妇女之家”，开办“新时代妇女讲习所”，举办制度化、常态化的专题知识讲座。年内全州共开办各级妇女讲习所 762 个，开展宣讲 3000 多场，受宣讲妇女 2 万余人次。

【基层组织建设】 2018 年，州妇联推进妇联改革工作，召开全州第七次妇女代表大会，产生新一届州妇联领导班子（专职主席 1 人，专职副主席 2 人，兼职副主席 3 人，挂职副主席 1 人）；鼓励女性进村“两委”工作，全州

2018 年，黔西南州妇女第七次代表大会召开 （州妇联　提供）

1063个村（社区）全部完成“会改联”改建工作，妇女组织组建率达到100%；改建后选举出村妇联主席1063名、副主席2339名、执委14970名。村“两委”有女性成员的行政村1052个，所占比例98.97%，村妇联主席进村“两委”的行政村有969个，所占比例91.16%，村妇联主席进村委会的行政村有685个，所占比例64.50%，村妇联主席进村党组织的行政村有467个，所占比例43.93%，村委会女性成员1256人，村党组织女性成员812人，村委会女主任55人，村党组织女书记54人。继续开展星级示范妇女之家建设。2018年黔西南州住房公积金管理中心等9个妇女之家被省妇联评定为贵州省“五星级妇女之家”，获创建奖补资金9万元。

【巾帼脱贫行动】 2018年，州妇联实施“锦绣计划”，发展特色手工产业。与人社、扶贫、农委、职业院校等联合，先后举办“骨干绣娘”“普通绣娘”“绣娘成长培训班”“非遗传承人群初级培训班”“小小绣女班”等培训。申报省级锦绣计划培训项目5家基地（公司），4个县妇联获培训资金75万元，培训绣娘750人。

建基地创示范 册亨县被省政府评定为全省锦绣计划示范县（全省台江、三都、册亨）。贵州省将军布文化发展有限公司、兴义市尚兰民族服饰加工坊、贞丰县梁忠美布依手工刺绣坊等三家基地被认定为贵州省锦绣计划巧手脱贫基地，各获3万元资金补助。

赛事影响 8月28日，州妇联组织举办“绣美黔西南 巧手助脱贫”妇女特色手工技能大赛，来自全州九县（市、区）的90名绣娘参加比赛。10月11日，组织17名绣娘参加贵州省“圆梦锦绣 巧手脱贫”妇女手工技能大赛，获特等奖一名，一、二、三等奖各1名的好成绩。

巾帼示范基地创建 望谟县光秀生态食品有限公司被认定为全国巾帼脱贫示范基地；兴义市众犇农牧发展有限公司、贵州省余记食品有限公司、贵州布依福娘茶业文化发展有限公司、贵州安龙金蕙花卉发展有限公司等4个基地被认定为贵州省巾帼脱贫基地，每个基地获补助金30000元；认定兴义市巾帼创业帮扶中心等20个州级巾帼示范基地，每个基地给予5000元资金补助。

开展贫困劳动力全员培训 依托“巾帼示范基地”“锦绣坊”等，为贫困留守妇女、建档立卡贫困妇女开展建筑业、家政服务、农村实用技术、民族手工等“定岗式”培训。全年州妇联系统任务数为500人，培训1338人，占任务数的267.6%。新一轮“三女培育”工程。全年全州“三女”培训任务数3900人，其中：持家女1000人，家政女400人，锦绣女2500人。完成培训4118人，占任务数的105.59%。其中持家女完成1069人，占任务数的106.9%；家政女完成525人，占

贵州省妇女特色手工技能大赛黔西南州代表队 （州妇联 提供）

州直机关女干部2018年三八国际妇女节植树造林活动 （州妇联 提供）

任务数的131.25%；锦绣女完成2524人，占任务数的100.96%。

【家庭文明建设】2018年，州妇联开展年度全国最美家庭和第十一届全国五好家庭的推荐选送工作，其中，兴义市俞令坤家庭、兴仁市张国景家庭、普安县邓泽林家庭等3户家庭被评为全国最美家庭，贞丰县潘应芬家庭、望谟县张瑞深家庭等2户家庭被评为全国五好家庭。举办留守儿童家长代理家长"尽责优教"大讲堂培训活动，开展"尽责优教"大讲堂培训活动293场次，培训留守儿童家长代理家长2.8万人。开展家教家风宣传教育活动。举办"家和万事兴——家教家风主题"图片展，开展《未成年人家庭教育促进条例》宣传，开展"家书传家风·笺书寄初心"家书征集展示活动，征集家书33封；举办"教育培训进社区　服务更给力"的家庭教育培训。

【关爱儿童工作】2018年，州妇联开展"恒爱行动——百万家庭亲情一线牵"公益活动，发动广大爱心妈妈们为新疆贫困儿童编制400件爱心毛衣。按照东西部扶贫协作部署要求，争取到宁波市妇联、市女企业家123圆梦基金之培罗成幼教师资培训项目，支持黔西南州幼教队伍建设，开展培训和送教等教学经验交流活动。开展"六一"儿童节慰问活动。举办"扣好人生第一粒扣子""传承红色基因系列教育活动""学雷锋志愿服务活动""阳光成长""劳动美""不让毒品进我家""法律知识进校园"等主题活动。组织爱心妈妈（家长）、企业等对部分贫困、孤残、留守、单亲儿童进行结对救助帮扶，活动期间，为全州1560所学校、38183名贫困、孤残、留守、单亲儿童，送去慰问物品及慰问金共计1965750元。

省妇联机关党委书记陈月蓉（右一）、黔西南州副州长黄曼（右二）发放"两癌"贫困母亲救助金
（州妇联　提供）

【维权工作】2018年，州妇联利用"三八"维权周、综治宣传月、禁毒宣传日等活动契机，开展法律法规宣传活动。举办"婚姻家庭矛盾纠纷调解"培训班。以"美丽乡村·无毒人生"为主题，开展禁毒知识进机关、进单位、进校园等宣传活动。加强对贞丰县禁毒工作督导。通过召开座谈会听取汇报、查看禁毒工作资料、走访社区禁毒康复站等方式，充分了解贞丰县禁毒工作进展和短板，定期向州禁毒办汇报，有效督促贞丰县禁毒工作全面健康发展。打造留守妇女关爱服务示范点。认定留守妇女关爱服务示范点29个，其中州级4个，县级25个。开展接访工作。全年全州各级妇联共接访群众177人次，申请法律援助案件6件，申请人身安全保护令1份，申请婚姻家庭矛盾纠纷调解6件。

【督导评估】2018年，州妇联调整和充实州妇儿工委成员单位成员和联络员，明确各成员单位的职责分工。深入全州8县市及义龙新区，对妇女儿童依法维权、卫生健康、教育医疗、生存环境等发展的重点领域进行督导。组织各成员单位开展《黔西南州妇女儿童发展规划（2016—2020年）》中期评估，统计监测规划各个领域指标进展情况。

【典型示范】2018年，州妇联开展"巾帼心向党　建功新时代"优秀女企业家和爱心企业评选推荐工作，其中：冯玉敏获"贵州十大杰出女企业家"称号；杨胜娇获"贵州十大创业女性标兵"称号；马玲凤、曾光秀获"贵州优秀女企业家"称号；毛文娅获"贵州优秀创业女性"称号；贵州荣盛（集团）建材有限公司获"关爱贵州妇女儿童十大爱心企业"称号；兴义大不同商贸有限公司获"关爱贵州妇女儿童优秀爱心企业"称号；开展年度贵州省城乡妇女岗位建功先进集体（个人）评选表彰活动。黔西南州人力资源和社会保障局社会保险服务大厅、黔西南州公安局政治部新闻中心、黔西南州人民检察院公诉局、兴义市国家税务局办税服务厅、贵州电网有限责任公司兴义册亨供电局电力调度控制中心调度班、贵州山水鞋业有限公司A车间获评贵州省巾帼文明岗；姜黎黎、万丽莎、郑周英、杨胜娇、邓春、张国芸荣获贵州省巾帼建功标兵称号；黔西南州财政局国库集中支付中心、兴仁县国地税联合办税服务厅、贞丰县妇女联合会、晴隆县妇幼保健院、兴义市众犇农牧发展有限公司荣获贵州省巾帼建功先进集体称号；开展"贵州省三八红旗（集体）"推荐评比表彰工作，杨再会荣获全国三八红旗手称号；兴义市巾帼帮扶中心、黔西南州公积金管理中心荣获贵州省三八红旗集体称号；陈国秀、梁胜兰、杨胜娇荣获贵州省三八红旗手称号。

【公益事业】 2018年，州妇联整合社会资源，组织开展"音乐之声·我要上学""儿童快乐家园""两癌救助""母亲健康快车""母亲水窖"等公益项目实施。开展"音乐之声·我要上学"资助活动，为550名贫困留守儿童提供22万元助学款；开展农村贫困妇女"两癌"项目。2018年上半年完成172名"两癌"患病妇女救助，按照每人1万元标准发放救助金172万元。下半年争取到中国妇基会"两癌"救助金124万元。对全州122072名建档立卡贫困适龄妇女免费开展"两癌"筛查。组织申报母亲水窖项目11个，为兴义市丰都街道办普子村争取项目资金50万元，为沧江乡坪堡村争取项目资金24.3万元。争取中国妇基会"母亲健康快车"7台，价值108万元，在兴仁市、晴隆县7个乡镇（街道）卫生院开展工作。

（卓　维）

州科协

【概况】 2018年，黔西南州科学技术协会内设机构4个，参公编制11名，实有5人；工勤编制1名，实有2人。下属事业单位州科技馆，全额拨款事业编制4人，实有3人。

【全民科学素质工作】 2018年，州科协组织各成员单位通过科普展览、科技咨询、文艺演出等群众喜闻乐见的形式开展"全国科普日""科技三下乡""科技活动周"、食品安全周等宣传活动，共制作宣传展板50余块，发放科普资料及科普图书5万余份（册）。注重将地方特色融入科普宣传品编制，与黔西南喀斯特研究院联合拍摄《黔西南州生物多样性》科普宣传片。全力推进"百万公众网络学习工程"活动实施，全州参加成效测试人数达284413人，超额完成省下达全州的目标任务，测试平均分位居全省第二。8月，在兴义市组织召开2018年州全民科学素质工作领导小组会议，州委常委、州人民政府副州长王雄义出席会议并讲话，会议报告了2017年以来全州《全民科学素质行动计划纲要》实施情况，并对2018年工作任务进行安排部署，州人民政府与各县（市）人民政府、义龙新区管委会签订《全民科学素质三年行动计划（2018—2020）目标责任书》。11月，邀请"中国老科协科学报告团"3名专家赴全

2018年，"全国科技工作者日"黔西南州主场活动在兴义举行

（州科协　提供）

州开展科普报告巡讲活动，围绕国家战略、科学精神和食品安全等主题，在全州各县（市）举行14场报告会，4000余人参加。

【科技助力精准扶贫】2018年，州科协按照省、州脱贫攻坚战略实施的总要求，从科普基础设施建设、农村专业技术培训等科普惠农工作入手，重点帮扶州内深度贫困地区开展科技扶贫。联合州教育局、州农委、州科技局等四家单位，整合资源全力打造科普示范工程，制定下发《围绕科普助力精准脱贫，打造“九个一”科普示范项目工作方案》，确定9个创建对象，明确50万元专项工作经费。举办农村实用技术培训25期，培训人数4000余人。继续推进科普信息化建设，新建科普e站24个，项目资金33万元。开展银会合作，通过“银行+协会”的合作模式，为晴隆县清韵茶叶有限公司提供贴息资金2万余元。

【学会学术活动】2018年，州科协以服务科技创新为着力点，积极争取承办省级以上学术活动，9月，参与承办2018·中国·贵州·黔西南合金材料科技创新峰会暨第26届中国金属学会铁合金分会学术研讨会，兴义市、安龙县被学会授予“科技创新成果转化基地”牌匾。与州教育局联合制定下发《黔西南州科普学术讲坛工作方案》，以“科技创新+科普+机器人”为主题，先后在兴义市向阳路小学、红星路小学、湖南路小学和兴义一中，举办四期科普学术讲坛，参加人数共计500余人，为全州科技教师开展科技创新、科学普及和机器人研究提供了交流平台。指导州抗癌协会举办科普学术讲座1期，州青少年近视防治协会到农村小学开展免费视力体检1次。

2018年，贵州省科协巡视员钱斌（中）到黔西南州督查科技助力精准扶贫项目实施情况
（州科协 提供）

【助力企业创新驱动发展】2018年，州科协着力加强企业科协组织建设。主动到企业进行调研指导，7月，成立兴义灵素中医药有限公司企业科协，并组织开展“艾灸文化”系列科普公益活动；12月，成立州万宏机械制造责任有限公司科协。开展科技信息服务企业工作，与贵州派腾公司签订有偿服务协议，先后到贵州天地药业公司、贵州吉丰种业有限责任公司等4家中小企业进行实地辅导。为帮助企业培养一批掌握知识产权政策、熟悉知识产权规则和运用专利信息促进有效创新的科技创新人才，11月，举办黔西南州2018年知识产权战略巡讲与专利应用工程师培训班。

【反邪教警示教育宣传活动】2018年，广泛动员社会力量开展反邪教宣传，组织册亨县、望谟县群众用少数民族语自编自演小品、相声等文艺节目，深入村组举行反邪防邪文艺巡回演出5场次。坚持从青少年源头抓起，开展以“创新驱动发展，科学破除愚昧”为主题的反邪教知识进校园、进社区巡讲活动5场次。在元旦春节、“三下乡”“防范邪教宣传日（周、月）”等节日活动期间开展集中宣传40场次，悬挂反邪教宣传标语60余幅，向群众发放宣传资料5万余份（册），接待咨询服务2万余人次，有效增强群众的宗教意识，为平安黔西南建设创造和谐稳定的社会环境。加强反邪教阵地建设，5月，在兴义民族师范学院成立全省首家高校反邪教协会。

【“全国科技工作者日”活动】2018年，通过有关部门推荐，选取了全州在农业、林业、青少等行业有杰出表现的40名科技工作者进行集中慰问。举办2018年“全国科技工作者日”黔西南州主场活动，全州优秀科技工作者代表齐聚一堂，共同庆祝新时代首个“全国科技工作者日”，州委常委、组织部部长顾先林，州委常委、副州长王雄义出席会议，参会科技工作者学习习近平总书记在两院院士大会上的重要讲话精神，并结合工作实际进行交流发言。

2018 年，州老科协调研组一行在兴义市实地调研农村公路建设情况（州科协　提供）

【争取项目资金】加强对基层组织先进典型的培育和指导，组织申报"基层科普行动计划"，兴仁县红心猕猴桃科普种植示范基地、安龙县万峰湖镇养羊协会、兴义市向阳社区等 11 个单位获得农村专业技术协会、农村科普示范基地和科普示范社区称号，获奖补资金 110 万元。成功申报贞丰县科协基层科普能力提升工程，获项目资金 20 万元。为兴义市乌沙镇大兴寨村和望谟县石屯镇打尖村，各争取科技扶贫项目资金 10 万元，在大兴寨村佳克小学修建农村科普场馆 1 所。向宁波市科协对接争取东西部协作扶贫项目资金 10 万元。

【青少年科技教育活动】2018 年，举办黔西南州第六届青少年科技创新大赛，共收到作品 680 件，推荐 137 件参加省级大赛，获一等奖 5 项，二等奖 14 项，三等奖 46 项；2 人代表贵州省参加第 33 届全国科技创新大赛，获二等奖 1 项、三等奖 1 项。联合州教育局在贞丰县举办为期 3 天的全州科技辅导员培训班，邀请省、州权威专家授课，共 150 名科技辅导员参训。选送 226 人参加全国中学生生物学联赛、信息学联赛和青少年机器人竞赛，获奖 33 项。组织编排《布依族民族工艺复兴曲》参加省第二届"科技馆杯"科学表演大赛，获三等奖。组织 3 个项目参加省"贵青杯"科学影像节评审活动，均获三等奖。到册亨县、贞丰县、望谟县和晴隆县开展"中国流动科技馆第二轮巡展"活动，全年累计参观人数达 7 万余人次，为册亨县争取到巡展设备一套。

2018 年，黔西南州代表团参加贵州省科协第九次代表大会（州科协　提供）

【发挥老科技工作者作用】2018 年，州老科协、州科协组成联合调研组，结合全州脱贫工作实际，到州内部分县（市）开展农村公路建设调研活动，形成《关于进一步加强黔西南州村村（组组）通公路建设的调研报告》，得到州委常委、州政府副州长王雄义的批示肯定。州老科协、州科协联合开展"传承・创新・发展"主题年活动，开展了农技培训、纪念改革开放 40 州年摄影展、"激情颂"文艺演出、科普报告巡讲等系列活动。

【举荐表彰科技人才】2018 年，州科协联合州人社局组织开展贵州省第六届科普工作先进集体和先进个人、第八届贵州省优秀科技工作者的评选表彰推荐工作，共推荐4家集体、11名个人为候选对象。州喀斯特研究院获全国科技助力精准扶贫先进团队，州农委陈鹏、州林业局余醇、晴隆县茶叶产业局罗琳杰等3名科技工作者获全国科技助力精准扶贫先进个人表彰，为全州科技助力精准扶贫工作树立了先进典型。

【科协系统深化改革】2018年，州科协深化改革工作领导小组深入全州各县（市）调研指导科协系统深化改革工作，要求各县（市）科协深入贯彻落实《实施办法》和省、州深化改革有关会议精神，进一步增强改革的责任感和紧迫感，加快科协改革进度，尽快出台科协改革实施方案。7月，8县（市）科协深化改革实施办法全部制定出台。制定下发《黔西南州科学技术协会提升基层科协组织力“3+1”试点工作实施方案》，督促指导兴义市、望谟县等2家县级科协完成换届，加强乡镇科协建设，把以“三长”为代表的优秀科技工作者选拔进县级和乡镇科协领导班子，不断增强县级和乡镇科协的代表面和影响力。

【科协自身建设】2018年，州科协坚持把学习宣传贯彻中共十九大精神作为首要政治任务，大力开展宣传学习习近平新时代中国特色社会主义思想和习近平总书记对科技事业的高度重视、对科技人员的关心关爱，宣传科技工作者先进事迹。多次学习习近平总书记在两院院士大会上的重要讲话和习近平总书记在致界公众科学素质促进大会上的贺信精神，要求科协干部学进去、讲出来，切实贯彻，认真落实。选举18名代表参加贵州省科协第九次代表大会。启动州科协第五次代表大会的筹备工作。

（常　芮）

州文联

【概况】2018年，黔西南州文学艺术界联合会组织开展“不忘初心　感恩奋进”主题宣传、“文化进万家”文艺惠民服务活动，开展惠民活动25场次，排演文艺节目16个，写春联30000余副，福字3000余张。承办省文联“讴歌新时代·推动乡村振兴战略”春风行动送文艺下基层慰问演出，在贞丰县贫困乡镇开展演出3场，参加演职人员40余人，参与群众2000余人。举办“不忘初心　感恩奋进”黔西南州迎春书画小品展，到扶贫点开展十九大精神宣讲2场。

【文艺创作成果】2018年，州文联履行“团结引导、联络协调、服务管理、自律维权”的职能，组织文艺工作者创作文艺精品。戴时昌创作长篇报告文学《姜仕坤》获得第二届“灯都杯”中国作家报告文学奖、2018年度贵州省优秀文艺作品奖，州文联与黔西南日报社策划，李泽春文学著作《从珠江源到珠江口》出版发行。完成作家吴厚炎新书《云烟过眼录》首发。牧之、罗松、罗大玉等一批作家也分别出版个人文学著作或诗集，一批作者的作品在国家级、省级重要文学刊物发表。依托《万峰湖》，黔西南文学方阵和“山地文学”品牌的对外影响力增强。微电影《归队》获中国“金鸡百花电影节”第三届国际微电影展映优秀作品奖。微电影作品《走出老凼子》在2018中国梦扶贫攻坚影像盛典作品大赛中，获微电影剧情类一等奖。创作《从万峰林走向世界》和7集系列宣传片《学外语　迎盛会》，宣传和推介第六届“中国美丽乡村·万峰林峰会”和“山旅会”。创作公益广告《姜仕坤》送国家扶贫办进

2018年，黔西南州文联组织州级各文艺家协会主要负责人学习和开展警示教育
（孟凡瑞　摄）

2018 年，州文联党组书记、主席桂兵到中寨村开展宣讲（孟凡瑞　摄）

2018 年，黔西南州文联开展“新时代、新市民、新生活”摄影图片展活动（王方平　摄）

2018 年，黔西南州文联组织《金州文化传播者》节目组录制国家一级演员、布依族歌唱家王应恒 用心歌唱 走进兴义八中（范文　摄）

2018 年，珠海摄影家“金州行 · 走进新农村”采风创作活动（杨显东　摄）

行宣传推介，制作《难忘初心》《贵州美丽乡村》《第一书记扶贫记》等党员电教片。完成《金州文化传播者》录制播出 8 期。岑岚志书法作品入选中国书协举办的“现状与理想——当前书法创作学术批评展”，入选中国书协和新加坡书协联合主办的“第十三届国际书法家交流大展”。商开明、李志州书法作品入展中国书法家协会“全国第三届册页展”，刘玉坤书法作品入展中国书法家协会“首届农民书法展”。在贵州“恒安杯”篆隶篆刻展中，陈波获隶书一等奖，杨金娣获篆书二等奖、杨忠勇获贵州第四届美术专业比赛书法类优秀奖。曹智勇创作《大漠之梦》入选 2018 首届中国 · 民勤沙漠雕塑创作营，并将作品复制放大后永久树立在民勤沙漠雕塑创作营。李峰完成歌曲《驻村书记》创作。多声部合唱《姹娜　姹娜》登上贵州省电视台 2018 春节联欢晚会。

【文艺活动】2018 年，州文联举办“水墨丹青黔西南”全国书画名家作品展，共征集 101 位书画艺术家创作反映黔西南题材的书画作品 101 件。完成黔西南州原创歌曲大赛，征集作品 120 余首，评出获奖作品 8 件。开展纪念改革开放 40 周年暨州书法家协会成立 30 周年书法作品展、改革开放发展成就图片展、改革开放诗词创作展，举办“不忘初心　感恩奋进”黔西南州迎春书画小品展、首届“民主杯”全州书画作品展。举办集油画、国画、版画于一体的黔西南州首届美术作品展。举办全州脱贫攻坚摄影擂台赛 3 场。举办“聚焦脱贫攻坚共建美好家园摄影大赛”。开展珠海摄影家“金州行 · 走进新农村”采风创作活动。开展“新时代、新市民、新生活”摄影图片展。完成诗教工作评审验收，给全州诗词之乡、诗教先进单位授牌。组织开展全州“祖国好家乡美”书画大赛、“美好黔图 · 图说我们的价值观”主题美术设计作品大赛、“弘扬我们的价值观春联创作大赛”作品征集及报送。举办黔西南州第二届青少年艺术节，选拔选手参加全国比赛获金银铜10多个奖项。承办第十届观赏石展销会暨科普展，录制《盘江奇石奇又美》歌曲。

【阵地建设】2018年，州文联完成《黔西南州文联深化改革方案（送审稿）》，完成内部文学刊《万峰湖》编辑出版发行6期，增设《脱贫攻坚专栏》，刊发脱贫攻坚先进事迹。

【文艺组织建设】2018年，作家戴时昌加入中国作家协会，黔西南州国家级协会会员达40人，省级协会会员达396人。黔西南州文联组织文艺家参加中国文联、省文联和上级各文艺家协会各类培训20余人次。完成“加快文艺人才培养，努力造就一批德艺双馨文艺家”“加强基层文联组织建设适应新时代中国特色社会主义文艺繁荣发展”调研课题。

【脱贫工作】2018年，黔西南州文联选派夏萍任鲁布格中寨村第一书记兼同步小康工作组组长。开展脱贫攻坚“春风行动”和“夏秋攻势”，开展调查研究各12次，组织召开专题会议各12次，帮助村支“两委”、贫困群众制定帮扶措施和发展规划。走访贫困群众80余户300余人次，慰问贫困户、低保户、贫困党员、离任村干部家庭112户。州文联干部结对帮扶贫困户12户。落实中寨村“组组通”公路57千米27条，指导中寨村成立“兴义市金润种植农民专业合作社”，并解决1万元的启动资金。开展文艺扶贫志愿服务主题活动、脱贫攻坚主题文艺作品创作。组织党员到扶贫点开展主题党日活动，庆“七一”系列活动。

（孟凡瑞）

州残联

【概况】2018年，州残联党组、理事会在省政府残工委残疾人重点工作评价中，黔西南州残疾人工作获全省一等奖第一名，申报的“东西携手——借力助推残疾人脱贫攻坚”获残疾人工作创新项目排名第一位。继2017年，黔西南州残疾人重点工作连续两年获一等奖第一名和创新奖第一名的佳绩。

【残疾人创新工作】2018年，州残联坚持研究问题、破解难题的思想方法和工作方法，在精准施策上出实招，探索残疾人家庭产业发展新模式，开展中华小蜜蜂养殖项目试点工作。采取公司+农户集中饲养模式，依靠晴隆县紫马乡扶贫项目500亩优质野菊花和数万亩山地野花充足的蜜源，同兴仁市草喜堂药业公司签订蜂蜜保价销售合作，投入资金3.6万元，扶持8户（6户残疾人户、2户健全人户）38人，建档立卡贫困户饲养中华小蜜蜂，贫困残疾人集中养蜂新模式成效明显。采取单户散养模式。紧紧围绕“授人以渔”和“培训一人、就业一人、脱贫一家”的扶智思路，投入资金3.6万元，扶持兴义市则戎乡花郎村6户残疾人家庭饲养中华小蜜蜂。通过集中和散养两种模式，蜜蜂进场短短1个月，回收投入成本的87.5%。

州残联在试点取得成效的基础上，制定《黔西南州扶持残疾人家庭创业养蜂产业三年行动实施方案》，向全州持证建档立卡残疾人家庭推广，优先考虑智力、精神、重度残疾人家庭，由县（市）残联组织实施。2019—2020年计划争取宁波帮扶资金300万元，

2018年，省残联副理事长陈义龙（右三）、州残联党组书记理事长王琴（右五）及副理事长郎凤琴（右四）察看晴隆县紫马乡残疾人养蜂场

（州残联　提供）

实施500户。2019年实施200户，2020年实施300户。采取先培训后养殖的方式进行。养殖采用分散饲养、集中饲养和以合作社方式饲养三种模式进行。

【党风廉政建设】2018年，州残联组织召开党组理事会联席会议、中心组政治理论扩大学习会和全体干部职工会议等学习贯彻中共十九大精神，传达学习习近平总书记对各个工作领域的重要讲话精神和批示，传达学习中央及省、州系列会议和重要文件精神59次。开展《中国共产党章程》《中国共产党党内监督条例》和新修订《中国共产党纪律处分条例》等党规党纪勤政廉政学习25次。组织上廉政党课、学习典型案例和专题辅导讲解警示教育11次，制作党风廉政建设宣传板报5块。制定《州残联推进干部约谈常态化计划》，对干部职工开展预防提醒谈话11次31人，其中1人为纠错诫勉谈话，通过经常性扯扯袖子、咬咬耳朵，防患于未然。

州残联对已有规章制度进行系统梳理，针对存在问题查找制度漏洞，制定完善《州残联党组议事规则》《州残联财务管理制度》《黔西南州残联国有资产管理制度》和《黔西南州残联职工食堂管理暂行办法》等制度，以制度为保障，强化政治纪律和政治规矩，夯实风险防控。动态识别该单位存在的廉政风险点，查找单位风险点16个和科（室）廉政风险点22个，制定管控措施170条，向州纪委第五纪检监察组报备接受监督。

州人民政府副州长王丽琼（左六）与黔西南州代表团全体人员合影
（州残联　提供）

【残疾人组织建设】2018年4月24日至25日，黔西南州残疾人联合会第六次代表大会在兴义市召开，会议选举产生新一届主席团委员38名，选举产生出席省残联第七次代表大会的代表24名。新一届主席团召开第一次全体会议，选举范华为主席团主席，选举班庭源、王琴、吴山舢、罗永会、邢孝兰、赵田发、郑洪祖等7人为副主席；会议推举王琴为黔西南州残疾人联合会第六届主席团执行理事会理事长，推举郎凤琴、蒙廷跃为执行理事会副理事长；会议通过王琴、罗永会、周湘浦为省残联第七届主席团委员候选人建议人选；会议聘请冉博为黔西南州残疾人联合会第六届主席团名誉主席，聘请田大宝、蒋静为主席团名誉副主席。

组织全州30余名代表参加贵州省残联第七次代表大会，组织一名代表参加中国残联第七次代表大会，并及时传达学习贯彻会议精神。

印发《关于开展“精准滴灌补短板　着力提高办证率”残疾评定工作的实施方案》，协调兴义市人民医院深入义龙新区和兴义市各乡（镇、街道）开展残疾评定工作。全州累计核发残疾人证由年初的78784本，上升为2018年12月31日　的85386本，办证率由年初的44.85%提高至48.63%。

【残疾人创业就业】2018年，全州新建残疾人创业就业示范点15个，占省下达9个任务的167%，投入扶持资金85万元，共安置带动181名残疾人就业增收，其中建档立卡贫困残疾人55人。州残联鼓励引导残疾人家庭自主创业就业增收，投入扶持资金129.9万元，扶持残疾人家庭创业示范户433户，占省下达任务240户的180%。投入资金80万元，将晴隆、册亨和望谟三县作为省级试点县，贞丰县鲁容乡为州级试点，开展扶贫资金变股金试点工作。全州累计开展残疾人实用技术培训1362人，新增残疾人就业1165人。全州投入资金28.5万元，扶持16家盲人按摩机构完成规范化建设，实现盲人按摩机构规范化建设全覆盖。投入资金12.9万元，发展残疾人辅助性就业机构3个，安排11名精神、智力及重度肢体残疾人辅助性就业，按照“机构”+“人员”的方式给予资金扶持。投入扶持资金6.8万元，将兴仁市作为省级扶持超比例安置残疾人就业企业的试点市，对超比例安置17名残疾人就业的2家企业进行扶持。

【残疾人扶贫】 2018年，州残联制定下发《2018年残疾人脱贫攻坚春风行动实施方案》《关于2018年脱贫攻坚夏秋攻势行动方案》《残疾人就业扶贫资金变农村残疾人股金试点工作的实施办法》《残疾人创业就业扶贫示范点创建评估监督管理办法》《关于全面落实惠残政策切实解决因残致贫家庭突出困难的通知》等十几个文件。州残联通过“五个一批”精准施策（精准康复，改善一批；多元教育，提升一批；多岗就业，致富一批；品牌打造，引领一批；完善社会保障，兜底一批），让贫困残疾人家庭“两不愁、三保障、两扩面”落到实处，脱贫成效明显。截至2018年底，全州有4788名贫困残疾人口实现了脱贫，比年度计划任务4086人多702人，完成年度目标任务的117.2%。

【残疾人特殊教育】 2018年，州残联为全州39名学前残疾儿童申请2018学年11.7万元学前教育补助；争取省级“圆梦大学励志成才”残疾大学新生阳光助学项目，获11.8万元助学资金补助；实施2018年残疾大学新生、残疾人子女大学生和在校残疾大学生州级资助项目，资助大学生469名，下拨助学资金94.6万元；向省残联争取5万元资金，用于兴仁市特殊教育学校进行无障碍改造、在校残疾学生生活补贴、校园文化建设、送教上门等方面的补助；投入资金16.8万元，在晴隆、册亨和望谟对168名青少年残疾人开展扫盲培训。

【残疾人康复】 2018年，州残联实施中央专项彩票公益金、省级残疾人事业补助资金、州级残疾人事业发展补助资金等康复项目，为残疾人提供免费白内障复明手术、听力残疾儿童康复训练、自闭症残疾儿童康复训练、智力残疾儿童康复、假肢安装、辅助器具适配、肢体矫治手术、精神病人服药住院治疗等康复服务。投入资金684.78万元，实施完成残疾人大小腿假肢安装120例、肢体（脑瘫）残疾儿童康复训练214名、听力言语残疾儿童康复训练39名、肢体矫治手术20名、贫困孤独症（自闭症）儿童康复训练63名、智力残疾康复训练83名、精神病患者服药300名和住院160名，筛查实施白内障患者复明救治2568例，发放辅助器具适配1272件，为4667人提供康复服务。

黔西南州残联第六次代表大会合影　（州残联　提供）

【残疾人权益保障】2018年，全州共审核发放重度残疾人护理补贴21068人次；审核发放困难残疾人生活补贴20518人次；全州共实施残疾人家庭无障碍改造1765户，其中，争取中央及省级资金177万元，实施贫困重度残疾人家庭无障碍295户；州级投入资金90万元，实施贫困重度残疾人家庭无障碍改造300户；实施辅具类无障碍改造1170户；全州审核发放2018年度残疾人机动轮椅车燃油补贴3848人，发放金额100.48万元。

州残联制定下发《全州残疾人信访维稳工作方案》，对春节、两会和中央、省、州重要会议期间残疾人信访维稳工作进行安排部署，组织开展信访排查，全州未发现严重侵害残疾人合法权益的大案及要案、久拖不决的信访积案、涉及残疾人群体性利益的各类突出问题、残疾人集体上访和群体案件。

州残联加强部门协作，与州工信委联合出台《关于支持视力、听力、言语残疾人信息消费优惠政策的实施方案》，与州司法局联合出台了《关爱残疾人法律援助品牌建设工作实施方案》，州政府办印发《黔西南州残疾人保障办法》。

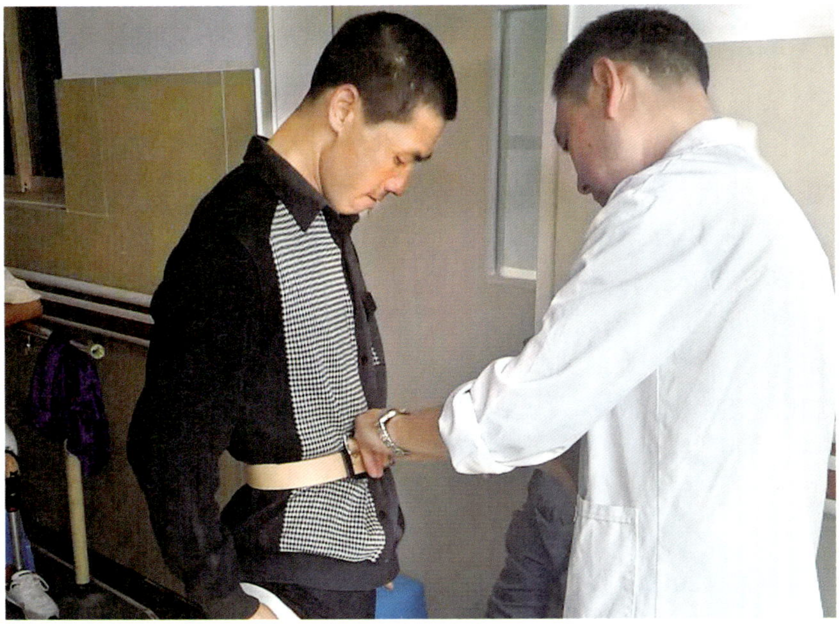

为截肢残疾人安装假肢　（州残联　提供）

【残疾人文化体育事业】2018年，州残联组团参加贵州省第六届残疾人运动会，获得6金7银3铜和8个第四名、3个第五名、5个第六名的成绩；组队参加全省残疾人职业技能竞赛，获得竹编第一名、茶艺第二名、电子商务和盲文处理第三名、美甲第四名、汽车驾驶及封面摄影第五名的成绩，积分排名较上一届上升两位；组织开展第二十八次全国助残日暨扶残助残开放日系列活动和“残疾人文化周”“助力脱贫攻坚　牵手蜗牛运动”、第六十二届国际聋人节和第三十五届国际盲人节等活动，通过开展各种文体活动，为残疾人朋友搭建相互沟通的平台，不断丰富残疾人的精神文化生活。

州残联协调州内外媒体对黔西南州组织开展的各类残疾人活动和部分残疾人重点工作进行宣传报道。每周定期播出《金州自强之声》广播栏目，及时向社会宣传全州各级残联组织的工作动态、残疾人事业发展所取得的成绩以及残疾人不怕困难、奋力拼搏的自强故事等，传递正能量，在全州上下营造扶残助残的良好氛围。共播出50期。

【东西部协作】2018年，州残联加强与宁波市残联的沟通协作。争取到宁波对口帮扶资金60万元，分别用于扶持贞丰县龙场镇恒盛电子加工厂、晴隆县顺才薏仁米加工厂、册亨县宏发竹编工艺厂三个残疾人扶贫示范基地建设，发挥基地的就业创业示范带动作用；争取到宁波市宁海县投入资金280万元对口帮扶晴隆县，用于支付154名残疾人就业扶贫劳动报酬及人身意外伤害保险等开支；余姚市残联为兴义市解决10万元经费购置残疾人辅具免费发放给残疾人。

【残疾人基本情况】2018年，全州有残疾人17.56万人，占总人口的6.54%；其中：疑似残疾人90214人，持证残疾人85386人。

全州建档立卡贫困残疾人3.05万人，2018年已在全国扶贫开发信息系统标注年度脱贫4788人，完成年度指导性目标任务117.2%，贫困残疾人未脱贫率从2017年的54.6%下降至41.6%。

2018 年全州持证残疾人数统计表

类别等级	视力	听力	言语	肢体	智力	精神	多重	合计
一级	2379	1099	730	1671	483	814	2406	9582
二级	1313	1300	570	5707	1572	3358	2236	16056
三级	1236	1316	327	11315	1017	917	636	16764
四级	5126	4606	515	30452	709	601	975	42984
合计	10054	8321	2142	49145	3781	5690	6253	85386

注：以上数据截止时间为 2018 年 12 月 31 日

（刘　敏）

州红十字会

【概况】 2018 年，黔西南州红十字会系统共有 8 个县（市）级红十字会，专职干部职工 44 人，基层红十字组织 256 个，团体会员单位 75 个，红十字会员 2 万余人；其中州红十字会干部职工 8 人，设常务副会长 1 人，副会长兼秘书长 1 人，下设 4 个科室（中心）即办公室、业务科、赈灾救护科、备灾救灾服务中心。

【换届情况】 2018 年 12 月 13 日至 14 日，黔西南州红十字会第五次会员代表大会在兴义召开。来自全州各级红十字会工作者、会员、志愿者代表，州有关单位、团体等负责人及特邀代表共 151 人出席开幕式，其中正式代表 113 名。大会审议通过了州红十字会第四届理事会工作报告，选举产生第五届理事会、第一届监事会，聘请州委书记刘文新，州委副书记、州长杨永英为黔西南州红十字会名誉会长。选举张谦为会长，吴评说为常务副会长，赵玉芳为副会长（兼秘书长），娄勇、廖顺海、李开斌、张宏全、肖堂友、付汝奎、朱登琳为兼职副会长，选举沈浩廷为监事长。

【应急救援演练】 2018 年，黔西南州红十字会重新修订完善《黔西南州红十字会自然灾害等突发公共事件应急预案》，成立黔西南州红十字会应急工作领导小组，开展应急救援演练，在普安县盘水街道大坡小学、新店乡向家寨小学开展综合性应急救援演练 2 次，参训师生 400 余人，提高师生的应急避险和逃生处置能力。以“博爱家园”项目为平台，完成兴仁市潘家庄镇鸡场坪村红十字文化暨防灾避险广场项目。开展防灾减灾宣传 26 次，发放宣传资料 3.67 万份。

【应急救护宣传】 2018 年，州红十字会开展应急救护公益宣传普及活动，通过“5·8”红十字博爱周、“5·12”防灾减灾日、世界急救日等特殊纪念日，开展应急救护知识公益宣传普及培训进社区、进乡村、进学校、进机关、进企业活动，向群众宣传普及应急救护基本知识，开展宣传普及培训 85 期，宣传普及人数 4.87 万人次。

【人道救助】 2018 年，州红十字

2018 年 12 月 13 日，黔西南州红十字会第五次会员代表大会在兴义召开

（红十字会　提供）

2018年6月14日，第15个“世界献血者日”宣传活动中红十字志愿者在排队等候献血
（红十字会　提供）

2018年11月16日，“博爱甬城·助您‘黔’程”爱心结对助学款发放仪式在兴仁举行
（红十字会　提供）

会发扬“人道、博爱、奉献”的红十字精神，开展“博爱送万家”等系列救助活动，募集款物112万余元深入社区、乡村、敬老院、福利院、幼儿园和特殊学校慰问孤寡老人、残疾人、困难群众、困难学生和留守儿童，发放大米、食用油、棉衣、棉被等生活用品，受益家庭4532户，受益困难群众1.35万人次。申请“小天使基金”“天使阳光基金”救助患儿11名。争取总会“博爱家园项目”2个，不断提高社区防灾避险、自救互救、健康防病、经济发展的综合能力。

【无偿献血宣传】2018年，州红十字会围绕“为他人着想，捐献热血，分享生命”活动主题开展第15个“世界献血者日”系列宣传活动，以“众志成城二十载，热血汇聚中华情”活动主题开展《中华人民共和国献血法》实施20周年总结宣传活动，普及无偿献血知识，推动无偿献血工作。共发放宣传资料2.8万余份，协助血站采血800余人次。

【造血干细胞捐献宣传】2018年，州红十字会利用5·8博爱周、6·14世界献血者日、世界急救日等重大纪念日在社区、学校、机关、企事业单位组织开展造血干细胞志愿捐献者宣传招募活动3次，推动造血干细胞捐献知识的宣传普及，招募造血干细胞志愿捐献者76人。

【人体器官捐献宣传】2018年，州红十字会以“生命之约、大爱传递”为主题，积极开展人体器官捐献知识和《贵州省人体器官捐献条例》宣传活动16次，发放倡议书、宣传资料2.47万份，接受人体器官捐献咨询600余人次，捐献志愿者报名登记134人，见证人体器官捐献17例。

【基层组织和队伍建设】2018年，全州共建成基层红十字组织256个，红十字志愿者服务队48支，红十字志愿者达4000余人，红十字青少年会员达1.3万人。

【宣传工作】2018年，州红十字会通过“5·8”世界红十字日暨红十字博爱周、“5·12”防灾减灾日、“6·14”世界献血者日、“9月世界急救日”“12·1”世界艾滋病日等重要纪念日开展主题宣传活动，推动《中华人民共和国红十字会法》等法律法规及红十字运动基本知识进社区、进乡村、进校园，全州红十字知识传播达2.47万人次。在各级媒体播发新闻信息30余条，向省红十字会网站上传信息10余条。

【党建帮扶】2018年，州红十字会按照州委州、政府的安排部署，扎实抓好脱贫攻坚春季和夏秋攻势等工作，班子成员每月定期深入兴仁市马马崖镇大湾村、营上村走访调研，组织召开群众共商会，开展济困帮扶、易地扶贫搬迁、产业发展等工作；安排1名科级干部驻村帮扶，并被州委组织部明确为村“第一书记”。为大湾村解决2.3万元工作经费用于改善村委会办公环境和购置办公设备，为困难群众送去价值5000元的大米、食用油、衣服等生活用品，为营上村5户低保户每户送去300元慰问金，与贫困户共商共建、共谋发展。推动产业发展，发展长毛兔、生猪养殖，建设养殖场2个，带动133户贫困户546人发展。推动薏仁米、芭蕉芋等种植，带动259户1069人生产。

【东西部扶贫协作】2018年，州红十字会加强与宁波市红十字会的沟通协作，签订了《宁波市红十字会、黔西南州红十字会东西部扶贫协作工作框架协议（2018—2020年）》。由宁波市红十字会、黔西南州红十字会、宁波晚报共同发起“博爱甬城·助您‘黔’程”爱心结对助学项目，募集资金18.8万元对全州100名深度贫困家庭的学子进行资助。年内，全州红十字会系统共接收宁波红十字会系统、相关单位、爱心企业及人士捐赠款物382.5万元，用于开展助困、助医和助学等工作。开展救护员培训2期，培训救护员68人；开展救护师资培训1期，培训师资6人。

（王国栋）

2018年11月1日，“博爱甬城·助您‘黔’程”爱心结对助学款发放仪式在兴义举行（红十字会 提供）

2018年7月23日，黔西南州红十字会在望谟县开展造血干细胞志愿者招募活动（红十字会 提供）

州社科联

【概况】黔西南州社会科学界联合会，是州委领导下的以哲学社会科学研究为主要任务的学术性群众团体，是全州社会科学界各学术团体的指导、协调、服务机构，是党和政府联系与团结全州广大哲学社会科学工作者的桥梁和纽带。参公管理事业单位，参公事业编制7人。设主席1人，副主席1人，调研员或副调研员1人。科级职数2人，工勤人员1人。内设机构有办公室和学会及科普工作科。2018年，实有6人，其中，主席1人，副主席1人，科级干部2人，科级以下1人，工勤人员1人。

【社会科学优秀成果评奖】2018年，由兴义民族师范学院吕国富等申报的《贵州山地旅游助推精准脱贫路径研究》，荣获贵州省第十二届社会科学优秀成果研究报告类一等奖。该奖项填补了黔西南州一等奖的空白。兴义民族师范学院钟君申报的《社会资本视角下的少数民族村寨贫困问题研究》获论文类三等奖。

【社会科学宣传普及】2018年11月6日，在黔西南民族职业技术学院组织开展“弘扬爱国奉献精神　致力民族复兴伟业”讲座1场。11月27日至30日，由州委宣传部、州社科联组织州内社科专家学者开展“社科理论进基层”活动。组成以州社科联党组书记、主席秦廷华为团长，州委党校法学教研部主任、教授邓连引，州委党校文化与现代科技教研部副教授李红芹，兴义民族师范学院附中高级教师魏敏为成员的“社科理论进基层”宣讲团，围绕“加强社会建设，促进民生改善——学习习近平总书记关于社会建设的论述”“增强村民法律规则意识，构建和谐新农村”“谈家风，树美德”3个主题在兴义市沧江乡，普安县盘水街道、地瓜镇、高棉乡，晴隆县东观街道、沙子镇、碧痕镇，贞丰县龙场镇、者相镇组织开展2018年黔西南州“社科理论进基层”9场专题报告会。

【社科课题研究】2018年，州社科联组织申报贵州省理论创新课题。按照贵州省社会科学界联合会《关于申报2018年度贵州省理论创新课题的通知》要求，组织申报贵州省社科理论创新课题，获准立项8项，其中“打造共建共治共享社会治理格局研究”获招标课题立项，其他7项获联合课题立项。8项课题研究成果已全部通过结题评审。组织开展“黔西南州社科界‘重大理论和现实问题’研究项目”课题研究。围绕州委、州政府的中心工作，结合黔西南实际开展全州“重大理论和现实问题”研究，共收到申报课题59项，参加课题研究的社科专家学者达150余人。经组织评审，20个课题获准立项，结题通过18项。组织开展“黔西南州脱贫攻坚重点课题”研究。按照《中共黔西南州委办公室　黔西南州人民政府办公室印发〈关于加强脱贫攻坚宣传和课题研究工作〉的通知》要求，以学术的方式记录全州脱贫攻坚的伟大实践，为脱贫攻坚提供理论支持、贡献社科力量。组织实施《黔西南州脱贫攻坚课题研究计划（2018—2020年）》，收到申报课题25项，评审立项“黔西南州加快农业产业结构调整推动产业扶贫研究——基于特色农业的视角”等10个课题，结题通过5项。

完成上级课题研究任务。根据省社科联要求完成“增强社会主义意识形态的凝聚力引领力”课题，成果已被《党政干部论坛》2018年第9期刊用；按照贵州省政府办公厅的要求，与州扶贫办组成宁波·黔西南产业合作研究专班，由党组书记、主席秦廷华和钟君（兴义师院经济管理与贸易学院副教授）执笔完成“宁波·黔西南可合作产业研究”课题，课题已通过省扶贫办组织的评审，以州政府名义上报省扶贫办。

公开出版2016“重大理论和实际问题”研究《成果汇编》。

2018年12月27日，黔西南州纪念改革开放40周年理论研讨会（肖蔚　摄）

【理论研讨】2018年7月10日，与州委宣传部共同组织相关单位召开黔西南州纪念改革开放40周年理论研讨工作会议，对理论研讨、理论阐释相关工作进行任务分解，推动责任落实。9月20日，共收到论文127篇，通过审读，遴选45篇文章分8个类别汇编为理论研讨会论文集。文集总结和回顾全州在改革开放40年来取得的成就和经验，探讨脱

2018 年 9 月 6 日，召开滇黔桂三省（自治区）社科联第四届“南盘江流域发展论坛”会议（戴卫平　摄）

2018 年 11 月，社科理论进基层宣讲现场（朱建州　摄）

贫攻坚中面临的问题和困难，以及产业发展、乡村振兴、社会治理、党的建设、意识形态、思想政治工作等问题。12 月 27 日，由州委宣传部、州社科联主办的黔西南州纪念改革开放 40 周年理论研讨会在兴义召开，州委常委、州委宣传部部长范华出席并讲话，来自全州宣传系统、社会科学界、高等院校代表 40 余位专家学者出席研讨会。

【滇黔桂三省（自治区）第四届“南盘江流域发展论坛”】2018 年 9 月 6 日至 7 日，滇黔桂三省（自治区）社科联第四届“南盘江流域发展论坛”在云南省文山州文山市举行，州社科联党组书记、主席秦廷华带领兴义民族师范学院、黔西南民族职业技术学院、黔西南州委党校等单位 10 名社科专家学者出席论坛活动。该次论坛主题为：“南盘江流域新时代发展的新使命——精准扶贫精准脱贫”。论坛入选论文共 90 余篇，其中贵州省社科联（以黔西南州社科联为主）组织征集的入选论文获一等奖 1 篇、二等奖 2 篇、三等奖 3 篇，优秀奖 10 篇。会议安排 10 名专家学者在会上作交流发言。兴义民族师范学院讲师武晓英、副教授钟君在会上分别作题为《南北盘江流域经济差异与协调发展研究》《南盘江流域发展特色农业扶贫的路径研究》的交流发言。

【阵地建设】2018 年，《黔西南社会科学》刊登文章 51 篇，约 55 万字，设置《领导专论》《学习习近平新时代中国特色社会主义思想》《学习贯彻党的十九大精神》《脱贫攻坚同步小康》《地方经济研究》《地方历史文化》《工作研究》等栏目。“黔西南社科”微信公众平台年内发布《马克思与时代》《增强社会主义意识形态的凝聚力和引领力》《聚焦产业扶贫助推黔西南振兴农村经济》等文章。

【脱贫攻坚】2018 年，组织党员干部深入贫困村开展活动 12 次。协调相关部门争取到沧江乡祭山林村规划修建文化广场建设资金 30 余万元；争取各项资金 210.7 万元，建设全村道路 9.7 千米。动员 200 余群众易地扶贫搬迁，进行危房改造 32 户；动员贫困户养牛 66 头、养猪 140 头；帮助协调与黔农汇公司合作创办 170 亩产业种植基地 1 个，建成 160 立方米规模蓄水池 1 座、总长 915 米产业路 1 条。开展理论宣传，推进脱贫攻坚。领导班子成员多次深入帮扶联系点走访入户宣讲，在帮扶村“新时代农民讲习所”，开展与脱贫攻坚有关的惠民利民政策宣讲 7 场次，使当地群众进一步了解和知晓党的方针政策，增强群众脱贫致富奔小康的信心和决心。

【学会职业资格清理规范】2018 年，州社科联对 15 个学会开展职业资格清理规范工作和“山寨社团”清理。

（肖　蔚）

法　治

政法委及综治

【概况】2018年，全州政法机关立足四大主要任务，打好三大攻坚战，围绕创建全省最平安市州之一的奋斗目标，推进平安黔西南、法治黔西南和过硬队伍、智能化建设，深化司法体制改革，开展扫黑除恶专项斗争。

【维护稳定】2018年，全州政法机关建立全省首家国家安全校园宣传教育中心在所有县级党校建成反邪教警示教育基地，在村级“一墙一窗”开展反邪教警示教育。全州取缔8个宗教私设聚会点。

排查重点领域重大矛盾60件，化解33件。开展信访“百日攻坚战”，省交办矛盾纠纷信访问题128件、各县市区自行排查102件全部化解。实行《黔西南州群众上访接待处置工作制度》，固定每周三为州领导接待日。全州各级领导2252人次参与接访，接待来访群众863批2040人次，领导接访事项化解率超过89%。全州进京访70批92人次。

稳妥处置晴隆“6・10”中石油天然气输气管道爆炸事故。

制定印发《黔西南州决策事项社会稳定风险评估报告编审指南》，完成州以上重大建设项目及自主项目评估稳评备案383个，备案率100%。全州政法机关发放司法救助金577.8万元，救助263案353人。

【社会治理】2018年，全州配备自主研发的“平安风险实时管控系统”终端。汇聚各类数据，搭建预警、侦查数据应用模型构成的大数据警务产业园。加强“地网”建设，全州安装“地网”基站4263个，“两车”芯片安装13万余辆，配发留守儿童手环9万余个。

建成乡级综治中心126个、村级综治中心1182个。全州划分一级网格126个、二级网格818个、三级网格6611个，网格覆盖率为67.10%；有专职网格员34人，兼职网格员9232人。全州公安机关立案8601起，同比下降2.16%，检察机关依法批准逮捕2181人、起诉3575人，法院判决2314件3461人。

全州在册吸毒人员11282人，年度新增737人，增长率同比下降19.37%。全州各级公安机关破获毒品刑事案件165起，移送起诉毒品违法犯罪嫌疑人280人，缴获各类毒品184.35公斤，其中破获公安部毒品目标案件1起，缴获毒品108.8公斤，创下全省单案缴毒量最高纪录。查处吸毒人员1877人次，强制隔离戒毒1173人次。

对2017年群众安全感测评排名靠后的10个乡镇街道进行挂牌重点督导整治。滚动排查治安重点区域（乱点）和突出治安问题15个全部完成整改。普安县发生命案2起，同比减少5起，下降71.43%。贞丰县仁智学校累计接收送教学生473人，转化离校221人。

引进民营资本投资2000余万元建成州级特殊病康复“一院三中心”（州级特殊病康复中心、病残吸毒人员收治中心、自愿戒毒中心和兴义和谐阳光医院）投入使用，收治病残吸毒人员23人。完善落实“四在学校·幸福校园”“代理家长”和免费发放平安手环等关爱工作机制，建立家庭志愿者服务队23支，建成“儿童快乐家园”项目11个。

全州刑释解戒人员出监所必接工作接回726人，接回率96.16%，全省排名第二位；接纳刑释人员2805人，安置2540人，安置率90.55%；帮教2716人，帮教率96.83%。全州登记在册重性精神障碍患者12535人，全州20家安康医院全年收治病人6000余人。

化解望谟县与册亨县两个村组历时20余年的土地权属重大矛盾纠纷、安龙县清理天主教堂违章建筑等重大风险隐患。开展铁路治安和路外安全专项整治和易刮落设施路外安全隐患专项整治，排查整改安全隐患40处。

【扫黑除恶】2018年，州委召开常委会听取工作汇报11次。全州投入扫黑除恶专项经费1500余万元。中央、省级媒体刊发全州扫黑除恶报道430余条，全州各级媒体刊发900余条。全州各地设置扫黑除恶举报箱1677个、举报电话1256门，张贴发放宣传标语、公告、资料77.15万份，制作宣传片2部。

州扫黑办与州脱贫攻坚指挥部联合组织开展为期5个月的巡回宣讲活动。敦促162名在逃人员投案自首，其中涉黑恶在逃人员48名。建立协作会商、督查督办、基础工作、宣传动员、信息报送、线索管理、专项行动等7项工作机制。

全州各级各部门摸排涉黑涉恶线索760条，办结572条，办结率75%。组织开展两轮集中督导，列出清单责成32个地方和部门整改问题65个。全州侦办涉黑案件6起，刑拘198人，逮捕160人，以涉黑罪名移送起诉67人，破获刑事案件193起。全州按恶势力犯罪集团方向侦办重点案件26起，刑拘288人，逮捕234人。破获各类刑事案件142起，其中以恶势力犯罪移送起诉案件21件。打掉涉恶犯罪团伙53个，刑拘275人，逮捕160人。

完成全州村“两委”前科劣迹人员摸排工作，移交纪检监察部门立案审查4人，给予免职、辞退、调整等处理76人；另有2人因涉恶犯罪被依法追究刑事责任。排查涉黑涉恶腐败和“保护伞”线索54个，立案11件，查结4件，给予党纪政务处分6人，组织处理3人，移送司法机关1人。印发《黔西南州关于实行“九抓九促”基础工作规范推进扫黑除恶专项斗争的意见》，针对9项重点任务细化39项规范要求，被省扫黑办转发。

【政法改革】2018年，全州法检两院实现数据交换和业务协同，案件信息网上流转。监狱通过网络向法院推送案件数据逐步常态化。法院系统建成司法智能辅助办案系统，实现案件办理信息同步录入、电子卷宗节点同步扫描、庭审同步录音录像。检察系统强化大数据司法办案辅助系统、案件智能研判系统、大数据分析服务系统的综合运用，实现办案过程全程、统一、实时、动态管理监督。全州法院实行审判流程公开、裁判文书公开。

公安机关加强窗口便民服务，证件签发5万余本次，签注签发量3万余本次。司法行政机关建立法律援助工作站209个，受理法律援助案件4494件。化解历史遗留案件64件。州委政法委组织开展案件评查和“精品案例”评选，完成20件案件评查。推进“1+N”大数据警务。全州公安机关投入资金2000多万元，探索形成“1+N”现代警务模式。

兴义市法院探索繁简分流和调解速裁机制，兴义市检察院适用未成年犯罪嫌疑人附条件不起诉制度，兴义市公安局实施队伍管理量化记分，兴仁县公安局建立警营书吧开展警营文化活动，安龙县建立“无黑恶势力问题”承诺制度，晴隆县推进“少年司法一体化”，晴隆县公安局实行派出所办理案件奖励机制，义龙新区推行“一组一治安员”。

【队伍建设】2018年，州委政法委制定出台《关于新形势下加强政法队伍建设的实施意见》和《黔西南州政法机关队伍建设工作联席会议制度》《黔西南州政法机关政治督察实施办法（试行）》《黔西南州政法机关政治轮训实施办法（试行）》《黔西南州政法机关容错免责实施办法（试行）》，落实从严治警措施，在全州政法系统开展不担当不作为突出问题整治工作。

落实从优待警措施，配备县级政法系统关工委专兼职人员142名。州公安局辅警和州法院、州检察院司法辅助人员工资提高到3000元，纳入州级财政预算。州委、州政府对全州党的十九大、全国“两会”信访维稳安保，全州河湖治理“清网行动”，重大案事件处置等工作中涌现的92个先进集体和395名先进个人进行表彰，奖金81万元。全州政法机关41个集体、247名个人获得州级以上表彰，兴义市人民检察院被最高人民检察院记集体一等功，普安县人民法院王锦辉被评为全国法院先进个人，兴义市司法局敬南司法所罗斌被评为全国人民调解工作先进个人。

【政法宣传】2018年，中央主流媒体宣传全州政法工作稿件110条，中央部委主管媒体宣传稿件98条，重要新闻门户网站28条，省级主流媒体28条。《黔西南州以“九抓九促”扫黑除恶》《黔西南州创新警务机制提升平安建设效能》《兴义市法院探索繁简分流和调解速裁机制》《为锻造政法铁军 黔西南州出台四个制度办法》等7篇稿件在《长安》杂志刊发。州委政法委组织举办全州“三同步”工作培训会，推动全州政法机关贯彻落实“三同步”工作要求。印发网络舆情处置工作函8期。

（州政法委）

法治政府建设

【概况】州政府法制办公室（行政复议办公室）归州政府办公室管理，正县级规格。增设内设机构1个——法制研究中心，编制3名。2018年，有机构7个，即立法科、行政执法监督科、立案监督科、调查听证科、行政复议应诉科、备案审查科、法制研究中心，加挂州政府法律顾问室牌子；人员编制16名，其中行政编制10名，事业编制3名，工勤编制3名。现有工作人员13名。

【依法行政工作组织领导】2018年，黔西南州政府全面推进依法行政工作领导小组，州长任组长，并根据人员变动及时调整、充实。领导小组在州政府法制办下设办公室，负责该区域全面推进依法行政的统一部署、统筹协调、整体推进、督促落实。州政府主要领导认真履行全州法治政府建设重要组织者、推动者和实践者的职责，全年主持召开六次州政府常务会议听取法治政府建设相关工作汇报，全面安排部署全州法治政府建设工作，及时研究解决法治政府建设有关重大问题，为推进全州法治政府建设提供有力保障。

按要求向省政府、州委、州人大常委会呈报《黔西南州人民政府关于2017年度法治政府建设的情况报告》（黔西南府呈〔2018〕14号），并通过州政府门户网站“中国金州·黔西南”向社会进行公开。州第八届人大常委会第十四次会议对《黔西南州人民政府关于法治政府建设工作情况的报告》进行审议并获全票通过。

州政府出台《黔西南州2018年法治政府建设工作要点》，从依法全面履行政府职能、完善依法行政制度体系、推进行政决策科学化民主化法治化、坚持严格规范公正文明执法、加强对行政权力制约和监督、依法有效化解社会矛盾纠纷、全面提高政府工作人员法治思维和依法行政能力、加强组织保障和落实机制8个方面对法治政府建设年度主要工作进行了安排部署。中共黔西南州委依法治州工作领导小组、黔西南州全面推进依法行政工作领导小组印发《黔西南州2018年法治建设工作考核指标体系及评价标准》，将法治建设成效纳入州委、州政府绩效目标考核，与经济社会发展同部署、同督促、同考核、同奖惩。

12月19日至21日，州全面推进依法行政工作领导小组，对31个州级行政执法机关2018年度“法治机关”建设工作进行综合考核评价，共评出优秀等次30个、良好等次1个。

【依法全面履行政府职能】2018年，做好行政审批事项“接管放”动态调整。州政府出台《关于调整一批行政许可事项的决定》，决定州级取消行政许可事项18项、下放4项，全面贯彻落实省政府令第184、185号要求。推进行政许可便民服务。州、县（市、新区）、乡（镇、街道）、村（居、社区）全部开通贵州省网上办事大厅服务站点，服务站覆盖率和网厅网点覆盖率达100%。清理规范中介服务事项。州政府对州级行政审批中介服务事项进行第三轮清理，规范行政审批中介服务事项20项。开展证明事项清理。废止4件规范性文件、修改16件规范性文件，对自行设定的34项证明事项全部取消；州级保留证明事项299项、取消234项，取消比例44%，超过要求14个百分点。

州政府根据法律法规“立、改、废”情况，出台《关于公布部分州直部门权力清单和责任清单动态调整结果的决定》，在2017年基础上动态调整州财政局、州林业局等12个部门105项。制定《黔西南州开展市场准入负面清单改革试点任务实施方案》，明确市场准入负面清单改革试点工作的总体要求、试点任务和保障措施，积极探索建立市场准入负面清单管理制度。

印发《黔西南州推进落实公平竞争审查制度2018年工作重点》，对2018年公平竞争审查工作进行了安排部署。4月，对41个州直单位公平竞争审查制度落实情况进行专项督查；6月至8月，对县（市）政府、义龙新区管委会（各含两个职能部门、两个乡镇人民政府和街道办事处）共45个单位公平竞争审查制度落实情况进行督查，加快建立统一开放、竞争有序的市场体系。全面推进“多证合一”“先照后证”改革，启动实施无纸全程电子化登记，加快实施企业名称登记管理，稳妥推进市场主体退出便利化。企业登记办理时间从20个工作日压缩到5个工作日，市场准入制度性交易成本大幅度降低。全面推行“双随机一公开”监管，积极推行跨部门联合抽查、强化双随机执法监管数据聚集、融通、应用。州县两级250个行政执法部门实现“双随机一公开监管平台”全覆盖，实现权力事项监管百分之百全覆盖，事中事后监管百分之百全覆盖。

建立健全环境信息公开制度、环境影响评价制度和污染物排放总量控制制度。2018年，对违反《中华人民共和国环境保护法》、破坏生态环境的20件案件移送公安机关办理，行政拘留二十二人；移送司法机关追究刑事责任2件5人。万峰湖生态环境综合整治、六个一律环保利剑行动成效明显；在全国环境执法大练兵行动中，该州环境监察执法队伍表现优异，得到国家生态环境部通报表扬，是贵州省唯一获得表扬的市（州）级先进集体。

开展社会组织统一社会代码核查报批、社会组织信息统一公开及行业协会商会与行政机关脱钩工作，切实加强社会组织登记管理。实施减灾安居工程，落实冬春救助计划，开展农房灾害保险，提高防灾救灾减灾能力。以“保稳定、护安全、促和谐”为主题，推进“雪亮工程”，推行“199”治安防控新模式，推广新时代“枫桥经验”，全州平安建设成效明显。

出台《黔西南州法治扶贫六大行动实施方案》，确保法治扶贫工作任务落到实处。举办第二期乡镇法治政府建设专题培训，实现126个乡（镇、街道）政府（办事处）领导班子成员培训全覆盖。开展“法治宣传助力脱贫攻坚”，积极宣讲《中华人民共和国农村土地承包法》《中华人民共和国物权法》《中华人民共和国侵权责任法》《中华人民共和国环境保护法》等与农村群众生产生活密切相关的法律法规，编印发放《黔西南大扶贫法治宣传一本通》17000册，逐步培养贫困群众办事依法、遇事找法、解决问题靠法的法治意识。对州委、州政府出台的《黔西南州人民政府关于发挥多层次资本市场作用助力脱贫攻坚的工作实施方案（试行）》《黔西南州新市民居住证管理办法（试行）》《黔西南州人民政府办公室关于实施支持农业转移人口市民化若干财政政策的意见》等7件脱贫攻坚规范性文件进行前置合法性审查。畅通复议渠道，依法及时处理涉农土地、林地等自然资源权属纠纷14件。审查州级扶贫类协议28份，为扶贫工作做好事前咨询论证、事中审查把关；全州1219个村（居、社区）实现法律顾问和公共法律服务微信群全覆盖；组成护航兴仁减贫摘帽法律服务团队，以法治助力脱贫攻坚工作。全州财政资金数据互通、互联、互控，形成财政业务“数据铁笼”，通过“智慧金州”大数据平台与其他脱贫攻坚系统数据有机链接，有效分析项目实施情况、合同履约情况、项目实施效果、惠及对象收益情况等。

【全面推进依法决策】2018年，制定并严格执行《黔西南州第八届人民政府工作规则》《黔西南州重大行政决策程序规定》《黔西南州决策事项社会稳定第三方评估运行机制暂行办法》，以强有力的举措将公众参与、专家论证、风险评估、合法性审查、集体讨论决定五大行政决策程序落到实处。

出台《黔西南州教育局重大民生决策事项民意调查制度（试行）》《黔西南州卫生和计划生育委员会重大民生决策事项民意调查制度》《黔西南州文体广电新闻出版局文化体育重大民生决策事项民意调查制度（试行）》《黔西南州环境保护重大民生决策事项民意调查制度》《州国土资源局民意调查事项处理办法（试行）》等措施，推动文化教育、医疗卫生、资源开发、环境保护等民生领域重大决策倾听、采纳民意。

2018年，州政府法律顾问参与办理政府各类重大合同协议、重大事项、重要工作、规范性文件、参加专题会议等审查事务共76件，提出意见建议321余条，获采纳289条，认真办理州政府民事诉讼案件3件，切实发挥了参谋助手作用。

【加强政府制度建设】2018年，根据州人大常委会对2017—2021年五年立法规划进行调整的安排部署，印发《关于做好立法有关工作的通知》，对立法起草工作任务进行重新明确。结合《中华人民共和国宪法修正案》《中华人民共和国监察法》等，对《黔西南布依族苗族自治州自治条例》修订草案初稿进行完善。出台《黔西南州历史建筑保护管理办法》，为黔西南州历史保护建筑、助推旅游事业发展加强法治保障。

2018年，出台《黔西南州规范性文件监督管理办法》，从起草、调研、合法性审查、审议、登记、公布、实施、备案、清理等方面对规范性文件实行全方位、全流程监管，建立统一登记、统一编号、统一发布台账管理制度，实行动态化、信息化管理。州政府、州政府办12件规范性文件全部统一登记、编号、公布。州委、州政府拟出台文件送州法制办合法性审核88件（次），获采纳意见和建议188条；审查县（市）政府、州直有关部门报送备案规范性文件32件，纠错4件；向省政府和州人大常委会报备规范性文件11件。按照上级要求完成军民融合发展、著名商标制度、产权保护等专项清理并按时报送结果；自行组织全面清理州级规范性文件228件，其中保留205件、废止19件、失效4件。

【规范公正文明执法】2018年，按照《黔西南州综合执法监察支队宗旨和业务范围机构规格、人员编制和领导职数规定》，成立州综合行政执法监察支队，将州水务局水政执法监察支队等州级6个执法支队的人事关系划转到州综合行政执法局，划转人员全部到位。开展市政公用（基础）设施与建筑施工安全、农村宅基地违法整治、建筑工地扬尘治理、房地产乱象整治、黄标车治理等专项检查工作，达到预期效果。

年内，共对申领和换发“贵州省行政执法证”407人（州级170人、县级237人）、申领“贵州省行政执法监督证”149人（州级41人、县级108人）进行资格审查，并组织网上培训、考试；完成7637名执法人员“贵州省行政执法证”年度签注工作，为严格执行行政执法人员、行政执法监督人员持证上岗和资格管理制度打下坚实基础。

印发《关于做好2018年度行政执法案卷评查工作的通知》和《关于开展2018年度行政执法规范化互评的通知》，采取自评自查、互评互查、重点抽查相结合的方式共评查全州2017年9月至2018年10月的全部行政执法案件九万余件，重点评查“农村土地、山林、房屋建设、农药种子化肥”类行政执法案卷40件，对发现的213个问题予以全州通报。通过扎实开展案卷评查工作，助推执法规范，努力让行政相对人在行政案件中感受到公平公正。

将“金州政府法制”信息平台部署到全州统一的华为大数据云，对全州执法人员资格管理、执法人员业务测试、执法案件公示等进行大数据管理，州、县、乡三级持证的7637名行政执法人员，149名行政执法监督人员及近年来的行政执法案件的基础信息在平台上实时上传、更新，配套出台行政执法信息收集和共享机制，推动执法信息“聚通用”，基本实现一张网管理全州行政执法人员、执法监督人员和执法案件。

组织州级行政执法部门制定

执行《执法公示制度》《执法全过程记录制度》《重大行政执法决定法制审核制度》等105项。通过“金州政府法制”平台对州、县、乡三级行政案件的执法主体、执法事项名称、执法依据、执法结果、救济途径等信息进行执法公示。出台《黔西南州重大行政执法决定法制审核办法》，对行政许可、行政处罚等重大行政执法决定法制审核程序进行了明确规范，州市监局、州环保局实现对一般程序处罚类案件法制审核全覆盖。

服务脱贫攻坚，制定春季种子检查和农资打假工作方案。2018年，全州出动执法人员4000余人次，检查市场1500余场次，检查经营门市6400余个次，检查企业300余个次，农产品生产基地、农民专业合作社、养殖场660余个次，下达整改通知书64份，确保春耕生产安全。智慧公安工作成效显著。黔西南州大数据山地旅游警务等警务实战创新被中央电视台社会与法制频道（CCTV-12）《平安中国》栏目《你是我的眼》节目专题报道；为确保人民群众舌尖上的安全和用药安全，全州各级各有关部门深入落实食品药品安全“党政同责”工作要求。州市监局完成对全州192家食品生产企业实行风险分级管理工作，完成抽检3703批次，办理食品案件448件；兴仁市被命名贵州省食品安全示范县（市），兴义市万峰林街道等10个乡镇（街道）被命名为贵州省食品安全示范乡镇；组织开展药品生产经营企业日常监督检查、药品经营质量管理规范（GSP）跟踪检查、特殊药品、疫苗、中药饮片、安全生产等专项检查，实现安全检查“全覆盖”。全年无重特大食品、药品突发事件发生。

【制约和监督】2018年，州政府向州人大报告了黔西南州国民经济和社会发展“十三五”规划纲要实施中期评估情况、法治政府建设工作情况、全州工业经济运行情况、“两江一河”精品水果产业带建设情况等重大决策事项；就脱贫攻坚有关问题接受州人大常委会专题询问；办理人大代表建议113件，政协提案183件，办复率均为百分之百。建立健全知情明政机制。州公安局、州商粮局、州文广局等州直部门定期或不定期向州政协通报有关情况，为民主党派、政协委员履职提供便利、创造条件。加强和改进行政应诉工作。出台《州政府办公室关于加强和改进行政应诉工作的通知》，对行政机关出庭应诉、履行法院生效裁判文书和建议等工作进行规范和要求。及时回复法院司法建议书和检察院来文，在年度依法行政考核中征求审判机关、检察机关对行政机关的建议、意见，较好地接受各方监督。

实行纪律审查、监察和巡察全覆盖。完成州纪委监委内部机构和派驻机构人员重新上岗，全面派驻和单独派驻相结合，在全覆盖基础上单独制定企事业单位派驻工作方案，对非建制行政区实行单独派驻、授权行使监察职能，实现州直94个党政机关、企事业单位及义龙新区纪律审查、监察和巡察全覆盖。深化廉洁风险管控。33个州直部门制定主体责任、风险管控清单和防控措施，细化案例库、风险库、诚信库和廉情书等“一书三库”，72个单位及91名州管干部建立廉洁档案224件，全州715个部门“一把手”紧扣主体责任履行，按月填报工作情况。

全州审计系统聚焦“三大攻坚战”和“四大战略行动”，持续深化财政审计、部门预算执行审计、领导干部经济责任审计、脱贫攻坚等专项资金审计、自然资源资产审计、固定资产投资审计，全年完成计划内审计项目80多个（州本级19个），查出问题金额1002862万元，审计建议被采纳208条。

年内共审核发布采购需求公示124条、采购公告229条、更正公告33条、废标公告119条、成交公告106条、单一来源采购公告6条、单一来源成交公告5条、合同公告49条、进口产品公告6条，发布两条政府采购投诉处理结果公告，一条处理处罚结果公示。加强行政执法监督。就道路交通领域行政执法违法案件对兴义市政府、州交通运输局发出行政执法监督意见书，督促兴义市交通运输局撤销违法不当行政执法案件20件。

印发《黔西南州2018年政务公开工作要点》，对全年政务公开工作进行安排部署，及时上报公布《黔西南州政府信息公开工作报告》。兴义市、贞丰县创建基层政务公开标准化规范化试点工作顺利通过省政府办公厅现场验收。充分发挥州政府门户网站政务公开第一平台作用，优化栏目设置，对政务信息进行分类整合，方便群众查询。年内，州直部门通过

“黔西南州人民政府网站”发布各类政务信息两万余条。“州长信箱”累计受理网民留言、诉求770件，答复770件，未出现逾期回复现象，留言办理群众满意度达96%。制定《黔西南州政府依申请公开促进依法行政工作机制（试行）》，畅通全州行政机关依申请公开受理渠道，在法定时限内规范答复、按时办结向政府提出的依申请公开信息。出台《黔西南州人民政府新闻办公室新闻发布评估制度（试行）》，将新闻发布工作纳入目标绩效考核。2018年，全州共举行各类新闻发布会、媒体通气会、见面会等30余场次；开展记者召集、新闻通报等300余次，为宣传大政方针、通达社情民意、引导社会舆论、回应公众关切发挥作用。

【社会矛盾化解】2018年，州复议办发出行政复议意见书12份，建议书1份，对促进行政执法机关提高办案质量起到积极作用。州行政复议办承办案件一律实行合议制，合议案件时人数不得少于3人，充分发挥人多思维宽的优势，提高办案质量和法律文书质量，促进办案人员相互学习共同提高办案业务能力。年内，全州行政复议案件收案370件，受理346件，已审结342件（含上期结转43件），其中，撤销、终止、变更共49件，纠错率为14.33%。州政府复议案件共收案262件，受理242件，已审结229件（含上期结转8件）其中，维持29件，驳回9件，申请人撤回申请案件终止3件，撤销15件，责令履行6件，确认违法2件，被申请人撤销原行政行为案件终止165件，纠错率为10.04%。

与州法院联合出台《关于加强行政执法和行政复议与行政审判工作联系的通知》《行政审判法务联络员制度》，规定行政机关应诉时，对可能败诉的案件应虚心听取法官指导意见，主动撤销错误行政行为，并按指导意见重新依法处理。人民法院审判行政案件，视情况在判决前与行政机关沟通，认识不统一的，可在判决同时发出司法建议，指导被诉行政机关的工作，对第二次需要判决撤销重作的案件，可召开联席会议讨论，统一观点认识，避免重复诉累。加强应诉案件经验总结工作，通过总结分析案件败诉原因提高复议案件质量。年内，全州一审行政应诉案432件（含结转89件），已结240件，其中，撤销、确认违法和判决履行法定职责共34件，败诉率为14.17%。

【法治教育培训】2018年，州政府中心组专题学习研讨《中华人民共和国宪法修正案》《中华人民共和国监察法》和《中国共产党纪律处分条例》。州委党校第二十八期县干班、第二十六期中青班及第六期妇女干部班安排《增强宪法意识弘扬宪法精神》《全面推进依法治国，建设社会主义法治国家》《新时代的社会治理》《黔西南州大法治》等法治培训及研讨课程。举办黔西南州“新时代学习大讲堂”法治专题讲座，邀请了省政府法制办副主任李兵为全州500余名领导干部作《依法执政和法治政府建设》专题辅导。组织7600余名行政执法人员通过“全州政府法制平台”进行法律知识考试；通过第二期“乡镇领导班子依法行政专题培训班”和行政执法专题培训会，培训全州乡镇（街道办）领导班子成员126人、土地确权和征收补偿行政执法人员280人。

印发《黔西南州“弘扬宪法精神维护宪法权威”主题学习宣传教育活动实施方案》，组建60人律师团队，深入开展宪法精神进机关、进学校、进企业、进社区、进乡村、进军营、进家庭、进网络等“八进”活动；全州七万余人参与全省宪法知识竞答，7.5万余名干部职工参加年度学法考试；创作征集宪法微视频10部，其中9部宪法微视频入围贵州省首届“我与宪法”微视频征集展播网络投票参选名单；全州获评全国法治建设先进县1个、全省法治建设先进县3个、全国民主法治示范村2个；参与应急和安全生产知识竞赛活动，取得了全省第二的优异成绩。

（吴大鹏）

公　安

综　述

【概况】2018年，全州公安机关以习近平新时代中国特色社会主义思想为指引，把握“对党忠诚、服务人民、执法公正、纪律严明”总要求，坚持公安姓党，坚定警务自信，全警铿锵行动，围绕不断增强人民群众获得感、幸福感、安全感的总目标，扎实做好维护国家安全和社会稳定各项工作。

2018年，州公安局设纪律检查委员会、办公室（指挥中心）、党委办公室、政治部、机关党委、警务保障处、法制支队、国内安全保卫支队、反恐怖工作办公室、刑事犯罪侦察支队、治安警察支队、经济犯罪侦察支队、禁毒工作支队（禁毒委员会办公室）、技术侦察支队、网络安全保卫支队、黔西南州公安交通管理局（州公安局交通警察支队）、警卫处、监所管理支队、特（巡）警工作支队、兴义机场公安分局、警务督察支队、山地旅游警察支队、出入境管理支队、科技信息通信支队、生态环境安全保护支队（食品药品犯罪侦察）、审计处、有组织犯罪侦查支队（为2018年新增），将原机要科合并到办公室（指挥中心），为办公室（指挥中心）下属机构，命名为机要科。

【公安干部队伍建设】 2018年，州领导先后10余次专题听取州公安局干部队伍建设工作情况汇报，研究加强公安干部队伍建设工作。全州公安机关共调整充实州公安局领导班子成员3名，任命、交流县级公安局长7名、政委9名、党委成员40名，先后考察提拔了3名副处级干部。州委州政府共授予全州公安机关集体二等功3个、集体三等功13个；授予个人二等功4个、个人三等功25个、个人嘉奖71个。全年拨付财政资金2.13亿元用于解决州公安局办公、办案、装备以及建设资金等方面的支出，为公安工作的高效开展提供强有力的警务保障。

【党风廉政建设】 2018年，州公安局按照党的巡视巡察有关规定，全面推进党建巡察常态化制度化。抽调5名副处级领导干部组建巡察专班，巡察监督基层党委（支部）班子落实“两个责任”，不断强化党的领导、弥补党建缺失。制定《中共黔西南州公安局委员会2018年党建巡察工作方案》，编印《工作指南》《文件汇编》，组织巡察人员培训，并于2018年5月至6月对州局机关5个支部和晴隆、贞丰、册亨、望谟县公安局开展为期一个月的党建巡察，通过巡察发现7个方面44个问题，并于10月底开展了“回头看”工作，取得初步成效。

全年先后3次组织召开电视会议和现场会议，认真总结分析全州公安民警队伍监督管理形势，组织观看警示教育片，通报近年民警违纪违法案件及查处情况，深刻剖析发生问题的原因教训，不断推动全面从严治党、从严治警向纵深发展。组织开展“签字背书”，按照《黔西南州党风廉政建设签字背书制度实施办法》要求，高标准完成2018年度签字背书任务，实现各级组织层层签订责任书、全体民警和工勤人员人人签订承诺书的目标。

每逢重要节点，驻局纪检组会同政治部、督察支队加强监督管理，围绕滥发过节费、公款吃喝、公款送礼、公车私用等重点，采取提前警示、明察暗访、专项检查、随机抽查等方式加强对节假日期间纪律作风建设和“四风”问题的监督检查。升学时期，开展严禁违规操办“升学宴”“谢师宴”专题整治工作，通过组织学习，部门负责人重点梳理排查，提前约谈打招呼等方式开展专题治理。

严肃查处违纪违法问题或不作为、乱作为行为。年内全州公安机关民警违纪违法案件共16件，立案16件，查结15件（1件正在办理），其中，涉及违纪违法的副科级以上民警6人。州公安局党委对查处的典型案例一律通报曝光，并追究相关责任人的责任。

公安业务

【概况】 2018年，全州公安机关围绕维护国家政治安全和社会稳定总任务，一手抓保安全、护稳定、促和谐各项措施的落实，一手抓根本性、源头性、基础性问题的解决，全力助推脱贫攻坚，确保全州社会大局持续稳定。

【维护国家安全】 2018年，公安机关依法管理境外非政府组织境内活动，贯彻落实《中华人民共和国境外非政府组织境内活动管理法》，寓管理于服务中，有效防范境外非政府组织利用文化交流、捐资助学、项目培训等手段和方式进行意识形态领域渗透。加强对香港慈恩基金会等长期在州境外非政府组织的依法监管和引导服务。推进反恐防控措施，责任全面落实，全面推进大数据客运安防（反恐防恐）警务“561”模式，实现全州9个二级客运站、2个火车站、1个机场全覆盖。坚持以“人为核心”紧盯涉恐地区关注人员，加大对涉恐人流、物流、资金流、信息流的预警力度和应急处置准备。加大对宗教领域非法活动及渗透查处力度，全州取缔8个宗教私设聚会点，有效遏制了邪教和宗教极端活动。创新建立“三维一体”源头防控工作机制，通过维权、维稳、维序一体化同步运作，统筹各领域维稳资源，多方协同联动。全年全州无人到京非正常上访，重大信访事故和重大案事件零发生。

【智能警务构建】2018年，州公安机关率先发展大数据风险感知警务，配备自主研发的“平安风险实时管控系统”终端，全年通过系统预警抓获在逃人员96人。构建信息先知、精准预测、及时预警、有效预防的平安风险“先知三预”防控体系，确保对风险动态掌握不失控。构建大数据警务产业园，汇聚各类数据，搭建预警、侦查数据应用模型，形成由“天网”“天算”“天智”构成的大数据警务产业园，实现“聚通用”。创新大数据+全警运用机制，拓展大数据与警务工作的结合点，以大数据实战化指挥中心为龙头，探索建立大数据客运安防反恐防恐、大数据山地旅游、大数据脱贫攻坚、大数据重大安保、大数据生态环保、大数据督察等组成的“1+N”大数据现代警务模式，经验做法全国交流推广。

【扫黑除恶专项斗争】2018年，公安机关坚持“高位推动打、快速精准打、专群结合打”，对把持侵害基层政权、徇私抱团阻挠国家重点建设项目等20类黑恶势力开展“雷霆行动”和“夏秋风暴”专项打击，成功侦破最高法最高检和公安部挂牌督办的普安“2·07”涉黑案件以及兴义“5·17”涉黑案件等6起黑社会性质组织犯罪案件，打掉恶势力犯罪集团27个、涉恶类犯罪团伙53个，抓获犯罪嫌疑人761人，破获刑事案件418起，百名民警破案数排名全省第一，“三打”经验做法在全省交流推广。紧紧抓住严重影响人民群众安全感、幸福感和获得感的突出违法犯罪，命案侦防攻坚和打拐工作均取得历史最好成绩，全年共发命案31起（全破），同比下降38%，命案发案创历史新低；破获历年命案积案12起，抓获历年命案逃犯17人，均为历年新高；起诉拐卖犯罪嫌疑人16人，打击处理排名全省第一。

【禁毒工作】2018年，公安机关着力构建全覆盖毒品预防教育体系、全链条打击毒品犯罪体系、全环节吸毒人员管控体系、全要素制毒物品监管体系、全方位毒情评估体系。推进“两打两控”专项行动，破获兴仁“12·11”跨境特大贩毒案，缴获毒品108公斤，单案缴毒量系中华人民共和国成立以来贵州最高。推进脱毒回归“阳光工程”，涌现出回归创业致富奉献社会的典型人物——非物质文化遗产兴义市邱氏蛋糕第四代传承人邱仕益。

【清网行动】2018年，公安机关开展绿水、护林、净土、治霾、食安、药安“六大行动”，全力护航生态治理。设立大生态警务联合作战中心，启动大生态警务“161”模式，自上而下建立覆盖全州的生态环保警察支队、大队、水上治安派出所，构建由民警、辅警、警务助理、法律顾问、治安信息员组成的生态环保执法执勤人力保障体系，形成大生态警务社会联动机制。对中央环保督察组反馈的万峰湖生态环境严重恶化问题，全州公安机关主动担当、联动奋战，全部拆除湖面1367户104.4万口7805亩非法养殖网箱及浮动设施，率先在滇黔桂三省（自治）区完成万峰湖水域网箱养殖“清网行动”，州委、州政府为州公安局、兴义市公安局分别记“集体三等功”，为2名民警记“个人三等功”。

【大安防工作】2018年，公安机关在城区部署屯警街面、快速反应的城区防控“199”模式，在农村部署以警务室为中心的农村警务“157”模式，在旅游景区部署旅游警察为主力的山地旅游警务“1+7”模式。实施网格治理大安防，由民警+辅警+警务助理+义务巡逻队组成网格治理力量，划分一级（州级）网格153个（含各乡镇、街道办、要害部位），二级（县级）网格1503个（含各行政村居、企事业单位），三级（派出所级）网格7465个（含各村民小组和居民区）。探索网格服务微警务，以网格为单位在全州范围内广建警民微信群，派出所民警作为群主，将网格内沿街铺面店主、小区物管、保安、环卫工人、城管等人员纳入城区街面共治群，将村干部、警务助理、治安积极分子等人员纳入农村治安警务群，将外出务工人员纳入打工信息交流群，所有信息全部逐级接入公安机关，为实现全民警务提供信息支撑。

【基础保障工作】2018年，财政

投入2117.7万元对全州128个派出所“两房”进行升级改造，全州派出所已全部实现“城区派出所民警一张床、农村派出所民警一间房”的标准，在12月13日省公安厅“两房”建设通报中验收合格97.66%，排名全省第三，还有3个派出所待第五次交叉验收；率先在全省推行派出所规范化建设，累计投入建设资金6830万元，按照规范化标准完成91个派出所建设。全面推进执法办案中心建设，累计投入2815万元，建成兴义、兴仁、安龙、普安、册亨5个智能化执法办案中心，晴隆、望谟正在有序推进，贞丰、义龙正在完善相关手续。在人、财、物等方面倾斜基层，年内从全州公安机关选派36名优秀干部民警充实到各级岗位，投入515万余元为基层一线购置流动前哨、移动警务室、摩托车、电脑、电冰箱等装备物资，有效缓解基层困难。

【公共安全维护】2018年，公安机关在全州新市民居住区设置多功能警务室，实行内勤警务全时制、外勤警务实时制，开展7×24小时应急值守和实时巡逻防范、代办服务、案件查处等工作，构建新市民居住区智能安防“135”警务模式，取得“可防性案件零发生，公共安全责任事故零发生，群体性事件零发生，赴省进京非访零发生，邪教、传销、诈骗、涉黄、涉赌五类窝点零存在，便民服务零懈怠”和“法制宣传教育无盲区，社区无毒害，安防无死角”的工作成效。投入资金1000多万元，设立22个新市民居住区警务室，配备95名警务人员。州政府办出台《黔西南州新市民居住证管理办法（试行）》，新市民居住证制度作为户口迁移过渡政策，新市民居住证持有人与州内城镇居民同等享有7类39项权益和公共服务，带动近3万户贫困群众主动申请搬迁。全州搬迁入住人数接近18万人，累计为搬迁群众办理新市民居住证12.5万个。

【脱贫攻坚】2018年，公安机关全面实施关爱留守（困境）儿童警航计划，开展留守（困境）儿童救助雨露工程金盾行动，为农村留守儿童和困境儿童配发平安手环9万余个，实现全覆盖；组织贫困儿童2000余人次开展“爱心警训·放飞梦想”夏令营活动；结对帮扶贫困大学生600余人，发放助学金183万元；创建校园平安法制教育园地15个，设置1637个校园警务室；筹措资金30万元，成立黔西南州留守（困境）儿童救助保护“警航基金”；开展校园周边治安综合治理专项行动42次，整治一批校园治安乱点，净化了周边社会环境。

针对少数人员谋私争当贫困户、阻碍扶贫项目建设、破坏扶贫基础设施、妨碍乡村扶贫公务等行为，在全州公安机关组织“百人护航战队”，主动深入脱贫攻坚减贫摘帽地区，采取全面排查、宣传教育、重点训诫、依法打击、回访巩固等措施，组织参与召开群众院坝会30余场、累计法制教育2370人次，对2286名风险人员会商研判分析、集中谈话和训诫277人，化解对扶贫政策不满诉求33件，依法处理“钉子户”24户32人，转化意欲干扰减贫摘帽的重点人587人，为全州脱贫攻坚战顺利推进营造了和谐稳定的社会治安环境。

建立“三方五共”“风险共治”“警务联络官”“靶向治理”“打包服务”“治安联防”六项机制，其中牵头建立警政企三方“共商、共识、共治、共建、共享”的“三方五共”联席机制，每季度召开联席会议，会商解决招商引资企业高度关注的社会治安、交通管理、强揽工程、阻工阻路、乱设门槛等问题。开展治理营商环境专项行动，为全州招商引资、产业脱贫营造了更加安全有序的治安环境、更加畅通便捷的出行环境、更加方便高效的办事环境、更加“清”“亲”和谐的警商环境。

贯彻落实州委、州政府扶贫工作要求，选派7名县处级干部联系包保贞丰、晴隆、义龙6个贫困村，所帮扶的贞丰县董畔村、晴隆县战马村已实现出列。实施“千万农产品进食堂”行动，与州内深度贫困县、乡镇、村及州内各生产基地、农业企业、合作社等全面建立农产品长效产销对接机制，帮助解决因涉案、涉毒致贫农户及公安机关帮扶精准扶贫区域的农产品滞销问题。

（李　强）

附件：1.2018年刑事案件破获、治安案件查处情况统计表

2.2018年治安案件查处情况统计表

3.2018年全州交通事故情况统计表

4.2018年全州机动车分类统计表

附件 1

2018 年刑事案件立案破获情况统计表

序号	单位（件）	刑事案件（件）	
		立案	破案
1	兴义市	3236	1351
2	兴仁县	1189	580
3	普安县	481	237
4	晴隆县	378	238
5	贞丰县	796	458
6	望谟县	525	286
7	册亨县	501	235
8	安龙县	688	384
9	义龙新区	806	428
	合计	8601	4199

数据来源：州公安局

附件 2

2018 年治安案件查处情况统计表

序号	单位	接处警数	行政案件		涉黄涉赌刑事案件			
					涉黄刑事案件		涉赌刑事案件	
			受理数（件）	查结数（件）	立案数（件）	破案数（件）	立案数（件）	破案数（件）
1	兴义市公安局	32385	5363	3608	33	29	11	9
2	兴仁市公安局	10399	2497	2111	7	4	16	15
3	普安县公安局	3597	919	709	9	10	2	1
4	晴隆县公安局	1856	1588	1482	0	0	4	4
5	贞丰县公安局	7815	1461	1145	3	2	12	13
6	望谟县公安局	2180	1064	731	3	4	15	14
7	册亨县公安局	1058	571	366	0	0	0	0
8	安龙县公安局	4402	1121	831	7	8	6	6
9	顶效经济开发区（安龙经济开发区）分局	4682	1234	1153	2	2	0	0
	合计	68374	15818	12136	64	59	66	62

附件 3

2018 年全州交通事故情况统计表

指标名称	单位	兴义市	兴仁县	普安县	晴隆县	安龙县	望谟县	贞丰县	册亨县	义龙新区	高速	黔西南州
交通事故	件	21	9	6	9	16	9	2	5	12	7	96
交通受伤人数	人	18	3	1	6	6	4	1	1	10	5	55
交通死亡人数	人	22	10	9	6	16	10	3	5	15	9	105
交通事故损失金额	万元	20.28	7.92	51	15.5	13.82	4.91	0.1	3.4	2.36	2.05	121.34

填报单位：州公安交警支队

附件 4

2018 年全州机动车分类统计表（截至 2018 年 12 月 31 日）

单位：辆

			兴义	兴仁	普安	晴隆	贞丰	望谟	册亨	安龙	义龙	总计
汽车	载客	大型	1204	34	11	10	32	21	7	18	5	1342
		中型	802	143	8	118	91	66	15	40	4	1287
		小型	132980	33658	18881	15607	21279	11984	11887	30393	13011	289680
		微型	769	113	40	27	77	20	30	117	49	1242
		小计	135755	33948	18940	15762	21479	12091	11939	30568	13069	293551
	载货	重型	5162	373	170	122	339	91	191	599	241	7288
		中型	1924	587	171	176	182	118	131	147	127	3563
		轻型	15725	5223	3033	2419	3790	2976	2723	4216	1822	41927
		微型	0	1	0	0	0	1	0	0	0	2
		小计	22811	6184	3374	2717	4311	3186	3045	4962	2190	52780
	其他		2046	236	91	69	207	98	77	180	114	3118
		其中 三轮汽车	86	3	1	3	2	1	7	25	19	147
		其中 低速货车	731	85	24	33	89	61	25	72	55	1175
		小计	2046	236	91	69	207	98	77	180	114	3118
	合计		160612	40368	22405	18548	25997	15375	15061	35710	15373	349449
摩托车	普通		99788	60162	22958	23038	44931	36471	33685	24948	26758	372739
	轻便		451	224	32	61	173	87	96	30	42	1196
	小计		100239	60386	22990	23099	45104	36558	33781	24978	26800	373935
挂车			590	16	2	0	38	4	11	55	15	731
交警部门			261441	100770	45397	41647	71139	51937	48853	60743	42188	724115
农机部门			州农机监理站报表数据（2018 年 12 月 31 日数据）									4710
全州合计			公安交警登记数 + 农机登记数									728825

填报单位：州公安交警支队车管所

检　察

【概况】2018 年，州检察院下辖 8 个基层检察院，中央政法专项编制 376 名，工勤编制 53 名，实有政法专项编制 377 名、工勤编制 49 名。其中州检察院中央政法专项编制 72 名，工勤编制 13 名。州检察院内设机构有机关党委（副县级）、政治部（副县级）、侦查监督局（副县级）、公诉局（副县级）、刑事执行监察局（副县级）、办公室、民事行政检察处、控告申诉检察处（举报中心、刑事赔偿工作室）、案件管理办公室、生态环境保护检察处、检察技术处（检察技术中心）、法律政策研究室（检察委员会办公室）、计划财务装备处、监察处。2018 年，全州检察机关多项工作迈入全省先进行列，有 26 个集体和 41 名个人获得州级以上表彰，兴义市人民检察院获最高人民检察院荣记集体一等功。

【服务保障大局】2018 年，州检察院服务脱贫攻坚大局，围绕脱贫攻坚"四场硬仗"，深化民生检察专项工作，批准逮捕妨害脱贫攻坚的刑事犯罪 621 人，提起公诉 651 人。严厉打击危害食品药品安全犯罪，监督行政执法机关移送案件和公安机关立案 25 件，维护人民群众生命健康安全。关注特殊贫困群体，开展助力讨薪专项监督，帮助 422 名农民工追回工资 417 万元，成效位居全省检察机关前列。对 183 名贫困刑事被害人及家属开展司法救助，发放救助金 127 万余元，省检察院主要领导到该州为救助对象发放救助金。

开展依法保护企业家合法权益营造企业健康发展法治环境专项工作，依法打击侵犯民营企业及经营者合法权益的犯罪，批准逮捕 114 人，提起公诉 183 人。严格把握法律政策界限，对涉案企业家依法不批准逮捕、不起诉 60 人。拓宽服务平台，推动召开公、检、法、司负责人和企业董事长（总经理）"五长座谈会"，开展"送法进企业"活动 45 次，编发涉企典型案例 500 册，帮助企业防范抵御风险、依法规范经营。

2018 年 8 月 14 日，在州检察院召开全州检察机关扫黑除恶专项斗争第二次推进会暨“夏秋风暴”专项行动部署会（州检察院 提供）

2018 年 5 月 17 日，省检察院检察长傅信平（左二）调研万峰湖生态环境保护整治情况（州检察院 提供）

服务打好污染防治攻坚战，严惩污染环境犯罪，监督行政机关移送案件 33 件，监督公安机关立案 30 件，批准逮捕 47 人，提起公诉 105 人，追加逮捕和追加起诉 8 人。督促相关部门依法履行环保监管职责 526 件，督促补种树木修复自然生态 4336 亩。推动万峰湖、光照湖、红水河等污染治理，依法批准逮捕干扰万峰湖“清网”行动推进的犯罪嫌疑人 28 人，提起公诉 38 人。督促相关部门依法履行河湖监管职责 66 件。

【维护社会稳定】 2018 年，州检察院深入推进扫黑除恶专项斗争，重拳打击黑恶势力犯罪，批准逮捕 172 人，提起公诉 177 人。推动“破网打伞”，批准逮捕“保护伞”2 人，提起公诉 4 人。办理贵州省首例“套路贷”案件，推动深挖司法人员充当“保护伞”2 人。发挥监督职能，介入 41 件案件引导侦查取证，提出法律适用、证据完善等建议 320 余条。坚持实事求是，不枉不纵，追加逮捕和追加起诉 25 人，依法不批准逮捕 19 人。

依法惩治各类刑事犯罪，批准逮捕 2181 人，提起公诉 3575 人。打击故意杀人、贩卖毒品、故意伤害等严重刑事犯罪，批准逮捕 579 人，提起公诉 769 人。加强未成年人司法保护，批准逮捕拐卖、虐待、校园暴力等侵害未成年人犯罪 247 人，提起公诉 348 人。严惩盗抢骗等多发性侵财犯罪，批准逮捕 732 人，提起公诉 870 人。批准逮捕集资诈骗、非法经营、非法吸收公众存款等涉众型经济犯罪 56 人，提起公诉 86 人，防止经济风险转化为社会稳定风险。

参与社会治理，促成刑事和解 263 件，工作成效走在全省前列。提升检察建议刚性，对办案中发现的社会治理隐患，及时向有关部门提出检察建议，督促完善监管机制。发出检察建议 536 份，整改率达 96%，经验做法得到省检察院充分肯定并在全省推广。

【法律监督】 2018 年，州检察院强化刑事检察监督。依法不批准逮捕 1126 人，不起诉 739 人，严防冤假错案。监督公安机关立案 94 件、撤案 46 件，纠正漏捕 81 人、纠正漏诉 129 人，书面纠正侦查活动和审判活动违法 135 件，依法维护司法权威。依法对 3282 名被告人提出量刑建议，法院采纳率位居全省前列。加强刑事执行监督，纠正减刑、假释、暂予监外执行不当 237 件。对 2000 余名社区矫正人员执行活动进行监督，对在押人员开展羁押必要性审查，监督对 203 人解除或变更强制措施。

加强民事行政检察监督。受理不服法院民事、行政生效裁判申诉案件58件，对34件不符合监督条件的依法作出不支持监督决定，维护司法权威；对确有错误的生效判决坚决抗诉，依法对赵青恶意诉讼索赔60万元等案件提出抗诉，防止司法不公。回应群众对“执行难”问题的关切，开展民事行政非诉执行监督专项活动，对行政机关在执行活动中怠于履职的，督促纠正32件，监督法院纠正非诉执行程序违法18件，成效凸显。

推进公益诉讼检察。聚焦环境污染、国有财产流失等问题，综合运用检察建议、支持起诉、提起公益诉讼等手段推动公益损害修复。发出督促履职检察建议854件，对逾期不落实检察建议或没有相关组织提起诉讼的，依法向法院提起诉讼8件。

【司法体制改革】2018年，州检察院落实司法责任制，修订领导干部司法办案实施办法，47名入额领导干部办理案件1856件，重大案件出庭支持公诉512次。与法院联合出台检察长列席审判委员会实施办法，共列席会议开展法律监督22次。按照捕诉合一、专业化建设等要求，建立新型专业化办案团队，做好内设机构改革前期工作。推进少年司法一体化和未成年人刑事执行检察、民事行政检察业务统一集中办理改革试点工作，对犯罪情节轻微的未成年人不起诉104人，通过羁押必要性审查变更强制措施31人，维护未成年人合法权益。组建职务犯罪办案团队，加强监察委调查程序与刑事诉讼程序的有效衔接，提前介入监察委调查案件27件，依法决定逮捕21人，提起公诉47人，助力国家监察体制改革顺利推进。

推进智慧检务建设。探索构建集落实司法责任制、行政事务精细化管理、干部业绩动态考核等于一体的智慧办公办案系统，通过办案系统受理各类案件7135件，纠正办案瑕疵560件，预警办案期限1458次，应用远程讯问系统开展讯问200余次；非密公文全部网上流转，请销假、公务外出、公务用车等全部网上审批，干部动态考核评价全部网上开展，检察工作的智能化、集约化水平提升。在全省检察机关大数据应用推进工作中，州院获省院荣记集体二等功，2名个人荣记三等功。

【队伍建设】2018年，州检察院坚持政治建检，加强党的政治领导，落实向党委请示报告重大事项制度，向两级党委请示报告工作60余次。坚持业务强检，开展“大学习大练兵”，健全教、学、练、

2018年12月12日，省检察院检察长傅信平（前排中）、副检察长余敏（前排右六）到黔西南州人民检察院为救助对象集中发放司法救助金
（州检察院　提供）

2018年12月4日，州检察院干警到兴义市街心花园开展宪法宣传
（州检察院　提供）

战一体化教育培训模式，组织参加各级各类调训48期179人次，视频培训5000余人次。举办扫黑除恶、民事行政检察、未成年人检察等专题培训、岗位练兵和业务竞赛16场，培训647人次，提升干警职业素养和专业水平。6个院获全省岗位练兵"优胜单位"，12名干警被评为全省"检察业务标兵"和"业务竞赛能手"，8项实务调研成果获省级以上表彰。

坚持严管厚爱。常态化约谈400余人次，避免干部因犯错误而"掉队出列"。建立家庭参与的监督机制，开展"廉政家访"210余次，将监督触角向"八小时外"延伸。加强教育警醒，召开警示教育大会22次，学习典型案例66个，组织干警旁听犯罪案件庭审，到警示教育基地、监狱等场所参观160余人次。支持纪检监察部门查办检察人员违纪违法案件，党纪、检纪处分3人。落实年休假、健康检查等各项从优待检制度，加强检察文化建设，3个院被评为全省检察文化建设示范院。

【检务公开】2018年，州检察院邀请人大代表、政协委员和民主党派、工商联、无党派人士参加专题调研、视察、检查、评议等活动460余人次，走访各级人大代表、政协委员270余人次，向各级人大、政协报告重大工作和重大事项69次，对人大代表提出的意见建议100%落实、100%答复。接受公安机关和法院监督制约，依法办理公安机关不服不捕、不诉决定提请复议复核案件10件，依法对不符合审判标准的4件案件撤回起诉。邀请人民监督员、企业家代表、人民群众等走进检察机关，开展"检察开放日"等活动32次，利用"两微一端"等媒体发布检察工作信息5000余条，公布办案信息和法律文书6154份。深化12309检察服务中心建设，畅通"信、访、网、电"等立体化诉求表达渠道，网上网下接待接访律师、诉讼代理人、群众等1320人次，处理答复率100%。

（刘　奇　邓毅林）

法　院

【概述】2018年，全州法院有正式干警756人，其中，研究生学历47人，本科学历630人，大专及以下学历79人。中院中央政法编制人数122名，实有人数108人。

【审判工作】2018年，全全州法院受理案件52035件，审结47857件，同比分别上升17.7%和13.86%，标的额69.3亿元，法官人均结案226.8件。其中，中院受理案件5403件，审结5087件。受理刑事一审案件2510件，审结2314件，判处罪犯3461人，同比上升11.2%、8.2%和11.9%。受理民商事一审案件29683件，审结28035件，同比上升15.4%和13.4%，标的额49亿元。受理行政一审案件515件，审结452件，同比上升24.7%和21.2%。受理执行案件14585件，执结12441件，执行到位金额23亿元，同比上升25.8%、16.8%和26.3%。

【执行工作】2018年，全州法院紧扣最高法院"四个基本"工作要求，准确区分"执行难"与"执行不能"案件。全州法院受理执行案件14585件，执结12441件，执行到位金额23亿元，同比上升25.8%、16.8%和26.3%。中院联合公安、检察机关发布《敦促被执行人自觉履行生效法律文书确定义务通告》；会同公积金中心建立执行联动机制，与财保公司签署《"执行无忧"悬赏保险服务合作协议》。会同通信部门构建司法协作关系，为869案1092名失信被执行人设置"失信彩铃"；联合云南曲靖中院、广西百色中院

2018年7月2日，州委书记刘文新（左二）调研中院新审判大楼（蒙跃实　摄）

2018年1月5日，八届州人代会上州中级人民法院院长高峰作法院工作报告（蒙跃实 摄）

2018年5月28日，省高级人民法院院长韩德洋到黔西南调研指导审判执行工作（蒙跃实 摄）

签署《协作执行备忘录》，破除地方壁垒，为异地申请人提供执行便利。开展“雷霆风暴”与“金州风暴”两大专项行动。

【司法改革】 2018年，全州法院落实司法责任，审委会讨论案件数仅占结案数的0.31%，其余裁判案件由合议庭独立签发。落实入额院领导带头承办大要案，全州法院入额院领导主审案件6653件。推进精细化管理，强化审限管控，法定审限内结案率99.8%，排名全省第一。修订“三个一”办案责任机制，确定责任形式与适用对象，兼顾合理容错与严肃问责。贯彻最高法院相关改革意见，严格执行庭前会议、排除非法证据、法庭调查三项规程，落实证据裁判原则，强化庭审控辩对抗，推进以审判为中心的刑事诉讼制度改革。全州法院审理的139件疑难复杂刑事案件中，13名证人出庭；律师辩护率77%；9案启动非法证据排除，其中1案排除被告人有罪供述；22案当庭宣判。

【司法为民】 2018年，全州法院排解涉诉信访，审结申诉申请再审案件178件，裁定再审1件。办理申诉和减刑、假释案件1335件。保障民生，审结医患纠纷、劳动报酬、社会保险等案件1971件8881.7万元。拓展便民途径，落实立案登记制，当场登记立案率达98%。构建矛盾多元化解机制，联合司法局制定《矛盾纠纷化解诉调对接办法》。加强基层基础建设，建成科技法庭51个、远程接访提讯设备18套、庭审直播系统48套，基层法院巡回办案7464件，中院深入基层调处案件478件。推进阳光司法，抓好裁判文书、庭审活动、审判流程和执行信息公开四大平台建设，利用“互联网”庭审直播5695件，被点播观看219万次；公布裁判文书30156份，同比增长223%，在门户网站、官方“两微”发布工作信息、案件情况1288篇，建立员额法官以案释法机制，深入社区、校园开展法治讲座133场次，到案发地举行公开宣判56场次。

【党建扶贫】 2018年，州中院出台《为深度贫困地区脱贫攻坚提供司法保障实施意见》等制度文件，细化司法服务措施。审结涉金融扶贫、贫困地区项目建设等案件28件，金额238万元。3人因贪污挪用扶贫资金被判处刑罚。全州法院为扶贫点协调资金428万元，捐款捐物31万元，化解困难106件次。中院选派2名干部驻村帮扶。

【司法监督】 2018年，全州法院向州人大常委会专题报告司法体制改革推进情况，邀请黔西南州部分全国、全省人大代表参加法院征求意见建议座谈会，就改进和加强审判执行工作充分吸取意见，办理人大监督、转办案件3件，代表建议2件，邀请代表视察见证决战决胜执行难246人次，旁听庭审、座谈走访527人次。接受社会监督。全州法院通过“公众开放日”活动接待群众480人次，召开新闻发布会9次，邀请陪审员参审案件4245件，中院聘请特约咨询员、特约监督员8名，及时收集群众意见。接受诉讼监督，邀请检察长列席审委会22件次，审结检察机关抗诉案件5件。

【队伍建设】 2018年，全州法院梳理7个方面35个廉政风险点，制定90项防控措施，配合纪检监察部门对2名违纪违法干警进行查处。组织、选派41期2565人次参加各类集中学习培训。完善法官绩效考评系统，依托信息化平台促进审判能力提升。与贵州民族大学签署合作协议，促进资源共享与培养交流。遴选新增16名员额法官，8名法官因工作调动或不适应审判形势退出员额。完成35名法官择优选升或按期晋升考察。4名干警分别被表彰为全国、全省法院先进个人。中院1篇案例荣获全国法院优秀案例奖；2篇文书荣获全省优秀文书一等奖；1篇论文荣获全省法院重点调研课题二等奖、2篇获优秀奖。全州法院5篇调研文章被《人民司法》《贵州审判》采用。

（何　微）

司法行政

【概况】 2018年，黔西南州司法行政围绕中心、服务大局，抓重点、强弱项、补短板，切实转变作风，强化争比进位意识，结合司法行政工作职能职责，积极服务“三大攻坚战”，扎实参与扫黑除恶专项斗争，各项工作均取得新成绩。

【政治建设】 2018年，全年组织集体学习27次。开展学习习近平新时代中国特色社会主义思想、意识形态、严守党的政治纪律和政治规矩、“不担当不作为”专项整治等8次专题研讨。组建司法行政系统州县乡三级宣讲团（组），开展“进司法局司法所、进贫困村、进社区、进企业、进工地、进律师事务所”活动。组织全州司法行政系统党员干部共计70人前往遵义红花岗区委党校进行“不忘初心・牢记使命”坚定信念综合素养提升学习。与州委党校联合举办全州司法行政系统学习贯彻习近平新时代中国特色社会主义思想和十九大精神专题培训班1期，培训全系统党员干部105名。

【法治宣传】 2018年，联合州委宣传部印发《黔西南州“弘扬宪法精神　维护宪法权威”主题学习宣传教育活动实施方案》，共组织70568人参加全省宪法知识在线竞答活动，答题平均分居全省第三。联合州委组织部举办“新时代学习大讲堂”法治专题讲座，特邀省政府法制办原副主任李兵作《新时代依法治国和法治政府建设》专题辅导，被司法部纳入全国宪法宣传10个先进省区典型。8月14日，局主要领导应邀为黔西南州千名企业家作“构建新时代新型政商关系”的专题法治讲座。12月3日，组织州市80余个单位500余人举行“宪法宣传月”启动仪式，组织成员单位联合开展宣传，组织全州宪法知识竞赛活动。组织参与贵州省首届“我与宪法微视频”竞赛。

【服务脱贫攻坚】 2018年，先后制定《黔西南州司法局关于开展脱贫攻坚春风行动工作及包保督导的通知》《黔西南州司法行政机关服务保障脱贫攻坚夺取全胜14条贯彻落实措施》，全局6名包保领导每月至少1次深入脱贫攻坚主战场。调整派驻扶贫联系点兰田村第一书记，指导兰田村新增辣木种植500亩，蔬菜100亩，向日葵100亩，指导双龙村选定大朝组、半坡组两个辣木产业种植基地育苗点，确保产业结构调整稳步推进。从公用经费中挤出10万元，为兰田村、双龙村解决党员活动室建设经费10万元，为8个帮扶村解决法治宣传经费24万元，为望谟县郊纳镇水秧村协调产业路资金30万元。2018年，全州各级司法行政机关

2018年4月26日，中共黔西南州律师行业第一次党代会召开

（州司法局　提供）

共计投入资金112万元，抽调干部担任驻村第一书记17人。

【服务社会稳定】2018年，组建万峰湖环境整治法治宣传服务团，选派10名律师组成法律服务团，到万峰湖镇各村寨进行巡回宣传，为万峰湖环境综合治理提供法律服务。组建专项法律服务团做好司法护航兴仁县减贫摘帽工作，历时两个多月，共在镇、村（脱贫攻坚指挥部）及农户家召开座谈会92次；排查出重点户627户，走访310户；排查矛盾纠纷142起，调处纠纷120件，调解成功116件；开展法治宣传47场，发放法治宣传资料2万余份；建立黔西南州矛盾纠纷维权调处中心，解决群众的矛盾诉求，2018年共受理并调处各类矛盾纠纷119件。积极参与化解重特大疑难复杂矛盾纠纷。先后成功处置、参与和化解兴义市兴驰客运有限公司等5家公司所属60辆客运班线车主集体上访案、陈某某在南昆铁路安龙县火车站攀爬停留列车被电击身亡案、晴隆县沙子镇发生中石油天然气输气管道泄漏燃爆事故案（6·10案）、册亨望谟土地边界纠纷宣判案等多起复杂疑难案件。

【扫黑除恶专项斗争】2018年，成立工作领导小组，制定《黔西南州司法局扫黑除恶专项斗争工作方案》《黔西南州司法局扫黑除恶"夏秋风暴"专项行动工作方案》《黔西南州司法局开展"九抓九促"基础工作规范深入推进扫黑除恶专项斗争实施方案》等工作方案，对司法行政系统扫黑除恶工作作精心安排部署。加强律师教育管理。制定出台《全州律师案情应对工作实施方案》和《关于进一步加强律师代理重大疑难和专项案件管理工作的通知》，全州11个律师事务所20名律师参与办理6件涉黑涉恶案件均进行了报备纳入监管。积极开展督查工作，对义龙新区扫黑除恶工作进行3次专项督查，对本系统扫黑除恶专项斗争工作进行2次全面督查。

2018年6月13日，省戒毒管理局局长张卫国（左二）视察黔西南州强制隔离戒毒所（州司法局 提供）

【依法治州】2018年，构建"一线三面一张网"的全面协调可持续发展的工作推进机制。"一线"即州、县、乡三级层层落实法治建设考评机制的党政垂直领导线，形成一级抓一级，层层抓落实，党政领导牵头抓总的核心作用。"三面"即部门联动协作面、社会自治面、群众参与面。"一张网"即"法治惠民"服务网。建立州、县、乡、村四级"全覆盖"公共法律服务网络体系，为群众提供"菜单式""订单式"法律服务。通过构建"一线三面一张网"，黔西南州形成党委领导、人大监督、政府实施、政协支持、各部门协作配合、全社会共同参与的法治建设新格局。

【信息化建设】2018年，全州司法行政视频会议系统已经全部建成，全州完成社区矫正远程视频督查系统1个，县级社区矫正中心9个，乡（镇、街道）司法所电子监控室126个。视频点名系统已经全部建成；面对面视频免费法律咨询服务平台已建成并融入"智慧金州"系统。

【人民调解】2018年，践行"枫桥经验"，健全接边地区矛盾纠纷联防联调工作机制，设立4个接边人民调解委员会，聘请12名专职人民调解员。全州共有人民调解委员会1374个，人民调解员7823人。2018年，全州共调处纠纷9687件，调处成功9571件，成功率达98.80%，涉及金额14630.824万元。其中调解医疗纠纷25件，成功率100%。组建州为民维权矛盾纠纷调处中心，开

2018 年 12 月 4 日，宪法宣传日活动现场　　（州司法局　提供）

2018 年，秦昌政到水秧村宣讲州委七届七次全会精神　（州司法局　提供）

展诉调对接工作，受理并成功调处诉调对接案件 81 件。

【特殊人群监管】 2018 年，全州累计接收社区矫正人员 10490 人，累计解除社矫人员 8608 人，在册社区服刑人员 1882 人，使用电子手环监管 1541 人。加强安帮基地建设，新建晴隆县锦程安置帮教基地一个，可解决刑释人员 50 余人就业问题。全州接纳刑释人员 2805 人，安置 2540 人，安置率 90.55%，帮教 2717 人，帮教率 96.86%。全州共办理执法变更 21 起，申请撤销缓刑 16 起，撤销假释 2 起，暂予监外执行提请收监 3 起。

【律师管理】 2018 年，成立黔西南州律师行业党委，实现律师党组织“有没有”的目标，与宁波市律师行业党委结对帮扶共创全省、全国先进党组织工作。开展“律师参与城市管理执法”试点，推进兴义市依法治城。全州共有 49 家律师事务所，438 名执业律师，共担任各级政府及其政府部门、企事业单位法律顾问 849 家，代理各类案件 6453 件，刊出律师“以案释法”11 期，律师参与《金州法治时空》节目 22 期。

【法律职业资格考试】 2018 年，全州 1000 名考生报名参加的首次法律职业资格计算机化考试，实现零失误零差错。全年，黔西南州通过国家统一法律职业资格考试 103 人，其中上国家录取线 51 人、放宽地区合格分数线 52 人。

【法律援助】 2018 年，黔西南州共建法律援助工作站 209 个、联络点 1219 个、联络员 2684 人，共受理并批准法律援助案件 4494 件，为受援人挽回经济损失或取得利益 4628.33 万元；年内，法律援助值班律师为当事人提供免费法律咨询 3617 人次，为刑事受害人申请司法救助金 3 件 22.4 万元。

【“七五”普法中期督导】 8 月 22 日至 23 日，州“七五”普法工作顺利通过省“七五”普法工作中期检查督导组检查验收。

【公证工作与司法鉴定】 2018 年，全州办理公证案件 4989 件，办理司法鉴定案件 4313 件，无一例投诉。

【依法行政】 2018 年，州司法局审批事项全授权集中进驻政务中心，全年受理初审事项 584 件、审批事项 90 件，办结率 100%。

【干部队伍建设】 全州司法行政系统在编人数 394 人（政法专项编制 339 人，事业编制 51 人，其

调解成功当事人当场履行调解协议（州司法局 提供）

慰问困难老党员 （州司法局 提供）

他编制4人）。文化程度为硕士研究生2人，大学本科240人（其中法学专业161人），大学专科148人（其中法学专业89人），中专及以下4人。

州司法局（含州医调中心、州法援中心）在编人数43人（政法专项编制36人，事业编制5人，工勤编制2人），其中党员32人。设8科1室1部，有15个科级或副科级职位。局机关干部中文化程度为硕士研究生2人，大学本科26人（其中法学专业18人），大学专科12人（其中法学专业5人）。

州强戒所属正处级行政机构，归口司法局管理，原有专项编制50个，现有49个（1个编制因州纪委监委改革需要使用），现有干警28人，除1人为中专、1人为大专学历外，其余均为本科以上学历。党员12人。

州公证处属于独立的副处级事业机构，隶属于州司法局管理，在编6人，5人为本科学历，1人为大专学历。党员5人。班子1正，1副，副主任属正科级。

州委依法治州办、州委大法治办均设在州司法局，由州司法局局长兼任依法治州办主任，配有2名专职副主任，内设秘书科、协调督查科，科长或副科长职数2人。

全州共有9个县市区司法局，126个基层司法所，1人所81个，占64.3%；2人以上所45个，占35.7%。在全州327名（含聘用163人）司法所人员中，大专以上文化162人，占49.5%。

【表彰荣誉】 2018年，州局基层科被司法部表彰为人民调解先进集体、1名个人被司法部表彰为国家司法考试先进个人；州司法局被省委宣传部、省委统战部、省民宗委表彰为2018年度全省民族团结进步创建工作示范单位；组织全州各级各部门参加全省首届“我与宪法微视频评选竞赛”，获奖作品数在市州中排名第二，州司法局作品荣获全省三等奖；局机关受州委、州政府表彰荣立集体三等功2次；1人荣立个人三等功，3人受到嘉奖。

（苏忠华）

赵伟 摄

军　事

兴义军分区

【思想政治建设】 2018年，兴义军分区坚持把“传承红色基因、担当强军重任”主题教育与党委中心组带机关理论学习统筹来抓，组织纪念改革开放40周年系列活动，20名师团职领导干部带头授课辅导效果良好。开展“百团万人”和富国强军讲习活动，打牢官兵民兵思想基础。军分区8名现役干部响应号召转改文职，在省军区范围率先完成转改任务。协调4名文职人员家属工作调动难题，办理30名军人子女入学事宜。学习两级党建会议精神，围绕加强“三个一线”建设要求，促进武装部规范化建设。肃清郭徐房张流毒影响，开展军委主席负责制专题学习教育。贯彻落实军纪委文件精神，推进基层风气监察联系点建设，深入纠治“和平积弊”、形式主义、官僚主义和基层“微腐败”，全年无人员违纪。组织召开党管武装工作和州委专题议军会议，研究解决驻州军（警）部队存在的困难和问题，党管武装工作落到实处。

【战备训练】 2018年，兴义军分区坚持备战打仗导向，抓紧抓实备战工作，修订完善战备方案12份，抓好新大纲、新条令学习贯彻，开

2018年12月20日，州委召开专题议军会，研究解决驻州部队困难问题　　（兴义军分区　提供）

2018年1月，军分区组织徒步拉练，检验应急应战能力　　（兴义军分区　提供）

2018 年 8 月，全州首次举行欢送军校新生离乡仪式
（兴义军分区　提供）

家人齐聚一堂，欢送 2018 年度入伍新战士
（兴义军分区　提供）

2018 年 9 月 14 日，代表贵州省兴义军分区为尖山苗寨小学送民族文化器材　（兴义军分区　提供）

军分区官兵到山区少数民族学校送家具
（兴义军分区　提供）

展“备战打仗学习研讨”“和平积弊大起底大扫除”等活动。规范作战值班秩序，常态落实抽查、讲评、通报制度，处置晴隆天然气管道燃爆事故，完成保障第七十四集团军部队过境任务，部队应急应战能力提升。狠抓实战化训练。承接省军区研发“贵州省民兵管理系统”任务，完成民兵调整编建和整组，由分区处以上领导带队，首次对全州 126 个乡镇逐个进行拉动检验。调整解散民兵应急骨干分队，完成警卫勤务保障人员招录工作。组织新大纲训练骨干集训，基干民兵轮训，完成 2 所高校新生军训任务。开展新时代群众性练兵比武活动，经验做法被省军区转发。

【国防动员工作】 2018 年，兴义军分区开展年度国防潜力调查，更新数据。全州兵役登记率提前 40 天实现 100% 的目标。完成新兵征集任务，落实廉洁征兵“零报告”和廉洁征兵监督员制度，聘请、培训 442 名廉洁征兵监督员，参与监督征兵全过程，回复征兵网咨询信息 600 余条，回复率 100%，无违反廉洁征兵纪律问题。

【综合保障】 2018 年，兴义军分区坚持落实党委集体理财，每月财务集中办公，规范资金管理，退回违规发放经费 54.79 万元。聚焦保障中心和服务官兵，全年向战备训练和动员整组投入经费占年度预算的 40.13%，投入经费改造视频会议室、作战值班室和体能训练中心。为官兵购买商业医疗保险，完善健康档案。落实装备“五率”管理制度，清运报废弹药 19 万余发。做好全面停止有偿服务善后工作，2 次迎接省军区“回头看”工作组检查和军委后勤保障部调研。全年安全行车 11 万千米。

【脱贫攻坚工作】 2018 年，兴义军分区助推打赢脱贫攻坚战，迎接军委政治工作部对脱贫攻坚工作的全面检查。推荐 2 名干部驻村扶贫，推动退役军人创业示范园建设。结对帮扶尖山小学、支余小学等 11 所学校，协调中国福利基金会在全州开展关爱留守儿童活动。与州委、州政府共同出台《黔西南州新时代双拥工作实施意见》，开展“八一”双拥慰问演出活动，进一步夯实双拥共建根基。协调启动晴隆县24道拐抗战博物馆和军事主题公园建设，帮助筹划义龙新区楼纳村文化一台戏，推进黔西南绿色农产品进军营活动，助力地方经济文化建设发展。

（王凤兵）

2018年10月13日，军委脱贫攻坚检查组到乌沙镇普梯村调研检查脱贫攻坚工作（黎俊男　摄）

武警黔西南支队

【概况】 中国人民武装警察部队黔西南支队（简称武警黔西南支队），成立于1982年8月1日。2018年1月1日零时起，中国人民武装警察部队由党中央、中央军委集中统一领导，实行中央军委—武警部队—部队领导指挥体制。中国人民武装警察部队黔西南布依族苗族自治州支队改为中国人民武装警察部队黔西南支队。部队主要担负全州看押、看守勤务和黔西南州境内处突和反恐怖任务。支队机关驻兴义市文化路31号。

2018年，支队长刘丰代表武警贵州省总队参加武警部队首届“庙算”指挥比武取得第11名；机动大队大队长鲁常辉参加武警部队首届“武教头”比武被评为“标兵教练员”；兴义中队政治指导员王品力、机动二中队政治指导员李帮华被总队评为十佳“四会”政治教员，王品力被武警部队评为优秀“四会”政治教员。宣传保卫股股长孙惟巍被评为“贵州省民族团结进步模范个人”。特战中队一小队队长孙峰豪和执勤一中队战士刁宇兴被总队表彰为“基层建设标兵个人”；年内，支队被武警部队表彰为“三无”单位，被贵州省表彰为“拥政爱民模范单位”。被总队表彰为“新闻宣传先进单位”“网络舆情工作先进单位”；执勤一大队被总队表彰为“基层建设先进大队”；兴仁县中队被总队表彰为“基层建设标兵中队”并记集体三等功；执勤一中队、兴义中队、望谟中队、警勤被评为“基层建设先进中队”；机动大队大队长鲁常辉被总队荣记二等功；保障处后勤保障股助理员王铭胜被总队记三等功。

【思想政治建设】 2018年，武警黔西南支队深入学习贯彻十九大和三级党的建设会议精神，对照《习近平强军思想学习纲要》，用好《军委主席负责制学习读本》，不断提升政治能力训练。引导官兵浏览“人民武警”“贵州武警”微信公众号。开展“卫士风采”群众性系列文化活动，举办“卫士杯”军事体育运动会。取材于支队帮扶普梯村脱贫致富的小品《桃子》，荣获总队战士文艺会演一等奖，武警部队战士文艺会演二等奖。4名指导员参加总队“四会”政治教员评比竞赛，2人进“十佳”，2人进“优秀”，包揽总队单项和集体双第一，兴义中队指导员王品力代表总队参加武警部队角逐，被表彰为优秀“四会”政治教员。

【战斗力建设】 2018年，以“八落实”为具体抓手，探索运用六种组训模式，提升遂行多样化任务能力。借助贯彻新大纲之机，大兴学习研训之风，支队领导分类别授课辅导，编印下发配套教材1000余册，设置军事训练龙虎榜，公示大纲内容、标准和创纪录人员，立起实战严训的鲜明导向。以“魔鬼周”极限训练牵引特战中队训练，以特战中队训练示范带动全支队训练。参加总队第三季度特战分队比武竞赛获第3名，参加总队特战干部骨干集训考核获团体第2名，排长孙峰豪荣获指挥专业第1名、战士代兴会荣获通信专业第3名。严格按照《总队推进科技强勤打造“智慧磐石”工程三年规划》要求，推进贞丰（专项经费330万）、兴仁（兴仁市政府划拨300万）、望谟（望谟公安局保障180万）3个中队智慧磐石工程建设。

【后勤保障建设】 2018年，武警黔西南支队扎实搞好“一组五队”规范化建设，切实在拉动和任务中实现“后勤变前勤”要求。着眼巡视、审计中暴露出的问题，从后勤领导和业务人员培训入手，采取深入研究具体操作、外请专家培训交流等办法，补齐工程建设和物资采购招投标的业务短板。把握后勤工作管钱、管物两大重点，始终按照“遏增量、减存量”的要求，抓好经费管理问题整改和规范使用。加强机关、基层资产账的动态管控，做到账账、账物相符。按照总队标准，进一步规范安龙、贞丰中队400米障碍场等基础场地，为升级改造各中队训练场提供样板。始终坚持经费物资向战斗力聚焦，9月投入100余万元采购各类靶机、单双杠和模拟监区；投入100余万元采购反恐综合体能训练架、特战分队战术对抗训练系统等训练器材，投入106万元采购靶场附属设施。特别是新机关综合训练场、射击场、攀登楼及附属设施的建成，支队训练设施建设走在武警部队前列。

【晴隆沙子镇“6·10”天然气管道泄漏爆燃事故现场抢险救援】 6月10日23时20分许，中石油天然气输气管道贵州晴隆沙子段发生泄漏燃爆事故。武警黔西南支队接到驻地政府用兵请求后，报经总队同意，在副司令员刘昌建的带领下，支队长刘丰率机关前指及机动一中队、机动二中队、执勤二中队、晴隆中队、普安中队，携带相关抢险救援器材和应急保障物资赶赴现场参与处置。

【完成调犯专列停靠威舍站安全警戒任务】 8月20日，根据省监狱管理局用兵要求，报经总队批准，黔西南支队出动兵力，携带各类枪支，协同监狱、当地公安、车站和铁路派出所等多家单位完成调犯专列停靠威舍站安全警戒任务。

【参与脱贫攻坚工作检查考评】 8月28日，武警部队第四考评组

2018年8月20日，武警黔西南支队官兵担负云南方向调犯专列停靠威舍火车站现场警戒任务　（黎峻男　摄）

2018年10月14日至16日，武警黔西南支队官兵担负国际山地旅游大会会场外围武装巡逻勤务　（黎峻男　摄）

2018年12月，武警贵州总队第四季度特战分队比武竞赛暨“魔鬼周”极限训练在黔西南支队举行　（黎峻男　摄）

组长、第一机动总队政治工作部副主任许定平率河南总队保卫处处长周勇、武警部队政治工作部办公室群工处干事傅晨辉、第一机动总队保卫处干事廉晓雷一行4人，到贵州总队黔西南支队检查考评参与脱贫攻坚工作情况，并深入支队定点帮扶的兴义市乌沙镇普梯村进行实地检查。

【军委政治工作部精准帮扶点普梯村考察调研】 10月13日下午，由战略支援部队政工部办公室副主任王华强、青海总队保卫处处长张远奋、军委政工部群工局群工处副师职干事王训亮、南部战区政工部群工联络局副师职干事刘文宁、军委政法委政工局正团职干事李照达、河北省邯郸市肥乡区人武部副部长宋君衡组成的军委政治工作部脱贫攻坚检查考评组深入武警贵州省总队黔西南支队精准帮扶点普梯村检查考评参与脱贫攻坚工作情况。

【完成“2018国际山地旅游暨户外运动大会”秩序维护任务】 2018年10月14日至16日，2018国际山地旅游暨户外运动大会在黔西南州兴义市举行，应州委、州政府工作安排和用兵商请，报请总队同意，黔西南支队出动兵力，完成“2018国际山地旅游暨户外运动大会”现场维护秩序任务。

【参与脱贫攻坚现场推进会】 2018年12月6日，武警贵州省总队在黔西南州兴义市乌沙镇普梯村召开参与脱贫攻坚现场推进会。会议由武警贵州省总队司令员华荣林主持，总队政委韩云鹏，黔西南州委副书记、州长杨永英，总队副政委李一峰，州委常委、兴义市委书记许风伦，总队政治工作部副主任陈东升分别讲话致辞；总队副司令员王忠，保障部部长吴继光，黔西南州副州长、州公安局局长李淞，兴义市委副书记、市长袁建林出席会议；总队所属支队主官、分管脱贫工作的副职领导，黔西南州相关领导，兴义市相关领导参加。

【武警贵州总队第四季度特战分队比武竞赛暨“魔鬼周”极限训练举行】 12月5日至9日，武警贵州总队第四季度魔鬼周暨“魔鬼周”极限训练在黔西南州拉开帷幕，来自10余个支队800余名特战队员，在4天的时间里面开展攀登射击、小组运动射击、掩体构筑、搜索识别射击、特战小队综合战斗技能、战场救护、车辆驾驶等20多个重难点科目。该次比武竞赛，突出精英、实战、高难度综合导向，推进任务实际设置科目，最大程度贴近战场环境构设条件，特战队员们的反恐军事能力得到充分体验、反恐核心能力得到提升。

【“12·18”军地多警种跨区联合反恐处突实战演练】 12月28日下午，支队出动兵力，参加由州公安局组织的多警种跨区联合反恐处突实战演练。该次演练，检验和提高部队官兵应急、反恐、处突实战能力，确保官兵“召之即来、来之能战、战之必胜”，实现“坚决打击恐怖犯罪，全力建设平安金州”提供基础和军事保障。

（番自刚）

预备役炮兵团

【概况】 2018年，预备役炮兵团以强军目标为统领，全面推进政治建军、改革强军、科技兴军、依法治军，扭住改革主线谋发展、深学强军思想铸军魂、紧盯实战需求强保障、突出安全稳定打基础、深化作风建设保纯洁。

【思想政治建设】 2018年，预备役炮兵团围绕“深入学习贯彻习近平强军思想，牢固确立统领新时代战区陆军建设的根本指导”专题，开展党委中心组理论学习，分层次、分专题、分步骤学习领会；以十九大精神学习和习主席讲话为主要内容，及时更换营区橱窗、展板标语，鼓励官兵关注订阅《人民日报》《南部战区》《中国陆军》等微信公众号，实现办公室里读书学，营区范围散步学，休闲时间网络学。

制定预备役炮兵团《全面贯彻落实军委主席负责制的十条措施》，使官兵树立“四个意识”，组织官兵撰写对照检查，针对自己在担当尽责方面存在的问题进行认真剖析，确保全团官兵政治上、思想上和行动上坚决贯彻落实军委主席负责制。开展“传承红色基因，担当强军重任”主题教育。组织官兵到兴义烈士陵园开展烈士纪念日活动。

开展“帮战友”活动，为3名家庭困难官兵申报帮战友基金2万余元，解决官兵家庭实际困难，为1名军属办理随军手续，

2018年3月6日，贵州陆军预备役步兵师师长（右二）到炮兵团检查指导战备工作（预备役炮兵团 提供）

解决1名士官子女入学问题；出资1500元慰问1名困难党员。

【军事能力建设】2018年，预备役炮兵将“一个让路、三个不争”落到实处，人力、经费、物资向备战打仗聚焦用劲。成立训练督导组，严格训练“四落实”。修定《部队改革期间应对重大突发事件预案》《抗洪抢险救灾预案》、防范重大安全问题和维护社会稳定等非战争军事行动预案。重大节日和敏感时节组织开展战备教育，结合季节变化，补充完善各类战备物资，组织应急拉动演练。

开展“群众性练兵比武竞赛活动”，遴选6名优秀骨干和1名教员参加师“三员”骨干集训。选派9名营现役官兵赴第七十五集团军合成某旅炮兵营开展兵种专业跟训。组织80名应急分队人员对预备役部队基本常识、条令条例、战备基础、单兵战术基础动作、轻武器操作、灭火、体能等课目进行集中训练。

【正规化建设】2018年，预备役炮兵团新条令颁发施行后，全团开展“学条令、用条令、守条令”活动，采取新老对比、集中学习、分组讨论、知识竞赛等方式，全面系统学习新条令，强化官兵法纪意识。紧跟改革进程把政治纪律规矩挺在前面、贯穿全程，严格执行各规章制度，确保令行禁止、步调一致。

执行“禁酒令”“保密令”，纠治整改各级安全大检查发现的隐患问题。

注重敏感时节的安全防控，建立安全隐患常态排查和报告机制，组织安全工作大检查，抓好倾向性、苗头性、潜在性矛盾和隐患排查整治，防重大安全隐患。4月，全团在黔西南州“党的十九大和2018年全国‘两会’信访维稳安保工作”立集体三等功一次。

【保障能力建设】2018年，预备役炮兵团先后投入10万余元补齐战备物资、购买战场救助器材、新建器械训练场、修缮文体活动室。年度实弹射击训练在师年终军事训练考核中全团官兵取得优异成绩。团“丰都欢乐城”停偿项目，在市法院执行局与承租方多次协商后，于10月份动工拆除相关游乐设备，游乐场内大型设备拆除落地，停偿工作完成。投入17.5万元，对2017年收回的营区临街门面进行整治，拆除老化朽坏门头广告牌，封堵门

2018年7月，预备役炮兵团走访慰问驻地困难群众（预备役炮兵团 提供）

2018年12月，炮兵团组织现役官兵自动步枪实弹射击考核
（预备役炮兵团　提供）

2018年9月5日，贵州陆军预备役步兵师主任（右一）到炮兵团调研官兵思想动态
（预备役炮兵团　提供）

窗，建成社会主义核心价值观文化宣传墙。

【双拥扶贫】2018年，预备役炮兵在春节、“八一”期间，先后出资2万元走访慰问冷洞村、黄草办和大箐村困难群众、孤寡老人、留守儿童、参战老兵和军烈属50余名。开展捐资助学活动，先后投入4万余元，购买室外体育健身设备，在大箐村健康小学建立室外体育场。

确定冷洞村2户贫困家庭为预备役炮兵团精准扶贫对象，并走访调研确定精准扶贫方案，为2户贫困户购买4头中等肉牛和1头猪喂养，改善其收入结构。冷洞村2户精准扶贫对象年内脱贫，大箐村17户贫困户已脱贫2户。开展植树造林活动，跟踪各“军民共建林”“示范林”的发展效益，统计果树经济效益，建立植树造林档案。

（黄　涛）

人民防空

【概况】2018年，根据《黔西南州综合行政执法体制改革实施方案》和黔西南州机构编制委员会《关于撤销州人民防空执法支队的通知》，撤销黔西南州人防执法支队，其相关职责交由州综合行政执法局（州城市管理局）承担，同年5月4日，根据《黔西南州人力资源和社会保障局关于田奔放等四十三位同志人事关系划转的通知》，州人民防空执法支队3名工作人员连人带编划转到州综合行政执法局（州城市管理局）下属事业单位。

【人防防护体系建设】2018年，完成原州人防指挥工程的维修改造；组织开展州境内地域踏勘工作，对有利用价值地区组织进行实地踏勘。

【人防组织指挥通信建设】2018年，开展全州人防音响警报器维护管理质量普查和人防音响警报设备设施维护工作，对人防音响警报设备设施进行全面维护更新，确保警报设备随时保持良好工作状态，通过省人防办五年一次的大检查，“9·18”组织开展人防音响警报试鸣演练，警报鸣响率达到100%；组织开展人防重点城市《防空袭方案》编（制）修（订）工作，编制完成州本级《人民防空袭方案》，各人防重点城市编制完成《人民防空袭方案》初稿；抓好指挥平台建设，共投入财政资金150万元，购置

2018 年，人防知识宣传活动　　（州人防办　提供）

2018 年 9 月 18 日，人防音响警报演练（州人防办　提供）

第三代军用电台，完成州级短波无线通信网站建设；强化人防指挥通信保障人员业务素质能力提升，定期参加全省人防机动指挥所联动训练，组队参加全省人防机动指挥所跨区训（演）练，较好地完成指挥所开设与撤收、卫星通信及单兵图传等科目的训练任务。

【完成交通战备工作任务】2018 年，完成海军陆战队某部跨区机动、陆军某部机动和某集团军军机关机动训练等重大军事行动交通保障任务，受到部队的好评；组织开展交通战备勘察工作，按照省交战办的安排部署，对州境内部分高速公路进行实地踏勘，收集整理沿线桥梁、道路、地形地貌等图片资料，充实和更新国防交通数据资料；加强国防交通战备储备物资的维护管理，督促指导有关单位做好战备钢桥的日常维护保养工作，拨付 5000 元管理经费，对战备钢架构件进行除锈防锈保养，确保战备钢桥状态完好，应急情况下能拉得出用得上。

【人防宣传教育】2018 年，利用“5・12”“9・18”和“第 20 个国际减灾日”等特殊纪念日，通过在闹市区设立宣传点、展出宣传展板、向市民发放宣传资料等方式，开展人防法律法规及“防空防灾”知识宣传，努力提升市民的国防观念和防空防灾意识。推进人防宣传教育进学校，与兴义市人防办联合在兴义职中开展防空防灾知识专题讲座活动，出资 2.4 万元共印制《人民防空防灾应急手册》1 万余册，发放到开展人防知识教育工作的学校，指导各县（市）结合实际开展多种形式的人防知识宣传教育活动。

【脱贫攻坚工作】2018 年，人防办党组精准选派驻村干部，下拨 3 万余元用于帮扶本办扶贫点兴义市清水河镇新场村，办党组书记每月定期到新场村督促指导新场村扎实抓好脱贫攻坚工作。办党支部同新场村党支部联合开展“纪念建党 97 周年”和“省委十二届三次全会、州委七届六次全会精神宣讲”等主题党日活动。在“扶贫日”，组织党员干部向新场村困难群众捐款献爱心，“春节”等传统节日，组织开展走访慰问老党员、困难群众活动，送去慰问金 4500 元和棉衣、棉被、大米等物资。指导抓好脱贫攻坚“春风行动”“夏秋攻势”等各项工作，指导新场村实施贫困户草地畜牧业扶持项目，大力发展巨菌草、生姜、薏仁米、烤烟、核桃等经济作物，巩固帮扶村脱贫摘帽出列成果。指导做好易地搬迁户旧房拆除复绿复垦工作，全年新场村共完成 42 户 208 人搬迁工作，申请危房改造 21 户，旧房拆除 37 户，复绿复垦 4.81 亩。2018 年底新场村共有建档立卡贫困户 236 户 991 人，未脱贫 16 户 46 人，贫困发生率为 1.12%，村级集体经济积累增加到 10.85 万元，农民人均可支配收入增加到 5568 元。

（州人防办）

综合经济管理

国民经济和社会发展计划管理

【固定资产投资】 2018年，全州固定资产投资增速18.8%，产业投资占比31.1%，两项指标均排名全省第一。全州发改渠道争取上级补助投资项目401个，争取上级补助资金43.54亿元（其中：中央预算内资金39.7亿元，省补助资金3.84亿元），占全省下达补助投资总量的15.53%。

全州梳理上报34个民间投资项目进入省重大民间投资项目工程包，其中：第一批21个项目总投资104.5亿元，拟引入民间投资100.8亿元；第二批13个项目总投资186.3亿元，拟引入民间投资117.3亿元。编制出台《黔西南州政府和社会资本合作（PPP）项目规划（2017—2022年）》，全州共182个项目列入规划（其中：2017年至2019年项目97个，2020年至2022年项目85个），项目总投资1900亿元，拟引入社会资本1665亿元。全州PPP项目进入省级库储备项目共99个，其中预备项目库79个，项目总投资732.08亿元，引入社会资本546.66亿元；已签约项目库14个，项目总投资147.38亿元，引入社会资本132.15亿元。全州共上报23个PPP项目进入省重点PPP项目工程包，总投资171亿元，拟引入社会资本150亿元。兴义环城高速公路、兴仁县放马坪景区基础设施项目等4个PPP项目争取到前期工作经费260万元，推选大秦光伏农业科技有限公司兴隆四期光伏电站项目同工商银行签约成功。成立黔西南州投融资委员会，进一步加强政府性投融资项目建设管理，规范政府投融资行为，提高投融资效益。

【产业发展】 2018年，全州完成中央预算内资金申报工作，为全州农村电网改造项目争取中央预算内资金2924万元；完成2018年省预算内资金申报工作，天地药业技改项目争取到省预算内资金125万元，义龙振华新材料项目争取到省级预算内资金300万元；贵州指趣网络科技有限公司获省级双创示范基地认定，获50万元省预算内资金支持。

全州建成中电普安电厂、兴义清水河分布式能源站、兴仁登高铝加工、安龙金源铁合金一期、黔西南州泰瑞佳新材料有限公司年产2000吨电子级碳酸锂、贵州宝康智能装备有限公司数控机床等重大项目，普安至兴义（含兴仁）天然气支线管道建成投运。建成安龙大秦四期、义龙新桥等一批光伏发电项目，新增光伏发电装机15万千瓦。争取500千伏金州变3号主变扩建工程、兴仁锦兴特种车制造项目、黔西南州天然气管道二期工程、义龙大数据天然气分布式能源站等重大项目得到省发改委核准；按权限核准兴义花月110千伏、陆关110千伏变电站2号主变扩建工程、贞丰热电联产动力车间送出工程、安龙热电联产动力车间送出工程等47个项目。

【农村经济建设项目】2018年，全州争取上级补助资金7.1亿元（其中：中央预算内资金4.91亿元，省预算内资金2.19亿元），涉及重大水利工程、石漠化综合治理工程、坡耕地水土流失综合治理工程、珠江防护林工程、农村饮水安全巩固提升工程、农村人居环境整治工程等领域34个项目。

推进骨干水源工程前期工作　参与完成珠江委员会对望谟油啥水库的流域复核，协调省发改委完成望谟桑郎水库、晴隆西泌河水库重大设计变更方案审批，争取水利部水规总院完成安龙美女山大型水库可研阶段技术咨询。批复贞丰超千等3个水库重大设计变更方案，批复普安河沟头、兴仁下坝司等15个水库可研阶段技术方案，批复贞丰坡马、兴仁秧田2个水库可研报告，批复安龙官山、晴隆塘边寨等7个水库初步设计。

推进石漠化综合治理　完成全州2016年度石漠化治理工程项目验收工作；督促各县（市、新区）加快推进2017年度石漠化治理工程，完成石漠化治理面积205.89平方公里，为计划数的100%；争取2018年度石漠化治理工程任务174.61平方公里，上级补助资金8700万元，项目全部启动实施。

推进全州“厕所革命”　出台《黔西南州推进“厕所革命”三年行动方案（2018—2020年）》，细化分解全州农村及城镇、旅游景区、交通干线、医疗机构、学校、国有企业、商贸流通场所、交通站点、机关事业单位等各类公共厕所建设任务，到2020年，全州计划建设改造各类厕所19.4321万个。2018年，完成对全州推进“厕所革命”工作年度考核，全州建设改造各类厕所任务8.3898万个，完成农村户用卫生厕所建设改造13.2万户，新建、改造城镇等各类公共厕所1155个。

完成兴仁县薏仁产业融合发展示范园申报工作，成功通过国家创建评估，兴仁县薏仁产业融合发展示范园被认定为全国首批国家农村产业融合发展示范园。出台《黔西南州全面解决农村饮水安全问题攻坚决战行动方案》，推进全面解决农村饮水安全问题攻坚决战行动。

2018年9月4日，中国铁路总公司工管中心在兴义召开盘兴铁路项目先期开工段施工图审查会议，明确盘兴铁路清水河大桥至纳怀河大桥段先期开工建设
（张忠云　摄）

【重大工程和重点项目建设管理】2018年，全州501个重大工程和重点项目累计完成投资1130亿元，完成年度目标任务（1027亿元）的110%。全年计划开工项目181个，实际开工201个，开工率111%；计划收尾项目48个，实际完工132个，完工率275%。其中：245个省级重大工程和重点项目累计完成投资775.6亿元，完成年度目标任务（704亿元）的110.2%。全年计划开工项目79个，实际开工91个，开工率115.2%；全年计划收尾项目26个，实际完工66个，完工率253.8%。全州亿元以上新开工项目185个，总投资686.41亿元，累计完成投资240.15亿元，其中有28个项目年内开工，并建成。制定《黔西南州重点项目前期工作2018年推进计划》，推进205个重点项目规划、可研、初设等前期工作，超额完成全年170个目标任务；共争取省级基本建设前期工作经费1975万元支持18个项目前期工作，占全省总盘子的12.78%。

落实“项目攻坚年”行动，出台《2018年黔西南州项目过程管理办法（试行）》，将重大项目的申报、开工、建设及工程“四制”落实等纳入考核，每季度对各县（市、新区）进行一次项目过程管理考核，召开一次项目建设现场推进会。第一季度重点观摩兴仁市、贞丰县，第二季度重点观摩望谟县、册亨县，第三季度重点观摩普安县、晴隆县，第四季度重点观摩兴义市、义龙新区。每个季度考核倒数第一的县（市、新区）领导作表态发言，考核第一的县（市、新区）领导作经验交流发言。5月7日至9日，全省第一次项目建设现场观摩会在黔西南州观摩顺利举行，共观摩黔西南州9个项目，分别是：洒金移民新城项目、万峰湖退渔还湖综合整治项目、金蕙花卉种植基地项目、钱相街道万亩白芨种植基地和加工厂项目、五福小镇安置点项目、鲁容乡孔明村芒果种植示范点项目、者相镇旗上村万亩花椒基地项目、珉谷街道易地扶贫搬迁安置点项目、龙场镇龙山阳光田园综合体项目。10月22日至23日，全省第二次项目建设现场观摩会在黔西南州观摩顺利举行，共观摩黔西南州10个项目，分别是：兴义市清水河天然气分布式能源站、兴义市清水河工业园煤电冶一体化循环经济综合项目、兴义市锂离子动力电池项目、兴义市乡愁集市、义龙新区货车帮智慧物流园项目、安龙县装配式房屋建设管理有限公司厂区建设项目、安龙县石材产业园玉林石材有限公司饰面用大理石转型升级园区建设项目、兴仁市金州纺织建设项目、兴仁登高煤电铝一体化项目、贞丰县巷诺—糯食小镇糯食产品加工项目。

【社会发展】2018年，全州社会事业（教育、卫生、文化旅游、公共体育、社会服务兜底等领域）争取中央、省预算内资金4.49亿元（其中：中央预算内资金4.41亿元，省预算内资金0.08亿元），同比增长27.7%，涉及项目69个。开工建设安龙县人民医院住院综合大楼、兴仁县妇幼保健院病房综合楼、册亨县巧马镇巧马中学等54个项目，建成晴隆县第六小学、贞丰县平街乡卫生院配套基础设施等9个项目。

推进深度贫困县旅游基础设施建设。完成“三区三州”旅游基础设施项目编报工作，将晴隆县阿妹戚托景区、望谟县天马山景区、册亨县岩架布依文化风情园等6个旅游基础设施项目纳入“十三五时期文化旅游提升工程实施方案项目库增补库”，逐年申请国家资金建设。

推动大健康产业发展。成功举办主题为“黔台融合促发展·共创健康新时代”的第六届贵州·台湾经贸交流合作会大健康专场对接会，在会上完成7个项目签约，总投资合计18.3亿元。贵州德良方药业股份有限公司、安龙欣蔓生物科技有限责任公司、贵州草喜堂医药有限公司分别获“贵州省以苗医药为主的民族医药发展示范基地”“贵州省大健康产业扶贫示范基地”和“贵州省中医药健康旅游领域示范基地”认定。全州62个大健康产业“6个50”重点工程完成投资79.98亿元，占年度投资计划（71.03亿元）的112.6%，兴义市人民医院急诊综合楼、册亨县健康养老服务基地、晴隆二十四道拐汽车运动营地等13个项目建成投用。

【环境保护】2018年，全州共争取上级补助资金1.23亿元，其中：中央预算内资金1.1亿元，同比增长25.11%，占全省总盘子的21%；省预算内资金0.12亿元，较2017年增长43.1%，资金总量较2017年增长26.73%，涉及32个项目。

推进划定县城禁燃区，启动城市建成区35蒸吨及以下燃煤锅炉淘汰工作。制定完善兴义市中心城市轻中度污染天气管控方案，落实环境空气质量预测预警。年内，兴义市环境空气质量优良率100%，其他各县城环境空气质量优良率平均达到99.3%。全州建成城镇生活污水处理厂44座，日处理污水能力24.24万吨，建成污水管网778.87千米，城镇生活污水处理率达到91.1%。桔山、下五屯和马岭污水处理厂等完成提标改造，兴义市、兴仁市建成污水处理厂污泥处置中心。建成重点流域水质自动监测站9座、饮用水源水质自动监测站2座。开展清网、清源、清岸、清违“四清”行动，万峰湖、光照湖、平班库区、龙滩库区等水域水产养殖网箱已全部拆除，共计拆除网箱837.5万平方米，占全省拆除面积2236.3万平方米的37.45%。完成重点行业230个企业遥感信息核查和全州519个单元3113个农用地土壤污染点位详查核定和采样监测。建成兴义市、贞丰县、普安县医疗废物处置中心。全州生活垃圾焚烧发电处理规模达到1200吨/日。开展长江经济带固体废物大排查和“清废行动”，共排查106家涉危险废物企业、92家涉固体废物企业，存在的60个问题全部完成整改。2018年，黔西南州生态文明建设在全省考核中被综合评定为全省“优秀”等次。

【交通基础设施】2018年，兴义万峰林机场航站楼及配套设施改扩建工程项目累计完成投资3.438亿元，于8月18日正式投入使用，2018年旅客吞吐量达到112万人次。

罗望高速公路完成投资124.84亿元（主线已建成通车，蔗香支线正在建设中），紫望高速公路完成投资96.80亿元，兴义环城高速公路完成投资29.61亿元，总体形象进度33.67%。建成通组公路2579.366公里，完成投资15.94亿元，提前一年实现30户以上村民组100%通硬化路目标。

【地区经济】2018年，全州实施易地扶贫搬迁15.63万人。采取以工代赈资产收益扶贫方式，投入资金4500万元支持晴隆县、册亨县、望谟县3个深度贫困县实施晴隆县“晴隆羊”产业扶贫项目、册亨县特色林产业扶贫项目、望谟县生态板栗产业扶贫项目。开展重点流域水环境综合治理，投入中央预算内资金3521万元对南北盘江进行水环境综合治理。

【商贸服务业】2018年，全州发行企业债券1支，资金规模10亿元。推进兴义师范学院申请获得欧佩克3000万元贷款；争取世界银行同意对黔西南州农村公路贷款2亿美元。全州共争取上级补助资金4650万元，支持经贸流通口领域项目21个、服务业领域项目9个。全州其他营利性服务业企业营业收入增速75.1%，增速排名全省第一。成功争取将顶效经济开发区、安龙经济开发区、兴仁经济开发区3个经济开发区列入《中国开发区审核公告目录》（2018年版）。编制完成《黔西南州服务业高质量发展规划（2018—2025）》。完成全国信用信息共享平台（贵州黔西南）项目招投标工作。

【西部大开发政策支持】2018年，全州共争取国家西部大开发重点项目前期工作专项资金120万元支持兴仁至兴义城际快速干道工程（兴仁段）、安龙县团结水库开展可研报告编制；争取省级内陆开放专项资金170万元支持兴仁县薏苡贸易交易中心、安龙县玉林石材饰面用大理石转型升级（千企改造）园区项目建设。争取省下达东部城市支持西部地区人才培训指标9期16个名额，组织学员到深圳、青岛、北京、上海、天津、南京、福州等城市开展专题培训。

【经济体制改革】2018年，全州抓好降低企业用能、融资、税费、物流、制度性交易等成本，累计为企业降低成本共24.27亿元，较上一年增加6.75亿元，增长39%，完成年度目标任务的142.76%。

推进工业供给侧结构性改革。实施“千企改造”工程企业128家，涉及项目137个，完成投资162.34亿元，占年度任务的115.96%。关闭取缔退出煤矿10个，关闭取缔退出非煤矿山企业8家，合计淘汰产能55.2万吨/年；完成煤矿综合机械化改造7个，完成主体矿建设1个。

推进农业供给侧结构性改革。全面落实农村产业结构调整“八要素”，调减玉米种植87.67万亩，替代作物面积67.51万亩，退耕还林面积20.16万亩，发展花卉苗木5.08万亩，经济作物种植面积占种植业面积比重达到70%左右。全州畜牧业产值

2018年12月28日，盘兴铁路开工仪式在清水河举行　（张忠云　摄）

完成46.09亿元，占农业总产值的33.86%。完成茶园种植面积40.226万亩。全州在建省级现代高效农业示范园区47个（完成任务数102.17%），其中入围省级重点13个。大力实施乡村振兴战略，推进“村社合一”，全州共有合作社4316家，新增773家（2017年底3543家），合作社中建立党组织的合作社50个，“村社合一”的合作社817个，全州317个贫困村、165个深度贫困村均已建立合作社。

推进重点领域补短板。实施农村“组组通”公路三年大决战，全年累计完成投资18.6亿元，完成投资占比101.01%。完成城镇基础设施固定资产投资137亿元，完成城镇路网40.26千米。完成“海绵城市”投资9.3亿元，建设公共停车位3181个，完成投资4.8亿元。兴仁市建成加气站1个，贞丰县建成储配站1座，晴隆县完成城区中压管网8.48千米建设。实现农村地区4G网络、光纤全覆盖。

推进行政许可事项调整。全州全年取消11项，下放4项，新增14项，调整实施主体、权力名称或转变管理方式9项，合并实施4项，继续实施202项，下放5758个项目审核权限。“多证合一、一照一码”登记制度全面推进，企业设立登记办理时间缩减20个工作日。

社会保险实现政策全覆盖。截至2018年7月底，全州企业职工养老保险实现“十四连涨”，企业退休人员养老金待遇水平大幅度提高，月人均养老金增加到2303.08元。全面实现城镇职工和城乡居民基本医疗保险跨省异地就医联网结算。

【价格监测】2018年，全州居民消费价格指数累计上涨1.3%，低于调控目标（3%）1.7个百分点，涨幅控制在省州调控目标3%以内，市场物价总体水平基本稳定。

严格执行和实施各级各项日常、专项、应急等价格监测报告制度共27个，共监测品种500余个，按时核审、督报、录入、汇总和上报2847期价格监测报表，超额完成全年报价工作任务。加强价格监测预警，在节日期间、年初低温灾害天气非常期间、非洲猪瘟防控非常时期，启动价格监测预警日报和周报报告制度，重点对粮、油、禽、蛋、肉、菜等生活必需品价格进行监测，按时报送市场价格综合情况。开展日常、节日和非常时期市场价格监测巡查，定期或不定期到农贸市场、超市、商品经营门店等进行实地询价和采价共50余次。定期上报、编写和发布价格信息（分析）共166期，政务信息篇14篇，被省采用3篇。开展春耕春播期间化肥等农资市场调查，及时查找反映价格上涨原因，上报专项调查动态信息。对7个定点监测点的采报价工作进行回访和检查共10余次。分析预判各月CPI涨幅运行情况完成分析报告12篇，涨幅排名情况表12期。

完善社会救助标准与物价上涨联动机制，建立是否启动价格联动机制月度报告机制，填报是否达到启动物价联动机制报告表12期，全年CPI单月同比涨幅和食品价格涨幅均在临界值以下，没有达到启动物价联动发放临时价格补贴条件。建立风险点防范长效机制工作机制，完成节假日和重大灾后物价飙升风险点排查任务，排查出风险点3个，报送工作推进情况12期。开展纪念《中华人民共和国价格法》实施20周年系列宣传活动，报送全州宣传信息7篇，超额完成信息宣传任务。开展价格监测信息服务助力脱贫攻坚工作，重点针对晴隆、贞丰、册亨、望谟等4县和极贫乡镇开展价格信息服务，编发深度贫困地区特农产品价格信息专报，定期提供黔西南州每月重要商品价格信息及分析报告。

【价格收费管理】2018年，全州落实一般工商业电价降低10%政策，合计降低一般工商业销售电价每千瓦时7.07分，降价幅度10%，减少电费支出5580余万元。审查确认16家企业作为全州第一批利用电价支持政策的特色和新兴产业企业，按规定自2018年7月1日抄见电量起执行相应电价支持政策，全年利用电价支持政策助推部分特色和新兴产业发展减免电费9386.457万元。

制定《黔西南州降低国有景区门票价格工作方案》《黔西南州发改委关于降低国有景区门票价格有关事项的通知》，10月25日起，降低贞丰双乳峰景区、安龙招堤景区门票价格。严格落实经营服务收费目录清单制度，对2017年公布的《黔西南州政府定价的经营服务收费目录清单》《黔西南州政府定价的涉企经营服务收费目录清单》进行对照梳理，对目录清单实行动态调整，将

《黔西南州政府定价的涉企经营服务收费目录清单》并入《黔西南州政府定价的经营服务收费目录清单》并公布实施。

【成本监审】2018年，全州开展农贸市场副食品成本调查和监测。对猪肉、粮食、活鸡、菜籽油、鸡蛋5大类13个品种的进价和销售价格进行采价比对分析，共发布信息53期。开展生猪成本及生产情况调查，完成生猪月报、上半年报和下半年报审核、汇总和分析上报工作，共上报分析材料12期和信息12期。开展常规调查、直报调查、专项调查、预测调查以及应急调查工作，审核、汇总和分析上报，进一步提高调查数据分析应用水平。获贵州省发改委2017年—2018年全省农产品成本调查工作先进单位表彰。

【节能降耗】2018年，全州能源消费总量为765.11万吨标准煤，同比减少28.09万吨标准煤，下降3.81%；单位地区生产总值能耗为0.7482吨标煤/万元，同比下降14.29%，超额完成省下达的能耗总量和强度"双控"的年度目标任务以及"十三五"进度目标任务。考评结果在全省排名第八位，同比上升一个位次。

全州纳入统计的公共机构1444个，消耗电力12607.95万千瓦时，水697.40万立方米，原煤2.48万吨，天然气216.75万立方米，液化石油气267.99万立方米，汽油861.33万升，柴油139.65万升，其他能源973.08吨标准煤。全州公共机构合计消耗能源资源48539.83吨标准煤，同比下降2.90%；人均能耗197.81千克标准煤，同比下降7.34%，超额完成4.84个百分点；人均用水28.43立方米，同比下降3.87%，超额完成0.37个百分点；单位建筑面积能耗7.05千克标准煤，同比下降3.79%，超额完成1.29个百分点。兴义一中和普安一中成功创建为国家节约型公共机构示范单位。

完成各县（市、新区）2017年度节能目标和节能措施落实情况考核，全州9个县（市、新区）均完成年度"双控"目标任务，兴义市、兴仁市、安龙县、普安县、册亨县、望谟县、义龙新区考核结果为超额完成等级，晴隆县、贞丰县考核结果为完成等级。对年能耗5000吨标准煤以上的49家重点用能企业下达限额计划301.76万吨标准煤，比上年下降2.8%；对超月计划用能进度的16家企业进行预警通报。对全州13家重点用能单位2017年度节能目标及措施完成情况进行考核，晴隆盘江水泥有限责任公司、黔桂金州建材有限公司、紫金矿业股份有限公司考核等级为超额完成，兴义电力发展有限公司、兴义市汇源煤焦有限责任公司考核等级为基本完成，其余8家企业考核等级为完成。采取以奖代补方式，安排州级节能专项资金15万元，对晴隆盘江水泥有限责任公司等5家单位进行节能经费补助，用于开展测量管理体系认证相关工作。组织开展节能宣传活动，现场悬挂宣传标语30余条、设置宣传展板20余幅、发放宣传帽1000余顶、环保手袋600余个、宣传画册400余份、宣传手册6000余份。安排州级节能专项资金90万元，支持望谟县大观镇里穴村、纳丁村、团结村，晴隆县沙子镇联盟村莲城镇菜籽社区，册亨县双江镇巧坝村、顶肖村，兴义市南盘江镇田寨村、威舍镇树嘎村建设太阳能路灯共225盏。

（郑绍国）

招商引资

【概况】黔西南州投资促进局于2011年10月正式成立，隶属于州发改委管理，正县级参公事业单位。州投促局三定方案核参公编制18名，内设项目科、招商科、督查科和办公室，下设黔西南州招商引资项目代办服务中心（正科级事业单位，编制4名）。2018年全局实有人员18人，其中，参公15人，事业3人；正县级1人（编制在州发改委），副县级1人，正科级3人，副科级4人（含1名事业副科），科员及工作员9人。

2018年，全州共引进项目632个，合同投资总额964.33亿元，完成到位资金926.25亿元，同比增长10.41%，"招商引资指数"在全省经济发展综合测评排第6位。新增产业项目（含现代山地高效农业、山地旅游业、大健康医药产业、大数据电子信息产业、新型工业等五大产业）474个，完成年度目标的135.43%，同比增长21.54%；引进产业链项目457个，完成年度目标的130.57%，占新引进产业项目数的96.41%；新增产业项目开工率100%、投产率75.11%、资金到位率为83.23%；全州新引进高新技术企业10家。

在省第三方评估中，全州“营商环境评价指数”排全省第8位。兴义市开展安心、放心、省心、舒心的“四心服务”，营商环境建设取得新的突破，国家工信部研究院赛迪顾问发布的《2018中国县域营商环境百强研究白皮书》，兴义市入选“2018招商引资营商环境百强县”。兴仁市推进政务服务“一网、一门、一次”改革，“集成套餐服务”24项，实现零跑腿的行政许可事项4项，2018年“营商环境评价指数”在全省88个县（市、区）中排第2位。

【招商引资保障机制】2018年，州委、州政府成立主要领导任双组长的全州招商引资工作协调领导小组，并组建以政府产业分管领导为班长的重点产业招商专班。制定印发《中共黔西南州委黔西南州人民政府关于全面扩大对外开放的意见（2018—2020年）》《中共黔西南州委黔西南州人民政府关于全面加强招商引资工作的实施意见（2018—2021年）》《黔西南州2018产业大招商突破年工作实施方案》《黔西南州2018年优化营商环境专项整治实施方案》，为产业大招商和营商环境专项整治工作提供组织保障和机制保障。

【党政主要领导带头招商】2018年，党政主要领导履行产业大招商第一责任人责任，在全州形成以上率下、强力推动产业大招商的示范效应。州委书记刘文新分别带队赴北京、江苏、宁波、广东、深圳等地开展产业大招商工作，黔西南州州长杨永英分别带队赴四川、上海、杭州、义乌、宁波等地开展产业大招商工作。州级党政主要领导全年赴省外开展产业大招商14次，共促成项目签约25个，投资总额287.04亿元。各县（市、新区）党政主要领导赴省外招商引资157次，引进项目51个，投资总额351.87亿元。

【借助各平台资源招商】2018年，州投资局利用展会活动开展招商，组织参加“贵洽会”，举办现代煤化工暨新一代煤制乙二醇产业研讨会、中国·贵州黔西南合金材料科技创新峰会暨第26届中国金属学会铁合金分会学术研讨会、第二届中国（兴仁）薏仁米博览会、贞丰2018脱贫攻坚“春风行动”绿色农特产品展销暨招商推介活动等系列会议、活动。借助省直部门资源助力招商，助力黔西南州产业大招商工作。省民政厅组织60余家全省性社会组织负责人召开助力黔西南州产业大招商座谈会。

【农业项目招商】2018年，州投资局招商引资引入农业产业龙头企业，推动产业结构调整，实现产业优化升级。围绕薏仁米、食用菌、中草药等重点产业，全年共引进台湾乔本生医、湖北裕国菇业、黔药源药业、浙茶集团、中楮东方生态、众江农业科技、骏得实业（香港）、台湾天能集团、喜地集团、双胞胎集团等企业投资农业项目297个，合同投资额159.63亿元。安龙县围绕食用菌产业，引进景地科技、辽宁三友等食用菌企业15家，引进项目27个，形成集研发、种植、加工、销售为一体的“一园一镇九区”食用菌产业链全域布局，带动贫困人口1.8万余人。贞丰县围绕糯食产业，引进裕丰登农业科技、富之源、泉源谷农业、万牛牧业等企业发展糯稻、板栗、香料种植，生猪、小黄牛养殖，粽子、糯米饭及农特产品加工，“贞丰一品”百城千店平台销售体系，形成一二三产糯食全产业链融合发展的态势，带动贫困人口2万余人。

2018年，全州对外开放暨招商引资大会（龙波　摄）

【劳动密集型项目招商】2018年，州投资局结合易地扶贫搬迁“新市民计划”，以州内工业园区、经济开发区为载体，在劳动密集型项目招商上下功夫，招引能吸纳新市民就业的用工企业。全年引进深圳市鑫侑触控技术、东莞市才能皮具等企业投资劳动密集型项目32个，合同投资额21.69亿元。兴仁市围绕陆关轻工产业园引进羽桥服饰、触控屏产业基地、龙腾鞋业、梭织牛仔服等14个项目，解决贫困人口就业4000余人。晴隆县围绕三宝彝族乡扶贫安置点打造劳动密集型产业园区，引进海晨制衣、新能源集成墙板、板式家具全屋定制等6个项目，解决贫困人口就业2000余人。册亨县围绕安置点引进木制品工艺加工、翰苑木业、山水鞋业、皮包加工等6个项目，解决劳动力就业3000余人。

【工业项目招商】2018年，引进宁夏锦绣、高新伟业（荆门）装配式房屋制造、东莞市亚煌电子科技、深圳宝康数控机床等企业投资工业项目77个，合同投资总额117.75亿元。围绕新能源新材料，兴义市引进博亿能锂电池、嘉瑜工贸年产1.1万吨碳酸锂生产线建设项目，义龙新区引进东莞扬德新能源建设、山三新材料科技有限公司年产3000吨碳酸锂材料、振华锂电池二期等项目。围绕煤电铝产业，兴仁市引进登高电解铝一体化、路兴碳素新材料有限公司30万吨预焙阳极碳素、锦兴轻量化交通循环装备智能制造等项目，推动义龙元豪煤电铝一体化项目重组生产，形成“煤电网铝+”的全产业链条体系。围绕冶金产业，举办中国·贵州黔西南合金材料科技创新峰会暨第26届中国金属学会铁合金分会学术研讨会，推动安龙金源铁合金、兴义市清水河工业园煤电冶一体化等项目产业链上下游开展精准招商，义龙聚鑫工贸扩产扩能。围绕新型建材产业，引进安龙县装配式建筑产业基地、兴义市清水河绿色生态建材循环经济生产线、兴仁市年产10万吨无碱速凝剂、兴仁市年产10万吨聚羧酸高效减水剂扩能、普安县年产30万吨干粉砂浆及外墙油漆涂料生产等项目，推动贞丰贵耀材料科技增加钢化玻璃深加工生产线。

【营商环境建设】2018年，州投促局通过与州纪委州监委联合建立营商环境协同监督机制，对政策落实不到位、服务效能低下等影响项目推进和破坏营商环境的行为进行通报、约谈。建立“三方五共”警政企联席机制，启动“百警进百企”活动，为产业大招商和营商环境专项整治保驾护航，解决企业治安、消防等问题。到州内各异地商协会、重点招商引资企业开展“营商服务面对面”活动，送政策、送服务、送项目。与州内金融机构、州律师协会同推出“金州100金融服务计划”“金州100法律服务计划”，解决企业实际困难。年内开展招商引资项目服务695次，服务企业565家，协调解决问题524个。代办项目632个，代办事项1166项，办结1166项。完成新引进项目代办全覆盖。

（陆文礼）

市场监督管理

【概况】黔西南州市场监督管理局为州人民政府工作部门，根据省编委办《关于黔西南州人民政府工作部门调整事项的批复》和《中共黔西南州委办公室黔西南州人民政府办公室关于黔西南州人民政府工作部门机构改革的通知》，组建黔西南州市场监督管理局，内设办公室、人事教育科（党建办）、计划财务科、政策法规科（法律顾问室）、食盐安全监管科、食品药品行政审批科、食品安全综合协调科、食品生产监督管理科、食品经营监督管理科、药品安全监督管理科、化妆品安全监督管理科、医疗器械监督管理科、注册指导监督管理科、市场主体信用建设监督管理科、微型企业发展监督管理科、电子商务监督管理科、公平交易科、市场秩序监督监理科（旅游市场监督管理分局）、商标广告监督管理科、消费者权益保护科（投诉举报及应急管理中心）、质量技术监督行政审批科、质量监督管理科、标准化科、计量监督管理科、特设设备安全监察科、科技监测与规划科；行政编制72人，机关工勤编制3人；领导职数包括局长1人，副局长3人（其中一名兼州卫生和计划生育委员会副主任），食品安全总监1人，药品安全总监1人，总工程师1人，总经济师1人；下设州市场监督管理局综合执法支队，州消费者协会。州市场监督管理局综合执法支队行政编制22人，

2018年9月26日，黔西南商标受理窗口正式揭牌运行，副州长田宾（左三）正在对企业相关商标注册进行指导　　（州市场监督管理局　提供）

行政编制17人，工勤编制5人，设支队长1人，副支队长2人；州消费者协会核定事业编制5人，秘书长1人，副秘书长1人。

【商事制度改革】 2018年，黔西南州市监局围绕"减环节、压时间、降成本"的要求，统筹推进商事制度改革各项举措，释放改革红利，激发市场活力。优化市场准入，优化企业注册登记程序，启动实施全程电子化登记改革，全面推进"多证合一""先照后证"改革，实现企业登记办理时间从20个工作日压缩到5个工作日。截至2018年底，全州市场主体总量达178621户，新设立市场主体50305户，日均新增130户，增速38.6%，排全省第2位。优化许可审批，推进食品、药品、医疗器械、工业产品、特种设备行政审批制度改革，严格办结时限，减少工作环节，提高服务质量。全年完成食品、药品、医疗器械行政审批事项受理、现场检（核）查、许可证制发576件；特种设备许可14件、特种设备作业人员证998人次、实验室资质认定24件，工业产品生产许可证3家，计量建标5项、计量授权2件、条码续展53件。优化商标受理，9月26日，在政务中心设立商标受理窗口，为商标申请人提供更为方便、快捷的服务，2018年全州新申请商标2321件，注册商标1442件。

【安全监管】 2018年，黔西南州市监局围绕食品药品安全、特种设备安全、产品质量安全和消费维权4个方面，加强市场监管，全年未发生重特大食品、药品、医疗器械、工业产品、特种设备安全事件。加强食品药品安全监管，发挥州食安办的牵头作用，推进食品安全"齐抓共管"责任机制和食品药品安全"党政同责"要求，落实各级监管部门的监管责任和食品药品生产经营单位的主体责任。组织州内所有食品药品生产企业签订"落实食品（药品）安全主体责任承诺书"，督促企业将食品药品质量安全主体责任落实到位。围绕重点时段、重点区域、重点问题开展"元旦春节""两会""五一州庆""端午""中秋国庆"期间食品药品安全专项整治，检查食品药品生产经营单位25721户次，下达责令整改通知书823份，查处无证经营448户、许可证过期487户、超范围经营55户、许可证有效期届满未申请延续3737户、查处化妆品案件4件，完成食品安全抽检3703批次，快速检测2200批次，完成药品抽检612批次、医疗器械抽检40批次、化妆品抽检58批次，办理案件448件，罚款303万余元，移送公安

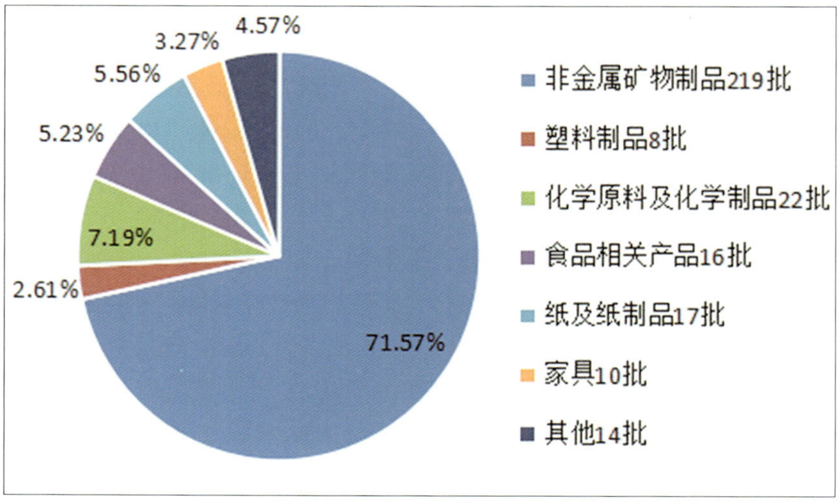

黔西南州2017年工业产品质量州级监督抽查情况汇总示意图

机关8件。实施餐饮单位“明厨亮灶”1850家；完成“两会”、国际联盟考察团一行赴黔西南州交流访问等重大活动食品安全保障任务170起；创建省级食品安全示范县1个（兴仁市）、示范乡镇10个，创建省级示范超市1家、示范店1家，创建州级食品安全示范超市4家、示范店5家、餐饮示范店4家、示范农贸市场1家、放心肉菜示范超市2家。加强特种设备安全监管，每季度召开特种设备安全工作例会，组织开展“春节”“五一”“国庆”等重大节日期间特种设备安全专项整治，排查隐患375条、整改375条，打击违法违规行为160起，责令停止使用设备54台，下达安全监察指令书151份，查封设备24台，立案查处21件，罚款40万元；完成“两会”、国际山地旅游暨户外运动大会等11次重大活动期间特种设备安全保障；推广运用“贵州省气瓶安全监管服务平台”，督促全州14家液化石油气充装站进入平台；在全省第一个完成液化石油气充装枪升级改造；兴仁市通过省级电梯安全示范区创建验收。加强产品质量安全监管，完成开关、插座等9类产品230批次抽检，对抽检不合格的51批次进行查处；完成家用电子电器和电器附件类商品等18类品种190批次的抽检，完成化肥抽检56批次，对抽检不合格的2批次进行查处；州级定量包装商品净含量抽检30批次；完成监督抽检水泥、混凝土等产品156批次，对省级监督抽查不合格的15家企业、州级监督抽查不合格的5家企业进行后处理。

【消费维权】2018年，黔西南州市监局发挥12315、12365、12331三个平台的作用，受理消费者咨询、投诉、举报，及时分流处理。12315平台共记录消费者咨询投诉举报7096件，其中投诉827件，举报69件，为消费者挽回经济损失57.54万元；12331投诉举报平台共办理投诉举报127件；12365系统受理投诉85件；消费者协会共受理消费者投诉239件，为消费者挽回经济损失153万余元。推进消费维权向基层延伸，督促指导各县（市、新区）在设有市场监管分局所在地的乡镇新建消费者协会分会65个、消费者投诉站30个。

【产品质量】2018年，州市监局制定印发《黔西南州2018年重点产品质量提升工作方案》《黔西南州2018年质量提升计划》和《“双零”行动和“双百”行动工作方案》等，推动全州质量提升工作。完成2018年度省对州质量考核迎考工作，发挥州质量发展领导小组办公室的作用，开展2018年度省对州质量考核资料收集、初审及汇总上报省质量发展领导小组办公室。推进质量提升行动，将建筑安全玻璃、水泥等作为2018年产品质量提升重点产品，开展“服务零距离、质量零缺陷”中小企业质量技术服务行动及“百个产业集聚区、百种重点产品和服务”质量提升行动，助推104家中小企业提升产品和服务质量。提升当地品牌竞争力，加大当地品牌打造力度，推进有机产品认证示范区、地理标志产品保护示范区创建工作，全州共获认定地理标志证明商标4件，全州拥有量达15件，与遵义市并列全省第一；获2018年“贵州省名牌”称号13个（其中产品11个、服务2项）；获国家地理标志产品公告保护产品5个；培育质量创新工作室1个（黔人·曹智勇雕塑工作室）。

2018年9月21日，副州长田宾（右一）带队开展中秋节食品专项检查
（州市场监督管理局 提供）

贫困人口15人），入园企业涵盖装饰装潢、建材、摩托车、电动车销售、家政服务、食品批发、家具加工等行业。

2018年黔西南州获贵州省名牌产品企业名单

序号	单位名称	商标	产品名称
1	贵州卓圣丰业环保新型材料开发有限公司	卓圣	粉煤灰
2	贞丰县顶罐椒业有限公司	顶椒	油番茄（酱）
3	贵州胖四娘食品有限公司	胖四娘	布依灰粽
4	贵州薏米阳光产业开发有限责任公司	薏米阳光	糯薏仁米
5	贵州光秀生态食品有限责任公司	哆吉栗	熟制板栗仁
6	贵州晴隆五月茶业有限公司	籽源春	红茶
7	黔西南古方红糖有限责任公司	古方	火姜红糖
8	贵州云峰药业有限公司	敏奇	盐酸氟唑斯汀鼻喷雾剂
9	贵州德良方药业股份有限公司	德良方	柏花草胶囊
10	贵州美人芋农业发展有限公司	美人芋	贵美人芋芭蕉芋淀粉
11	黔西南州绿缘动植物科技开发有限公司	万峰绿缘、万峰蘭苑	兜兰盆栽

2018年黔西南州获贵州省服务业名牌企业名单

序号	单位名称	申报名称	类别
1	贞丰奇峰旅游开发有限责任公司	“双乳峰”景区服务	旅游服务
2	贵州露露环境工程有限责任公司	露露环境服务	环境服务

【微型企业扶持】2018年，黔西南州市监局印发《2018年全州扶持微型企业发展计划》和《黔西南州2018年扶持微型企业发展工作要点》，扶持微企发展任务分解到各县（市、新区）和州微企领导小组成员单位，将“3个15万元”政策叠加到工信委、妇联等9个领导小组成员单位的相关扶持项目上，健全政府主导、市监部门牵头、各相关单位齐抓共管的工作机制，推动扶持微企发展对象更精准、扶持更有力。全州完成扶持微企发展1204户、带动就业6196人，企业投资达3.75亿元。加大扶持小微企业发展力度，助力脱贫攻坚，探索扶持小微企业发展助力易地搬迁群众就业扶助机制，州市监局印发《关于推进在易地扶贫搬迁点创建小微企业创业园试点的指导意见》，各县（市、新区）围绕搬迁地资源优势、区位条件、特色产业和产业园区建设，聚焦“项目引领、龙头带动、产业支撑、政策集中”等优势，通过创业带动就业，促进产业发展，为搬迁贫困户提供更多就业岗位，同步解决跨区域搬迁安置群众长期稳定就业问题。2018年，全州共创建“易地扶贫搬迁地小微企业创业园”8个，以兴仁市“易地扶贫搬迁地盛丰国际商贸城小微企业创业园”为代表，兴仁市小微企业创业园占地237亩，已建成投入使用，入住商户299户，带动就业897人，入园企业中有21户企业获得“3个15万”等政策扶持，带动就业95人（含建档立卡贫困人口15人），入园企业涵盖装饰装潢、建材、摩托车、电动车销售、家政服务、食品批发、家具加工等行业。

【标准化示范区建设】2018年，黔西南州市监局做好国家级精准扶贫标准化试点申报工作。州政府印发《黔西南州创建国家级“大数据精准扶贫标准化试点”工作方案》后，黔西南州市监局编制完成“国家级大数据精准扶贫标准化试点”项目申报书和实施方案，逐级申报至国家标准委，指导黔西南州鸿鑫农业公司申报国家级循环农业精准扶贫农业标准化示范区。5月25日，在国标委组织召开的“大数据精准扶贫标准化论坛暨经验交流会”上，国家标准委宣布黔西南州获评“国家大数据精准扶贫农业标准化试点”，黔西南州鸿鑫农业公司获评“国家循环农业精准扶贫农业标准化示范区”，入选《产业扶贫标准化案例选编》；6月20日，收集大数据精准扶贫标准制定前期资料，上报至中国标准化研究院。州市监局完成地方标准编制工作，3月底，启动《大数据村级工作管理规范》省级地方标准立项申报工作，4月初，省质监局批准立项，5月11日，通过省质监局技术审查会审查。5月25日，在国标委组织召开的“大数据精准扶贫标准化论坛暨经验交流会”上，发布《大数据村级工作管理规范》，成为贵州省唯一在该论坛上发布的大数据精准扶贫标准。8月1日，召开黔西南州山地旅游（团体）标准体系建设工作第一次工作会，宣布黔西南州山地旅游标准化技术委员正式成立，该委员会是黔西南州首个标准化专业技术委员会，会议审议通过《黔西南州山地旅游标准化技术委员会章程》《黔西南州山地旅游标准化技术委员会秘书处工作细则》，对黔西南州山地旅游标准体系框架及拟研制标准进行讨论和论证，确立下一步山地旅游标准化工作从山地旅游试验示范区建设等十个方面开展。8月16日，编制完成《黔西南州山地旅游标准体系》招投标文件；8月31日，印发《关于调整黔西南州山地旅游标准体系建设领导小组成员的通知》；10月24日，组织召开黔西南州山地旅游标准体系课题招标立项评审会；12月28日，黔西南州标准化专业技术委员会发布T/QXNSDBW 01-2018《山 地旅游资源保护》、T/QXNSDBW 02-2018《民族民俗文化认定与保 护》、T/QXNSDBW 03-2018《山地户外休闲活动策划、组织实施指南》等3项山地旅游团体标准。

2018年5月25日，副州长郭峻在2018年贵阳数博会分会场“大数据精准扶贫标准化论坛”上，解读黔西南州主导编制的省级精准扶贫地方标准《大数据村级工作管理规范》
（州市场监督管理局　提供）

【“电梯卫士”信息化平台】 2018年，黔西南州市监局为构建电梯安全质量追溯体系，提高电梯应急救援及时性，州市监局、州住建局与移动运营商三方合作，在全州住宅（商住）小区推行“电梯卫士”项目。通过推广安装使用“电梯卫士项目”物联网过程监控系统，采用物联网电梯监控、配合“手机APP”的方式，将物联网、云计算、移动互联网技术应用到电梯安全服务中，实时获取电梯困人及故障信息，满足电梯安全监察、使用管理、应急救援、维护保养的监管服务要求。实现部门齐抓共管，共同营造良好安全生产格局，为电梯安全运行加铸一道信息化安全生产屏障。

2018年12月5日，在黔西南州市场监督管理局的督促指导下，兴仁县省级电梯安全管理示范区顺利通过省质监局验收　（州市场监督管理局　提供）

【食品药品安全“智慧监管”试点】 2018年，黔西南州市监局在兴仁市、望谟县实施食品药品“智慧监管”试点，建立食品药品安全“智慧监管”信息化平台，用信息化手段辅助现有监管模式，探索建立一套规范的、标准的、完整的、先进的监管体系，实现数据共享、平台互通，切实解决当前市场监管部门存在的“人少面广”和“缺兵少枪”的监管缺陷和不足问题，推动全州食品药品安全监管实现质的提升。2018年，兴仁市投入资金320万元，建成“兴仁县食品安全监管系统”和“食安监APP”，为农贸市场及超市配备快检仪8台，为超市配备大屏查询终端4台，配备移动执法仪61台，便捷打印机20台；在全县生产企

2018年，州市监局党组成员、总经济师吴克俊（中）、微企科科长岳金玲（左一）在兴仁市试点创建的“易地扶贫搬迁地盛丰国际商贸城小微企业创业园”
（州市场监督管理局　提供）

业、学校食堂及餐饮企业视频监管安装24户。望谟县投入资金268.4万元，建成食品安全网络指挥中心安装监控713个。“智慧监管”平台的运行，实现食品药品安全监管网上调度、网上统筹、操作便捷、适时监控、安全有效、全面追溯、科学统筹、智慧监管的目的，提高食品药品监管的效率。

【脱贫攻坚】2018年，黔西南州市监局制定《黔西南州市场监督管理局发挥职能作用助推脱贫攻坚确保同步实现全面小康工作方案》，明确36条具体措施，履行市场监管部门职能职责，全力助推脱贫攻坚。机构改革后，州市监局共有扶贫联系点17个，选派1名副处级、1名科级干部到贫困乡镇挂职扶贫，6名科级干部到贫困村担任第一书记；副处级以上干部严格按照州委的相关规定做好包保联系工作。帮扶的贫困村贫困户累计投入部门自筹资金73.95万元，帮助协调项目建设财政专项扶贫资金近200万元。帮助发展佛手瓜、油菜籽、魔芋、食用百合、鱼腥草、核桃、茶叶等扶贫产业，实现种植总面积4000余亩，覆盖190户贫困户，帮助完成硬化通组串户道路12.7千米，帮助26户贫困户建成人畜饮用水窖28口，协助申报规模养殖项目2个，带动贫困户65户，同步小康示范创建共计资助67户贫困户改造修缮住房、整治环境、发展产业，资助贫困家庭儿童、留守儿童、贫困家庭大学生共计200余人。协调贵州苗药药业有限公司解决8户贫困户9人就业；协调贵州德良方药业股份有限公司采取“公司+基地+农户+专业合作社”的种植模式，在查白、鲁屯、雨樟等乡镇和贫困村建立中药材种植基地1100余亩，为当地贫困户提供大量临时就业增收机会，聘请精准贫困户到基地务工，月收入2000元以上，公司以协议价对所种植药材进行回收，确保种植中药材的贫困户实现持续稳定增收。

（牟堃焱）

2018年12月26日，州政府组织召开全州质量工作协调会议，安排部署市级政府质量考核迎检工作
（州市场监督管理局　提供）

国土资源管理

【概况】2018年，黔西南州国土资源局履行全面从严治党主体责任，严格执行中央八项规定、贵州省委十项规定、黔西南州委八项规定及实施细则，细化从严管理干部职工的制度和措施。

【土地报批与供应】2018年，黔西南州获批用地82件，面积4.37万亩，获批面积同比增长116.3%。供应土地176宗1.03万亩，同比增长164.92%。收缴土地出让金59.87亿元，同比增长237.87%。重大工程、交通、水利等基础设施建设用地得到有效保障，脱贫攻坚、民生工程、村民宅基地、新兴产业等用地实现应保尽保。完成闲置土地处置任务，自然资源部、省自然资源厅要求完成的任务分别为48.57亩、600亩，黔西南州分别完成了2103.49亩、16820.1亩。完成2017年度单位国内生产总值建设用地使用面积下降目标评估，黔西南州平均下降8.1%，比目标任务4.9%多3.2个百分点。圆满完成2017年度土地变更调查任务，有序推进第三次全国土地调查。

2018年3月31日，副州长周舟（中）主持召开土地卫片执法检查等国土资源重点工作推进会
（州国土局　提供）

2018年3月7日，省国土资源厅厅长周文（右二），到晴隆、普安调研晴隆拓展区工作
（州国土局　提供）

【耕地保护与开发】 2018年，州国土资源局严格落实耕地数量质量生态“三位一体”保护，完成高标准农田建设入库备案16.65万亩，比目标任务多2.05万亩。完成三年新增耕地行动计划面积1.46万亩。完成“旱改水”项目批复71个，建设总规模1.88万亩。规划旱改水面积1.36万亩，预计新增耕地631.98亩。2018年末，黔西南州实有耕地619.9万亩，基本农田保护面积488.36万亩，耕地保有量超任务32.9万亩，永久基本农田保护面积超任务0.36万亩。

【矿产资源管理】 2018年，州国土资源局有序推进全州矿产资源开发利用各项工作，完成全州345个矿山矿产资源开发利用统计数据年报，完成州2016年度321个矿业权信息公示填报。认真做好矿业权审批管理及改革试点相关工作，严格按照《贵州省矿业权出让制度改革试点实施方案》内容开展矿业招拍挂。认真推进温泉（地热）地质找矿突破行动工作，上报37个拟设地热探矿权。继续加大对新“三率”标准执行力度，完成矿产资源绿色开发利用（三合一）备案工作，完成年度“圈而不探”违法行为的整治，完成2014—2015采矿权使用费追缴工作，全州采矿权出让收益金缴存总额8101.1万元。

【增减挂钩】 2018年，局长“赶考”要求“组织完成2万亩增减挂钩项目和6000亩工矿废弃地复垦项目的实施，争取省增减挂钩指标5000亩以上”。制定《黔西南州城乡建设用地增减挂钩助力脱贫攻坚三年行动方案》《黔西南州城乡建设用地增减挂钩项目竣工验收及指标管理工作指南》。完成增减挂钩项目生产任务2.08万亩，比原计划多787.37亩，超额完成“赶考”目标。

【地籍与确权登记】2018年，州国土资源局牵头完成全州122个乡（镇、街道）、1135个行政村、616万亩、59.46万农户的农村土地承包经营权确权登记颁证工作，颁证率达98.62%，做到“应颁尽颁”。全州承包土地确权成果通过省级验收，优秀率达77.8%，并作为先进集体获得黔西南州人民政府通报表扬。完成1200宗集体建设用地、88万宗集体建设用地和宅基地使用权确权权属调查、地籍测绘和数据库建设工作，并组织开展州级验收工作。全面完成7个国有农垦农场3.4万亩国有土地的确权登记颁证工作，共颁发不动产权证书44本，颁证率100%，依法保障国有资产及农垦农场职工合法权益。截至2018年12月31日，全州已颁发不动产登记证书（证明）84647本（份）（其中证书35252本，证明49395份）。

【地质环境保护】2018年，州国土资源局印发《黔西南州2018地质灾害防治方案》，督促州、县、乡逐级签订地质灾害防治责任书，组织开展各类地质灾害巡排查1850余次，完成42个地质灾害隐患点的自动化设备安装工作，开展地灾应急演练90余次，实现应急演练全覆盖。推进地质灾害隐患点治理，按省市县三级5：3：2的比例，落实地质灾害三年综合治理行动计划项目资金2677万元，完成10个地灾治理项目。推进22个历史遗留矿山环境治理，已恢复面积43.26平方千米，恢复率97.38%。全年发生险情33起，紧急撤离409户1698人，未造成人员伤亡，2015年以来均保持地质灾害“零死亡”。

2018年11月6日，宁波市国土资源局到黔西南州开展国土资源管理业务培训会

（州国土局　提供）

【测绘管理】2018年，完成州国土资源大数据移动终端系统部署及使用工作，该系统涵盖黔西南州所有的国土资源数据，包括土地利用现状数据库、土地规划数据库、城镇规划数据库、基本农田、万亩大坝、生态红线及采矿权、探矿权、地灾点等数据库，为高质高效服务经济社会发展提供极大便利。组织完成黔西南州行政区划图、州交通旅游图及各县行政区划图的专家审查。完成永久性测量标志核查和日常巡查保护工作，核查测量标志336个，卫星导航基准站17个。开展地图市场专项检查，对31家测绘持证单位中的17家开展抽查，开展2次测绘成果保密安全检查，共检查辖区内涉密测绘成果使用单位5家，下达整改通知书2份。完成黔西南州高精度的航飞影像进行汇交，数据量达到2000G，图幅1.7万张。加强测绘法宣传，全州共发放各类宣传教育宣传品千余件，条幅10余条，起到了良好的宣传效果。开展国家版图知识竞赛和少儿手绘地图大赛，望谟县获评“国家版图知识宣传先进县”。

【执法监察】2018年，黔西南州国土资源局开展卫片执法检查和土地例行督查反馈问题整改工作，全州对5000亩耕地以上坝区累计巡查1469次，上报巡查周报24期，开展抽查、督查工作12次。对已经立案查处的卫片图斑，要求各县（市、新区）再清理、再查处、再整改、再问责，确保全州卫片执法工作落实到位。2017年国家土地例行督察反馈问题后续整改到位率83.37%，2018年土地例行督察反馈问题整改到位率65.68%，完成2017年度卫片执法监督检查工作。全州共开展农村宅基地违法违规用地清理293宗，立案查处215宗，结案103宗，拆除建构筑物41宗，拆除复垦土地5宗，收缴罚没款7.34万元，补办用地手续19宗。

【依法行政工作】2018年，共接访110余次，走访60次，受理电话举报38次，信件15件，涉及人员共计120余人，对群众反映的问题及时进行处理和回复。开展行政复议及应诉工作，共受理行政复议及应诉4件，均依法依规妥善解决。开展不动产登记窗口作风问题专项整治，发现问题5个，完成整改5个，不动产登记中的“懒政、庸政、怠政”以及“推”“躲”“乱收费”“违法违规设置前置环节”等问题得到有效整治。企业、个人申请房屋交易登记集中办理时间已从法定30日压缩到15个工作日内，抵押登记业务办理时间压缩到7个工作日内，切实提高服务效率。

【精准扶贫】2018年，黔西南州国土资源局选派驻村干部3人参加脱贫攻坚一线工作，副处级以上包村干部2名，党组书记、局长符治龙包保村为普安县白沙乡卡塘村，党组成员、机关党委书记申杰包保村为晴隆县中营镇新红村。坚持每月3次到包保联系村开展扶贫工作，加强对包保联系村脱贫攻坚工作的领导和监督，推进包保联系村脱贫攻坚工作。2018年调剂土地整治项目经费600余万元，在普安县地瓜镇、白沙乡安排3个土地整治项目，为“普安白叶一号”茶苗种植项目顺利推进打下坚实基础。实施为就地脱贫人口每人整治1亩优质农田工程，共完成任务1.8万余亩。获批易地扶贫搬迁安置用地9145亩，申请纳入贵州省统筹的节余指标流转交易面积6900亩，比贵州省目标5439亩多1461亩。支持包保点普安县白沙乡卡塘村基础设施建设经费3.5万元，参与改善卡塘村4个组串户路硬化5.2千米，资助晴隆县中营镇新红村村公厕改造2.6万元。

白沙卡塘村主题党日活动　（州国土局　提供）

【申世工作】2018年，黔西南州国土资源局编制完成《兴义世界地质公园规划》，邀请联合国教科文组织地质公园评审专家指导申报创建兴义世界地质公园工作，邀请专业公司对博物馆布展升级改造进行现场评估和讨论，为完善博物馆布展升级改造提供设计方案。4月18日，组织600余名学生前往博物馆和原位馆体验学习。在中国古生物化石保护基金会举办的“平凡化石故事，非凡贡献人物”活动中，农民化石修复专家王云忠获得“非凡贡献人物”提名奖。2018年12月24日、25日22：09中央电视台纪录频道播放在兴义拍摄的化石修复纪录片《开启时间的封印》。组织参加“2018·北京大学化石文化周”活动，来自国内外的古生物化石专家、学者以及爱好者都积极参与。举办“中意山地地学旅游和世界地质公园交流展示会”，来自中国和意大利两国的专家和学者围绕“地质与山地旅游”“中意地学旅游发展”等主题进行话题分享。举办“兴义国家地质公园—凯恩戈姆斯国家公园友好合作洽谈会。”

（黄方山）

州安监局

【概况】黔西南州安全生产监督管理局成立于2004年9月，位于兴义市兴义大道与B10路交会处，是依法对本行政区域内安全生产工作实施综合监督管理，负责煤矿、非煤矿山、危险化学品和烟花爆竹、工贸商贸等行业安全生产监督管理，依法组织开展生产安全事故调查处理的机构。2018年，内设办公室、政策法规科、安全生产应急救援办公室（统计科）、安全生产综合管理科、非煤矿山监督管理科、危险化学品安全生产监督管理科、职业安全健康监管科、安全生产执法支队与黔西南州煤安局和黔西南州安全生产应急救援中心 2 个事业单位。

2018 年，州安全生产监督管理局实现安全生产“一升、两降、两无”目标（煤炭产量同期上升、事故起数和死亡人数同比下降、未发生煤矿煤与瓦斯突出事故和较大及以上事故）。年内，全州安全生产事故起数、死亡人数同比分别下降 12.2% 和 8.9%，在煤炭产量达 1300 万吨、同比增加 30% 的情况下，全州煤矿未发生煤与瓦斯突出事故和较大及以上事故，煤矿安全取得历史性突破；危险化学品、烟花爆竹、农业机械、渔业船舶、水上运输等领域继续保持“零事故、零死亡”。2018 年，安全生产水平的四项相对指标降幅均在全省平均降幅以上。

【专项整治】2018 年，州安全生产监督管理局制定印发《黔西南州 2018 年安全生产大检查大排查大整治实施方案》《黔西南州今冬明春应急管理安全生产自然灾害防治大排查大整治行动方案》等指导性文件，组织开展安全生产大检查大排查大督查大整治行动，排查一般隐患 93626 项、排查重大隐患 12 项，全部整改完成。

州委书记刘文新（右一）巡视安全生产月活动现场　（州安监局　提供）

州长杨永英带队到兴仁市开展检查　（州安监局　提供）

【安全生产工作部署安排】2018 年，州委常委会听取全州安全生产工作汇报、研究和安排部署安全生产工作 5 次；州政府召开会议听取安全生产工作汇报、研究和安排部署安全生产工作 36 次；州委书记刘文新、州长杨永英和州人大常委会主任邓家富、州政协主席陈国芳等带队深入企业开展安全生产督查检查 16 次。州委、州政府研究出台《黔西南州推进安全生产领域改革发展的实施意见》《黔西南州党政领导干部安全生产责任制实施办法》，设立煤矿、非煤矿山等 29 个安全生产专业委员会，梳理安全生产职责清单、重点行业领域安全生产负面清单和 29 个安全生产专业委员会监管范围及其工作职责，全面落实安全生产责任，杜绝漏管失控现象。在全省率先建立州委书记、州长安委会双主任工作机制，被省安委办作为先进典型推广。

【安全生产防控】2018 年，州安全生产监督管理局建立重大节假日和重要会议活动期间，州领导带队开展安全生产督查检查的长效机制和重大非法违法行为督办、“一案双查”制度，州、县两级安全生产应急救援管理工作制度、购买安全生产和职业卫生技术服务制度等，完善《应急救援事故处置评估方案》《应急救援物资储备制度》《应急救援物资储备台账》

州委副书记、州政府常务副州长穆嵘坤（中）到册亨县督导检查安全生产工作（州安监局　提供）

州人大常委会主任邓家富（左一）到包保煤矿开展“五化”升级改造及主体矿建设和联系服务工作（州安监局　提供）

等制度，督促企业开展安全风险分级管控和隐患排查治理“双控”体系建设，严格照章施行，为全州安全生产提供制度保障。

【安全生产督查考核】2018年，州安全生产监督管理局按照年初与各县（市、新区）签订的《2018年安全生产目标确认书》，细化制定《黔西南州安全生产考核工作方案》，每季度对9县（市、新区）党委、政府、工委（管委会）安全生产工作完成情况进行考核，严格实行“一票否决”，并将考核结果及巡查发现问题及时通报全州。

【基层基础建设】2018年，州安全生产监督管理局制定《黔西南州推进煤矿“五化”改造升级及主体煤矿建设包保工作方案》，州领导亲自率队深入煤矿企业督促指导，开展包保指导督查工作46矿次；制定《黔西南州安全生产领域联合惩戒联席会议制度（试行）》，发挥多部门联合惩戒效应，强化安全生产失信联合惩戒；制定《黔西南州优化煤矿驻矿安全监管工作实施办法》，统一面向社会公开招聘专业煤矿驻矿安监员56名，加大对企业主体责任落实的监管力度。

【宣传教育培训】6月12日，贵州省暨黔西南州2018年“安全生产月”宣传咨询日活动在兴义市举行，州委书记刘文新出席启动仪式并讲话；州安全生产监督管理局组织62家省、州、市相关部门和重点企业开展现场宣传，当天接受群众咨询15000余人次。强化生产经营单位管理人员和从业人员的宣传教育和培训工作，组织培训一般企业主要负责人、安全生产管理人员1300人次、特种作业人员1000人次。

（白诗国）

煤矿安全监察

【概况】贵州煤矿安全监察局盘江监察分局位于黔西南布依族苗族自治州兴义市桔山街道碧云南路，是贵州煤矿安全监察局的正处级派出机构，2005年4月1日由原贵州煤矿安全监察局盘江办事处更为现名，属中央在黔单位，负责黔西南州行政区域内各类煤矿安全监察执法工作。2018年，盘江监察分局内设综合办公室、监察一室、监察二室、监察三室等4个科室，核定行政编制16人，现有16人，局长1人，书记1人，副局长1人，副处长级安全监察专员2人，处级以下监察员11人，均为全日制大学本科以上学历。

【辖区煤矿】2018年，盘江监察分局监察区域面积11202平方千米，涵盖黔西南州行政区域内的兴义市、兴仁市、安龙县、贞丰县、晴隆县、普安县六个产煤县（市）和义龙新区，共有各类煤矿103处，总设计能力3123万吨/年。其中正常生产矿井50处，设计生产能力1710万吨/年；正常建设矿井8处，设计生产能力330万吨/年。

【煤矿安全】2018年，黔西南州发生煤矿生产安全事故5起，造成5人死亡，均为一般事故。同比事故起数减少1起，死亡人数减少6人，事故起数和死亡人数分别下降17%和55%。煤炭产量同比增加30%，没有发生瓦斯事故和较大以上事故，煤矿事故死

2018年9月19日，省安全监管局、贵州煤监局党组书记、局长李建民（左二）率队赴黔西南州普安县安宁煤矿督导煤矿安全生产大检查工作　（州煤矿安全监察局　提供）

2018年10月8日至10月10日，国家煤矿安全监察局党组成员、副局长李万疆（左三）率队到黔西南州督查煤矿安全生产工作　（州煤矿安全监察局　提供）

亡人数降至2001年以来最少。

【监察执法】2018年，盘江监察分局共开展煤矿安全监察执法223矿次，完成计划的107.7%，制作各类执法文书952份，查处各类隐患2429条（其中重大隐患8条），到期全部完成整改。此外，对煤矿集团公司进行检查16次。责令停产整顿矿井1个。暂扣安全生产许可证14个。

【打非治违】2018年，盘江监察分局围绕防范较大以上事故实施方案提出的25项具体措施，聚焦2017年煤矿全面安全“体检”执法、安全生产大检查以及近年来事故暴露出的突出问题，以煤矿瓦斯和水害等重大灾害防治为重点，开展依法打击和重点整治煤矿安全生产违法违规行为专项行动，督促煤矿企业整改消除事故隐患，共查处重大隐患8条，“十类”突出问题8条，对7处矿井实施联合惩戒，对存在重大隐患的3处矿井进行通报曝光。

【安全大检查】2018年，盘江监察分局与州安监局、州能源局组成安全生产大检查工作组，开展煤矿安全生产大检查。检查组对照“58个必查”和防治水“13个必查”、顶板管理“7个必查”内容开展“写实性”监察，共检查48矿次和6个集团公司，查处问题隐患745条，其中重大隐患1条，下达执法文书174份，停止采掘作业面作业27个，停止使用设备18台，罚款73.3万元。

【专项监察】2018年，盘江监察分局严格按照国家局、省局统一安排部署，组织开展煤矿“一通三防”、水害防治、提升运输、安全培训、超能力生产、建设项目、采掘接续、顶板管理等专项监察，查找煤矿安全生产存在的深层次、规律性问题，采取有针对性的措施，推动煤矿企业主体责任的落实。

【事故调查】2018年，盘江监察分局按照“四不放过”和“科学严谨、依法依规、实事求是、注重实效”的原则查处5起煤矿生产安全事故，累计给予行政处罚30人，行政处分2人，组织处理3人，罚款319.71万元。

【联合惩戒】2018年，盘江监察分局推动构建公平诚信的市场环境，依法将发生较大生产安全责任事故的兴义市久兴煤矿纳入黑名单，对迟报谎报瞒报事故等性质恶劣的7个矿井依法纳入失信企业联合惩戒。

（董　彬）

生态环境保护

【概况】黔西南州环境保护局为黔西南州人民政府工作部门，正处级单位，内设办公室、人事教育科、政策法规科、生态保护环境影响评价科、核与辐射安全管理科、污染总量防控科6个机构；下设州环境监察局、州环境监测站、州环境突发事件应急中心、州环境工程评估中心、州环境影响评价资料报件中心5个直属事业单位。截至2018年12月31日，黔西南州环境保护局核定总编制80名。2018

年末实有人员 58 名。

【全州环境质量状况】 2018 年，全州水、气、土、声、重金属、核辐射各项指标均达到预定目标，生态环境指数为“良”。中心城市兴义市环境空气质量等级为二级，首要污染物为臭氧；环境空气质量指数（AQI）优良天数比例为 100%（其中优的天数比例为 73.7%，良的天数比例为 26.3%），与上年同期相比持平；综合指数为 2.48，同比下降 4.2%，空气质量有所变好。$PM_{2.5}$ 年平均浓度为 16 微克 / 立方米，同比持平；PM_{10} 年平均浓度为 36 微克 / 立方米，同比下降 7.7%；二氧化硫年平均浓度为 6 微克 / 立方米，同比下降 25.0%；二氧化氮年平均浓度为 16 微克 / 立方米，同比下降 5.9%；一氧化碳日均值第 95 百分位数浓度为 1.3 毫克 / 立方米，同比下降 18.8%；臭氧日最大 8 小时滑动平均第 90 百分位数为 110 微克 / 立方米，同比上升 10.0%。

全州各县级城市环境空气质量等级为二级；AQI 优良率为 99.3%，同比下降 0.5 个百分点；综合指数为 2.67，同比上升 6.4%，空气质量有所下滑。各县市环境空气质量等级均为二级；册亨县、望谟县、晴隆县 AQI 优良率均为 100.0%，兴义市为 99.7%，兴仁市、普安县为 98.9%，安龙县、贞丰县为 98.6%；综合指数为 2.28 ~ 3.01，排名依次为册亨县、兴义市、普安县、安龙县、望谟县、贞丰县、兴仁市、晴隆县；兴义市、普安县环境空气质量有所提升，其他县市均有不同程度下滑，下滑的程度依次为贞丰县、望谟县、兴仁市、册亨县、晴隆县、安龙县。全州 $PM_{2.5}$ 年平均浓度为 19 微克 / 立方米，同比上升 5.6%；各县市为 15 ~ 26 微克 / 立方米，兴义市、普安县最低，安龙县最高。PM10 年平均浓度为 37 微克 / 立方米，同比持平；各县市为 29 ~ 47 微克 / 立方米，普安县最低，望谟县最高。二氧化硫年平均浓度为 10 微克 / 立方米，同比持平；各县市为 5 ~ 24 微克 / 立方米，册亨县、安龙县最低，晴隆县最高。二氧化氮年平均浓度为 12 微克 / 立方米，同比上升 9.1%；各县市为 7 ~ 16 微克 / 立方米，安龙县最低，兴义市最高。一氧化碳日均值第 95 百分位数浓度为 1.5 毫克 / 立方米，同比上升 15.4%；各县市为 1.1 ~ 2.1 毫克 / 立方米，兴义市最低，晴隆县最高。臭氧日最大 8 小时滑动平均第 90 百分位数为 125 微克 / 立方米，同比上升 10.6%；各县市为 114 ~ 136 微克 / 立方米，望谟县最低，贞丰县最高。

全州 38 条主要河流 45 个水质监测断面中，水质全部达到或优于Ⅲ类（Ⅱ类水质断面 40 个，占 88.9%；Ⅲ类水质断面 5 个，占 11.1%），优良水质断面比例为 100%，水质状况总体为“优”；出境断面 1 个，水质类别为Ⅱ类，水质状况为“优”。全州 18 个重要湖库 23 条垂线，水质均达到或优于Ⅲ类，优良水质垂线比例为 100%，水质状况总体为“优”。中心城市兴西湖、木浪河和围山湖 3 个集中式饮用水源水质达标率持续保持 100%；县城集中式饮用水源地水质达标率保持 100%；千人以上集中式饮用水源地水质达标 98.3%。

兴义市降水 pH 值为 7.28，未出现酸雨。兴义市城市降尘为 10.53 吨 / 平方千米，未超标。兴义市城市区域环境噪声为 54.0 分贝，区域声环境质量状况为较好；城市道路交通噪声为 68.2 分贝，城市道路交通声环境质量状况为较好。

【污染防治攻坚战】 开展两江一河“四清”行动，837.5 万平方

2018 年 9 月 28 日，州环境保护局、兴义市政府联合主办的“2018 年兴义市集中式饮用水源地暨医疗废物收运车辆翻覆突发环境事件应急演练”在兴义市高速西出口弃土场举行
（州环保局　提供）

米水产养殖网箱全部拆除“清零”。城镇生活污水处理率提高到93%。长江经济带县级集中式饮用水源专项整治行动反映的50余项环境问题完成整改，13座饮用水源水质自动监测站相继建成。关停取缔安龙县百兴焦化厂等长期超标排放又治污无望企业。十大行业158家重点企业完成污染物排放实时监控，数据传输率达到98.86%。各县城高污染燃料禁燃区完成划定，中心城市环境空气质量实现预测预警预报。提前完成第二次全国污染源普查清查阶段工作，清查16206个污染源，经省评定为“优”等次。完成519个单元3113个农用地土壤污染点位详查核定和采样监测。兴义、兴仁、安龙、贞丰、普安等医疗废物处置中心相继建成，全州城镇医疗废物无害化处置实现“全覆盖”。长江经济带固体废物大排查和“清废行动”中发现的60个问题全部完成整改。

【中央、省委环保督察问题整改】利用中央生态环保督察所形成的倒逼作用，抓重点、真投入，解决了长期形成、想解决而没有解决的一些重大的生态环境问题。中央环保督察反馈的25个问题完成整改24个，其余1个按时序推进。省委环保督察反馈的32个问题完成整改22个，其余10个按时序推进。中央、省委环保督察组三轮督察共交办的285件信访举报件按照办结标准全部办结。全州对履行生态环保责任不力的党政干部问责40余人、约谈100余人。

【自然生态保护】组织划定黔西南州生态保护红线，于2018年6月经省政府发布，10月完成勘界定边工作。全州共划定生态保护红线面4529.07平方千米，占全州国土面积的26.95%。划定长江经济带战略环评黔西南州“三线一单”，2018年底完成初步成果编制工作，共形成129个综合管控单元，其中优先保护29个，占全州国土面积28.82%；重点管控53个，占全州国土面积39.68%；一般管控47个，占全州国土面积31.49%，初步形成各管控单元环境准入负面清单。组织开展“2018绿盾”自然保护地专项行动，对全州自然保护地违法违规建设项目进行清理排查整治，对2起违法违规建设项目进行查处。

【生态环保领域“放管服”】在承接13个行业63个项目的省级环评审批权限的同时，实行建设项目环境影响评价文件分级管理制度，90%以上的项目环评审批权限均下放到县级环保部门，方便企业“少跑路”。取消水土保持、行业预审等环评审批的前置条件，实现环评审批要件最少化。环评审批实行网上办理，其中，告知性备案从用户注册、填报到成功提交平均用时只需10分钟。环评审批承诺时限在法定时限内缩减75%。将“建设项目环保试生产审批”等4项行政许可改为备案制，为各类市场主体减负。一般项目经专家函审，窗口直接办结，提高审批效率。在兴仁市巴铃重工区试点开展规划环评清单式管理，为园区内的项目环评文件在类别和内容等方面的进一步简化创造条件。

【环境监管执法】开展“守护多彩贵州 严打环境犯罪”环境执法行动、长江经济带县级饮用水源环境整治、固体废物大排查等专项行动，共依法查处环境违法案件186件，罚款总额3896万元。其中实施停产整治29件、查封扣押13件，移送行政拘留23件27人，涉嫌污染犯罪2件，按日计罚1件。一大批影响科学发展和损害群众健康的生态环境违法行为受到严厉打击。特别是在全国环境执法大练兵活动中，州环境监察执法队伍表现突出，获生态环境部通报表扬，是贵州省唯一获得表扬的市县级先进集体。兴义市环保局龙培源、安龙县环保局敖洪潇在参加京津冀“2+26”城市蓝天保卫战强化督查工作中表现突出，获生态环境部致函省政府、州政府进行通报表扬。

【核与辐射安全】收贮3家使用单位闲置放射源共计7枚，收贮率100%；完成核技术项目利用单位年度评估75家，完成年度评估率91.9%；发放辐射安全许可证20家，注销辐射安全许可证3家；审批辐射项目环境影响评价报告表13个。全州辐射环境质量保持稳定。

【环境应急管理及环境信访】对“6·10”晴隆县沙子镇境内中石油天然气输气管道发生泄漏燃爆事件开展环境应急处置。修订发布《黔西南州饮用水源突发环境事件应急预案》。与兴义市政府联合开展2018年环境应急演练。全年共受理环境信访投诉311件，均在规定时限范围内办结。2018年未发生重大环境污染事件。

【生态环境保护制度改革】加强环境影响评价制度与排污许可制衔接，累计完成18个行业36家企业排污许可证核发。实行生态环境损害赔偿制度，开展生态环境损害案例排查，与2个案件赔偿责任主体完成磋商工作，并督促启动生态损害修复，获省生态环境厅通报表扬。深化环境监测体制机制改革，出台《黔西南州生态环境监测网络与机制建设实施计划（2018—2020年）》《关于深化环境监测改革提高环境监测数据质量的工作方案》。研究制定《黔西南州生态环境损害赔偿制度改革实施方案（试行）》并组织实施。通过开展工作，确定“贞丰县电力投资有限责任公司建设项目违规倾倒渣土案”和“贵州贞丰黔贵公路工程有限公司施工倾倒渣土案”作为2018年该州生态环境损害赔偿制度改革办理的2个案例进行办理。经调查、评估、磋商和司法确认等程序，共认定生态损害赔偿金额105.51万元，有关赔偿责任人组织开展生态修复工作。

【环保能力建设】环境监测1个二级站、7个三级站通过省环保厅标准化建设达标验收。州环境监测站入选国家土壤污染详查实验室名录，普安县、册亨县、晴隆县、义龙新区4个环境监测实验室建成。全州建成水质自动监测站29个，得到省生态环境厅通报表扬，其中新建赵家渡、坡脚、蔗香南、蔗香北4个国家地表水监测断面水质自动监测站，升级改造三江口、黄泥河、岔河口、坝草、万峰湖5个国家地表水监测断面水质自动监测站；新建万峰湖流域7个水质自动监测站；新建13个县城以上城镇集中式饮用水源地水质自动监测站。“黔西南州农村垃圾污染现状与治理对策研究”课题获州科技项目立项并获4万元资金支持。

【经济发展综合测评指标】2018年，全州大气环境质量及管理指数考评得分98分，位列全省第2位；水环境质量及管理指数考评得分89.6分，位列全省第5位；土壤环境质量及管理指数考评得分97.3分，位列全省第6位。

【生态环境保护宣传教育】以“美丽中国我是行动者”主题，组织开展“6·5”环境日集中宣传教育活动，印发《公民环保行为手册》《生态文明知识手册》等宣传资料5000余份，发放环保购物袋1500余个，接受群众咨询、投诉、建议等300人次。召开环境状况公报新闻通报会，开展州直单位领导做客《金州环保》访谈节目，环保设施“公众开放日”等宣传教育活动。

（州环保局）

附：2018年全州环境质量监测情况

水环境

2018年黔西南州主要河流断面水质状况表

序号	断面名称	所在河流	规定水质类别	实际水质类别	主要污染物	备注
1	三江口	南盘江	Ⅲ	Ⅱ		入境
2	坡脚	南盘江	Ⅲ	Ⅱ		
3	蔗香南	南盘江	Ⅲ	Ⅱ		
4	岔江	黄泥河	Ⅲ	Ⅱ		
5	黄泥河	小黄泥河	Ⅲ	Ⅱ		入境
6	沧江	仓更河	Ⅲ	Ⅱ		
7	堵德	达力河	Ⅲ	Ⅱ		
8	车榔	马别河	Ⅲ	Ⅱ		
9	赵家渡	马别河	Ⅲ	Ⅱ		
10	纳怀	木浪河	Ⅱ	Ⅱ		
11	伍寨	锅底河（湾塘河）	Ⅲ	Ⅲ		
12	下纳灰	纳灰河	Ⅲ	Ⅲ		
13	庙边	石桥河	Ⅲ	Ⅱ		

续表

序号	断面名称	所在河流	规定水质类别	实际水质类别	主要污染物	备注
14	纳省	纳省河	Ⅲ	Ⅱ		
15	小寨	顶效河	Ⅲ	Ⅲ		
16	德卧	白水河	Ⅲ	Ⅱ		
17	纳桃	者告河	Ⅲ	Ⅱ		
18	八渡	乃言河	Ⅲ	Ⅱ		
19	百口	百口河	Ⅲ	Ⅱ		
20	岔河口	北盘江	Ⅲ	Ⅱ		入境
21	蔗香北	北盘江	Ⅲ	Ⅱ		
22	毛蟲	格所河（乌都河）	Ⅲ	Ⅱ		
23	竹塘	竹塘河	Ⅲ	Ⅱ		
24	平寨	西泌河	Ⅲ	Ⅱ		
25	岔普	麻沙河	Ⅲ	Ⅱ		
26	跳蹬	麻沙河	Ⅲ	Ⅱ		
27	粑粑铺	南冲河	Ⅲ	Ⅱ		
28	栗树	新寨河	Ⅲ	Ⅱ		
29	白层	那郎河	Ⅲ	Ⅱ		
30	鲁贡	鲁贡河	Ⅲ	Ⅱ		
31	马路河	大田河	Ⅲ	Ⅱ		
32	大田村	大田河	Ⅲ	Ⅱ		
33	洛凡	大田河	Ⅲ	Ⅱ		
34	王公桥	鲁沟河	Ⅲ	Ⅱ		
35	打凼	打凼河	Ⅲ	Ⅲ		
36	倒马坎	海子河	Ⅲ	Ⅱ		
37	庆坪	庆坪河	Ⅳ	Ⅱ		
38	下坛	北乡河	Ⅲ	Ⅱ		
39	马鞍田	挽澜河	Ⅲ	Ⅱ		
40	羊场村	者楼河	Ⅲ	Ⅲ		
41	坝岩	清水江	Ⅲ	Ⅱ		
42	三滩	望谟河	Ⅲ	Ⅱ		
43	蔗香红	红水河	Ⅲ	Ⅱ		出境
44	乐康	乐康河	Ⅳ	Ⅱ		
45	昂武	桑郎河	Ⅲ	Ⅱ		

2018 年黔西南州湖库垂线水质状况表

序号	垂线名称	所在湖库	规定水质类别	实际水质类别	主要污染物
1	巴结	万峰湖	Ⅲ	Ⅲ	
2	天生桥	万峰湖	Ⅲ	Ⅲ	
3	未罗兰	万峰湖	Ⅲ	Ⅲ	
4	坝达章	万峰湖	Ⅲ	Ⅲ	
5	新寨	万峰湖	Ⅲ	Ⅲ	
6	红椿码头	万峰湖	Ⅲ	Ⅲ	
7	兴西湖坝前	兴西湖	Ⅲ	Ⅱ	
8	木浪河坝前	木浪河水库	Ⅱ	Ⅱ	
9	小龙潭坝前	小龙潭水库	Ⅲ	Ⅱ	
10	围山湖坝前	围山湖水库	Ⅲ	Ⅱ	

续表

序号	垂线名称	所在湖库	规定水质类别	实际水质类别	主要污染物
11	光照电站坝前	光照电站水库	Ⅲ	Ⅱ	
12	马马崖电站坝前	马马崖电站水库	Ⅲ	Ⅱ	
13	董箐电站坝前	董箐电站水库	Ⅲ	Ⅱ	
14	鲁皂水库坝前	鲁皂水库	Ⅲ	Ⅱ	
15	法泥水库坝前	法泥水库	Ⅲ	Ⅱ	
16	打鱼凼水库坝前	打鱼凼水库	Ⅲ	Ⅱ	
17	纳山岗水库坝前	纳山岗水库	Ⅲ	Ⅱ	
18	云洞水库坝前	云洞水库	Ⅲ	Ⅱ	
19	水车田水库坝前	水车田水库	Ⅲ	Ⅲ	
20	东风水库坝前	东风水库	Ⅲ	Ⅲ	
21	坝朝水库坝前	坝朝水库	Ⅲ	Ⅱ	
22	册亨水库坝前	册亨水库	Ⅲ	Ⅲ	
23	纳过水库坝前	纳过水库	Ⅱ	Ⅱ	

2018年黔西南州中心城市集中式饮用水源地水质状况表

水源地名称	监测断面	水质类型	规定类别	实达类别	主要污染物及超标倍数
兴西湖	兴西湖	湖库	Ⅲ	Ⅱ	—
木浪河	木浪河	河流	Ⅲ	Ⅱ	—
围山湖	围山湖	湖库	Ⅲ	Ⅱ	—

2018年全州县级以上城镇集中式饮用水源地水质状况表

所在地	监测断面	水质类型	规定类别	实达类别	主要污染物及超标倍数
兴仁县	鲁皂水库	地表水	Ⅲ	Ⅱ	—
	法泥水库	地表水	Ⅲ	Ⅱ	—
贞丰县	纳山岗	地表水	Ⅲ	Ⅱ	—
	云洞水库	地表水	Ⅲ	Ⅱ	—
晴隆县	西泌河	地表水	Ⅲ	Ⅱ	—
普安县	野猫箐大湾	地表水	Ⅲ	Ⅱ	—
	东风水库	地表水	Ⅲ	Ⅲ	—
册亨县	坝朝水库	地表水	Ⅲ	Ⅱ	—
望谟县	纳过水库	地表水	Ⅲ	Ⅱ	—
安龙县	钱相马槽龙潭	地下水	Ⅲ	Ⅲ	—
	海子农场	地下水	Ⅲ	Ⅲ	—
	观音岩	地下水	Ⅲ	Ⅲ	—
望谟县	六洞河	地下水	Ⅲ	Ⅱ	—

备注：云洞水库监测月份为1月至11月，12月被水车田水库替换

大气环境

2018年黔西南州各县（市）环境空气质量状况表

单位：微克/立方米，一氧化碳为毫克/立方米

城市		二氧化硫	二氧化氮	可吸入颗粒物	细颗粒物	一氧化碳	臭氧	有效监测天数	优良天数	优良率	综合指数
册亨县		5	8	33	16	1.3	120	361	361	100%	2.28
兴义市		7	16	35	15	1.1	116	365	364	99.7%	2.45
普安县		10	14	29	15	1.4	134	361	357	98.9%	2.55
安龙县		5	7	36	26	1.5	132	353	348	98.6%	2.71
望谟县		9	13	47	15	1.7	114	350	350	100%	2.78
贞丰县		9	10	46	20	1.2	136	350	345	98.6%	2.78
兴仁市		9	11	36	23	1.5	131	364	360	98.9%	2.80
晴隆县		24	15	35	17	2.1	116	361	361	100%	3.01
全州		10	12	37	19	1.5	125	—	—	99.3%	2.67
标准限值	一级	20	40	40	15	4	100	—	—	—	—
	二级	60	40	70	35	4	160				

2018年兴义市酸雨污染状况表

监测点位	pH年均值	酸雨率%
万峰林	7.29	0
场坝街	7.28	0
城市平均	7.28	0

2018年兴义市降尘状况表

监测点位	降尘量年均值（吨/平方千米）	点位属性
烈士陵园	11.06	清洁对照点
师专	10.14	监测点
电视台	9.93	监测点
汽配公司	10.98	监测点
城市平均	10.53	—

声环境

2018年中心城市道路交通噪声监测表

城市名称	监测总长度（千米）	平均路宽（米）	平均路长（米）	平均车流量（辆/小时）	有效路段数（个）	超70分贝路长（千米）	超70分贝比率（%）	噪声均值分贝	质量状况
兴义市	17.4	37.1	1338.85	573	13	1.9	11.0	68.2	较好

2018年中心城市区域环境噪声监测结果统计表

城市名称	建城区面积（平方千米）	有效测点数（个）	网格尺寸（米×米）	平均等效声级（分贝）	质量状况
兴义市	17.92	112	400*400	54.0	较好
合计	17.92	112	—	54.0	较好

（州生态环境局供稿）

州统计局

【概况】黔西南州统计局是从事统计调查、统计数据加工整理、统计分析预测、统计信息咨询和统计协调管理等活动的正处级政府职能机构。下设12个科（室、中心）和执法支队，编制35人，其中，机关行政编制19人、事业编制13人，工勤编制3名。2018年，实有人数33人。

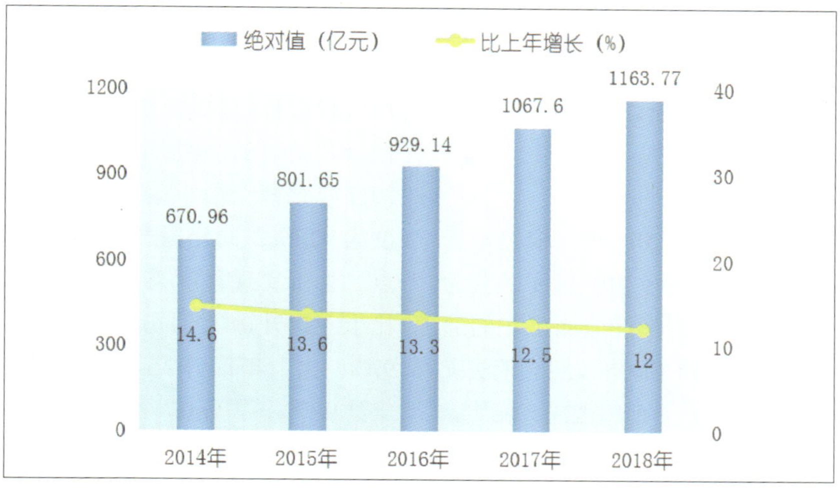

2014—2018年地区生产总值及其增速示意图

【统计常规业务工作】2018年，全年按照国家统计报表制度的规定，黔西南州统计局完成农业，工业，能源，限额以上批发、零售、住宿、餐饮业，劳动工资，名录单位，固定资产投资，房地产，建筑业，服务业，科技，人才等年报和定期报表及GDP核算工作，开展大数据及相关产业、大健康医药产业、文化及相关产业等重点领域统计监测工作。撰写经济运行监测分析10篇，州信息约稿4篇。印发《黔西南州经济要情》11期，发州委、州政府、州人大、州政协和相关部门参阅。发布《2018年黔西南州国民经济和社会发展统计公报》，编印《2018年黔西南州领导干部统计手册》《2018年黔西南州统计年鉴》并发送州领导及相关部门。撰写《峥嵘岁月四十载　砥砺前行谱新章——改革开放40周年黔西南州经济社会发展成就》综述材料。

【经济发展综合测评监测】每月跟踪收集经济发展综合测评指标完成情况，牵头召开全州主要经济指标通报会，对存在的问题及时提出预警。报送经济运行专报36期。年内全省经济发展综合测评全州排第4位。全州地区生产总值1163.77亿元，同比增长12%，增速排全省第1位（自2015年以来连续4年居全省第1位）。第一产业增加值212.92亿元，增长6.9%；第二产业增加值375.8亿元，增长11.5%（其中工业增加值295.83亿元，增长11.1%）；第三产业增加值575.05亿元，增长14.3%。全州规模以上工业增加值同比增长11.4%，500万元以上固定资产投资同比增长18.8%，社会消费品零售总额，同比增长8.8%。财政总收入187.45亿元，同比增长8.2%。一般公共预算收入117.89亿元，同比增长3.1%；一般公共预算支出373.39亿元，同

2018年统计资料　　（州统计局　提供）

比增长12.7%。税收收入151.37亿元，同比增长7.3%。12月末，全州金融机构存贷款余额2618.38亿元，同比增长6%。

【同步小康】2018年，根据《省统计局关于做好2018年度以县为单位全面小康统计监测工作的通知》要求，州小康办按照“依法统计、分级负责、部门把关、统计综合”和“谁出数、谁负责”的原则，围绕经济发展、社会和谐、生活质量、民主法制、文化教育、资源环境六大类指标体系，加强对部门和市县的沟通、协调、检查、指导工作，提高统计数据质量。2017年全州全面小康总体实现程度为92.1%，同比提升4.7个百分点。县市实现程度兴义市97.8%、比上年提升0.8个百分点，兴仁市97%、比上年提升2.5百分点，贞丰县91.7%、提升0.7个百分点，安龙县95.8%、提升3百分点，普安县91.9%、提升3.2个百分点，晴隆县87.3%、提升1.1个百分点，册亨县88%、提升2.8个百分点，望谟县87.3%、提升1.9个百分点。年内全州小康办向省小康办报送同步小康创建活动信息150余条，被省小康办采用20余条。每月编发州级同步小康创建简报2期，编发24期。兴义市、兴仁县通过省级达标认定，义龙新区已通过州级达标认定，安龙县、贞丰县、普安县、晴隆县、册亨县、望谟县6个县未实现省级达标认定。

2017年度黔西南州所辖县（市）全面建设小康社会实现程度情况表

单位：%

指标名称	兴义市	兴仁县	普安县	晴隆县	贞丰县	望谟县	册亨县	安龙县
全面小康实现程度	97.8	97.0	91.9	87.3	91.7	87.3	88.0	95.8
一、经济发展	99.1	97.2	91.8	90.2	94.3	85.1	84.5	95.6
1. 人均GDP	100.0	100.0	100.0	97.4	100.0	87.5	88.6	100.0
2. 综合科技进步水平指数	100.0	100.0	100.0	100.0	100.0	100.0	100.0	100.0
3. 工业和服务业增加值占GDP比重	100.0	86.1	81.2	79.5	83.0	67.1	70.1	82.5
4. 农业发展指数	94.8	98.7	100.0	90.8	97.6	78.3	84.1	100.0
5. 城镇化率	100.0	99.6	73.8	74.6	87.8	74.6	75.4	97.7
6. 就业水平指数	100.0	100.0	89.5	93.5	94.6	100.0	86.0	97.6
7. 县域经济发展活力指数	98.3	94.5	90.3	89.2	92.4	85.4	83.8	89.3
二、社会和谐	98.7	99.3	88.1	71.9	85.8	71.9	73.5	98.1
8. 城乡居民收入比	100.0	97.1	88.7	79.0	95.0	67.4	74.8	91.8
9. 脱贫指数	100.0	100.0	69.5	28.0	55.6	30.7	30.2	100.0
10. 基本社会保险覆盖率	94.7	100.0	98.9	92.4	100.0	100.0	100.0	100.0
11. 民族团结和睦指数	100.0	100.0	100.0	99.3	100.0	100.0	100.0	100.0
三、生活质量	99.3	97.2	95.5	92.9	96.6	93.6	92.4	96.4
12. 城镇常住居民人均可支配收入	100.0	100.0	100.0	100.0	100.0	100.0	100.0	100.0
13. 农村常住居民人均可支配收入	100.0	100.0	100.0	100.0	100.0	100.0	100.0	100.0
14. 恩格尔系数	100.0	100.0	100.0	100.0	100.0	100.0	100.0	100.0
15. 住房指数	95.3	97.1	99.5	98.9	98.3	97.5	96.3	98.2
16. 居民出行便捷指数	98.5	91.8	74.9	77.2	88.3	84.9	81.2	90.7
17. 医疗卫生发展指数	100.0	90.6	89.8	73.5	88.4	73.2	69.3	85.5
四、民主法制	92.2	92.8	89.6	89.4	83.6	90.5	90.7	91.3
18. 城乡社区基层民主自治建设完善率	100.0	100.0	100.0	100.0	100. 0	100.0	100.0	100.0
19. 社会安全指数	91.3	91.7	93.8	92.8	70.3	97.3	92.6	94.1
20. 县级政府行政服务群众满意度	87.3	88.5	77.5	77.9	84.5	76.7	81.8	81.9
五、文化教育	94.7	96.0	91.7	89.4	89.7	91.3	98.0	96.2
21. 文化发展指数	85.3	88.8	83.0	73.4	73.3	80.3	100.0	91.4
22. 高中及以下阶段教育指数	100.0	100.0	93.9	97.1	97.9	95.4	94.4	98.0
23. 人才发展综合指数	100.0	100.0	100.0	100.0	100.0	100.0	100.0	100.0
六、资源环境	100.0	97.8	94.3	89.7	96.1	94.6	93.3	96.1
24. 节约用地指数	100.0	100.0	100.0	100.0	100.0	100.0	95.0	92.8
25. 环境质量指数	100.0	96.7	91.4	84.6	94.2	91.9	92.5	97.7

【县域经济发展监测】2018年，按照省小康办《关于调整全省县域经济发展监测分析工作的通知》要求，州小康办组织召开县域经济统计监测工作会议，对县域经济统计监测工作进行安排部署。对全州8县（市）县域经济发展进行监测，分析研究，形成监测分析报告。年内兴义市地区生产总值达450.07亿元，同比增长12.2%，规模以上工业增加值同比增长12.3%，城镇常住居民人均可支配收入和农村常住居民人均可支配收入分别为32369元、12078元；兴仁市地区生产总值达164.53亿元，同比增长12.3%，规模以上工业增加值同比增长11.7%，城镇常住居民人均可支配收入和农村常住居民人均可支配收入分别为29515元、9383元；安龙县地区生产总值达129.49亿元，同比增长13.3%，规模以上工业增加值同比增长13%，城镇常住居民人均可支配收入和农村常住居民人均可支配收入分别为29306元、8991元；贞丰县地区生产总值133.67亿元，同比增长12.8%规模以上工业增加值比上年增长12.6%，城镇常住居民人均可支配收入和农村常住居民人均可支配收入分别为29366元、9187元；普安县地区生产总值89.35亿元，同比增长12.1%，规模以上工业增加值比上年增长11.3%，城镇常住居民人均可支配收入和农村常住居民人均可支配收入分别为29164元、8822元；晴隆县地区生产总值82.98亿元，同比增长11.9%，规模以上工业增加值比上年增长11.7%，城镇常住居民人均可支配收入和农村常住居民人均可支配收入分别为28792元、8356元；望谟县地区生产总值71.20亿元，同比增长13.2%，规模以上工业增加值比上年增长12.9%，城镇常住居民人均可支配收入和农村常住居民人均可支配收入分别为28602元、8082元；册亨县地区生产总值56.44亿元，同比增长12.5%，规模以上工业增加值比上年增长12.8%，城镇常住居民人均可支配收入和农村常住居民人均可支配收入分别为28780元、8278元。

【绿色发展指数统计监测】2018年，根据《中共黔西南州委办公室　黔西南州人民政府办公室关于印发〈黔西南州县市区大生态建设目标评价考核方案〉〈黔西南州州直部门大生态建设目标评价考核方案〉的通知》和《州生态文明建设领导小组办公室关于做好全州绿色发展指数统计监测工作的通知》文件要求，按照“依法统计、分级负责、部门把关、统计综合”的原则，综合计算各县市绿色发展指数，并将绿色发展指数考核结果形成《2018年全州各县市绿色发展指数报告》报州生态文明办。在《省生态文明建设领导小组关于各市（州）2018年度生态文明建设目标评价考核结果的通报》中，全州生态文明建设目标评价考核结果为“优秀”。绿色发展指数为83.35，排全省第2位。年内年资源利用、环境质量排全省第1位，环境治理、生态保护、绿色生活排全省第3位，增长质量排全省第4位。

【统计改革】2018年，根据《贵州省统计局　国家统计局贵州调查总队关于印发〈贵州省统计调查部分业务分工调整优化工作实施方案〉的通知》文件安排，调整内容：将目前由国家统计局贵州调查总队实施的7项“四下”企业抽样调查，调整由贵州省统计局全面负责，各市（州）、县（市、区、特区）统计局组织实施。具体调查项目：规模以下工业抽样调查、建筑业小微企业抽样调查、规模以下服务业抽样调查、小微企业固定资产投资情况调查、规模以下企业创新调查、以全国为总体的限额以下批发零售住宿

2018年11月1日，贵州省统计局数管中心、南昌市统计局到黔西南州调研生态文明建设
（州统计局　提供）

2019 年 1 月 1 日，州委常委、州委宣传部部长范华到兴义市督导第四次全国经济普查入户登记工作（州统计局 提供）

餐饮行业抽样与问卷调查、规模以下工业企业成本费用调查（五年开展一次）。全省月度劳动力调查由国家统计局贵州调查总队全面负责，各级国家调查队组织实施。未设国家调查队的县（市、区、特区），由当地统计局负责完成数据采集上报工作，贵州调查总队和市级国家调查队加强业务指导和监督。据贵州省自然资源资产负债表编制制度（试行）和省局有关会议要求，组织州农委、水务、林业、国土、环保等部门开展全州自然资源资产负债表试编工作。制定《黔西南州自然资源资产负债表编制工作方案》，明确州有关部门相关工作任务、完成时间节点，保障编制工作顺利开展。

【第四次全国经济普查】 2018 年，根据《第四次全国经济普查方案》相关规定及国家、省、州的统一部署和工作安排，按照全国统一领导、部门分工协作、地方分级负责、各方共同参与的原则，依法依规深入组织开展全州经济普查工作。完成了普查前期筹备、普查区的划分及绘图、普查指导员和普查员选聘及培训、清查底册编制、普查宣传、单位实地清查、数据编码与审核等经济普查相关工作。全州共选聘普查指导员 459 名，普查员 1431 名，划分普查区 1225 个，划分普查小区 1668 个，涉及全州 126 个乡镇、1212 个行政村，经过数据采集、录入、审核和检查与评估分析等程序，全州清查上报法人单位 57683 家，上报个体经营户 169158 家。

【第三次全国农业普查】 2018 年，根据国家、省农普办的安排和部署，州农普办于 3 月在全州主流媒体网站上公开发布《黔西南州第三次全国农业普查数据公报 1—5 号》；完成 2018 年农普数据修正 2016、2017 年农业年报数据；全州评选并表彰 9 个省级三农普先进集体和 25 名省级三农普。

【大扶贫统计监测】 2018 年，按照贵州省的统一安排部署，黔西南州开展大扶贫统计监测工作，根据《2018 年上半年贵州省大扶贫战略行动监测评价工作方案》《2018 年度贵州省大扶贫战略行动监测评价工作方案》，黔西南州政府分别于 6 月、12 月在兴义市召开全州 2018 年度大扶贫战略行动监测评价工作调度会，黔西南州统计局在兴义市举办全州大扶贫监测统计工作培训会。黔西南州各级各部门按要求完成上下半年全部数据上报工作，完成州级部门对下一级数据核查工作。

【统计法治】 2018 年，根据全省政府债务风险管控、生态环保、统计工作巡视整改工作动员部署

2018 年 12 月 26 日，时任州委常委、州委宣传部部长范华（中）在黔西南州第四次经济普查暨统计法治宣传启动仪式上作动员讲话（州统计局 提供）

暨征求意见座谈会议精神，制定《黔西南州统计局落实中央巡视组反馈统计工作问题整改方案》。根据国家普法规划，坚持以统计调查对象为宣传教育重点，开展统计普法宣传教育，做好《中华人民共和国宪法》（以下简称《宪法》）《中华人民共和国行政处罚法》《中华人民共和国行政诉讼法》等相关法律法规的宣传活动。年内州统计局以国家法定纪念日为节点积极开展统计法律法规宣传，计发《中华人民共和国统计法》（以下简称《统计法》）宣传手册3000余本，《统计违纪违法行为处分规定》等法律法规宣传资料近2000份，对企业、事业单位等统计调查对象发放普法宣传资料1000余份，用横幅、电子屏、手机短信等形式宣传《宪法》《统计法》；严格按照“双随机一公开”年度工作计划要求开展执法检查工作，建立健全“双随机一公开”执法检查对象名录1526家，建立健全执法人员名录14名，随机抽查对象30个，采用随机抽查的比例100%，抽查结果向社会公布。全年共查获统计违法行为7起，3件立案查处，处予罚款20000元。

2018年8月17日，黔西南州第四次全国经济普查动员部署会议在兴义召开（州统计局　提供）

【脱贫攻坚】2018年，根据黔西南州委组织部安排，统计局选派1名科级干部挂任望谟县边饶镇副书记，2名业务骨干担任望谟县乐旺镇蛮结村和六里村任村第一书记（于2018年4月挂职结束），3名县处级以上领导分别包保望谟县乐旺镇蛮结村、六里村、猫寨村三个贫困村。年内统计局共投入帮扶资金30.91万余元，其中，蛮结村精神文明活动补助经费1万元、办公经费1万元、土豆种植补助经费1万元；猫寨村“五小”工程工作经费（村活动室二楼改造）2万元、大讲堂视频会议系统建设补助经费2万元、通草种植经费2万元；六里村杧果苗购置经费1.5万元、杧果种植培训经费0.5万元、工作经费2万元、产业养殖经费2万元；到帮扶点开展春节及“六一”慰问，建档立卡贫困户大学生慰问，小康示范户帮扶，独生子女户、建档立卡贫困户、退伍军人、困难党员、困难户等慰问，总计9.32万余元；“10·17”扶贫日捐款1万元，解决聘请法律顾问工资5400元，驻村干部生活补贴、购买保险等其他经费3.57万元等。

【重要会议】1月30日，黔西南州统计调查业务分工调整优化工作对接部署会在州统计局会议室召开，州人民政府副州长范华出席会议并讲话。州政协副主席、州统计局局长陈晴，州人民政府

2018年12月23日，省统计局普查中心主任科员吴毅在全州第四次全国经济普查业务知识培训会上作专题培训（州统计局　提供）

副秘书长班庭源，州财政局、州编办、州人社局分管领导，州统计局各分管领导和相关科室负责人，黔西南州调查队队长及有关人员参加会议。8月17日，黔西南州组织召开第四次全国经济普查动员部署会议。州统计局党组书记、局长、第四次经济普查领导小组副组长辛汉昆主持会议，州委常委、州委宣传部部长、第四次经济普查领导小组组长范华出席会议，州直单位分管负责人，各县（市）、义龙新区分管统计工作负责人、统计局局长、统计局分管普查工作领导及有关人员参加会议。12月23日至26日，黔西南州组织召开第四次全国经济普查方案暨业务培训会议，会议邀请省统计局普查中心主任科员吴毅进行授课。各县（市、新区）经普办领导、各专业及数据处理业务骨干、各乡（镇、街道办）普查指导员以及州经普办全体人员共230余人参加培训会议。12月26日，黔西南州第四次经济普查暨统计法治宣传启动仪式在桔山广场举行。州委常委、州委宣传部部长、州第四次经济普查领导小组组长范华，州政府副秘书长谭代武出席会议。州、市第四次经济普查领导小组成员单位，州、市经普办全体人员，各县（市、新区）经普办领导，全州各乡（镇、街道办）普查指导员，兴仁市企业代表，兴义市普查员代表700多人参加活动。州、市广播电视台及日报社等媒体进行报道。

【表彰及奖励】2018年1月，黔西南州统计局获国务院第三次农业普查领导小组表彰为“第三次全国农业普查先进集体”、获贵州省人社厅和贵州省统计局表彰为“全省统计工作先进集体”；11月，黔西南州统计局工作人员令狐昌龙、张蓉两人获贵州省第三次全国农业普查领导小组授予“贵州省第三次农业普查先进个人”称号。

（州统计局）

国家统计局黔西南调查队

【概况】国家统计局黔西南调查队是国家统计局派出机构，为参照国家公务员制度管理的正处级事业单位，既是政府统计调查机构，又是统计执法机构，依法独立向国家统计局和上级调查队上报承担的国家统计调查任务。同时，承担地方政府委托的统计调查任务，为地方政府提供统计调查服务。2018年，内设办公室、住户调查科、价格调查科、企业调查科、服务业调查科、专项调查和统计监测科6个科室，编制21名，实有人数12名。

【重要会议】1月19日，黔西南调查队在兴义市召开黔西南州工业生产者价格调查工作会议，全州32家抽中企业的统计负责人与统计人员参加该次培训会。1月30日，黔西南州召开部分统计调查业务优化调整工作协调会，州政府副州长范华主持会议，黔西南调查队、州统计局、州编委、州财政局、州人社局参会。会上黔西南调查队及州统计局主要领导、分管领导、相关业务科室负责人对业务分工调整及交接工作进行汇报，并对业务分工调整和交接工作作出安排部署。

6月5日，根据《国家统计局关于印发市级调查队与驻地县级国家队整合方案的通知》和《国家统计局关于进一步加强国家调查队党风廉政建设和人财物管理的意见》精神要求，黔西南调查队再次召开专题会议研究部署

2018年5月9日，黔西南调查队党组书记、队长肖勇（左二）陪同贵州调查总队党组书记、总队长程军虎（左三）到兴义市调研　（州调查队　提供）

整合工作，结合黔西南调查队和兴义调查队的实际情况，黔西南调查队“三衔接”统筹做好同城州市队的整合工作。

【上级检查工作】2018 年 5 月 9 日，国家统计局贵州调查总队程军虎总队长一行到黔西南调查队调研指导工作，主持召开座谈会，听取黔西南队关于党建、党风廉政建设和各项调查业务工作开展情况汇报；6 月 11 日至 13 日，总队生产投资价格处谢晓清处长一行 2 人，到黔西南调查队检查 PPI 基础工作，并赴煤炭企业进行现场调研；7 月 10 日，国家统计局贵州调查总队党组成员、纪检组长林嗣杰、法规制度处李诗刚处长一行到黔西南调查队调研指导工作，主持召开座谈会，听取黔西南队关于党风廉政建设和法规工作开展情况汇报。

【城乡居民可支配收入调查工作】

2018 年城乡居民可支配收入增长情况

单位	城镇常住居民可支配收入		农村常住居民可支配收入	
	绝对额（元）	增幅 %	绝对额（元）	增幅 %
全国	39251	7.8	14617	8.8
贵州	31592	8.6	9716	9.6
黔西南	30407	9.5	9485	10.3

【价格调查工作】2018 年，黔西南州居民消费价格总水平（CPI）累计上涨 1.3%，与上年相比涨幅扩大 0.2 个百分点，较全省均值 101.8% 低 0.5 个百分点，物价总体较为平稳，涨势温和，CPI 指数低位运行。

【小微企业和个体户跟踪调查】2018 年，全州小微企业和个体户跟踪调查频率为每年 4 次，调查样本 91 个，其中有效样本企业数 37 个。

2018 年小微企业和个体户跟踪调查主要经济指标变动情况：37 家小微企业和个体经营户资产总计为 2241.30 万元，比上年同期增加 3.38%；营业收入 2229.1 万元，比上年同期减少 29.18%；期末从业人员 134 人，比上年同期减少 18.89%。

【统计法治工作】2018 年，黔西南调查队党组高度重视法治建设工作，将其列入该单位年度工作计划，作为单位重点工作抓实、抓牢。切实加大学习教育力度，定期组织学习《中华人民共和国宪法修正案》《统计法》《统计法实施条例》《统计违法违纪行为处分规定》《关于建立领导干部违规干预统计工作记录制度的办法》《关于防范和惩治统计造假弄虚作假责任制实施办法（试行）》《防范和惩治统计造假、弄虚作假督察工作规定》和《贵州调查总队统计执法检查制度》等；积极组织落实黔西南调查队统计法治宣传教育第七个五年规划，推进统计调查对象学法懂法守法。精心制作法规培训 PPT，进行考前强化培

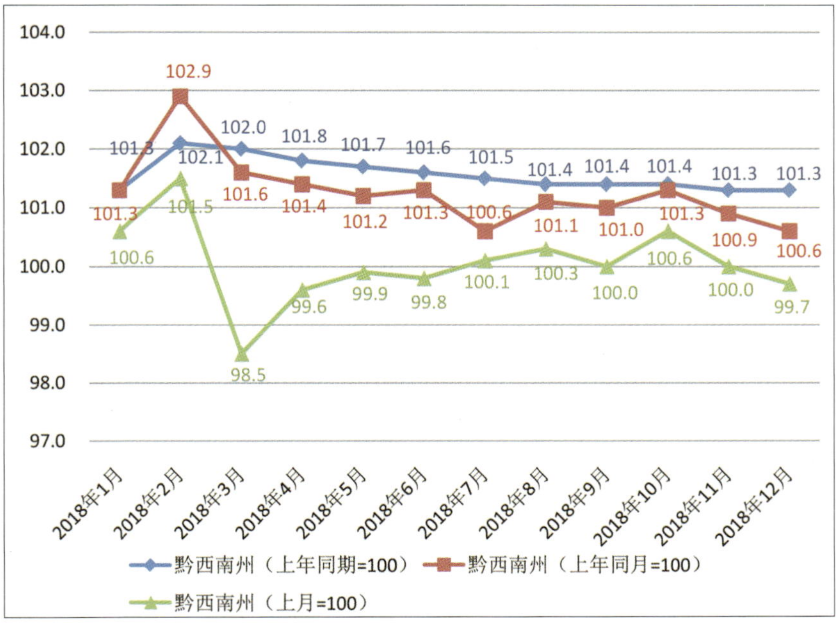

2018 年 1—12 月黔西南州居民消费价格运行情况示意图

2018年6月11日至13日，贵州调查总队生产投资价格处处长谢晓清（右二）一行2人，到黔西南调查队检查PPI基础工作　　（州调查队　提供）

黔西南调查队纪检组组长钱麟（右四）陪同总法规处一行到兴义市则戎乡开展普法宣传　　（州调查队　提供）

训、模拟测试。在2018全省执法资格考试中，一名参训人员顺利通过。利用“9·20”统计开放日、“12·4”国家宪法日、“12·8”《统计法》颁布35周年纪念日、“12·30”第四次经济普查登记日以及访户、访企机会开展统计法治宣传活动；随机抽取辖区内两个县认真组织开展“双随机”统计执法检查。

（王太忠）

附件

1.黔西南州2018年城乡居民收入持续增长收入差距逐步缩小生活水平不断提高

2、2018年黔西南州物价稳定　CPI温和上涨

3、助力小微企业发展须“精准施策”

附件1

黔西南州2018年城乡居民收入持续增长收入差距逐步缩小生活水平不断提高

2018年，黔西南州以脱贫攻坚统揽经济社会发展全局，把人民对美好生活的向往作为奋斗目标，大力弘扬“团结奋进、拼搏创新、苦干实干、后发赶超”的新时代贵州精神，紧紧围绕“强经济、美城乡、兴产业、促旅游”的发展思路，以提高发展质量和效益为中心，守好发展和生态两条底线，坚持精准扶贫促发展、攻坚克难奔小康作为行动纲领，以稳增长、调结构、惠民生为发展基础，全面实施大扶贫、大山地旅游、大数据战略行动，奋力打造民族特色山地经济创新示范区，不断加快全面建成小康社会前进步伐，积极实施一系列惠民增收政策，经济发展持续向好，改革发展成果惠及广大人民群众，城乡居民收入持续增长，收入差距逐步缩小，生活质量不断提高，人民群众的获得感和幸福感进一步增强。

一、居民收入持续增长，城乡收入差距逐步缩小

从2018年城乡居民收支调查数据来看，全州城乡居民收入保持稳定增长态势。全州城乡居民可支配收入18735元（排全省第5位），城镇常住居民人均可支配收入为30407元（排全省第4位），同比增长9.2%（排全省第1位），高于全国1.7个百分点，高于全省0.9个百分点；农村常住居民人均可支配收入9485元（排全省第6位），同比增长

10.3%（排全省第2位），高于全国1.5个百分点，高于全省0.7个百分点，实现城乡居民收入持续增长。城乡居民收入比从2017年同期的3.23∶1下降至3.20∶1，城乡收入差距逐步缩小。

2018年城乡居民可支配收入增长情况统计表

单位	城镇常住居民可支配收入		农村常住居民可支配收入	
	绝对额（元）	增幅%	绝对额（元）	增幅%
全国	39251	7.8	14617	8.8
贵州	31592	8.6	9716	9.6
黔西南	30407	9.5	9485	10.3

二、各县市收入差距逐步缩小

随着脱贫攻坚大扶贫战略的不断深入推进，精准扶贫、精准脱贫促使低收入群体居民收入不断增加，2018年望谟、册亨等县城乡居民收入增速分列全州前列，各县市收入差距逐步综小。

2018年黔西南州分县市城乡居民人均可支配收入情况表

县市	城镇居民人均可支配收入		农村居民人均可支配收入	
	绝对值（元）	增幅%	绝对值（元）	增幅%
兴义市	32369	9.5	12078	10.4
兴仁市	29515	9.4	9383	10.3
普安县	29164	9.6	8822	10.6
晴隆县	28792	9.8	8356	10.2
贞丰县	29366	9.6	9187	10.5
望谟县	28602	9.8	8082	10.8
册亨县	28780	9.9	8278	10.7
安龙县	29306	9.7	8991	10.6

三、城镇居民收入稳步增长

全州城镇居民可支配收入为30407元，比上年增长9.5%。其中：工资性收入19025元，占可支配收入的比重为63%，工资性收入仍然是城镇居民收入的主要来源；经营净收入7003元，占可支配收入的比重为23%；财产净收入为2598元，占可支配收入的比重为8%；转移净收入为1781元，占可支配收入的比重为6%。

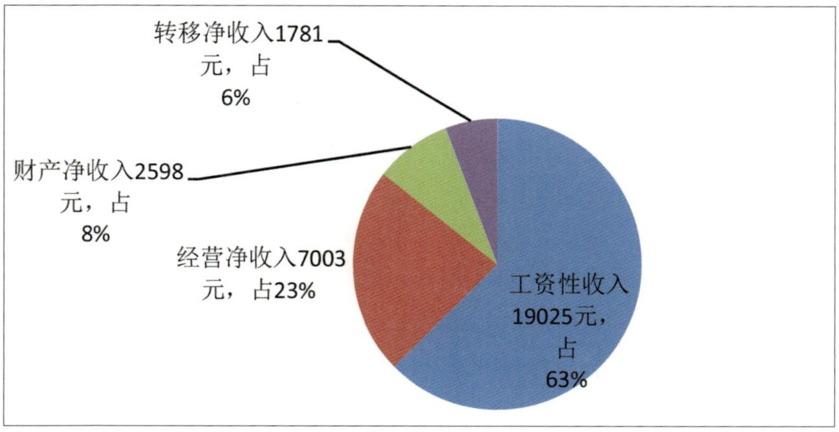

黔西南州2018年城镇居民可支配收入构成情况示意图

助推城镇居民收入稳定增长的主要政策措施：

（一）工资性收入

一是机关事业单位、基层工作人员及社会从业人员的工资待遇有明显提高。黔西南州城镇单位从业人员年平均工资63243元，同比增长10.98%，排全省第2位。

二是城乡居民就业再就业培训力度加大。全州城镇新增就业完成43000人，农民工新增返乡就业创业人数37581人；城镇登记失业率控制在目标任务4.2%以内。公益性岗位安置就业困难人员累计6000人次以上。

三是东西部转移就业协作加强。为促进劳动力转移就业，在宁波市设立1个州级对口帮扶劳务协作站，与对口帮扶城市设立1个州级和9个县（市、区）级劳务协作站均已挂牌。邀请宁波籍35家企业参加“春风行动”东西部协作专场招聘会，参与黔西南州现场招聘会25场次，提供适合贫困劳动力就业岗位2.8万个。

四是精准就业扶贫，促居民增收。全州组织企业1140家举办脱贫攻坚“春风行动”专场招聘会42场，组织企业1143家举办易地扶贫专场招聘会71场，累计提供就业岗位15.68万个，累计实现精准贫困劳动力就业创业85639人，实现易地扶贫搬迁已搬迁劳动力就业创业43231人，一户一人以上就业20251户；以县为单位建立贫困劳动力岗位数据库，累计提供小额担保贷款4833.1万元，带动就业1796人，扶持精准贫困户和新市民创业707人。

五是城镇化建设、工业园区建设、农业产业化建设是就业促增收的倍增器。在本乡地域内从事基础设施建设、危房改造、产业发展、工业园区、房地产开发等行业的务工人员比上年增多10%左右，每月平均工资较上年增加1400元左右。

（二）经营性收入

一是消费市场较为活跃。2018年社会消费品零售额同比增长8.8%（排全省第1位），批发业商品销售额同比增长13.2%（排全省第1位），零售业销售额同比增长16.0%（排全省第1位），住宿业营业额同比增长13.2%（排全省第2位），餐饮业营业额同比增长15.9%（排全省第2位）。

二是旅游投资规模空前。累计完成旅游投资108亿元，接待游客6000万人次，实现旅游总收入479亿元，同比增长40%。建成万峰林国际户外会演中心等一批重点旅游项目，在新加坡、马来西亚等国及中国港澳台地区设立旅游营销中心，直接带动相关服务业及旅游小商品制作等非农产业的快速发展，带动经营性收入增加，二三产业经营受旅游发展得到的收入明显增加。

三是小微企业及个体工商户发展迎来新机遇。积极鼓励发展实体经济，加大对小微企业的扶持力度，充分发挥小额担保贷款以创业带动就业的作用，使小微企业经营状况得到改善，私营企业明显增加。同时，微商、电商等新经济模式的崛起，掀起新一轮全民创业热潮，自由职业者增长迅速，从一定程度上促进经营收入的提高。

（三）财产性收入

一是城乡居民财富的积累，导致投资渠道的多元化，利息收入、红利收入、储蓄性保险净收益等多元化的财产性收入的增长。二是城镇居民的闲置房得到充分利用，以居住房、门面房为主的出租房屋收入成为城镇居民财产性收入的主要来源。由于棚户区、城中村改造，通过划地安置、货币赔偿等方式解决安置问题，拉动财产净收入增长。

（四）转移性收入

一是2018年全州一般公共财政预算支出同比增长12.7%（排全省第1位），八项支出同比增长14.9%（排全省第2位）。

二是实行全面目标绩效管理，在职职工及离退休人员待遇提高显著。2018年度在职职工平均绩效为3000元/月，同比增加1000元，增幅为33.34%；离退休人员平均绩效为1500元/月，同比增加500元，增幅为33.34%，同时年终发放慰问金和其他补助。

三是受外出务工潮的影响，务工人员带回收入明显增多。2018年全州外出打工人数约为77.13万人，按每月人均寄带回1000元计算，全年外出从业收入达925.56亿元。

四是社会养老保险稳步推进，城乡居民受益人群及保险金额逐年增加。全州社会保险基金支出共计394752万元，城镇职工基本养老保险基金47761万元、城乡居民基本养老保险基金25150万元、机关事业单位养老保险基金160226万元（含清算）、城镇职工基本医疗保险基金30764万元、城乡居民基本医疗保险基金113948万元、工伤保险基金8753万元、生育保险基金3870万元、失业保险基金4280万元。累计发放60周岁以上失地农民2.13万人，养老金1473万元。

五是出台医疗健康扶持措施，受益人数和补偿金额稳步增长。建档立卡贫困人口“健康扶贫医疗保障救助政策”，累计受益3.43万人次，产生医疗总费用1.67亿元，基本医疗统筹基金支付1.52亿元，民政医疗救助资金支付849.94万元，政策范围内医疗费用报销比例达100%，实际报销比例达到96.45%。创新出台“安居险”，为易地搬迁建档立卡贫困人口服下“定心丸”，已签订新市民中建档立卡贫困人口“安居险”13.374万人，其余分批次核实实际入住情况后签订。已成功实现跨省备案上传1958人次，往来刷卡就医已清算1144人次，确定城乡居民按病种付费种类达125个，城镇职工病种达110个。

城镇居民消费水平稳步增长，生活水平不断提高。随着城镇收入水平不断提高，消费结构得到升级，生活质量不断改善。2019年城镇居民家庭人均消费支出

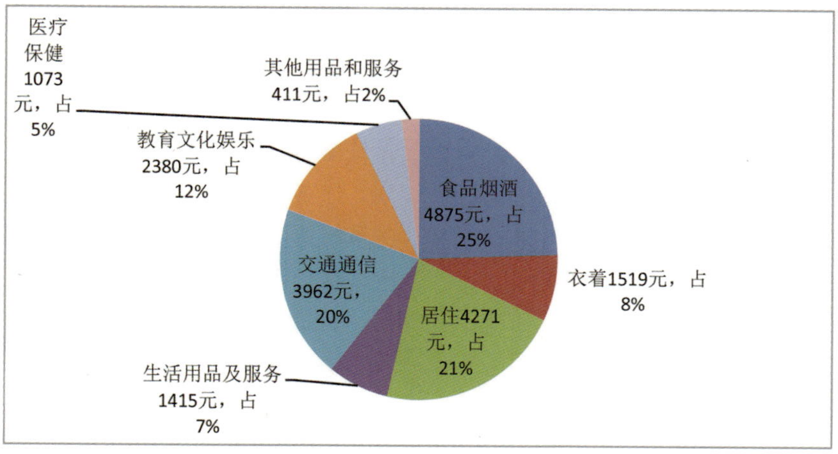

2018年城镇居民生活消费支出构成情况示意图

19906元，同比增长10.5%，各项生活消费支出构成如下：

1. 居民食品支出结构不断完善，食品消费层次逐步提高，营养摄取更加科学均衡，推动食品消费支出稳中有增，人均食品烟酒类支出4875元，占比25%；

2. 随着居民对衣着时尚性的要求越来越高，带动衣着消费平稳增长，人均衣着类支出1519元，占比8%；

3. 棚户区改造等推动居住类支出增长，人均居住类支出4271元，占比21%；

4. 由于居民住房条件改善，加快耐用消费品更新换代步伐，人均生活用品及服务类支出1415元，占比7%；

5. 随着出行条件的改善，居民日常交通工具逐步由传统代步型向舒适便捷型转变，人均交通通信类支出3962元，占比20%；

6. 随着生活节奏加快，旅游休闲等生活方式成为居民生活中的主要娱乐休闲项目，人均教育文化娱乐类支出2380元，占比12%；

7. 随着健康意识不断增强，人均医疗保健类支出1073元，占比5%；

8. 居民在高档化妆品等服务消费的支出越来越多，人均其他用品和服务类支出411元，占比2%。

四、农村居民收入增势明显

2018年全州农村居民可支配收入为9485元，比上年增长10.3%。其中：工资性收入4430元，占可支配收入的比重为47%；经营净收入3483元，占可支配收入的比重为37%；财产净收入为199元，占可支配收入的比重为2%；转移净收入为1372元，占可支配收入的比重为14%。

助推农村居民收入稳定增长的主要政策措施：

（一）工资性收入

随着农业基础设施建设不断加强、农业机械化的普及和农业种养新技术的推广应用，农业生产效率大幅提高、消耗的劳动力呈下降趋势，农业从业人员由传统农业向休闲农业和乡村旅游业转型，农民就业岗位增加，技术用工需求增长；同时以培育专业技能型为主的新型职业农民培训使普通农民工向技术工转型，农业园区从业人数增加，本地从业创业人数增长较快，使得本地务工人员大幅增加，工资性收入较快增长。

（二）经营性收入

以大扶贫战略为抓手，实施精准扶贫，“农文旅”逐步铺开，不断采取有利经济增长措施，鼓励城乡居民积极在本地创业及发展养殖等各种渠道来促进居民可支配收入增长。同时不断加大种养殖业和特色产业结构调整力度，以“引、试、带”的方式，在农业特色优势产业、农业加工业、休闲农业与乡村旅游产业等多元化产业发展带动下，促进薏仁米、食用菌、茶叶、精品蔬菜、特色水果、花卉苗木、中药材、干果、香米等高附加值农产品种植面积增加，不断探索以矮脚鸡、麻山羊、梅花鹿、肉牛、生猪等特色养殖业成为新的产业经济助民增长点。同时支持众创空间等各类新兴创新载体建设，以市场

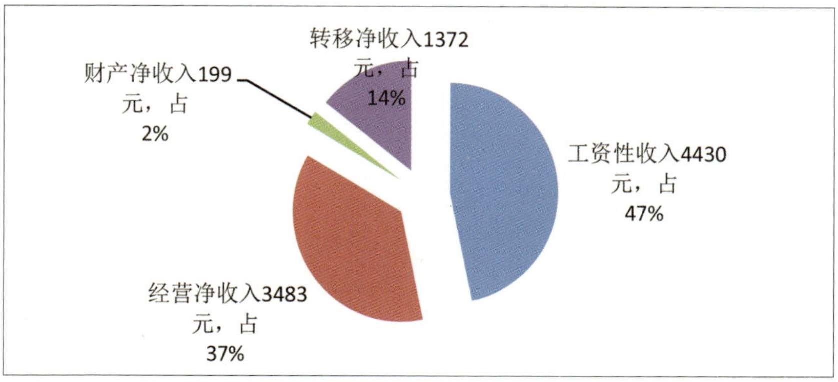

黔西南州2018年农村居民可支配收入构成情况示意图

经济内容为主要导向，以独特的优势带动中小企业创业。同时致力“旅游+”带动经济发展，创增收新纪录，随着三届国际山地旅游暨户外运动大会和五届中国美丽乡村万峰林峰会的举办，极大提升水墨金州幸福黔西南的知名度和美誉度，使得这片热土处处蕴藏着希望，充满着商机，促使家庭经营性收入大幅增加。

（三）财产性收入

全力推进振兴农村经济的产业革命，在各级政府的政策扶持和龙头企业的发展带动下，立足农业供给侧产业结构调整，通过农民专业合作社分红、国家公益林补助和地方公益林补助等加大农民收入。为做好玉米种植面积调减工作，在精品水果、精品花卉、中药材等优势特色产业的带动下，土地流转逐年增加，流转方式有转包、互换、出租、股份合作等方式，流转去向从以农户与农户之间，转向企业、园区、农民合作社为主，流转土地主要用于发展特色优势产业发展和冷链物流体系建设，转让承包土地经营权收入其他股息和红利等的增加，为农村居民财产性收入增长开辟新的空间。

（四）转移性收入

采取一系列惠民政策措施，切实抓好强农惠农政策的落实，采取向上争取资金扶持、金融贷款扶持、招商引资、社会融资、本级财政投入等方式，退耕还林还草、养老和医疗保险、库区移民补助、教育补助、危房改造、良种补贴、农村低保等资金及时兑现到农户手中，在卫生、文化教育、新型农村养老保险、扶贫款方面所享受的各种政策补贴逐年增长，促进农村居民转移性收入的增加。

地理标志证明商标拥有量全省第一

截至 2018 年 12 月底，贵州省共有地理标志证明商标 84 件，黔西南州拥有量为 15 件，分别为兴仁薏仁米、望谟黑山羊、顶坛花椒、册亨茶籽油、普安红茶 2 件、晴隆绿茶、仓更板栗、安龙金银花、品甸生姜、晴隆糯薏仁、普安四球茶、普安薄壳核桃、普安白及、兴仁无籽刺梨，拥有量与遵义市并列全省第一。目前还在积极培育“贞丰粽粑”“晴隆羊”“安龙石斛”“册亨布依刺绣”“册亨糯米蕉”“阿藏李子”“回龙藠头”“九盘五星枇杷”“普安天麻”“普安蜜柚”“普安百香果”“义龙绿化桃”“望谟八步红茶”等地理标志证明商标。

脱贫攻坚取得成效

各县市集中人、财、物，全力打好脱贫攻坚“四场硬仗”，坚持落实“六个精准”扶贫工作要求，紧紧围绕“一达标两不愁三保障”脱贫标准，根据贫困类型和致贫原因、发展资源和条件，抓住基础设施建设、产业扶贫、就业扶贫、易地扶贫搬迁、饮水安全和住房、教育、医疗“三保障”等关键，强化到村到户到人精准帮扶举措，精准制定和实施帮扶计划，建立因地制宜、因村因户因人施策的帮扶体系，使扶贫措施与贫困现状密切对应，不降低标准、不吊高胃口，焦点不散、靶心不变，着力夯实贫困群众稳定脱贫基础，做到扶真贫、真扶贫、脱真贫、真脱贫，脱贫攻坚取得实际成效。兴仁市 2018 年已经顺利通过国家第三方评估验收，成功实现“减贫摘帽”，2018 年底安龙县符合国家级贫困县减贫摘帽标准，申请减贫摘帽退出。

农村居民消费水平持续增长，生活质量不断改善。随着农村经济的全面发展，农村居民消费观念正逐渐转变，改善型消费需求增加，生活质量不断改善。2018 年农村居民家庭人均消费支出 8759 元，同比增长 11.2%，各项生活消费支出都呈现上升的特点：

1. 农村居民膳食结构向更有利于身体健康方向改善，饮食质量明显提高，人均食品烟酒类支出 2247 元，占比 26%；

2. 农村居民消费观念逐年改

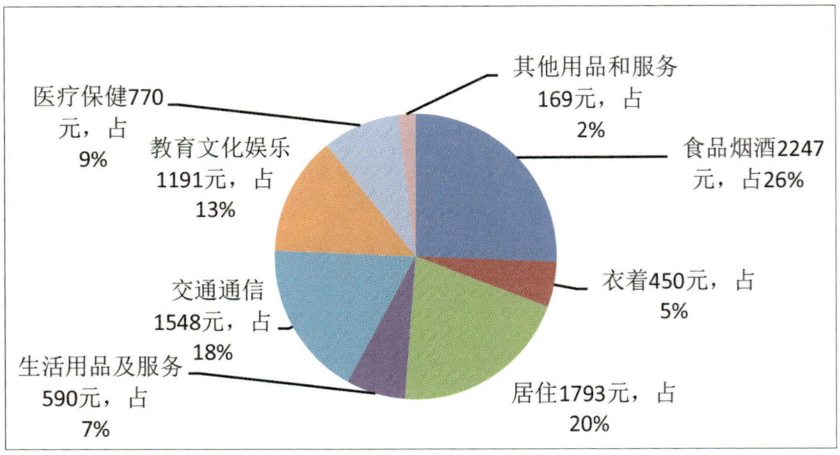

黔西南州 2018 年农村居民生活消费支出构成情况示意图

变，不断提高消费档次与质量，人均衣着类支出450元，占比5%；

3.农村危房改造、新农村建设和易地扶贫搬迁政策继续实施，居住条件不断改善，带动配套设施需求的增长，人均居住类支出1793元，占比20%；

4.由于生活观念转变，用于生活用品及服务的消费逐步向时尚型、舒适型转变，人均生活用品及服务类支出590元，占比7%；

5.农村交通和通信基础设施的完善和服务网点的延伸，交通通信消费成为农村消费的热点，人均交通通信类支出1548元，占比18%；

6.随着对教育投入不断加大，居民对于教育的重视程度不断提高，人均教育文化娱乐类支出1191元，占比13%；

7.随着城乡医疗保险体系机制和农村医疗卫生条件的不断完善，居民健康养生意识不断增强，人均医疗保健类支出770元，占比9%；

8.随着生活水平不断提高，金银饰品等越来越受人们青睐，人均其他用品和服务类支出169元，占比2%。

五、生活质量显著改善，耐用消费品拥有量不断增加

在经济发展持续向好和收入持续增长等多重驱动下，城乡居民生活质量显著改善，耐用消费品拥有量不断增加。全州每百户城镇居民家庭拥有摩托车70辆，洗衣机103台，电冰箱105台，彩色电视机105台，计算机59台，照相机10架，空调20台，热水器92台，固定电话7部，移动电话296部。每百户农村居民家庭拥有摩托车80辆，洗衣机91台，电冰箱90台，彩色电视机98台，计算机16台，照相机1架，热水器53台，固定电话4部，移动电话313部。农村家庭的计算机、热水器等耐用消费品拥有量快速增长。

六、城乡居民收入持续增长的建议

1.加快产业结构调整，助推脱贫攻坚。树立“扶产业才是扶根本”的理念，结合市场需求，根据群众意愿，因地制宜，调整农业产业结构，减少低效农作物种植面积，不断增加适宜本地种植、符合市场需求的农特经济作物种植面积。加强电商渠道建设，完善现代物流体系，搭建线上线下交易平台，让农特商品更加便捷走向城市，让种养殖户种得放心、养得安心，使消费者买得放心、吃得舒心，切实提高农村居民收入水平。

2.推进乡村振兴，助力农民增收。以实施乡村振兴战略为抓手，以推进农业供给侧结构改革为主线，优化农业产能，推进现代高效农业示范园区、美丽乡村田园综合体、富美乡村示范村等建设，以县县有主导产业、乡乡有特色种类、村村有优势品种、户户有增收项目、人人有脱贫门路为发展目标，多渠道增加收入。

3.深化“三变”改革，激发群众内生动力。深化农村土地产权制度改革，通过党建引领、土地流转、贫困群众带资入股、“企业+合作社+贫困户合作”等方式，推动农村土地所有权、承包权、经营权三权分置改革，充分发挥市场在资源配置中的决定性作用，进一步创新土地流转制度，进一步推广“资源变资产、资金变股金、农民变股东”的三变改革成功经验，鼓励规模经营户扩大流转土地的集中连片和规模经营，形成“合作社带大户，大户带小户，一帮一带一扶”的扶贫发展模式，激发群众内生动力，有效解决贫困户持续增收和稳定发展问题，有效推动脱贫攻坚工作，让农村土地保值增值，农产品增产增效，实现财产收入较快增长。

4.扎实抓好精准扶贫，走出扶贫新路子。通过导入产业、激活创业、扩大就业、精准识别、精准施策、精准金融多措并举的精准扶贫实践开展精准扶贫脱贫，动员和聚合各方资源与力量，以新技术为驱动、以新产业为支撑、以

黔西南州2018年城乡居民耐用消费品拥有量情况表

指标名称	单位	城镇	农村
摩托车	辆	70	80
电冰箱（柜）	台	105	90
洗衣机	台	103	91
热水器	台	92	53
空调	台	20	2
彩色电视机	台	105	98
照相机	架	10	1
计算机	台	59	16
固定电话	部	7	4
移动电话	部	296	313

新模式为突破，紧紧围绕扶贫工作目标，深入推进供给侧结构性改革和产业结构调整，在发展第二、三产业上下功夫，以解决好贫困村、贫困户最急需解决的问题为首要任务，立足第一产业，确定和实施好扶贫项目。坚持市场导向，充分发挥新型农业经营主体和新型农业服务主体引领作用，依托“整村推进、整乡易地生态扶贫搬迁的麻山经验”“种草养畜、修复生态的晴隆模式”以及产业扶贫、电商扶贫、旅游扶贫、金融扶贫、生态扶贫、科技扶贫、光伏扶贫等各种扶贫模式，建成一批对脱贫攻坚带动能力强的特色产业基地，大力发展现代服务业，推进一、二、三产业融合发展，促进贫困群众收入稳步增长。

5. 拓宽销售渠道，改善消费环境。利用“互联网+”、物联网、大数据、云计算、连锁经营等现代流通模式，积极推广农超、农批、农餐、农校、农企对接等产销衔接模式，采取农产品电商直销、实体店分销等多种渠道方式相结合，建立长期稳定的供销关系，改善居民消费环境，让更多优质农特产品走出山区，实现产销两旺，增加销售收入。

附件 2：

2018 年黔西南州物价稳定 CPI 温和上涨

2018 年，黔西南州居民消费价格总水平（CPI）累计上涨 1.3%，与上年相比涨幅扩大 0.2 个百分点，较全省均值 101.8% 低 0.5 个百分点，物价总体较为平稳，涨势温和，CPI 指数低位运行。

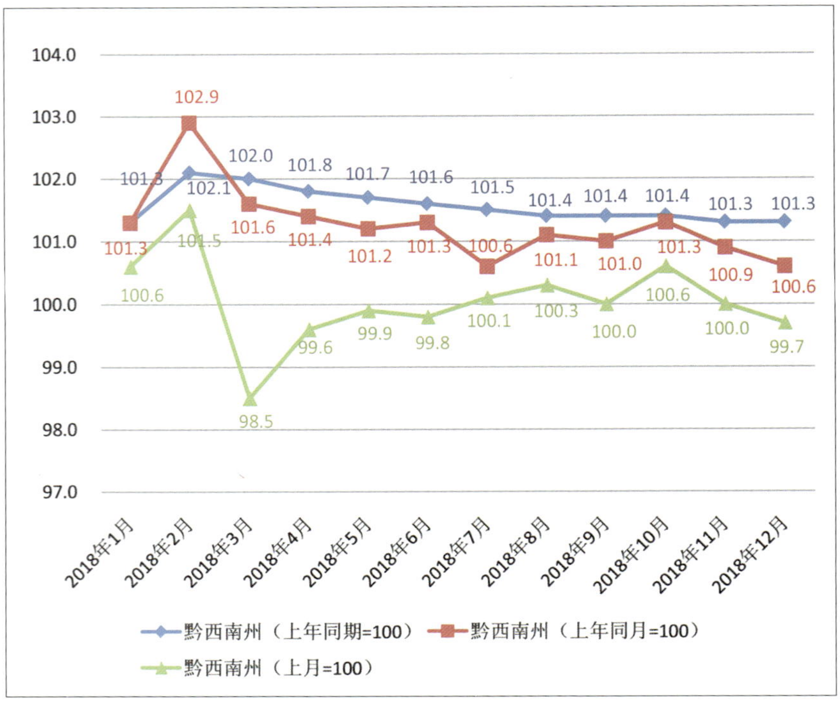

2018 年 1—12 月黔西南州居民消费价格运行情况示意图

一、2018 年居民消费价格整体运行情况

（一）与上年同期相比，2018 年黔西南州物价整体温和上涨，八大类商品和服务指数呈全面上涨态势。

除 2 月份受春节错月以及凝冻天气影响，推高上年同期指数，其余月份物价较为稳定，上年同期指数稳步降低，由 2 月份最高的 102.1%，降到 12 月份最低的 101.3%。

从调查的八大类商及服务价格看，2018 年黔西南州居民消费价格八大类商品和服务全面上涨，食品烟酒、衣着、居住、生活用品和服务、交通和通信、教育文化和娱乐、医疗保健、其他商品和服务价格分别上涨 0.1%、1.6%、0.8%、2.4%、2.0%、3.4%、1.3%、1.1%。

（二）与上年同月相比，除 2 月份同比指数走高外，其余月份均在 100.6%~101.6% 间波动，整体涨幅较为稳定。

2018 年，一季度受到春节错月以及凝冻天气影响，同比指数经历低开、高走、大幅回落的大幅波动期，二季度到四季度，同比涨幅虽小幅震荡，但总体涨幅在 100.6%~101.6% 间，涨幅较为稳定。

（三）与上月相比，环比走势震荡波动，整体呈“M”行走势。

受元旦、春节需求增长拉动以及凝冻天气影响，鲜活食品价格大幅上涨，1 月环比涨幅为 0.6%，2 月在此基础上涨幅扩大 0.9 个百分点，达到全年环比最高点 101.5%，3 月节日因素消退，当月环比 98.5%，跌幅 1.5%，为全年环比最低点。4—9 月，天气回暖，本地鲜菜鲜瓜果大量上市，食品价格基本稳定，受交通、旅游相关价格拉动，各月环比逐渐由跌转升，物价整体较为稳定。10 月受非洲猪瘟、汽柴油价格上涨以及节日因素影响，环比指数继续上涨，成为下半年的环比最高点。11—12月受旅游类产品价格下降以及能源类价格下调影响，环比指数由升转降。

二、2018年居民消费价格变动特点

（一）食品价格相对稳定，对居民消费价格总指数涨幅拉动不大。

食品价格相对稳定，尤其是农产品价格基本稳定，是保持价格总水平稳定的基础。2018年，黔西南州食品价格较上年同期下降0.1%，拉动居民消费价格指数下降约0.02个百分点，食品价格基本保持稳定。影响食品价格变动的主要有以下几类：

1、蔬菜瓜果价格上涨，但涨幅温和。其中，鲜菜价格上涨1.3%，鲜瓜果价格上涨1.3%，受今年利好天气影响，蔬果的生长、采集、运输、保存较为顺畅，价格上涨幅度不大，二者共同影响CPI上涨约0.06个百分点。

2、畜肉类价格下降。其中，猪肉价格下降是拉动食品价格指数下降的主要因素。2018年，受生猪供应量充足影响，黔西南州猪肉价格一直维持平稳但略有下降的态势，虽然10月份非洲猪瘟疫情短暂推高猪肉价格，但总体来看，2018年猪肉价格仍处于下降态势，价格较上年同期下降8.8%，影响居民消费价格指数下降约0.24个百分点。

3、禽肉类价格稳步上涨。今年以来，禽肉类价格稳步回升，特别是10月份以后，受猪肉价格上涨影响，禽肉类需求持续增加，推动禽肉类价格上涨，总体来看，禽肉类价格较上年同期上涨9.0%，影响居民消费价格指数上涨约0.13个百分点。

4、蛋类价格上涨。2018年，蛋类需求持续上涨，特别是中秋、国庆双节前后，受旺盛的市场需求推动，价格涨幅较为明显，至年底，蛋类价格较上年同期上涨10.5%，影响居民消费价格指数上涨约0.05个百分点。

（二）工业品价格上涨是推动居民消费价格总指数上涨的主要动力。

2018年，黔西南州工业品价格上涨1.9%，带动总指数上涨0.64个百分点。工业品价格上涨主要受国内成品油价格上调影响，2018年，汽油、柴油价格分别累计上涨12.7%和13.9%，影响居民消费价格总指数上涨约0.31个百分点。

（三）服务价格上涨带动居民消费价格总指数上涨。

2018年，黔西南州服务价格上涨1.7%，涨幅较上年扩大1.3个百分点，影响居民消费价格指数上涨0.59个百分点。近年来，随着居民收入的增加，消费结构升级越发明显，旅游、住宿等服务性价格对居民消费价格总指数的影响也越来越大，受其影响，教育文化和娱乐价格上涨3.4%，影响居民消费价格总指数上涨约0.34个百分点，成为2018年八大类商品和服务中影响居民消费价格总指数上涨的第一因素。从全年价格走势上看，旅行社收费、住宿、飞机票价格时段性上涨十分明显，春节、国庆、寒暑假等长假成为价格高峰，节假日后价格快速回落。

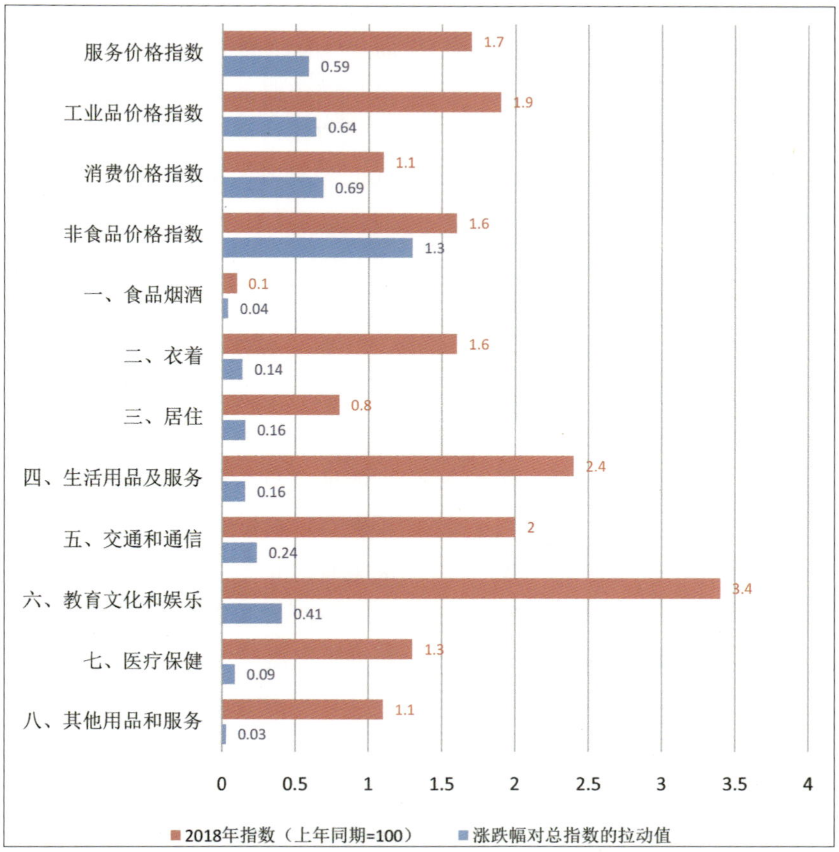

2018年度黔西南州消费价格各类涨跌幅度及各自对总指数的拉动情况示意图

三、对2019年居民消费价格指数走势的预判

2019年一季度，受到春节期

间消费需求旺盛的影响，鲜活食品价格预计将会有较大幅度的上涨，不考虑其他突发事件的影响，居民消费价格指数预计将在2月份达到高峰。从全年来看，考虑到2018年翘尾因素影响，居民消费价格总指数涨幅或有小幅度波动，但整体物价仍将维持在的调控范围内，全年物价将温和上涨。

四、对2019年工作的建议

（一）继续保持农产品价格基本稳定。因省内非洲猪瘟疫情并未完全消除，因此，加强生猪市场监督与调控依然十分重要，2019年应密切猪肉价格走势，及时反映猪肉价格波动情况。同时，应加强重要节日前后，对鲜活食品的价格监督，使蔬菜、鲜瓜果等“菜篮子”价格能够保持在一个合理区间，保障市民基本生活供应。

（二）加强服务性价格的市场监管，规范相关行业收费，引导服务性价格合理上涨，有利于维持物价稳定，保障居民生活品质稳步提升，确保2019年居民消费价格温和上涨。

（三）聚焦国内经济形势，加强价格分析预测。根据当前经济形势，结合往年价格变动经验，密切关注市场供求状况和价格走势，加强价格传导的分析预测，尽早发现倾向性和苗头性问题，强化市场监管，维护市场的正常秩序。

附件3：

助力小微企业发展须“精准施策”

为掌握小微企业及个体经营户现状及扶持政策取得的成效，黔西南调查队开展2018年第四季度新设立小微企业及个体经营户跟踪抽样调查，调查结果显示，四季度黔西南新设立小微企业及个体经营户总体运营状况不佳，市场需求不足，经营者信心偏弱等问题依然存在。

一、样本单位总体基本情况

（一）正常经营单位数逐渐减少。本次调查共抽中91家小微企业及个体经营户，正常经营的有37家，占比40.66%，其他因停业、筹建、关闭等原因未正常经营。

（二）收入减少的样本单位占大多数。由于国内经济大环境短期内难以改观，正常经营的37家小微企业和个体经营户有22家收入下滑，占59.46%。

二、样本单位经营状况

（一）资产规模小幅增加。37家小微企业和个体经营户资产总计为2241.30万元，比上年同期增加3.38%。

（二）营业收入降幅较大。四季度37家企业及个体经营户营业收入2229.1万元，比上年同期减少29.18%。主要是兴义市巨匠装饰有限公司、兴义市聪颖贸易有限公司收入同比减少幅度最大，降幅分别为92.47%、79.17%。从而影响整体收入大幅下滑。

（三）用工数量减少。调查结果显示，四季度37户小微企业及个体经营户期末从业人员134人，比上年同期减少18.89%。原因一是企业效益不佳，二是原材料供应不足企业用工相应减少。

（四）税费负担减轻。四季度有70.27%的企业及个体经营户感受到享受免税政策，说明政府的税收优惠政策覆盖面在进一步扩大；需缴纳税费的企业缴纳金额也较少，户均仅为0.247万元。

三、企业及个体经营户面临问题及期盼

（一）市场需求难以提升、经营困局仍将持续

小微企业及个体经营户受制于规模小、适应能力差、抗风险能力弱，加上国内经济下行压力大，市场低迷状况难以改观。37家企业及个体经营户四季度营业收入同比下降29.18%。希望政府有关部门多搭建平台，拓宽渠道，助力企业产品销售。

（二）融资难、融资贵状况得到有效改善，但还须强化

在专题调研走访的兴仁县屯脚镇贵碧苡仁米加工厂等四家样本企业中，均反映贷款比前些年容易多，并且政策性贷款不需要抵押、利率在4.7%~6.5%之间；商业性贷款利率在7.5%左右。四家小微企业都是从农村商业银行贷到的款，希望其他国有商业银行也多承担些扶持小微企业信贷的社会责任，使企业融资渠道更宽、授信额度更大、利率更低。

（三）原料供应不足

专题调研的四家样本企业，有三家存在原料供应不足问题：一是册亨县万甲刁油脂加工厂加工的油菜籽主要来自于当地，近年来当地农村外出务工人员增多，油菜籽种植行业劳动力缺乏，致使油菜籽种植面积大幅减少，菜籽供应不足。

2018年册亨县增加一家机制炭厂和一家生物颗粒厂，分流一部分木材加工厂产生的锯末，对册亨县聚友机制木炭加工厂的原料供应产生一定的影响。

由于近年来土地承包流向烟叶种植和其他附加值较高的经济作物种植行业。造成苡仁米种植面积大幅减少，兴仁县屯脚镇贵碧苡仁米加工厂原料供应严重不足，2018年较上年产能利用率减少50%左右。

希望当地政府在产业布局时合理规划，充分考虑市场需求，确保相关小微企业的原材料供应不受影响。

（四）货款拖欠影响资金周转

由于农村居民建房大多缺乏所需资金，赊欠建材款已成常态，兴仁县百德镇兴兴砖厂目前仍有10万元货款尚未收回。

兴仁县屯脚镇贵碧苡仁米加工厂产品主要供给本镇和县城的苡仁米精加工企业，目前仍有60万元货款被拖欠。

希望政府加强国务院27个部门联合惩戒制度的执行，倒逼个人和企业重视自身信用体系建设，杜绝“三角债”，缓解货款拖欠问题。

（五）环保要求过严，企业改造负担较重

在近年环保整治高压态势下，本次调研走访的册亨县聚友机制木炭加工厂因环保问题停产整改数月后刚恢复生产，目前已投入45万元完成部分主要环保设施的改造，若要全部完成改造仍有50万元的资金缺口。对于小微企业来说是一笔较大的负担。希望政府及环保部门充分考虑小微企业的承受能力，要求不能过高，既要加强治污监管，又要做好服务，精准指导企业环保改造，减少企业经营者治污的盲目性，避免企业重复投资。

州审计局

【概况】 黔西南州审计局，加挂黔西南州经济责任审计局牌子，另设州领导干部经济责任审计联席会议办公室（副县级）机构。领导成员：党组书记、局长雷宪春；党组成员、副局长沈浩廷、龙敏；党组成员、州经责办主任张时龙；总审计师张亚非。

2018年，黔西南州审计局人员编制51人（行政22，行政工勤3；参公事业20，参公工勤2；事业4），实有38人；内设办公室、人教科、法规科、财政金融编制审计科、行政事业外资审计科、农林水资源环保社保审计科（政策落实跟踪审计科）、企业审计科、固定资产投资审计科、经济责任审计一科和二科、监察室；另设州政府性投资建设项目前置审计中心、决算审核中心（加挂“州国家基本建设预结算审核中心”牌子）两个正科级参公单位和审计信息技术服务中心一个正科级事业单位。

全州审计机关2018年完成审计项目97个，查出主要问题金额100.29亿元，其中应上缴财政2.23亿元、应归还原渠道资金4.61亿元、应调账处理金额17.26亿元；移送司法、纪检监察和有关部门处理事项12件。出具审计报告97篇，获州领导批示9篇；提出并被采纳审计建议216条；审计管理改革后连续两年取得“全省审计系统综合目标绩效考核一等奖”。州审计局于2018年4月正式领取2015—2017“全国文明单位”奖牌，年内先后获评州直机关“党建示范点”“州直工会规范化建设示范点”和“黔西南州民族团结进步示范单位”。

【审计管理改革】 2018年，全省推进省以下审计机关人财物统一管理改革，审计项目计划实行统一管理，省级进一步强化全省审计资源统筹，打破市、州审计机关界限，重大审计项目实行省、州、县三级审计人员混合编组，采取大交叉组织方式开展审计。

【财政收支审计】 2018年全州审计财税部门和金库26个，对23

2018年6月1日，州委书记刘文新（右三）主持召开七届州委常委会第51次会议，集中学习习近平总书记在中央审计委员会第一次会议上的重要讲话精神，并提出学习贯彻意见 （州审计局 提供）

2018年12月4日，州委副书记、常务副州长穆嵘坤（右二）到州审计局调研审计自身建设情况　（刘崇方　摄）

2018年8月27日，州审计局党组书记、局长雷宪春受州政府委托向州人大做审计工作报告，连续两年全票通过　（刘崇方　摄）

个部门进行延伸审计，查出问题68个，涉及违规金额6.74亿元，管理不规范资金50.49亿元，提出审计意见和建议92条。审计中以促进财政增收节支、优化结构、提高绩效、促进改革、维护安全为目标，重点审查财政预算管理的规范性、税收收入的完整性、真实性、准确性和合法性，财政资金分配的公平合理、支出绩效及地方政府隐性债务规模底数、结构变化，部门预算批复和执行及资金支出的规范性等情况。8月27日，州审计局党组书记、局长雷宪春受州政府委托向州人大八届十三次会议作“州人民政府关于2017年度州本级预算执行和其他财政收支的审计工作报告”，报告获表决全票通过。

【经济责任审计】 2018全州审计完成经济责任审计项目14个，查出违纪违规资金0.62亿元，管理不规范资金19.28亿元，审计部门向纪委等部门移交涉嫌经济问题12项，移送13人。另配合州委组织部完成离任的县处级领导干部监交工作15项。监交涵盖工作任务、财务收支、资产资金、项目投资、资产负债、经济纠纷等遗留经济事项，稳步推动领导干部监督全覆盖。

【政府投资审计】 2018年州审计局整合力量进一步加强政府投资工程建设项目竣工结（决）算审计。年内组织实施政府性投资审计项目14项，审减资金（节约支出）0.84亿元；另备案项目754项，审减资金1.27亿元。

【资源环保审计】 2018年省审计厅通过混编混组实施市州交叉审计，其中：组织安顺等市州人员实施普安县自然资源资产离任（任中）审计；黔西南州交叉实施对黔东南州镇远县项目审计工作。

【民生资金（项目）审计】 2018年州审计局组织对晴隆县三宝乡、贞丰县鲁容乡、册亨县双江镇、望谟县郊纳镇等四个极贫乡（镇）扶贫项目资金实施跟踪审计，围绕精准扶贫精准脱贫基本方略，突出“精准、安全、绩效”主线，着力揭示资金闲置、贪污、挤占、挪用、截留、浪费，项目迟缓等突出问题，严肃查处脱贫攻坚政策措施落实和资金分配管理使用中存在的重大违法违规等问题，从体制机制和管理上深入分析原因，强化审计监督，保障民生政策落地落实。

【专项资金审计（调查）】 2018年州审计局通过推进审计组织形式创新、审计信息化能力创新和审计项目课题化实施全州23个自然保护区、7个风景名胜区、1个国家地质公园、1个国家森林公园、6个水利风景区、6个国家级湿地公园的审计调查，对风景保护区建设项目审批程序、开发建设状况、园区管护情况、经费投入使用和经营管理状况等进行审计，从审计角度对风景保护区建设规划程序、经费使用管理、国有资源经营机制建立、生态环境经济效益评价等方面进行深入研究；从体制机制、经营管理等方面提出审计建议，推动问题风险早化解、早整改。形成调研报告获“全州政府系统2018年度大兴调查研究之风破解发展难题竞赛活动优秀成果评选”一等奖。

【交办任务办理】 2018年州审计

2018 年 4 月 9 日，黔西南州审计局党组书记、局长雷宪春（左二）领取“全国文明单位”奖牌（连续两届获评全国文明单位）（刘崇方　摄）

局按照省审计厅“一盘棋”要求先后抽调 194 人次参加保障性安居工程、扶贫、易地移民搬迁、经济责任、自然资源资产、外资、环境保护等 11 批次审计任务，助力全省审计监督“全覆盖”。

【党建扶贫工作】 2018 年州审计局在全州审计机关开展“党建创新系统、党风廉政模范系统、学习型机关先进系统和文明行业系统”等四个系统建设。开门创建，创新发展、一县一品牌，以抓好党建创新系统为引领，以党风廉政建设模范系统为保障，以学习型机关先进系统为动力，以黔西南州文明行业系统为成果展现。一方面与对口帮扶兴义市洛万乡各村的州、市单位全面对接，共同组建州、市、乡、村四级帮扶洛万乡联合党总支，整合资源，集中力量，资源共享、优势互补、共驻共建，发挥党建帮扶的规模效应和聚合效应，形成上下联动、内外结合、相互学习、共同推进的帮扶合力。另一方面，在审计系统探索推进“上下联动、整合资源，集中力量，共谋共推、优势互补”和“基层组织共建、助村发展共推、困难群众共扶、党建资源共享、脱贫攻坚共谋、文明发展共创”的联合党建帮扶新模式，助力决战脱贫攻坚、决胜同步小康。文明行业系统创建：与州文明办联合制定审计文明创建五年规划，并于 2018 年联合印发《关于进一步做好全州审计行业系统文明单位创建工作的实施意见》，把文明行业创建工作纳入审计事业发展总体规划，与审计业务工作同安排、同部署、同推进，系统抓、抓系统；州、县（市）审计机关上下联动“一盘棋”，建立“党组统一领导、班子齐抓共管、创建办公室积极协调、科（股）室各负其责、干部职工全员参与”的精神文明建设领导体制和工作机制，审计业务和精神文明互促进、双丰收。

（刘崇方）

2018 年黔西南州本级及所辖区、县（市）审计工作统计表

金额单位：万元

审计机关	完成审计项目（个）	审计查出主要问题金额	审计发现非金额计量问题（个）	审计期间整改金额	出具审计报告和审计调查报告（篇）	审计处理情况		审计促进整改落实有关问题资金	审计提出建议（条）	提交审计信息（篇）
						审计处理处罚金额	移送处理事项（件）			
黔西南州州本级	23	218563	128	2329	25	57867	5	11504	57	155
兴义市审计局	8	172710	3	7626	9	172559	0	9056	24	41
兴仁市审计局	9	188843	4	2	9	0	0	0	15	30
安龙县审计局	7	50074	20	0	7	0	4	46750	51	1
贞丰县审计局	9	52036	6	79	12	913	0	913	21	30
普安县审计局	7	182742	10	2772	8	1	1	15164	16	34
晴隆县审计局	9	40646	19	351	10	829	2	829	26	32
册亨县审计局	11	2206	5	210.63	13	2206	0	221	23	30
望谟县审计局	9	76209	18	0	10	0	0	3891	21	11
义龙新区审计局	5	17365	12	650	5	10083	0	1143	19	11

注：顺序按民政部公布的行政区划排序，以市本级、区、县级市、县的顺序排列。若行政区划在本年度有变动，请予以注明。

国有资产管理

【概况】2018年6月7日，黔西南州国有资产管理委员会（简称黔西南州国资委）挂牌成立，划入原州国有资产管理局（组建于2012年6月，隶属于州财政局管理的副县级机构）职责和州委企业工委相关职责，挂州国有企业监事会工作办公室牌子，为州人民政府工作部门。

主要职责是根据州人民政府授权，依照《中华人民共和国公司法》《中华人民共和国企业国有资产法》等法律和行政法规代表州人民政府履行出资人职责，监管州人民政府所属企业的国有资产，加强对所监管企业国有资产的管理工作，并统筹指导全州国有企业党的建设工作。内设办公室、企业科、法规科（州国有企业改革领导小组办公室、法律顾问室）、考核科、组织科（州委国企党建工作领导小组办公室）5个科室。州国资委行政编制13名，其中：行政编制12名、工勤人员编制1名，设主任1名、副主任2名、总经济师1名（副处长级），设科长或副科长5名。

设立州国有企业监事会，州国资委代表州人民政府对监事会及其下设单位进行管理；州国有企业监事会统一以“黔西南州国有企业监事会工作办公室”名义对外行文和联络；设3个监事会，每个监事会设主席1名（占州国资委行政编制）。设立州国有企业监事会工作中心，为正科级公益一类事业单位，隶属州国资委（州国有企业监事会工作办公室）管理，核定事业编制9名（管理人员4名、专业技术人员5名），设主任或副主任1名。

【深化国资国企改革】2018年，督促指导12家州级投融资平台公司推进实体化转型工作，提升企业市场竞争力和抗风险能力，完成实体化项目30个，正在推进项目49个。按照“成熟一家、推进一家”的原则，启动和推进州管国有企业战略整合重组，形成《组建金州文化旅游投资有限责任公司方案》。

整合金州投资公司、兴义民航公司和州峰林文旅公司组建州文化旅游（集团）公司，作为黔西南州文化体育旅游产业的龙头企业进行打造；推动金州电力公司参与入股贵州乌江能源（集团）公司工作，推进黔西南州“大电强网”工程及能源产业发展。有序发展混合所有制经济，推进金州电力公司混合所有制改革，做好做实注册资本金等工作，实现各种所有制资本的互促互补；推进国有企业与民营企业战略合作，推动州工投（集团）公司与厦门万里石股份有限公司组建贵州木纹石材股份有限公司，生产线于12月投产。

推动州水投公司控股收购贵州鹏昇纸业有限公司51%股权，合作建设60万吨包装纸项目。开展剥离国企办社会职能工作，推进驻州央企“三供一业”分离移交，三家驻州央企涉及供水移交1682户、供电移交1993户、物业移交1780户，全部签订移交协议并完成管理职能和资产划转。盘活国有资产，与州财政局、州发改委配合，对全州国有资产进行清理排查。

【国有资产监督管理】2018年，健全国资监管制度，完成《中共黔西南州委办公室　黔西南州人民政府办公室关于进一步加强和改进全州国资国企监管的实施意见》的起草，修订完善《黔西南州国资委监管企业重大事项报告管理办法》《州国资委监管企业负责人经营业绩考核办法》及其《计分细则》。修改完善《黔西南州国有企业“企业云”平台推广应用实施方案》，创新建设“国企监管云”平台，制定《黔西南州国企监管云建设方案》并经州人民政府同意立项建设。

年内，报送州委常委会、州政府常务会研究事项21件次，办理各类批复136件次。完成监管企业2017年度及2015—2017年任期经营业绩考核评价及薪酬兑现，兑现2017年度主要负责人薪酬242.29万元，平均薪酬27.7万元，比上年增长15.1%，第一任期激励收入122.56万元。截至2018年12月底，州国资委监管企业资产总额365.91亿元，同比增长4.26%；负债总额197.16亿元，同比增长7.6%；所有者权益总额168.76亿元，同比增长0.6%。

【国有资产保值增值】2018年，审批监管企业重大事项14项，涉及金额121.8亿元。完成金州电力公司拟收购图南矿业（集团）有限公司、州工投（集团）公司子公司贵州木纹石材开发股份有限公司并购安龙县笃山俊材石料厂采矿权等6个项目资产评估报告核准。

2017年州属国有企业上交国

有资本收益507.45万元，比2016年292.69万元增收214.76万元，增长73.37%。2017年全州行政事业单位1453家，资产总额364.07亿元，同比增长29.36%；净资产总额251.36亿元，同比增长25.31%；固定资产总额118.21亿元，同比增长17.16%。2017年全州行政事业单位经管资产合计26375.03亿元，全州自然资源国有资产合计53530.26亿元。截至2018年12月底，州级实现资产出租收入1552.17万元。

【国企党建工作】 2018年，推动州委成立加强和改进国有企业党的建设工作领导小组，将州国资委党组改设为党委，从体制上强化党对国资国企工作的领导。牵头组织召开全州国企党的建设工作推进会和州委国企党建工作领导小组第一次（扩大）会议、第二次（扩大）会议，推动印发《黔西南州关于进一步加强和改进国有企业党的建设工作实施方案》《中共黔西南州委国有企业党的建设工作领导小组工作规则》《州委国企党建工作领导小组成员联系国有企业工作制度》等文件，加强制度建设；制定《黔西南州州管国有企业党的建设工作管理办法》《黔西南州州管国有企业党建工作考评办法》。

将党建工作考核指标细化为7个方面25项内容，考核结果直接与企业经营业绩和领导班子薪酬、选拔任用等挂钩。全州93户州、县管国有企业全部完成“党建入章”、建立健全党组织议事决策机制、建立重大事项报告制度、按比例要求配备专职党务工作者和落实党组织工作经费保障，党的组织和党的工作实现“全覆盖”。开展作风建设，坚持不懈整治“四风”突出问题，开展领导干部利用茅台酒牟取私利专项整治和自查清理，依法依规完成非茅台酒处置工作。接手管理25家中央、省驻州企业和州管企业的组织关系。

（胡光耀）

医疗保障

【概况】 2018年，黔西南州医疗保险管理中心内设科室7个，分别是综合科、职工医疗和生育保险待遇审理科、城乡居民医疗保险科、异地就医审理结算科、离退休医疗管理科、药品采购科、基金管理科。有事业编制26名，其中：管理岗位编制14名，专业技术人员编制10名，工勤编制2名。实有在职人员16人，其中管理岗位人员12人，专业技术人员2人，工勤人员2人。

【医疗保障制度改革】 2018年，全州医疗保险制度改革取得新突破，城镇职工基本医疗保险20.27万人、城乡居民基本医疗保险298.75万人、生育保险参保15.68万人。全州按病种支付项目达125种，17种抗癌药降价并纳入医保目录，实施专科性医疗机构按床日付费改革的新模式，实施按日间手术付费方式。异地就医信息系统先后与省平台、国家平台联网，全州36家定点医院开通跨省异地就医全国联网结算服务，完成率100%，实现全国、全省联网即时结算。

【医疗健康扶贫】 2018年，根据省卫生委、扶贫办、财政局、民政局《关于深入推进精准健康扶贫工作的通知》精神，建档立卡贫困人口中的计生“两户”家庭成员住院政策范围内医疗费用经基本医疗保险、大病保险报销后剩余部分，由计生利益导向资金给予50%的救助。建档立卡贫困人口中非计生“两户”家庭成员，住院政策范围内医疗费用经基本医疗保险、大病保险报销后剩余部分，在民政医疗救助年封顶线内按不低于50%的比例由民政医疗救助基金给予救助。建档立卡贫困人口住院医药费用经基本医疗保险、大病保险、民政医疗救助（计生扶助）后，实际补偿比未达到90%的，由县级财政统筹资金给予补贴，住院费用实际报销比例达到90%。2018年，全州建档立卡贫困人口医疗保障救助政策累计受益62996万人，产生医疗总费用31529.65万元。其中，基本医疗统筹报销26246.85万元、大病保险报销1401.57万元、医疗救助1551.1万元，实际报销比例占医疗总费用的92.6%。在城乡居民基本医疗保险25种重大疾病保障的基础上，对农村贫困人口中儿童白血病等7类13种大病实施专项集中救治，实施门诊就医“十减免”政策。

（韦明标）

水利电力

水利工作

【概况】 2018年，黔西南州水利系统超额完成水利水务固定资产投资目标，累计完成水利水务固定资产投资61.97亿元，为全年目标任务的103.29%，同比增长11.6%，连续2年超过60亿元。年内中央、省下达州各项水利投资计划20亿元，完成19.2亿元，完成率96%，其中中央投资完成率100%、地方完成率84%。累计建成53座城镇生活污水处理厂，累计处理污水总量达到4162.78万吨，城镇生活污水处理率提高到93.01%，全州城镇生活污水处理能力不断提高。

【重点水利工程建设】 2018年，马岭水利枢纽等37座大中小型骨干水源工程，完成投资21.2亿元，为年度计划任务18.63亿元的114%；望谟上亭等5座中小型水库完成大坝主体工程，兴义纳达等6座水库实现截流，晴隆西泌河等8座中小型水库下闸蓄水，普安白水等10座中小型水库开工建设。年内新增供水能力11万立方米/日，安龙美女山水库项目完成技术方案编制，并实现上会，由水规总院组织完成初审。2018年，全州共有33个水库（2个中型、32个小型）项目进入《贵州省乡乡有稳定供水水源规划》，完成兴义小河边等7个水库初设批复，完成兴仁母冲等3个水库可研批复，完成项目建议书批复14座；新开工建设普安白水等10座中小型水库，全年新增供水能力11万立方米/日，黔西南州已率先在全省基本实现“市州有大型水库、县县有中型水库”的目标要求。

2018年，建设中的册亨丫他水库　（州水务局　提供）

【民生水利工程建设】2018年，开工建设农村饮水安全巩固提升工程553处，解决38.67万人的饮水安全问题，其中建档立卡贫困人口7.35万人。开工建设“两江一河”沿江产业带3个提水工程项目，“村村有小型农田水利项目”步伐进一步加快。累计新增有效灌溉面积3.1万亩。完成兴仁县、贞丰县坡耕地水土流失综合治理项目建设和兴义市、安龙县、普安县国家水土保持重点治理建设，完成水土流失综合治理面积321.72平方千米。全面完成望谟县望谟河三中到敢赖段打易到新屯段防洪堤工程等4条中小河流治理项目主体工程建设。新增农村水电装机2300千瓦。完成4座病险水库除险加固任务。完成望谟纳戎、乐元水库2座水库蓄水验收。全年全州各项民生水利建设目标全面超额完成，更多民生水利惠及广大群众。

【城乡居民生活用水】2018年全州城镇供水总量6125.81万吨，各县市区供水总量表如下：

城市名称	供水总量/万立方米
兴义市	3219.51
兴仁县	1059.20
贞丰县	452.25
普安县	384.69
晴隆县	167.66
安龙县	178.43
册亨县	151.30
望谟县	320.77
义龙新区	258.00
合计	6125.81

【自然灾害】2018年6月2日至9月26日，全年强降雨造成6县、2市、1新区77个乡镇9.28万人受灾，倒塌房屋46户136间，造成房屋受损355户808间（其中，一般受损228户489间、严重受损127户319间），紧急转移1477人（其中，集中安置475人、分散安置1002人）；造成农作物受灾9.61万亩（其中粮食作物6.99万亩），农作物成灾6.90万亩（其中粮食作物4.981万亩），农作物绝收1.89万亩（其中粮食作物1.46万亩）；造成公路中断468条次（兴义1条、兴仁8条次、贞丰113条次、册亨328条次、安龙18条次）；损坏堤防10处10.8千米（望谟1处0.8千米、册亨9处10千米），损坏灌溉设施1处（兴义市1处）。直接经济总损失1.90亿元，其中农林牧渔业直接经济损失1.03亿元（含经济作物损失0.13亿元）、工业交通运输业直接经济损失0.21亿元、水利设施直接经济损失0.35亿元。

【防汛抗旱工作】2018年，州委、州政府领导高度重视防汛抗灾工作，先后召开4次全州防汛抗旱工作会议和3次南北盘江大型电站联合防汛调度会议；州委书记刘文新对防汛抗灾工作先后4次作出批示，主持召开全州防汛抗灾视频调度会议，安排部署防汛救灾工作；州长杨永英3次作出防汛工作批示；州委副书记、州政府常务副州长穆嵘坤2次主持调度防汛抗灾工作。全面落实水库（水电站）“三个责任”体系，认真落实“三责任人”，狠抓“三措施”落实，成立10个专项检查组开展20余次（组）督促检查，强化隐患排查和整改落实。严格实行24小时值班带班制度和一日三次零报告制度。全年共召开全州防汛抗灾视频调度会34次，州及各县（市）发布暴雨预警信息和调度信息121566条次，启动《黔西南州防汛抗旱应急预案》Ⅳ应急响应3次、Ⅲ应急响应1次。全年全州水库（水电站）运行安全平稳向好。

（段金辉）

水文工作

【概况】贵州省黔西南州水文水资源局是参照公务员法管理的正县级事业单位，核定编制67人，配备正县级领导3人，副县级领导4人。2018年，招录公务员3人，有在职职工60人，退休职工32人。机关内设办公室、计划财务科、组织人事科、站网测验科、水情与水资源评价科和水环境监测科（贵州省水环境监测中心黔西南州分中心）等6个科室，组建2个巡测组、1个维护组和1个应急监测组。下辖26个水文监测站（包括中小河流、市州界水质水量、大江大河）、20个水位监测站、201个遥测雨量监测站（含水文位监测站遥测雨量）。承担水文水资源监测，国家水文站网建设和管理，对江河湖库和地下水水量、水质实施监测，依法开展水功能区水质监测等职能。

【水文测验】2018年，州水文水资源局完成10个基本水文监测站

2017年度水文资料审查工作。完成全部监测站点2018年度水位、降水资料收集，大断面测量、水尺校测、水准点校测工作。共监测流量382次，单沙667次，输沙13次，完成30个中小河流水文（位）监测站的比测工作，完成2018年资料定线、审查和1—10月资料复审工作。完成地下水监测工程高程接测工作。完成国控二期项目各站点设备安装工作。完成13个水文监测站光纤通信改造的查勘、选站、实施方案工作。完成国家基本水文站基础信息填报工作。完成贵州省水资源监控能力建设项目黔西南州地下水监测点查勘工作。

【水情与水资源】 2018年，州水文水资源局参加全省中长期雨水情趋势分析预测会商会、全省水情会，按时完成并上报会商成果。完成《黔西南州水资源公报》水量部分的分析计算与上报工作。完成枯洪信息的及时报送工作，全年共完成旱情简报3期、洪水预报45期、水情简报15期、水情日报38期、雨水情快报12期上报有关职能部门。完成全州土壤墒情信息移动采集480站次。

【水环境监测】 2018年，州水文水资源局完成3个全国水功能区断面、23个省级水功能区（26个监测断面）、市（州）界10个监测断面的采送水样品检测工作。同时，黔西南州水文水资源局完成州内112个乡（镇）和县城以上城市集中式供水水源地监测工作，检测样品340个，检测项目29项，合格率达99%，共出检测报告120余份，月报12期共396份，季报4期共132份。在生态监测方面，2月，黔西南州水文水资源局与州水务局和州环保局协作，完成了对南盘江网箱污染情况监测工作。6月中旬，州水文水资源局完成晴隆县沙子镇爆炸事件的水质应急监测工作；配合省水环境中心黔南州分中心完成交叉内审工作，完成水利部组织的水利系统水质监测能力验证考核工作，完成珠江流域水环境监测中心2018年度水环境监测实验室比对试验工作，完成国家认监委能力验证考核工作，完成所辖范围内水功能区标志牌（碑）的巡查工作，完成2017年度水质资料整汇编工作，完成80个对外样品检测工作。

2018年6月11日，开展晴隆县沙子镇燃气管道爆炸水文调查（胡宾 摄）

2018年12月31日，工作人员在维护泥凼雨量监测站设备（李鸿 摄）

2018年6月15日，小黄泥河阿依水文监测站用ADCP（声学多普勒流速剖面仪）测洪峰流量（胡宾 摄）

2018年8月8日，庆坪水文监测站用流速仪测洪峰流量（刘松 摄）

【脱贫攻坚】2018年，州水文水资源局向义龙新区德卧镇扁占村选派正科级干部吕林学驻村帮扶，在州委党建办新轮战人员分析研判结果的情况通报中，其群众满意率为100%，综合分析研判评价为好，在义龙新区德卧镇2018年全镇脱贫攻坚干部群众满意奖评比中获“群众满意奖”。州水文水资源局投入脱贫攻坚资金2.9万元，用于解决扁占村村民广场户外健身设施和贫困户危房改造补助等，落实扁占村4个组采用退耕还林方式种植九叶青花椒1200亩。投入甘河村5万元，用于村集体经济产业裸花紫珠中药材30亩示范基地建设。

附件：

2018年水情年报

1．黔西南州雨、水情站网密度与分布

1.1 站网密度

黔西南州境内河流属于珠江流域西江水系，有26个水文监测站（包括中小河流、市州界水质水量、大江大河）、20个水位监测站、201个遥测雨量监测站（含水文位监测站遥测雨量），站点密度达81.6平方千米/站，其中水文监测站密度646平方千米/站，水位监测站840平方千米/站，遥测雨量监测站83.6平方千米/站。

1.2. 站点分布

黔西南州水雨情站点的行政区划分布情况为：兴义市31个，兴仁县33个，安龙县23个，贞丰县12个，普安县26个，晴隆县19个，册亨县26个，望谟县36个，其中水文监测站中有4个属中央报汛站，其余为省级报汛站。

2. 雨情

2018年黔西南州各县面平均降水量在1135.5～1233.0毫米之间，与多年均值相比：晴隆县偏小1成，望谟县偏大1成，其余县与多年接近。各县年面平均降雨量及降水距平图见如下柱状图。

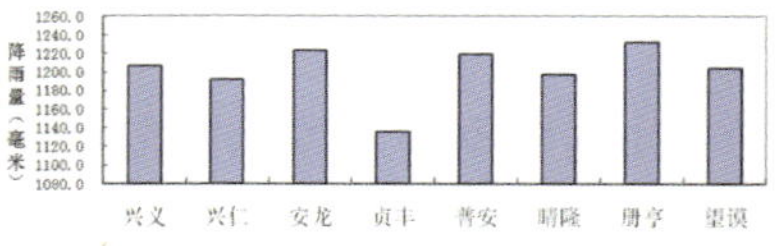

2018年黔西南州各县面平均降雨量柱状图

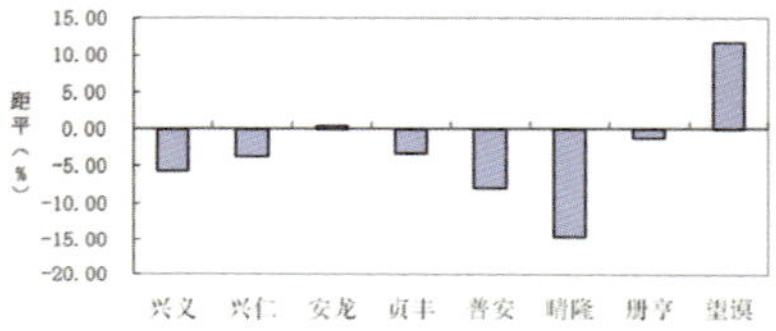

2018年黔西南州各县面平均降水距平图

2.1 汛前降水

汛前（2018年1—4月）州内各县市面平均降水量在128.1～201.5毫米之间，与历年同期均值相比：贞丰县、晴隆县与多年均值接近，兴义市、安龙县、普安县和册亨县偏大1成，兴仁县和望谟县偏大5成。各县1～4月平均降雨量见如下柱状图。

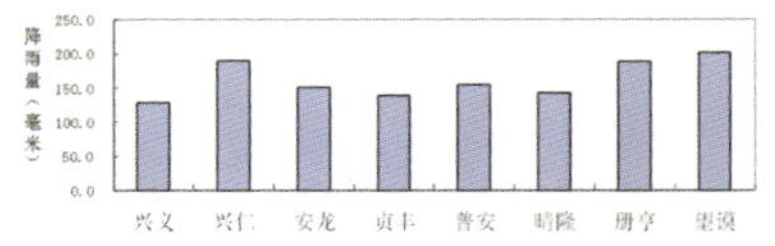

2018年1-4月黔西南州各县面平均降雨量柱状图

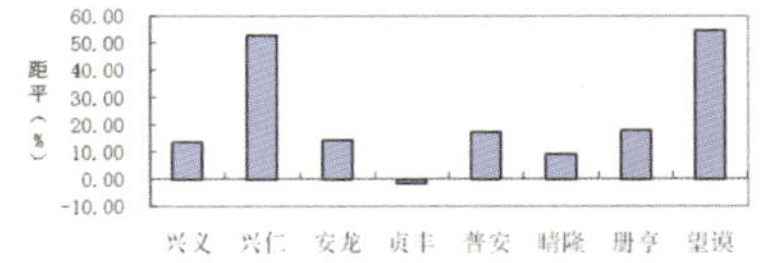

2018年1-4月黔西南州各县面平均降水距平图

2.2 汛期降水

汛期（2018年5—9月）州内各县面平均降水量为832.4～1133.8毫米之间，与历年均值相比：望谟县偏大1成，晴隆县偏小1成，其余县与历年同期接近。各县5～9月面平均降雨量见如下柱状图。

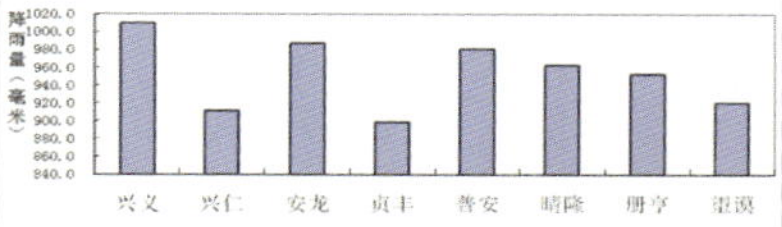

2018年5-9月黔西南州各县面平均降雨量柱状图

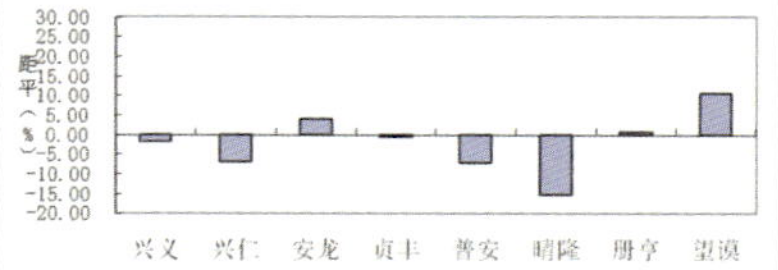

2018年5-9月黔西南州各县面平均降水距平图

2.3 汛后降水

汛后（2018年10～12月）州内各县面平均降水量为69.2毫米～97.3毫米之间，与多年均值相比各县偏小2～5成。各县10-12月面平均降雨量见以下柱状图。

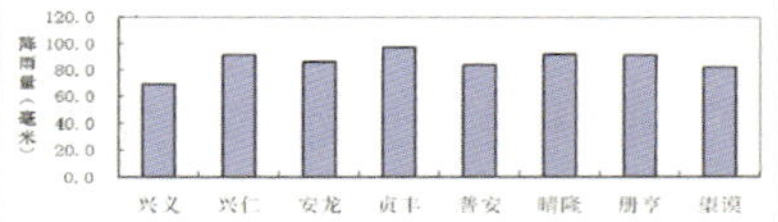

2018年10-12月黔西南州各县面平均降雨量柱状图

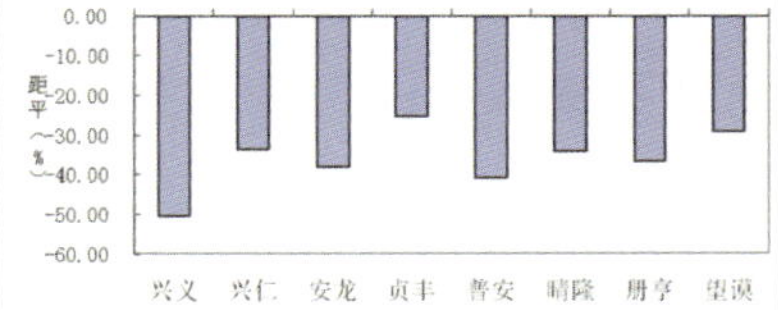

2018年10-12月黔西南州各县面平均降水距平图

2.4 年内月降水情况

1月份全州各县面平均降水量在17.2～42.0毫米之间，与历年同期相比：兴义市、兴仁县、安龙县与历年均值接近，贞丰县、册亨县偏小 2 ~ 3 成，普安县、望谟县偏大 2 成，晴隆县偏大 6 成。

2 月份全州各县面平均降雨量在 10 毫米以下，与历年同期相比各县偏小 7 ~ 9 成。

3 月份全州各县面平均降雨量在 55.5 ~ 126.6 毫米之间，与历年同期相比：晴隆县偏大 8 成，其余各县偏大 1 ~ 3 倍。

4 月份全州各县面平均降雨量在 28.6 ~ 65.5 毫米之间，与历年同期相比：兴仁县偏大近 3 成，其余县偏小 2 ~ 4 成。

5 月份全州各县面平均降雨量在 108.5 ~ 208.6 毫米之间，与历年同期相比：兴仁县与历年同期接近，安龙县和望谟县偏大 1 ~ 3 成，其余县均偏小 1 ~ 3 成。

6 月份全州各县面平均降雨量在 209.7 ~ 391.0 毫米之间，与历年同期相比：兴义市、普安县、册亨县和望谟县与历年同期接近，晴隆县偏大 2 成，其余县偏小 1 ~ 2 成。

7 月份全州各县面平均降雨量在 118.3 ~ 210.1 毫米之间，与历年同期相比各县偏小 2 ~ 5 成。

8 月份全州各县面平均降雨量在 202.0 ~ 313.2 毫米之间，与历年同期相比：晴隆县偏小 1 成，普安县偏大 1 成，其余县偏大 3 ~ 7 成。

9 月份全州各县面平均降雨量在 102.0 ~ 145.7 毫米之间，与历年同期相比：兴仁县、安龙县和册亨县与历年均值接近，普安县和晴隆县偏小 1 成，其余县偏大 1 ~ 2 成。

10 月份全州各县面平均降雨量在 42.5 ~ 55.0 毫米之间，与历年同期相比各县偏小 2 ~ 5 成。

11 月份全州各县面平均降雨量在 5.3 ~ 15.8 毫米之间，与历年同期相比各县偏小 5 ~ 8 成。

12 月份全州各县面平均降雨量在 19.3 ~ 34.5 毫米之间，与历年同期相比：安龙县、贞丰县与历年均值接近，兴义市、册亨县和望谟县偏大 2 成，其余县偏大 4 ~ 8 成。

3. 水情

3.1 水情概况

2018 年全州基本水文监测站监测断面水位变幅在 1.20 ~ 5.83 米之间，水位变幅最大的是兴义市黄泥河岔江水文监测站 5.83 米，其次是兴义市马别河马岭水文监测站 4.90 米，变幅最小的是望谟县望谟水文监测站 1.20 米。

汛期大田河册亨县大田河水文监测站发生超警戒水位 0.16 米，南盘江安龙县天生桥水文监测站、望谟河望谟水文监测站年最高洪水出现在 6 月上旬和下旬，黄泥河兴义市岔江水文监测站最大洪水出现在 7 月下旬，乌都河普安县草坪头水文监测站年最高洪水出现在 9 月下旬，其余水文监测站年最高洪水都出现在 8 月上旬。

3.2 主要洪水

（1）马别河

马别河马岭水文监测站最高洪水位出现在 8 月 8 日，水位是 953.04 米，较上年最高水位低 2.46 米，最大流量 390 立方米 / 秒。

（2）黄泥河

黄泥河岔江水文监测站最高洪水位出现在 7 月 26 日，水位 838.60 米，较上年最高水位低 1.51 米，最大流量 956 立方米 / 秒。

（3）南盘江

南盘江天生桥水文监测站最高洪水位出现在 6 月 25 日，水位 441.17 米，较上年最高水位低 3.00 米，流量 900 立方米 / 秒。

（4）新桥河

新桥河新桥水文监测站最高洪水位出现在 8 月 3 日，水位 1163.65 米，较上年最高水位低 1.33 米，流量 82.2 立方米 / 秒。

（5）望谟河

望谟河望谟水文监测站年最高洪水位出现在 6 月 4 日，水位 539.71 米，较上年最高水位低 1.19 米，流量 66.2 立方米 / 秒。

（6）乌都河

乌都河草坪头水文监测站年最高洪位水出现在 9 月 22 日，水位 1215.29 米，较上年最高水位低 0.27 米，流量 189 立方米 / 秒。

（7）大田河

大田河大田河水文监测站年最高洪水位出现在 8 月 8 日，水位 816.66 米，较上年最高水位高 0.77 米，流量 505 立方米 / 秒，超警戒水位 0.16 米。

（8）巴铃河

巴铃河巴铃水文监测站年最高洪水位出现在 8 月 7 日，水位 13.14 米，较上年最高水位低 0.97 米，流量 43.0 立方米 / 秒。

（9）岔普河

岔普河天生桥水文监测站年最高洪水位出现在 8 月 8 日，水位 3.87 米，较上年最高水位低 0.63 米，流量 92.2 立方米 / 秒。

（10）者楼河

者楼河册亨水文监测站年最高洪水位出现在 8 月 8 日，水位 539.56 米，较上年最高水位低 1.19 米，流量 66.2 立方米 / 秒。

3.3. 出现历史最低水位情况

各基本水文监测站没有出现低于历史最低水位情况。

4. 主要江河来水量情况

4.1 全年来水量

2018 年全州主要河流年平均流量在 2.51 ~ 569 立方米 / 秒之间，大部分河流来水量正常偏枯，各河流年平均流量与历年均值相比：南盘江天生桥水文监测站、者楼河册亨水文监测站与历年同期接近，黄泥河岔江水文监测站偏大 2 成，其余水文监测站偏小 1 ~ 3 成。

4.2 汛前来水量

汛前（1—4 月）平均流量在 0.16 ~ 468.0 立方米 / 秒，与历年同期相比：马别河兴义市马岭水文监测站、巴铃河兴仁县巴铃水文监测站与历年同期接近，新桥河安龙县新桥水文监测站、者楼河册亨县册亨水文监测站偏小 1 ~ 2 成，岔普河兴仁县天生桥水文监测站偏大 1 倍多，其余站偏大 1 ~ 7 成。

4.3 汛期来水量

汛期（5—9 月）平均流量在 1.66 ~ 736.0 立方米 / 秒之间，与历年同期相比：南盘江安龙县天生桥水文监测站、者楼河册亨县册亨水文监测站与历年均值接近，黄泥河兴义市岔江水文监测站偏大 2 成，其余水文监测站偏小 2 ~ 3 成。

4.4 汛后来水量

汛后（10—12 月）平均流量在 0.33 ~ 427.0 立方米 / 秒之间，与历年同期相比：册亨县册亨水文监测站与历年均值接近，兴义市黄泥河岔江水文监测站偏大 4 成，其余水文监测站偏小 1 ~ 4 成。

5. 重点水库蓄水情况

州内 7 座大中型水库蓄水情况

水库名称	规模	流域	地址	集水面积（平方千米）	总库容（百万立方米）	2018 年汛初（5 月 1 日）蓄水量（百万立方米）	2017 年汛初（5 月 1 日）蓄水量（百万立方米）	距平 %	2018 年汛末（9 月 30 日）蓄水量（百万立方米）	2017 年汛末（9 月 30 日）蓄水量（百万立方米）	距平 %
天生桥一级	大（一）	南盘江	安龙县	50139	10257	4242.18	4243.2	-0.02	7581.9	8153.37	-7.01
董　菁	大（二）	北盘江	贞丰县	26557	955	830	817.88	1.48	767	822.76	-6.78
天生桥二级	中型	南盘江	安龙县	50194	29.46	12.8	9.21	38.98	11.31	9.62	17.57
兴西湖	中型	南盘江	兴义市	36.12	27.2	9.9	7.23	36.93	22.5	22.42	0.36
围山湖	中型	南盘江	兴义市	38.2	15.5	5.57	4.01	38.90	12.24	12.51	-2.16
木浪河	中型	南盘江	兴义市	309	47.1	15.14	16.2	-6.54	52.81	40.98	28.87
柘　仑	中型	南盘江	安龙县	86.9	14.9	7.55	6.74	12.02	11.96	12.2	-1.97

汛初（2018 年 5 月 1 日），天生桥一级电站、董菁电站、木浪河水库蓄水与上年汛初蓄水量相近，其余 4 座水库偏大 1 ~ 4 成。

汛末（2018 年 9 月 30 日），天生桥二级电站、木浪河水库汛末蓄水与上年同期相比偏大 1 ~ 2 成，其余水库汛末蓄水和上年同期接近。

6. 灾情

6.1 旱情

2018 年州内各县均出现不同程度的春旱和夏旱，根据州内水文站及遥测雨量站点监测的数据分析，连续两个月（1 月、2 月）降雨量比多年同期平均偏少 37.8％，比上年同期偏少 32.3％；据各流域代表水文站实测资料分析，境内主要河道水位较常年整体偏低，水位接近或低于枯警水位；大部分地区出现轻度 ~ 中度干旱、局部地出现重度干旱；7 月份，兴仁、望谟、贞丰、安龙县局地出现轻度 ~ 中度干旱。

6.2. 洪涝情况

2018 年全州洪涝、冰雹灾害受灾人口 290721 人，农作物受灾面积 21276.2 公顷，房屋倒塌 238 间，直接经济损失 29714.27 万元，总体受灾经济损失较上年降低。

（毛昌贵）

兴义供电局

【概况】兴义供电局成立于1988年12月，位于滇、黔、桂三省（自治区）交界处的黔西南州州府所在地兴义市，负责黔西南州内电网的规划、建设及管理，辖1个分局、7家直管县局，供电面积13945平方千米，承担着全州8县（市）的供电任务，供电人口360万人。截至2018年12月，系统员工2955人；售电量73.17亿千瓦时，同比增长58.12%；固定资产投资13.22亿元；营业收入31.46亿元；综合线损率4.68%，综合电压合格率99.07%；客户平均停电时间31.49小时，同比减少4.27小时；第三方客户满意度81分，同比提升4分，居全省第二，连续7年在黔西南州多行业服务满意度评价中排名前列。

【安全生产】2018年，辖区有500千伏变电站1座，容量1500兆伏安，220千伏变电站10座，容量2940兆伏安，110千伏变电站36座，容量2316.5兆伏安，35千伏变电站73座，容量530兆伏安，运行维护35千伏以上线路190回2817.821千米。以78.40分顺利通过“三钻”审核复牌，同比提升5.4分，在全省“三钻”评审中得分第一。严抓安全生产责任落实。开展供电所防范人身事故专项行动，加大违章纠察力度，查处A类违章30项；严格执行三级单位七级管理岗位责任到位标准，各级人员到位1488人次；加大安全生产奖惩力度，对41个班组543名员工兑现激励资金81.3万元，问责106人次，处罚外部施工单位26家。风险闭环管控措施有力。有效落实控制防范电网风险832项管控措施，确保电网安全稳定运行；抓实作业现场控制措施，黄色及以上风险管控率100%；加强隐患排查管理，供电方A类隐患整改率、客户方隐患处置率均达100%，是公司系统整改率达100%的3家地区局之一。探索配网运维集约化管理。在安龙试点“运维中心+运维班组”的基础上，普安、贞丰局采取“大所制”模式，探索配网运维管理专业化、集约化创新模式。成功应对晴隆“6·10”天然气管道燃爆抢险保供电任务，并获国务院国资委书面肯定；完成国际山地旅游暨户外运动大会等170项保供电任务。

线路维修 （兴义供电局 提供）

【电网建设】2018年，完成“三大工程攻坚战”任务。投资5.6亿元完成738个农网升级改造项目，提前一年完成国家要求的农村户均配变容量目标，户均达2.39千伏安；完成13个供电所业务用房建设，改善供电所员工的办公和生活环境；率先在全省首家完成“两个全覆盖”目标，智能电表覆盖率、低压集抄覆盖率、电子化结算率等关键指标位列全省第一，普安局成为全省首批命名的“两覆盖”攻坚战示范单位之一。电网建设持续加强。完成110千伏花月变、黄庄变等“急、难”工程投运；充分用好公司相关支撑性政策，争取到1.7亿元资金推进兴仁重工业园区、义龙新区等28项业扩延伸项目建设，较2018年初公司核准资金增加19.83%；10千伏枣宏I回新建工程等6个配网项目获评“2018年度贵州电力行业优质工程”。物资保障能力全面提升。实施“基础定额+订单”模式管理，探索“区域物流平台”管理方式，仓储业务、合约品控等工作质量和效率双提升，平均供货周期减少12天，物资保障水平提高。2018电网建设投产项目为年售电量累计贡献近20亿千瓦时。

2018 年，兴义供电局到扶贫点安龙县半坡村召开脱贫攻坚座谈会

（兴义供电局　提供）

【供电服务】2018 年，客户全方位服务体系更加完善。持续深化客户全方位服务体系，实现 525 名客户经理“网格化”服务全覆盖，打通客户服务“最后一公里”，95598、12398 全渠道投诉总量持续保持在全省最低水平。客户平均停电时间持续降低。成立带电作业中心，开展带电作业 732 次，节约停电时间 2.24 小时，减少停电损失 167.96 万千瓦时，客户年平均停电时间 31.49 小时，同比减少 4.27 小时。电力营商环境持续优化。从“获得电力”维度入手，简化业务流程，提高业务效率，低压客户用电办理环节由 4 个压减为 2 个，高压客户用电办理环节由 8 个压减为 3 个，业扩关键环节时间压缩 40% 以上，报装平均办理时间大幅低于国家标准。兴义市成功入围国家工信部发布的 2018 年中国县域营商环境百强县，是贵州省唯一入围的城市。

【技术创新】2018 年，职工技术创新获得专利 24 项、科技奖励 8 项。职工创新奖励 6 项，贵州电网公司公布的 5 个职工技术创新成果一等奖中兴义供电局有 3 个，分别是“配网摘挂式状态接地装置研制及操作方法体系应用”“高压升压试验专用架线器”“一种用于防范社会人员触电隐患管理系统”，“财务共享智能客户服务系统”“业扩过程移动管控”“变电站监控后台机停电故障监视方法研究”等 3 项成果获贵州电网职工技术创新三等奖。“绝缘平台综合带电作业新技术研究及应用”“供电企业信息安全设备生命周期管理”获贵州电网公司技改贡献二等奖。“线路工程铁塔基础水平检测小型工器具研制运用”“降低中心村、低电压台变引流线桩（柱）头积污积水锈蚀课题”两个 QC 课题，分别获得全省第二、第三名的成绩。获贵州电力协会优秀管理成果奖 1 项；发表论文 7 篇，获得专著 1 项、软件著作权 4 项。

推动职工创新成果应用及转化。组织筛选“配网摘挂式状态接地装置”“大电流多功能接线钳”“高压升压试验专用架线器”等 7 项优秀成果，被推荐到省公司进行推广应用及成果转化，均列入 2018 年公司推广目录。研发可摘挂式接地装置，有效减少登杆过程中的人身风险；引进“震荡波”局放检测的技术，有效解决 10 千伏电缆传统单端测量的盲区。

【电力扶贫】2018 年，兴义供电局在贵州电网公司，按照贵州电网公司“一图一清单”扶贫体系建设，配合“省、地、县”三级联动机制，抓好电力扶贫、定点扶贫、公益帮扶“三项行动”，有序推进各项扶贫工作。完成电力扶贫投资 5.6 亿元，占年度电网计划总投资的 75%，重点对全州 7 个贫困县、4 个极贫乡、165 个深度贫困村电网进行升级改造，实现贫困地区供电能力、用电质量、服务水平“三个提升”，兴仁县农网升级改造工作获国家脱贫退出专项评估组称赞。服务晴隆异地扶贫搬迁，架设专线直供阿妹戚托易地搬迁移民小镇，成立“阿妹戚托小镇供电便民服务点”，派出 9 名驻村干部到各帮扶点开展驻村帮扶。累计捐赠 77 万元到安龙县龙山镇半坡村、丫科村和普安县新店镇细余村发展种养殖产业、小红米加工厂建设、文化广场建设等，促进村集体经济发展，助力帮扶点美丽乡村建设。扶贫地图系统实用化数据录入完成率 100%，驻村干部得到公司及当地党、委政府的表扬和表彰。深化“电亮·同步小康梦”

扶贫公益品牌，累计捐款捐物6万余元，各类公益帮扶活动惠及两千余人。在中国电力新闻网、《南方电网报》、人民网、新华网、腾讯网、《黔西南日报》、南方电网网站及微博及贵州电网公司网站及微博等媒体刊登300余篇稿件，引起社会广泛关注，为扶贫工作营造良好氛围。

（郭仁标）

贵州金州电力有限责任公司

【概况】 贵州金州电力有限责任公司是由黔西南州政府委托黔西南州国有资产管理委员会、兴义市政府委托贵州兴义阳光资产经营管理集团有限公司共同出资组建的三类国有企业，公司注册资金为20亿元人民币，黔西南州人民政府占股51%，兴义市人民政府占股49%。2018年贵州金州电力有限责任公司获评国务院国资委国企改革“双百行动”试点单位。

公司主要从事水（火）电资源开发、煤炭资源开发、电力购销、电力调度，有色金属冶炼及销售，矿产品贸易、废气综合利用；承装（修、试）电力设施，电力咨询服务，电力物资经营，电力设备安装、服务；光伏、风力、天然气分布式能源等新能源的投资开发利用；融资租赁、商业保理、机械设备租赁；物流、大数据应用；电厂废弃物综合利用及经营等。

贵州金州电力有限责任公司拥有火电装机105万千瓦（清水河自备电厂2×35万千瓦，贞丰县煤电冶一体化工业园热电联产动力车间项目一台35万千瓦机组具备点火发电条件）、水电装机31万千瓦；光伏发电装机4万千瓦，电源总装机容量140万千瓦。220千伏变电站8座；110千伏变电站24座，主变42台，总容量231.48万千伏安；35千伏变电站15座，主变23台，总容量18.35万千伏安；220千伏线路24条545千米；110千伏线路45条509千米；35千伏线路62条474千米；10千伏线路278条共计4724千米。220千伏电网已覆盖兴义、义龙新区、安龙、兴仁、贞丰二县二市一区所有工业园区，年供电能力可达到300亿千瓦时。220千伏晴隆变电站及联网线路正在建设中。与广西百色市区域电网互联互通工作于9月11日正式完成。

【领导关怀】 2018年11月27日，州委书记刘文新到金州电力公司调研，并主持召开调研座谈会。

强调要围绕金州电力公司要突出党建工作在企业工作中的核心引领作用，把党建引领的政治优势充分发挥出来，抓党建，搞改革，进一步建立完善新形势下的现代企业制度，为企业的经营发展提供内生动力。

【营销指标】 2018年，贵州金州电力有限责任公司完成供电量45亿千瓦时（含2.6542亿千瓦时厂用电），同比上年27.6亿千瓦时增加17.4亿千瓦时，增长63%。售电量41.29亿千瓦时，同比上年26.68亿千瓦时增加14.6亿千瓦时，增长54.7%。综合线损率2.48%，同比上年5.22%下降2.74个百分点。

【安全生产】 2018年，贵州金州电力有限责任公司实现安全生产责任事故零发生，全年“安措”计划完成率100%，“两票”整改合格率100%，生产现场违章率降至1.25%。实现综合供电可靠率99.51%，比考核目标高0.31个百分点，比上年同期提升0.22个百分点；综合电压合格率97.62%，比考核目标高0.07个百分点，比上年同期提升0.09

2018年6月27日，开展“不忘初心　牢记使命”知识竞赛（周朝全　摄）

个百分点。水电、火电、新能源发电及大用户负荷安全有序、科学合理调度。全年小水电发电6.78亿千瓦时，同比上年4.5亿千瓦时增加2.28亿千瓦时，增加51%；全年火力发电28.79亿千瓦时，同比上年18.8573亿千瓦时增加9.9327亿千瓦时，增加52.67%；新能源发电0.585308亿千瓦时（光伏发电0.5465亿千瓦时，天然气发电0.038808亿千瓦时），同比上年0.1936亿千瓦时增加0.391708亿千瓦时，增加202.33%。

【经营管理】2018年，贵州金州电力有限责任公司实现资产总额210亿元，在建项目总资产约100亿元，资产负债率89%；全年完成营业收入22亿元，上缴税金9000万元。全年为工业园区企业优惠电价让利5亿余元。

【业务培训】2018年，贵州金州电力有限责任公司，为适应公司快速发展，组织开展以各部门、各子公司相关人员550余人的安全知识培训、50余人的档案管理培训、30余人物资管理系统培训，90余人的配网设备继电保护整定计算培训、300余人的消防培训、30余人的业扩报装管理培训及营销系统管理培训、70人的窗口人员优质服务能力提升培训、300余名员工岗前安全教育培训、调台新上岗大用户相关人员的调度受令资格培训。同时还组织开展法律风险管控专题培训、骨干员工综合素质提升培训、中高层管理人员管理能力提升培训等短期培训班。

2018年11月27日，州委书记刘文新（左四）到金州电力公司调研
（周朝全　摄）

2018年5月3日，中国工程院院士、国网电力科学研究院名誉院长薛禹胜（左一）、副州长周舟（右一），贵州金州电力有限责任公司董事长总经理吕世霖（中）等出席院士工作站授牌仪式
（周朝全　摄）

【电源点建设】2018年，贞丰县煤电冶一体化工业园热电联产动力车间项目（4×350兆瓦自备电厂）。全年完成投资8.3亿元，完成全年目标任务的103.75%，累计完成投资29.6亿元。1号冷却塔、烟囱完工；取水磅房和管道施工结束，具备通水条件；2号锅炉基本具备点火条件，于12月30日启动点火烘炉；一期送出工程全部完成。1号机组锅炉水压顺利结束。预计2019年8月首台机组试运行发电。

安龙县煤电化一体化产业基地热电联产动力车间项目（2×350兆瓦自备电厂）。累计完成投资9亿元，1、2号机主厂房顺利封顶，2号锅炉完成大板梁吊装工作，完成渣场招投标工作。预计2019年底实现首台机组发电运行。

清水河、义龙新区大数据产业园天然气分布式能源站。清水河天然气分布式能源站项目已建成投产运行。义龙新区大数据产业园天然气分布式能源站项目获省发改委核准，取得合法手续。

【电网规划及建设】2018年，贵州金州电力有限责任公司，修改完善《黔西南州地方电网2018—2020年发展规划》，并报请州政府审批；完成《兴义市增量配电网规划》，并获得贵州省发改委、省能源局的批复。

全年电网建设项目29个，计划总投资164391.9万元，实际完成工程总投资117078.28万元。

竣工工程8个：110千伏陆关变电站增容扩建工程；龙井预留间隔扩建工程；光辉110千伏变电站35千伏光森Ⅰ、Ⅱ线和光昌Ⅱ、Ⅲ线增容改造工程；长底水电站T接至35千伏乌永线上网线路工程；贵州兴义清水河储能系统新建项目工程；110千伏龙场变电站配网工程（二期）；兴义市110千伏双凤输变电新建工程；110千伏大数据1#输变电新建工程。

在建工程21个：110千伏雄武输变电新建工程；220千伏巴铃变电站2号主变及220千伏、10千伏预留间隔扩建工程；110千伏潘家庄输变电新建工程；义龙新区110千伏马别输变电新建工程；110千伏三板桥输变电新建工程；35千伏云上变电站升压改造输变电工程；贞丰县煤电冶一体化工业园热电联产动力车间项目送出工程（二期）；晴隆220千伏输变电新建工程；双山110千伏输变电新建工程；鲁兴110千伏线路改迁工程；220千伏龙广变110千伏预留间隔扩建工程；220千伏清水河变1号主变及220千伏侧预留间隔扩建工程；35千伏坪东变二次专项技改工程；兴义地方电网能效管控系统建设一期工程项目；贵州兴义地方电网电能质量与供电可靠性研究与应用示范项目；贵州兴义电网调度数据网新建工程、稳控策略优化升级改造项目；兴义市敬南110千伏布雄输变电工程；贞丰电厂—巴铃220千伏线路改造工程；110千伏纳城线开π接入220千伏万峰湖变线路工程；黔西南州兴义市城市配电网建设与改造工程；兴义市电力有限责任公司2018年第一批城网改造项目工程。

2018年5月7日，贞丰县煤电冶一体化工业园热电联产动力车间项目#1烟囱外筒到顶（周朝全 摄）

【产业发展】2018年，清水河工业园循环产业园工业冶炼项目工业硅1号、2号矿热炉全年生产运行正常，共生产2.1万吨工业硅，参股贵州兴仁登高新材料有限公司一期12.5万吨电解铝液项目良性运行。

煤矿经营。清水河工业园以承担债务的方式收购的图南矿业全年出煤正常，总计出煤约92万吨，且基本供向清水河自备电厂，有力保障清水河电厂的正常运营。

对外合作。成功与北京清新环境技术股份有限公司合作，成立贵州清新万峰能源科技有限公司，共同投资管理运营公司旗下三个火电厂项目的环保设施，达到综合利用的目的。取得州委、州政府同意收购兴义市纳灰河发电有限责任公司、兴义永康发电有限责任公司，全面重组两个公司旗下的纳灰河一、二级水电站以及永康桥水电站。经州委、州政府同意，公司与云南民爆集团有限责任公司签订重组宜兴化工协议，投资建设30万吨合成氨项目。

【党建工作】2018年，贵州金州电力有限责任公司党风廉政建设、组织人事、干部职工培训、企业文化等各项工作有序开展。认真学习贯彻习近平新时代中国特色社会主义思想和中共十九大精神等各项文件精神。深入推进“两学一做”学习教育实践活动，开展“不忘初心 牢记使命”主题教育活动。召开“专题民主生活会”“组织生活会”和党支部书记抓党建工作述职评议工作。组织开展“重温历史、感恩奋进”主题教育活动。

2018 年 3 月 22 日，贵州金州电力公司党支部到白层红军渡口重温革命历史（周朝全　摄）

【脱贫攻坚】2018 年，贵州金州电力有限责任公司成立脱贫攻坚工作领导小组。党员干部积极参与帮扶工作。要求帮扶干部每月走访贫困户 2 次以上，加强与贫困户的交流。

全年公司对帮扶贫困户进行养殖种植帮扶、教育帮扶和困难补助资金共计 13.194 万元；慰问金 12.9 万元；党员捐助 0.5519 万元；帮助推荐就业 12 户贫困户 14 人。

全年完成 82 个村（49 个贫困村、33 个出列村）的生产生活用电认证，通电率为 100%。投资 9.8 万元，为 8 户建档立卡贫困户在危房改造中免费架设 220 千伏低压线路和安装电表；投资 1.2 万元，免费为捧乍镇垛坎村合作社艾草加工厂安装用电设备；投资 209 万元，新建变压器 10 台，建设低压线路和完成 10 千伏线路迁改工程；投资 1877 万元，新建 35 千伏七舍输变电工程；投资 12403 万元新建 110 千伏雄武输变电工程。公司成立脱贫攻坚电力保障存在问题歼灭工作领导小组，并制定《脱贫攻坚存在问题电力保障歼灭方案》，到 2020 年全面提升贫困村的供电质量和供电可靠性。

【科技创新与数据产业】2018 年，贵州金州电力有限责任公司《兴义地方电网能效管控系统》项目获得贵州省企业改扩建各结构调整专项资金，省、州两级共补贴 400 万元；《储能系统提升高渗透率分布式光伏发电接纳能力关键技术研究》被列入贵州省科技厅 2019 年度支撑计划计划项目，其中省科技厅补贴 150 万元；“兴义地方电网能效管控系统”项目入选贵州省 2018 年推动大数据与工业深度融合发展工业互联网优秀项目案例；《基于区域电网的煤、电、网、产综合能效管控系统平台创新应用》参与 2018 年工业和信息化部办公厅关于开展 2018 年工业互联网试点示范项目推荐的项目申报工作，并且入围贵州前 10 名；与南瑞公司、安徽大学等单位联合开展《兴义孤网系统电能质量与供电可靠性研究与应用项目》研究工作，取得学术报告、论文、发明专利等成果；2018 年 5 月 3 日院士工作站正式授牌。

【企业文化】2018 年，贵州金州电力有限责任公司举办“不忘初心·砥砺前行——建设大电强网·助推全州经济发展”迎春文艺晚会、金州电力首届职工篮球运动会、“缤纷六一　快乐童心”儿童节活动、“以巾帼心向党·建功新时代”妇女节趣味活动。分公司万峰电力组织参加兴义市举办的“好家风、好家训、好家庭”文化风采大赛，选送节目荣获“二等奖”；组织参加黔西南州 QBA 万峰林杯、2018 北京世界华人杯篮球比赛、迎中秋·庆国庆系列体育活动、庆祝第十个老年节、黔西南州“电力杯”羽毛球赛；组织开展夏送清凉、金秋助学等活动；组织开展“安康杯”变电运行、水电运维、农网配电营业工技能竞赛。

公司在对外宣传的同时，认真办好《贵州万峰电力》报和宣传橱窗，积极发挥“外塑形象，内聚人心”的舆论宣传作用。上半年共计在中国农村电气化信息网、《中国殡葬报》、中国黔西南网、中国散文家网、《省电监委简讯》《贵州作家》《中国散文诗集》《今日兴义》《今日义龙》《农电管理》、兴供网、《黔西南日报》、亮点黔西南网、金州在线、黔西南电视台、黔西南电台、兴义市文明网、兴义市电台、《万峰湖》《黔西南供电摄影专刊》等媒体采用稿件共计 289 篇次，其中工作类稿件采用 245 篇次，文学稿件采用 44 篇次。

（陈尤清　周朝全）

天生桥二级水力发电有限公司

【概况】2018年，天生桥二级水力发电有限公司（以下简称“天二公司”）隶属于南方电网调峰调频发电有限公司，系南方电网应急调峰调频电厂，成立于1988年3月，负责运行管理黔、桂界河南盘江上的天生桥二级水电站和500kV开关站、220kV开关站各一座。天生桥二级电站是西电东送的发源地，也是西电东送南路工程第一个电源点。电站至广东、贵州和广西的4回500千伏、8回220千伏输电出线（其中天大线已退运，间隔备用），构成南方电网交流输电主网架的重要枢纽。

天生桥二级水电站为低坝引水式电站，电站的主要建筑物由首部枢纽（拦河坝）、引水系统和地面厂房三部分组成。

天生桥二级水力发电有限公司设办公室、党建人事部、财务部、生产技术部、安全监管部、运行维护中心、水工水情管理中心、检修中心等5个部门、3个中心。截至2019年3月31日，天二公司有在职正式职工258人。

【安全生产指标】2018年，天生桥二级水电站发电量84.08亿千瓦时，全年安全生产形势保持平稳，全年未发生安全生产事故事件。机组启动成功率连续4年达到100%；220千伏及以上继电保护正确动作率连续12年保持100%；220千伏及以上故障快速切除率连续9年保持100%；生产实时控制业务通信通道连续8年零中断；紧急缺陷、重大缺陷消缺及时率100%；跳机次数连续2年为0；机组等效可用系数89.70%，为5年来新高；机组强迫停运率、机组非计划停运小时等关键指标均大幅向好。

【党的建设】2018年，天二公司坚持把政治建设摆在首位，持续在学懂弄通做实习近平新时代中国特色社会主义思想和中共十九大精神上下功夫，树牢“四个意识”，坚定“四个自信”，自觉践行“两个维护”。以邀请州委党校教授宣讲、参加上级公司专题培训等方式学习宣贯习近平新时代中国特色社会主义思想和中共十九大精神。开展十九大精神和党章知识竞赛，营造浓厚学习氛围。开展支部书记项目8项、支部共建6对，强化支部战斗堡垒作用。水工中心党支部以“六个一”（守住一条底线、带好一支队伍、做好一名党员、带动一片群众、打造一流团队、创造一流业绩）为目标开展支部书记项目，解决项目管理重点难点问题，党员的示范和带动作用得到有效发挥。创新主题活动形式，水工中心党支部开展“党员讲习所”，检修中心党支部开展“党员先锋工程”，运行维护中心党支部开展“周讲月谈”主题活动，通过形式多样的支部活动，促进支部工作与中心工作有效融合。开展党建思想政治课题研究，获调峰调频公司2017—2018年党建思想政治工作研究优秀成果二等奖1项、三等奖2项。

【基础管理】2018年，天二公司推进文件“废改立”工作，修编完善各类管理、作业文件1270项。实施运维合一，2018年7月1日正式实施“运维合一”生产模式，释放并盘活人力资源，解决运行人员断层，运行、检修人员综合效能发挥不足，老龄运行人员转岗困难等三个历史性老大难问题。推进精益管理，开展微小改善活动，累计申报微小改善案例1445项，参与人数达248人。全面推进精益项目实施，累计申报精益项目37个，获调峰调频公司二等奖1项、优秀奖2项，500千伏GIS自主保全项目获南方电网公司铜奖。

【安全生产】2018年，天二公司回顾完善公司各级人员安全生产

天生桥二级电站泄洪 （墙波 摄）

责任制及到位标准，修订各级人员岗位责任制192个，对天二公司领导426项到位标准开展履职评价。接受南方电网公司安全风险管理体系复审，综合得分90.20分。根据来水及降雨情况，发布蓝色、黄色防汛预警并落实预警措施，应对“百里嘉”“山竹”双台风，天二公司零损失。按照“改造一处，美丽一方”的理念，开展美丽电厂建设，完成大坝坝面及栏杆修理、大坝照明系统改造、#3—#6机组段蝶阀层及蝶阀支墩层环境整治等项目。

【设备管理】2018年，天二公司开展设备状态评价及风险管控，对水工建筑物、特种设备等36个大类，315个评价单元开展状态评价。结合设备状态评价结果，开展年度检修，完成标准项目2461项，特殊项目307项。重点开展#1—#6机组调速器及回油箱改造、500千伏GIS刀闸、地刀内部传动机构检修等，消除500千伏系统刀闸、地刀存在的安全隐患。开展机组设备技术改造可行性研究、GIS换型改造可行性调研工作，完成阶段目标。

【人才培养】2018年，天二公司提拔干部21人，其中40岁以下14人，完成2名优秀年轻副科级干部的竞争性选拔工作，干部结构进一步优化。修订《中层干部业绩考核业务指导书》，促进干部履职尽责。编制《岗位履职评价管理业务指导书》，固化岗位责任履职评价机制。建立公司移动学习平台，上传内部开发课件670个、试题11889题，“互联网+”学习新模式成效初显。

工作剪影之“力举千斤”　　（李玲　摄）

【职工技术创新】2018年，天二公司管理创新成果得到行业认可，《构建高效组织体系　促进管理精益转型》获得2018年电力创新成果管理Ⅰ类二等奖，《负激励管理在发电企业的创新与实践》《基于开放性的常规水电站生产精益化管理方法的研究与应用》获2018年度电力企业管理创新论文大赛三等奖。科技创新取得突破，荣获全国电力职工技术成果二等奖1项，贵州省职工创新奖1项，南方电网公司技改贡献奖1项、生产技术精益管理奖1项，调峰调频公司技改贡献奖3项，职工创新奖17项，8项成果被调峰调频公司收录推广。

【企业文化】2018年，天二公司开展纪念建厂三十周年系列活动，完成厂志编纂，组织编制职工书画、摄影集，技术论文、文学作品集，完成企业形象宣传片及先进典型宣传片拍摄，建成并启用企业文化展厅。开展公司特色文化凝练工作，以“燃烧自己、照亮他人”的蜡烛精神、“开放进取、务实创新”的开拓精神、“精益求精、不断超越”的登峰精神，形成独具天二公司特色的“‘源’动天电‘枢’写卓越”企业文化品牌。开展安全子文化建设工作，形成“安心源：严以固本，安以善生”的安全文化品牌。

【履行社会责任】2018年，天二公司与扶贫驻村“第一书记”签订责任书，定期听取汇报并到现场检查指导，压实扶贫工作责任。推进扶贫点鲁贡村洗布池修建、道路硬化、路灯安装等扶贫项目，完善基础设施；投入10万余元，发展蛋鸡产业，稳定村集体收入。组织三中心党支部、办公室党支部、共青团到电站周边小学、村寨持续开展帮扶活动，共建和谐村企。参加黔西南州“扶贫日”现场捐募活动，展现企业良好社会形象。

【落实两级公司及地方决策部署】2018年，天二公司完成“三供一业”移交改造，实现国务院国资委、两级公司重点考核目标。完成民营企业应付账款清理，支付长期挂账民营企业款项16余万元、到期应付质保金66余万元。

（刘志权）

城乡建设

城乡规划

【概况】 2018年，州城乡规划局全面落实中央及省、州的安排部署，坚守发展和生态两条底线。奋力打赢全州村庄规划“大会战”、全州易地扶贫搬迁项目审查“百规会战”、黔西南州“多规合一”暨城乡规划空间管理平台建设“攻坚战”、晴隆·普安拓展区规划编制“攻坚战”、常住人口城镇化率“翻身仗”，为全州经济社会发展持续向好提供有力保障和优质服务。全年州城规委组织召开11次行政（综合）审查会议，完成规划项目审查159个，召开16次专家技术审查会议，完成规划项目审查共163个，审查总数接近前四年全年度审查总数。完成马岭峡谷3号桥、兴义环城高速、中石油晴隆沙子天然气抢险工程等重大工程项目选址13个。

【脱贫攻坚】 2018年，州城乡规划局先后4次召开局党组（扩大）会议研究部署脱贫攻坚包保帮扶工作，先后8次传达学习和贯彻国家及省、州脱贫攻坚会议及文件精神。包保贫困村的两名县处级领导每月至少到贫困村调研走访一次，精准掌握了解村情民情，统筹协调各方资源力量，争取项目、资金，帮助解决实际困难和问题。对帮扶村2018年新录取大学学生进行资助，贫困户800元，一般户500元。扎实开展包保贫困村春节前夕走访慰问工作，制定《黔西南州城乡规划局学习宣

2018年1月30日，召开全州村庄规划编制暨城镇保障性安居工程工作推进会
（州规划局　提供）

2018 年 4 月 4 日，召开全州城乡规划建设工作会议　（州规划局　提供）

讲州委七届七次全会精神暨开展春节走访慰问活动工作方案》，班子成员率员到包保的贞丰县挽澜镇拥跃村和鲁贡镇么扒村宣讲州委七届七次全会、州“两会”精神，开展脱贫攻坚“冬季充电”深化农村产业革命主题大讲习及重温入党誓词、主题党日等活动。让驻村乡镇干部、第一书记、村组干部及时学习领会州委、州政府的决策部署要求，掀起学习热潮，真正做到深入民心、家喻户晓。已走访慰问贫困党员群众、军队退役人员共 18 户，发放慰问金 9000 元，发放大米 18 袋、棉被 18 床。

【环保督察问题整改落实】 2018 年，州城乡规划局坚持把生态文明建设作为一项重要政治任务抓紧抓实，履行好政治责任，认真践行“绿水青山就是金山银山”的发展理念，解决好群众关心的热点问题、突出问题、长期没有解决的问题。重点抓好中央环保督察和涉及城乡规划领域信访举报问题的整改落实，组织召开全州城乡规划系统中央环保督察“回头看”专项整治工作专题会议，通报有关情况，提出具体要求。成立中央环保督察“回头看”专项整治工作领导小组，下设规划选址和环评整改工作专班、规划方案审查整改督办工作专班、信访案件督查督办工作专班，实行拉网式排查，确保责任明确，逐一整改。坚持抓好城市（县城）总体规划环评专章整改、中央环保督察“回头看”转办件办理等工作，实行“一日一调度”，组建环保督察信访工作组实地调研督导，做到“件件有交代、件件有落实、件件有回音、件件让老百姓满意”。2018 年，共办理中央环保督察“回头看”信访举报问题转办件 11 件。

【依法行政能力提升】 2018 年，州城乡规划局推进城乡规划行政审批“放管服”工作，优化营商环境。推进规划审查方式“三到”改革（变“闭门”审查到“出门”审查、变“图纸”审查到“现场”勘察、变“被动”审查到“主动”审查），使评审工作更接地气、更符合实际。着力抓好城乡规划建设项目选址意见书发放和城乡规划编制单位资质审批工作，落实好《建设项目选址意见书核发办事指南》《城乡规划编制单位乙级、丙级资质审批办事指南》的规定要求，派员统一入驻州政务服务大厅集中办理。实行建设项目规划选址行政论证制度，针对具体建设项目，组织

2018 年 6 月 28 日，州委书记刘文新（前排左一）主持召开黔西南州城乡综合规划审查委员会第五次项目审查会议，州委常委、州委秘书长张谦（前排左二），州人民政府副州长李杰（前排左三）陪同出席会议（州规划局　提供）

相关涉及部门以行政会议的方式，提出选址意见，并作为项目选址是否可行的依据，减少部门出具意见的审批环节，使审批手续进一步简化，审批机制进一步优化，审批效率进一步提高。落实好省住建厅印发的《关于进一步做好城乡规划行政审批“放管服”工作的通知》要求，加强与财政部门沟通对接，将解决规划项目指标复核、日照分析和外聘专家评审等技术咨询服务费用一并列入州级财政预算，切实减轻企业负担，破解城乡规划行政审批的“堵点”问题。

【规划编制】2018年，成立州深度贫困地区脱贫攻坚优化村庄规划工作指挥部，遴选省城规院、州设计院等50家资质等级编制单位参加编制，建立乡村规划评审专家库。健全完善“领导包保”“旬调度、月报告、季督查、年考核”、民主决策等机制，班子成员带头包保2至3个县（市、新区）的村庄规划督导工作。先后组织召开两次脱贫攻坚村庄规划培训会，邀请省、州有关领导或专家做培训。创新开展自然村寨农房风貌指引，编制完成《黔西南州自然村寨农房风貌指引》，经州城规委会审查后印发执行。采取“以奖代补”的方式，争取省级城乡建设发展专项资金共计580万元。截至2018年12月3日，全州1008个行政村（除去城镇规划区内和整村搬迁的村，共需编制915个）覆盖到30户以上居民点的村庄规划全部完成编制、审查和审批，提前近一个月完成省下达的目标任务，实现编制覆盖率100%、评审率100%、批复率100%。

制定印发《黔西南州易地扶贫搬迁新市民居住区暨绿色小镇规划技术审查“百规会战”工作方案》。成立以州委书记刘文新，州委副书记、州政府州长杨永英等领导为顾问，州政府副州长李杰为组长的技术审查大会战领导小组，加大领导、指导、统筹、协调力度。成立专家技术审查小组，负责对全州易地扶贫搬迁新市民居住区暨绿色小镇规划项目的技术把关。将州城规委成员、州易地扶贫搬迁新市民居住区建设规划审核领导小组成员和州绿色小镇创建工作领导小组成员组织起来，对全州报审的项目进行“三合一”联合审查。助力脱贫攻坚，规范新市民居住区建设标准，利用一个月时间，组织专家完成全州70个易地扶贫搬迁新市民居住区和32个绿色小镇规划方案技术审查，并且在2018年上半年全部完成综合行政审查。加强宣传培训，制定印发《贵州省黔西南州易地扶贫搬迁新市民居住区暨绿色小镇规划设计技术导则》，并召开培训会，发放相关宣传资料。

报经州政府同意，启动建设“多规合一”暨城乡规划空间管理平台。组织编写了“多规合一”暨城乡规划空间管理平台项目申报书，投资1250万元启动黔西南州“多规合一”暨城乡规划空间管理平台建设，并积极向住建部申报，该项目被列入住房城乡建设部2018年科学技术项目计划，是贵州省唯一列入该计划的项目。

成立拓展区规划工作组，下发《晴隆·普安县城拓展区规划工作组工作方案》，编制《晴隆普安县城拓展区概念规划》《晴隆·普安县城拓展区概念规划研究》《晴隆沙子·普安江西坡城镇总体规划》《晴隆沙子·普安江西坡控制性详细规划和核心区城市设计》等，组织编制单位反复修改完善拓展区总体规划。不定期组织总体规划编制单位实地

2018年12月26日，省住建厅总规划师王春出席黔西南州晴隆·普安拓展区规划编制推进工作会议，省国土资源厅规划处处长夏清波陪同出席会议
（州规划局　提供）

2018 年，州城乡规划局党组书记、局长李锦洪（左排前三）率副局长黄清勇（左排前四）、副调研员李兴州（左排前二）等有关人员到贞丰县挽澜镇拥跃村开展脱贫攻坚调研走访，并举行重温入党誓词活动　（州规划局　提供）

勘察拓展区，会商研究晴隆—沙子快速干道和拓展区主干道相关事宜，《普晴省级森林公园总体规划（2018—2030）》已获省林业厅审查通过。

2018 年，围绕新增城镇人口 10.5 万人，常住人口城镇化率达到 46% 的目标，制定印发《州人民政府办公室关于印发黔西南州加快提高城镇化进程指数实施方案的通知》。长期保持与省厅的对接汇报，分析人口自然增长数和易地扶贫搬迁安置数，合理进行核算。超额完成全州常住人口城镇化率 46% 的既定目标，并达到 46.69%，增幅为 2.89%，连续两年增速在全省 9 市（州）中排第一位，实现从 2017 年增速倒数第二到正数第一的逆袭。

修改完善《黔西南州域城镇体系规划（2018—2030 年）》并获省政府批复实施。注重城乡特色风貌塑造，开展城市设计试点探索，先后完成《兴义市重点路段城市设计》《安龙县中心城区城市设计》和《贞丰县古城区城市设计》等 9 个城市设计；加强农村建筑风貌引导，组织编制《黔西南州自然村寨建筑风貌设计指引》，受到省委和州委、州政府领导好评。指导组织晴隆县、普安县开展 2030 版总规编制。探索建立总规体检评估机制，按照“一年一体检、五年一评估”的要求，对贞丰县总规进行评估。推进各类专项规划编制，《兴义市公共交通专项规划》、各县（市、新区）海绵城市规划、绿地系统规划等编制完成。加强历史建筑保护，起草《黔西南州历史建筑保护管理办法》并由州政府以政府规章进行颁布；对全州潜在历史建筑和历史文化街区进行普查，经评审认定，确定公布历史建筑 110 处，将兴义市下五屯街道办事处的刘氏庄园作为历史文化街区建议名录，向省政府报请历史文化街区认定。

（刘发达）

住房和城乡建设

【概况】 2018 年，黔西南住房城乡建设局认真贯彻落实“五大发展理念”，以脱贫攻坚统揽工作全局，统筹推进全州住房城乡建设工作，全州住房城乡建设各项工作全面完成或超额完成。其中，棚户区改造全省综合排名第一、并被推荐作为国家层面棚改工作激励支持对象，城镇保障性安居工程考核为全省二等奖并获 2000 万元奖金，房地产开发投资和建筑业产值增速均列全省第二位，农村危房改造和住房保障排全省第三，兴仁市在上年国务院第三方“减贫摘帽”评估验收中，无一户因住房无保障而错退和漏评。

【脱贫攻坚】 2018 年，州住房城乡建设局采取领导包县攻坚、精准调整、全程培训、问题歼灭等举措落实推进农村危改工作，全州“危改”“三改”累计竣工 13712 户，竣工率 100%，农村危房改造和住房保障考核排全省第三名。完成农村建筑工匠培训 2008 人。推进国家和省级考核、巡视、审计等发现问题整改工作，涉及 15 条农村危房改造问题全部整改完成，整改率 100%。完成农村老旧住房透风漏雨排查，共排查出老旧住房存量 32902 户，完成整治 19563 户。建成 36 个精品型示范村，开工并建成小康房 2700 户；推进 3 个试点镇 10 个试点行政村生活垃圾分类；争取到上级传统村落保护扶持资金 1110 万元，完成第五批全国传统村落申报，4

个村列入名录正进行公示，册亨县丫他镇板万村成功列入全省15个中国传统村落保护发展“示范村”。

【城镇建设】2018年，黔西南州住房城乡建设系统完成城镇基础设施固定资产投资214.18亿元，新增城镇建成区面积10.3平方千米，新增城镇道路104.66千米、城市公共停车位4143个，建成海绵城市项目14个、燃气管网20余千米，新开工建设地下综合管廊11.19千米，完成背街小巷整治18条。新建、改造城镇公厕91个，完成投资2331.3万元。城市建成区绿化覆盖率、建成区绿地率稳步增长，城乡生活垃圾无害化处理率实现全省排位保五目标。累计完成示范小城镇建设投资54.2亿元，完成“8+X”基础设施建设项目75个，新增城镇人口14000余人、城镇就业人口近1万人、企业70余个。2018年，州住房城乡建设局被省住房城乡建设厅、省人力资源社会保障厅表彰为小城镇建设先进单位。2018年，黔西南州住房城乡建设局推进全州新型城镇化试点工作，国家新型城镇化综合试点兴义市完成城镇基础设施项目投资41.97亿元、常住城镇人口增加3.5万人；者相镇省级新型城镇化试点工作取得实效，城镇空间布局、产业发展、生态保护与建设、基础设施、公共服务能力等进一步优化。2018年，黔西南州住房城乡建设局完成城区生活垃圾收运设施（中转站）8座，建成乡镇生活垃圾收运设施（中转站）54座；正式启用贵州省生活垃圾收运实时在线计量系统，鸿大、普安、晴隆、册亨等4处生活垃圾无害化处理设施实现自动计量；全州生活垃圾无害化处理规模达1855吨/日，满足无害化处理需要。

【城镇住房保障】2018年，黔西南州住房城乡建设局完成城市棚户区改造签订协议52114户（货币安置36720户，实物安置15394户）、完成率100.27%；基本建成58216套（棚改房52685套，公租房5531套）、完成率133.16%；新增公租房分配8447套、完成率111.54%；发放住房租赁补贴3723户9471人、发放金额535.36万元。做好州级单位职工住房存量补贴余额兑现及房改遗留问题处理，充分保障群众权益。2018年，黔西南州城镇保障性安居工程获省级综合考核二等奖，奖金3000万元（含兴义市为示范县1000万元）。

2018年11月22日，贵州省城管执法（综合行政执法）队伍“强基础 转作风 树形象”专项行动培训会在黔西南州召开，省住建厅副厅长陈维明（右二）、州人民政府副州长李杰（右一）、省住建厅城市监督管理局局长苗理会（左一）出席会议（州住建局 提供）

【房地产业】2018年，黔西南州住房城乡建设局抓好房地产市场运行监测、风险防控，欧豪房地产业发展的监管和引导，全州在建房地产项目175个，施工建筑面积1630余万平方米，商品房库存652万平方米，平均去化周期为27个月；房地产从业人员增速17.8%，劳动报酬增速21.5%；定期在政府网站公布房地产政策及相关信息60条；累计完成房地产开发投资123.17亿元、同比增长42.5%，增速排全省第二位；完成商品房销售408.95万平方米、同比增长21.8%，增速排全省第三位。

【建筑业】2018年，黔西南州城乡建设局积极培育新企业，推动全州建筑企业不断提质升级。全州新增建筑业企业51家，1家企业（贵州大鑫建设工程有限公司）成功升级为建筑工程施工总承包一级企业，1家造价咨询企业（贵州邦誉建设项目管理有限公司）成功升级为甲级造价咨询企业；完成建筑业产值119.01亿元、同比增长49.9%，增速排全

2018年11月22日，义龙新区综执局在贵州省城管执法（综合行政执法）队伍“强基础　转作风　树形象”专项推进培训会上展示燃气应急抢险及综合行政执法冲突应急处置演练（州住建局　提供）

2018年，贞丰县龙场镇“外环大道”（樊川　摄）

2018年，农村危房改造掠影（州住建局　提供）

2018年州农危改成果图（州住建局　提供）

省第二位；累计完成住建行业各类培训7652人，审核发放“三类人员”证书2061本；在智慧工地建设方面，黔西南州“智慧工地”监管与服务平台政府端、项目端同时上线推广应用，并在“2018年中国国际大数据产业博览会”上进行发布。在工程质量安全方面，坚持质量安全生产“党政同责、一岗双责”，抓好建筑工程质量安全工作。推动工程质量终身制落实落地，在建项目100%签订法人授权书、项目负责人工程质量终身责任制承诺书，新竣工项目100%设立永久性责任标牌、监督覆盖率达100%。对全州在建工程开展常态化质量安全检查，共排查整治安全隐患5101条，行政处罚企业15家、处罚5人，全州建筑市场质量安全共处罚金538.97万元；对65个扬尘整治不力项目进行停工整改，对25家企业处以114.5万元罚款。深入推进质量安全标准化建设，推报15个项目申报省安全文明样板工地，4个项目参与优质主体结构工程竞赛。

【城管综合管理】 2018年，黔西南州住房城乡建设局举办全州综合行政执法业务培训班，实施《黔西南州城管执法全过程记录规定（试行）》，承办全省城市管理（综合行政执法）队伍“强基础、转作风、树形象”培训会，开展“城管人说城管事”“城管体验周”等系列活动，城市综合执法体制进一步理顺，执法队伍整体素质明显增强，执法人员综合素质显著提高，城管行风得到有效改善，黔西南州综合行政执法局义龙分局获住建部表彰为先进集体。

【风景名胜区管理】 2018年，黔西南州住房城乡建设局推动实施《黔西南州风景名胜区综合整治提质升级工作方案》，完成《马岭河峡谷风景名胜区保护条例（草案）》起草和送审，风景名胜区管理体制持续完善，景区规划覆盖面进一步扩大，保护管理更加有力。推动中央和省委环保督查反馈问题整改。马岭河峡谷“3号桥”项目选址取得省住建厅核准意见，万峰林景区基础设施建设项目已按规定办理报批手续。万峰林景区村镇建设无序问题得到有效解决。拆除景区“两违”面积6000多平方米、复垦耕地7.2万余平方米；在景区按规划设置完善了界碑、徽志标牌；对违规违法建设单位罚款66万元，拆除景区违法建筑4271平方米，开展生态修复12万平方米。

（州住房城乡建设局）

兴仁市东湖办事处摆布河（在水一方）新居住区 （州生态移民局 提供）

生态移民

【概况】2018年，全州易地扶贫搬迁工程计划实施15.63万人（建档立卡贫困人口8.67万人），建设24个新居住区，项目审批、规划、选址、用地、环评、地灾、质监、风险评估、施工图审查、招投标等手续均全部办理；累计建成住房主体35013套。

全州新居住区成立基层党组织、居委会、社区卫生服务中心（卫生室）、警务室、新市民服务中心，全州社区卫生服务中心（卫生室）配备医务人员277人，警务室配备专职民警27人、辅警73人、警务助理45人，设置楼长293人、单元长192人。累计办理新市民居住证12.75万人，办理安居险14.15万人，农低保转城低保2978人，就近就地就学1.63万人，开展就业培训4.46万人次，稳定就业6.78万人，公益性岗位659个，新市民累计办理实事6502件。

【水库移民规划安置】2018年，大型水库马岭水利枢纽工程移民：完成水位线下移民度汛工作；完成各类征占用地6682.9亩和移民资金兑现3.27亿元；清水河镇移民集中安置点156户589人全部动工建房，部分移民搬迁入住；纳怀路、响革桥、电力迁改等复改建工程已建成并通过验收；库底清理工作稳步推进，文物全部迁出；完成《马岭水利枢纽工程建设征地移民安置实施规划报告》审查。中型水库移民：完成安龙县平桥水库移民集中安置点场平，开展宅基地划分，总计兑现1.18亿元补偿资金，制定房屋外墙设计方案并为移民联系房屋施工队伍，采取移民委托统建自修方式加快推进建房进度；完成纳达水库移民投资2333.49万元，复建供水工程经审查设计后实施完成，电力设施已完成迁改，库区、枢纽区征地补差工作已提前完成；完成晴隆县西泌河、望谟县桑郎水库的下闸蓄水阶段移民安置验收；新建中型水库望谟县油啥水库、贞丰县双龙水库《建设征地移民安置规划报告》通过省州审查。小型水库移民：完成兴义花生宝、对门坡、兴仁秧田、母冲、晴隆塘边寨、安龙龙洞、官山、

兴义市坪东坝美新居住区 （州生态移民局 提供）

贞丰坡马、册亨双江、文达、纳桥等一批水库的《建设征地移民安置规划报告》和《册亨冗赖水库工程建设征地移民安置事物调查细则》的审查批复。

龙滩水电站移民安置项目及资金清理取得阶段性成果，贞丰县、望谟县清理工作基本完成；北盘江董箐水电站顺利通过竣工阶段移民安置终级验收。资金清理：2016年及以前年度下达项目数1480个，验收1196个，完工待验收205个；总计划投资6.03亿元，拨付资金5.22亿元，资金拨付率86.56%，历年结存资金拨付率较年初上升33.08%。后扶项目实施：2018年度全州下达脱贫攻坚资金1.27亿元，现已拨付资金1.06亿元，资金拨付率83.46%。避险解困试点工作：三个批次的项目主体工程已竣工，完成兴义、安龙、贞丰、册亨、望谟、义龙6个县（市、新区）5204户2.24万人的特困移民的避险搬迁和中心村安置工作。就业培训：素质提升及农机具补助补贴1692人，补贴资金321.97万元，其中实用技术培训1317人次、考取大专院校及职院375人。

【党建扶贫】 2018年，修订《中共黔西南州水库和生态移民局党组理论学习中心组学习制度》，组织全体干部职工认真学习领会习近平新时代中国特色社会主义思想、中共十九大、十九届三中全会等重要会议精神，年内开展各类学习近50次。组织开展宣讲和主题教育活动、新时代学习大讲堂、党建知识抢答赛，组织到册亨岩架、贞丰白层古渡等红色教育基地开展主题党日活动，到兴仁战马田等党建帮扶村、册亨岩架宣讲中共十九大精神、省委十二届三次全会和州委七届六次全会精神。将党员大会结合“三会一课”、党员学习讲堂、党员学习论坛等活动开展。领导班子落实包保责任，深入县乡基层、库区安置区调查研究，指导工作。认真贯彻执行局党组理论学习中心组学习制度，按照“八有”要求开展学习。召开3次党组会议研究意识形态工作，对移民系统意识形态工作领域风险点进行分析，明确防

安龙县五福小镇（城北）新市民居住区
（安龙县生态移民局　提供）

册亨县县城新居住区　（册亨县生态移民局　提供）

晴隆县阿妹戚托小镇　（州生态移民局　提供）

控措施。制定局党组意识形态工作责任制工作台账并落实到位。贯彻中央八项规定及其实施细则精神和省委、州委加强作风建设有关规定，推进作风建设常态化、制度化，持续整治“四风”问题。年内梳理排查廉洁风险点15个并制定防控措施。召开党政联席会议4次、党组会10次，集体研究“三重一大”事项。注重抓早抓小，组织开展签字背书等活动，切实推动约谈常态化，开展3次专题警示教育。中央第四巡视组巡视、省委第三巡视组巡视、全州易地扶贫搬迁工作举一反三自查反馈的相关问题，均按要求进行整改。与兴仁县巴铃镇战马田村、花坝村、林家田村、小寨村党支部建立结对共建关系，推进包保贫困村工作，对4个包保村每村给予5万元作为产业扶持资金；协调200万元400亩树莓种植项目和50万元195盏太阳能路灯，帮助新房子村发展产业和加强基础设施建设。春节期间，对党建扶贫点、包保村、库区贫困移民开展遍访慰问活动。开展关爱水库移民留守儿童活动，对普安、晴隆两县100名贫困移民家庭留守儿童的开展慰问。局党支部获得省委表彰为“全省脱贫攻坚先进党组织”。

（钱卜丽）

州住房公积金管理中心

2018年2月，黔西南州住房公积金管理委员会三届二次会议　（朱鑫　摄）

【概况】2018年，黔西南州住房公积金管理中心按照“完善制度、规范管理、防范风险、高效服务”的原则，加强规范管理，深化信息化建设，严控资金风险，支持缴存职工刚需及改善性购建房消费需求，提升服务能力和服务水平，主动作为，扎实工作，全面超额完成各项目标任务，为支持缴存职工实现住有所居和促进全州房地产市场健康发展提供有力保障。

【住房公积金缴存】2018年，黔西南州新建住房公积金个人账户1.44万户，使全州个人住房公积金账户数达到14.49万户，缴存覆盖率达75.26%。实现住房公积金归集额21.52亿元，较上年同期增长9.29%，增加1.83亿元；归集余额66.60亿元，归集总额达123.78亿元。

【住房公积金提取】2018年，黔西南州提取住房公积金11.03亿元，较上年增长30.31%，增加2.57亿元，占全年归集额的51.25%。职工提取住房公积金主要是购买、建造、翻建、大修自住住房提取1.99亿元；离休、退休提取1.76亿元；完全丧失劳动力，并与单位终止劳动关系提取2855.55万元；户口迁出本市或出境定居提取76.07万元；偿还购房贷款本息提取65267.20万元；租赁住房提取1386.04万元；其他（含死亡、重大疾病）提取3184.11万元。截至年底，全州累计提取住房公积金57.18亿元，较好地支持职工改善自住住房的需要。

【住房公积金贷款发放及回收】2018年，黔西南州发放住房公积金个人贷款5065户，较上年同期5233户减少168户，减少3.21%，发放住房公积金个人贷款额18.40亿元，较上年同期17亿元增加1.4亿元，增长8.2%，贷款总额累计达到100.51亿元，住房公积金贷款余额66.26亿元。异地贷款累计发放146笔，金额0.29亿元。贷款回收良好，累计回收贷款34.25亿元，无呆、死、烂、坏账。中心始终把资金安全放在工作首位，认真制定风险防控措施，严格审核审查相关资料，有效遏制骗贷套提住房公积金行为，严格执行贷款三级审核审批制度，认真执行“贷前调查、贷中审查、贷后管理”机制。扎实的风险防控措施，有效控制逾期贷款的产生，持续保持住房公积金贷款零逾期全省排名第一的殊荣。

【增值收益及分配】 2018年，黔西南州住房公积金管理中心实现业务收入1.97亿元，比上年同期1.6亿元增加0.37亿元，增长23.12%；业务支出1.13亿元，比上年同期0.96亿元增加0.17亿元，实现增值收益8421万元，比上年同期6397万元增加2024万元，增加31.64%，增值收益率达到12.64‰。增值收益分配，根据国家有关要求和《黔西南州住房公积金管理暂行办法》规定，2018年度可供分配增值收益8421万元，提取住房公积金贷款风险准备金1106万元。

【政策调整】 2018年3月，州住房公积金管委会三届二次会议通过《黔西南州新市民建立住房公积金制度暂行办法》，有效突破制度障碍，打通个人缴交渠道，让易地扶贫搬迁等新市民同等享受住房公积金政策覆盖。易地扶贫搬迁等新市民可以按自愿原则以个人名义缴存住房公积金，符合条件的，可享受住房公积金政策优惠。

开展“减证便民”专项行动，努力实现让办事群众“只进一扇门，最多跑一次”目标，取消30种业务办理材料，实现离退休提取、对冲还贷、提前结清“零材料”业务办理的目标。持续提升“互联网+公积金”信息化服务水平。推出支付宝城市服务、网上服务大厅（个人、单位、

2018年12月，开展“传承红色基因，走好长征新路”主题党日活动

（朱鑫 摄）

房开商）、自助查询及打印终端、门户网站、手机公积金APP、微博等多项公积金服务事项。

开展以“争做时代先锋，争当服务标兵”为主题的创先争优活动，在抓实理论学习的基础上，狠抓阵地建设，突出“政治、互动、开放、教育、主动”等特点，充分运用身边事教育身边人，探索主题鲜明、内容丰富、形式多样的主题党日活动。开展“寻访红色足迹，传承红色基因”“传承红色基因，走好长征新路”等系列主题党日活动。被确定为“黔西南州直单位党建工作示范点”，党员活动阵地接受州内外党建观摩140人次，两次获州委党建办以简报形式向全州推广党建活动经验。同时，中心被省妇联表彰为“贵州省三八红旗集体”授予“贵州省星级妇女之家”称号；被省总工会表彰为省级职工书屋示范单位、省级职工之家；并获省住建厅建设工会表彰为“工会工作先进集体”。望谟县管理部主任卢红被省委、州委表彰为“全省脱贫攻坚优秀共产党员”“全州脱贫攻坚优秀共产党员”。

（罗 凤）

2018年6月，开展“寻访红色足迹，传承红色基因”主题党日活动

（朱鑫 摄）

交通运输 · 邮政

道路运输

【概况】 2018年黔西南州全社会交通固定资产投资完成300亿元，目标任务完成率100%，同比增长9.6%。全州公路水路建设三年（2016—2018）决战计划完成投资640亿元，截至2018年12月31日，累计完成投资733.55亿元，目标任务完成率114.77%。其中，2016年计划完成投资136.253亿元，实际完成160亿元；2017年计划完成投资246.433亿元，实际完成273.55亿元；2018年计划完成投资257.93亿元，实际完成300亿元。实施“四好农村路”三年攻坚，脱贫攻坚农村“组组通”公路建设三年大决战、公路水路建设三年大决战圆满收官。

【公路建设】 2018年，黔西南州交通运输局实施“四好农村路”三年攻坚战。创建“四好农村路”示范路800千米，国家、省级示范县各1个。建成“组组通”公路2831.253千米，提前一年实现30户及以上村民组100%通硬化路。实施普通国省干道改造208.737千米，建成路基160.5千米，建成路面91千米，完成年度投资129531万元，目标完成率105%。完成新（改）建农村公路55千米，目标任务完成率100%。

【高速公路建设】 2018年，黔西南州交通运输局建成罗望、紫望高速公路；有序推进兴义环城高速公路建设，累计完成年度投资27.3亿元，总体形象进度33.67%；贞丰经册亨至田林、六枝经关岭经贞丰至安龙高速公路、纳雍至晴隆、兴义经西林至文山高速公路前期工作进展顺利，其中，贞丰经册亨至田林、六枝经关岭经贞丰至安龙高速公路、纳雍至晴隆高速公路已完成工可评审，2018年底开工建设贞丰经册亨、六枝经关岭经贞丰至安龙高速公路。

【一、二级公路建设】 2018年，黔西南州交通运输局推进普安至兴义、兴仁至安龙一级公路和巴铃至盘龙二级公路前期工作，普安至兴义一级公路已完成施工图设计审查，兴仁至安龙一级公路工可已进入报批阶段，巴铃至盘龙二级公路已完成初步设计审查工作，上述三个项目2018年底开工建设；加快建设4个极贫乡镇二级公路，完成年度投资41513万元，建成路基10千米，总体形象进度26%。

【“组组通”公路建设】 2018年，省下达黔西南州的农村“组组通”硬化路建设任务为2798.23千米，完成投资17.94亿元。截至12月30日，全州实际建成2877.06千米，超省下达计划78.83千米，目标完成率102.2%。全州村民组通硬化路率达100%。

【站点建设】2018年，兴仁城西客运站已按要求开工，正在进行站房主体工程施工；年内9个乡镇客运站均已动工，望谟县油迈客运站、晴隆县长流和中营客运站已建成，其余6个乡镇客运站均正在建设中；普安县客运站项目“工可”于2018年9月12日取得省厅审查批复；贞丰县客运站因项目选址变更，项目“工可”需重新编制；望谟县因选址征地困难，仍未开展新客运站建设前期工作。

2018年全州联网售票使用率与2017年同期比有较大增长，第一季度同期比增长307.57%、4月同期比增长477.99%、5月同期比增长191.93%、6月同期比增长160.50%、7月同期比增长168.51%、8月同期比增长146.91%。

【路政管理】2018年，州交通运输局路政支队巡查公路里程7167千米；共上路巡查9180人次，纠正、查处各类路政违章31件，清除占道堆积2040处41991平方米，立案查处6件，结案率均达到100%。依法审批增设平交道口、设置广告标牌等路政许可11件，处理砍伐行道树案件1件，查处路面损害9处145平方米，查处路基损害12件260平方米，查处护栏损害17个160米，查处边沟损害284米，查处污染公路125起2285平方米，制止违法建筑46处1322平方米，收取路产补偿费9.15万元，路政宣传590次，其中上路宣传480次。4月治超行动正式启动以来，共检查车辆36876台次，卸载煤、沙、碎石、水泥等1496辆，重1918.1吨，转运各类货物122辆，重448吨。

【道路运输事故预防工作】2018年，黔西南州交通运输局严格执行“三不进站、六不出站”制度。继续深化落实安全生产“平安交通”工作，开展道路危险化学品运输安全综合治理等各项安全生产活动，创建“平安车站”“平安车辆”示范建设，与平安交通三年攻坚活动相结合，组织做好专项整治活动。打击道路运输各类违法违规经营行为，规范安全生产法治秩序，全年打击非法违法、治理纠正违规违章行为1342起（其中无证、证照不全或过期、超许可范围从事生产经营建设，以及倒卖、出租、出借或以其他形式非法转让安全生产许可证182起，隐患排查治理制度不健全、责任不明确、措施不落实、整改不到位146起，其他违反安全生产法律、法规、规章的生产经营建设行为1014起）。加大对辖区运输企业严格执行管理办法监督检查，定期抽查辖区道路运输企业在岗情况，强化对企业运用车辆动态监控系统的督促力度。强化车辆动态监控管理。强化科技运用，在兴义汽车运输总公司“兴运卫星定位监控平台”试用车辆动静态监控闭环式安全管理系统，客运车辆违法报警率大幅下降，智能化监管方式更有效、更实际，车辆运行数据分析更直接、更准确，运行试用成效明显。充分利用动态监控平台抽查客运车辆违法违规行为，全州共计抽查客运车辆800余次，查扣非法营运车辆75辆，处罚各类违章车辆134起。

【交通运输工程质量安全监督】2018年，黔西南州交通运输局继续开展黔西南州农村公路施工企业、监理企业信用评价工作。年内对2017年度全州范围内50家施工企业、20家监理企业进行信用评价，其中评出D级施工企业2家。坚持开展信用评价工作，形成了管理农村公路建设市场的有力抓手，规范了相关从业单位的从业行为。

2018年，黔西南州交通运输局加强对试验检测机构管理，严格执行试验检测机构登记备案制、专项督查制及信用评价制度。截至2018年12月在州交通质监站登备案登记的试验检测机构有21家，其中开展业务相对较多的有黔西南州南下交通工程检测有限公司、贵州交咨工程检测有限公司、贵州路达公路试验检测技术有限责任公司，州交通质监站在年内开展了一次试验检测机构综合督查并配合省交通质监局完成了年度信用评价工作。

2018年，州交通运输局围绕“大力提升质量，建设质量强州”主题，开展“质量月”活动。大力推行高标准、高质量发展理念，继续推行首件工程认可制和施工标准化建设，年内全州普通国省干线提等升级项目已全面推行首件工程认可制度。

【农村公路养护工程】2018年，黔西南州交通运输局对全州农村公路各季度路况评定：第一季度县道PQI中等路率为66.57%、乡道PQI中等路率为67.27%。第二季度县道PQI中等路率为67.71%，乡道PQI中等路率为67.53%。第三季度县道PQI中等路率为69.12%，乡道PQI中等路率67.81%。第四季度县道PQI中等路率为69.27%，乡道PQI中等路率为68.93%。全州2141个建制村，已通畅通达2141个，通畅率为100%。

【道路旅客运输】 截至2018年12月31日，全州共有客运企业22家（其中具备包车旅游资质企业8家），共有客运车辆1598辆［其中，县内班线车辆929辆、县际班线313辆、市际班线151辆、省际班线41辆，包车（旅游）客运164辆］，从业客运驾驶人员2481人（其中，班线驾驶员2352人、旅游客运驾驶员129人）。全州共2141个行政村，已通客运2141个村（其中2016年新增374个行政村，2017年新增158个行政村）。

【城市公共交通】 截至2018年12月31日，全州共有公交企业9户，公交车508辆。其中，兴义市1户，公交车286辆；兴仁县1户，公交车46辆；安龙县1户，公交车22辆；贞丰县1户，公交车20辆；晴隆县1户，公交车16辆；望谟县1户，公交车19辆；普安县1户，公交车38辆；册亨县1户，公交车8辆；义龙试验区1户，公交车53辆。

【出租车客运】 截至2018年12月31日，黔西南州共有出租车企业14户，出租车1344辆。其中，兴义市5户，出租车693辆；兴仁县1户，出租车170辆；安龙县1户，出租车70辆；贞丰县2户，出租车143辆；望谟县1户，出租车108辆；普安县1户，出租车50辆；册亨县1户，出租车50辆；晴隆县1户，出租车50辆；义龙新区1户，出租车10辆。

【货运企业】 2018年，黔西南州道路货物运输业户152户，拥有货运车辆11873辆。道路危险货物运输企业27户，拥有危险货物运输车辆597辆。

【汽车维修企业】 截至2018年12月31日，全州共有一类维修企业21户，其中兴义10户、义龙2户、兴仁2户、安龙3户、贞丰2户、望谟1户、晴隆1户；二类维修企业102户，其中兴义76户、义龙1户、兴仁4户、安龙7户、贞丰5户、册亨2户、望谟7户。

【机动车驾驶培训机构】 截至2018年12月31日，全州共有驾培机构52户，其中兴义20户，兴仁8户，安龙6户，贞丰3户，晴隆4户，普安4户，册亨3户，望谟4户。教练车2148辆，从教人员2464人。

航道管理

【概况】 2018年，光照库区航运工程完成投资3401.4万元，完工并验收；董箐库区航运工程完成投资1418.8万元，完工并验收；建成城乡便民码头5座、新开工城乡便民码头3座；建成渡改桥1座；新增船舶运力投资500万元。

【水上运输】 2018年，全州拥有水运企业18家，营运船舶418艘，其中客船398艘，15565客位；货船20艘，23115载重吨。完成水路运输量：货运129.24万吨，货物周转量16083万吨千米；客运量211万人，客运周转量10639万人千米。年内，黔西南州交通运输局在全州范围内继续深入开展中小型船舶安全管理专项整治、乡镇自用船安全管理专项整治等专项治理工作，加强巡航巡查，强化现场监管。有效打击各类非法违法行为，提高海事监管能力。对全州所有客运船舶进行全面安全检查，客运船舶安检率为100%。全州海事系统共开展船舶安全检查644艘次，巡航（查）5550次，检查船舶12908次，查处船舶违法行为82艘次，巡航时间6553小时，巡航72631千米，出动执法车辆1683车次，行程141660千米，出动海事人员16008人次，其他人员2022人次。全年排查一般隐患77项，整改完成77项，整改率100%，有效保障水上交通安全形势稳定。

【水运建设】 2018年，全州完成水运固定资产投资4574万元。其中：光照、董箐库区航运建设工程全州境内项目完成投资1500万元，城乡便民码头工程完成投资1415万元；渡改桥建设完成投资64万元；完成新增船舶运力投资1595万元。

【航道养护管理】 2018年，开展航道全覆盖巡航巡查12次，共计

44天，共出动巡查人员122人次，巡查车辆15辆次，巡查船舶56艘次，巡查总里程2800千米。

（龚天竹）

铁路建设

【沪昆高铁后期工作】 2018年，黔西南州组织晴隆、普安开展遗留问题处理及概算清理工作，农民工工资、房屋炮损、临时道路移交、水利设施修复、安全区域设置、防护措施安装验收等工作已完成；项目建设压覆晴隆县坳田煤矿部分煤炭资源补偿问题，委托第三方机构分别完成了核实报告、评估报告、审价报告等工作，待省铁建办专题会议研究后确定补偿事宜。

【盘兴铁路】 2018年3月，根据省政府与中国铁路总公司达成的共识，按照设计250千米/小时的标准修编完善可研报告并上报审批。5月15日至17日，铁路总公司鉴定中心在北京评审通过盘兴铁路初步设计；7月底完成规划选址、土地预审、稳评、能评、文物、电磁辐射等专题并获得批复；8月10日，中国铁路总公司和贵州省人民政府联合批复盘兴铁路可行性研究报告；9月4日，盘兴铁路先期开工点施工图审查会议在兴义召开；9月21日，中国铁路总公司经规院在北京召开新建盘兴铁路站房建筑概念设计方案评审会；10月初中铁总工管中心批复同意项目先期开工点的线路、地质、路基、桥梁、隧道、环保等施工图报告；11月5日，中国铁路总公司、贵州省人民政府联合批复盘兴铁路初步设计方案；12月28日，盘兴铁路先期开工段正式动工建设。

【贵阳至兴义铁路】 2017年底，贵州铁投公司牵头完成沿线旅游综合开发方案研究论证。2018年8月26日至31日，贵州省铁投公司副总经理蒋国云再次率贵州铁投、中铁二院、清华同衡规划设计研究院等单位组成现场调研组，赴铁路沿线市州调研，重点围绕“铁路+土地开发”“铁路+旅游”“铁路+特色小城镇”、招商引资政策等内容进行调研，探索铁路开发建设新模式。清华同衡规划设计研究院、中铁二院等单位已开展贵兴铁路综合开发模式研究评估工作。

2018年，州委副书记、州政府常务副州长、盘兴铁路黔西南段建设协调指挥部指挥长穆嵘坤（右三）调研盘兴铁路 （铁建办 提供）

【兴义至永州铁路】 2018年5月，贵州、湖南、江西三省政府共同向国家发改委及中国铁路总公司提交《关于启动兴义至永州至郴州至赣州铁路项目前期工作的请示》，请求将项目列入国家“十三五”规划中期调整项目，启动前期工作；2018年5月，中铁二院再次赴沿线市州开展项目线路走向比选及站点设置现场踏勘工作，完成兴永郴赣铁路线路规划方案并征求地方政府意见建议；6月20日，铁道部第二勘测设计院赴黔西南州完善兴永郴赣预可研有关工作。

【铁路运输量】 州境内2018年铁路旅客发送量为78万人，货运量为463.29万吨，其中发送量为228.1万吨，到达量为235.19万吨。

（陈翱鹏）

兴义万峰林机场

【概况】 兴义万峰林机场隶属于贵州省机场集团有限公司，机场飞行区等级4C，运输生产量在全省“一干十支”通航机场中排名第五，是黔西南州对外开放和沟通交流的重要门户窗口。2018年

2018年10月17日，华夏航空飞机驻场兴义机场“航空＋旅游”推介会暨新闻发布会召开　（李洪虹　摄）

2018年10月26日，华夏航空过夜飞机驻场兴义万峰林机场　（李洪虹　摄）

兴义机场以民航局提出的“平安机场、绿色机场、智慧机场、人文机场”为建设目标，先后开通北京、上海、广州、深圳、成都等16个大中城市、12条航班航线，旅客吞吐量呈现“井喷式”增长，全年突破112万人次。

【安全运行管理】2018年，兴义万峰林机场围绕“三基建设”，编织全方位、立体化的安全网。针对T2航站楼运营坚持高标准、高质量抓好制度保障，结合机场安全服务管理实际，对《优化管理体制机制策划书》《星级班组评比实施办法》《机场使用手册》《高质量发展行动方案》《投诉管理规定》《航空安保测试管理规定》《应急处置预案》《首问责任制》及航空安保“三案一册”体系文件和管理制度进行修订完善。为发挥制度的有效作用，以法定自查为手段，按照《兴义机场安全自查管理规定》成立安全自查小组。

【服务品牌建设】2018年，兴义万峰林机场T2航站楼竣工验收和转场投入运营，组织开展“三亮三创”“党员服务群众先锋队”“岗位学雷锋”“志愿服务队”“争先创优”“技能比武”“文明单位创建”“创建民族团结”“庆祝改革开放40周年”等系列活动45次，冠名航班“兴义·万峰林号”彩绘飞机首航运营，践行“真情服务”理念，深化“金州情·助你行”服务品牌建设。T2航站楼转场运营、“同期两会”召开、华夏航空飞机驻场、改革开放40周年庆典、元旦、春节、国庆及全国、省、州“两会”等重大活动和重要会议的运输保障。

【航空运输量】2018年，兴义万峰林建累计飞行12383架次，同比增长16.24%，完成目标任务11582架次的106.92%；旅客吞吐量112.09万人次，同比增长21.56%，完成目标任务100万人次的112.09%；货邮吞吐量1139吨，同比增长27.83%，完成目标任务1000吨的113.90%。

【机场改扩建】2018年，兴义万峰林机场历时两年T2航站楼保证及配套设施改扩建工程项目建设，于6月21日正式通过西南管理局验收，并于8月18日转场投入使用。

【关爱员工】2018年，兴义万峰林机场发挥党、工、团和妇联的作用，组织开展各种文体教育活动，推动实施“EAP”员工心理咨询项目，建设、管理好员工宿舍，加强食堂管理，提升公司窗口形象，规范机场管理，创建良好的工作环境，提高机场发展的凝聚力和战斗力。

（李洪虹）

邮政管理

【概况】黔西南州邮政管理局成立于2012年11月23日。下设办公室、普遍服务（机要通信）科、市场监管科，属副县级单位，核定行政编制人员10人。现有在编在岗人员10人。截至年底，全州邮政企业从业人员680人（不含委代办和劳务承揽），普遍服务网点144个，全州1008个建制村直接通邮率达到100%。快递企业：截至2018年底，全州民营快递品牌为16个，独立法人40个，民营快递网点481个，从业人员1934人。全州邮政行业指标完成情况：2018年，全州邮政行业业务总量累计完成3.0亿元，同比增长9.22%。业务总收入3.35亿元，同比增长19.88%。全州快件进口总量达到5422.9万件，同比增长51.37%；出口快件达到714.71万件，同比增长10.53%。进出口剪刀差为7.58∶1。

【所获荣誉】2018年5月，黔西南州邮政管理局被黔西南州创建全国民族团结进步示范州工作领导小组办公室评为“民族团结进步创建活动巩固提高示范单位”；10月，在贵州省邮政管理局组织开展的“三创三树”精神文明创建活动中，被评为“文明单位”。

【行业发展环境优化】2018年，黔西南州人民政府给予邮政快递行业资金扶持。州政府划拨100万元专项资金补贴黔西南州邮政快递企业。其中50万元补贴建制村通邮，50万元补贴快递企业安全基础设施建设，11月底，黔西南州邮政管理局根据《2018年度黔西南州邮政行业补助资金分配办法》按工作流程将款项全部划拨到相关企业。

【基础设施建设】2018年5月，黔

2018年6月20日至22日，国家邮政局党组成员、副局长刘君（左四）赴黔西南深入调研快递业发展情况（州邮政管理局　提供）

2018年6月28日，黔西南州邮政管理局在州邮政（快递）分拨转运中心组织开展2018年全州邮政行业突发事件应急演练（州邮政管理局　提供）

2018年12月，黔西南州邮政管理局联合州公安交通管理局对兴义市部分寄递企业发放了近200张邮政快递专用车辆通行证（州邮政管理局　提供）

2018年，黔西南州邮政管理局到晴隆县三宝乡干塘村开展建制村通邮工作调查（州邮政管理局　提供）

西南州1008个建制村在全省率先全部实现100%的直接通邮，提前全面完成全州建制村直接通邮工作任务。继续推进“快递下乡”工程。年末，全州快递企业累计在乡镇开设了294个农村快递服务网点，乡镇覆盖率达到95%。

【行业行政审批工作】 2018年，黔西南州核准州邮政分公司报送的2处邮政普遍服务营业场所就近迁址备案信息、10处设置邮政普遍服务营业场所登记备案信息、1处设置其他邮政营业场所登记备案信息。

快递企业方面：收到快递企业变更申请37份，受理33份，核准增设分支机构21个；受省局委托开展独立法人许可现场协查24次，协查通过的独立法人快递企业12个；审核通过30家企业年度报告书。

根据国务院“放管服”工作要求，按照《快递暂行条例》《快递末端网点备案暂行规定》，全年完成166个快递末端网点的备案工作。

【监督检查和行政执法】 2018年，黔西南州邮政管理局出动执法人员1072人次，执法检查536次。其中，邮政普特服行政执法检查177次，出动执法人员354人次。邮政市场行政执法检查359次，出动执法人员718人次。

根据《中华人民共和国行政处罚法》《中华人民共和国邮政法》等行业法律法规，对寄递渠道相关违法企业给予相应的行政处罚。对快递企业下达处罚决定书21份，其中立案调查下达处罚决定书7份，使用简易程序下达的处罚决定书14份。处罚金额31800元。

在检查过程中对存在问题轻微的企业，下达“责令改正通知书”。全年，共下达109份，其中邮政市场90份，邮政普遍服务（特殊服务）19份；对于违法行为轻微，没有造成危害后果的，以约谈的方式对企业负责人予以告诫，全年约谈企业3次。

【企业安全生产主体责任】 2018年黔西南州邮政管理局制定出台《黔西南州邮政快递企业落实安全生产主体责任实施方案》《黔西南州邮政行业安全生产主体责任考核细则》。通过组织多期培训、开展执法检查等方式，推进企业落实安全生产主体责任。组织开展推进安全生产主体责任落实专项培训；组织企业开展“观示范·学标杆”安全生产主体责任落实观摩活动；开展邮政行业安全大检查，集中检查全州115个邮政、快递网点；联合公安等部门开展涉枪涉爆、禁毒、反恐等安全专项培训和联合执法检查；加强“两会”期间、快递企业旺季期间等重要时间节点的安全保障和执法检查；联合州综治办、州反恐办、州安监局、兴义市公安局及马岭镇人民政府开展邮政行业突发事件应急演练；对企业主体责任落实情况进行监督检查。

（周　密）

赵伟　摄

工　业

工信综情

【概况】 2018年，黔西南州工业和信息化委员会（州大数据发展管理局），内设办公室、人事教育科（机关党委办公室）、经济运行科、规划和投资科、产业政策科、企业改革和发展科（州政府减轻企业负担办公室）、消费品工业科、资源综合利用和原材料工业科、信息化管理科、安全生产和民爆器材管理科、政策法规科、黄金管理科、盐业管理科、离退休干部科14个科（室）；机关行政编制26人、工勤编制4人，实有在编人员30人。州工信委设主任1人、副主任3人，机关党委书记、总经济师、总工程师各1人，科级职数20人。由州工信委管理的事业单位有州民营经济发展局、州园区管理办公室。州民营经济发展局核定事业编制13人，实有在编人员13人（其中，管理岗位10人，专技岗位2人，工勤岗位1人），内设综合科、民营经济发展科、中小企业管理科。设局长1人（副县级）、副局长1人（正科长级）、科长或副科长3人。州园区管理办公室核定事业编制11人，实有在编人员11人（其中，管理岗位10人，工勤岗位1人），内设综合科、业务科，设主任1人（副县级）、副主任1人（正科长级）、科长或副科长2人。黔西南州工业和信息化委员会加挂黔西南州大数据发展管理局牌子，下设正科级一类公益事业单位州大数据服务中心，设领导职数：主任1人，副主任1人，核定编制12人（其中管理岗位4人，专业技术岗

贵州振华义龙新材料有限公司厂房外景　　（州工信局　提供）

位8人），实有在编7人。

【工业增加值增速】2018年，全州规模以上工业增加值增速11.4%，全省排第2位，创历年来最高位次。

【工业投资】2018年，全州累计完成工业投资361.69亿元（含园区基础设施），为省、州目标任务（305亿元）的118.59%，“千企改造”投资完成162.44亿元。

【新增规上企业】2018年，全州新增规模以上工业企业92户，超省目标任务52户、州目标任务12户，全州规模以上工业企业总达到492户。

【园区建设】2018年，全州园区实现工业总产值450亿元，完成投资185亿元，分别增长9.8%、2.8%。全州共有10个工业园区纳入省级“5个100工程”调度，已入驻企业228户，清水河—威舍工业园区获省级新型工业化产业示范基地。

【工业增值税】2018年，全州工业增值税累计完成工业增值税18.21亿元，增长3%。其中，煤炭开采及洗选业完成6.33亿元，下降

2018年，贵州振华义龙新材料有限公司及公司锂离子动力电池三元材料生产线 （州工信局 提供）

1.4%；电力及水供应业完成5.23亿元，下降11.2%；建材行业完成2.64亿元，增长16.9%；黑色金属冶炼及压延加工业完成9349万元，增长190.2%；医药制造业完成2392万元，下降4.7%；化工行业完成1151万元，下降33.9%。

【主要工业产品】2018年，全州原煤累计过站量1300.68万吨，增长29.68%；洗煤产量68.53万吨，下降3.2%；黄金产量15750.9千克，增长32.8%；发电量313.58亿千瓦时，增长4.27%（火电85.65亿千瓦时，增长21.61%；水电220.08亿千瓦时，下降2.74%）；合成氨产量7.62万吨，下降60.68%；乳化炸药产量2.63万吨，下降2.1%；铁合金产量41.83万吨，增长5.31%；钢材产量40.38万吨，增长173.39%；电解铝产量5.08万吨，增长190.296%；水泥产量1094.07万吨，增长6.9%；石材产量868万平方米，增长19.6%；白酒产量0.88万千升，增长31.34%；啤酒产量0.52万千升，增长52.94%。

【千企改造】2018年，全州共实施“千企改造”工程重点企业128户，实施改造项目137个，其中，列入2018年省级“千企改造”重点企业24户，项目总投资210.08亿元，完成技改投资162.44亿元。通过实施“千企改造”工程，万峰实业、贵州紫金、鸿大环保电

2018年，贵州天地药业有限责任公司新厂区 （州工信局 提供）

力、义龙振华新材料、万峰博亿能、兴仁登高铝业、锦兴轻合金装备制造、轻量化节能交通循环装备智能制造、贞丰贵耀等重点项目竣工投产。贵州天地药业有限公司异地搬迁一期工程竣工投产。义龙振华新材料二期、兴仁登高铝业二期、鹏昇纸业、安龙自备电厂、泰瑞佳新材料、贵州路兴新材料等项目有序推进。贵州振华义龙新材料有限公司获省级智能制造试点示范项目。

【信息基础设施建设】 2018年，全州信息基础设施建设投资累计完成20亿元，省网核心节点上链带宽达680Gbps，光缆线路总长达6.5万千米，3G、4G基站总数达8500个，实现旅游景区、高速公路、高速铁路和重要水运航段信号全覆盖，行政村实现4G网络、光纤全覆盖，全州光纤到户覆盖率达98%；完成“两化融合”示范改造企业100家，重点工业行业关键工序数控化率达35%，数字经济占比提高到28%。

【大数据产业】 2018年，义龙大数据产业园已入驻华为、中国电信、讯猫软件、必爱旅行网、优晟文旅、中联创、龙云科技、海康威视、软通动力等10余家企业，启动“智慧金州”“企业云”平台建设，建立脱贫攻坚、“数据铁笼”、智慧党建云、河长云、医疗云、教育云等平台功能模块，实现州直18个部门数据的互联互通。引进蜂巢算力、中联创等30家优强企业，华为黔西南数据中心建成运营。大数据与实体经济融合企业达150家，大数据企业主营业务收入160亿元，增长38%，数字经济占比提高到28%。贵州金源铁合金、紫金矿业、金州电力获评省级大数据与工业深度融合标杆企业。

【电力发展】 2018年，中电（普安）电厂建成发电，贞丰自备电厂2号机组建成点火试产，清水河天然气能源站燃气能并网发电，义龙新桥、册亨丫他镇等一批光伏电站建成并网发电。电力装机突破1000万千瓦，发电量突破300亿度，用电量突破110亿千瓦时。电网覆盖面进一步扩大，地方电网已建成220千伏变电站6座，110千伏变电站17座。220千伏线路已覆盖兴义、义龙新区、安龙、兴仁、贞丰5个县（市、新区）工业园区。加快推进南方电网与地方电网“两网”融合发展，实现“两网”向兴仁登高铝业共同供电。

【民营经济】 2018年，全州民营经济增加值完成676亿元，占GDP比重达到57.26%。成立黔西南州促进中小企业发展工作领导小组，制定出台支持民营经济发展壮大的28条措施。全州132户企业纳入省级中小企业“专精特新”培育名单，普安宏鑫茶业、册亨布依酒业等37家企业被评为省级工业企业品牌培育试点企业。

（杨　胜）

州能源局

【概况】 2018年，机构改革将州安全生产监督管理局的能源和煤矿安全生产监督管理职责和12名编制划转到州能源局，内设科室3个，核定科级领导职数3名，实有科级领导4人，实有人员13人。将州工业和信息化委员会的煤电油运调度的协调保障职责，以及工业用煤、成品油的协调和紧急调运职责，协调电力调度、推进电力需求侧管理和1名编制划转到州能源局，实有人员1人。2018年，州编委会下发（州机编字〔2018〕113号）文件，明确暂缓执行州委办字〔2017〕36号关于“州能源局机构改革”的相关事项，州能源局按原机构设置运行，撤销州能源执法支队后，原划转到州煤矿安全生产监督管理局的8名管理人员编制和3名实有人员改为划转到州煤炭安全技术培训中心，核定事业编制14名（其中，管理人员11名，专业技术人员2名，工勤人员1名），实有人员7人。2018年，能源局人员编制16名（其中，行政编制14名，工勤编制2名），实有人员15人。

【煤炭生产】 2018年，黔西南州共有100个生产建设煤矿，生产煤矿67个（含48个正常生产煤矿），产能1877万吨/年；建设煤矿33个，设计产能1170万吨/年。完成煤矿固定资产投资45.02亿元；煤炭过站量达1300.7万吨，同比增长30%。48个正常生产煤矿完成瓦斯监控系统升级改造，实现与县级瓦斯监控中心互联互通，新增煤矿瓦斯发电机组装机2400千瓦，瓦斯抽采率达62.2%，煤炭资源综合利用有效提升，煤矸石利用率达70%。

煤矿工人准备下井作业　　（州能源局　提供）

【煤矿安全】2018年，黔西南州共有煤矿100个，安全生产许可证在有效期内49个。年内共恢复生产（建设）煤矿60个，其中有5个又处于停产状态，实际正常生产（建设）55个，长期处于停产停建煤矿43个。全州共发生煤矿生产安全事故5起，死亡5人，均为顶板事故。与上年同期对比，事故起数减少1起，下降17%；死亡人数减少6人，下降55%。全州煤矿未发生煤与瓦斯突出事故和较大及以上事故，是自2001年开始统计事故以来唯一没有发生较大及以上事故的年份；全州累计开展煤矿安全监管检查781矿次，查出一般事故隐患6216条，已整改6023条，整改率为96.9%，查出重大隐患10条，已整改10条，整改率为100%；共下达执法文书787份，责令停产整顿9矿次，责令停产停建整改54矿次，责令限期整改363矿次，实施经济处罚32矿次，累计罚款864万元；制定并印发《黔西南州2018年煤矿雨季“三防”及水害防治工作方案》《州安委会办公室关于印发〈黔西南州煤矿职业健康执法年活动实施方案〉的通知》《州安委会办公室关于印发〈黔西南州煤矿瓦斯治理专项整治工作实施方案〉的通知》《州安委会办公室关于印发〈黔西南州煤矿顶板管理专项整治工作实施方案〉的通知》《黔西南州煤矿安全生产大检查实施方案》等一系列文件，开展煤矿安全专项整治，强化隐患治理；制定《黔西南州优化煤矿驻矿安全监管工作实施办法》，统一面向社会公开招聘专业煤矿驻矿安监员60名，加大对企业主体责任落实的监管力度。

2018年1月25日，黔西南州与广西百矿集团召开薄煤层综合机械化开采座谈会　　（州能源局　提供）

【“五化”改造】2018年，黔西南州能源局落实领导包保责任，印发《黔西南州推进煤矿“五化”改造升级及主体矿建设包保工作方案》，州四大家领导对全州22个煤矿进行包保，定期到包保煤矿督查，指导、协调解决煤矿“五化”改造升级及主体煤矿建设中存在的重大问题和困难。共开展包保指导督查工作60矿次。落实煤矿“五化”改造任务，州政府从州级财政中安排专项资金1000万元，对实现“五化”改造的煤矿州级预算奖励资金每矿100万元，争取省级财政智能机械化预拨奖补资金7012万元，通过“煤电融合”电厂预付电煤款3.8亿元。2018年，全州启动22个“五化”矿井升级改造，完成“五化”矿井升级改造11个，累计完成煤矿主体矿建设26个，煤矿升级改造7个，超省综合机械计划目标1个；全州实现机械化矿井37个（其中，高档普采14个，综采23个），采煤机械化程度为87.5%，综采率42.5%。完成二级标准化40个，三级标准化10个。

【煤电深度融合】2018年，黔西南州推进“大电强网+大产业”发展战略，以兴仁登高铝业生产用电为切入点，按照“统一规划、统一建设、统一经营管理、统一布局”的原则，推进“两网”融合发展。推进煤电网产一体化深度融合，实现金州电力有限公司对图南矿业集团所属煤矿的整体收购，兴义电厂与兴仁市振兴煤矿和贵州新宜矿业集团实施股份合作。组织煤矿和电力企业签订电煤中长期供煤合同，签订长协744万吨，超省政府下达2018年任务量（685万吨/年）的9%。全州供电煤549.71万吨；电厂存煤76.64万吨（其中，兴义电厂存煤53万吨，清水河自备电厂存煤5万吨，普安电厂存煤18.64万吨）。电力装机突破1000万千瓦。推动普安电厂、清水河分布式燃机电厂和5个光伏项目建成发电，全州电力装机首次突破1000万千瓦，累计达到1081.6万千瓦。

【新能源项目】2018年，黔西南州完成电力和新能源固定资产投资97.7亿元。全州共获得29个光伏项目、99.5万千瓦装机纳入《贵州省2018—2020光伏发电“三年滚动计划”》，项目数占全省44%，装机规模占全省规模的37%。5个光伏项目建成发电，新增新能源装机15万千瓦，全年新能源发电9.2亿千瓦时。为服务脱贫攻坚，推动册亨丫他精准扶贫光伏电站建成并网发电，该项目是贵州省首个利用商业指标建成的地面集中式光伏扶贫电站，装机规模30兆瓦，年均发电量2960万千瓦时。电站项目总投资2亿多元，占地1150亩，每年可为1000户贫困户每户增加3000元的收益，受益时间可持续20年。

【大电强网建设】2018年，黔西南州加快推进普安电厂、安龙自备电厂和贞丰自备电厂项目，总装机达342万千瓦。普安电厂项目两台机组完成建设已并网发电；贞丰自备电厂项目有序推进，年底实现首台机组点火；安龙自备电厂，预计2019年年底首台机组点火调试。兴义市清水河天然气分布式能源站设备安装调试完成，已具备并网发电条件。义龙试验区天然气分布式能源站目前已完成“三通一平”。安龙大秦农业光伏四期、贞丰长田下布格、贞丰龙场一期、义龙新区新桥一期和册亨丫他精准扶贫等五个光伏项目建成并网发电。2018年兴

煤矿井下永久避难硐室　　（州能源局　提供）

煤矿机械化煤井综采面　　（州能源局　提供）

糯东煤矿皮带栈桥　（州能源局　提供）

2018年贞丰光伏发电项目　（州能源局　提供）

义供电局投资13.22亿元实施农村电网升级改造，供电可靠率达99.64%，2018年完成售电量73.17亿千瓦时，同比增长58.12%。地方电网2018年电网项目建设29个，建成220千伏变电站8座、110千伏变电站19座、35千伏变电站16座，年供电能力可达到300亿千瓦时；完成与广西百色市区域电网互联互通。全年的网供电42.3458亿千瓦时，同比上年27.6345亿千瓦时增加14.7113亿千瓦时，增长53.24%；售电量41.2943亿千瓦时，同比上年26.6844亿千瓦时增加14.6099亿千瓦时，增长54.8%。

【基础设施建设】2018年，黔西南州能源局新建充电桩477个，各县市区中心城区充电基础设施建设实现全覆盖，全州完成27个3A级以上景区充电基础设施建设目标。

【落后产能淘汰】2018年，黔西南州能源局深入实施“双退出”行动计划，明确关闭煤矿名单，积极淘汰落后产能，先进产能得到有效释放，8个长期停产停建矿井提前关闭，淘汰落后产能180万吨。

【能源专项规划编制】2018年，黔西南州能源局组织编写《黔西南州煤炭产业发展规划》，明确2018–2020年煤炭工业转型升级发展的具体目标，指导煤炭产业健康有序发展。

【党风廉政建设】2018年，黔西南州能源局严格执行“一岗双责”，将党风廉政建设工作同业务工作同安排、同部署、同落实。开展廉政风险点排查，查找廉政风险点，制定防控措施；组织干部职工签订“廉政承诺书”21份；抓党建促脱贫攻坚，不定期深入包保村开展调研48人次，召开“五人小组”和村组干部会议30余次，走访142户贫困户；以学习典型案例、讲党课、听报告会等方式开展廉政警示教育，召开党员大会4次，组织专题学习12次，支委会12次，理论学习中心组学习39次，“四风”工作督查29次，开展预防提醒约谈63人次。

（赵兴祥　吴婷婷）

农业和扶贫开发

农业农村工作

【概况】 2018年，全州以农业产业结构调整为主线，脱贫攻坚为引领，品牌营销为抓手，发展现代山地高效农业。年内农林牧渔及服务业增加值226亿元，增速6.9%，排全省第1位。农村常住居民人均可支配收入达9481元，排全省第6位；增速10.3%，排全省第2位；畜牧业增加值占农业增加值比重为22.5%，排全省第2位。

【粮食产量】 2018年，全州粮食播面368.22万亩，总产99.49万吨（其中，夏粮播面101.79万亩，产量16.48万吨；秋粮播面266.43万亩，产量83.01万吨）。

【玉米调减工作】 2018年，全州按照“退一进十”思路推进低效玉米调减工作，完成玉米调减面积87.67万亩，种植替代作物67.52万亩（其中蔬菜9.34万亩、茶叶3.2万亩、食用菌0.95万亩、中药材8.2万亩、水果13.4万亩、其他32.43万亩），退耕还林20.16万亩。

【特色产业化建设】 2018年，全州围绕农业提质增效和扩大特色优势农产品有效供给目标，大力发展薏仁、食用菌、蔬菜、茶叶、精品水果、生态畜牧业等山地特色农业。年内种植薏仁66.64万亩、食用菌3.54万亩、蔬菜147.83万亩、茶叶44.66万亩（其中投产茶园面积27.59万亩）、水果77.66万亩、中药材64.36万亩；经济作物占种植业比重达70.76%，新建标准化养殖场108个，2018年出栏生猪201.22万头、牛16.99万

2018年黔西南州委农村工作暨脱贫攻坚总结表彰会 （黄洋 摄）

头、羊4.63万只、家禽1606.2万羽；养殖大鲵4290平方米，累计产量2856.75千克，累计产值155.09万元；冷水鱼19590平方米，累计产量249.15吨，累计产值927.18万元。

【农业保险】 2018年，全州政策性保险承保水稻45.39万亩，承保率占计划面积50万亩的90.78%；甘蔗300亩；小麦387.33亩；油菜591.62亩；能繁母猪4.59万头，承保率占计划面积5.9万头的77.8%；育肥猪5.93万，承保率占计划面积22万头的26.95%；森林698.41万亩，保额38538.67万元，保费4346.23万元。"农调扶贫险"承保57.51万亩，总保额63417.09万元，总保费3179.19万元（其中，自然损失险45.25万亩，保额48942.59万元，保费2455.46万元；价格指数险12.26万亩，保额14474.50万元，保费723.73万元）。

【现代高效农业示范园区建设】 2018年，全州新增3个省级农业园区，在建省级现代高效农业示范园区达47个，其中入围省级重点13个。全州省级园区共完成总投资145亿元，园区主干道建设长度累计达2088千米，机耕道路2382千米，生产便道2830千米，灌溉管网13560千米；温室大棚237.01万平方米；标准化圈舍150.42万平方米；仓库（冷库）容量35.04万立方米，沼气池容量40750立方米。实现总产值216亿元，销售收入164亿元。

【农产品品牌建设】 2018年，全州共完成无公害农产品新增产地认定108.3万亩，产品认证118个；农产品地理标志获农业农村部登记1个。"安龙莲藕""安龙红谷"等农产品地理标志通过专家评审并经农业农村部予以公示。组织企业参加遵义、杭州、西安、贵阳等地农交会和茶博会。加强"兴仁薏仁米""普安红""万峰报春""黔菌"等品牌影响力。

2018年黔西南州种植业生产形势分析会 （杨思富 摄）

【招商引资投资】 2018年，全州完成农业产业大招商策划报装项目102个，投资总金额117.4亿元；引进项目62个，签约金额达到85.90亿元。完成编制项目30个，预计总投资40.16亿元。开工建设项目51个，到位资金18.31亿元。

【新型农业经营主体培育】 2018年，全州围绕主导产业，培育产业化龙头企业、农民合作社、种养大户等专业化、组织化程度较高的农业新型经营主体，发展农业适度规模经营。年内州级以上龙头企业达423家；新增农民专

黔西南州2018年下半年农业产业化建设现场推进会暨秋冬种现场会 （黄洋 摄）

业合作社858家，全州农民专业合作社达4401家。

【新型农民科技培训】2018年，全州完成贫困劳动力全员培训1830人，组织45名大学生村干部和村“两委”参加大学生村干部能力建设培训班。推荐1名新型职业农民培训教师到北京参加中央农广校举办的2018年新型职业农民培育师资示范性培训班；推荐1名基层农广校负责人到北京参加中央农广校举办的“基层农广校校长能力提升研修班”学习；安排25名农村致富带头人、青年农场主参加省农委组织的青年农场主培训班；推荐州农广校1人担任“全省2018年农村实用人才带头人和大学生村干部培训”班班主任并圆满完成四川班100人带班任务。

【产业扶贫】2018年，全州按照“人人有门路、户户有产业”的思路，发展农业产业，完善扶农带农机制。推进薏仁米、食用菌、中药材、糯米、茶叶、油茶、板栗、精品水果、优质蔬菜、生态畜禽等全产业链、全利益链发展，采取“保底收益＋按股分红”等多种分配方式，共带动8万多户创业就业，覆盖带动15万人。

【财政促进金融支农项目】2018年，州农委拓宽支农融资服务范围，与邮储银行和大地财险成功签订《“农保贷”项目合作协议》。推进“农保贷”，解决农业企业融资难、融资贵、融资慢等问题。年内支持76家次龙头企业和新型农业经营主体，累计实现支农融资1.01亿元，降低融资成本272万元，新增固定资产4200万元，带动126户211名贫困人口增收致富。

【一二三产业融合发展】2018年，全州三个农业综合开发区域生态循环农业项目总投资8400万元，财政资金4200万元，企业自筹4200万元（其中，2017年兴义市农业综合开发区域生态循环农业项目已完成投资1445万元，占总投资的17.2%，2018年册亨、义龙农业综合开发区域生态循环农业项目初步设计已批复。年内兴仁县成功入围全省一二三产业融合先导区创建前五名，争取到一二三产业融合先导区创建县物联网建设项目省级财政资金200万元，项目实施方案通过省级审查。

【农村改革】2018年，全州76个乡镇、728个村在开展资产清查核实工作。农村“三变”改革试点范围从原来93个乡（镇、街道）114个村扩大至123个乡（镇、街道）409个试点村，占行政村总数35.5%。资源变资产情况：入股的村集体耕地面积共计19706.18亩，入股的村集体林地、草地、水域、四荒地面积共计15339亩，入股的村集体经营性资产共计6145.61万元。资金变股金情况：各级财政投入用于试点村“三变”改革资金合计37956.92万元（已经形成股金共计27404.17万元，已量化到村集体形成股金共计10344.71万元）。农民变股东情况：农民变股东共计58028户244643人，其中，贫困人口变股东共计29317户116215人。实施“三变”改革股份合作项目共计464个，实现总产值（营业收入总额）14338.56万元，农民股东参与“三变”改革增加收益共计5861.65万元，村集体

2018中国·贵州国际茶文化节暨茶产业博览会黔西南展览馆（岑鸿芸　摄）

黔西南州第十四届优质农产品展销会开幕式现场（段莉　摄）

经济组织（或村委会）增加收益418.78万元。

【“两区”划定】2018年，黔西南州“两区”划定工作，任务目标190万亩粮食生产功能区（其中，水稻50万亩、小麦60万亩、玉米80万亩）和30万亩重要农产品生产保护区（油菜30万亩）。年内完成205.0611万亩（其中，水稻51.2029万亩占比102.40%、小麦54.0137万亩占比89.99%、玉米69.8184万亩占比87.27%、油菜30.2707万亩占比100.90%）划定上图入库工作。

【农业机械化】2018年，全州共完成农机补贴资金478.3万元，补贴机具4898台，惠及农户4209户。新增农机动力6.3万千瓦，农机总动力达290.3万千瓦，主要粮食作物全程机械化水平达到35.5%。

【农业科技】2018年，全州农业适用技术推广项目完成水稻种植面积73.51万亩、玉米29.31万亩、油菜67.25万亩、高粱3.49万亩、薏仁66.64万亩，推广应用旱地分带轮作多熟制31.15万亩、甘蔗14.42万亩、蚕桑桑园0.5万亩。年内兴仁县耕地质量提升和化肥减量增效示范县创建项目，项目示范片面积2万亩，完成土壤取样218个，完成田间试验6个。

【畜禽品种改良】2018年，全州完成牛改6.34万头、推广杂交猪158.17万头、羊改7.773万只、推广良种禽522.99万羽，分别占任务的122%、105.45%、130%和104.6%。

【动物疫病防控】2018年，全州完成免疫注射口蹄疫猪203.15万头、牛77.86万头、羊103.8万只，均达应免数的100%；完成免疫注射禽流感1377.76万羽（鸡1261.12万羽、鸭77.52万羽、鹅39.12万羽），达应免数的100%；完成免疫注射猪瘟203.84万头，达应免数的100%；完成免疫注射猪蓝耳病186.72万头，达应免疫数100%；完成免疫注射小反刍兽疫羊50.7万只，完成应免疫数的100%。

【饲草饲料】2018年，全州完成人工草地建设16万亩，改良草地建设2.7万亩，冬闲田土种草6万亩；完成秸秆处理8.5万吨；完成工业饲料推广5万吨。

【农产品质量安全检测】2018年，全州完成省监督抽检30个茶叶样品；蔬菜、水果、食用菌117个样品送检；完成定量检测131个；对各县市农贸市场销售的蔬菜、水果进行农产品农药残留速测抽样检测，抽取样品7996个；进行农药残留速测，合格样品7994个，超标样品2个，农药残留超标率0.03%，样品合格率99.97%。开展兽药饲料监管、保障畜产品安全工作，出动执法人员2123人次；检查兽药饲料生产、经营企业1261个次；检查规模养殖场517个次；与兽药饲料生产经营单位签订承诺书613份；发放宣传资料3928份，培训25场次，179人次。检查兽药经营175户、饲料经营企业538户次，养殖企业62户次，无使用违禁兽药、原料药和人药兽用，以及不执行休药期等违法行为。

【耕地保护】2018年，全州建成1个国家级耕地质量监测点，5个耕地质量监测省级点，6个州级耕地质量监测点，2个墒情监测点。监测点分布在兴义、册亨、贞丰、安龙、普安5个县市，监测点的建设利于及时调查跟踪耕地肥力和墒情变化情况，建立大田监测数据库并实现墒情预警。

【农村面源污染整治】2018年，打赢万峰湖“清网、清岸、清违、清源”四场攻坚硬仗，万峰湖1367户网箱养殖户104.4万口467万平方米养殖网箱全部拆除，影响水体水质最关键问题得到根本性解决，万峰湖及其支流水质稳定保持三类以上。开展农用地土壤污染状况详查农产品（水稻）协同监测，完成404个水稻样品和483个（其中普通样品404个，有机样品79个）土壤样品的采样流转工作，全面完成农用地土壤状况详查农产品（水稻）协同监测工作目标任务。

【农村环境整治】2018年，全州完成农村户用卫生厕所13.23万户，完成投资4.82亿元；村级公共厕所346个，完成投资2280.27元。获省财政厅、省农委下达2018年省级财政专项扶贫资金（新农村建设与环境综合整治专项）1195万元。

【农业综合执法】2018年，全州（兴义市除外）共出动执法人员4766人次，检查市场1599场次，检查经营门市6412个次，检查企业319个次，检查农产品生产基地、农民专业合作社、养殖场662个次，受理举报2件，下达整改通知书64份，调解种子纠纷1起，协调赔偿金额10万元。立案查处案件99起（其中，种子21件，肥料15件，农药14件、兽药14件、饲料35件），结案61起，移交案件2件，没收违法所得4.7772万元，罚款28.0966万元，查获违规农资4741千克。

（杨思富）

林　业

【概况】 2018年，黔西南州林业系统发布的2017年全州森林覆盖率为57%，全年各级投入林业资金7.63亿元，其中：中央资金6.97亿元，省级财政资金6610.84万元。全年完成林业产值300.45亿元，其中：第一产业完成102.37亿元；第二产业完成45.47亿元；第三产业完成产值152.61亿元。

【内设机构】 2018年，黔西南州林业局内设行政机构6个：办公室、人事教育科、计划财务科、政策法规科、退耕还林管理科、宣传信息科；政法机构1个，州森林公安局；事业单位8个：州农村林业改革发展办公室、野生动植物保护管理站、造林种苗科技管理站、森林资源管理站、森林病虫害防治检疫站、对外合作与产业发展站、林业基金管理站、湿地保护管理站；自收自支事业单位1个，州林业调查规划院。黔西南州林业局核定编制69人，其中，行政编制14人，行政工勤编制3人；政法编制17人；事业专业技术人员编制22人，事业管理人员编制4人，事业工勤人员编制1人；自收自支事业单位编制6人。实有人员58人：行政人员10人，行政工勤人员3人；政法人员15人；事业专业技术人员22人，事业管理人员3人，事业工勤人员1人；自收自支事业单位人员4人。

【党建引领】 2018年，黔西南州林业局推进“两学一做”学习教育常态化制度化，落实“三会一课”，在全局开展“牢记嘱托、感恩奋进”主题教育，使全体干部职工增强“四个意识”、坚定“四个自信”、做到“两个维护”，以党建为引领推进全州林业工作，全年组织开展党组中心组学习14次，召开党组会议23次，每周组织职工学习1次；开展党风廉政风险排查，共排查风险点25个，并结合风险点制定防控措施，通过学习文件、典型案例、讲党课、组织参加报告会等方式开展党风廉政警示教育，筑牢干部职工思想防线，营造良好政治生态。黔西南州林业局获贵州省林业局表彰为“统计工作优秀单位”，获黔西南州委、州政府表彰为2018国际山地旅游暨户外运动大会和第六届“中国美丽乡村·万峰林峰会”先进集体；2人获黔西南州委、州政府表彰为2018国际山地旅游暨户外运动大会和第六届“中国美丽乡村·万峰林峰会”先进个人；2人获兴仁市委、市政府表彰为2018年脱贫攻坚工作先进个人。

2018年植树活动启动仪式　　（张卫民　摄）

【林业改革创新】 2018年，黔西南州林业局制定出台《黔西南州林地占补平衡管理办法（试行）》，推行林地占补平衡，保障林地总量动态平衡；制定出台《黔西南州推行林长制工作的指导意见》，推行林长制，规范林区管理；制定出台《关于进一步加强新一轮退耕还林还草工程的实施意见》，对新一轮退耕还林政策配套措施、目标考核、责任追究等工作进行明确；国有林场改革通过省级验收，全州10个国有林场1个苗圃站全部转为公益一类事业单位；探索推广“林权抵押+林权收储+森林保险”贷款模式，鼓励和引导金融机构对林地开展多样化的林权抵押贷款业务。全州累计流转林地面积78.36万亩；办理林权抵押面积33.23万亩，贷款150笔，贷款1.55亿元，涉及147户；全州投保总面积为1093.57万亩，保险金额145.17亿元，覆盖8.08万贫困户27.50万人。

册亨巧马林场桉树基地　（张卫民　摄）

【营造林工作】 2018年，黔西南州林业局开展国土绿化行动，通过实施退耕还林工程、珠防工程、石漠化治理工程等，完成营造林64.99万亩，其中：人工造林27.44万亩，封山育林23.68万亩，退化林修复13.87万亩。为实现2020年全州生态覆盖率达到61%的目标奠定了良好的基础。开展义务植树活动，开展“建设绿色家园、创造美好生活”义务植树活动、同步全省开展“e绿黔行”贵州互联网+义务植树活动，将义务植树活动推向高潮，共设义务植树点137个，111.54万人次参加义务植树，栽植李子、杉木、核桃、花椒等苗木469.05万株；全年完成各类苗木培育2.7亿株，成功申报“林业科技示范县”1个，“林业科技示范园”6个，“林业科技示范点”13个。获林业科技示范园数量排名全省第3，获林业科技示范点数量排名全省第4。

林下经济新模式——树栽石斛　（张卫民　摄）

【森林资源保护】 2018年，黔西南州林业局抓好森林灾害防控工作，加大涉林案件违法严打整治力度，保障林木健康生长，确保森林资源安全。全州全年累计发生林业有害生物11.88万亩，成灾面积为零，成灾率为零；无重特大森林火灾发生，森林火灾受害为零；组织开展森林保护“六个严禁”和“绿剑2018”“打击破坏野生动物资源”“缉枪治爆”“禁种铲毒”等专项行动，严厉打击各类涉林违法犯罪，全州查结行政案件512起，处罚501人，罚款2346.4万元，立案侦办涉林刑事案件174起，破案138起，移送起诉118案127人，根据全省森林公安机关执法办案年度统计排名，全州刑事案件破案数排名第五，完成率排名第六；

人均打击处理数连续第四年排名第三；行政案件查处数排名第五，完成率排名第一；全州办理林木采伐79.82万立方米，办理征占用林地项目71个，使用林地面积648.71公顷；推进6个国家级湿地公园试点建设，其中，贵州北盘江大峡谷、安龙招堤、晴隆光照湖3个国家湿地公园通过试点验收，正式成为“国家湿地公园”。做好中央环保督察整改工作，全州23个自然保护区的总体规划和矢量图落界都已完成并获得批复。开展森林城市、森林乡镇、森林村寨、森林人家建设工作，兴义市创建国家森林城市总体规划通过了国家级评审，册亨县获“省级森林城市”称号，全州有5个乡镇、20个村寨、29户人家分别获省级森林乡镇、森林村寨、森林人家称号。

兴义七舍纸厂沟古茶树　　（张卫民　摄）

【绿色富民产业】 2018年，黔西南州林业局深入践行习近平总书记提出的“绿水青山就是金山银山”的发展理念，按照“生态产业化，产业生态化”的总体要求，共完成林业项目包装策划72个，谋划项目总投资136.54亿元；签约项目52个，履约项目50个；签约项目投资总额96.63亿元，履约项目投资总额70.05亿元，累计到位资金29.97亿元；开工项目数49个，均完成企业注册；全年“走出去”拜访对接完成26次，“请进来”接待考察完成38次；指导和完善“龙头企业＋专业合作社＋基地＋农户”的利益联结机制，建立省级、州级林业龙头企业名录库，实行动态管理，认定和监测通过的省、州级林业龙头企业56家；全州获得“森林康养示范基地试点称号”4家，其中，国家级3家，省级1家。以森林生态标志产品、森林认证（CFCC）、生态原产地保护产品（PEOP）为重点，鼓励涉林企业争创省名牌产品、著名商标及“三品一标”，贵州光秀生态食品有限责任公司已获得HACCP食品安全体系认证（出口备案型企业），获得中华人民共和国生态原产地保护产品标志（国际认可的地标），是中国板栗界第一家获得的国际认可地标标志；普安县普白珍稀资源开发有限公司已获得森林经营＋产销监管链证书（CFCC）。

山上封山育林，山下农户小康　　（张卫民　摄）

组织上报2018年农业综合开发名优经济林等示范项目11个，建设总规模1.59万亩，总投资8263.8万元，其中，中央财政资金2700万元、省级财政配套资金956万元、州级配套资金108万元、县级配套资金16万元，实施单位自筹资金4483.8万元；组织上报2017年和2018年农业产业项目及农村基础设施建设项目共47个，投资额2.82亿元；组织上报省级林业项目库项目115个（含省级谋划项目），投资估算50.82亿元。全年林业贷款中央财政贴息项目申报总额9227万元，其中申报的企业（合作社）15家，申报贷款额8987万元；个人小额（大额）贷款4人，申报贷款额240万元。所有申报贷款中，以往年度余额项目贴息贷款2310万元，新增项目贷款6917万元。最大限度地将贴息政策惠及全州适合政策条件的林业企业和个人。组织推荐中央财政林业科技推广示范资金项目3个，获批项目3个，争取中央投资260万元，数量和投资排名全省第一。

【林业生态扶贫】2018年，黔西南州林业局完成营造林总投入3亿元，有1.08亿元造林投入直接转为群众劳务收入，带动农户4.3万户、24.23万人，户均增收2526.96元，人均增收448.44元［其中带动贫困户0.7万户，1.48万人，贫困户获得资金（劳务等）总收入1451.96万元，户均增收2074.22元，人均增收981.05元］；通过引导社会资本参与林业生态建设，全面提升林业产业投入产出，全州累计投入林业建设资金（含社会资本、各种涉林项目建设资金）32.92亿元，带动从业人员49.46万人，其中累计带动建档立卡贫困户达5万人以上；利用生态护林员指标，全州共选聘生态护林员5583名，所聘用生态护林员均为建档立卡贫困户，带动全州2万余名建档立卡贫困人口脱贫；发挥技术优势，为防控虫害的扩大蔓延，组织专业技术人员到各县（市、新区）开展病虫害防治和技术指导，确保全州经果林产业健康发展，保障全州林农的经济利益，据不完全统计，全州病虫害防治使得板栗、核桃减少经济损失4400万元；选派技术骨干参加驻村帮扶，坚持单位与第一书记责任、项目、资金“三个捆绑”，推动脱贫攻坚取得实效，选派森林公安局政委到册亨县挂职，帮助册亨县搞好扶贫工作，选派2名专业技术人员到州林业局党建扶贫点兴仁县屯脚镇坪寨村、马路河村驻村帮扶，选派3名技术骨干参加安龙县生态脱贫专班，选派10名专业技术人员到册亨县、新区等地挂职帮扶，助推全州脱贫攻坚工作。

附件：2018年黔西南州森林覆盖率统计表

省林业厅发布黔西南州森林覆盖率统计表

市县名称	代码	森林覆盖率 %
黔西南州	522300	57.00
兴义市	522301	57.71
兴仁市	522322	48.87
普安县	522323	50.01
晴隆县	522324	43.70
贞丰县	522325	48.28
望谟县	522326	67.27
册亨县	522327	68.62
安龙县	522328	53.55

注：森林覆盖率是2018年发布2017年数据，该数据为省林业厅2018年9月发布

（钱朝霞）

扶贫开发

【概况】2018年，黔西南州学习贯彻习近平总书记扶贫开发重要论述，全面落实上级脱贫攻坚的重大部署，以脱贫攻坚统领经济社会发展全局，全力抓实“春风行动”和“夏秋攻势”。年内，黔西南州共实现10.52万贫困人口脱贫，完成年初任务的117.41%（贫困人口减少年度计划完成比例排名全省第1位）；142个贫困村出列，贫困发生率从2017年的7.66%下降至5.02%，比上年下降2.64个百分点。

【脱贫攻坚部署到位】2018年7月，州委以全会方式召开七届六次全会，研究制定《关于打赢脱贫攻坚战三年行动全面发起总攻奋力夺取全胜的实施意见》，部署对脱贫攻坚全面发起总攻、奋力夺取全胜。坚持州委书记、州长任组长的脱贫攻坚“双组长制”，

全省率先成立脱贫攻坚指挥部；压实攻坚责任，制定《关于处级以上领导干部包保贫困村的实施意见》《关于在脱贫攻坚一线从严管理干部的意见》，所有贫困村1名以上处级干部包保；州、县、乡三级脱贫攻坚一线干部和村“两委一队三个人”，共1.2万余人纳入党建扶贫云调度监测；实施“十个精准到村到户”（包保帮扶、宣传发动、识别退出、教育培训、基础设施、产业覆盖、住房保障、兜底保障、医疗保障、督查指导到户），做到因村因户施策，确保按期脱贫。强化监督问责，制定《关于落实深度贫困地区脱贫攻坚工作考核的通知》，强化目标任务和岗位职责，按人按岗纳入年终干部绩效目标考核评价，实现精准管理、监督到位、问责到位。

【脱贫攻坚识别精准】2018年，黔西南州率先在全国第一家推广和应用“贵州扶贫云”“智慧金州”精准扶贫大数据支撑平台，加强部门间数据信息融合比对和结果应用，并依此深入开展专项治理，促进识别退出动态调整。全州共召开村民代表大会和村民小组评议会8257次，村级公示855次，走访排查农户37.40万户，发现整户漏评3364户14118人，发现户内漏人涉及8536户15992人；走访排查建档立卡贫困户14.27万户，发现错评5935户20488人；走访排查脱贫户11.33万户，发现错退户528户2283人。漏评的在系统中补录，错评的在系统中清退。全州1.2万余名脱贫一线干部，每天在“智慧金州”云上晒扶贫工作日志，州纪委监委按照“空不空、真不真、实不实、好不好”进行调度抽查，用纪律督促动真格、扶真贫。全州629个贫困村以及当年减贫摘帽县的驻村干部，全部吃住在村，实行挂牌作战，做到因户施策。

【脱贫攻坚工作落实】2018年，实施饮水安全工程，全州共解决32.76万人的饮水安全困难，为全年目标任务31.14万人的105.2%，其中解决建档立卡贫困人口2.66万人，为中央和省下达计划任务2.65万人的100.4%，共完成投资3.35亿元，为目标任务的125.9%，超额完成中央及省、州下达的农村饮水安全巩固提升目标任务。全州农村集中供水率达88.68%，自来水普及率达87.3%。建成“组组通”，计划建设的2798.23千米“组组通”项目全部建成，全州提前一年实现组组通水泥硬化路。推进易地扶贫搬迁，2016年计划搬迁69104人全部搬迁入住，累计拆除旧房9181套，拆除率100%；2017年计划搬迁11.31万人，已实际入住11.03万人，占任务数97%，全面完成实际入住任务；2018年计划搬迁15.63万人（其中贫困人口86687人），共建设24个安置点，安置点项目审批、规划、选址、用地、环评、地灾、质监、风险评估、施工图审查、招投标等手续均已全部办理，将于2019年6月前搬迁入住。做实产业扶贫，牢牢把握“八要素”，实施“八大工程”，2018年累计调减玉米种植面积87.67万亩，种植蔬菜147.83万亩、食用菌3.54万亩、茶叶44.66万亩、精品水果77.66万亩、中药材64.51万亩、香料10.11万亩、特色食粮83.68万亩等，累计带动贫困人口25.72万人；大力发展生猪、肉牛肉羊、家禽等畜牧业，转产上岸发展渔业，累计带动贫困人口12.56万人。做实就业扶贫，完成贫困劳动力全员培训43039人，是年度目标任务32945人的

2018年，浙江省委常委、宁波市委书记郑栅洁（左二）在贵州省政府副省长魏国楠（右二），州委书记刘文新（左），州委副书记、州长杨永英（右一）陪同下考察册亨县冗渡镇岜院村120万棒黑木耳产业 （州扶贫办 提供）

130.64%，培训后实现就业创业及脱贫26539人。做实教育医疗住房“三保障”，全州累计下达各类教育资助资金7.25亿元，资助69.24万人次；建档立卡贫困人口医疗保障累计受益5.72万人次，总费用2.73亿元，补偿2.62亿元，实际报销比达95.73%；农村危房改造制定出台《2018年度农村危房改造及住房保障工作实施方案》，截至11月底，已出具就地脱贫住房安全性评定报告10.11万户，省下达的2018年度13712户农村危房改造任务已全部完成。做实生态扶贫，累计投入6.06亿元实施退耕还林37.9万亩，涉及贫困户1.07万户，户均增收8581元，人均增收2028元；选聘生态护林员5583名，带动2.2万人脱贫；获公益林补偿8234.89万元，惠及贫困户7.99万户30.63万人，户均增收1030元。做实金融扶贫，发放扶贫小额信贷资金37.17亿元，覆盖建档立卡贫困农户73304户，发放贴息资金2.10亿元。做实综合保障，实施农村低保11.11万户25.58万人，占农业人口数7.88%，已发放农低保金6.25亿元；实施缺粮救助31806户67322人；加强贫困对象与农低保对象的衔接，未脱贫人口中有农低保11.20万人，占未脱人口70.4%；加强易地扶贫搬迁与城乡低保衔接，农低保转城低保2191户6044人；资助贫困人口27.06万人，支出医疗救助资金1847.26万元。做实深度贫困攻坚，将各类资金、基础设施、东西协作和帮扶力量向深度贫困地区倾斜，落实中央和省财政专项扶贫资金3.66亿元，州级财政拨出3000万元，支持3个深度贫困县、4个极贫乡镇和165个深度贫困村发展，实施项目448个，扶持贫困户83769户11.67万人。同时，黔西南州认真贯彻落实“脱贫不脱政策”要求，对已脱贫农户，继续保留实施产业、医疗、教育、住房等扶贫政策。

2018年5月3日，浙江代表团在贵州黔西南州普安县红星村长毛兔养殖小区考察　（州扶贫办　提供）

【扶贫资金管理】 2018年，黔西南州预算安排财政专项扶贫资金6100万元，比2017年预算3490万元多安排2610万元用于脱贫攻坚。全年省下达的中央、省补助专项扶贫资金7.44亿元，全部按规定时限及时下拨，无延期滞留情况。制定印发《关于进一步加强财政专项扶贫资金使用管理的指导意见》《关于做好2018年贫困县涉农资金整合试点工作的指导意见》两个文件，开展2次督促检查，抽查资金1.73亿元，发现问题50个，涉及不规范使用资金2062.77万元。

【东西协作扶贫】 2018年，黔西南州的东部对口帮扶城市是宁波市，并与宁波建立两地扶贫协作党政联席会议制度。5月3日，浙江省委书记车俊率团考察黔西南州普安县长毛兔养殖基地和义龙新区楼纳村。5月4日、10月20日，浙江省委副书记、宁波市委书记郑栅洁，市委副书记、市长裘东耀分别率团考察访问，召开两地党政联席会，签订《黔西南州—宁波市2018年对口帮扶资金项目协议》。5月28日，州委刘文新书记率队回访宁波市，就2018年两地扶贫协作的产业合作、园区共建、人才交流、劳务合作、旅游互动、教育帮扶、医疗扶贫、农产品销售等八方面，签订《宁波市—黔西南州2018年对口扶贫协作框架协议》；州长杨永英分别于11月12日、19日随同省长谌贻琴、副省长魏国楠到宁波市，同时，还自行带队一次，就扶贫协作进行交流对接；宁波市各结对区（市、县）和全州9个县（市、新区）党政主要领导，全部互访考察、扶贫对接。

产业合作　浙江新大集团与普安共建长毛兔养殖产业园、宁波市政集团与贞丰共建新市民创业就业孵化园、慈溪万洋集团与安龙共建万洋众创城项目，总投资将达30亿元。宁波组织266家企业536人次赴黔西南州开展考察活动，签约并注册企业26家，到位资金23.48亿元，带动贫困人口6348人。

劳务协作　设立宁波人才市场黔西南分市场和黔西南驻宁波劳务协作工作站，畅通劳务输出工作对接。安龙县技工学校、宁波技师学院与宁波得力集团实现三方“校校合作”，选派235名贫困家庭子女到宁波职业学校就读，毕业后安排就业。举办实用技能培训班227期，培训贫困户11131人次。举办招聘会27场次，提供就业岗位32009个。通过举办招聘会和组织培训，帮助贫困人口实现就业11173人。

干部交流　宁波选派党政干部到黔西南州挂职25人，黔西南州选派党政干部42人到宁波挂职。宁波选派专业技术人员到黔西南州挂职257人，黔西南州选派专业技术人员赴宁波挂职365人。开展党政干部培训39期培训2419人（次）。开展技术人才培训100期培训10986人（次）。

帮扶资金　宁波市安排财政帮扶资金3.4亿元，比2017年增长近7.3倍，实施帮扶项目153个，受益贫困人口63559人，助推建档立卡贫困户17776人增收脱贫（其中残疾人355人）。州拨付到县（含州直实施单位）资金拨付率100%，县拨付到实施单位资金拨付率85.13%。争取到宁波市227家企业（单位）和个人，向我州捐物捐款共计7640.05万元。

多方参与　宁波67个乡镇（街道）与黔西南州71个贫困乡镇结对、60家医院与全州52家医院结对、74所学校与全州94所学校结对、196家企业和92个村（社区）以“一对一”或“二对一”形式，与全州165个深度贫困村结对，实现帮扶全覆盖。全州9县（市、新区）均在宁波结对县（市、区）开设农特产品直销店，有茶叶、药材、食品、养殖等40多个直销点，进一步拓展“黔货出山”的渠道和市场，“黔货”在宁波销售额已达3.31亿元。宁波各级机关、企事业单位职工赴黔西南州疗养休养2万人次。兴义与宁波往返航班增加至每天3个班次。

白芨组培苗　　（州扶贫办　提供）

【新市民计划】　2018年，黔西南州计划易地扶贫搬迁33.85万余人，占全国搬迁总数的3%，在贵州9市、州中排第一，其中有87167万人跨区域搬迁到兴义和义龙，“跨区域搬迁、城镇化安置”是全州易地扶贫搬迁的最大特点。黔西南州实施《黔西南州新市民计划》，将搬迁安置点统称为“新居住区”，统筹推进新区规划、新居建设、管理治理、全面服务、资源资产、就业创业、产业发展、民生保障、政策措施、组织建设等10项计划，制定13项配套政策，形成“1+13”政策体系。比如，实行新市民居住证制度。户籍和居住证并行，按照自愿原则，对搬迁后自愿将户口迁入安置地并转为城镇户口的，及时办理户口迁入手续；对暂不愿意将户口迁移至安置地的，按规定及时办理居住证。居住证持有人在州内和原住民同等享有城镇公共就业、教育、就医、社会保障等权益和公共服务；试点推进“农低保”与“城低保”有效衔接。在晴隆县三宝乡、册亨县百口乡和望谟县原麻山乡开展试点工作，对原属农低保的，经安置地民政部门审核审批后，纳入安置地城市低保；对非农低保的，经申请和审核审批后符合条件的纳入城低保。纳入城低保后，保障对象平均由原来的2460元增加到4800元。实施新市民安居险。按每人每年20元标准向保险机构为新市民购买安居险，保费由州县两级财政各承担50%，新市民中建档立卡人口可有意外伤残、意外医疗、意外死亡、疾病死亡、家庭财产自然灾害及盗抢损失、大病保险补助等保障政策；构建新居住区党建新模式。在两万人左右的新居住区，设置党工委、管委会。其他新居住区设立党总支或党支部和居委会。同步设立基层工会、共青团、妇联等群团组织、志愿者组织和社会组织。2018年底，已成立新市民居住区党工委、管委会1个，社区基层党组织44个，社区自治组织18个。

【农调扶贫险】 2018年，以平均每亩2000元收入为目标，按照政府引导、市场运作、自主自愿、协同推进原则，以州级财政30%、县（市、新区）财政60%、企业或农户自缴10%的参保比例，筹措参保资金4000多万元，建立起以政府、企业（农户）、保险公司共同参与的风险分担机制，全省率先创新实施“农调扶贫险”，有力推进调减籽粒玉米，实现蔬菜、食用菌等十大产业结构有效调整。累计完成签单保费3230.86万元、为全州农业生产提供6.45亿元的风险保障，增加农民收入10亿元以上。该项创新做法得到省委、省政府主要领导的批示肯定，并在全省项目建设现场观摩总结会上提出表扬。

【“白叶一号”工程】 2018年，黔西南州普安县被确定为浙江省安吉县溪龙乡黄杜村茶苗捐赠方，获赠“白叶一号”茶苗2000亩，覆盖2个乡镇，贫困户862户2577人，是全国受捐的3省4县中面积最多的县，10月下旬已成功举行首种仪式。黔西南州把白叶一号作为感恩茶，实行“一县一业主推、一村一社带动、一户一人就业、一人一亩覆盖、一亩一万增收”的抓手，推动荒山变茶山、山区变景区、务农变茶农。依托2000亩茶园核心区示范带动作用，拓展带动周边8个村8000余亩白茶产业发展，已种植5万亩绿茶，全县规划种植茶叶30万亩，真正实现“一人一亩覆盖”长期有效脱贫，创新实行“龙头企业+专业合作社+贫困户”利益联结机制，做到政府引建、企业参建、合作社主建，贫困户共享60%、企业共享30%、合作社共享5%、土地流转共享5%，有力促进脱贫攻坚。

【校农结合】 2018年，黔西南州实施各级各类“校农结合”学校1450所，与基地、合作社、公司或个人签约共2499个，销售资金4.76亿元，累计采购农产品达6.30万吨，受益学生总人数51万人。贞丰县龙山阳光田园综合体“校农结合”基地（3000亩），惠及覆盖贫困村4个，贫困户923户3643人，对助推黔西南州产业发展、农民就业、农户增收、服务地方等起到推动作用，为黔西南州脱贫攻坚奔小康贡献力量。黔西南州“校农结合”扶贫模式被确定为全省试点推广，写进省委、省政府《贵州省深化教育体制机制改革的实施意见》中，在2018年12月全省教育大会上，省委书记孙志刚对黔西南州“校农结合”扶贫模式给予充分肯定，指示要积极探索集团化推进“校农结合”，大力推广黔西南州“贫困户+合作社+配送中心+学校”等工作模式，鼓励各地各校结合实际因地制宜创新探索“校农结合”新路径，努力实现全省教育系统“校农结合”全覆盖。

（唐 爽）

赵伟 摄

商贸服务

商业和粮食贸易

【概况】2018年，黔西南州社会消费品零售总额完成223.5亿元，同比增长8.8%；外贸进出口额完成3803万美元，同比下降34.82%；实际利用外资完成2.46亿美元，同比增长33.48%；电子商务网络零售额完成12.16亿元，同比增长46%；完成粮食储备5.68万吨。

【商贸物流】2018年，黔西南州落实《黔西南州黔滇桂三省（区）结合部商贸物流中心规划》，建成9条商业街、9个综合市场、9个农贸市场、10个农产品集配中心等项目，全年完成商贸流通投资110.6亿元。推进冷库基础设施建设，全州冷库库容不断增长，冷链物流建设初显成效，全年新增冷库库容3万吨、冷藏车73辆。

【促进消费】2018年，举办贵阳和兴义年货节、黔西南州民族特色产品展示展销会、贵州省第五届粮油精品展示交易会等促销活动。组织200余家州内企业赴北京、贵阳、广州、上海、济南等地开展农产品产销对接及展示展销活动，签订购销合同金额9600余万元，实现农产品销售额3250万元。

【电子商务】2018年，黔西南州围绕电子商务示范创建、电商主体培育、物流体系建设、人才培训等方面，发展电子商务。晴隆县、册亨县申报为国家级电子商务进农村综合示范县项目，黔西南州是全省第二个实现国家级电商进农村综合示范县全覆盖的市（州）。整合物流资源，发挥好民

2018年7月10日，在兴义市富康会展中心举办第六届贵州·台湾经贸交流合作恳谈会冷链物流业对接会
（州商粮局　提供）

2018年2月5日，在兴义市富康会展中心举办黔西南州第一届农产品销售“泉涌”工程“年货购物节”暨第四届迎新春欢乐购物节　　（州商粮局　提供）

2018年11月3日，在兴义市富康会展中心举办贵州省第五届粮油精品展示交易会　　（州商粮局　提供）

2018年11月17日，组织州内企业参加2018年中国（宁波）食品博览会和城市推介会　　（州商粮局　提供）

2018年3月5日，在兴义市皇冠酒店召开省粮食安全工作考核小组对黔西南州2017年粮食安全考核现场会　　（州商粮局　提供）

营快递公司的力量，整合邮政企业、快递公司、运输公司信息，健全物流配送网络，物流配送渠道，全州累计建成村级电商服务站点752个。培育电子商务企业，扶持一批营销模式新、带动能力强、发展速度快、市场认可度高的电子商务企业，新培育电商市场主体298家。提高电商人员从业技能、帮助传统企业培养电商人才团队等，开展电商人才培训12000人次。

【“三外”工作】 2018年，黔西南州对贵州薏米阳光、贵州兴仁聚丰薏苡、望谟光秀食品、贵州文才箱包等有意向出口企业培育工作，实现新增7家外贸进出口实绩企业。利用厦门洽谈会、澳门洽谈会等投资展览会平台，开展对外招商引资，实现新增备案9家外商投资企业。组织州内100余家企业参加第十二届中国国际投资贸易洽谈会、中国首届进口博览会、英国国际食品博览会、第五届中国—南亚博览会等国内外国际性展会23次。

【粮食安全】 2018年，黔西南州粮食安全省长责任制，粮食储备56800吨。按照“一县一库”要求，推进城镇化建设和国家政策资金扶持的机遇，筹划项目，盘活粮油资产，全州新建、在建粮食仓容25万吨，储油罐0.2万吨，总投资近7亿元。兴仁3万吨、贞丰5万吨粮库已完工装粮，贵州兴义国家粮食储备库一期3万吨和州军粮供应站项目完成主体工程，兴义市迁建一体化3万吨、望谟一期1万吨、册亨3万吨、安龙3万吨、晴隆3万吨项目均有序推进。开展“中国好粮油”示范县、“贵州好粮油”项目申报工作，兴仁市获得“中国好粮油”示范县称号，“聚丰薏苡”薏仁米和“义龙香”大米荣获“贵州好粮油”称号。

【依法行政】 2018年，黔西南州商务和粮食系统按照《贵州省实行安全生产党政同责一岗双责齐抓共管暂行规定》要求，认真抓好全州商务和粮食系统安全生产工作，全年开展安全检查160余次，出动检查人员740余人次，检查企业200户次，累计排查安全隐患420余条，责令当场整改320余条，限期整改100余条。黔西南州“双打”工作领导小组成员单位按照打击侵犯知识产权和制售假冒伪劣商品工作要求，认真开展市场经济秩序整治工作，全年累计立案侵权假冒案件204件，同比减少67%。

（谭广云）

2018年3月21日，中石化黔西南青年志愿者团队为农户搬运化肥，助力春耕播种

（肖洋　摄）

石油销售

【概况】 中国石化销售有限公司贵州黔西南石油分公司（以下简称中石化黔西南石油分公司），下属11个部门（安全数质量部、政工部、人力资源部、财务核算部、综合管理部、发展基建部、零售部、非油品部、物流部、商业客户部、督查队），8个县级公司（普安石油分公司、晴隆石油分公司、兴仁石油分公司、贞丰石油分公司、安龙石油分公司、册亨石油分公司、望谟石油分公司、兴义石油分公司），2座油库（郑屯油库、晴隆油库）。8个县级公司下辖共90座加油站。

【零售、直分销市场】 2018年，中石化黔西南石油分公司按照贵州石油的总要求，拓展与维护客户，多措并举扩销增量，通过强化资源调配、优化物流配送，保障成品油正常供应，全年实现成品油销售收入38.4亿元，同比增长16%。中石化黔西南石油分公司以总体任务目标为中心，延续“客户需求在心中”“油非双增长”主题活动，向核心大客户提供油价信息预告、库存提醒、安全数质量指导等服务，不断提高客户满意度，提升油品经营质量。全年中石化黔西南石油分公司从销量、价格、新增客户、客户走访日志、客户的满意程度、日常工作的执行等多角度对客户经理进行综合考核，提高客户经理走访频次，与客户面对面沟通。协助政府职能部门加强市场监管，净化市场环境，开展打非活动15起，查封、收缴油料105.52吨，查获油罐车17辆、拆除油罐14个、查获黑窝点6个。

【非油品、新业务发展】 2018年，中石化黔西南石油分公司发展市场拓展机遇，引导加油站进行要货、备货，通过优化调配和集中管理的方式缓解配送压力，指定县区公司备货点，支撑及时销售；建

2018年4月20日，黔西南州消防支队在中石化烟厂加油站开展全州加油站消防安全培训

（肖洋　摄）

2018年9月30日，中石化黔西南石油分公司在国庆前夕组织党员代表到兴义烟厂加油站开展帮扶活动，通过宣传易捷十周年店庆，帮助客户绑定加油卡等方式让客户进一步了解石化品牌（肖洋　摄）

立跟踪台账，采取“一户一策”方式满足客户个性需求，解决“最后一公里”配送；注重互联网发展，贵州石油APP注册用户突破10万，通过线上支付、电子券、积分兑换等功能，开展组合营销，为消费者提供更流畅的消费体验；通过现场竞赛比武，促进员工销售技巧提升，克服“不敢卖、不会卖”的难关，“易享节”实现日销售上百万，销售额比平时高出10倍；开展扶贫支农活动中，将化肥销送到农户家门口，销售覆盖9个县市、40个乡镇、上千农户。

【项目建设】2018年，中国石化黔西南石油分公司在推进自身发展的基础上，结合黔西南州扶贫工作，与8个县（市）政府平台公司成立合资公司，帮助解决贫困人口就业问题的同时有序推动建设项目。全年中石化黔西南石油分公司新建投营加油站2座，郑屯油库已启动扩能扩容工程项目，进一步满足全州用油需求，为今后10至20年的社会发展需要奠定坚实基础。按照环保部门新要求，中石化黔西南石油分公司对已有加油站进行升级改造，将老旧油罐更换成符合环保要求的双层油罐，进一步助推企业绿色发展。同时，由公司零售、发规、安全、非油品等部门共同审核、实地踏勘各类改造需求，结合挖潜增量、一站一策、非油发展、隐患治理等项目。

【安全质量管理】2018年，中石化黔西南石油分公司开展库站安全检查275次、查出问题1967条，处罚239人次，罚款上万元；办理危化证16个，办理环保手续87个，办理突发环境事件应急预案备案89站次；通过落实安全主体责任和监管责任，修订HSSE岗位责任制，逐级签订HSSE责任书，加强库站设备检查保养工作（即落实“2+1”工作日）。

【财务管理】2018年，中石化黔西南石油分公司以推进财务共享系统上线，做好资产、费用管理工作以及迎接集团公司、销售公司审计检查为工作中心，规范费用列支情况，清理往来账户，开展ERS系统操作培训，让财务关键用户熟悉业务，规范操作；对照审计自查自纠工作要求，制定工作方案，梳理排查控制点559个，查出问题49个，对存在问题的控制点及时落实责任人，落实整改，提高自查自纠能力；组织完成加油IC卡业务核对以及完成零售账表升数与ERP公斤数的差异调整，确保系统数据相符，加快各系统上线，提高管理效益；借助“万名税务干部帮千

2018年9月28日，中石化黔西南石油分公司副经理黄翔（左一）在非油品销售技能比武颁奖仪式上作总结发言（肖洋　摄）

企”活动契机，梳理该公司土地使用税缴纳情况，开展问题资产维权工作。

【保供创效】2018年，中石化黔西南石油分公司打破原有运输格局，引入多家物流企业，提高运力，保障经营。新增物流企业3家，全年开展油罐车检查70辆，查处问题140条，在打击偷盗油过程中，清退并处罚问题油罐车辆，净化配送环境，形成有序竞争局面。同时，根据油品升级情况，将油库普通柴油罐变更为汽油罐，92#汽油增容2300立方米，从白天发油、晚上收油变为边收边发。

【党风廉洁建设】2018年，中石化黔西南石油分公司有序推进“强化基层党支部建设年”工作，聚焦企业中心任务，以创建“223”先进基层党组织和“1+X”党建项目管理为抓手，提升融入中心工作抓党建的工作成效；注重基层组织和制度建设，抓紧抓实党支部书记述职述廉工作，党内政治生活严肃开展，充分利用党群管理系统提升党建信息化水平；兴办“新时代工人讲习所”，创建“青年文明号”，组织开展各类文体活动。

【优化企业持续发展动力】2018年，中石化黔西南石油分公司通过开展技能考试、“站长站”培训以及“师带徒”的方式，提升队伍素质，充实后备人才库。探索提升站长工作积极性的运行新机制，主要做法是加大对“管理能力”的考核，由零售部牵头制定《加油站站长考核评价自主择岗管理办法》，考核排名靠前的加油站站长，可在全州范围内自主选择加油站当站长，打破常规，让能干事、干成事、成效显著的站长得以凸显，同时，淘汰部分能力差、态度不端正的站长，真正做到“凭本事吃饭”“凭能力竞岗位”。在2018年机关人员竞聘上岗工作中，按照“能上能下”的用人机制，提拔任用干部16名，其中，“80后”达10名。同时，对缺乏担当，长期安于现状、事业心责任感不强，民主测评“基本不称职”和“不称职”率较高的8名助理及以上人员，进行降职或不再续聘的安排。体现能者上、庸者下、劣者汰的用人制度，优化企业干部队伍，提升软实力，保障企业健康可持续高质量发展。

（潘迪丽）

烟　草

【概况】2018年，黔西南州烟草专卖局（公司）辖兴义、兴仁、普安、安龙、贞丰、晴隆、册亨、望谟8个县（市）局（分公司），控股中维金州翠湖宾馆。

【烟叶生产】2018年，全州落实面积27万亩，亩移栽株数1148株，同比增加200株左右；落实种烟农户12248户，户均面积22亩，同比增加2.8亩，增幅12.4%；实际收购烟叶64.35万担，完成62.3万担收购计划的103.3%。上等烟比例72%，同比增加31个百分点，增幅75.8%；中部上等烟比例52.2%；收购担均价1389.4元，同比增加265.8元，增幅23.7%；烟农户均收入7.65万元，同比增加3.38万元，增幅79.2%。烟叶创税1.97亿元，同比增加5561万元，增幅39.3%。

【卷烟营销】2018年，全州销售卷烟10.821万箱，同比增加460箱，增幅0.43%，完成年内计划10.81万箱的100.1%。单箱均价大幅提升。实现单箱均价2.925万元，同比增加1249元，增幅4.46%，高于全省平均水平0.3个百分点，增幅全省排名第4位。实现零售户毛利5.43亿元，户均毛利3.2万元。

州长杨永英（左三）在贞丰对烤烟工作进行专题调研并与烟农交谈

【专卖管理】2018年，累计查获案件379起，同比增加269起，增幅244.55%，5万元以上案件60起，查获卷烟569.73万支，案值518.24万元；查获烟叶、烟丝406.61吨，案值1885.43万元。年内完成国标网络案件3起，省标网络案件1起。

【企业管理】2018年，实施“双核驱动”。创建“工作抢单积分制”绩效考核模式和“631+”“622+”“721+”薪酬分配模式，搭建多通道晋升平台，聘任信息工程师1人、烘烤总监1人、首席烘烤师6人。创建“金州微办公”综合管理平台，考勤管理、请休假、就餐等“移动式管理”。

（州烟草局）

食盐经营与管理

【概况】黔西南地区食盐经营与管理机构由贵州盐业（集团）黔西南有限责任公司与贵州省盐务管理局黔西南分局构成。工作职能于2017年12月分别移交给黔西南州工信委和黔西南州食药监局。2018年，贵州盐业（集团）黔西南有限责任公司隶属于贵州盐业（集团）有限责任公司，内设有资产财务科、企业发展科、市场营销中心、顶效运销站办公室、组织（人力资源）科。下辖兴仁县、普安县、贞丰县、晴隆县、安龙县、册亨县、望谟县7个县级公司，全州共有八个独立核算单位，职工246人。

2018年11月，食盐销售营业厅　　（王爽　摄）

【食盐销售】2018年，全州小袋盐销售8258吨，完成年计划的91.76%（其中，基础盐销售8214吨，完成目标任务6200吨的132.48%。品种盐销售44吨，完成目标任务2800吨的1.57%）；现金收入2682万元，完成年计划的107.28%；费用水平42.17%，完成年计划的92.6%。集团下达的利润目标3万元，实际亏损342万元。

2018年11月，顶效食盐运销站　　（王爽　摄）

【保障供应】贵州盐业（集团）黔西南有限责任公司在义龙新区建有顶效运销站，主要功能是储备食盐和其他盐产品以保障全州食盐供应和特殊用盐需求，储备量达3000吨。储备分为经营储备和应急储备，经营储备为供应全州各市县、新区的食盐供应需要的经营储备和履行社会责任的企业储备。应急储备代政府保管用于特殊情况应急的省级储备库，储备量1000吨。

【基础管理】2018年，可控费用支出得到控制，实际支出比专营时期大大节约。来往文书处理更加及时，档案管理、出入库管理、商品报损等工作的流程更加规范。市场竞争能力加强。注重客群关系维护，提高配送服务能力，及时解决食盐破包、漏包等质量问题。风险防范能力提高。重大经营决策严守程序，认真开展调查，广泛征求意见，充分进行酝酿，并将提交党委会讨论作为前置条件。

【分流安置】 盐政人员分流安置工作，按照集团及州盐改办的统一安排和部署，宣传政府对盐政人员安置的方案、措施，做毫维护盐政人员的思想稳定工作，组织盐政人员参加笔试、面试。被录用人员确定后，配合用人单位完成考核和提档，同时将未被录用的盐政人员进行转岗安排。

【安全生产】 2018年，开展“安全生产月”和“安全生产贵州行”活动，抓好安全生产工作宣传，营造干部职工及家属、租赁户、外聘人员等全员参与的氛围，制作宣传栏，发放宣传资料，请专业人士进行专题培训。除开展日常安全检查外，在重要时节和特殊时期，组织开展安全大检查，对隐患进行大排查、大整改。完善安全生产管理制度，成立机构，明确责任，落实任务。有专门的安全管理制度，在各部门、各岗位的职责中有安全管理条款。配备必要的安全设备和设施，经营场所除配备必要的消防安全设施外，重要部门和窗口装备监控设施。加强对驾驶员的安全管理和职业道德教育，建立长效安全生产管理工作机制，做到安全工作在范围上全覆盖并贯穿经营管理全过程。全年无任何安全事故发生。

（王　爽）

州供销合作社联合社

【概况】 2018年，黔西南州供销社机关内设有机构办公室、改革与市场发展科、合作指导监督管理科、财务统计科4个科室，人员编制12名（参公事业编制），领导职数为主任1名，副主任2名，科长或副科长4名。直属集体所有制企业8个（州农资公司、州土产公司、州日杂公司、州储运公司、州综贸公司、州皇桥公司、州众兴公司、州新农城乡消费合作社），企业职工194人（其中，在册人员82人，退休职工112人）。

【主要经济指标】 2018年，全州供销社系统完成购进总额26.5亿元，同比增长25%；完成销售总额29.6亿元，同比增长22%，完成年度目标任务的113.8%；实现利润总额6529万元，同比增长44.25%，完成年度目标任务的144.25%；资产总额增加2.28亿元，累计达到10.44亿元，同比增长27.99%，完成年度目标任务的127.99%；所有者权益增加2.22亿元，累计达到6.91亿元，同比增长47.37%，完成年度目标任务的147.37%。完成化肥供应21.2万吨，与上年同期基本持平；领办创办农民专业合作社76个，完成年度目标任务的158.33%；实现农副产品购进总额9.7亿元，完成年度目标任务的138.6%；实现农产品市场交易额2.47亿元，完成年度目标任务的123.5%；实现连锁销售额1.9亿元，完成年度目标任务的111.7%；新建农村综合服务社18个，完成年度目标任务的128%。

【综合改革专项试点工作】 2018年，组织申报《黔西南州供销社发挥农合联作用加快培育新型农业经营主体专项改革试点》，获省供销社批复实施，争取省级试点工作经费11万元。专项改革试点工作取得阶段性成效，为会员提供“十个之家”服务。引领农民专业合作社在种植、养殖、加工上大力发展生产。利用节日经济、会展经济、窗口经济、电商平台等多种手段，拓宽农产品销售渠道，实现助农增收。同州农行达成意向性

2018年6月21日，贵州省供销社服务乡村振兴助力脱贫奔小康现场观摩推进会在兴义召开
（州供销社　提供）

2018年9月11日，宁波市供销社监事会主任钟毅君一行赴黔西南州开展东西部扶贫协作农产品产销洽谈 （州供销社 提供）

2018年11月15日，宁波市供销社赴黔西南州开展东西部扶贫协作电商培训会 （州供销社 提供）

合作协议，着力为农合联广大会员单位解决了融资难、融资贵的难题。实施超市行动、培训行动、农产品销售行动、承接公共服务用工行动、专业合作社带动行动等行动计划落地落实。

【"三位一体"新型合作社建设】 2018年，州供销社系统建成"三位一体"新型基层社示范社17个，完成年度目标任务的100%。其中，省级示范社1个（贞丰县龙场"三位一体"新型合作社），争取省级供销合作事业发展专项资金12万元。州级示范社10个，安排州级供销改革发展专项资金200万元重点扶持。县级示范社6个。

【农村合作金融服务】 2018年，全州供销社系统9个城乡消费合作社注册资本金6.4亿元，发展入社社员1865户，吸纳社员股金余额2.28亿元，累计调剂社员股金15.99亿元，实现利润2689万元。通过深入开展金融风险防控，全州合作金融业务运行平稳，法人治理结构完善、规章制度逐步健全、严守四项原则有效、风险防控到位、落实州政府出台的管理办法和省社出台的股金服指引措施有力、成效明显。

【农村电商】 2018年，全州供销社系统已建成"贵农网"农村电商县级营运中心3个，农村电商村级服务站353个（其中新建35个），培训农村电商人才500余人次（其中贫困户200余人次），实现网上交易额2.65亿元，打通"农产品进程、工业品下乡"最先一公里和最后一公里的双向通道。

【社有企业改革】 2018年，按照规范治理结构，增强社有企业发展活力和为农服务能力的社企改革总要求，以建立完善现代企业制度，健全法人治理结构，产权清晰、责权明确为核心。全州8县（市）供销社均已成立社有资产管理委员会（资产管理公司），委员会（公司）按照各级供销社的委托负责社有资产监督、管理和营运。晴隆县供销社、望谟县供销社充分整合系统内外资源，对供销社现有企业资产进行重组整合，按照股份合作制的原则申请成立供销集团有限公司。通过集团公司集中全系统人力、物力、财力，着力打造和培育农村电商、农村金融、农资经营、物流配送、农产品销售、再生资源回收、烟花爆竹等具有全系统带动能力强的龙头企业，逐步增强供销社社有企业的竞争力和影响力。

【冷链物流】 2018年，围绕省、州冷链物流体系建设三年行动计划的要求和部署，引进贵州省冷链物流投资发展有限公司到黔西南州八县（市）考察调研、选址，开展市场调查和项目磋商等。经省冷投公司规划论证，首批拟在黔西南州贞丰县建设农产品现代流通中心，并同贞丰县人民政府、贞丰县供销社、黔西南州供销社签订贵州冷投—贞丰农产品现代流通中心建设项目投资合作框架协议。其余县（市）将列入“十三五”期间的区域性节点物流配送体系重点打造和建设。

【脱贫攻坚】2018年，望谟县供销社组建望谟县绿色农产品销售有限责任公司同省供销社绿色农产品流通公司、贵阳市供销社“马车队”合作，开展农产品县内、县外农校农餐农企对接，通过电商平台、农贸市场销售当地农产品。共采购配送蔬菜、肉类、蛋类等农产品达329吨，销售额580余万元。充分整合系统内外资金资源优势，围绕农村产业革命，积极抓好苡仁米、蔬菜、水果、食用菌、茶叶、中草药等玉米替代产业示范基地种植，切实带动农民实现增收致富。按照州委的要求和部署，全系统各级供销合作社认真履行帮扶职能，精准选派优秀干部深入帮扶联系村驻村帮扶，积极整合系统资源，帮助扶贫点组建专业合作社、引导群众发展产业、新建农村电商综合服务站等，着力推进扶贫点打好新时期脱贫攻坚“四场硬仗”和“七大战役”。

【东西部扶贫协作】2018年4月21日，浙江省供销社理事会主任邵峰一行应邀赴黔西南州考察调研，并同黔西南州政府、普安县人民政府签订项目协作框架协议，8月13日，系列协作项目正式签订合作协议，充分利用国家东西部协作契机，借势借力推进供销综合改革。争取浙江省供销社扶持项目加快黔西南州长毛兔产业和茶叶产业发展，争取同宁波市供销社开展项目协作，推进全州农产品线上线下交易。8月31日，宁波市镇海区供销社赴普安县考察调研，同普安县供销社签订项目合作协议，安排帮扶资金40万元建设“镇海·普安”扶贫协作农产品电商销售中心。9月12日，宁波市供销社监事会主任钟毅君一行到黔西南州考察调研，双方签订项目协作框架协议和电商项目帮扶协议。11月16日，宁波市供销社组织电商团队赴该州开展东西部扶贫协作农产品电子商务培训班，培训农村电商人才100人次。

（任长林）

2018年兴仁县供销社新建的农村电商扶贫站　（州供销社　提供）

2018年建成的省级“三位一体”新型合作社　（州供销社　提供）

贵州得一创意设计有限公司

【概况】 贵州得一创意设计有限公司位于贵州省兴义市，是集空间设计、平面设计、舞美设计、装饰工程、园林绿化、刊物印刷、品牌策划、品牌推广等为一体的综合性创意设计公司。截至2018年，公司业务区域已扩展至贵州、云南、广西、广东、四川、重庆、北京等地。

【完成项目】 2018年，公司完成2018年全省第一次项目观摩会兴义市观摩点展示设计制作、2018年第四届山地旅游暨户外运动大会视觉识别系统及宣传设计、2018年全省农村精神文明建设观摩会兴义观摩点展示设计、黔西南州义龙实验学校校园文化建设设计制作、册亨县八渡镇乃言村民居改造设计、安龙县新市民计划项目设计、万峰林石龙康养谷设计、万峰林景区攀岩基地设计、万峰林景区（绿荫塘、大帅印、稻雕文化园）概念性规划设计、万峰湖景区钓鱼基地设计、安龙县五福小镇导视系统设计等项目。

【获得荣誉】 2018年，贵州得一创意设计有限公司在第十二届中国国际建筑装饰及设计艺术博览会中获评“2016—2017年度十大最具影响力机构”，在2017中国设计年度人物大会中获评“2017年度最佳设计机构”；公司董事长左珍海在2018年度中获评第十二届中国国际建筑装饰及设计艺术博览会2016—2017年度“十大最具影响力设计师”、2017中国设计年度人物大会“2017年度青年设计专家”、2018第六届中国“艾舍奖”设计峰会最具影响力人物称号。

【文化活动】 2018年，公司组织开展“热血不灭 · 坚守如一”2018新春年会、“精彩，只因你我同行”2018春季北海之旅、“蓄势 · 聚力”2018夏季户外拓展活动及“怒放 · 得一”2018秋季户外拓展活动等内部文化活动，以提升公司文化氛围及企业凝聚力。同时，公司举办“品味中国传统文化 · 了解东方生活美学”“观纷繁极简 · 悟设计人生”“领略生态城乡 · 探寻建筑艺术”等文艺沙龙酒会，中国文化产业促进会文化遗产保护工作委员会会长宋伟光、清华大学美术学院教授李凤崧、知名建筑杂志社主编及项目策划专家彭礼孝等受邀出席，与黔西南州文联、黔西南州艺术设计协会、黔西南州美术家协会、金州国学读书会等协会以及黔西南州内知名学者、艺术家、设计师，围绕“传统文化、东方美学、设计新公式、艺术概论、空间与建筑的关系”等话题进行探讨、交流。

（得一创意设计有限公司）

公司内景　　（得一公司　提供）

贵州省地矿局109地质大队

【概况】 贵州省地矿局109地质大队（简称109地质队）2013年9月正式落户兴义市，办公场地2017年底从万峰郡府搬迁至梦乐城1号27楼，为贵州省地矿局驻州的正县级地勘单位，黔西南州地质技术保障单位，兴义市、义龙新区、兴仁市及贞丰县地质灾害技术保障单位。承担州内基础性、公益性、战略性地质矿产勘查任务及地质灾害防治工程、地下水资源勘查、农业地质、环境地质、旅游地质、工程地质、地球物理、地球化学、测绘、地质灾害勘察设计施工等工作。

【脱贫攻坚】2018年，109地质队参与、服务义龙新区顶效镇大龙潭易地扶贫搬迁项目岩土工程勘察；参与黔西南州自然资源局到普安县白沙乡扶贫工作，赠送电脑等办公用品，价值4万元；并开展矿产能源扶贫，抽调精干技术人员开展普安县白沙乡望羊坡饰面石材矿山、普安县白沙乡竹麻山饰面石材矿山地质详查；在晴隆县开展扶贫用水勘察与施工工程，已完成4点井位选址，正在施工的机井2口。

2018年12月26日，贵州省地质学会古生物专业委员会及旅游勘查设计院黔西南分院举行挂牌仪式（冯建萍　摄）

【矿产地质勘查】2018年，109地质队提交《安龙县笃钱饰面用灰岩等11个项目的地质详查报告》，普安县青山镇半边洼饰面石材矿山、普安县青山镇歹苏饰面石材矿山、普安县白沙乡望羊坡饰面石材矿山、普安县白沙乡竹麻山饰面石材矿山、威宁玉龙铜多金属矿、黄泥坡铜多金属矿、贵州省瓮安县玉山镇胜华铁矿（铝土矿）、贵定县盛源矿业有限责任公司竹林沟锌矿等8个项目取得阶段性进展。

【绿色能源勘查】2018年，109地质队完成兴义市文旅城富康四季花城地热水勘查与施工，井深3000.69米，井口温度49℃，水量每天758立方米；义龙新区云屯国际生态公园地热水勘查与施工，井深2800米，井口温度49℃，水量每天340立方米；兴义市将军屯地热资源勘查与施工，井深3100米，正在洗井和抽水试验中；以开发金州绿色新能源，助推魅力金州旅游度假产业开发。同时完成对普安县三板桥、晴隆县普晴林场、织金县牛场乡地下热水勘查等6项目开展地热资源前期论证工作。

【地质灾害调查与应急抢险】2018年，109地质队完成贞丰县、兴义市高位隐蔽性地质灾害隐患专业排查、中石化输油输气管线（黔西南段）地灾排查与评估、义龙新区明德幼儿园地质灾害危险性评估、兴仁市麻沙河流域污水处理工程二期三级地灾评估、兴仁市益发煤矿矿山环境恢复治理方案等32个项目的报告。

【地质灾害治理】2018年，109地质队参与黔西南州各县（市、区）地质灾害应急调查及核查共计300余次。实施完成晴隆沙子天然气管道爆炸应急地质调查、中石油中石化输油（气）黔西南段地质灾害排查与评估及兴义市桔山办民航社区花园一组、二组安置区花梨山危岩体应急治理工程、兴义市南盘江镇红椿村营盘山组滑坡治理工程、黔西南州义龙新区德卧镇朗行村滑坡治理等16个项目。同时，完成兴义市马岭镇龙井村9组滑坡地质灾害预测预警机应急抢险处置工程。

【水文地质及找水打井】2018年，109地质队在兴仁市屯脚镇鲤鱼村矿泉水勘查项目、兴义市义龙新区万屯镇矿泉水勘查项目中取得阶段性成果。完成安龙县木纹石材公司工业园地下机井项目。

【物化探勘查】2018年，109地质队完成贵州省盘州市1：5万耕地质量地球化学调查、贵州省凤冈县1：5万耕地质量地球化学调查野外样品采集及验收工作。实施并提交长顺县环城东路道路隧道物探勘查、福泉凤山地热可行性论证物探勘查、仁怀市高大坪乡光华煤矿补充水文物探勘查等9个项目的报告。完成贵州省兴义市四季花城地热测井、赤水市岔角煤矿等15个项目的各类物探工作。

【工程地质勘查】2018年，109地质队完成大扁山地质灾害施工、义龙新区康养小镇勘查、普安县玛

2018 年 3 月，109 地质大队地质灾害技能大赛野外现场　（冯建萍　摄）

2018 年 11 月，贵州省地矿局 109 地质大队到普安县卡塘村扶贫
（冯建萍　摄）

琅谷景观设计田园餐厅建设项目工程勘察、册亨县体育馆室外园林景观建设项目岩土工程勘察、开阳县高寨乡杠寨村地下水机井施工、开阳县南龙乡青山地下水机井施工等 16 个项目的报告。

【测绘】2018 年，109 地质队完成贵州富禾置业有限公司不动产测绘、兴义市第二人民医院勘界、赫章县旧房改造项目易地扶贫搬迁房屋测量项目、开阳县耕地提质改造项目、矿山储量动态监测、盘州市矿山 GPS E 级控制测量项目等 69 个项目的报告。

【地质服务】2018 年，109 地质队编制完成《黔西南州布依族苗族自治州“十三五”地质灾害防治规划（2016—2020 年）》《贞丰县人民政府地质灾害防治规划》《兴义市地质灾害防治规划》《黔西南州兴仁县地质灾害防治规划》《兴义市矿山地质环境治理恢复实施方案》《义龙新区矿山地质环境恢复治理实施方案》等。

【地质科研】2018 年，109 地质队完成“兴义市下午屯地热资源成热规律研究”课题的论文发表及结题准备工作。“黔西南州萤石矿成矿规律与预测”课题，完成黔西南萤石矿研究进行野外调查及样品采集，并发表论文 2 篇，完成结题报告及相关图件。新申请局科研基金项目《电磁法在兴义地区地热资源勘查中的应用研究》，已获局审批；新申请青年基金科研项目《物探勘查技术在滑坡勘查中的应用》，并已获局审批，并已完成野外资料收集和室内综合整理工作。

（黄启霖　郝少强）

赵伟　摄

金融

中国人民银行黔西南州中心支行

【金融支持地方经济发展】2018年，中国人民银行黔西南州中心支行坚持稳中求进的工作总基调，加强市场预期，平衡总量与结构的关系，打好金融扶贫攻坚战，保持信贷合理适度增长，满足地方实体经济合理融资需求。年内，人民币各项存款余额1488.6亿元，各项贷款余额1129.8亿元。优化营商环境，精准聚焦小微企业金融服务。全州小微企业贷款余额278.6亿元，同比增长24.7%，高于各项贷款增速9.8个百分点。探索使用常备借贷便利工具，为地方法人金融机构流动性管理提供支持。指导兴义农商行发行10亿元大额存单。

【金融支持脱贫攻坚】2018年，全州金融精准扶贫贷款余额366.8亿元，同比增长27.6%，高于各项贷款增速12.7个百分点。紧盯“信贷准入、信贷政策、约束机制、优惠利率、抵押担保”环节，化解民营、小微企业融资难问题。年末，全州小微企业贷款余额278.6亿元，同比增速24.68%，高于全州各项贷款增速9.78个百分比。精准对接州委、州政府“八个一”产业扶贫战略，以产业扶贫带动，金融助推“一县一业”产业发展。全州产业和项目精准扶贫贷款余额297亿元，增速32%。将扶贫再贷款资金向深度贫困县倾斜，深度贫困县扶贫再贷款限额占全州限额的48%。“两权”抵押贷款试点取得突破。年

2018年11月23日，中国人民银行黔西南州中心支行党委党组前往晴隆县支行进行学习调研
（刘政福　摄）

2018年9月20日，中国人民银行黔西南州中心支行举行抵制“校园贷、现金贷”倡议书暨“新时代黔西南州金融好网民”倡议布发布仪式。左五：张华明副行长（滕凯 摄）

内，参与投放贷款的金融机构由3家扩展到10家，贷款余额5.8亿元，增速102.8%，惠及46家新型农业经营主体、5273户农户。安龙试点县余额和增量名列全省9个试点县第二；兴仁试点县在全省首家推广运用“贵州省农权抵押管理系统（区块链方式）”实现636亩农地的抵押登记。

【金融改革与稳定】2018年，坚持以防范化解金融领域金融风险为目标，推动完善防范化解重大风险行动方案。以《黔西南州银行业金融机构风险监测报表》为基础，对银行不良资产、地方法人金融机构流动性、地方政府债务等重点领域进行监测分析，了解风险情况。通过风险监测、开展评级、现场核查等方式全面掌握金融机构经营风险状况，注重对全州新农城乡消费合作社开展联合检查，做到风险苗头早发现、早处置，确保辖内金融稳健运行。完成《关注类投保机构管理办法（试行）》，并在全省推行。指导晴隆支行研发“一键提取辅助系统”，10秒内完成70余项主要监测指标提取并生成新报表，提升数据指标分析效率，并在黔西南州辖试运行。

【普惠金融服务】2018年，推动“城乡同步推进”移动支付建设，打造移动便民示范工程，拓展的菜场、示范街区、示范商圈。推广农副产品收购非现金支付方式运用，落实“放管服”要求，优化企业开户服务，提高企业开户效率。加强自助查询渠道建设，10家代理查询点正式对外服务；着力推广应收账款融资服务平台，推动州政府印发《政府采购合同线上信用融资试点工作方案》，在全省首家启动政采平台系统对接试点。加强诚信文化建设，推动望谟、兴仁将诚信文化纳入中小学国民教育体系。打造“阿衣为您讲金融”品牌。内容涉及征信、反洗钱、外汇、发行、稳定等多类金融知识，并广泛对外宣传。

【金融监督管理】2018年，坚持金融法治建设。组织实施综合执法检查，建立完善依法检查体系，提升监管能力。组织开展查前培训，不断规范执法检查程序和行为。遵循风险为本和法人监管原则，灵活运用反洗钱监管手段，依法实施反洗钱行政处罚34万元；指导金融机构移交公安机关重点可疑交易线索7条，加强与公检、法等单位的沟通协作，推动洗钱入罪工作深入开展。果断处置贵州国能区块链技术有限公司违规经营数字货币发行兑换，遏制了金融风险和舆论风险的进一步扩散。

【外汇管理】2018年，黔西南州涉外收支总额2.18亿美元，同比上升77.90%，其中：涉外收入1.25亿美元，同比上升10.77%，涉外支出9310.93万美元，比上年同期增长8.64倍。涉外收支顺差3214.43万美元。银行结汇2534万美元，同比下降77.67%，银行售汇8404万美元，比上年同期增长6倍。银行结售汇逆差5870万美元。货物贸易新登记企业16家，出口货物3784.17万美元，出口收汇2053.13万美元，出口收汇率54.25%，比去上同期增长29.73%；进口108.80万美元，进口付汇39.74。服务贸易涉外收入76.21万美元，同比上升108.23%，涉外支出875.59万美元，同比上升6.81%。资本项下外汇资金流入1.03亿美元，同比上升50.47%。推动全口径跨境融资管理政策推广和宣传，鼓励引导企业开展境外融资。为辖内企业办理全口径跨境融资外债签约登记7.8亿元人民币，已到账3.8亿元人民币。办理中电（普安）发电有限责任公司自用熊猫债外债登记1笔，金额3亿元人民币。

2018 年末黔西南银行业金融机构各项存款余额占比 %

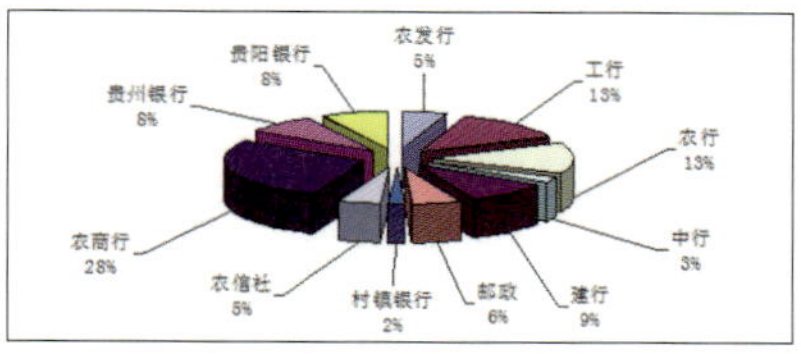

2018 年末黔西南金融机构各项存款及同比增速　单位：亿元

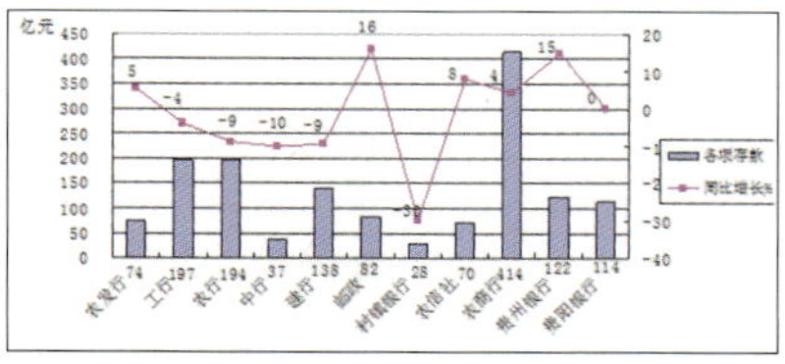

2018 年末黔西南银行业金融机构各项贷款余额占比 %

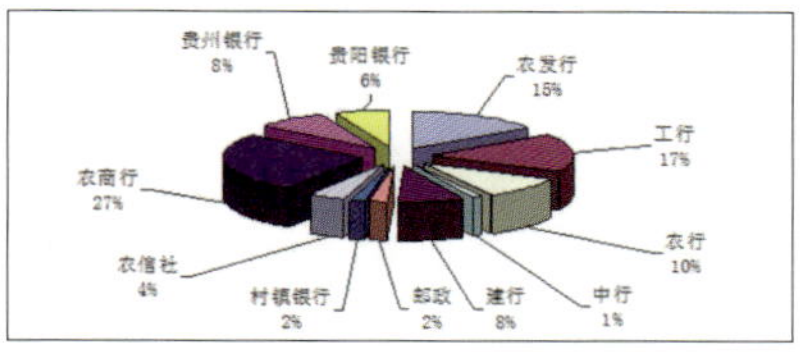

2018 年末黔西南州金融机构各项贷款及同比增速　单位：亿元

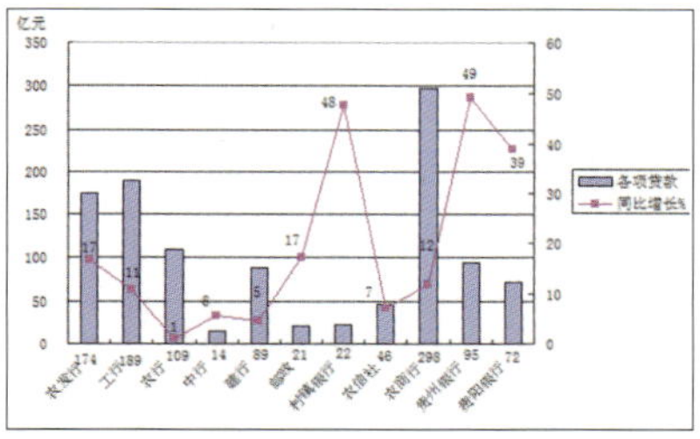

2018 年末黔西南州金融机构存贷款及存贷比　单位：亿元

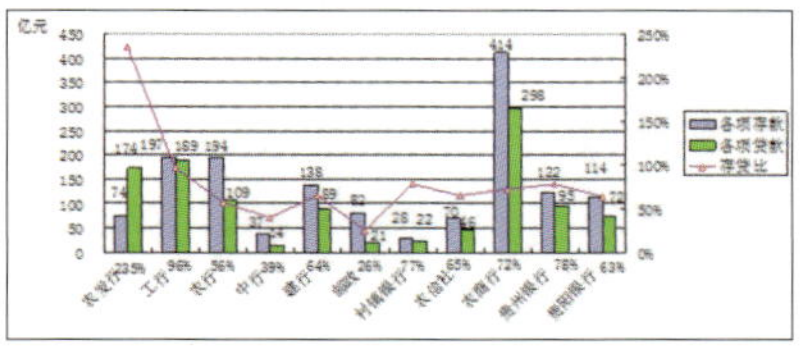

2017 年末至 2018 年末黔西南州金融精准扶贫贷款余额　单位：亿元

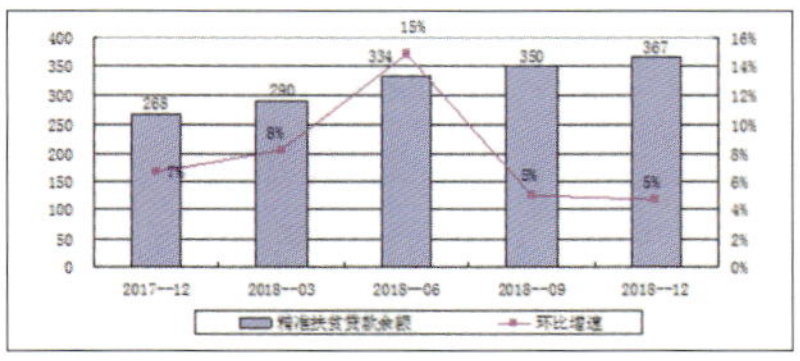

（图表作者：李蒋艳）

【经理国库】 2018 年，全辖国库共办理预算收支退更等业务 1454080 笔，金额 1157.57 亿元。预算收入业务 1046629 笔，金额 286.27 亿元。预算支出 187380 笔，金额 7462.91 亿元。退库 2055 笔，金额 7.82 亿元、更正 838 笔，金额 65.24 亿元，其他业务 217178 笔，金额 55.32 亿元。做好 TCBS 系统业务处理和升级，确保收入及时报解、支出及时到账。做好对国债承销机构的巡查，2018 年开展巡查 9 次，巡查机构 5 家，网点 90 个。积极谋划，根据黔西南州主体民族为布依族地域特点，自行设计个性化宣传漫画，利用假日、宣传日、民族节日开展国债知识宣传。

（阎　雄　李蒋艳）

中国银监会黔西南监管分局

【概况】 2018 年 12 月末，全州有各类银行业金融机构 25 家。其中：政策性银行 1 家，国有商业银行 4 家，邮政储蓄银行 1 家，城市商业银行 2 家，农村商业银行 6 家，农村信用合作联社 2 家，村镇银行 9 家。全辖机构总数 368 个，从业人员 4845 人。全州银行业金融机构资产总额 1716.49 亿元，比年初增加 29.09 亿元。各项贷款余额 1129.76 亿元，较年初增加 145.97 亿元，增长 14.83%。各银行业金融机构贷款占比如下：

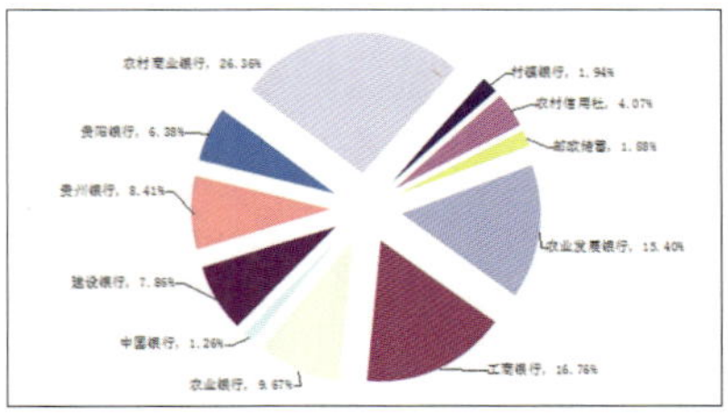

全州银行业金融机构负债总额 1648.86 亿元，比年初增加 23.40 亿元。各项存款余额 1446.17 亿元，较年初减少 15.98 亿元。各银行业金融机构存款占比如下：

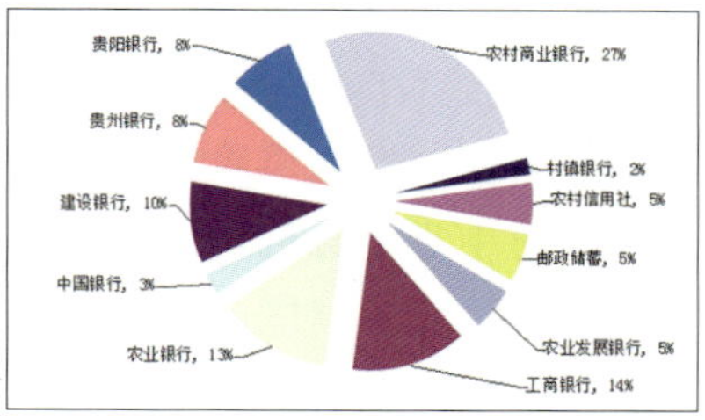

全州银行业金融机构实现税后利润 26.46 亿元，比上年同期增加 1.72 万元。

2017—2018 年利润增长趋势图（单位：亿元）

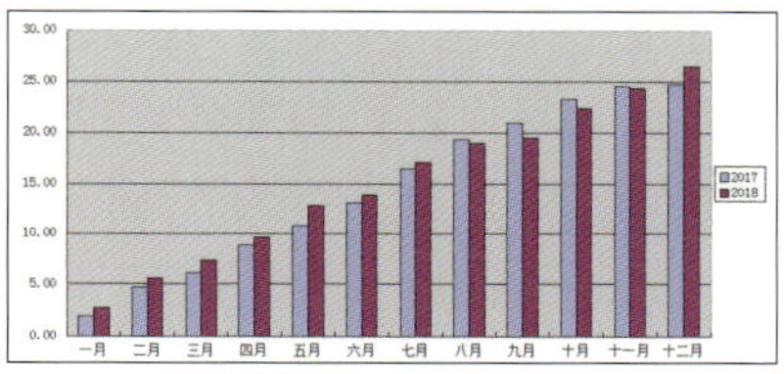

全州银行业金融机构不良贷款余额 21.03 亿元，比年初减少 6.44 亿元；不良率为 1.86%，比年初减少 0.93 个百分点。

【机构改革】 2018 年，中国银监会黔西南监管分局认真落实银保监会和贵州银保监局筹备组关于机构改革的各项部署，确保机构改革与监管工作“两不误、两促进”。加强组织领导，严明各项工作纪律。改革期间工作平稳有序推进。2018 年 12 月 19 日，黔西南银保监分局顺利挂牌。

【防控风险】 2018 年，中国银监会黔西南监管分局将化解信用风险纳入对各机构的监管评价和分局监管履职的考核内容，层层压实责任。督促各机构摸清风险底数，提高分类准确性，真实反映风险状况，严控新增不良，化解存量不良；建立大额不良贷款台账跟踪监督，制定压降计划，积极运用现金清收、批量转让、债务重组、兼并收购和核销等多种手段，加快不良贷款处置速度。逐一排查流动性高风险机构，特别是农村中小金融机构，实行名单制管理、“一对一”贴身盯防。提高监测频度，及时下发风险提示，督促同业融资占比过大、存款集中度过高、吸储能力薄弱的机构完善流动性应急预案，定期开展压力测试和应急演练。督促村镇银行继续与发起行签订流动性支持承诺，有效应对突发风险事件。督促各机构加强内控体系建设，强化员工行为管理。继续保持案防高压态势，落实“双线”风险防控责任制，开展案件风险检查，加大案件查处问责力度，有效遏制案件的发生。督促各机构进一步强化合规就是底线、越线就是风险的意识，加强员工行为监督管理，认真组织开展员工异常行为排查，严格落实重点岗位轮岗、授权管理等要求；定期开展安全评估，落实安保要求，不断提高人防、物防、技防水平；进一步强化责任追究，对违规经营和违规操作零容忍，对重大、恶性案件施行“双线问责”。

【整治银行业市场乱象】 2018年，中国银监会黔西南监管分局按照《中国银监会关于进一步深化整治银行业市场乱象的通知》及工作要求，成立由一把手任组长的领导小组，明确具体牵头部门，组织开展对农行黔西南分行、农发行黔西南州分行、贵阳银行兴义分行、邮储银行黔西南州分行、兴义农村商业银行、安龙农村商业银行6家机构市场乱象专项检查工作。开展对安龙农村商业银行、册亨县农村信用合作联社、望谟县农村信用合作联社、兴义万丰村镇银行、安龙兴龙村镇银行5家农小机构股东股权乱象现场检查工作。检查发现问题111个，涉及金额28.47亿元。督促各机构履行主体责任，将整治市场乱象转化为内控管理自觉行为，做到有评估、有检查、有整改。并依照行政处罚程序，对2017年检查兴仁农村商业银行发现的违法违规行为和在整治银行业市场乱象中发现安龙农村商业银行、兴义万丰村镇银行进行行政处罚。

【银行业服务实体经济】 2018年，中国银监会黔西南监管分局积极引导加大有效资金供给，加大对实体经济的资金支持。年末，全州银行业机构各项贷款余额1129.76亿元，比年初增加145.97亿元，增长14.84%。持续加强和改进小微金融、消费金融、绿色金融等领域服务。年末，小微企业贷款余额362.82亿元，比年初增加67.92亿元，增长23.03%，高于各项贷款增速8.22个百分点。贷款户数37693户，同比增加5277户；绿色信贷贷款余额130.22亿元，比年初增加37.59亿元，占各项贷款余额的11.51%。开展6家农商行机构消费者权益保护考核评价，组织开展金融知识普及月活动。

【银行业精准扶贫工作】 2018年，中国银监会黔西南监管分局引导银行业机构加大扶贫领域信贷投入，年末，涉农贷款余额880.68亿元，比年初增加136.04亿元，增长18.27%，高于各项贷款增速10.13个百分点。其中，农户贷款余额319.99亿元，增加64.98亿元。

【银行业改革】 2018年，中国银监会黔西南监管分局推动辖内地方法人银行业机构把加强党的领导写入章程。开展法人银行公司治理专项检查、股东和股权专项治理排查。完成册亨、望谟两县联社改制农商行前期工作，初审报告已上报贵州银保监局。

【市场准入】 2018年，中国银监会黔西南监管分局严格落实银监会行政许可工作要求，引导银行合理规划、理性布局，持续提高行政许可效率。年末，完成辖内各银行业机构行政许可事项151项。

【非现场监管】 2018年，中国银监会黔西南监管分局强化各机构数据报送主体责任和相关监管部门审核主体责任，完善非现场组织领导机制和组织框架，完善数据质量保障机制。积极运用大数据等信息处理技术手段，提高数据分析运用水平。

【现场监管】 2018年，中国银监会黔西南监管分局严格落实“三铁三见”要求，全流程加强检查质量控制，做到有法必依、执法必严、违法必究。继续扩大EAST系统使用范围，提高EAST系统的使用成效。现场检查中运用EAST系统新建模型49个，筛出疑点问题金额8.43亿元。加强监管协调联动，建立完善现场检查和非现场监管常态化双向反馈机制。

（胡绍勇）

中国工商银行兴义分行

【概况】 2018年，工行兴义分行行长经营绩效和业务发展考评等级为A++，连续第四年进入全国三十强，并荣获“贵州金融五一劳动奖状”，年度目标责任状考核全省排名第四，行长经营绩效考评全省排名第一。全行各项存款、各项贷款规模均同业排名第一。其中，储蓄存款日均增量保持同业第一。公司贷款增量同业排名第一。个人贷款增量同业排名保持第一。内控综合评价继续巩固一级三档，全年无内外部经济案件、无廉洁案件、无安全责任事故。

【服务实体】 2018年，工行兴义分行围绕州内基础设施、新兴产业、脱贫攻坚等重点领域，开展信贷资源倾斜支持。明确回归服务本源，支持实体经济是当前阶段的主要方向和市场大势，持续深化和推动实体经济调研成果落地，着力抓好大数据、大旅游、大扶贫三大领域以及棚改、学校、医院、水利水务等板块的项目梳理和挖掘，实现储备项目18个。

【脱贫攻坚】 2018年，工行兴义分行党委充分发挥在金融扶贫中的作用，成立以党委书记为组长、各党委委员为副组长、相关专业部门为成员的金融扶贫工作领导小组，组织推动和管理金融扶贫工作。结合实际制定《金融扶贫“春风行动”工作方案》《脱贫攻坚春季、秋季攻势行动令实施方案》以及《落实省分行2018年结对帮扶普安县脱贫攻坚工作实施方案》，将金融扶贫工作和自身经营发展有机结合起来，全局谋划，统筹推动，聚焦产业扶贫、易地搬迁扶贫、教育扶贫、交通扶贫、水利扶贫、医疗健康扶贫、农村基础设施扶贫、生态扶贫以及定点扶贫等重点脱贫攻坚领域，以“精准”为基本攻略，清单式、项目化管理推动。做到扶贫与扶智并举。实行驻点帮扶，4名干部驻扎普安和望谟开展融资、融智工作，开展智力扶贫，帮助培养一批农村致富带头人，凭借行内师资对普安县科局干部和乡镇干部开展金融知识普及培训，外聘师资到“普安名家大讲堂”对普安县科级以上干部举办提升能力培训。

【金融服务】 2018年，工行兴义分行打造“幸福分期”品牌，拓展“六大板块”优质客户分期业务，大力提升消费转分期渗透率和市场占比。持续推进场景建设工作，与公积金中心合作通过“互联网＋公积金”助推“金闪借”业务。加强医院合作实现州医院及4个县医院“银医通”项目落地。与13家学校合作，开通“银校通”业务。实现国际业务结算量创历史新高，跨境人民币、国际业务结算量、国际业务中间业务收入、交易业务收入继续保持同业第一，国际业务在外管局考核中等级为A级。

【稳健运营】 2018年，工商银行兴义分行通过上门清收、电话催收、诉讼清收、呆账核销、抵贷资产管理、账销案存和支行挂点清收处置等方式，不断丰富不良资产处置手段，实现不良贷款常规清收处置完成目标任务。加快特殊资产处置进度，制定“一户一策”处置方案，完成以物抵债处置2户，实现清户。加强信贷业务的贷前、贷中、贷后管理，督促落实好贷前调查及审查审核、贷中间隔检查和日常监测，把好新增融资风行、公检法司等机构的日常走访和维护，严控监管风险。常态化抓好“三道防线”建设，持续开展“十大重点领域和关键环节”“八大领域”“信贷从严整肃治理”等检查，强化“自查自纠、自我修复”，重点整治“屡查屡犯”“前查后犯”，保持案防的超高压态势。

【党建引领】 2018年，工行兴义分行加强作风专项治理工作力度，重点关注闭环不闭、不严不实等问题“屡查屡犯”的现象，坚决整治不作为、慢作为、乱作为。开展巡视、巡察工作“回头看”，持续关注需要长期加强整改的问题，密切关注新出现的问题。持续开展青年员工培养计划，组织综合化人才选拔，28名优秀青年员工参与竞选，充实后备力量。实施中年员工振兴计划，开展四期中年员工“常青树”培训，激发中年员工职业活力，覆盖率达100%。通过公开竞聘、公开选拔、民主推荐等方式选拔12名管理人员。继续实施人员轮岗计划，全年累计轮换人员101人，轮岗率不低于20%，给予员工多岗位锻炼机会。实施“五改三”通岗适应性培训，提高员工综合技能和素质。落实为员工办好十件实事、建设好职工之家、为网点配备按摩设备等，着力打造出团结协作、凝心聚力的团队。

（工商银行兴义分行）

中国农业银行黔西南分行

【概况】2018年，中国农业银行黔西南分行上下齐心协力，深入践行“六维方略”贵州版，努力推动业务转型，牢牢守住风险底线，全年未发生任何案件和重大违规事件，金融扶贫工作亮点凸显，案防风控工作持续强化，实现第十二个平安经营年。

【经营情况】截至2018年末，州农行各项存款余额194.48亿元，较年初减少19.2亿元；各项贷款余额119.12亿元，较年初增加1.24亿元，全年累计投放贷款29.05亿元；实现净利润3.76亿元，同比增加1.39亿元。

【金融扶贫】2018年，精准扶贫贷款余额29.52亿元。投放法人精准扶贫贷款3.35亿元（其中：易地扶贫搬迁贷款0.34亿元、交通设施贷款1.9亿元、农村电网改造贷款0.5亿元、产业精准扶贫贷款855万元）；投放农户贷款3.7亿元，其中：直接对建档立卡贫困户投放贷款0.3亿元。服务建档立卡贫困人口3.57万人，帮助1014户脱贫出列。国家扶贫重点县贷款余额53.4亿元，重点支持了教育、医疗、供水等重大基础设施和主导产业等贫困地区脱贫攻坚的重点领域。

【服务“三农”】2018年，“惠农e贷”余额达2.49亿元，完成全年计划的166.25%，月均余额和完成率均居全省第一；农户贷款余额7.15亿元，较年初增加2.24亿元，新增农户贷款客户5311户，新增贷款3.73亿元。新增互联网化升级“金穗惠农通”服务点313个，覆盖1021个行政村，普惠金融服务覆盖率达92%，有效改善了贫困地区金融服务水平。

【普惠金融】2018年，农行银保监口径普惠金融法人小微企业贷款余额1.27亿元，较年初增加0.74亿元，计划完成率491.08%；央行降准口径普惠金融法人小微企业贷款余额0.65亿元，较年初增加0.42亿元，计划完成率100.88%。全年累计投放小微企业贷款4.06亿元，户数46户，累计投放“烟农e贷”“烟商e贷”1.43亿元。

【风险防控】2018年末，全行不良贷款余额为1.23亿元，较年初下降2.49亿元，不良贷款占比1.13%，比年初下降2.32个百分点，不良贷款实现“双降”；共处置不良贷款3.35亿元，其中，核销本金2.22亿元、现金清收1.3亿元，清收金额排全省第二位，不良贷款处置额、呆账核销额和核销计划完成率均居全省首位。2018年度州农行荣获全省“风险控制领域真抓实干先进集体”称号。

【荣誉表彰】2018年初，农行黔西南分行信息技术管理部荣获总行2016—2017年度信息科技先进集体称号；安全保卫部荣获总行2016—2017年度中国农业银行安全保卫条线先进集体称号；黔西南分行营业部荣获总行信用卡业务三等奖。

2月，在黔西南州2017年度脱贫攻坚先进评选表彰活动中，黔西南分行荣获先进集体称号。

（州农行）

中国农业发展银行黔西南州分行

【概况】农发行黔西南州分行，下设3个县（市）级机构（兴仁市支行、安龙县支行、望谟县支行）。州分行机关内设办公室（党委办公室）、客户业务部、信贷与风险管理部、财务会计部、人力资源部、信息科技部、监察部、内部审计部共8个部室。2018年，在册职工92人，其中，中共党员58人，占在册职工总数的63.04%。有各类各级专业技术职称的52人，占在册职工总数的56.52%，其中，高级职称1人，中级职称20人，助师级以下31人。

【信贷支农】2018年，农发行黔西南州分行坚持以服务脱贫攻坚为统揽，全力服务脱贫攻坚和乡村振兴。全年累放贷款40.19亿元，支持全州易地扶贫搬迁、棚户区改造、农民集中住房、水利、农村路网等30个扶贫项目。其中，累计发放政策性粮油储备贷款0.2亿元，用于收购中央储备稻谷20184吨和支持轮换地方储备稻谷21561吨，剥离国家临储粮油销售价差亏损0.59亿元，支持去油脂库存8687吨、小麦4472吨、稻谷5897吨，落实国家粮油调控政策；发放棚户区改造贷款32.88亿元，支持全州棚户区（城中村）改造项目22个，涉及拆迁改造34316户，服务建档立卡贫困人口12923人；同时，持续加大基础设施项目支持力度，大力支持脱贫攻坚重点领域和薄弱环节，全年发放农村公路、农村水利、农民集中住房等项目贷款6.52亿元，累计服务建档立卡贫困人口7661人，支持全州农业农村基础设施补齐“短板”。此外，积极推进业务创新转型，成功获批普安江西波路网、贞丰土地流转、安龙县菌材林种植等3个创新类项目，总金额6.8亿元。不断加大对深度贫困地区信贷支持，望谟、册亨两个深度贫困县实现“三高于”目标。

2018年3月18日，农发行黔西南州分行开展爱国主义教育活动
（州农发行　提供）

【经营绩效】2018年，资产业务方面：全年累放贷款40.19亿元；年末各项贷款余额173.93亿元，比年初增加25.05亿元，增幅16.83%，其中精准扶贫贷款余额161.4亿元，占比93%。

负债业务方面：各项存款余额75.78亿元，比年初增加2.79亿元，增幅3.82%；日均存款余额74.21亿元，日均存贷比45.33%。

中间业务方面：全年实现中间业务收入89.88万元，其中代理保险费收入73.51万元。

【基础管理】2018年，农发行黔西南州分行牢守风险底线，扎实推进管理强行。全年按照管理强行三年行动的统一部署，坚持以问题为导向，采取针对性措施全面加强风险管理和内控合规建设，基础管理工作实现提质提效。以推进信贷全流程标准化示范行建设为目标，严格客户评级授信，加强支付审核，推广运用批量汇划方式，把好风险关口，全年完成评级客户72户，授信贷款客户69户，核准支付信贷资金67笔、金额49.61亿元；全面推行贷后检查尽职管理系统，坚持贷后管理例会制、“行长查库”等制度，切实加强贷后管理，按时收回到期贷款88笔，金额11亿元，中长期项目贷款收回保持“零”逾期。按照全面风险管理和条线工作要求，严格开展财会坐班主任异地交流，加大对支行财会工作督导检查；落实案件风险防控工作责任制，严格执行重要（关键）岗位轮岗、强制休假、亲属任职回避制度；严格档案、保密、印章管理，以及声誉风险管理、反洗钱工作，内控合规制度有效执行。

2018年11月19日，农发行黔西南州分行开展全辖WPS运用及技术维护劳动竞赛
（州农发行　提供）

【党建工作】2018年，农发行黔西南州分行坚持把党建工作与中心工作同安排、同部署、同落实、同考核，党的建设有效提升。通

2018年4月3日，农发行黔西南州分行向册亨县双江镇坝纳村扶贫专项捐赠（州农发行　提供）

过完善党支部量化考核制度、党员积分管理考核制度、党支部书记和支委成员抓党建述职评议制度、支行支委和普通党员联述联评联考制度等，健全党建工作与岗位工作“双考核”机制，推进支部规范化建设。调整纪委委员及党风廉政建设和反腐败工作领导小组，将信贷与风险、法律与内控合规等部门相关人员充实到纪委中，切实履行“一岗双责”；深入推进银政企“亲”“清”关系，强化惩防体系建设，组织签订《银企廉政共建协议书》67份，开展银企廉政回访40户次，重点扶贫领域作风整治、领域违规违纪问题专项排查10次。全年组织党风廉政教育学习167次，对全辖管理岗位人员谈话提醒54人次，任前谈话3人次。推行“星”级考核管理制度，建立党员公示栏开展“三亮三比三评”，引导党员干部自觉履行党员义务，发挥党员先锋模范作用；继续实施“双培养”工程，累计发展党员5名，发展对象1名，积极分子8名；加大干部队伍上下交流锻炼，先后推荐1人到总行、10人到省分行学习锻炼，抽调8人到州分行跟班学习；开展专业岗位选聘工作，3人被选聘到州分行主管工程师、经理等专业岗位；调整支行班子、州分行中层干部成员3人次，从县支行公开选调3人到州分行机关工作，干部队伍结构进一步优化；组织开展“解放思想大讨论”“管理强行大学习大讨论”，以支部为单位的全辖职工运动会，机关全体党员到兴义市冷洞村“贵州精神”发源地重温入党誓词等主题党日活动20余次，不断深化党建与业务融合。全年单位、个人共获上级行和贵州金融总工会、地方政府通报表彰18次，其中州分行获“贵州金融五一劳动奖状”。

（周梦雅）

中国银行股份有限公司兴义分行

【概况】2018年，中国银行兴义分行辖分行营业部，云南路支行、峰林大道支行、神奇路支行、瑞金路支行四个城区支行和兴仁支行，共六个营业机构，到2018年12月末，有员工116人。中行兴义分行贯彻总行、省分行年初和年中工作会议精神，围绕“建设新时代全球一流银行”的发展战略，把握“五个坚持”发展方向，落实省分行“拓存款、增收入、保平安”的要求，按照“三比三看三提高”的工作方法，推进各项业务持续、稳健发展。截至2018年12月末，人民币日均存款余额38.31亿元，其中：个人存款新增1.35亿元，增长8%，完成率中国银行贵州省二级分行排名第一；公司存款下降7.26亿元；各外币存款折合304万美元。截至12月，人民币贷款余额14.28亿元，较上年末新增0.76亿元，增长6%，其中：个人贷款增加1.43亿元，增长25%；公司贷款减少0.66亿元，下降8%。截至2018年12月末，不良贷款余额1615.78万元，较年初增加131.09万元，不良率1.13%，较年初上升了0.03个百分点，资产质量基本稳定。

【经营效益】截至2018年12月末，中行兴义分行实现营业收入8938万元，较同期下降1060万元，降幅11%；实现拨备前利润6697万元，较同期下降1066万元，降幅14%；实现净利润5486万元，较同期下降739万元，降幅12%；实现中间业务收入1339万元，较同期增加140万元，增幅12%。

【战略业务发展】2018年，中行兴义分行按照省分行要求，推动双基双户、普惠金融、手机银行与来聚财、银行卡分期等战略业务发展，通过宣导总行战略、省分行政策，制定分行自身的激励办法，叠加奖励，调动员工的积极性，全员参与战略业务推动。公司业务方面，基础账户得到增长，完成率排中国银行贵州省分行二级分行第二；通过认真分析普惠金融的发展着力点，公司与个金联动努力，完成银保监会“两增两控”的口径目标。个人金融方面，制定以代发薪客户、中高端客户、银行卡客户穿透率为重点，厅堂营销与外拓相结合的方式，以来聚财为重要手段，打造手机银行使用、推广环境的发展策略，全力推动。截至2018年12月末，来聚财业务激活商户605户；2018年1月 至12月，手机银行月均交易客户目标完成率79.33%，来聚财交易量、手机银行交易量及手机银行月活客户均排名中国银行贵州省分行全辖前列。

2018年3月29日，人民银行授权货币鉴定中心在兴义中行营业部挂牌（刘贵兴 摄）

【地方重点项目】 2018年，中行兴义分行加强对州内重点项目的叙作。获批黔西南州扶贫投资开发有限公司3.6亿元固定资产贷款，用于义龙试验区棚户区改造项目，截至2018年12月，投放2000万元。中行兴义分行还承接其他州、市重大项目，如兴义市2018年桔山片区棚户区改造项目、兴义市2018年沙井街片区棚户区改造项目。2018年10月，中行兴义分行与黔西南州公积金中心签订公积金贷款协议，成为黔西南州继建设银行和工商银行之后第三家办理公积金贷款的商业银行。中行兴仁支行抢抓兴仁县棚户区改造机遇，获得贵州恒创公司在国家开发银行申请的棚户区改造项目贷款资金代理资格，于2018年3月签署了三方合作协议，落地国家开发银行棚改资金1.2亿元，3月至4月实现代发7200万元拆迁资金。

2018年2月9日，兴义中行举行迎新迎春晚会（刘贵兴 摄）

【党建工作】 2018年，中行兴义分行制定《中国银行兴义分行2018年党务工作要点》，贯彻落实党建“融入业务、融入基层、融入人心、融入社会”的工作要求，为中国银行总行“建设新时代全球一流银行”战略在兴义中行贯彻落实提供坚强的政治、思想和组织保证。落实总行党委党风廉政要求，制定了《兴义分行2018年度中央八项规定精神落实情况检查方案》《中国银行兴义分行落实党委主体责任和纪委监督责任2018年工作任务分解表》，推动全面从严治党“两个责任”落实。到2018年末，中行兴义分行基层网点建

2018 年 11 月 7 日，兴义中行与兴义市新闻中心开展“国际记者节”媒体互动
（刘贵兴　摄）

立独立党支部覆盖率为 100%，基层网点负责人党员比例均达到 83%。中行兴义分行把做好与帮扶村结对子共建作为党建扶贫的主要工作来抓。捐赠的 11 万元贞丰县北盘江镇猫猫寨村纳东组排洪灌溉建设项目于 2018 年 12 月竣工，现已投入使用，解决了该组农业生产、排洪防灾等方面问题。12 月，捐赠 12.1 万元用于贞丰县北盘江镇猫猫寨村产业路建设项目。中行兴义分行党组织与农业发展银行黔西南州分行、农业发展银行兴仁县支行、兴义市人力资源与社会保障局、黔西南州运输公司等单位签订了党建共建协议，并开展了活动，促进了党建与业务的同步发展。

【企业文化建设】 2018 年，中行兴义分行制定《兴义分行中层后备干部培养管理办法》《兴义分行专业队伍薪酬动态调整激励方案》，调动专业队伍拓展业务，展现自我能力的积极性。为促进县域支行发展，制定《促进兴仁支行业务发展的意见》，在人、财、物、业务指导帮扶及干部培养任用方面大力向兴仁支行倾斜。中行兴义分行通过增加员工工作餐伙食补贴、完善员工补充医疗保障机制、为员工生日办理贺卡、春节走访慰问困难职工及家庭，开展丰富多彩的文体活动和业务知识竞赛等关爱员工的措施，增加了员工的获得感、幸福感和归属感。

（刘贵兴）

2018 年 7 月 5 日，兴义中行与农发行黔西南州分行开展党建共建活动
（刘贵兴　摄）

省联社黔西南审计中心

【概况】 2018 年，黔西南农信社下辖兴义、兴仁、安龙、贞丰、晴隆、普安农村商业银行及册亨、望谟两家信用合作联社。8 家行社坚持支农支小的市场地位不动摇，支持“三农”、服务社区、服务中小企业，支持实体经济发展；在脱贫攻坚的主战场，通过“特惠贷”，创新“容惠贷”“深惠贷”积极作为，实现业务跨越发展。截至 2018 年末，共有农村合作机构 190 个，营业网点 176 个，其中营业部 8 个，支行（信用社）162 个，分社（分理处）6 个，便民服务点 14 个。2018 年末，合同制员工 2099 人，在岗职工 1959 人，派遣制员工 20 人，是全州服务领域最广、从业人员最多的金融机构。

【业务指标】 截至 2018 年 12 月末，黔西南州农信社资产总额 578 亿元，较年初增加 31.7 亿元，增长 5.8%；负债总额 537 亿元，较年初增加 28 亿元，增长 5.5%；各项存款余额 484.17 亿元，较年

黔西南审计中心党支部与兴义市捧乍镇黄泥堡村党支部开展“说家乡话·话家乡情”联合主题党日活动　　（州农信社　提供）

初增加22.45亿元，增长4.86%，占全州金融机构储蓄存款增量的48.2%，全州农信社存款市场份额达32.91%；各项贷款余额343.75亿元，较年初增加34.71亿元，增长11.23%。净利润2.86亿元。成为当前黔西南州资产规模最大、存贷款余额最多、支农力度最强、金融服务贡献最大的县域金融机构。

【金融服务设施】2018年，黔西南州农信社新增ATM机44台，总量达604台；POS商户7852户，机具9125台，较年初新增2154台；借记卡发卡量累计达256.30万张，发行公务卡1.01万张，2018年累计发卡33.89万张；电子机具柜面替代率达81.54%；在1185个行政村和社区中布放“村村通”助农取款机具1354台。

【金融夜校】2018年，全州农信社开展“金融夜校”5773场次受众18.15万人。“村村通”办理业务244.12万笔，金额17.35亿元。“助农脱贫流动服务站”办理业务15.92万笔，金额5.8亿元。电子机具替代率达81.54%。赴省外开展外出务工人员走访慰问6次，惠及1017人次。代理涉农补贴等民生资金658万笔，金额20.66亿元。

【合规内审】2018年，完成银保监“合规管理年”系统排查，开展“规范年”活动，完成合规文化建设、风险排查、问责整改、合规管理等21项专项整治活动，通过制度“废改立”，共废止制度96个，修订完善制度280个，新建制度376个，实现制度覆盖业务和风险的要求，内控体系建设进一步完善。充分利用合规操作管理系统，整合内控制度、法律事务、案防管理、操作风险、消费者权益保护五大模块工作，改变传统手工操作“碎片化”管理模式，提升了合规风险管理工作质效。

【队伍管理】2018年，黔西南州农信社共组织3场招聘，招录人

贵州农信第五届“书香三八”读书活动暨第六届“书香三八”读书活动启动仪式在黔西南州兴义市举行　　（州农信社　提供）

省联社黔西南审计中心工作人员陪同爱心育才帮扶对象体验银行人生活
（州农信社　提供）

员139人。做好挂职干部推荐，全年共选派辖内行社高管、中层干部10人挂职。做好借用及跟班人员选派，全年共选派行社19名员工到黔西南审计中心跟班学习，为行社培养了业务骨干及中层后备干部，拓宽了选人用人渠道。

【支农支小社会责任】 2018年，全州农信社涉农贷款余额314.27亿元，较年初增加28.31亿元，占各项贷款的91.42%，有效发挥了金融支农主力军作用。小微企业贷款余额61.4亿元，占各项贷款的17.86%，农信发展更加聚焦本源，金融服务能力显著提升。全年共发放"特惠贷"1.4万户6.3亿元，发放"深扶贷"7亿元，带动1.79万贫困户就业。定向招聘建档立卡贫困家庭子女43人。开展爱心育才"1+1"工程，累计捐助资金物资188.5万元，惠及1274名贫困在读学生。累计向信合公益基金申请捐赠资金8417万元，用于支持望谟县郊纳镇八步茶核心区人居环境改善项目、册亨"信合希望小学"、4个极贫乡镇"热水袋"工程和修缮村级党员活动场所等基础设施建设。全年上缴税金2.18亿元，成为地方企业纳税大户之一。

（蒋文丹）

贵州银行股份有限公司黔西南分行

【概况】 截至2018年12月31日，贵州银行黔西南分行下辖10个营业机构，覆盖黔西南州七县一市，其中兴义市区3个，其他县市各1个，员工205人，平均年龄31岁。各项存款余额121.84亿元，较年初增加15.85亿元。各项贷款余额142亿元，增加25.54亿元。

【党建引领】 2018年，贵州银行黔西南分行制定党委巡察方案，成立了党委巡察工作组，并于年内11月正式启动巡察工作。加强基层党支部建设与党建特色支行建设，严格党建工作考核，推进党建工作阵地有形化建设。与州委党建办共建基层党建扶贫工作点，资助建档立卡户学生完成大学学业。加强党员队伍建设，2018年发展预备党员9名，入党积极分子22名，党员队伍得到有效充实。落实"两个责任"，将党风廉政建设和反腐败工作与业务工作同部署、同落实、同检查、同考核。

【脱贫攻坚】 2018年，贵州银行黔西南分行深度参与全州脱贫攻坚"四场硬仗"。持续抓好"组组通"投放、支用，全年累计审批5.16亿元，投放4.12亿元支持全州2581千米农村通组公路建设。通过产业基金支持普安茶叶、册亨油茶、晴隆羊、安龙生猪、望谟魔芋、贞丰糯食、义龙苗木等地方特色产业。发放2.22亿元支持贞丰食用菌产业发展，该笔贷款是州内银行业投放的第一笔绿色产业扶贫投资基金。

【服务实体】 2018年，贵州银行黔西南分行把服务实体经济作为重点，脱虚向实，围绕电力、新材料加工、制造等行业，支持实体经济发展，聚焦民生领域，大力拓展大健康、大旅游等行业客户。年内公司贷款累计投放15.99亿元支持地方实体经济，占比达到55.52%，主要投向医院、电力、农业产业、教育、土地绿色复垦、农业产业化等领域。加强与中国金州体育、兴义国际生态城、公园里、鑫凯桔山湖优质按揭楼盘项目合作，个人消费贷款较年初新增2.5亿元，增幅为91.55%。

【用心服务】 2018年，贵州银行黔西南分行着力提升员工服务意识，打造“用心的银行”“有温度的银行”。以客户需求为出发点，结合不同客群开展了春节、“三八”国际妇女节、中秋及国庆等重点节日的客户回馈活动；充分发挥网点服务阵地的作用，开展“理财早餐”“暖心下午茶”、“网点小树苗”“贵银与您绘世界”等主题活动，进一步提升了“用心银行”的服务品牌。兴义瑞金支行被中国银行业协会评为五星级示范网点。

【风险防控】2018 年，贵州银行黔西南分行扎实抓好信贷基础管理。加强信贷资产质量考核，推动表内外信贷资产质量持续向好。加强风险分析及资产质量监测，做好表内外信贷资产、同业投资信贷资产风险分类工作，顺利实现信贷资产风险分类从五级向十级过渡和转换，做好信贷客户信用等级评定，开展贷后管理检查，加强征信管理。

【内控管理】2018 年，贵州银行黔西南分行加强关键岗位、关键环节、关键人员的管理，加强员工行为管理，扎实做好员工异常、参与非法集资行为排查和参与赌球、信用消费等专项排查，全面加强对员工日常行为的管控。全面强化各级反洗钱工作岗位履职管理，组织反洗钱专项整治活动，通过集中培训、送教上门、组织反洗钱知识竞赛等形式，强化全行干部员工反洗钱业务培训，反洗钱各项工作逐步走上规范化轨道。夯实会计管理基础，加强业务培训和队伍建设，不断提高会计人员的业务水平。做好检查辅导、后督管理，强化柜面合规操作及风险管理。参加人行黔西南州中心支行组织的反假货币知识竞赛获得团体亚军。

【创建最安全银行】2018 年，贵州银行黔西南分行开展“最安全银行”创建及各项专题活动，先后组织开展了“争先创优”“最安全银行”征文、“安康杯”竞赛等活动。建立微型消防站，按要求开展消防培训及火灾逃生演练，增强员工队伍的消防安全意识。加强评估检查及考评，按季开展安全检查，配合做好州级、省级安全评估，在州级安全评估组第五轮安全评估工作中取得了全州第二的成绩。册亨支行被贵州银行总行评为年度安全管理明星支行。

（马潇玥）

贵阳银行股份有限公司兴义分行

【概况】2018 年，贵阳银行兴义分行有正式员工 275 人，平均年龄 29.95 岁，全行职工本科学历 250 人，占比 90.9%，研究生以上学历 6 人，占比 2.18%，中层管理干部 4 人，基层管理干部 77 人，占比 29.45%。现已经建成城区综合性网点 3 家（营业部及同城支行 2 家）、社区支行 4 家、小微支行 3 家，兴仁、贞丰、安龙、册亨、望谟、普安、晴隆、义龙新区各成立了 1 家综合性网点，辖区内共有机构 17 家，分行本部设有 9 部（人力、保卫、授信、风控、财务、公司、零售、普惠、信息）1 室（办公室），离行式自助银行 18 个，农村金融服务站点 574 个，贵阳银行兴义分行在全州实现县域支行全覆盖。

【经营情况】2018 年，贵阳银行兴义分行资产 121.86 亿元，较上年增加 3 亿，增幅 2.52%，存款余额 114.13 亿元，较上年增加 0.26 亿元，增幅 0.23%，表内外贷款，表外贷款余额，表内贷款余额 72.13 亿元，较上年增加 20.18 亿元，增幅 38.85%，市场占有率方面，全州存款占有率 7.76%，较上年增加 0.04%，增速第 6 名，贷款占有率 6.38%，较上年增长 0.2%，增速全州第二，上缴税费 4714.27 万元，较上年增加 2338.69 万元，增幅 98.45%。至 2018 年，贵阳银行兴义分行通过开展政府购买服务、平滑基金、脱贫攻坚基金、扶贫产业子基金等业务，累计向黔西南州投放了逾 200 亿元信贷资金。

【党建工作】2018 年，按照“年初晒方案、年中晒实践、年底晒成果”的工作思路，结合年初制定的《兴义分行 2018 年党建工作考核办法》《兴义分行 2018 年党建工作考核责任分解与评分标准》《兴义分行 2018 年党建工作考核实施细则》等文件，与各支部签订《目标责任书》。把“两学一做”教育与 2018 年党委中心组学习、党员组织生活会、党员活动、党员 APP 每日答题融合一起，统筹安排，先后制订中心组学习计划、基层党组织活动安排，确保每次每周、每月学习有内容、活动有目标、讨论有专题，深化学习效果。同时，党委书记上党课2次、党委成员上党课1次，各支部书记上党课4次，邀请外部单位开展专题教育1次，以“三会一课”进一步加强各层党员干部的党性修养、宗旨观念和纪律意识，切实发挥党建引领作用，用工作成绩检验党建工作成效。

【合规意识】2018年，兴义分行围绕“依法合规经营，打好风险防范攻坚战”的目标开展风险防控工作，通过构建起“内化于心、外化于行”的内控合规长效机制，提升全行风险管控能力，促进业务健康发展。高度重视市场乱象治理工作，成立进一步深化整治银行业市场乱象自查评估工作领导小组，制定兴义分行市场乱象治理评估方案，以开展自查评估工作为契机，对贷款业务、理财业务、印章管理等发现的问题立查立改，严肃问责，提升合规意识；加大对授信业务的风险审查力度，控制信用风险。按照各项规章制度，加大对借款人主体、贷款用途、还款来源、抵质押担保、法律要件的审查力度，有效控制信用风险，强化重点领域风险防控；强化制度建设，推进规章制度的落实执行，制定《贵阳银行兴义分行信用风险管理规定》《兴义分行关于进一步加强信用风险管控的通知》等管理规定，筑牢依法依规依章经营的制度基础和机制保障，消除风险管控盲区，确保分行各项业务“不越监管底线、不踩规章红线、不碰违法违规高压线”。

（岑　波）

中国邮政储蓄银行股份有限公司黔西南布依族苗族自治州分行

【概况】中国邮政储蓄银行股份有限公司黔西南布依族苗族自治州分行（以下简称“邮储银行黔西南州分行”），在全州7县1市设立营业网点74个，发放金融IC卡14.4万张，金融服务覆盖全州78%以上的农村区域和农村人口。2018年，各项存款余额82亿元，各项贷款余额21.25亿元。自开办信贷业务以来，累计投放贷款64.71亿元。

【服务实体经济】2018年，邮储银行黔西南州分行以服务实体经济为本。截至2018年末，邮储银行黔西南州分行个人贷款总额达到19.46亿元。“三农”、民营、小微普惠业务既是国家鼓励的重点，又是行业转型的方向，与邮储银行服务社区、服务中小企业、服务“三农”的定位和特色高度契合。年内，邮储银行加大乡村振兴服务力度，投放涉农贷款3.26亿元，较2017年末新增0.39亿元，增长13.59%；支持民营企业及小微企业发展，普惠小微企业贷款户数3825户，余额9.37亿元；金融精准扶贫贷款余额（含已脱贫人口贷款）5075万元，较2017年末新增4541万元，增速达850%；个人经营性贷款余额10.6亿元，小额贷款累放笔均10.37万元，做到支农支小；住房按揭贷款余额2.77亿元，2018年发放住房贷款520笔，笔均仅为34.68万元。邮储银行依托“自营+代理”模式，不断巩固核心负债优势。截至2018年末，该行存款余额达到77.1亿元，其中个人存款72.2亿元，存款占总负债比重为84.95%，个人存款占总存款比重93.64%，两项指标均居行业第一。

【信用村建设】2018年，邮储银行黔西南州分行累计建成信用村54个、诚信客户3200户，累计投放贷款2.5亿元。在兴义市下午屯纳录村，通过单户信用模式，

2018年3月24日，邮储银行开展“一路有你　邮储相伴”徒步活动
（李跃华　摄）

2018 年 12 月 8 日，邮储银行黔西南州分行党委书记、行长邓光东一行到册亨县宜哨村进行扶贫慰问（陈研 摄）

邮储银行黔西南州分行营业部服务影像（杨波 摄）

累计投放资金 4600 万元，支持乡村振兴战略落地。邮储银行黔西南州分行通过信用方式对农户发放小额信用贷款，解决农户融资过程中无担保的困难。

【文明优质服务】2018 年，邮储银行黔西南州分行把文明规范服务作为邮储银行内强素质、外树形象的一项重要内容，坚持客户至上、服务为先的经营服务理念。2018 年 6 月邮储银行黔西南州分行营业部荣获贵州省银行业文明规范服务“百佳示范单位”称号。

【企业文化】2018 年，邮储银行黔西南州分行坚持“发展为了员工，发展就是文化”的管理理念，提倡快乐工作，幸福生活，关注员工、关心员工、关爱员工，倾听员工心声，鼓励员工成长，培育传承中国邮政文化精神和蕴含邮储银行时代特征的企业文化，以健康向上的核心价值体系，引领黔西南州邮政金融持续健康发展。年内参加财税金融系统“春季”职工趣味运动会、银行业协会“银协杯”足球联赛，组织开展喜迎“元旦春节”“旺季生产”系列活动、“三八”节美容知识讲座、州分行成立 10 周年行庆系列活动及全州“能力提升”职工运动会、“职工技能”比赛等形式多样的企业文化宣传教育活动。

【风险内控管理】2018 年，邮储银行黔西南州分行坚持以防风险为本，筑牢风险和案防底线。把防风险摆在突出位置，按照中央和监管要求，完善全面风险管理体系，健全风险管理长效机制，加强信用风险和案件风险防控，遏制重点领域风险暴露，抓好案件治理，守住不发生系统性风险底线。年内制定风险政策与风险限额方案，对超限机构进行重点督办和帮扶，指导超限机构制定压降措施。以监管部门银行业市场乱象整治等系列专项风险排查活动为重点，持续强化内控管理工作。开展操作风险、反洗钱、征信、银行从业人员经商办企业、非法集资与民间借贷、部门履职等内外部检查工作。以“合规管理年”活动为统领，以有效整改问题为导向，以强化内控管理为抓手，组织开展系列督查活动，建立健全常态化滚动式的风

2018 年 10 月 20 日，邮储银行黔西南州分行开展“听党话跟党走”主题演讲比赛（贾敏 摄）

险排查整改机制，确保各项业务的稳健发展，实现“零案件”的目标。

（贾　敏）

人保财险黔西南分公司

【概况】 中国人民财产保险股份有限公司黔西南分公司，隶属于中国人民财产保险股份有限公司贵州省分公司直管，是国有中央直管企业的分支机构，州分公司本部内设部门有：办公室、人力资源部、教育培训部、合规部、监察部、财务会计部、销售管理部、出单中心、车辆保险部、信息技术部、客户服务部、汽车金融事业部、商业非车险部、农村保险事业部、农村普惠金融事业部与社会医疗保险部、理赔中心、法律部、营销业务部、个人信用贷款保证保险业务部。公司除州分公司外，在全州8县（市）分别设有支公司，乡镇设有营销服务部、三农保险服务站、咨询服务点、门店，初步形成州、县（市）、新区、乡镇服务网络全覆盖的保险服务模式，全州从业人员近（含代理人员）700人，共60余台现场查勘车辆。主要办理车辆保险、财产保险、责任保险、人身意外伤害保险、健康保险、货运保险、农业保险等1000多个保险险种。

【经营业绩】2018年，公司实现保费收入50650万元，同比增长38.66%，市场份额排名第一。2018年，公司处理赔案56144件，支付各项赔款2.45亿元，代扣和缴纳地方税金6045万元。

【农业保险】 2018年，公司农业保险保费3064万元，同比增幅85.87%，累计赔款2100万。根据州政府安排，公司负责兴义市、册亨县的政策性农业保险工作，包括中央政策性农业保险6个承保品种（公益林、商品林、水稻、能繁母猪、育肥猪、甘蔗）；地方特色农业保险29个品种（生猪价格指数保险、薏仁米、中药材、蔬菜、家禽等），承保范围覆盖全州9个县（市）、新区。

【农调扶贫险】 2018年，公司按照“政府引导、市场运作、自主自愿、协同推进”的原则，创新开发“农调扶贫险”，由人保财险主承保。为全州农业产业结构调整“退一进十”替代作物提供风险保障，保费由州、县级财政、农户3∶6∶1比例分担，紧紧围绕玉米100万亩调减任务，明确发展蔬菜、茶叶、食用菌、薏仁米、中药材、水果、花卉、香料、芭蕉芋等十大特色经济产业替代作物，通过自然损失险和价格指数险双重综合保障，确保玉米调减替代作物每亩最低2000元的兜底收入保障，有效抵御自然灾害和市场价格波动双重风险，积极发挥保险助推脱贫攻坚作用。8—12月，完成承保面积57.58万亩，提供保额64520.54万元，保费3230.87万元，共涉及8大类、26个品种，实现“应保尽保”，5个月受灾面积达7000多亩，赔款近1000万元。

11月18日，贵州省委副书记、省长谌贻琴对“农调扶贫险”批示：“可以进一步总结推广”，继省长谌贻琴批示后，11月下旬，“农调扶贫险”又获黔西南州委、州政府领导批示，黔西南州委书记刘文新批示：“很好”。黔西南州委副书记、州长杨永英批示：“发挥好农调保的作用，落实好保费，优化好服务，把好事办实。”

【脱贫攻坚关爱险】 2018年，公司与黔西南州委组织部签订《脱贫攻坚关爱保险合作协议》，由

2018年安龙县龙调扶贫险理赔大会　　（州人保财险公司　提供）

人保财险黔西南分公司承保全州各县、市、义龙新区共计4368名脱贫攻坚工作人员的“脱贫攻坚关爱保险”业务，保费收入241.69元，为每一名脱贫攻坚工作人员提供105万元保险保障，总保额约44.72亿元。

【开办“安居险”】 2018年，为确保新市民“搬得出、稳的住、快融入、能致富”的要求，州政府从转变政府职能、创新社会管理手段的角度出发，引入商业保险机制完善政府救助体系。以“政府主导推动、保险商业运作”的模式，实施了全州建档立卡贫困人口的“安居险”统保工作。通过财政全额出资为建档立卡贫困人口购买“安居险”产品，利用商业保险机构专业化管理技术和人才队伍，有效提升灾害救济的覆盖范围、保障水平和救助的效率。帮助参保群众防范和化解各种自然灾害和意外风险，构筑脱贫致富的风险防范屏障。2018年，公司签单承保建档立卡贫困人员141507人，保费收入283万元，为参保群众提供452.82亿元风险保障。

【民生类保险】 2018年，公司为全州60万学生提供每人校方责任险50万元、附加无过失责任险20万元的保障，推进平安校园建设。

签下黔西南州本级、安龙县、册亨县、望谟县、义龙新区等城镇职工大病保险统筹项目业务，参保职工人数89948人，保费收入3454万元，报销3059.39万元，12773人次收益。

支农融资资金发放仪式　　（州人保财险公司　提供）

续签2018年度安龙县、册亨县、望谟县城乡居民大病保险统筹项目业务，参保人数75.5万人，保费收入2906.7万元。7月30日，成功批增城乡居民大病保险保费1585.5万元，保费规模达到4492.25万元，同比增长67%，报销1521.32万元，9198人次收益，有效减少了参保患者因病返贫、因病致贫。

【连续22年荣获“守合同、重信用”企业称号】 2018年，公司已是连续第22年被贵州省工商行政管理局评为“守合同、重信用”企业，兴义支公司连续28年荣获贵州省“守合同、重信用”单位称号。

【开展“普惠金融”】 2018年，公司与州农委举行助推脱贫攻坚“支农融资”资金发放仪式，向兴义市鸿鑫农业发展有限公司发放首笔“支农融资”资金280万元。同时公司与州农委、州农业信贷担保公司签订“农保担”项目合作协议。

【警保联动】 2018年，为认真落实公安部交管局“放管服”改革统一部署，密切围绕“马上办、网上办、就近办、一次办”的改革目标，公司与州交警支队联合开展“警保联动”，建立“警保联动”便民服务站，真正方便群众实现“就近办、便捷办、少跑腿、一次办”的目标。

【优化服务】 2018年6月29日，“人保夜市”开业和“行车路上有人保”服务启动。“人保夜市”服务旨在每周一到周五晚17：30–20：30在兴义市区开设“人保夜市服务点”，延长服务时间，为客户提供理赔咨询、单证收集、损失核定、小额案件快赔、保险咨询等服务。“行车路上有人保”服务活动则由“心服务专员”在下午下班高峰期拥堵路段沿街巡查，为客户提供服务指引，减少高峰期、繁华路段因道路交通事故造成道路拥堵问题，实现客户“案未报、人先到”的省心服务。

2018“中国人民保险杯”翱翔贵州——国际滑翔伞特技飞行

比赛在安龙县山地户外公园举行，公司联合金汇通航贵州分公司携手启用专业医疗构型直升机AW139“大橘侠”，开展全程保驾护航，保障赛事安全。

【脱贫攻坚工作】 2018年，普安县兴中镇红岩村、小山坡村作为州政府安排的扶贫单位，公司选派吴方友到普安县兴中镇红岩村任第一书记。“保险助推脱贫攻坚”工作，公司做好政策性农房险理赔服务工作，确保发生灾害农户能够及时足额领取赔款，帮助重建家园；加大商业保险宣传力度，充分发挥商业保险的职能作用，有力支持当地基础设施建设；帮助解决普安县兴中镇红岩村疏通格那河组落水洞缺口资金1.2万元、“六月二十四”火把节系列活动部分资金4000元。

2018年，公司向全国“扶贫日”捐款3000元；帮助解决兴仁县回龙镇新坪村脱贫攻坚工作经费15000元等，各县市支公司按时完成各县市政府安排的“脱贫攻坚”工作任务。

（张　清）

华创证券有限责任公司兴义北京证券路营业部

【概况】 华创证券有限责任公司兴义北京路证券营业部成立于1999年10月，原为贵州证券公司贵阳北京路证券营业部兴义证券服务部。2009年1月，华创证券有限责任公司兴义证券服务部规范为华创证券经纪有限责任公司兴义北京路证券营业部，内设总经办、零售业务部、客户服务部、交易部和机构业务部；2018年，员工总共17人。兴义北京路营业部主要围绕经纪业务、零售业务、创新业务、机构业务、投资者教育和保护开展工作。

【经营业绩】 2018年，华创证券兴义北京路证券营业部实现股基成交额69.2亿元，实现总收入585万元，实现净利润89万元。年内新增证券账户开户数428户，截至2018年末，兴义营业部客户总数为28116户。

【脱贫攻坚】 2018年，华创证券有限责任公司兴义北京路证券营业部定点帮扶晴隆县，成立由党政“一把手”任组长，行政人事部负责日常联系工作的扶贫工作领导小组，配合晴隆县政府、金融办等，共同为晴隆县的脱贫攻坚任务出谋划策，聚力献智，力求用专业优势在晴隆县成立扶贫基金，助推晴隆县脱贫。同时在人员招聘上优先录用贫困地区毕业生，解决就业难问题。

【创新业务】 2018年，受金融去杠杆、贸易战等因素影响，资本市场大幅下跌，对此，营业部对工作方向和重心做了一定调整，由原来的以经纪业务为主转向以机构业务、创兴业务为主，引进私募基金和股权质押业务，努力发行地方政府债和公司债。但由于受地域因素和企业质量限制，以上业务仍无重大突破，但相关的摸底调查工作已经完成，已和多个政府平台公司接洽联系，相关工作正在有序推进。

【投资者教育和保护】 2018年，华创证券有限责任公司兴义北京路证券营业部对投资者教育和保护工作投入了大量的人力物力宣传，按照人民银行和上级监管部门的要求向广大投资者提供符合要求的证券投资资讯、公司公告、证券投资常识、反洗钱知识宣传，定期以免费开办股民培训班等方式向广大投资者进行宣传，以提高投资者的风险防范意识。同时，营业部在营业大厅张贴宣传海报，通过微信公众号、短信、小区摆摊设点、电话提示等方式及时向投资者传送信息，确保投资者有问题、意见或建议时能够第一时间得到解决，消除潜在隐患。指派专人负责接收、处理公司总部及上级监管部门交办的各项投保任务，严格执行相关流程，及时总结，定期向相关部门报送总结报告，力争将各种风险化解于萌芽之初。

（华创证券兴义营业部）

黔西南州宏升资本营运有限责任公司

【概况】 黔西南州宏升资本营运有限责任公司，是州政府直属国有独资企业，2005年7月经州政府批准成立，原与黔西南州基本建设投资管理中心实行一个机构、两块牌子，2016年1月撤销投管中心，完成改制，实行独立市场化运作。2016年1月20日，州委州政府成立黔西南州扶贫开发投资有限责任公司，注册资本30亿元，为州管国有独资企业，与州宏升公司实行一个机构、两块牌子的经营管理模式。公司立足资本营运，服务实体，医疗卫生项目投资、融资、建设和管理的市场定位，重点依托政策性银行、担保公司、政府项目和实体企业，做好项目融资、中小企业融资担保及基金股权投资。服务全州民生扶贫事业包括扶贫、生态移民、异地移民、保障性住房、教育、卫生、健康、养老、新农村建设等。承担重点民生扶贫、重大民生工程项目、医疗卫生项目的投资、融资、建设和管理。下设有黔西南州宏升中小企业融资服务有限公司、黔西南州并垌创业服务有限公司、贵州省时进融资担保公司、兴义博大基本建设投资有限责任公司、贵州宏义资产管理有限公司、贵州宏创农业产业开发有限公司、贵州严谨茶业商贸有限公司等7个子公司。公司内设机构为：党建办、办公室、投融资部、项目开发部、财务转贷部、人力资源部、督察部、法律事务部共8个部室，拥有员工37人，其中具有高级职称1人，中级职称8人。截至2018年底，资产总额842636.42亿元，信用评级为AA，融资总额280.78亿元。实现营业收入2386.67万元，上缴各项税费676.84万元，完成担保额1.12亿元，累计实现担保额27亿元。

【资本营运】 2018年，黔西南州宏升资本营运有限责任公司完成国开专项基金拨款5亿元，累计拨款27.65亿元，涉及各县96个项目用款。完成黔西南州城市棚户区改造项目贷款拨款14亿元，已实施兴仁、贞丰、安龙、册亨、望谟、义龙试验区（二期）棚户区改造，完成融资总规模的39.49%。完成贵州脱贫攻坚投资基金扶贫产业子基金“义龙新区多类苗木种植项目”拨款382.72万元，并带动158户贫困户就业增收136万元。

【实体经济】 2018年，黔西南州宏升资本营运有限责任公司经州政府批准，与贵州黔西南喀斯特区域发展研究院下属全资子公司贵州喀斯特区域发展研究院有限公司共同出资成立贵州宏创农业产业开发有限公司，针对全州农特产品进行精深加工项目的投资业务，公司经营团队进行充分调研

2018年，举行州扶投公司与贵州喀斯特区域发展研究院公司合作签约仪式暨贵州宏创农业产业开发有限公司第一次股东会、董事会

（宏升公司 提供）

后，决定开展薏仁米功能成分开发及产业化应用共享平台项目建设，项目计划总投资450万元，年内已完成厂房装修及设备调试工作。开展郊纳“万亩茶园”种植工作，启动“以育代种”的“千亩育苗基地”，共流转土地1.1万亩，已支付流转费310.88万元。“千亩育苗基地、万亩种植基地”项目共有13家合作社与公司合作，带动贫困户290人。黔西南州宏升茶业有限责任公司与贵州万峰（集团）实业有限公司、黔西南州华曦生态牧业有限公司、黔西南州嘉宏茶业有限责任公司共同出资组建混合股份制的茶业商贸公司，采用联盟、整合的方式将兴义市、兴仁县、普安县、望谟县、安龙县部分夏秋茶茶叶资源充分整合，实现80%的色、香、味、型的标准统一。

【土地开发】 2018年，黔西南州宏升资本营运有限责任公司协助州市共建的兴义桔山片区3000亩土地收储、开发项目工作的开展。通过加强与兴义市政府、桔山街道办以及州、市规划、发改等部门的协调，完成兴义桔山新月湾安置区三号路建设项目的竣工验收结算审计工作、新月湾棚户区改造项目1103户资料整理工作；完成兴义桔山新月湾安置区棚户区建设项目F区工程建设手续的办理并复工建设。在工程管理过程中，无重大质量及重大安全事故的发生，完成项目投资5000万元，有效保障土地收储工作的顺利推进。

【担保业务】 2018年，黔西南州宏升资本营运有限责任公司继续加大对州内中小企业金融扶持力度，年内完成新增担保业务1.12亿元，累计在保余额5.29亿元，实现收入1361.58万元。完成目标任务的87.84%。所担保企业每年实现税收4300万～4800万元，解决全州就业6000人以上。

【党建扶贫】 2018年，黔西南州宏升资本营运有限责任公司实抓脱贫攻坚，帮扶贫困村。在10月17日扶贫日捐赠活动中捐赠10万元，对侠家米村、干沟村每年每村给予5万元的资金支持。参与协调木贾干沟村、七舍侠家米村水资源项目建设资金100余万元，改善侠家米村七个村民组未通水现状，切实解决586户2800余人的饮水问题。开展雀笼山组易地移民搬迁工作，累计搬迁24户94人，确保群众搬得出、稳得住、能发展、可致富。参与实施干沟村、侠家米村组组通公路建设累计11.1千米，切实解决群众出行、交通运输问题。帮助抓好劳动力就业，完成干沟村农民工培训200余人，结合群众需求，针对返乡农民工、留守妇女开展就业培训，动员贫困劳动力参加培训并推荐就业16人，切实帮助外出务工人员实现技能持续提升、岗位长期稳定、收入稳定增长。

【企业管理】 2018年，黔西南州宏升资本营运有限责任公司在认真执行公司内部各项管理制度的基础上，按“废、立、改、释”对公司制度进行梳理，已完成新的制度汇编报州纪委审批，并获州纪委书记刘良的批示。根据岗位职责，结合公司2018年度工作目标，公司层层签订工作目标责任状，督促各项工作顺利开展，做到责任主体明确、工作标准明确、完成时限明确，奖优罚劣，奖勤罚懒，彻底打破平均主义和干多干少一个样，干好干坏一个样的系列问题，确保绩效评估结果的准确性、公正性、有效性。抓民主集中，确保科学决策到位，全年共召开2次董事会议，

2018年，州宏升资本营运有限责任公司公司积极响应州委、州政府号召，在“黔西南州2018年‘扶贫日’现场捐募仪式”上捐款10万元，用于精准扶贫贫困户帮扶资金
（宏升公司　提供）

10次职工大会，16次总经理办公会，25次部门会议，14次专题会议，对公司人事调整、经营决策及重大项目等工作进行研究讨论，对公司的各项经营情况及决策进行通报，凡涉及“三重一大”方面的问题，都必须实行集体研究、集体决策。

（吴　杰）

2018年，州城投公司党支部爱心扶贫助学行动　（州城投公司　提供）

黔西南州城市建设投资有限公司

【概况】黔西南州城市建设投资有限公司（简称州城投公司）经州委、州政府批准成立于2011年9月6日，注册资金2亿元。经过前期经营班子及工作人员的共同努力，2013年1月4日公司正式运营。按照州人民政府将公司作为全州城市基础设及投资融建专业化管理公司的工作定位，主要负责全州城市基础设施投、融、建一体化建设。截至2018年，公司总资产达到51.94亿元。全资子公司6个：黔西南州城投房地产开发有限公司、贵州洒金开发投资有限公司、佛山市黔泓贸易有限公司、黔西南州黔鑫商贸有限公司、万峰城市轨道交通有限公司、黔西南州建筑安装工程总公司；参股公司2个：贵州建工金州建筑工程有限公司、兴义市金州城投小学；控股公司2个：贵州省普安县城市开发投资有限公司、册亨县城乡建设投资有限公司。公司本部下设综合部、资本市场部、战略投资部、财务部、融资部、内设纪检监察室6个部门。

【项目工作推进】2018年，州城投公司重点建设项目12个，总投资22.5亿元，完成投资14.35亿元。拓展涵盖黔西南州内司法、医疗、棚改、新市民保障、高校、涉密等政府性投资建设项目，参与州强制隔离戒毒所建设项目、州妇幼保健院州儿童医院“两院合一”项目、普安县4个片区城市棚户区改造项目、安龙县“十三五”教育扶贫贷款项目（新市民教育保障工程项目）和兴义民族师范学院新校区建设项目等，为黔西南州政府性投资建设项目提供专业保障。

【资产管理】2018年，州城投公司固定资产租赁总收入为92.7万元，相比上年同比上涨5%，原财校、原卫校地块已合作申办兴义市城投小学，入学人数达688人，每年保底收入90万元。在资产收入持续增收的基础上，重视资产管理，加强资产安全检查力度，公司资本市场部于每季度制定资产安全检查方案，并严格按照资产安全检

2018年，黔西南州中级人民法院项目竣工验收　（州城投公司　提供）

查方案的要求落实资产安全检查工作，坚持检查与整改相结合，边查边改，对检查出的安全隐患及时进行处理，使资产安全检查得到保障，确保国有资产保值增值。

【融资渠道】2018年，在全国融资政策全面收紧的情况下，州城投公司迎难而上积极对接各大金融机构，帮助相关项目开展各类融资工作，完成14亿元企业债申报工作，至2018年底，尚在等待国家发改委出具受理通知书后上评审会审议。州城投公司为州职院、普安棚改项目完成担保8.3亿元；为黔西南州妇幼保健院提供担保，向贵州银行申请授信2.74亿元，用于黔西南州妇幼保健院、黔西南州儿童医院两院合一项目建设；完成公司全资子公司黔鑫商贸500万流动资金贷款，为项目建设提供资金保障；2018年12月为册亨县国家储备林项目提供担保2亿元。

【公司党建】2018年，州城投公司抓好意识形态工作方面“以责任、理论、舆论、企业文化四大领域为引领，抓、全、护、建意识形态”，创新利用会后“理论学习10分钟”组织党员职工学思想、学精神、学指示；创新出台《州城投公司项目工程五保制度》，在项目建设过程中保证“安全、质量、进度、投资”基础上重点保证“廉洁”，防止项目工程滋生腐败；探索制定“项目党建工作计划”，要求满足条件的项目部成立相应的党组织，实现党建工程项目全覆盖。

【脱贫攻坚】2018年，州城投公司先后派遣3人脱产到公司3个帮扶联系点开展工作，同时投入近40万元的资金帮助解决贫困村和贫困户的收入、住房、医疗、教育和农业产业方面的不足问题；解决贫困乡晴隆县茶马镇兵务小学、扶贫点兴仁市鲁础营乡民族村与孔白村寒门学子求学问题，开展爱心助学活动，捐赠物资和助学金共计约10万元；在2018年“扶贫日”捐赠5万元扶贫资金；改善农村基础设施，由公司全资子公司建安公司与兴仁县详务新型节能建材有限公司共同合作开展兴仁县改厕项目，年内已完成近2843套装配式厕所安装；利用公司融资职能，为册亨县、普安县等贫困县提供担保，担保金额达到10亿元，部分款项已到位，为扶贫攻坚项目提供资金保障；州城投公司拟合作单位智慧城投到州城投公司包保村开展农业种植技术服务，聘请专家到扶贫点实地指导，传授种植专业知识；组织技术力量参加全州贫困人员培训班，传授建筑技术专业知识，将扶贫与扶志、扶智相结合，帮助贫困户提高素质，学会一技之长，增强就业本领和创业能力，2018年通过第一批专项培训，全资子公司州建安总公司及参股金州建工建设项目共与78名贫困人员签订用工合同，解决其就业难的问题。2018年投入扶贫资金约60万元，为册亨县、普安县等贫困县提供担保额达10亿元。

2018年，兴仁县“农村改厕”项目　（州城投公司　提供）

【安全生产管理】2018年，州城投公司完善风险防控和隐患治理机制，提高综合安全保障能力，以隐患排查整治为主，抓好日常安全生产管理工作，贯彻落实州安办的相关要求及州城投公司安全生产的自检要求，州城投公司每月每季度及节前节后都组织到每个在建项目进行安全、质量大检查，对在建项目现场的钢筋、商混、后浇带、砌体砌筑等质量方面和临时施工用电、防火、内外脚手架搭设、宿舍区生活用电、消防等安全方面问题进行检查。对检查出的质量、安全隐患要求

2018 年，州城投公司装配式生产园区　　（州城投公司　提供）

各施工单位立即进行整改，明确整改要求、整改时限、整改责任人，整改完毕后报监理、代建单位复核。要求相关单位严把工程质量关、安全关；强化安全生产知识宣传培训，增强员工安全生产意识，全面筑牢安全防线。

【“平转实”推进工作】 2018 年，州城投公司按照州政府要求，为将税收留在当地为黔西南州的经济发展提供动力，保证公司代建项目的工程进度及质量，2018 年有两个代建项目采取甲供材建设管理模式，甲供材业务完成总产值约 2026 万元。黔西南州强制隔离戒毒所建设项目供应甲供材料实现产值约 697 万元；黔西南州妇幼保健院、黔西南州儿童医院“两院合一”建设项目供应甲供材料实现产值约 1329 万元。截至 2018 年底，州城投公司完成 12000 平方米板材生产厂房车间建设，板材生产设备安装，已正常投入生产，月生产量可达 30000 平方米；完成 4700 平方米行政楼主体结构建设，已具备入住条件；装配式建筑生态建筑示范基地、住宅产业化示范基地、新型城镇化示范基地等已基本完成筹建，作为全省 2018 年项目观摩会项目，得到省委领导的高度肯定。采取以砖瓦结构为主，装配式厕所作为补充的方式参与兴仁市厕改项目，为兴仁市屯脚镇、下山镇、波阳镇等乡镇完成安装厕所 1350 套，其他乡镇厕所安装工作正在有序推进；新型建筑材料研发。2018 年，州城投公司就电厂附属物粉煤灰、煤渣、脱硫石膏做新型建筑材料项目，已同同济大学材料学院多次沟通交流，明确利用电厂灰渣和脱硫石膏等固废（固废利用率可接近 100%）立项研究用于生产和制备新型墙体材料（轻质、隔热、隔声、防水）、纸面石膏板、高性能混凝土掺合料、适合装配式建筑需求的各种 PC 构件、室内室外装饰材料（如外墙彩色装饰挂板）等以及生产早强快硬无收缩特种水泥，满足工程加固修补以及结构后浇带和装配式建筑钢筋套筒灌浆密实连接的需求，2018 年，已签订共同研发合作合同。

【信息化建设】 2018 年，州城投公司运用现代信息技术，引进现代企业的管理理念，调整改革落后的企业经营方针、僵化的管理组织结构、低效的管理方法和流程，使其与企业的体制和技术创新结合起来，作为“企业云”第一批上线的试点企业，2018 年已完成企业云财务系统的上线运行，正在完成人力资源板块的数据录入。

（罗　怡　付雪君）

黔西南州水投（金农）公司

【概况】 黔西南州水资源开发投资有限公司（简称“水投公司”）和黔西南州金农生态产业发展有限公司（简称“金农公司”）按照一个机构、两个牌子合署办公。水投公司 2011 年 11 月挂牌成立，是州委、州政府为促进水利建设而成立的国有独资企业，注册资金 5 亿元，州政府为出资人，授权州国资委履行出资人职责，2016 年经中诚信评级为 AA 企业。公司现有全资子公司 5 个，直接控股公司 1 个，参股公司 3 个和各县划入名誉上全资子公司 10 个；全资子公司控股公司 3 个，参股公司 1 个。为全州融资工作的需要，经州政府安排，2015 年底各县划入全资子公司 10 个，统一合并财务报表，总资产约 121.07 亿元，实际管控资产约 55.4 亿元。金农

2018 年 4 月 3 日，州长杨永英（右二）一行到鹏昇公司开展现场调研工作（水投公司　提供）

公司 2016 年 7 月挂牌成立，是州委、州政府为促进全州农业产业化发展而成立的国有独资企业，作为州级发展生态农业产业投资主体、融资平台和经营实体的定位，注册资本人民币 5 亿元，州政府为出资人，授权州国资委履行出资人职责。金农公司现有全资子公司 1 个，直接控股公司 1 个，义龙新区名誉划入全资子公司 1 个。金农公司总资产为 0.52 亿元。水投（金农）公司及其全资子公司共计 47 人。

【党建和脱贫攻坚工作】 2018 年，州水投（金农）公司抓党建，履行党建工作职责，机关党建促进公司实体化发展。同时，开展党建扶贫工作，对脱贫攻坚工作尽职出力出钱。工作责任得到落实，明确党支部书记第一责任人职责和班子成员“一岗双责”责任，党建责任明确到个人，党建任务细化为项目，党建要求落实在日常，做到党建与业务同部署、同检查、同落实。党内生活严肃高效，执行“三会一课”制度，基层党组织组织生活得到规范，组建和设置党小组，实现党建工作全覆盖。2018 年内，州水投（金农）公司召开支委会 20 次，党员大会 3 次，党小组学习会 39 次，领导干部带头上党课 3 次。召开巡视整改专题民主生活会，班子成员全部落实领导双重组织生活会制度和进行民主评议党员工作。组织建设得到加强，年内发展对象 1 名，入党积极分子 1 名。按程序接转党员 17 名，转入 15 名、转出 2 名，管理党员（含预备党员 2 名）24 名，并及时开展党员组织关系清理排查。按时完成党员年报和党内统计工作。每月足额收缴党费，截至 2018 年 12 月底，州水投（金农）公司共收到党费 14932.2 元，没有出现党员滞交党费的情况。支委委员出现缺额时，及时补选支委委员，并增设党支部副书记、分设组织委员和纪检监察委员，将所有领导班子成员补选进入支委。制度建设得到规范，及时将“党建入章”，建立健全党组织议事决策机制，党组织集体研究讨论作为经营班子会、董事会决策重大事项的前置程序，5 月至 12 月已执行 10 次。建立重大事项报告制度。体制机制得到保障。建立健全专门的党务工作机构，成立党建办，隶属公司综合部。高于按照在岗职工人数 1% 的比例配备专职党务工作者 3 人，落实高于上年度工资总额的 1% 比例安排党建组织活动经费 35000 元。脱贫攻坚工作得到助推。州水投（金农）公司通过实体企业吸纳贫困劳动力就业，预留部分一线普通岗位倾斜贫困户。仅权属控股公司兴农种业公司委托实施的 800 亩薏仁米种源基地，解决 90 户建档立卡贫困户 280 余人就业。州水投（金农）公司高度重视并全力支持脱贫攻坚工作，将党建扶贫工作纳入公司每周例会作单独汇报，及时解决帮扶过程中的新问题。同时，严格履行县处级领导干部脱贫包保责任工作，保持每月不低于 2 至 3 次到村开展调研督导工作。在资金方面：落实帮扶贫困村和县处级领导干部督导村党建扶贫工作经费共计 8 万元，在 2018 年全国第五个“扶贫日”组织捐款 2 万元（含干部员工捐款 12323 元），补贴帮扶贫困村索土村贫困户芭蕉芋销售差价 74395 元，支持调整产业结构解决 1 万元的薏仁米种子，协调州民宗局解决 5 万元扶贫资金用于民族村文体广场建设，协调权属公司帮扶格红村 2 万块标砖和 100 立方米砂用于文化广场建设及食堂建设。在人员方面：推荐 1 名中层干部到望谟县乐元镇挂任副镇长，帮助发展农村经济和脱贫攻坚工作。推荐 2 名优秀员工到兴仁市鲁础营乡索土村和堵余村乡分别担任驻村第一书记和驻村队员，协助村支“两委”开展精准识别、精准施策工作，还帮助开展易地扶贫搬迁、基础设施建设、产业结构调整等工作，为兴仁市脱贫攻坚工作顺利通过国家第三方评估验收作出应有贡献。州水投（金农）公司驻索土村第一书记，在州水投（金农）公司支持帮助下，解决全村920吨芭蕉芋滞销问题，并提供回款法律援助，得到乡党委认可和群众的好评。

【融资工作】 2018年，州水投（金农）公司和驻州银行部门对接申请贷款，就基金、债券等事项和省外有关公司进行对接。2018年内，州水投（金农）公司主要开展以下几个方面工作：以鹏昇纸业项目为募投项目申贷。分别同工行、建行、贵州银行、贵阳银行、万丰村镇银行等银行机构进行业务洽谈，并配合提交有关资料，因鹏昇纸业项目环评手续未得到批复而中止。申请流动资金贷款方面，以州水投（金农）公司、全资子公司及其控股公司分别向贵州银行、贵阳银行申请“4321”政策支持的小企业流动资金贷款，该政策为政府、银行和担保公司分别支持的，因各种原因完成500万贷款，另外一笔500万元至2018年年底已完成前期工作，待银行审批放款。基金方面，以代持股6000万元成立农特基金，撬动贵州省脱贫攻坚基金9000万元以及其他社会投资人出资资金15000万元，年内已完成安龙县和义龙新区募投项目的前期尽职调查工作。应州政府金融办的安排，同上海厚舍资本公司以及闽商领筹金融贵阳股份有限公司引进的资方共同成立“文旅基金”，基金总规模为100亿元，首期基金规模为5亿元，因模式方面存在巨大分歧，年内已暂缓跟进。债券发行方面，2018年以鹏昇纸业项目为募投项目，州水投（金农）公司与多家证券公司对接，确定与中信建设证券公司合作发行中期票据，但因鹏昇纸业项目环评手续和公司无法提供有关数据而终止推进。州水投（金农）公司与湘财证券和望谟县合作发行企业债，截至2018年底，湘财证券公司已进驻望谟县开展尽调工作，待州政府审批。州水投（金农）公司与国信证券合作发行非公开公司债，已完成前期申报资料的归集和整理；州水投（金农）公司与中航证券公司合作，整合全州各县自来水公司收益发行ABS，各县对自来水公司收益进行摸底工作尚待完成。融资租赁方面，州水投（金农）公司分别与远东国际租赁有限公司、中民（广州）融资租赁有限公司、中财租赁资产管理（北京）有限公司、贵银金融租赁有限责任公司进行相关对接，根据租赁公司的要求，配合完成相关资料的提供。2018年，由于贵州金融市场债务率较大，风险较大，融资相对较难，所以融资租赁工作进度暂缓。

【生产经营】 2018年，州水投（金农）公司整体生产经营平稳运行。贵州同益公司，2017年12月公司出资控股接管以来，同步变更工商信息和对固定资产、存货等生产资料进行盘点移交，并启用

2018年，州水投公司领导班子成员走访贫困户 （水投公司 提供）

财务软件金蝶K3，科学设置科目并及时将现有物料、客户、供应商等基础资料进行录入，实现大数据管理。按照国有企业的流程和标准，完善法人治理结构，理顺工作体制机制，逐步规范议事决策程序。贵州同益公司在生产经营销售过程中，面临融资困难、流动资金不足，导致备料少，不敢接收大额订单的情况，但还是主动积极争取资金支持，年内仍然保持整体平稳运行。截至2018年12月，签订合同47份，总价约5357.76万元，实现销售收入2933.72万元。兴农种业公司，2017年12月控股接管以来，及时完善法人治理结构、组织架构及各项规章制度，完成工商信息的变更。兴农种业公司2003年成立至2018年，一直以生产经营杂交玉米种子为公司主营业务，杂交玉米种子的销售占公司全部销售业务的90%以上。受2018年2月全省启动春风行动调整产业结构的影响，杂交玉米种子销售量急剧下降，截至2018年10月30日兴农种业公司还有库存334671千克杂交玉米种子（价值736万元）。2018年，受全省调减杂交玉米种植面积影响，兴农种业公司杂交玉米滞销，兴农种业公司及时调整销售策略，加强青贮玉米和薏仁米种子的推广销售，拓展水稻种子和农用物资的销售领域，一定程度上抵销杂交玉米种子滞销带来的损失。同时，为扩大薏苡米种源，兴农种业公司与兴仁市铭辉种养殖农民专业合作社达成合作，在兴仁市下山镇马乃屯村建设800亩薏苡种源繁育基地，作为公司薏苡种子试验示范基地，为公司业务转型及薏仁米种子销售作好储备。2018年，兴农种业公司在面临产业结合调整带来的困难，公司及时调整销售业务板块，弥补损失，实现扭亏为盈。申源公司，2017年12月州水投（金农）公司与自然人邹健共同组建成立申源公司，由州水投（金农）公司控股70%。成立以后，及时完善法人治理结构，组织有关人员积极申报相关施工资质。2018年4月至7月，上级部门相继下发《州人民政府关于调整一批行政许可事项的决定》《关于对州住建局行政许可事项调整的复函》及《黔西南州住房和城乡建设局关于调整下放行政许可事项的通知》文件，根据文件精神，对资质审批权限进行调整，部分资质审批权限仍未下放到兴义市住建局，申源公司所有资质不能同时申报，须分开办理。另外，根据资质申报规定，需要大量专业技术人员，申源公司这方面的人才稀缺，短时间内公司人员无法满足资质标准规定，还不具备申报施工资质的条件。经州水投（金农）公司决定2018年暂缓申报申源公司施工资质，待条件成熟后适时申报。资质申报因人员资质方面未完成，公司法人治理结构和资质申报协调、准备方面仍在做大量的工作，为今后继续申报奠定坚实的基础。项目咨询公司，根据州政府与中国电建集团贵阳勘察设计研究院有限公司（简称“贵阳院”）达成战略合作协议，由州水投（金农）公司出资200万元参股40%与贵阳院共同出资成立黔西南州中电建水资源与环境项目管理有限公司，主要承接水利项目工程咨询服务及州内水利、市政、建筑、水环境等项目设计、勘察、测绘、造价、监理等业务。2018年4月18日，正式成立黔西南州中电建水资源与环境项目管理有限公司。新公司涉及工程设计等相关业务工作，按照工程设计相关规定需具备相应资质，公司前期拟从贵阳院抽调技术人员到新公司办理资质和开展业务，相关工作正在对接洽谈中。接下来拟开拓马岭河水利枢纽供水及今后营运的事宜，开拓黔西南州各县水库咨询和施工总承包事宜，计划与贵州水投水务黔西南有限公司形成合作，共同开展水务一体化工程项目的咨询工作。

【环评批复和实体转型】2018年，州水投（金农）公司利用原来10万吨环评手续，通过公开招投标，由中国轻工业长沙工程有限公司（以下简称“EPC总承包单位”）中标作为项目EPC总承包方承建，2018年已完成土建部分80%工程，实施设备安装有关工作，累计投入约6亿元。

【内控规范管理】2018年，州水投（金农）公司按照党对国有企业的领导与建立现代企业制度的要求，修订完善、制订公司内部管理制度，制定领导班子会议学习制度、“三重一大”事项管理实施办法、干部员工绩效考核管理办法、车辆使用管理和驾驶员管理暂行办法、档案管理制度、党费收缴使用管理规定、“两个责任”推进党员干部员工约谈常态化实施办法等制度。重流程设计优化，编写岗位工作职责，做到定岗、定责、定员。完善收发文件管理流程，修订收发文处理笺、完善收发文件登记表册，做到收发文来源明、去向清、责任实。规范文书和干部人员档案管理。规范物资采购和发放。规范干部员工定岗定级、薪酬发放审批签字流程。规范领导班子会议上会议题和纪要撰写。规范车辆调度使用管理。规范差旅费报销签字凭证。规范“三会一课”制度的执行。规范电子文书和工作照片存放。同时，结合企业云平台建设的需要，将公司及权属公司的财务、人事和供应链方面纳入统一管控，打通数据壁垒，提高工作效率。

【企业文化建设】2018年，州水投（金农）公司发挥工会组织桥梁纽带作用，开展“三八妇女节”文体趣味活动，2018年“三八妇女节”之际，列支8000元，组织公司及控股公司女员工40余人在峡谷山庄开展主题为“快乐生活，快乐工作”系列活动，增强干部职工的凝聚力和向心力。定期组织干部员工体检，把关爱干部职工、关注职工健康作为工会的重要工作来抓，组织干部员工27人进行健康体检，支出13900元，激发干部职工激情干事的工作热情，服务公司发展。干部职工及时了解自己的健康状况，达到“早发现、早诊断、早治疗”防病治病目的。及时兑现省总工会允许干部职工享受的福利，州水投（金农）公司始终坚持以政策规定为依据，坚持公平、公正的原则，确保党委、政府对干部员工的关心关爱兑现到每一名干部职工身上。开展走廊文化建设，定期更换会议室、楼道宣传栏和灯片内容，增强企业文化对职工的号召力和影响力，激发干部职工爱岗敬业、奉献社会的热情。领导带头开展慰问，州水投（金农）公司对干部员工及亲戚生病就医及时走访慰问，为干部员工送去党组织的关怀和温暖，促进干部员工团结友爱，互帮互助，建立深厚的同志情谊。

（魏永敏）

赵伟 摄

财政　税务

财　政

【概况】 2018年，黔西南州财政局承担黔西南州各项财政收支管理的责任、负责州级财政收支管理工作、编制年度州级财政预算草案并组织执行、政府非税收入管理等工作。设19个正科级内设机构，3个副县级下属单位（国库集中支付中心、农发办、执法支队），1个正科级事业单位（信息中心）。州财政局共有编制115名（含下属机构），在职干部职工92人。

【财政改革】 2018年，黔西南州财政局搭建涵盖财政业务管理、资金监管、项目管理、大数据分析应用的“数据铁笼”——财政预算一体化平台系统。该平台上线运行，基本实现财政资金及预算单位“两个全覆盖”，2018年6月，省委改革办在2018年第75期《贵州改革情况交流》上刊登《黔西南打造“数据铁笼”实现黔西南州财政管理“四个转变”》财政改革案例，并推送到中央改革办。黔西南州共处理违反动态监控规则的支付行为23258笔，涉及金额5.58亿元。2018年采购预算2.29亿元，实际采购金额2.00亿元，节约采购资金0.29亿元，资金节约率12.31%。黔西南州成立政策性担保机构10家，总注册资本16.30亿元，政策性担保机构实现州本级及县域全覆盖。2018年，帮助259家企业，共计融资11.09亿元。将《财政部税务总局关于进一步扩大小型微利企业所得税优惠政策范围的通知》《财政部税务总局关于调整增值税税率的通知》《财政部税务总局关于统一增值税小规模纳税人标准的通知》等税收优惠政策向社会公开，确保纳税企业应知尽知，切实将优惠政策“放水到田”。

【财政收入征管】 2018年，黔西南州财政局安排工业和信息化专项资金2.01亿元，围绕“千企改造”工程，重点支持地方电网建设、两化融合、煤矿企业“五化”改造等企业项目。黔西南州财政局围绕“千企引进”工程，落实减税降费政策，全年为企业减税18亿元。黔西南州全年争取上级财政专项补助资金119.45亿元，同比增加12.81亿元，增长12.01%。

【民生保障】 2018年，黔西南州财政局共安排大扶贫资金167.70亿元，同比增长26.88%；安排大生态资金13.46亿元，同比增长17.25%；安排大旅游资金6.17亿元，同比增长7.3%；安排大数据资金2.10亿元，同比增长5.53%；安排乡村振兴计划资金19.21亿元，同比增长15.86%；安排新市民计划资金30.49亿元，同比增长16.55%。安排扫黑除恶反恐维稳资金0.52亿元。除保工资、保运转外，全年共集中70%以上的资金支持脱贫攻坚。2018年，州本级安排资金0.56亿元，争取上级补助1.03亿元，实施危房改造1.37万户。2018年黔西南州小康寨建设项目覆盖到115个乡镇627个建制村，累计完成投资4.08亿元，实施串户路硬化1463千米、太阳能路灯9541盏、“三治”及庭院硬化4843户。实施农业综合开发项目，建成高标准农田6870亩。黔西南州全年教育类支出88.67亿元，同比增长8.72%，全面改善黔西南州办学条件。黔西南州继续压缩6%行政经费共计0.24亿元用于教育扶贫。黔西南州社会保障医疗卫生支出74.00亿元，同比增长17.99%。黔西南州全年安排城乡居民基本医疗保险资金0.59亿元，同比增长10.87%，人均政府补助从2017年的450元提高到2018年的490元，城乡居民基础养老金从人均70元提高到98元。州本级安排城乡低保资金0.34亿元，同比增长10.23%，农村、城市低保标准分别提高到9.6%和6.9%，分别高于全省水平0.5、0.3个百分点，兜住民生底线。盘活存量资金支持脱贫攻坚。2018年，黔西南州盘活各类财政存量资金6.60亿元，统筹用于黔西南州脱贫攻坚、乡村振兴战略和新市民计划实施。黔西南州财政收入增量的15%共计0.54亿元，增列专项扶贫预算支持脱贫攻坚，加大民生项目的保障力度。黔西南州获批项目78个，获批基金80.35亿元，投资项目50个，投放资金29.17亿元，投入到黔西南州食用菌、薏仁米、糯米等“一县一业”脱贫攻坚产业。黔西南州全年共整合财政涉农资金25.50亿元，围绕支持脱贫攻坚，重点投向农村基础设施和农村产业发展方面，解决建档立卡贫困群众“两不愁，三保障”问题。州本级全年安排资金0.35亿元，支持黔西南州实施农业产业结构调整，安排“农调扶贫险”保费补贴0.11亿元，支持黔西南州农业产业革命。2018年，完成玉米调减87.67万亩，种植替代经济作物67.51万亩，实现“低效玉米种植减下去，十大经济特色产业调上来”，退耕还林20.16万亩，结构调整呈现“退一进十”良好格局，惠及农户41555户，带动黔西南州贫困人口人均增收2313元。

【债务管理】2018年，黔西南州财政局健全政府性债务管理实行州县两级党政主要领导任组长的双组长制，化债工作专班由政府分管领导任班长，具体负责政府性债务管控工作。同时，强化十三个化解专项工作组跨领域、跨部门、跨行业的风险管理协调，形成工作合力，实现对重大风险监管的全覆盖。2018年，黔西南州向上级争取到置换债券和再融资债券转贷资金96.20亿元，累计已获转贷置换债券资金437.32亿元。严格按照中央文件要求，理清政府与企业的关系，对有偿债能力的债务，有良性资产、能形成稳定现金流、收入能够覆盖贷款本息的债务，由企业自行承担偿付义务。2018年，在财政部债务风险指标体系中，黔西南州及州本级由风险提示地区转为无风险地区，牢牢守住不发生以县为单位的系统性、区域性财政金融风险的底线，确保黔西南州政府性债务风险可控。

【财政监督检查】2018年，黔西南州财政局对纳入州本级预算管理的项目实施绩效评价共计50个，涉及财政资金1.87亿元；对中央水利发展资金、城镇保障性安居工程财政资金开展绩效评价，共评价项目41个，涉及资金13.57亿元。对绩效评价中发现的问题，限时进行整改，并将评价结果作为以后年度预算安排的重要依据。严格执行“双随机一公开”制度。对黔西南州直隶的6家单位财政票据使用管理开展专项检查，检查发现问题单位2家，涉及问题4个，并责令问题单位立即整改。2018年，对财政扶贫资金专项检查发现问题涉及的75人进行问责。围绕内部控制目标，聚焦财政中心工作，开展自查自纠，发现问题11类并及时整改，确保财政工作规范高效运行。组织开展财政预算的公开情况专项检查，实现对黔西南州各级政府预决算、部门预决算信息公开检查的全覆盖，对发现的不符合公开要求的问题已全部责令并督促进行整改。

【黔西南州和州本级财政预算执行情况】2018年，黔西南州第八届人民代表大会二次会议批准的黔西南州预算是一般公共预算收入120.10亿元，一般公共预算支出257.18亿元。受国家减税降费政策调整、市场原因等多重因素影响，同时年度预算执行中上级专项增加较大，财政支出也相应发生较大变化。经黔西南州第八届人大常委会第十六次会议批准，黔西南州预算调整为一般公共预算收入117.81亿元，一般公共预算支出373.39亿元。

一般公共预算实际执行情况：黔西南州一般公共预算收入完成117.89亿元，为调整预算的100.07%，比上年决算数增加3.51亿元，增长3.1%，增幅排全省第五位。其中：税收收入82.36亿元，以上年基本持平；非税收入35.53亿元，增收3.56亿元，增长11.1%。加上上级各项补助收入239.55亿元，置换一般债券收入77.12亿元，置换一般债券上年结转5.25亿元，新增一般债券收入4.44亿元，调入预算稳定调节基金8.52亿元，调入资金25.80亿元，上年滚存结余4.47亿元，当年财力及债券转贷收入合计483.04亿元。黔西南州一般公共预算支出完成373.39亿元，增支42.07亿元，为调整预算的100%，增长12.7%。加上上解省专项支出11.94亿元，一般债务还本支出82.87亿元，当年财力支出、债券转贷支出及结转合计468.20亿元。收支相抵后，当年收大于支14.84亿元，扣除结转2018年专款11.97亿元后，黔西南州净结余2.87亿元，按照《中华人民共和国预算法》以下简称《预算法》规定全部补充预算稳定调节基金。

政府性基金预算执行情况：黔西南州政府性基金收入85.82亿元，政府性基金转移收入3.92亿元，上年结余5.20亿元，置换专项债券收入19.08亿元，置换专项债券上年结转1.08亿元，新增专项债券收入1.00亿元，当年收入合计116.10亿元。政府性基金支出76.41亿元，专项债务还本支出20.16亿元，调出资金13.72亿元，结余5.81亿元，按基金管理政策结转下年安排使用。

国有资本经营预算执行情况：黔西南州国有资本经营预算收入0.05亿元，上年结余0.22亿元，当年收入合计0.27亿元。国有资本经营预算支出0.01亿元，结余0.26亿元，按照规定结转下年安排使用。

社保基金预算执行情况：黔西南州社保基金保险费收入57.25亿元，财政补贴收入22.08亿元，其他收入2.89亿元，年初滚存结余77.01亿元，当年收入合计159.23亿元。社会保险基金支出69.58亿元，其他支出1.12亿元，结余88.53亿元，按社保基金管理政策结转下年安排使用。

政府性债务情况：经省人民政府批准，核准黔西南州2018年末政府性债务限额为448.75亿元，黔西南州政府性债务余额为443.72亿元，未超过核定限额。2018年共收到省级置换债券96.20亿元，已全部用于置换政府存量债务。

2018年，州八届人大二次会议批准的州本级预算：一般公共预算收入20.65亿元，一般公共预算支出38.94亿元。经州八届人大常委会第十六次会议批准：州本级一般公共预算收入20.65亿元，一般公共预算支出40.51亿元。一般公共预算实际执行情况：州本级一般公共预算收入完成20.80亿元，为年初预算的100.7%，比上年决算数增加0.15亿元，增长0.7%。其中，税收收入16.68亿元，增收1.05亿元，增长6.7%；非税收入4.12亿元，减收0.9亿元，下降18%。加上上级各项补助收入23.89亿元，调入资金2.60亿元，调入预算稳定调节基金2.10亿元，置换一般债券收入15.91亿元，上年滚存结余2.82亿元，当年财力及债券转贷收入合计68.12亿元。州本级一般公共预算支出完成40.51亿元，为调整预算的100%，增加0.88亿元，增长2.2%，加上一般债务还本支出16.41亿元，州对下转移支付支出6.32亿元，专项上解省级支出1.60亿元，当年财力支出、债券转贷支出及结转合计64.84亿元。收支相抵后，当年收大于支3.28亿元，扣除结转到2018年的专款1.55亿元，州本级净结余1.73亿元，按照《预算法》规定全部补充预算稳定调节基金。

政府性基金预算执行情况：州本级政府性基金收入0.76亿元，政府性基金转移收入0.30亿元，上年结余2.10亿元，当年收入合计3.16亿元。政府性基金支出0.59亿元，州对下转移支付支出0.29亿元，结余2.28亿元，按基金管理政策结转下年安排使用。

国有资本经营预算执行情况：州本级国有资本经营预算收入0.05亿元，上年结余0.22亿元，当年收入合计0.27亿元。国有资本经营预算支出0.01亿元，结余0.26亿元，按照规定结转下年安排使用。社保基金预算执行情况：

州本级社保基金保险费收入25.12亿元，财政补贴收入21.18亿元，其他收入2.84亿元，年初滚存结余65.12亿元，当年收入合计114.26亿元。社会保险基金支出39.21亿元，其他支出1.11亿元，结余73.94亿元，按社保基金管理政策结转下年安排使用。

政府性债务情况：经省人民政府批准，核准州本级2018年末政府性债务限额为29.57亿元，州本级政府债务余额为29.56亿元，未超过核定限额。2018年共收到省级置换债券15.91亿元，用于置换政府存量债务。

（王　安）

税　务

【概况】2018年，国家税务总局黔西南布依族苗族自治州税务局（以下简称“黔西南州税务局”）面对政策减收、改革叠加等困难压力，围绕全年收入目标任务，坚持组织收入原则，全州入库税款151.37亿元，为促进经济社会发展提供有力的财力保障。认真落实税收优惠政策，全州减免税费18.62亿元。黔西南州税务局在贵州省税务系统绩效考评中荣获特等奖。黔西南州税务局辖6县2市1区税务局，共有科级单位27个，内设（含另设）机构19个、派出机构5个、事业单位3个。黔西南州税务局机关共有党委委员12名、调研员2名，副处级稽查局长2名、副调研员2名。全州税务系统共有正科级领导干部44人、副科级干部161人，主任科员36人，副主任科员57人。

【税收收入】2018年，税收累计收入151.37亿元，同比增长7.3%，增收10.32亿元。税收增速位列全省第6位，税收收入规模排全省第6位。全州累计减免税费18.62亿元，同比增长23.2%，增加3.51亿元。地方一般公共预算收入完成82.36亿元，与上年基本持平。六大支柱税源合计完成89.7亿元，同比增长8.3%，增收5.86亿元，占全部税收收入的比重为59.3%，对税收增长的贡献率达到56.8%。煤炭行业完成税收12.78亿元，同比增长5%，增收6060万元；烟草行业完成税收17.23亿元，同比增长7.3%，增收1.17亿元；金融行业完成税收收入8.18亿元，同比增长2.8%，增收2220万元；电力行业完成税收收入9.03亿元，同比降低11.1%，减收1.13亿元；建筑业完成税收收入33.21亿元，同比增长13.2%，增收3.87亿元；房地产业完成税收收入9.27亿元，同比增长13.7%，增收1.12亿元。主体税种中，增值税、土地增值税、企业所得税和耕地占用税四大税种税收总量均突破10亿元，合计完成102.1亿元，占全州税收收入总量的67%。增值税完成税收收入53.62亿元，同比增长24.6%，增收10.58亿元；土地增值税完成税收收入14.73亿元，同比降低14.5%，减收2.5亿元；企业所得税完成税收收入18.81亿元，同比增长16%，增收2.6亿元；耕地占用税完成税收收入14.93亿元，同比降低21.6%，减收4.12亿元。

2018年7月5日上午，国家税务总局黔西南布依族苗族自治州税务局举行挂牌仪式，黔西南州委常委、州政府副州长王雄义（左二），贵州省税务局联合党委委员、总经济师刘辉（右二）共同为新机构揭牌　（张德厚　摄）

【国税地税征管体制改革】2018年，国税地税征管体制改革启动后，全州各级税务部门主动向地方党委、政府领导汇报改革工作情况，州委、州政府多次听取税务部门关于改革工作情况的汇报，给予指示和支持，从州政府到各县市（区）政府（管委）全部成立税务机构改革专项组，并分级召开国税地税征管体制改革座谈会。7月5日，国家税务总局黔西南布依族苗族自治州税务局挂牌成立。7月20日，黔西南州县乡国税地税机构正式合并，所有县级和乡镇新税务机构统一挂牌，结束24年国税地税机构分设历史。9月25日，国家税务总局黔西南布依族苗族自治州税务局“三定”规定落实到位。10月25日，全州税务系统县乡税务机构“三定”规定落实到位，全州设立内设和另设机构135个，派出机构61个，事业单位12个，任职和定岗1137名税务干部与职工。全州税务系统设立56个税务分局，其中有37个税务分局在冠名的乡镇挂牌办公。

2018年7月12日上午，黔西南州召开国税地税征管体制改革推进会，黔西南州委副书记、州政府常务副州长穆嵘坤出席会议并讲话　（韦涵　摄）

【税收征管】 2018年，环境保护税顺利开征，增值税改革三项措施、企业所得税减免顺利落地，个人所得税改革、社保费和非税收入征管职责划转工作平稳有序推进。成立税收经济分析团队，依托税收数据平台，定期开展工业经济运行分析，出台税收工作方案，为地方党委、政府决策当好税收参谋。落实黔西南州民营经济发展28条措施，制定民营经济发展实施意见，开展专项服务行动，对石材行业税收征管进行全面调研，提请州政府根据市场情况及时调整石材行业最低计税指导价格，减轻石材行业税负，支持民营经济发展。打造“四维立体式”税收风险管理体系，全年统筹推送风险事务2769户，入库税款2.95亿元，发现113户企业涉嫌发票虚开虚抵风险，涉及发票份数5876份，金额5.24亿元，税额4913万元。2018年3月，在州政府主导下，州公安、税务等27个税收共治成员单位抽调58人成立专案组，在全州范围内开展多部门协作、州县联动的打击虚假发票专项整治行动，共查验发票28.58万份，补缴税款600余万元。10月1日，州政府下发《州人民政府办公室关于在全州开展个人消费发票抽奖活动的通知》，进一步鼓励消费者主动索取发票，实现堵漏增收。

【纳税服务】 2018年，坚持以服务纳税人为出发点，深入开展“便民办税春风行动”，办税更简、时间更短、手段更佳、服务更优、体验更好。认真落实营商环境工作要求，统一规范全州税务行政处罚裁量基准、重大税务案件审理标准、税收执法依据、税务行政复议工作，落实商事制度改革，确保权力放到底。推出6大类168项办税事项“最多跑一次”清单、6大类36项“套餐式”服务、10大类207项涉税费业务“一网通办”和发票“网上申领、线下送达”服务，确保服务更高效。年内国家

2018年8月7日，中共黔西南州委书记刘文新（左三）到黔西南州税务局调研指导工作　（张德厚　摄）

税务总局黔西南布依族苗族自治州税务局在贵州省税务系统纳税人满意度调查中位列全省第二。

【党建扶贫】 2018年，选派47名党员干部驻村进点帮扶脱贫，精准选派16名党员干部担任帮扶村“第一书记”。对帮扶对象按照“一村一策、一村一品、一户一法”方略实施精准扶贫，指导贫困户发展养殖业、种植业，推进村办公室改造、自来水到户、村务公开、路面硬化、家禽养殖等工程。全州税务系统投入各类党建帮扶资金435.23万元，协调资金315.12万元，带动1473户6138人脱贫致富。先后有6个基层税务局被评为先进基层党组织，12人次获优秀第一书记和优秀驻村干部称号，帮扶脱贫攻坚示范户张朝全，被评为2017年度“贵州省脱贫攻坚先进个人”。

【党风廉政建设】 2018年，制定完善全面从严治党主体责任和监督责任实施办法等10项制度、11类240项任务清单，完善“纵合横通强党建”工作机制，建立党建办、党廉办工作例会制度，层层压实管党治党责任。落实“下抓两级、抓深一层”的工作机制，制定《党建工作规范1.0版》，明确党组、机关党委（党总支）、党支部、党员4个层面的工作职责，将主体责任和监督责任落小、落细、落准，细化“两个责任”清单，使各级干部知责、明责、记责。创新开展“治腐营廉”活动，在全系统开展“家庭督廉”“税企共廉”及警示教育活动，全年共向税务干部家属发送廉政短信5500余条，向纳税人发送廉政短信4万余条，开展干部提醒谈话1745人次。监督执纪“四种形态”，监督执纪问责，年内收到信访件17件，公安机关和地方纪委转交的问题线索7件，运用第一种形态函询2人次、追究问责45人次，运用第三种形态给予纪律重处分4人。

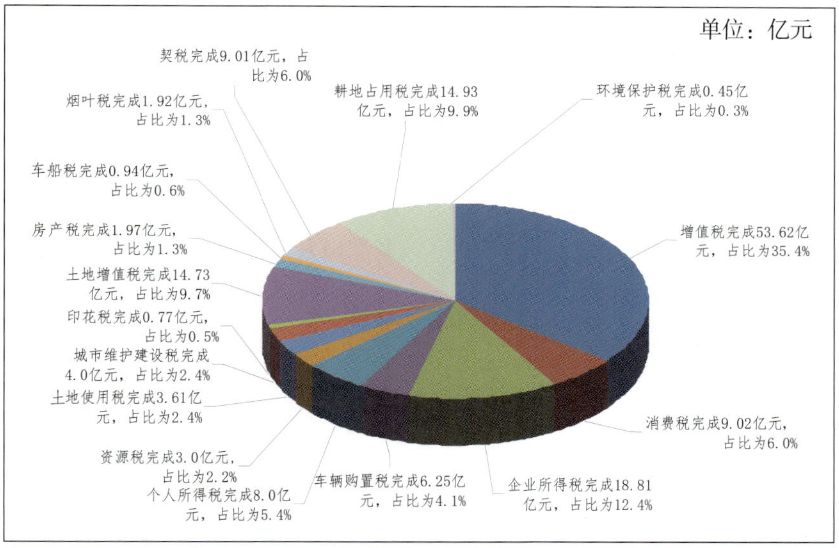

黔西南州税务局2018年累计税收收入分税种完成情况示意图

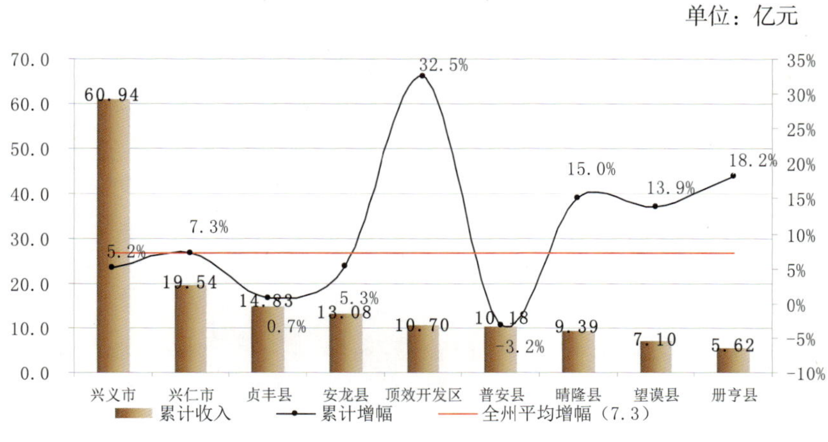

黔西南州税务局2018年各县市（区）局累计税收收入规模与增幅示意图

【干部队伍建设】 2018年，在国税地税征管体制改革期间，探索税务干部跨部门交流新渠道，建立税务干部“两个一”交流挂职制度，拓宽青年干部成长渠道。实施“育芽工程”，着力培养“精神有担当、能力有提升、工作有作为”的年轻干部。年内国家税务总局黔西南布依族苗族自治州税务局在全省税务执法资格考试中通过率位列全省第二。全州税务系统有2个办税服务厅被省妇联分别授予巾帼文明岗、巾帼建功先进集体称号；2个办税服务厅被省总工会授予五一巾帼标兵岗称号；2家单位、3个窗口、2个科室、5个股室、5人分别荣获贵州省税务系统文明单位、文明窗口、文明科室、文明股室及文明标兵称号。

（州税务局　韦　涵）

通 信

中国移动通信集团贵州有限公司黔西南分公司

【概况】 中国移动通信集团贵州有限公司黔西南分公司（以下简称“中国移动黔西南分公司”）隶属于中国移动通信集团贵州有限公司。2018年，公司围绕黔西南州“大扶贫、大数据、大旅游”战略行动，推进创业布局、创新发展和转型突破，全力以赴推进4G建设，建成100%覆盖全州城区、主要交通沿线和景区、行政村的移动网络。

【工作实绩】 2018年，修订完善《基层党组织党的建设工作考核评价办法》等14个重要制度，在全省党建考评中获得“优秀”等级。全年参加州委、州政府及各单位组织的各类会议40余次，落实传达州委七届六次全会、七次全会等会议精神8次。2018年，公司被贵州省总工会、贵州省安全生产监督管理局评为2017年度贵州省“安康杯”竞赛优秀组织单位，公司网络部传输中心“筑路工人”班组被贵州省总工会授予“贵州省工人先锋号”称号，兴义市分公司全国模范职工小家称号。从反“四风”、落实中央八项规定精神、慵懒散漫等七个方面狠抓作风建设，2018年，公司机关服务基层以及协同配合方面的好评率由68.59%提升至90.72%。

【网络覆盖工作】 2018年，中国移动黔西南分公司夯实网络建设，积极探索弱覆盖解决新办法，重

2018年，为晴隆跨界车王挑战赛暨赛车公益嘉年华开展现场直播
（州移动公司　提供）

点解决飞洋华府、御景园等老大难小区覆盖问题，2018年共完成20个精品小区建设，进一步提升客户感知。在提速降费方面，从2018年7月1日起，全面取消流量“漫游费”，资费套餐中的本地流量和省内流量全部升为全国流量。在投资建设方面，2018年自然村扶贫工程和2018年行政村4G扶贫工程及相关配套工程投入突破2000万元，夯实网络基础，解决全州16个扶贫安置区和望谟164个30户以上自然村的4G网络覆盖问题。

2018年，利用“和商务”直播平台助力“望货出山”，开启信息化扶贫新模式　（州移动公司　提供）

【信息化建设】2018年，中国移动黔西南分公司成立专门运营大数据单位的分公司，推动义龙新区数据机房落地，充分利用信息化优势推动各行业的信息化发展水平。响应州委、州政府大旅游战略，积极对接各县开展智慧旅游平台搭建，例如兴仁放马坪智慧旅游项目等。中国移动黔西南分公司借助“公车管家”“千里眼”“视频会议系统”等云端应用，助力政府政务效率提升，同时根据各部门个性化服务需求打造“电梯安全监管卫士”“舌尖上的透明厨房”“检务办公云桌面”“农民讲习所云喇叭”“司法局视频督察系统”“酒店大管家”“智慧医院”“安监监管平台”等大数据项目，通过大数据应用实现在公检法、市监、安监、卫生医疗、旅游等行业部门对民生及安全薄弱点的高效监管，以上项目均在全州各需求部门打造行业标杆示范，2018年总投资突破5000万元。

2018年，做好抗凝冻保通信工作　（州移动公司　提供）

【帮扶工作】2018年，中国移动黔西南分公司2018年共做好国际山地旅游大会、万峰林峰会等重大活动及晴隆沙子镇天然气爆炸等自然灾害通信保障工作共45次。花费35万元为望谟县35所学校建设留守儿童关爱室，惠及留守儿童1500余人。

承接省公司对望谟县扶贫工作的具体实施工作。2016年至2018年，中国移动黔西南分公司先后选派11人到望谟县麻山镇、乐元镇、大观镇、油迈乡4个乡镇的7个村开展驻村帮扶。仍有4人轮换原驻村人员开展驻村工作。2018年，做好4G基站、村级基站和宽带端口建设工作，为望谟县贫困山乡架设“信息化高速公路”。向上级单位申请帮扶资金1200余万元，涉及产业发展、基础设施建设改造、扶贫工作人员培训等方面，具体涉及项目12个，已完成生猪养殖、村委讲习所改造、村活动广场等7个项目，剩余的黄竹种植、生态土鸡养殖、活动广场建设等6个项目正在建设推进。2018年搭建“透明厨房+望谟县食品安全事故应急指挥调度系统”，建设监控点700余个，保障群众舌尖安全。通过信息化手段助力“望货出山”，通过移动和直播平台直播果农从采摘水果到进行水果销售的全过程，引起购买热潮，在一个月内为纳王村销售22000斤杧果，切实为民增收12万元。建立3413个村民联防互动小组，实施望谟县161个行政村“新时代农民讲习所云喇叭”项目，匹配30个“千里眼”业务，推进村级社会治安防控体系建设。

【服务能力提升】 2018年，中国移动黔西南分公司为黔西南州200多万用户提供优质的通信服务。中国移动黔西南分公司通过多种方式了解客户需求，制定措施执行至县（市）公司，对不满意客户进行跟踪修复，更广、更全面地了解客户需求，达到精准提升客户满意度的效果。2018年，客户满意度提升至80.48%，营业厅满意度提升至95.25%。联合当地媒体做好宣传工作，推出如何办理屏蔽广告电话和短信的业务、如何辨别新型电信诈骗方法等报道，获得客户一致好评。

（罗　琪）

中国联通黔西南州分公司

【概况】 中国联通黔西南州分公司（以下简称黔西南联通）位于兴义市瑞金北路13号，主要经营固定网本地电话业务、国内通信设施服务业务、国内及国际长途电话业务、大数据、智慧旅游等。2018年，黔西南联通纵深推进混合所有制改革，全州划分出79个生产场景，其中城区社区网格6个、城区专业网格8个、城区综合网格4个、乡镇综合网格10个、乡镇销售中心4个、自有营业厅21个、政企网格15个、建维网格10个、2I2C生产组1个，全州21个自有营业厅离职承包，并按承包方案进行管理。有员工392人，其中党员105人，预备党员19人，积极分子20人，团员61人。

【党建工作】 2018年，黔西南联通制定《中国联通黔西南州分公司2018年党委理论学习中心组学习计划》并有序推进，2018年组织开展党委中心组集中学习12次、专题学习2次，常态化开展理论学习、纪律宣教。通过“两学一做”“不忘初心・牢记使命”“攻坚克难・沃是先锋”“重温嘱托・筑牢根魂”等系列主题党日活动，以学促做，理论联系实际，线上线下同步实施，不断巩固和提升思想建设。

【扶贫工作】 2018年，黔西南州联通紧跟党建扶贫工作步伐。把“扶贫”列入年内首要工作，按照上级公司党委部署，协助做好定点扶贫单位册亨县扶贫工作，对接当地政府和村“两委”落实扶贫具体工作。

5月24日至25日，中国联通董事长王晓初赴贵州省黔西南州册亨县进行定点帮扶工作调研。深入黔西南州册亨县巧马镇易地扶贫搬迁点，了解搬迁群众生活、社区公共服务配套建设等情况，并到册亨县岩架镇香蕉交易中心、“两江一河”精品水果交易中心及中华布衣锦绣坊实地考察。

走访慰问册亨县岩架镇洛王村外么组脱贫户及困难户，当地的，详细了解其家庭生活情况、收入情况等，代表中国联通向他们致以慰问和关怀。

黔西南联通落实“扶贫攻坚・沃在行动”主题党日活开展，2018年“扶贫日”黔西南州联通共计募捐扶贫资金2.28万元并上交相关主管部门，组织广大干部员工在“中国联通扶贫商城”采购

2018年5月，中国联通董事长王晓初（中）实地考察中华布衣锦绣坊
（李鑫　摄）

黔西南州册亨县扶贫产品共计3.7万元。

【企业文化】2018年，黔西南联通组织开展“三八”节户外主题活动、“端午节”主题活动、五四青年节主题活动，完成首届“十大工匠”蓝色先锋评选活动。开展黔西南州分公司工会兴趣小组组建，成立集体活动的兴趣小组7个，涵盖职工100余人。

【基础管理】2018年，中国联通黔西南州分公司落实企业主要负责人履行推进法治建设第一责任人职责，严格按照企业《法治工作要点》执行，制定完善本地实施管理细则，建立健全法治建设工作体系。持续开展“每周一法”及普法知识教育竞赛知识答题活动，有效提升干部员工法律意识。

2018年，中国联通黔西南州分公司开展合同管理、公文撰写、安全生产等专项业务培训，提升经办人员及管理人员的业务能力。做好安全生产、维稳和保密工作，有效杜绝责任安全事故、群体事件和失泄密事件发生。

【通信保障】2018年，中国联通黔西南州分公司完成16次通信保障任务，完成2018年“中国美丽乡村·万峰林峰会”、2018国际山地旅游暨户外运动大会等7次通过保障任务。累计出动一线运维人员722人次，车辆294辆次，完成11087千米光缆线路的巡检及隐患排查工作。特别是在万峰林峰会和山地旅游暨户外运动大会通信保障工作中，黔西南联通运维战线干部员工牢固树立“四个意识”，讲政治、讲奉献，完善预案、开展演练，全面排查风险、实时发现预警、强力有效处置，确保会议期间网络与信息安全保障工作万无一失。

（王思清）

中国电信股份有限公司黔西南分公司

【概况】2018年，中国电信股份有限公司黔西南分公司（以下简称中国电信黔西南分公司）以党建为统领、以“建体系、上规模、争份额、促发展”为主线，深化改革创新，各项工作取得显著成效，收入份额与移动过网份额双双大幅提升。

【党建引领】2018年，中国电信黔西南分公司基层党建工作持续有效向纵深推进。全面深入开展中共十九大精神大学习、大宣传、大落实活动，开展中共十九大精神宣传宣讲43次，受众党员600余人次。强化对各基层党支部现场检查指导和督促考核工作。进一步完善“一制度三机制”，持续深入推进“两学一做”学习教育常态化制度化，认真开展党员民主评议工作。按照“谁主管、谁负责”的原则，把党风廉政建设工作与生产经营紧密结合。落实“两个责任”，切实履行“一岗双责”，全年共开展反腐倡廉宣教宣讲35场次，党委书记带头讲廉政党课，开展“遵规守纪，我是行动者”签名、廉洁教育向合作伙伴延伸等12个方面的“宣传季”系列活动。

【深化改革】2018年，中国电信黔西南分公司持续深化改革推进划小承包。1月1日正式实施机制改革V1.2方案，调整州、县分公司部分组织架构，优化农村支局优化，开展定编定员计划，优化绩效模型。8月20日出台机制改革V1.3方案，对之前方案不足进行优化调整，统筹县级分公司营销、服务和支撑工作，对各划小承包单元酬金体系进行全面剖析，结合实际进行优化调整，提升划小承包单元基础管理和业绩导向。9月14日，成立黔西南分公司2019年划小承包深化改革领导小组，12月3日实施机制改革V2.0方案，以市场和基层一线为导向，向真承包进一步迈进，“营维服”一体，打造差异化服务核心竞争力。

【规模增长】2018年，中国电信黔西南分公司以“互联网+教育”为契机，开展校园主题营销活动，推动用户规模突破，拉动移动过网份额的提升。全年收入增幅良好规模快速增长，总用户规模超114万户，收入市场份额提升0.93%，移动过网份额21.78%，宽带净增份额42.77%，在本地网通信行业增长中独占鳌头。

【双网提升】2018年，中国电信黔西南分公司开展“移动及光网质量双提升”行动，移动补短板，光网固优势。全年完成100%老旧OLT退网，IP城域网出口带宽扩容至200G，县乡波分重点乡镇上行提速至10G。新增4G基站400多个（新增载扇1600多个），行政村4G覆盖率达到92%。全年新增FTTH端口8.19万个，端口利用率56.18%，排名全省第一。

2018年5月12日，活动现场通信保障车　（州电信公司　提供）

【网络扶贫】2018年，中国电信黔西南分公司进一步发挥企业优势，加大扶贫资金投入。在深度贫困地区推进网络扶贫专项工程建设，连续七期的800M重耕无线网建设，在全州完成540个建档立卡扶贫村的4G网络覆盖。持续提升易地扶贫搬迁安置区网络覆盖能力，完成全州68个易地扶贫搬迁安置区红线外接入光缆网络的建设。加快通信业务扶贫，坚持公益扶贫。7月16日至20日，顺利保障国务院扶贫办领导小组对兴仁脱贫攻坚大检查，12月23日，作为“脱贫攻坚 同步小康——贵州绿色产业扶贫投资基金在行动”唯一通信保障单位，助力活动取得圆满成功。

【提速降费】2018年，中国电信黔西南分公司降低家庭宽带、企业宽带和专线使用费，全面取消手机流量“漫游费”。不限量套餐均调整为全国流量不限量套餐，面向非不限量用户提供不限量升级包，统一升为20G达量限速的全国流量不限量，将存量家庭宽带全部提升到最少50M。全年全州有线宽带接入平均速率达到85M，平均单位价格下降30%。互联网专线业务标准资费在2017年两次共下调23.5%的基础上再下调10%。面向双创型企业的商务专线业务全面提速降费，下行速率500M主流、1000M引领，商务专线标准资费平均下调超过三分之二。

2018年，首届天翼高清民族广场舞大赛复赛　（州电信公司　提供）

【云网融合】2018年，中国电信黔西南分公司进一步加快实施企业上云工程、加快企业信息化建设和改造、推进企业大数据和“互联网+”应用，推进工业云与天翼云融合，助力“千企改造”与“千企引进”工程。2月26日，黔西南义龙大数据产业园IDC一期工程各设备的点亮运行，提供200G波分传输通道直达贵阳和800台服务器安装能力。5月15日下午，与黔西南州工信委共同举办推进“互联网+云”发展工业互联网暨中国电信“天翼云”黔西南节点商用发布会。9月26日，与黔西南州委网信办、州公安局、州工信委、州大数据管理局共同举办黔西南州2018年国家网络安全宣传周系列活动之“云堤”网络安全黔西南行启动仪式。10月19日，助力中西部教育信息化2.0研讨会在兴义阳光书院成功举行。

2018 年 10 月 19 日，中西部教育信息化 2.0 研讨会“一师双课”远程教学展示
（州电信公司　提供）

【安全生产】2018 年，中国电信黔西南分公司禁越“三线”，坚持“八项制度”强抓安全生产。坚持底线，守住红线，防范虚线。坚持管生产必须管安全“一岗双责”制度，聚焦“安全主题月”主题，坚持“安全第一、预防为主、综合治理、全员参与”，实施持证上岗，动态培训管理，加大安全生产检查力度，加强汛期、低温雪凝等灾害气候下的安全防范，确保全年无安全责任事故。

【服务提升】2018 年，中国电信黔西南分公司主动开展行风建设纠风整改相关工作，融合公司网络建设维护、市场营销服务等多方面联动合作，协同支撑客户需求，持续提升服务能力。关注客户需求，及时解决热点难点问题。本级投诉率完成 1.21‰，百万用户越级投诉率完成 1.27，均在全省排前三名，客户即时测评满意度达 95% 以上。

【通信保障】2018 年，中国电信黔西南分公司完成 2018 国际山地旅游暨户外运动大会和第六届“中国美丽乡村 · 万峰林峰会”、国务院扶贫办领导小组对兴仁脱贫攻坚大检查、贵州绿色产业扶贫投资基金服务脱贫攻坚直播宣传活动、贵州省暨黔西南州 2018 年“生命至上、安全发展”安全生产月活动、2018 年数博会、央视“丰收中国　欢聚贞丰”拍摄活动、2018 年高考等重要通信保障工作，提供行业顶尖全业务通信服务。

（汪　波）

2018 年 10 月 20 日，中西部教育信息化 2.0 研讨会现场（州电信公司　提供）

中国邮政集团公司黔西南布依族苗族自治州分公司

【概况】2018 年，中国邮政集团公司黔西南布依族苗族自治州分公司（以下简称州分公司）现有从业人员 680 人，金融服务网点 63 个，邮政传统普遍服务网点 144 个，便民服务站 1036 个，包裹揽收点 13 个。2018 年州邮政企业累计实现收入 1.93 亿元，同比增长 11.3%，有效收入占比达到 70.69%，人均劳动生产率达到 24.72 万元，同比增幅 13.71%，全省排名第一。9 月 26 日，州分公司将运营管理部、网路运营中心、包裹快递部，以及市场营销部包裹快递营销职能进行整合，组建州分公司寄递事业部，整合范围内的州分公司相关内设机构予以撤销。

【市场经营】2018 年，中国邮政集团公司黔西南布依族苗族自治州分公司新增余额7.68亿元，新增余额绝对值排全省第四位。手机银行渗透率48.29%，电子银行交易替代率91%，双双排全省第二。包裹快递业务全年累计完成包快收入1479万元，同比增长51.6%，排全省第一；市场占有率14.4%，较上年提升2.43%。2019年度报刊一次性大收订实现流转额3919.5万元，同比增长6.89%，完成进度全省第一，实现全省排名“五连冠”。税邮发展步入正轨，全州共有邮税站点60个，全年为纳税人开票总额5415.78万元。

【人力资源管理】 2018年，中国邮政集团公司黔西南布依族苗族自治州分公司建立人才选拔和培养机制，通过笔试和面试，将34名优秀人员纳入经营管理人才队伍培养，并实施多岗位多层次锻炼。开展组织选拔任用2次，岗位竞聘1次，提任四级正领导干部1名，提任四级副非领导干部1名。组织职业技能考试和专业技术职务任职资格认定，183名员工取得对应等级的职鉴资格、任职资格，63个金融网点负责人取得任职资格认证。

【设施建设】 2018年州分公司投资1497.51万元，完成装修及土建项目29个。其中，完工网点翻建18个，装修项目1个，土建项目1个，维修改造项目8个，晴隆县综合办公楼正式启用，雨补鲁景区邮局、万峰林景区邮局筹建营业。2018年投入300余万元，加强对物防、技防设备的达标改造。通过整合，将投递部由三变二，原场地通过简单装修后，作为寄递事业部集中办公区。新增A类点钞机65台、清分机20台、37套图形终端和打印机，全州有151台自助设备，其中ATM56台、CRS95台；63个金融网点全部配置人民币识别仪，全州新增16台自助填单机，免填单设备47台。

【邮政服务】 2018年，加强全州144个普遍服务网点的达标管理，全州所有营业网点配齐1~2名投递人员、1名营业人员。通过聘请贫困户代投党报党刊的方式，解决101个边远行政村投递工作，实现全州144个普遍服务网点、1008个行政村的投递频次和营业时间均全部达标，采购1000件（营业、投递、代投员）马夹，对委代办人员统一服装、统一形象。州分公司获得州政府50万元普遍服务运营资金补贴，同时被省邮政管理局推荐为先进典型上报国家邮政局。

【安全生产】 2018年，全州推进“平安邮政”建设，制定《2018年“平安邮政”单位实施方案》，开展“全州邮政守押人员排查整治专项活动”和“邮政保安押运大队创标活动”，提升金融风险合规管理水平；制定稽查、视察队伍上收方案及管理和激励机制，提升州分公司集中监控中心日常管理。保证“春节”“双11”“两会”“上海合作组织青岛峰会”“进口博览会”等节日或重大活动期间安全生产。全州进行“武装押运技能比武大赛”，并选拔10名优秀守押人员参加全省大赛，获得团体项目第三名，邮政机要通信质量连续保持32年全红。

【党建工作】 2018年，中国邮政集团公司黔西南布依族苗族自治州分公司在基层党支部组织建设上对全州党支部进行调整，由原有的14个支部调整为12个支部，配齐各党支部支委，健全全州基层党组织。2018年发展入党积极分子15名、接收预备党员

2018年，聘请贫困户代投党报党刊　　（州邮政公司　提供）

10名，预备党员转为正式党员7名。

开展“党建+经营”融合发展。开展“青春之歌”践行十九大精神演讲比赛；开展“党建引领攻坚克难·争先创优活动先进评选”活动；开展“书香三八”征文活动，选送9篇征文上报省工会参加全省“书香三八”读书活动评比；将“三八节”与民族团结进步活动相结合，开展“大力推进民族团结进步·黔西南州邮政分公司欢庆妇女节”活动。

2018年，黔西南州公司党委开展“暖冬行动”向营盘村捐款捐物活动
（州邮政公司　提供）

选送11名学员参加中共黔西南州直属机关工作委员会2018年第30期党员发展对象培训班，全部合格结业；组织全州四级副以上干部到遵义1935红色培训中心开展“不忘初心·牢记使命”党性修养专题教育培训；开班“黔西南州邮政新时代职工讲习所”，召开庆祝建党97周年暨“七一”表彰大会，开展《不忘初心　牢记使命　全面推进邮政企业党建工作》为主题的党委书记上党课活动；三次邀请州委党校教授，通过电视电话会议的形势，为全州党员干部讲授党建知识。

【获得荣誉】2018年，州分公司获得中共贵州省委、省人民政府授予的2015—2017年度“省级文明单位”称号；获得全省邮政2018年“安康杯”竞赛第三名；州公司工会获2018年度“贵州省模范职工之家”称号。在州邮政管理局组织开展的2018年全州寄递企业落实安全生产主体责任考评中，州公司获得二等奖；册亨县分公司获得“全省脱贫攻坚先进党组织”称号。

2018年，黔西南州邮政分公司到兴义市特殊教育学校开展“学雷锋·献爱心”活动
（州邮政公司　提供）

【履行社会责任】2018年，州分公司组织开展“学雷锋·为兴义特殊教育学校捐资活动”，用所捐款项到兴义市特殊教育学校开展“学雷锋·献爱心”活动，给特殊教育学校的孩子们送去体育用品、毛绒玩具等。党员、团员志愿者到街心花园内环路段开展义务扫街活动，得到市民“文明卫生环保，城市充满微笑”“人人都是文明使者，各个争当环卫先锋”的好评。在兴义市大佛坊商业步行街开展“黔西南州邮政分公司学习雷锋　无偿献血”活动。全州各县市举办“倡导全民阅读　打造书香兴义”图书巡展。

2018年，组织干部人员开展“暖冬行动”向营盘村捐款捐

2018 年，第 888888 名游客（右六）担任万峰林主题邮局的第一任名誉局长
（州邮政公司　提供）

物活动，捐款现金 20000 元，衣物 900 余件，购买生活用品 3000 余元。1 月，争取其他企业资金为营盘村五保户、残疾户、无劳动力等 10 户特困户捐赠电磁炉、米、油等物资，资金 4000 元；8 月 2 日，州公司党委向营盘村村委会捐资 3000 元扶贫资金；为配合镇政府开展的易地搬迁“新市民　搬新家　谋新业　好生活”系列活动，对搬迁入住的 12 户群众每家购置一台多功能电暖桌，让搬迁群众过一个温暖的寒冬，帮扶资金 6000 余元；为搞好营盘村的“五小工程”建设，打造帮扶干部和村干部的“温暖之家”，助推脱贫攻坚工作，购置电冰箱 1 台，电视机 1 台，消毒柜 1 台，取暖器及炊具等，帮扶资金 6200 余元；12 月份为村委会购置办公用联想电脑 1 台，彩色打印机 1 台，帮扶资金 5800 余元。参与异地搬迁工作，带村民到望谟、兴义看房、选房和入住，截至 10 月 30 日与村民共签订搬迁协议 47 户。2018 年全年合计捐赠扶贫资金 48000 余元。

【融入地方经济发展】 2018 年在黔西南州委、州政府的支持和州邮政分公司的努力下，“多彩贵州”邮资明信片在兴义首发，秉承天人合一、知行合一的理念，以不同的色块表现出贵州红色文化、山地特色和民族文化特色。是黔西南州元素第二次登上“国家名片”。10 月 1 日，兴义万峰林主题邮局正式开业，为游客们提供一个新的交流平台。州邮政分公司聘请 2018 年兴义市“一城三景”的第 888888 名游客担任万峰林主题邮局的第一任名誉局长。选派 3 名职工参加“国际山地旅游暨户外运动大会志愿者服务”系列活动。

2018 年，新增电商脱贫站点 75 个，农村电商农产品进城工作累计运作农产品项目 65 个，项目累计销售 1.16 万件，销售金额 188 万元，同比增长 48.85%，为 172 户农户增收创收 99.86 万元。

（杨　乔）

中国铁塔股份有限公司黔西南州分公司

【概况】 中国铁塔股份有限公司是在落实“网络强国”战略、供给侧结构性改革、促进电信基础设施资源共享的背景下，由中国移动、中国联通、中国电信和中国新出资设立的大型通信铁塔基础设施服务企业。公司主要从事通信铁塔等基站配套设施和高铁地铁公网覆盖、大型室内分布系统的建设、维护和运营。中国铁塔股份有限公司黔西南州分公司（以下简称“黔西南铁塔”）是中国铁塔股份有限公司在黔西南州的分支机构，隶属于中国铁塔股份有限公司贵州省分公司，于 2014 年 11 月 6 日挂牌成立，在

黔西南铁塔建成首个“铁塔＋光伏”电站。创新实现的“铁塔＋光伏”分布式发电模式，使通信基站与环境更“协调”、基站用电更“绿色”，基站资源更“开放”，实现通信基础设施跨行业“共享”，有利于减少能源消耗，保护黔西南州生态环境
（铁塔公司　提供）

全州各县（市）设有区域办事处。截至2018年底，黔西南铁塔拥有通信基站6300余座，资产规模达7亿元。站址密集分布于城区、县城、乡镇、农村、校园、景区、高速公路等区域。2018年8月8日，公司成功在香港主板上市，融资74.9亿美元，获得国际资本市场充分认可。除主体业务外，公司还拓展基于站址资源的社会化共享业务、面向社会的专业化备电保障服务。

【党建引领】 2018年，公司党支部深入学习习近平新时代中国特色社会主义思想和中共十九大精神，落实省公司党委两个责任制，推进示范党支部创建，做好党建工作，开拓创新、勇于担当，以党的政治建设为统领，加强“三基”、党建活动、党风廉政、群团等四项建设，推动公司转型升级发展。2018年，开展“弘扬三线建设精神，谋转型发展思路”“学贵州精神、树廉洁之风，聚发展之力”廉洁从业教育活动等主题党建活动，并利用公司微信公众号开展“党建微课堂”专题学习。

【转变建设模式】 2018年，黔西南铁塔争取政策支持，与全州各县市签订战略协议，全力营造发展环境。推动信息基础设施专项规划，促进黔西南州人民政府下文批复《黔西南州信息基础设施专项规划（2016–20年）》。促进“社会塔”变“通信塔”，完成12075处资源点摸查，新建微站利用社会杆塔资源占比82%。借助总部和省公司与南方电网达成战略合作，探索“电力塔”变

2018年11月13日，黔西南铁塔、黔西南邮政、黔西南邮政储蓄银行签署三方战略合作协议，在金融服务、寄递物流、数据信息、新能源利用等业务及资源共享领域进行深层次合作（图为战略协议签字仪式） （铁塔公司　提供）

“通信塔”。加快转型，打造“低成本、高效益”的建设新模式，与三家电信企业协同发展。

黔西南铁塔坚持通信基础设施“能共享、不新建，能共建、不独建”原则，年内总计承接三家电信企业通信基站需求1600余个，其中利用存量资源共享1300余个，共建300余个。室分建设7.3万平方米，总覆盖面积达410.04万平方米。公路隧道公网覆盖建设里程22.49千米，总里程达69.97千米。高铁公网覆盖总里程达40.809千米。

【精准维护】 2018年，在维护保障方面投入2900万余元用于通信基站外市电、蓄电池、配套等精准整治，夯实全州网络保障基础。推进新能源汽车废旧动力电池在通信基站的梯次利用，减少铅酸电池对环境污染。黔西南铁塔严

2018年5月24日，黔西南铁塔参加2018中国国际大数据产业博览会，发表“塔联金州，数惠民生”主题演讲、开展“通信塔”变“社会塔”宣讲（图为活动合影） （铁塔公司　提供）

格按照公司总部要求，自2018年起，新建通信基站和存量站址整治替换的蓄电池，全部使用梯次电池，不再单独购买铅酸电池。以问题为导向，落实首问负责制，通过服务督办和服务考评，提升解决问题的能力，得到三家电信企业的总体认可。

【业务拓展】2018年，基于站址资源的社会化共享业务，形成"铁塔+光伏"模式、"室分+充电桩"模式、"室分+智慧校园"模式。分别与11家单位和企业开展业务合作，涉及监控、专网、广告、能源，促进"通信塔"变"社会塔"。创新实现的"铁塔+光伏"分布式发电模式，使通信基站与环境更"协调"、基站用电更"绿色"，基站资源更"开放"，实现通信基础设施跨行业"共享"，减少能源消耗，促进生态环境保护。该创新模式获得2018年贵州省总工会创新奖。

【网络扶贫】2018年，黔西南铁塔实施网络扶贫，建设重点向偏远农村倾斜，创新提供"扶贫塔""小康塔"等产品，"快、省"地解决扶贫区域4G网络覆盖问题，年内累计在自然村建设

2018年8月26日，黔西南铁塔华兴中总经理（左二）现场检查通信灯杆基站建设　（铁塔公司　提供）

通信基站300余个，投资3700余万元。促进城乡基本公共服务均等化，发挥电信普遍服务在助力脱贫攻坚、乡村振兴带动农村经济社会发展作用。

【通信保障】2018年，组建应急抢修队45支，投入9520人次、车辆4950车次、油机3860台次，完成全专业应急预案、演练体系搭建。先后完成全国"两会"、2018国际山地旅游大会和万峰林峰会、黔西南州大数据产业博览会、第六届贵州·台湾经贸交流合作恳谈会、黔西南布依风情文化年活动等重大会议或活动通信保障，以及汛期、凝冻天气应急通信保障。

【获得荣誉】2018年，黔西南铁塔"铁塔+光伏"创新项目被贵州省总工会授予"全省工会经济技术创新成果展示优胜奖"。在"2018国际山地旅游大会"和第六届"万峰林峰会"通信保障中，被黔西南州委、州政府授予"2018国际山地旅游大会"和第六届"万峰林峰会"先进集体。在贵州铁塔省级"示范党支部"评比中，黔西南铁塔党支部获第一名。

（余全秋）

赵伟　摄

科技　气象

科　技

【概况】 黔西南州科学技术局（知识产权局）是州人民政府综合管理全州科学技术工作和产权工作的职能部门。2018年，内设机构有办公室、计划成果科（技术市场办公室）、农村科技科、社会发展科技科、知识产权科、州“星火计划、科技扶贫”试验区办公室、管理州防震减灾局（副县级事业单位）。局机关行政编制11人，工勤编制2人，事业编制16人。其中，州防震减灾局事业编制4人，列入州财政全额预算。州科技局下属事业单位2个，分别为州科技情报研究所和州生产力促进中心。州科技情报研究所核定事业编制7人（管理人员4人，专业技术员2人，工勤1人），列入州级财政全额预算；州生产力促进中心核定事业编制5人（管理人员），列入财政全额预算。领导职数：局长1人，副局长2人，州防震减灾局局长或副局长1人，科级职数7人（含防震减灾局科级职数1人）。

【科技体制改革】 2018年，按照州委、州政府的要求，成立黔西南州科技创新领导小组，办公室设在州科技局。牵头组织起草《中共黔西南州委、黔西南州人民政府关于实施区域科技创新战略加快建设创新型黔西南的实施意见》和《贵州黔西南喀斯特区域发展研究院开展科技体制改革试点推进科技扶贫工作方案（试行）》两个文件，为科技创新提供政策指引，激发社会自主创新的积极性。

【科技计划项目】 2018年，国家级科技项目：组织贵州万峰电力股份有限公司申报国家重点研发计划项目《分布式光伏与梯级小水电互补电技术研究与应用示范》，经国家工信部初评，作为全国两个入选项目之一，在省科技厅参加国家科技部统一组织的视频答辩；组织申报《国家火炬黔西南州薏苡特色产业基地》经省科技厅初审，已经推荐到科技部。省级：组织贵州振华义龙新材料有限公司申报《锂离子动力电池正极材料智能制造示范生产线关键技术研究及应用》、兴义首草公司和安龙西城秀树公司联合申报《铁皮石斛仿野生栽培产业化关键技术研究与示范推广》两个省科技重大专项项目，获省科技厅立项支持，共获经费支持1667万元；组织智立达资源循环利用科技股份有限公司、贵州黔西南喀斯特区域发展研究院、贵州百科薏仁科技有限公司、贵州万峰电子股份有限公司、兴义市电力有限责任公司、兴义市上乘发电有限公司、阳光电力投资有限公司、贵州慧创科技发展有限公司、贵州紫金矿业股份有限公司申报中央引导地方科技发展专项资金项目。其中，贵州黔西南喀斯特区域发展研究院申报的项目获省科技厅立项支持，经费130万元；贵州慧创科技发展有限公司、贵州紫金矿业股份有限公司申报的项目已公示入库2020年滚动支持计划。同时，还组织贵州万峰工贸公司等单位申报省州科技合作项目《装配式建筑集成建造关键技术研究与产业化示范》等省级农业领域、社发领域、工业领域、信息化领域类科技支撑、科技成果转化类项目，共立项18项，经费735万元。州级：安排科技研发资金250万元，共立项州级科技计划项目63项，其中医疗卫生类22项、农业类20项、工业及信息化类16项、社会发展（含软科学、基础研究）类5项。

【综合科技进步水平指数】 2018年，黔西南州综合科技进步水平指数62.7%，排全省第4位，比上年增长8.2个百分点，排位较上年上升1个位次，实现州委、州政府要求的奋斗位次，获省科技厅R&D工作成效激励后补助资金500万元。

兴义市的指数为89.7%，比上年全年指数的92.3%下降2.6个百分点，位列城区方阵第7位，排位较上年上升2位。

兴仁市指数为73.6%，比上年全年指数的75.7%下降2.1个百分点，位列第一方阵第14位，排位较上年持平。

贞丰县指数为65.8%，指数较上年全年不变，位列第二方阵第10位，排位较上年上升1位。

安龙县指数为66.9%，比上年全年指数的68.1%下降1.2个百分点，位列第二方阵第9位，排位较上年上升1位。

普安县指数为58.6%，比上年全年指数的58.8%下降0.2个百分点，位列第二方阵第14位，排位较上年上升2位。

晴隆县指数为61.4%，比上年全年指数的48.6%上升12.8个百分点，位列第三方阵甲类第4位，排位较上年上升9位。

册亨县指数为58.9%，比上年全年指数的44.6%上升14.3个百分点，位列第三方阵乙类第4位，排位较上年上升1位。

望谟县指数为59.1%，比上年全年指数的61%下降1.9个百分点，位列第三方阵乙类第3位，排位较上年持平。

【省级高新区】 2018年4月19日，省科技厅组织专家对《贵州黔西南高新技术产业开发区产业发展

2018年，黔西南高新技术产业开发区揭牌仪式 （州科技局 提供）

2018年5月22日，全州科技活动周启动 （州科技局 提供）

2018年，宁波市科技局副局长何晓南率队赴黔西南州开展科技创新合作调研，与科技局签署《宁波市科学技术局黔西南州科学技术局科技创新合作协议》

（州科技局　提供）

规划（2017—2021年）》进行评审；2018年6月27日，省专家组在黔西南高新区进行现场考察，并在义龙新区召开座谈会，听取全州申建工作情况汇报；2018年9月20日，省科技厅对高新区创新体系建设实施方案进行专家评审；2018年10月18日，贵州省人民政府下达〔黔府函〕161号文件，同意将贵州顶效经济开发区变更认定为黔西南高新技术产业开发区；2018年12月4日，省科技厅下达《关于下达黔西南高新技术产业开发区补助资金的函》，黔西南州获省科技厅1000万元高新区科技创新体系建设后补助资金支持。

【高新技术产（企）业】2018年，全州共认定高新技术企业17家，其中有效期高新企业6家，分别是贵州同益塑料制品有限公司、贵州吉丰种业有限责任公司、智立达资源循环利用科技股份有限公司、黔西南州乐呵化工有限责任公司、贵州紫金矿业股份有限公司、贵州苗药药业有限公司；第一批（上半年）认定高新企业5家，分别是贵州禹华建材科技有限公司、贵州锦丰矿业有限公司、中联创展信息技术股份有限公司、贵州云峰药业有限公司、贵州宏达环保科技有限公司；第二批（下半年）认定高新企业6家，分别是贵州益新装配式新型建材有限公司、贵州指趣网络科技有限公司、贵州天地药业有限责任公司、贵州天地药品包装材料有限公司、贵州兴电新型建材有限公司、贵州万峰林纺织科技有限公司。2018年，全州高新技术产业产值入统企业45家，高新技术产业产值达102.79.亿元，同比增长13.7%。

【大学科技园】2018年，黔西南州组织兴义民族师范学院申报贵州省大学科技园，在省科技厅参加专家评审答辩，省科技厅组织专家进行实地考察。

【科技企业孵化器】2018年，组织贵州义龙红星商贸有限责任公司申报义龙红星医药大健康产业科技企业孵化器、贵州义龙云大数据开发建设有限公司申报金义大数据科技企业孵化器两个项目在省科技厅参加专家评审。其中，义龙红星医药大健康产业科技企业孵化器获得立项支持，经费100万元。

【众创空间】2018年，组织贵州纳福惠丰科技有限公司建设培育的篝鼜众创空间、册亨县云娇布依特色染织刺绣有限公司建设培育的“锦绣坊”众创空间、贵州坤华兴盛有限公司建设培育的坤华创梦空间、晴隆县南国科技贸易有限责任公司培育的小橙故事众创空间、望谟智捷信息科技有限责任公司建设培育的电商企业技术支持及创业孵化服务众创空间申报省、州众创空间项目。其中，坤华创梦空间、电商企业技术支持及创业孵化服务众创空间、“锦绣坊”众创空间在省科技厅参加专家评审答辩，省科技厅组织专家对册亨县“锦绣坊”众创空间进行实地考察。小橙故事众创空间、坤华创梦空间立项为2018年州级科技计划项目。

【科技型企业培育】2018年，全州累计完成省科技型企业备案1547家，其中2018年新增286家；累计培育建设科技型企业成长梯队15个，其中2018年新增3个。组织贵州篝鼜布依服饰工艺研究院有限公司申报大学生创业企业、贵州万峰林纺织科技有限公司申报科技型小巨人企业、贵州恒源科创资源再生开发有限公司申报科技型种子企业，分别获省科技厅10万元、50万元、15万元立项支持。大学生创业企业在全州实现突破。

【科技型中小企业培育】 2018年，全州国家中小企业评价入库37家。其中，兴义14家、义龙9家、兴仁5家、安龙3家、册亨4家、晴隆1家、贞丰1家。贵州云峰药业有限公司、贵州吉丰种业有限责任公司、贵州益新装配式新型建材有限公司、贵州视动互联软件开发有限责任公司等。

【技术市场培育】 2018年，完成技术合同299项，技术市场成交额完成58.32亿元，技术交易额完成24.51亿元。其中，输出合同61项，市场成交额15.77亿元，技术交易额10.12亿元；吸纳合同180项，市场成交额22.85亿元，技术交易额14.39亿元；登记合同58项，市场成交额19.7亿元。

【企业研发费加计扣除】 2018年，全州有24家科技型企业（其中7家高新企业，17家中小企业评价入库企业）享受税收优惠政策，税务部门允许扣除的研发费用合计1896.77万元。分别是：贵州吏丹利肥业有限公司、贵州文松发酵食品有限公司、贵州禹华建材科技有限公司、贵州锦丰矿业有限公司。

【科技创新券】 2018年，组织贵州兴电石膏有限公司、黔西南古方红糖有限责任公司、兴义首草谷中药材有限公司、册亨县盘利蔗糖产业投资发展有限公司、黔西南州乐呵化工有限责任公司、贵州宏达环保科技有限公司等兑现科技创新券7项，资金121万元；组织贵州篱篆布依服饰工艺研究院有限公司、贵州百科薏仁生物科技有限公司、贵州锦丰矿业有限公司、册亨县木棉树土法红糖专业合作社申报创新券4项，共获科技创新券面值金额112万元。

【高成长性企业培育】 2018年，按照“黔灵计划”，加强对贵州大秦农业科技有限公司、粤丰电力环保有限公司、贵州指趣网络科技有限公司、贵州振华义龙新材料有限公司、贵州中联创展科技有限公司等企业进行调研，开展独角兽企业、瞪羚企业、新业态企业、创新领军企业等高成长性企业培育工作。从技术创新、市场估值和发展前景等方面综合考察新业态企业拟培育对象，帮助贵州指趣网络科技有限公司纳入独角兽企业培育对象行列，帮助贵州振华义龙新材料有限公司成为创新型领军企业培育对象，帮助贵州中联创展科技有限公司纳入瞪羚企业培育对象行列。组织贵州宏达环保公司向省科技厅申报贵州省企业技术中心创新能力建设项目，获省科技厅立项支持50万元。

【科技人才团队】 2018年，组织贵州老黑泥农牧有限公司、贵州万峰电力股份有限公司、贵州鑫醇科技发展有限公司申报2018年省级院士工作站，省科技厅对贵州老黑泥农牧有限公司院士工作站进行实地考察并立项支持资金100万元。同时，组织贵州鑫醇公司申报新一代煤制乙二醇科技创新人才团队项目。

【农业科技园区】 2018年，组织贵州兴义铁皮石斛原生态种植农业科技示范园区、贵州贞丰沿江精品水果农业科技示范园等12家企业申报省级农业科技园区。其中贵州兴义铁皮石斛原生态种植农业科技示范园区、贵州兴仁高山有机茶农业科技示范园区、贵州贞丰沿江精品水果农业科技示范园、贵州贞丰双乳峰精品水果观光农业科技示范园区、贵州晴隆优质柑橘及精品水果农业科技示范园区等5家获省科技厅立项建设，各获得100万元科技项目经费支持。

【“三区人才”】 2018年，通过省内各科研院所、高校申报，经省科技厅批准，共有147人被选派到黔西南州9个县（市、新区）参加“三区”人才计划，与受援地签订三方协议。此外，黔西南州选派州级科技特派员60人，深入基层一线开展科技服务。据统计，各级科技特派员共领办创办企业、合作社78个，推广新技术、新品种295个，建立示范基地206个，培养基层骨干964人，举办培训519期，受培人数19243人，帮扶农民12486人。

【知识产权】 2018年，全州共申请专利2240件，其中发明专利920件，实用新型专利1152件，外观设计专利168件。专利授权762件，有效发明专利达到256件。培育州级知识产权试点企业9家，开展专利执法交流活动和市场执法检查，立案涉嫌假冒专利案件112件。兴义市吉丰种业公司、兴义市东泰天然果蔬有限公司和安龙县分别获2018年度省级知识产权优势培育工程、省级知识产权优势企业和省级知识产权县域经济促进工程立项，各获资金20万元。推进宏达环保科技有限公司开展知识产权贯标工作。贵州华丰薏仁有限公司专利权质押融资获省科技厅贴息支持资金15.3万元。

【“星火计划、科技扶贫”试验区】 2018年，黔西南州充分发挥“星火计划、科技扶贫”试验区平台作用，多次赴京、赴省汇报有关工作，各类科技平台、科技项目获得立项实施，黔西南州高新技术产业开发区获得省人民政府批复，共立项国家、省级各类科技计划项目26项，获项目经费3032万元。

【东西部科技扶贫协作】 2018年，与宁波市科技局签订科技合作协议，出台《宁波市与黔西南州科技扶贫协作三年行动计划》。从科技成果转移转化、科技人才队伍建设、高新技术企业引进及培育等方面支持黔西南开展科技创新，每年支持黔西南州东西部科技扶贫协作经费50万元，开展科技干部管理培训及科技扶贫项目。黔西南州第一期科技管理干部培训班在宁波市农科院学习培训结业，培训20人；云娇布依坊星创天地建设、食用菌种植、竹鼠养殖等5个科技扶贫项目获得资金支持40万元。

【科技文献平台】 2018年，全州科技文献服务站达40家，科技文献平台用户达120家。

【科技宣传培训】 2018年，组织各县市、义龙新区开展“科技活动周”“知识产权宣传周”“5·12防震减灾日”等科技宣传活动，发放各类宣传资料25万余册，展出科学技术、防震减灾类展板260块，参加宣传服务人员2500余人次；开展科技咨询服务10场次，接受综合科普知识咨询2万余人次，开展义诊3000余人次；累计发布各类科技信息508条，被省科技厅采用174条；组织开展科普实用技术传播工程、科普示范点创建以及科普“七进活动”（进企业、进农村、进机关、进校园、进社区、进军营、进网络）23次；科技活动周期间，全州的科研机构和科普教育基地全部免费向群众开放，并配备专业的解说员现场讲解，共接待人数50000余人；举办“气象万千”气象科普教育基地开放活动，共接待1200名学生和社会人士到兴义市多普勒雷达基地参观，同时在州电视台的天气预报节目中加入气象科技创新知识普及内容，借助电视台等公共媒体开展宣传普及活动；配合州科协开展中国老科协黔西南州2018年科普报告巡讲活动，全面覆盖全州各县（市）、义龙新区，共开展14场次，全州各级干部、学生、社区居民共计4500余人受益。

【科技扶贫】 2018年，积极贯彻落实州委、州政府工作部署，“以六个精准”为遵循，以“退一进十”产业调整为抓手，以科技为先导，全员参与脱贫攻坚，在局机关人员紧张的情况下，强化担当意识，继续选派郑林、姜文驻村扶贫。为晴隆三宝、贞丰鲁容、册亨双江、望谟郊纳4个极贫乡镇继续争取到科技支持资金400万元，支持4个极贫乡镇发展脱贫产业。为册亨秧庆村、者孟村，安龙竜金村解决科技项目经费10.2万元。协助当地政府完成者孟村贫困户24户126人、秧庆村63户309人、竜金村42户196人的易地扶贫搬迁工作。协调有关部门，在秧庆村建成200亩桃树种植基地、1000亩茶叶基地，本地土鸭养殖场1个。开展“艳红”桃树管理技术培训，培训村民34人；在者孟村建成61亩折耳根种植基地；在竜金村种植小红高粱182.5亩、烤烟200亩、薏仁米56亩，温氏生猪出栏1114头，同时做好2946亩核桃、4443亩金银花的管护工作。解决竜金村九头小学350套课桌椅经费、300余株三角梅；共为册亨县秧庆村、者孟村，安龙县竜金村建档立卡贫困户代表、贫困学生、困难党员等送去慰问金2.25万元。

【防震减灾】 2018年，法治建设：积极推进“十三五”防震减灾规划深入实施，制定防震减灾工作绩效考评指标及细则，安排部署2018年防震减灾工作；完成权力清单的修订。规范创建示范活动。印发《黔西南州人民政府抗震救灾指挥部关于当前和今后一段时期防震减灾工作的实施意见》，对全州当前和今后一段时期防震减灾工作提出明确要求。监测预测：2018年度（2017年11月至2018年10月），黔西南州境内共发生地震87次，其中0.9级以下

20次，1~1.9级40次，2~2.9级23次，3~3.9级4次，最大震级为发生在贞丰县的3.7级地震，未给人民群众造成危害。完成黔西南州地震台网中心建设工作，开展信息系统巡检。完成地震地质背景调查研究工作。更新地震灾情速报人员信息，健全群测群防体系；加强地动异常和地震应急处置工作；完成望谟县地震监测台站初步选址工作。新建9个地震宏观观测点。抗震设防：完成权限内抗震设防投资项目在线审批59项。其中涉及本部门行政审批39项，材料不完善1项，不涉及本部门行政审批19项；开展建设工程抗震设防要求的督察检查2次；创建“地震安全示范社区”州级1个和“防震减灾科普示范学校”省级4所、州级6所。应急准备和演练：制定《黔西南州2018年地震应急准备工作方案》，组织开展地震应急演练。5月12日上午10点，州、市抗震救灾指挥部和减灾委70余个成员单位负责人100余人和黔西南民族职业技术学院2000多名师生开展应急演练。据统计，全州各县市（新区）、企事业单位组织开展地震应急演练活动31次，90%以上的学校组织开展不同层次的地震应急预案演练或应急疏散演练活动。交流合作：2018年8月27日，百色市地震局赴黔西南州就法治工作、地震监测、灾害防御、应急救援、宣传教育等工作进行交流学习；8月28日至9月2日，组织人员参加省地震局赴四川调研学习，为推动全州城市地震活断层调查工作奠定基础；10月10日至12日，应百色市地震局邀请，参加百色市桂西区域协作联动会议，双方就两地应急联动工作进行交流学习。

2018年，全州防震减灾工作在全省市（州）防震减灾工作考核中被评为“2018年度贵州省市级防震减灾工作先进单位”。项超被贵州省地震局评为“2018年度贵州省市县防震减灾工作先进工作者”。

（柳艳平）

州气象局

【概况】2018年，黔西南州气象局实有领导职4人，非领导职1人。党组书记、局长张普宇，党组成员、纪检组组长袁洪钊，党组成员、副局长孙旭东，党组成员、副局长易烈刚，调研员蒋斌。内设机构有办公室（法规科）、业务科（应急办）、计划财务科、人事科4个，直属机构有气象台、公共气象服务中心（农村综合经济信息分中心）、气象信息与装备保障中心、气象灾害防御技术中心、财务核算中心、兴义气象站、天气雷达站7个，隶属州气象局管理的地方机构州人工影响天气办公室1个。2018年黔西南州气象部门在编职工人150人（公务员38人，事业编84人，地编28人）。其中州局61人，县局89人；研究生3人，本科生116人，大专生22人；高级职称15人，中级职称46人，初级职称70人。

【气象服务】2018年，黔西南州共发生冰雹天气11次；发生暴雨天气44次（其中大暴雨11次，特大暴雨1次）。黔西南州共制作决策气象服务材料2511期，其中《重要气象信息专报》49期，《气象信息报告》811期，《气象信息快报》870期，《专题气象服务》781期，发布预警信息500余条，开展“三个叫应”1300余次；由州领导组织召开36次防汛调度会议。在暴雨天气多、降雨强度大、山洪地质灾害频繁的情况下，黔西南州未出现因气象灾害造成的人员伤亡。

【人工影响天气】2018年1月10日，黔西南州政府批复《2018年度黔西南州人工影响天气工作计划》《黔西南州2018年度人工影响天气实施方案》。3月上旬组织黔西南州各县局开展作业技能培训，3月12日前经费、人员、装备、弹药全部部署到位，进入作战状态，严阵以待，全力保障。先后开展3次集中检查，共检查炮站79站次，检查率达100%，开展作业炮站反恐防暴应急演练。

2018年，黔西南州降雹19次，54个作业站申请作业438次，同意作业批复368次，作业331次，发射人雨弹9110发、火箭弹65枚。

【社会监管】2018年，除“双随机一公开”检查外，全年组织3次防雷安全专项检查，检查监管企业近100家，对存在的安全隐患现场要求检查对象进行整改，确保监管到位、隐患排查到位。

【气象扶贫】2018年，印发《黔西南州气象助力精准脱贫三年行动计划（2018—2020年）实施方案》，从组织领导、健全气象灾害防御体系、完善气象综合监测网络等12个方面进行安排部署。深入帮扶点，从党的政策理论解答、产业发展指导、防灾减灾脱贫等方面深入开展调研，开展七一帮扶村贫困党员的慰问，解决贫困村急需的办公设备，从资金、项目、设备等方面切实开展帮扶工作。

（州气象局）

附：黔西南州2018年度气候影响及评价

（2018年1月至12月）

一、综述

2018年，黔西南州年平均气温为16.8℃，较历年正常略偏高0.4℃；黔西南州年平均降雨量为1295.8毫米，较历年正常；年日照时数为1514.4小时，较历年正常。

二、气候概况

1. 主要气象要素的时空分布

1.1 年平均气温的分布及季节变化

2018年，黔西南州年平均气温在14.4℃（普安）~ 20.4℃（望谟）之间，与历年相比，望谟偏高0.9℃，兴仁偏高0.6℃，其余各地正常。年内日极端最高气温36.6℃，4月13日出现在册亨；日极端最低气温-4.2℃，2月4日出现在普安。

1.2 年降雨量的分布及季节变化

2018年，黔西南州年降雨量在1095.4毫米（望谟）~ 1457.5毫米（晴隆）之间，与历年比较各地区正常。年内一日最大降水量179.5毫米，8月8日出现在贞丰。

1.3 年日照时数的分布及季节变化

2018年，黔西南州日照时数在1233.2小时（晴隆）~ 1715.3小时（安龙）之间，与历年比较各地正常。

三、主要气候事件及其影响

2018年，黔西南州先后遭受低温凝冻、大风、冰雹、暴雨洪涝等灾害影响，其中暴雨洪涝、冰雹造成损失较大，给人民的生命财产造成不利影响。

1. 低温凝冻　1月29日至2月7日，受强低温凝冻天气影响，黔西南州局部地区不同程度受灾。兴义市、普安县、义龙新区出现低温凝冻灾害，其中兴义市七舍镇、雄武镇，普安县盘水街道、兴中镇等12个乡（镇、街道）及义龙新区新桥镇、龙广镇受灾较为严重。

据统计，1月29日至2月6日，黔西南州116696人受灾；农作物受灾面积9770.3公顷，农作物成灾面积6720.00公顷，农作物绝收面积53.33公顷；严重损房2户4间，一般损房1户1间；直接经济损失1938.4万元；其中，农业损失1914.1万元，家庭财产损失24.3万元；受持续低温凝冻天气影响，家禽有不同程度的冻伤，甚至死亡。

2. 大风　5月22日下午5时左右，茶马镇、光照镇遭受到风雹灾害袭击，受灾人数405人，受灾面积约44公顷，成灾面积约39公顷，绝收约29公顷，受灾农作物为蔬菜、水果、茶叶，一般损房5户、12间，严重损房1户1间，直接经济损失61.84万元，其中农作物经济损失53.84，家庭财产损失8万元。

3. 冰雹　3月13日08时至14日08时，黔西南州共265个站出现降水，暴雨5站，大雨43站、中雨126站，中雨及以上量级主要出现在兴仁、安龙、册亨、望谟。晴隆的大厂、沙子、安谷、紫马、碧痕，普安的新店、罗汉、江西坡，兴仁的城关、潘家庄、下山、巴铃、屯脚，安龙的普坪、钱相、龙山、笃山、洒雨、海子，兴义市捧乍、猪场平、南盘江，册亨的坡妹雨中夹降雹。5县（市）受灾人口40530人，损坏房屋4685间，农作物（小麦、油菜、蔬菜）受灾3735.3公顷，成灾2304.5公顷，绝收1021.2公顷。直接经济损失4618.79万元，其中农业损失3726.85万元，其他损失870.75万元。

4月4日晚18时至4月4日早19时，贞丰县长田镇、北盘江镇部分村受到风雹灾袭击，其中长田镇雨柏村、金叶社区，北盘江镇者颡村雷雨中夹降冰雹。受灾人口680人，41.5公顷农作物受灾，损坏房屋39间。直接经济损失58.7万元，其中农业损失52万元。

4月29日16时40分至17时50分，贞丰县者相镇、长田镇、小屯镇、白层镇、珉谷街道等乡镇出现冰雹、大风、暴雨强对流天气，最大冰雹直径20余毫米，最大瞬时风力8级以上，3小时最大降水量90余毫米。受灾人口2374人，257公顷农作物受灾。直接经济损失2013.5万元，其中农业损失2013.5万元。

7月22日19时50分至20时

10分贵州省普安县遭受冰雹灾害袭击，高棉乡、新店镇、罗汉镇、盘水街道、南湖街道都遭受不同程度损失，高棉乡地泗村损失严重。高棉乡降雹最大直径10毫米，密度每平方米约100粒，降雹时间19:53–20:05。全县受灾人口2377人，直接经济损失1072.28万元。

4. 暴雨洪涝　6月19日到25日白天，受高原槽和低涡切变的影响，黔西南州出现持续性强降水天气。该次持续性强降雨天气过程，黔西南州共有1站累计雨量超过300毫米（晴隆县花贡315.3毫米），19站累计雨量在200～300毫米之间，90站累计雨量在100～200毫米之间。受灾人数7220人，转移安置24人。农作物受灾面积349.2公顷，成灾面积156公顷，绝收38.5公顷，因灾损坏房屋108间，倒塌3间。直接经济损失798.65万元。

7月6日8时至7日8时，晴隆县共出现3站暴雨18站大雨，21站中雨，21站小雨。受灾总人数91人，紧急转移安置4人；农作物受灾面积12.1公顷，绝收1公顷；因灾损坏房屋9间，直接经济损失65.28万元。9日23时30分左右，晴兴高速17公里，地久路段，因下雨边坡垮塌导致交通双向断交。

8月7日08时至8日08时黔西南州共有312站出现降水，其中32站大暴雨，81站暴雨，67站大雨，79站中雨，其余站点均为小雨，最大降水出现在贞丰县城175毫米，暴雨及以上量级降水主要分布在安龙、册亨、贞丰、兴仁等地区。受灾70720人，转移安置1202人，倒塌房屋7间，损坏房屋299间；农作物受灾面积4198.7公顷，成灾3199公顷，绝收921.2公顷。直接经济损失15016.63万元，其中农业损失8058.01万元，其他损失6909.9万元。

5. 雪灾　12月29日8时至30日8时，安龙县大部分区域出现冻雨和雨夹雪天气，凝冻和道路结冰明显，最低气温在–2.8℃（洒雨）～1.7℃（万峰湖）之间，最低气温除坡脚和万峰湖，其余均在0度以下。县城最低气温–2.3℃，最低地面温度–1.0℃，电线积冰直径35毫米（导线直径26.8毫米），降雪量7.3毫米。30日8时至31日8时，维持低温天气，出现降雪，凝冻和道路结冰维持，最低气温在–2.7℃（洒雨）～1.6℃（万峰湖）之间，积雪融化缓慢。受灾103人，场坝居委会德来组食用菌大棚21个大棚垮塌，部分大棚变形。海星村有23个大棚变形。民族村上、下马坎组有20余个大棚严重变形，40余个轻微变形。竜金村九头组食用菌菌棒厂部分垮塌，8个养菌棚垮塌。天桥村岩脚组15个大棚，堵瓦村大坪子组养猪场垮塌。损失菌棒22万棒左右。直接经济损失327万元，其中农业损失327万元。

（黔西南州气象局）

贵州黔西南喀斯特区域发展研究院

【概况】2018年，黔西南喀斯特研究院以中共十九大精神为指导，围绕脱贫攻坚“春风行动”“夏秋攻势”及年初确定目标，紧扣“八要素”、践行“五步工作法”，充分发挥科技助力全州产业扶贫作用，以推进科技特派员制度为抓手为全州脱贫攻坚做好科技服务，确保完成各项工作任务。

【科技体制改革试点】2018年10月30日，《中共黔西南州委办公室黔西南州人民政府办公室关于印发〈贵州黔西南喀斯特区域发展研究院开展科技体制改革试点推进科技扶贫工作方案（试行）〉的通知》正式印发。11月2日，黔西南州委常委、州政府副州长王雄义组织召开喀斯特研究院科技体制改革试点启动大会，黔西南州科技局局长、黔西南州科技体制改革试点领导小组办公室主任王一中主持会议，黔西南州科技体制改革试点领导小组成员单位出席会议。2018年12月，共计20名参加改革试点人员通过审批备案，围绕脱贫攻坚和所服务对象（如黔西南州内县、市村级合作社）签订合作协议。

【科技扶贫】2018年，黔西南喀斯特研究院以“决胜脱贫攻坚同步全面小康”为第一要务，以“三区人才”技术支持、“万名农业专家服务三农”“科技特派员制度”等帮扶措施，全力投入“春风行动”“夏秋攻势”。采取科技推广、技术服务、产业培育、规模生产、成果转化等方式进行开发式扶贫，建立完善科技人员直接到户、良种良法直接到田、技术要领直接到人的科技成果转化应用新机制，加强定点县、市新农村建设和对口科技帮扶工作，提升产业扶贫水平。全年累计进村入户61次，举办田间课堂49期，培训农民群众540户。

通过与州内平台公司、合作社、村集体协作，促进相关产业更好发展。与万峰福稻公司合作，在兴义万峰林谋划3200亩优质稻生产基地，共同打造高端生态优质稻大米；协助义龙新区打造稻渔项目示范，在义龙新区完成20000亩示范基地建设；在安龙县龙广镇、兴隆镇，兴仁县德卧镇建设1300亩巨菌草种植基地；与兴义市南盘江镇村集体共同投资建设年产500吨古法红糖生产线；与州扶贫开发公司开展合作，成立全资国有公司，在义龙新区红星工业园区建设3000平方米标准食品加工厂，对黔西南州农产品进行研发和深加工。

【科技特派员】 2018年，黔西南喀斯特研究院以“把推进科技特派员制度作为服务基层的最好方式”工作目标，严格按照科技特派员“定人、定村、定目标”要求，将全体科技特派员派驻到兴义、兴仁、义龙、贞丰、普安、册亨、望谟等县（市）所辖乡村开展脱贫攻坚一线科技扶贫工作。全年共派出科技特派员53名，其中省级科技特派员30名、科技副乡（镇）长2名，州级科技特派员21名，做到除工勤岗位人员外全员派驻。

黔西南喀斯特研究院以县为单位组建“专家团”进行扩展，以乡镇为单位组建“星创小组”，即面上是“专家团”、线上是“工作队”、点上是“星创小组”

2018年11月2日，黔西南州委常委、州政府副州长王雄义（中）主持召开科技体制改革试点工作启动会议
（庄迪瑞 摄）

进行组合帮扶，重在点上发力，对乡镇实现科技帮扶全覆盖。年内，在义龙新区七个乡镇种植水稻3500亩，建设龙广镇柘伦村稻鱼示范基地150亩，新桥镇木科村稻虾示范基地80亩，协助义龙新区争取到省级稻鱼项目补助200万元。通过高枝嫁接进行果树改良等方式，解决兴义、望谟等地区出现的核桃树不挂果或挂果率低问题。向合作社提供种、管、护、摘等方面的科技服务。协助贞丰县长田村、平街村选定种植产业，引导其通过发展鲜食糯玉米、青贮饲料饲草，解决乡镇一直寻求的产业形态和品种类型。

【农业林业基础性研究】 2018年，收集和保存核桃优良单株26个，油茶种质14种，厚壳红瘤果茶优树15株。收集到地方中药材种质资源品种20余个，现中药材圃收集到的地方中药材种质资源品种达60余个（重楼、白芨、三叶青、黄精、山慈菇、龙胆草、三

2018年5月6日，黔西南州首次引进水稻托盘育秧抛植技术
（州喀斯特研究院 提供）

2018 年 5 月 6 日，黔西南喀斯特研究院科技人员张恒栋（右二）在兴义市万峰林开展水稻托盘育秧抛植技术指导示范　　（州喀斯特研究院　提供）

豆根、小花青风藤、半夏、玉竹、射干、八爪金龙、桔梗、见血清、野百合、一枝黄花等）。

保存石斛种质资源品种：兴义铁皮石斛、浙江铁皮石斛、云南铁皮石斛、重唇石斛、束花石斛、小米石斛、金钗石斛、滇桂石斛等。进一步巩固和加强育苗育种工作，对核桃优良单株种质进行扩繁，进行部分核桃低产林高枝换接，播种珍稀用材树种喙核桃种子 40 余斤，出苗率达 70%，出苗株数 400 余株；播种花榈木种子 1000 余粒，出苗率 40% 左右，出苗 400 余株；对金线莲、白芨和石斛组培技术进行了针对性地研究和改进，组培成功率达 70%；一定程度上掌握了山豆根种子育苗、栽培技术，育苗 20000 余株（山豆根、前胡、两面针）。

（黔西南喀斯特区域发展研究院）

赵伟　摄

教　育

综　述

【概况】 2018年，黔西南州共有各级各类学校1668所（不含小学教学点305个），其中幼儿园725所，小学664所，初中学校215所，特殊教育学校9所，工读学校1所，普通高中43所，中等职业教育学校11所。

在校生742357人，其中学前教育121815人，小学325339人，初中170334人，特育1085人，工读学校297人，普通高中88124人，中职35363人。

教职工54959人，专任教师45702人，其中学前教育教职工12234人、专任教师7228人；小学教职工20117人，专任教师18468人；初中教职工13628人，专任教师12042人；特殊教育教职工206人，专任教师183人；工读学校教职工31人，专任教师16人；普通高中教职工7704人，专任教师6926人；中职教职工1039人，专任教师839人。

小学净入学率达到99.78%，小学寄宿率27.69%；初中阶段毛入学率114.88%，初中寄宿率88.39%；九年义务教育巩固率89.6%，小学生师比17.61∶1，初中生师比14.14∶1，普通高中生师比12.72∶1。

【学校建设】 2018年，黔西南州实施教育项目学校536所，单体项目708个，建设校舍面积103.19万平方米（其中，教学楼489401平方米，学生宿舍116385平方米），设施设备采购60.45万台（件/套），总投资11.31亿元。

【教育信息化建设】 2018年，黔西南州建成出口带宽10G的教育云大数据专线，建成覆盖全州中小学的“千兆到学校，百兆到桌面”高速宽带互联互通网络，高标准实现“光网校园”班班通。全州有1037所学校接通宽带网络，接宽带网络61所，光网接入976所；网络接入率达94.1%，11714个班实现“班班通”；实名注册“网络学习空间人人通”空间128万个，教师实名注册率达97.28%、学生实名注册率达72.95%、家长实名注册率达64.97%。采取“送出去、请进来”和“乡土化”的培训方式，培训教育工作者、中小学校长、信息技术教师、教研骨干、学科骨干、信息技术人员、各级各类学校教师3000余人次，教育信息化运用全面铺开。依托“金州教育云平台”，初步形成“一校带多校”“强校带弱校”“优秀教师带普通教师”的智慧教育精准扶贫模式，探索出一条在“互联网+”环境下的“云+端”教育新路子，创新在线“一课双师”教学模式，开辟教育信息化发展新路。武汉市第十一中学应用“互联网+教育精准扶贫”模式，对黔西南州开展在线直播送教、送教精准帮扶工作，开展语文、数学、英语等9个学科高考辅导专题讲座20余场。贵州省金州教育云应用现场观摩会、贵州省教育信息化应用推进现场会在黔西南州成功召开。《依托“金州教育云”平台扩大优质教育资源覆盖面》入选第五届全国教育改革创新典型案例，成为全国30个优秀案例之一。

【招生考试】 2018年，黔西南州报名人数29061人，比2017年增加1972人，增长率7.28%。高职分类招生考试录取3908人，实际参加高考考生25153人。全州一本上线3815人（其中，理科3105人，文科710人，不含体艺类），比2017年增加129人，一本上线率15.17%，比2017年下降0.01个百分点；二本以上上线12582人（其中，理科9538人，文科3044人，不含体艺类），比2017年增加1112人，上线率50.02%，比2017年增加2.79个百分点，本科上线率首次突破50%；专科上线12060人（理科6829人，文科5231人），上线率47.95%。专科以上上线人数24642，上线率达97.97%，全州仅511人未上线，扣除缺考人数339人，实际未上线考生172人。

【师资建设】 2018年，黔西南州完成特岗教师招聘580名。组织教师参加国家级、省级培训7164人次，组织州级培训9000余人次。成功申创贵州省区域性教师发展中心，高效开展教育立州党建统领、名师引领、课堂转型、名师行动4项行动。14人获省特级教师称号，2人获省双百名师称号，5所学校荣获省级校本研修示范校。评出州级名师142名，评出2018州级骨干220名、州级名师122名，州级乡村名师20名，州级乡村教育家2名，组织220名州级骨干教师和122名州级名师、20名州级乡村名师、2名州级乡村教育家分别到福建厦门和深圳龙岗进行培训。

【留守儿童关爱教育】 2018年，黔西南州建设“留守儿童之家”40个，乡村学校少年宫142所。成立留守儿童心理教育工作室和留守儿童教育精准关爱教研工作室。7月20日，在兴义市红星路小学（万峰校区）举行中国社会福利基金会留守儿童关爱试点项目的启动仪式并发放800个爱心书包。通过开展三期“爱从心开始留守儿童心理引导员培训”，进一步提升一线教师及基层教育工作人员在留守儿童工作中的心理引导实操能力。其中，7月18日至23日在兴义市云南路小学开展留守儿童初级心理引导员培训，培训教师150人；7月28日至8月2日在兴义市坪东中心幼儿园开展留守儿童中级心理引导员培训，培训教师127人；8月6日至11日在兴义市坪东中心幼儿园开展留守儿童高级心理引导员培训，培训教师58人。关心下一代工作成效突出，建立关工委组织机构1407个，“五好”关工委组织验收达标1158个，占总数的82.3%；组织“五老”人员学习宣传中共十九大精神，开展“五老”人员培训1200余人次；举办家长学校培训班，培训学生家长49.7万人次，其中留守儿童代理家长或监护人10.6万余人次；组织开展《新时期中小学家庭教育立德树人的综合研究》课题研究，征文成果获奖151篇，35个子课题全部完成结题；组织开展“新时代好少年”主题教育获得教育部表彰，先进集体16个，优秀教师学生1600余人次；调研报告在教育部关工委会刊发表11篇。

【教育扶贫】 2018年，黔西南州制定《黔西南州深度贫困地区攻坚教育扶贫作战方案》并组织实施。积极推进大数据“聚通用”，实行动态管理，确保家庭经济困难学生实现“应助尽助”。全州发放各级各类学校贫困生资助资金7.25亿元，资助学生69.23万人。“校农结合”学校对接签约基地、合作社、公司或个人共计2499个，累计覆盖精准户1.23万户，对接资金5.46亿元。推进精准扶贫、职教先行，举办职业教育精准脱贫班，东西部帮扶协作办学，17个项目获省级立项，获中央或省的奖补资金2590万元。运用“金州教育云”平台，对贞丰县鲁容乡、望谟县郊纳乡、册亨县双江镇开展送教帮扶活动。

【校园安全】 2018年，黔西南州规范校园警务室建设，完成人防、物防、技防体系建设。设立警务室学校1637所，校园周边安装一键报警装置655套（优化校园布局，校点拆并后），校园周边建立治安岗亭503个，按要求在警务室配备钢叉、防刺背心、防割手套、强光电筒、警棍、防暴棍（木棒）

等8小件安保装备2699套，安装安检门学校91所，配专职安保人员学校1637所，配置专职安保人员数2248人，现有寄宿制学校452所，配宿管人员1853人，安装监控设备学校1803所，安装黔西南州平安风险实时防控系统428所，安装监控设备和公安联网学校1300所，安装家校活动信息化平台学校371所。全面开展校方责任险工作，参保率达100%。

（胡成金）

兴义民族师范学院

【概况】 兴义民族师范学院肇基于清嘉庆十八年（1813年）重建的笔山书院，历经高等小学堂、兴义县立中学、贵州省兴义中学等历史时期。中华人民共和国成立后，1952年改为贵州省兴义师范学校，开始现代师范教育的历史。1975年名为兴义地区“五·七”师范大学，1978年改称兴义师范专科学校，1982年改名黔西南民族师专，1993年又更名为黔西南民族师范高等专科学校。2001年开始与贵州师范大学联合办学培养本科学生。2005年，兴义师范学校、安龙民族师范学校并入黔西南民族师范高等专科学校。2009年3月，学校经教育部批准正式升格为兴义民族师范学院，系“省州共建、以州为主”的一所地方性全日制本科院校。2016年12月，学校通过教育部普通高等学校本科教学工作合格评估，并经贵州省学位委员会批准，新增为“十三五”硕士学位立项建设单位。

学校占地1211亩，校舍建筑总面积23.27万平方米，教学行政用房10.74万平方米，学生宿舍7.89万平方米；图书馆2.72万平方米，馆藏图书65.5万册，电子图书80.1万种；教学科研仪器设备总值6577.65万元。

2018年，学校现有在职教职工663人，正高职称45人，副高职称213人，引进和培养博士59人、硕士333人；贵州省“千”层次人才4名、省教育厅相关专业指导委员会委员6名；获省级、州级表彰27名。

【办学定位】 发展目标定位：将学校建设成为一所以师范教育为主体，培养应用型人才为重点，地方性、民族性、师范性特色鲜明的区域双一流应用型大学。

学校类型定位：应用型大学。

办学层次定位：以全日制本科教育为主，适时发展研究生教育。

人才培养定位：培养基础教育和地方经济社会建设所需、人文和科学素养兼备、具有一定创新意识和实践能力的基础教育工作管理者、师资和应用型人才。

学科专业定位：形成以师范教育为主，同时兼顾地方经济社会发展需要的应用型非师范类学历教育，具有地方和民族特色的学科专业布局。

服务面向定位：立足黔西南，面向贵州，辐射西部。

办学特色：地方性、民族性、师范性。为地方建设培养应用型人才，服务民族地区，为基础教育培养管理者和师资。

【学科建设】 2018年，学校有14个二级学院，34个本科专业、7个专科专业和1个少数民族双语预科班；涵盖法学、教育学、文学、历史学、理学、工学、管理学、艺术学和农学九大学科门类；有1个省级一流培育专业、1个省级一流培育教学团队、3个省级重点建设课程群、5个省级综合改革试点专业；1个省级重点培育学科、3个省级重点支持学科、3个省级重点实验室；有省级大学生创新创业训练中心、中国民族师范教育研究中心、国际山地旅游

2018年9月10日，兴义民族师范学院举行第34个教师节庆祝暨表彰大会

（黄昌项　摄）

发展研究院等19个校内科研机构（中心）。

【人才培养】2018年，学校有全日制在校生10476人，其中，本科生7888人。学校坚持以教学为中心，提高教学质量，2013年成为学士学位授予单位，有25个本科专业获得学士学位授予权。年内本专科综合就业率达89.90%。

2018年，学校加强大学生思想政治教育，开展青马工程暨业余团校培训培训1期，学员200余人次。推进学生平台建设，“兴义民族师范学院”“兴义师院团委”等官方微信公众号上线运行，大学生“一站式”服务中心、“易班”建设平台运行良好。完成2018届毕业生评优推荐工作，101名毕业生获省级“三好学生”“优秀毕业生”“优秀学生干部”表彰，570名毕业生获校级表彰，1名优秀毕业生先进事迹入选《追逐梦想·2018贵州百名优秀大学毕业生事迹选编》。开展毕业生就业指导，举办招聘会30余场次，提供就业岗位2000余个，毕业生初次就业率达到88.9%，超过全省本科院校平均水平。

2018年，学校发放各类资助3450.74万元，资助学生14797人次，其中，发放大学生服义务兵役资助34万元，资助学生30人；发放教育精准扶贫资助1656.59万元，资助学生6653人；发放国家奖学金、国家助学金、国家励志奖学金累计1646.05万元，资助学生6973人；发放就业困难补助114.1万元，资助毕业生1141人。

【教学改革】2018年，学校投入教学经费1256.34万元，占学费收入的38.59%，比2017年增长2.84%。学校开展本科专业申报，获批新增本科专业3个，学校本科专业增加到34个。实施教师资格证考试通过率提高行动计划，教师资格证考试通过率提高到50%，其中，学前教育和小学教育专业通过率达到95%以上。强化教学质量监控，组织教学督导听课评课186节，通报听评课情况6期，学生网络评教率达到86.14%，同行、督导网络评教率达到81.35%。

学校推进教育教学改革，以“12345课程体系”改革为抓手，修订新时代本科人才培养方案，完成《兴义民族师范学院“12345”课程教学体系改革成果汇编》，学校被列入贵州省第二批转型试点高校。建成线上线下混合式教学课程34门，获省级教学内容和课程体系改革项目立项4项，通过省教育厅结题验收20项；获国家基础教育教学成果二等奖1项，实现国家级教学成果奖零的突破；获省级基础教育教学成果一等奖1项，三等奖2项，省级高等教育教学成果三等奖3项，实现省级教学成果奖历史性突破。

学校以“竞赛为牵引、基地为平台”，构建课程、活动、竞赛、实践和研究“五位一体”的创新创业教育体系，建立校内创新实践基地12个，获国家级大学生创新创业训练计划项目8项、省级大学生创新创业训练计划项目16项，通过结题验收32项；学生获全国竞赛特等奖1项、一等奖1项，创历年新高。

2018年，中心校区新生报到现场　（黄昌顶　摄）

【科学研究】2018年，学校科研经费到账427.5万元，比2017年增加53.28万元。根据学校“1+333”制学科建设规划和硕士学位授予单位项目建设规划，组织申报化学为贵州省一流学科，加强中国语言文学、化学、教育学等重点学科建设。组织申报科研项目236项，获批立项66项，其中：获国家社科基金重大项目1项，省部级项目7项，新建省级重点特色实验室1个；获国际山地旅游发展研究招标课题立项4项、创新团队招标课题立项7项，博士科研基金项目立项20项。

2018年，学校科研创新，获贵州省哲学社会科学优秀成果一等奖1项、三等奖1项，该校在省级哲学社科项目上首次获得一等奖；荣获全省社科联系统大调研二等奖1项、州科学技术进步奖一等奖1项。教师发表论文302篇，核心期刊发表50篇；出版教材、专著22部，申请发明专利2项；学校学报刊载论文被引用64次，办刊质量提升。建立学校大学科技园、民族文化教育研究院、新时代贵州精神研究中心、西南少数民族地区跨文化汉字研究中心等研究机构，为科研项目研究搭建良好平台。学术影响力扩大，3名教授入选全国社科基金同行评议专家，6名教授受聘贵州省社科联智库专家。

学校开展学术交流活动，承办国际山地旅游与户外运动论坛、新时代笔山论坛等国际性、全国性学术研讨会4次，组织学术活动51场，教师外出参加学术交流活动125人次。

2018年3月23日，阿拉伯中国之友作家和新闻媒体人士国际联盟到校交流
（左迪　摄）

【合作交流】2018年，学校拓展对外交流渠道，举办“2018中国—东盟国际山地旅游与户外运动发展论坛”，邀请美国、德国、波兰等20余名国外嘉宾赴黔西南研讨；利用贵州省“9+1”高校协作联盟平台，加强与省内兄弟院校合作；持续跟进与宁波大学合作，选派3名中层干部、5名一线教师、20名优秀学生赴宁波大学跟班学习；在民进中央的引荐下，与北京师范大学达成合作意向；新增国（境）外合作高校4所，国（境）外合作高校增加到21所；组建4个团组17人次赴泰国、澳大利亚、英国等国家和中国台湾地区高校开展考察访问。首次获批国家外专局出国培训项目，赴美国开展为期14天的培训。

深化中外合作办学，与泰国商会大学共同成立合作办学项目机构，为中外合作联合培养项目的申报奠定基础。借助贵州省“千人海外计划”平台，选派54名学生赴台湾静宜大学、泰国商会大学及马来西亚世纪大学等高水平大学开展研修学习。借助“西部地区人才培养特别项目”平台，1名教师被录取赴美国马里兰大学访学，1名教师参加省教育厅第二批公派出国留学储备人员英语培训班。

【党建工作】2018年，学校落实中共十九大精神和习近平总书记贵州代表团讲话精神，落实全国教育大会、全国思想政治工作会议、意识形态工作会议精神及省委十二届三次、四次全会精神，推进“两学一做”学习教育常态化制度化，修订和完善《党委会议事规则》《校长办公会议事规则》《“三重一大”决策制度实施办法》。学校加强干部队伍建设，配备专职副书记11名，专职组织员16名，《高校党建工作重点任务》落实情况处于全省各高校前列。召开学校2018年巡视整改专题民主生活会，民主生活会质量得到州有关领导肯定。

【服务地方】2018年，学校根据省、州有关文件精神，学校选派

4名干部到驻村扶贫点担任驻村干部，组织校内专家到扶贫点开展农技培训448人次，协助建立“养殖专业合作社”和“种植专业合作社”，实现116户470人脱贫，驻村帮扶点贫困发生率下降到2%左右。开展脱贫攻坚调查研究，发表脱贫攻坚方面论文8篇。

助力脱贫攻坚，学校组织到兴仁县百德镇等4个乡镇完成退贫核查工作；组织食堂与农产品生产加工企业签订农产品供应协议，各食堂采购本地贫困地区农产品在40%以上；组织完成2018年“国培计划”，开展中西部项目和少数民族地区乡村学校骨干教师培训，培训地方教师300人；开展2018年兴义市事业单位新进人员初聘培训3期，培训学员679人。

学校服务农村产业，做好新型人才培养体系服务农村产业发展需求、打造“三融三美”机制助推脱贫攻坚等4大专项8个子项目的相关工作。参与全州重大活动，在黔西南州国际山地旅游大会、中国美丽乡村·万峰林峰会等活动期间，选派数千名志愿者参加文艺会演、翻译等服务工作。

（张　艳）

黔西南民族职业技术学院

【概况】 黔西南民族职业技术学院位于黔西南布依族苗族自治州兴义市，是2004年1月经贵州省人民政府批准，由黔西南州农业学校、水利电力学校、农机化学校、财贸学校、卫生学校合并组建的高等职业学校，2008年10月，经贵州省民宗委批复同意，贵州省黔西南民族行政管理学校并入学院。2011年6月，贵州省人民政府批准黔西南州人民政府以学院为依托成立黔西南技师学院。学院占地面积797.32亩，分两个校区办学。

2018年，黔西南民族职业技术学院按照州机编文件，在中等职业学校和医药系各调减1名副职，在护理系、生物工程系各增设1名副职职数。在学院科级机构调减6名科级职数（中等职业学校1名副职、下设科级机构2名科级职数，团委、工会和教务处下设科级机构各1名科级职数）。分别在6个教学系（医药系、水利电力工程系、机械与电子工程系、商务系、生物工程系、护理系）增设专职副书记（正科长级）和专职组织员（正科长级或副科长级）各1名。

【专业设置】 2018年，学院有药学、护理、会计、电力系统自动化技术、计算机应用技术、宠物诊疗技术等31个高职专业，其中，年内新增中药学、中草药栽培技术、工业机器人、供用电技术、国土测绘与规划专业。开设电子商务、茶艺与茶叶营销、酒店管理、汽车应用与维修等28个中职专业。扩大计算机应用技术、康复治疗技术、健康管理、旅游管理、酒店管理等专业招生规模。

【师资队伍】 2018年，在职职工468人，专任教师358名，其中，博士研究生2人，硕士研究生88人，正高职称12人，副高职称130人。

【人才引进】 2018年，黔西南民族职业技术学院参加中国贵州第六届人才博览会、知名高校专项引才活动及宁波市人力资源服务中心组织的高层次人才洽谈会，引进1名在读博士研究生，4名硕士研究生，外单位调入1名硕士研究生。

【招生就业】 2018年，黔西南民族职业技术学院招高职新生3072人，年底全日制在校学生达10606，其中，少数民族学生4327人。2018届高职毕业生1881人，中职毕业生1475人，截至2018年8月，高职毕业生初次就业率为95.48%，中职毕业生初次就业率为88%。

【教学工作】 2018年，黔西南民族职业技术学院建成智慧教室175间，建成康复实训室与国家级医师资格考试中心。有校内实训基地51个，校内实践教学基地工位数4025个，校外实训基地118个。学院有纸质图书55.5万册，图书馆开设“领航新征程习近平新时代中国特色社会主义思想图书专柜”。有教学用计算机总数861台，教学科研仪器设备资产总值4102.95万元。2018年获得省高等职业教育人才培养质量提升工程立项6项，经费300万元，获批国家火炬黔西南州民族医药特色产业基地子项目；黔西南州民族医药产业技术人才团队建设。教师获省第四届高校青年教师教学竞赛一等奖1项、三等奖2项，获省职业院校技能大赛教学能力比赛二等奖1项、三等奖2项。组织学生参加各级各类技能竞赛，10名学生获得省级以上奖项。

2018 贵州省高等职业教育人才培养质量提升工程立项情况表

序号	省级质量工程名称	获得立项名称	获得经费（万元）
1	省级骨干专业	会计	100
2	省级精品在线课程	卫生信息技术基础	20
3	省级职教名师	唐莉	—
4	省级优秀教学团队	药学	30
5	省级现代学徒制	酒店管理	50
6	省级开放实训基地	山地生态农业	100
合计			300

【科研活动】2018年，黔西南民族职业技术学院获省级科研课题立项4项，州级科研课题立项15项，院级科技计划项目立项14项，省级科研课题结项6项，州级科研课题结项12项，院级科技计划项目结项8项。教师参编教材9本，举办“项目申请书写什么 如何写”科研讲座，邀请安顺学院张来教授到学院作“克隆的伦理道德与转基因食品安全”学术讲座；“中国老科协科学报告团”成员王直华主任到学院作《科学不仅美好，而且美丽，美妙》科普报告；参加2018年黔西南州知识产权战略巡讲暨专利分析应用实务培训会。完成1000余平方米大学生创业孵化基地慧创空间建设并投用，孵化大学生创业企业2家，大学生创业团队5支，入驻及在孵企业达11家。开展创新创业教育，开设“大学生创新创业”网络选修课；开展创新创业专题培训及讲座12期，参加学生1000余人次；举办学院首届大学生创新创业大赛，共26个团队500余名学生参赛。《黔西南州科技创新创业服务平台建设》项目获省科技厅立项，《枇杷资源化开发及产业化科技创新团队》项目获州科技局立项。与兴仁市佳文生态农业开发有限公司签订《山地枇杷资源化开发及产业化》。

【学生工作】2018年，学院开展“习近平总书记重要讲话精神”“党的十九大精神”“七五”普法法治教育、“社会主义核心价值观”“明理知耻·崇德向善”等主题教育活动。开展校园文化活动月、廉洁文化进校园、民族文化进校园等系列活动。开展道德讲堂、新时代学习大讲堂活动32期。2018年9月启用“易班”，丰富学生思想政治教育渠道。对58名省级优秀高职毕业生及21名中职毕业生进行表彰，评选省级先进班3个、优秀学生干部6名、三好学生17名，院级先进班集体29个、文明寝室45个、三好学生106名、优秀学生干部130名、学生自治管理先进个人44人。办理完成学生资助项目16个，受助学生18986人次，办理、发放资助金2544万元。其中2018—2019学年教育精准扶贫学生资助项目受助学生2295人次资助资金977.89万元。学院获省学生资助工作表现突出单位称号，1人获省学生资助工作表现突出个人称号。

【培训工作】2018年，黔西南民族职业技术学院完成望谟县贫困劳动力全员培训共27期，培训1486人次。完成农委、工信委、文广旅游等部门各类培训11班次，共培训652人次。完成通信、供电、交通、烟草等行业、企业开展急需的特种作业、安全生产

黔西南民族职业技术学院学生易班工作站 （州职院 提供）

黔西南民族职业技术学院大学科技园、慧创空间 （州职院 提供）

人员培训23期，共培训2794人次。开展职业技能鉴定4439人次。

【校区建设】2018年，黔西南民族职业技术学院完成基本建设融资5000万元，州财政局政府债券转换融资2223万元，国开基金500万元。获省财政厅下拨现代职业教育质量提升工程中央专项计划资金394万元，获州财政局下拨现代职业教育质量提升工程中央专项计划资金1266.7万元。累计支付工程款4600万元，完成实训实验楼内外粉刷及装修并初步交付设备安装，完成图书信息中心部分装饰工程，110千伏香丰线N40–N43迁改工程、教师公租房及其附属工程等。

【校园安全文明建设】2018年，黔西南民族职业技术学院组织消防安全大检查4次，消防宣传、应急逃生、消防演练活动3次。开展学生寝室管制刀具、大功率电器安全隐患大排查、整治活动6次。开展校园安全隐患排查整治16次，对学院多年遗留的危险化学药品作安全处置，加固原农校围墙30余米。开展校园安保人员培训、训练2次。1人获省校园及周边治安综合治理先进个人称号，1人获省级禁毒工作先进个人称号。购买校方责任险和实习责任险，与在校学生签订《学生安全协议书》，与实习生签订《实习学生安全协议书》，发放《告学生家长书》。推进厕所革命，完成原农校礼堂及附属小楼、旱厕拆除，完成民管校区旱厕改造为水冲式厕所1个，学生宿舍新增水冲式厕所4个。启用校园一卡通系统运营，宁波楼食堂获省食品药品监督管理局“餐饮服务食品安全量化分级A级单位”和“省级餐饮食品安全示范店”称号。

【党建工作】2018年，黔西南民族职业技术学院学习宣传贯彻习近平新时代中国特色社会主义思想、中共十九大精神及习近平总书记在十九大贵州省代表团重要讲话精神，学习宣传贯彻习近平总书记在全国宣传思想工作会议、纪念改革开放40周年大会、全国教育大会上的重要讲话精神等，学习宣传贯彻中央、省、州重要会议、讲话及文件精神，推进“两学一做”学习教育常态化制度化。推进中组部、教育部党组高校党建重点工作任务落实，配齐各教学系党总支专职副书记及组织员。推进党支部标准化建设，规范“三会一课”及主题党日活动。1名党员获省服务“三农”优秀专家荣誉称号，1名党员获州级关工委表彰，1名党员获县级脱贫攻坚优秀党员表彰。

【脱贫攻坚】2018年，黔西南民族职业技术学院派出1名副处级干部到册亨县极贫乡镇双江镇挂职，增派驻村干部1名参与脱贫攻坚工作，选派科技特派员16名参加省、州服务“三农”工作。到扶贫点安龙县龙山镇坡利村和普坪镇科发村宣讲“十九大”精神及扶贫相关知识，开展“脱贫攻坚冬季充电”讲习活动，宣讲习近平总书记在纪念改革开放40周年大会上的重要讲话精神。赴扶贫点开展3期农技培训，培训300人次。协助包保村组组通和串户路等基础设施建设，硬化率达到99.8%；协调45万元资金修复包保村道路基础设施。协调400万元资金修缮包保村县乡道路。自筹18.65万元资金支持包保村开展脱贫攻坚工作，为包保村配置电脑、打印机等办公设备提升工作效率。

（黔西南民族职业技术学院）

黔西南州广播电视大学

【概况】 黔西南州广播电视大学（简称州电大），是系统办学的第三级，隶属于国家开放大学（原中央广播电视大学）和贵州省广播电视大学，是一所以现代信息技术为支撑、办学网络立体覆盖各地城乡、学历教育与非学历教育并举，面向全体社会成员，实施远程开放教育的没有围墙的新型高等学校，与普通高校一起承担着培养各类专门人才、提高劳动者素质的任务。

2018年，学校获得“全省电大系统2018年度加快发展目标考核优秀单位”奖，安龙和普安工作站获“全省电大系统2018年度先进工作站”奖。被中国成人教育协会评为“2018年优秀成人教育继续院校”，被贵州省社区教育指导服务中心评为“贵州省2018年优秀成人继续院校”被州教育局评为“优秀成人继续教育院校”。

教师温彩荣在全省青年教师教案比赛上讲课　（林念琼　摄）

【专业设置】 2018年，州电大是以远程开放教育、网络教育、成人高等教育、高职教育、中职教育为主体，兼办各类非学历教育培训的综合性开放大学，学校分为开放教育、网络教育、成人大专三种不同类型。办学层次有本科、专科、中职学历教育。2018年，学校开放教育有43个专业（专科26、本科17）；网络教育有51个专业（专科21、本科30）。合计开设94个专业。2018年招生2490人，在籍在校学生总数6458人。

2018年5月11日，召开省教育厅对黔西南电大社区教育试点工作绩效评估汇报会　（黄怒　摄）

【内设机构】 2018年，学校机构属正县级，事业编制，列入州级财政差额预算。2018年有在编在岗57人，校领导3人，中层干部13人，专业技术人员45人（含部分中层干部），工勤人员3人。学校内设11个机构：党政办公室、人事教育科、党总支、中专部、团委、工会、教学部、教务科、招生就业培训科、后勤保卫科、远程网络教育科。

【教师队伍建设】 2018年，学校在职教职工总数57人，其中专职教师13人，行政兼教师21人，专职行政管理人员23人。另有外聘教师50余人。有2人晋升初级职称，4人晋升中级职称（其中1人未获聘用）。有8名教师被贵州广播电视大学评为“全省电大系统2018年度优秀工作者”，有

1人分别被州委、州政府和州教育局表彰为“优秀教师”。

【党建工作】2018年，学校1个党总支、3个党支部，以“两学一做”学习教育为抓手，严格规范党支部“三会一课”、党员领导干部过双重组织生活、支部主题党日活动、民主评议党员等各项党的组织生活制度。年内，行政党支部和教师党支部落实“三会一课”50次、主题党日50次，退休党支部发放学习资料22册；严格党员发展工作程序，批准吸收一名发展对象为预备党员；根据工作需要，设置党务机构并整合校党建办工作职能，加强党务干部队伍建设，配备1名专职党务干部、2名专职党务工作人员。全年，校党委理论学习中心组集中学习12次；举办专题党课3次；教职工集中学习会12次。学校全年评选表彰优秀共产党员2名、优秀党务工作者2名。

2018年，州电大紧紧围绕全州脱贫攻坚中心工作，充分发挥帮扶作用，精准选派3名骨干教师赴安龙县洒雨镇峰岩村和格红村开展党建扶贫工作，选派1名副科级干部赴兴仁市大山镇挂任科技副镇长。拨付帮扶联系点资金共计3万元，分别用于峰岩村和格红村发展集体经济；落实驻村“第一书记”工作经费1万元。利用春节、“七一”建党节主题党日活动等，开展扶贫慰问工作，走访慰问峰岩村、格红村两村20户贫困户，并送上慰问金、棉衣、棉被等。

【招生工作】2018年春、秋两季，学校招生2490人（开放教育2112人，网络教育378人）。在籍学生总数6458人，其中开放教育5182人（占80.2%），网络教育1276人（占19.8%）。

【毕业学生】2018年春、秋两季，学校达到毕业预审年限的学生人数5237人，省校毕业终审通过1671人；中央电大终审通过1669人，确认办证1669人（其中专科毕业496人，本科毕业1173人）。网络教育毕业340人（其中专科毕业113人，本科毕业227人）。全年毕业2009人。

【教学管理】2018年，学校坚持走内涵式发展的办学路子，坚持深化教学改革，坚持“标准化订单式”教学管理，做好开课情况统计，根据各专业学生的特点，解决工学矛盾，做好动态辅导课程的安排，有稳定、集中、分散、动态等多种方式，能够适应开放教育的需要。同时加强对教学资源建设的管理，组织教师参加网上教学资源的收集整理工作，加强自开课资源建设。2018年安排课程360门，面授课程的辅导教师112余人次。完成开放教育2493人的入学培训、网络教育378人的入学测试任务。完成542人本科论文指导及答辩、779人专科论文指导及审查工作。

【教改教研】2018年，学校完成323门省开课改课程的评阅工作，比2017年增长51%；完成136门国开课改课程的评阅工作，比2017年增长65%。年内有5名教师在各级各类刊物上发表论文6篇。2018年，学校先后选派5人参加全省电大系统青年教师教案比赛、全省电大系统青年教师教学技能比赛，分获三等奖4人、优秀奖1人。

【教务考务管理】2018年，学校制定57份实施性教学计划，完成开放教育各专业学生选课4.8万余科次。全年采购500余门课程资源，完成13.2万余册教学资源的征订、发放和结算工作。征订纸考试卷2.4万余份，安排期末纸笔考试2.3万余科次，上机考试6次共计6246科次，本科统考3次共计2582科次，奥鹏网络学院课程考试18次共计5954科次，其中上机考试的科目和科次有所增加。录入形考成绩、补修课成绩、实践课程和毕业实践环节成绩4.3万余科次。全年内没有出现考试工作事故，实现考试工作的科学规范、安全平稳。

学校校本部被省电大评为“2018年全省电大优秀考点”。2人（含工作站）被评为“2018年全省电大教务工作优秀个人”，1人被评为“2018年全省电大教材优秀个人”、2人（含工作站）被评为“2018年全省考务优秀个人”。

【远程教育技术应用】2018年，学校有计算机教室6间，280余台计算机（其中年内新建计算机教室两间，配置电脑设备100余台）；有远程多功能教室2间，各180座。校园网升级为千兆网络，1000M光缆为主，1000M无线网络覆盖办公区域。校园网络出口带宽升级为100M，计划2019年提升出口带宽。年内完成卫生从业资格考试、初级会计师考试、中级会计师考试、网络学院等计

2018 年 2 月 3 日“向群众送春联”（右四州电大党委副书记、校长傅强）

（徐世仙　摄）

算机网上全国统一考试及电大计算机无纸化考试、课改课程考试等。完成近万科次的考试，完成网络学校的考试身份证签到工作。为兄弟单位的培训和计算机网上考试提供技术支持和服务。使用睿学通教学教务平台进行校务通知管理，“睿学通教学教务平台”，从 2013 年秋季至今，有 10920 名学生通过该系统收到辅导员老师的群发短信等通知。针对学校办公需要，学校开始普通网络办公系统；规范办公业务的流程，做到及时、准确、方便，提高学校办公业务的效率。升级学校所有手机信号屏蔽器，并提出安装使用的方案，方便管理、维护和使用。

【校园建设】2018 年，学校绿化美化校园面积 581 平方米、消除高大树木安全隐患 28 棵；改造照明灯具 165 盏、声控灯 9 套、教室黑板 20 块；更换（新增）办公桌椅 59 套、文件柜 59 个、沙发 51 个、便民服务座椅 10 张 32 座；修复、补漆损坏课桌椅 1100 套；安装车辆管理门禁系统 1 套；维修改造变压器 1 台；安装考场监控视频 15 台；购置办公教学计算机 13 台、打印机 2 台；购买社区教育学习资源 365 课时课件。

【社区教育】2018 年 2 月 3 日，学校联合黔西南州笔山诗词研究会在兴义市街心花园步行街举行“迎春节向群众送春联”活动。10 月 5 日，在兴义市八一公园，该校与黔西南州笔山诗词研究会联合举办“纪念改革开放四十周年书画展”。由黔西南州教育局和黔西南州社区教育指导服务中心（即黔西南州广播电视大学）主办，兴义市中等职业学校承办，11 月 9 日在兴义市中等职业学校举行 2018 年黔西南州全民终身学习活动周开幕式，主题是“助力金州脱贫攻坚，推动全民终身学习”。学校作为贵州省社区教育第一批试点单位，于 2018 年 5 月通过省教育厅绩效评估，获“合格”等次；被中国成人教育协会评为“2018 年优秀成人继续教育院校”，被贵州省社区教育指导服务中心评为“贵州省 2018 年优秀成人继续教育院校”、被州教育局评为“优秀成人继续教育院校”。

（杨　岚）

文化旅游·体育

综　述

【概况】2018年，黔西南州文化广电新闻出版局（版权局）领导班子职数5名，非领导职数1名，内设7个科室，行政编制13名，工勤编制3名；局属事业单位10个，州文物局、州文化市场综合执法支队、州广播电视网络信息传输中心、州艺术研究所、州非物质文化遗产保护中心、州广播影视传媒发展中心、州民族文化中心、州博物馆、州文化馆、州图书馆。共225人（其中，在职职工139人，退休职工86人）。

黔西南州旅发委，内设6个科室，行政编制6名，工勤人员编制3名；委属旅游服务中心、州国际山地旅游暨户外运动大会服务中心（州旅游宣传营销中心）两个正科级事业单位。共37人（其中在职职工30人，退休职工7人）。

【文化旅游扶贫】2018年，黔西南州新市民计划文化旅游推进工作领导小组办公室组建4个工作调研组20人，多次深入全州易地扶贫搬迁新市民居住区调研、指导、调度，推进新市民计划文化旅游“九个一”项目建设工作。建成文化服务中心19个；建成室外活动场地8200余平方米，安装全民健身设施22套；建成民族文化纪念馆12个；建成应急广播系统12套，公益电影放映264场；组建文体活动队伍53支；设立文化创意产品生产（销售）点24个；建成（改造）公共（旅游）厕所29座；设置文化旅游商品购物点23个；完成非遗传承人群培训642人次。州文体广电新闻出版局安排11.4万元帮扶资金，解决晴隆县光照镇孟寨村垮塌水渠的修复、贞丰县长田瓦厂村购置八音器材、贞丰县小屯镇仁朝村建设群众体育设施等问题；安排6000元资金，为孟寨村、规模村贫困儿童及留守儿童送去书包、篮球、羽毛球等文体用品；安排5000元帮助孟寨村戈幺组贫困户伍光亮改善生活条件，安排5000元帮助梧桐组残疾贫困户田应勇发展养猪业。州旅发委实施旅游扶贫“十二项行动”，发展旅游业，带动4.12万人脱贫增收；兴义市上纳灰村、贞丰县纳孔村入选省级乡村旅游示范基地，兴仁放马坪高山草原景区旅游扶贫案例入选省旅游扶贫典型汇编；举办“黔西南州2018年旅游扶贫重点村干部培训班”，组织80人参加“乡村旅游发展、乡村旅游经营管理与旅游扶贫”课程培训；与中国建设银行黔西南分行签订“旅游+金融+互联网”扶贫战略合作协议，利用建行善融商务电子商务平台，推广、销售黔西南州农特旅游产品；6月26日，在兴义市举行宁波市——黔西南州旅游合作协议签约仪式，双方行政主管部门、行业协会分别签订旅游合作交流协议，宁波旅游行业协会、企业代表向黔西南州捐赠旅游项目帮扶资金100万元。2018年“扶贫日”募捐活动中，州直文广系统227人参加，单位及个人捐款5.055万元，州旅发委捐款2万元。

【文化旅游推介】2018年，举办2018国际山地旅游暨户外运动大会开幕式、文化旅游体育产业融合发展峰会、首届多彩贵州少数民族服饰设计大赛颁奖仪式、双生村乡愁集市情景展示、第六届中国美丽乡村·万峰林峰会等文化旅游活动。围绕“天人合一·高品质生活”主题，开展主体活动5项、配套活动9项、国际山地户外运动赛事活动18项、系列活动36项，展示黔西南民族文化、民族服饰，打造国际山地旅游暨户外运动目的地，发挥文化旅游交流平台作用。

围绕“奇行圣景·茶源普安”主题，举办千人茶艺展示、2018年“普安红”杯第三届采茶制茶技能大赛等11项系列活动，推介黔西南州文化旅游事业产业，成功举办第四届黔西南州旅游产业发展大会。

围绕“走进清凉黔西南·乐享23℃之夏”“绝美喀斯特·康养黔西南”为主题，在韩国等国家及中国香港、台湾地区和北京、南宁、宁波等地，举办多场黔西南山地旅游推介会；联合途牛、腾讯举办“绝美喀斯特、避暑黔西南——走进黔西南、乐享23℃之夏避暑”宣传推广活动。组织兴义市、安龙县、贞丰县、晴隆县旅游部门和旅游企业参加上海2018年自驾游大会。联合黔西南广播电视台开办《动静黔西南》旅游类宣传栏目；出台《浙江省宁波市居民（职工）赴黔西南州旅游（疗休养）优惠和组团奖励办法（暂行）》；委托韩国及国内四川、重庆等客源地旅行社设立旅游宣传推广营销中心。

【文旅设施建设】2018年，争取专项资金1.0161亿元，其中，公共文化服务体系建设专项资金3247万元、文物保护专项资金3200万元、旅游专项资金3714万元。完善州图书馆、州博物馆、州文化馆的公共文化服务职能建设，举办茶文化展等系列文化艺术展；建成布依八音艺术展厅和八音小剧场，州图书馆建成城市书房（我的书屋、宝贝的书屋及配套建设少儿体验区）。申报公共文化服务站点提档升级项目137个；

2018年10月15日，2018国际山地旅游暨户外运动大会开幕式上，黔西南州彝族舞蹈《阿妹戚托》与西方踢踏舞碰撞出灿烂火花
（魏浩然 摄）

为1227个农家书屋配送图书；新建通组光缆5939千米，新建用户分配网光缆8290.8千米，新增多彩贵州“广电云”用户92120户，新建乡镇广播影视综合服务站21个。旅游基础设施建设投资120亿元，州级重点旅游项目（万峰林乡愁集市）投资3500万元，累计完成放马坪高山草原景区二期项目投资1.35亿元，累计完成贵州省双乳峰旅游景区升级改造项目（二期）投资2.92亿元，累计投资1亿元，建成普安茶源谷景区自行车主题公园。持续推动厕所革命，建成旅游厕所126座，完成投资3931.39万元；通过省级评审AAA级旅游厕所3座，AA级旅游厕所14座，A级旅游厕所67座。

2018年10月14日晚，首届多彩贵州民族服饰设计大赛颁奖仪式现场
（魏浩然　摄）

【文化活动】2018年，举办全民阅读活动等12场次、非遗展示活动26场次；编排布依族八音坐唱《贺喜堂》参加2018年春晚贵州分会场演出，开展“三下乡”“三月三”“八月八”等文化活动300余场次；完成农村公益电影放映14302场次，实现观影人数154万余人次。万峰林景区、马岭河峡谷景区、双乳峰景区、富康国际酒店、金州翠湖宾馆、盘江宾馆、南悦旅行社、印象假期旅行社、交友旅行社、册亨布依酒业公司、册亨秧弄民族锦绣农民专业合作社等21家企业，参与游客满意度调查，获评贵州省2018年度游客满意企业。

【文化遗产】2018年，编制申报《明十八先生墓消防工程》《茶马古道—贵州—松岿寺古建筑白蚁防治工程项目》等2个文保项目；完成《安龙明十八先生墓安防工程》《晴隆二十四道拐抗战公路修缮》等4个文物修缮项目。完成州级非遗代表性传承人198人、州级非遗代表性项目72项评审工作。举办“夜郎的疑问”考古成果展，展出文物400余件。

【文化旅游产业】2018年，实施“贵州龙”IP创意开发、设计研发生产“黔小龙”、民族服饰酒瓶袋创意开发。经营性文艺表演团体登记注册4家，实现营业收入250万元；互联网上网服务经营单位176家，实现营业收入5869.99万元；娱乐场所经营单位113家，实现营业收入1.67亿元。引进省外企业6家，完成签约11.75亿元，实现到位项目资金7.1亿元。兴义贵州醇景区、兴义万峰湖旅游景区获批国家AAAA级旅游景区，兴义雨补鲁天坑景区、兴义马家河湿地公园、兴义山地旅游暨户外运动大会会址、贞丰龙山阳光农旅景

黔西南州图书馆城市书房——宝贝的书屋　（解恒　摄）

区、安龙山地户外运动示范公园、册亨福尧福寨景区、望谟新屯布依寨景区获批国家AAA级旅游景区。2018年，完成81家乡村旅游经营户评定工作，其中，五星级农家乐4家，精品级客栈6家，四星级农家乐5家，优品级客栈7家，乙级村寨1家，三星级农家47家，标准级客栈3家，标准级村寨8家。

【文化旅游执法】2018年，全州出动文化市场综合执法人员14000余人次，检查出版物经营单位1332家次，收缴各类非法出版物2568册“盒”，检查印刷经营企业67家次，检查物流运输公司20家次，检查邮递环节和运输关口、快递企业、车站和仓储场站22家次，检查从事网络信息的单位19家次，检查手机经营场所21家，检查黔西南州新闻机构5家，办理出版物行政处罚案件5起，处置网络有害信息4747条，检查文化市场经营单位5618家次。集中销毁各类非法出版物2.8万余册“盒”。“扫黄打非”“五个专项行动”全面完成，兴义市向阳路小学被评为全国“扫黄打非”进基层示范单位。开展文博单位安全检查196次、检查文物单位235处，开展文物行政执法巡查163次、巡查文物单位221处，发现安全隐患35处、全部完成整改。开展“痛客行”“铁拳行动”“不合理低价游”等旅游市场综合整治行动，开展市场巡查、检查18次。

【旅游规划统计】2018年，出台《黔西南州“两江一河”招商引资项目深度策划（2018—2019）》；《黔西南州全域山地旅游体系规划》通过省级专家评审。全州接待游客6827.24万人次，同比增长58.63%；实现旅游收入521.79亿元，同比增长52.35%。全州共有AAAA级旅游景区8个，AAA级旅游景区19个。

黔西南州国家级旅游景区名录

序号	旅游景区名称	等级	批准时间
1	黔西南州兴义市万峰林景区	国家AAAA级	2009年1月23日
2	黔西南州兴义市马岭河峡谷旅游景区	国家AAAA级	2013年7月15日
3	黔西南州贞丰双乳峰景区	国家AAAA级	2013年7月15日
4	黔西南州贞丰三岔河旅游景区	国家AAAA级	2017年11月10日
5	黔西南州兴义市刘氏庄园	国家AAA级	2017年12月12日
6	黔西南州兴义市何应钦故居	国家AAA级	2017年12月12日
7	黔西南州贞丰县北盘江大峡谷景区	国家AAA级	2017年12月12日
8	黔西南州贞丰县贞丰古城	国家AAA级	2017年12月12日
9	黔西南州册亨县陂鼐古寨	国家AAA级	2017年12月12日
10	黔西南州册亨县万重山景区	国家AAA级	2017年12月12日
11	黔西南州册亨县岩架布依文化风情园	国家AAA级	2017年12月12日
12	黔西南州兴仁绿荫河景区	国家AAA级	2017年4月21日
13	黔西南州兴仁“薏品田园”食药康养旅游小镇	国家AAA级	2017年4月21日
14	黔西南州兴仁鲤鱼坝景区	国家AAA级	2017年4月21日
15	黔西南州兴仁马金河景区	国家AAA级	2017年4月21日
16	黔西南州义龙鲁屯古镇文化园	国家AAA级	2017年4月21日
17	黔西南州晴隆史迪威·24道拐旅游景区	国家AAAA级	2017年9月30日
18	黔西南州兴仁放马坪高山草原景区	国家AAAA级	2018年1月16日
19	黔西南州兴义贵州醇景区	国家AAAA级	2018年12月18日
20	黔西南州兴义雨补鲁天坑景区	国家AAA级	2018年9月25日
21	黔西南州兴义马家河湿地公园	国家AAA级	2018年9月25日
22	黔西南州兴义山地旅游暨户外运动大会会址	国家AAA级	2018年9月25日
23	黔西南州贞丰龙山阳光农旅景区	国家AAA级	2018年9月25日
24	黔西南州安龙山地户外运动示范公园	国家AAA级	2018年9月25日
25	黔西南州册亨福尧福寨景区	国家AAA级	2018年9月25日
26	黔西南州望谟新屯布依寨景区	国家AAA级	2018年9月25日
27	黔西南州兴义万峰湖旅游景区	国家AAAA级	2018年9月6日

（彭兴福　龚启江　罗莎莎　舒　吉）

州文物局

【概况】2018年，黔西南州文物局为参公管理副县级事业单位，承担黔西南州文物博物事业实施保护和管理工作。内设综合科、业务科2个科室，核定编制6名，在职在编4人（其中工勤人员1名）。

【文物保护】2018年，建立健全7项文物安全工作制度，实施文物安全保护投资资金45万元，开展安全检查196次、检查文物单位235处，开展文物行政执法巡查163次、巡查文物单位221处，发现安全隐患35处，全部完成整改。完成第六批省级文物保护单位申报。兴义威舍红军战斗遗址等10处文保点被公布为第六批省级文物保护单位。

【文保项目】2018年，申报文保项目2个，落实项目资金766万元，完成《兴义威舍红军战斗遗址保护规划》编制工作；建立健全《文物保护项目实施跟踪调查制度》，完成文物修缮项目工程4个。

【文博宣传与研究】2018年，建立文物保护与管理四级网络图，以“国际博物馆日”和“文化遗产日”为契机，开展文物保护法律法规宣传，撰写简报10期、学术论文5篇，完成黔西南州重大社科理论创新课题项目1个，获三等奖；开展第一次可移动文物普查成果展示工作，编纂完成《黔西南藏品志》；指导完成以“夜郎的疑问”为主题的黔西南考古成果展。

【博物馆管理】2018年，建立何应钦故居陈列馆、贵州民族婚俗博物馆、晴隆二十四道拐抗战公路陈列馆“中央财政专项补助资金”使用情况信息数字库和免费开放绩效考评机制。公布全州博物馆（陈列馆）名录，实施非国有博物馆调查。申报“互联网+中华文明”视频示范项目3个。

（崔利军）

州文化市场综合执法支队

【概况】2018年，黔西南州文化市场综合执法支队为参公管理副县级事业单位，承担宣传、贯彻执行国家、省、州有关文化市场行政执法大法律法规，组织查处跨县市法人违法违纪案件和重，特大违法案件，制定并组织实施全州文化市场管理方案，指导、监督县市文化市场执法工作，组织、指导培训全州执法人员的职责。内设综合科、业务一科、业务二科3个科室，核定编制24名，在职在编10人。

【执法队伍建设】2018年，选派1名执法骨干参加中宣部在成都举办的版权执法培训、州保密局在广州中山大学举办的保密干部培训班、文化和旅游部在河北举办的执法业务培训班；选派州、各县（市、区）20名执法人员，参加省文化厅举办的网络文化执法以案施训、案卷评查培训。9月13日，邀请北京市昌平区文化委员会执法队骨干到兴义市，对全州70余名执法人员进行集中培训，北京市昌平区文化委员会资助黔西南州8万元，购置执法交通工具（电动摩托车）22辆，解决执法交通困难。

【文化市场安全】2018年，召开文化市场安全生产专题培训会议26次，开展应急演练18次，受教育800余人次。以日常巡查为基础，注重节假日文化市场监管，保障日常和重要节点安全生产工作。

【文化执法】2018年，开展“扫黄打非”五大专项行动，文化市场领域安全生产大检查，全国全省“两会”期间文化领域安全生产大检查，暑期网吧专项整治、娱乐场所专项整治及“两考”期间、“春季”“秋季”开学期间教辅教材专项整治，国庆、中秋、春节期间文化市场安全生产大检查，内资、印刷企业、非法地面卫星接收设施专项整治等行动。全州共出动执法人员14000余人次，检查经营单位5618家次，其中责令改正42家次，立案调查28件，结案25件，其中停业整顿1件，警告4件，罚款20件，罚款金额67000元。

【政务信息公开】2018年，在州、县政府网和文体广电门户网站，公布执法案件25件次。规范文化市场12318举报投诉渠道，安排专人负责接听，保持24小时畅通，全州受理举报案件28件，办结率达到100%。

（黄朝银）

州图书馆

2018 年 10 月 14 日，省文化厅厅长张玉广（中）到黔西南州图书馆指导工作
（谢达坤　摄）

【概况】 2018 年，黔西南州图书馆为正科级事业单位，隶属于民族文化中心管理。负责图书、报刊、电子文献、视听文献等印刷和非印刷载体文献采编、储藏及借阅工作；负责图书资料管理和文献数字化处理，文献信息资源开发利用，提供全方位文献信息服务；黔西南州图书馆开展图书馆学研究、知识培训与社会教育及相关社会服务。核定编制 27 名，在职在编 15 人。

【设施建设】 2018 年，完善新馆功能，打造智能化、数字化、信息化、现代化图书馆，营造舒适便捷的阅读环境。建成少儿阅览室（“宝贝的书屋”）306 平方米，阅览座位 68 个，安装自助借还机 1 台；建成“城市书房”1022 平方米，阅览座位 96 个，建成 12 米超高书架，安装自助办证机 1 台、自助借还机 3 台。少儿阅览室和“城市书房”实行借阅合一服务管理模式，安装智能安全检测系统、智能门禁联动系统、读者自助饮水售卖系统等配套设施。建成图书自助借还系统和数字图书馆系统集成设施，实现图书自助借还、办证、查询等智能化服务。

【读者服务】 2018 年，新增图书 2 万余册，录入 5.4 万余册馆藏图书及编目、整理工作，转换 3 万余册图书 RFID 智能芯片，少儿阅览室（“宝贝的书屋”）图书整理上架 1.4 万余册，“城市书房”图书整理上架 2 万余册，报刊室整理上架期刊 125 种，2600 余份，整理上架报纸 36 种，1.4 万余份，地方文献室整理上架地方文献 4000 余册，其中征集文献 1100 余册，影音资料 8 件。全年接待读者 8400 余人次。

2018 年 4 月 22 日，黔西南州 2018 年“4·23 世界读书日”暨全民阅读系列推广活动启动仪式现场
（郭木青　摄）

【全民阅读】 2018 年，开展“网络书香过大年”活动，举办线上春节楹联展，开展“同筑中国梦　共度书香年——走进和谐家园安置小区送春联”、小读者有奖阅读等活动。围绕“全民参与阅读·共建书香金州”主题，开展 2018 年“4·23 世界读书日”暨全民阅读推广系列活动，打造“书香金州”学习型社会建设活动品牌。开展经典诵读、阅读引导、读书征文评选、少儿书画优秀作品征集、《中华人民共和国公共图书馆法》和《中华人民共和国公共文化服务保障法》宣传、“伟大进程纪念改革开放 40 周年图片展”、正版优秀图书展销、

《宇宙的演化 · 生命的进化》科普讲座、“传统文化进高墙，家风家训助修心”走进兴义监狱国学励志教育讲座、与金州国学读书会邀请国内著名学者为高校师生读者开展国学专题讲座等阅读活动。

【数字阅读推行】 2018 年，推广数字阅读，开展“扫码看书 · 百城共读”活动，利用微信平台推送电子图书、推送传统文化等数字阅读资源，开通云图数字有声图书馆、博看人文期刊数据库微信版、网页版和 APP 版、新语数字图书馆、中华连环画数字图书馆、“扫码看书”下载电子图书、少儿动画互动、发放手机端移动图书馆账号等线上服务。加强党政机关、机场和监狱等重点单位办公场所、人员密集场所的电子借阅设备管理维护，在州医院、万峰林景区新安装 2 台歌德电子阅读机，内存达几千种正版电子图书，每月可更新 150 本。

【交流合作】 2018 年，指导各县市图书馆、学校图书馆、州图书馆分馆、图书流动点及农家书屋业务，派出专业技术人员到基层图书馆授课、交流。联合州消防支队设立共建图书馆，在万峰林农家书屋设立农村消防书屋，开展送书下乡暨消防安全宣传活动。与州政协共建流动图书室，选购图书 500 余册充实流动图书室藏书。

【人才培训】 2018 年，开展 6 名文化工作志愿者岗前培训；通过学习例会、网上平台、视频讲座、微信微博等组织干部职工开展政治理论、业务工作、图书馆法等学习培训。邀请上海技术工程师，为全馆干部职工进行图书自助借还系统和设备操作专题培训。组织干部职工参加省文化厅、黔西南州文体广电新闻出版局等上级部门开展的学习培训 70 余人次，分期分批组织干部职工到遵义市图书馆、播州区图书馆、上海浦东图书馆、长宁区少年儿童图书馆、贵州省图书馆学习考察图书馆建设先进经验和做法。

（郭木青）

州博物馆

【概况】 2018 年，黔西南州博物馆为正科级事业单位，隶属州民族文化中心管理。黔西南州博物馆负责文物征集、鉴定、登编、保管及文物复制与修复，组织文物展览；开展历代文物研究、博物馆研究，民俗、民族历史研究，文物修复技术研究和藏品研究；开展文物宣传、文物讲解、历史知识普及、文物信息网络建设等工作；协助开展考古发掘工作。核定编制 15 名，在职在编 8 人。

【文物安全】 2018 年，厘清并严格落实安全生产责任制，配合上级部门开展安全生产检查；组织职工学习安全生产业务知识，增强干部职工文物安全责任和意识；实现文物库房、展厅、办公区等场所的安全工作管理常态化，做到日检、月检，做好巡查记录和安保日常记录，全面加强博物馆安保，确保无安全责任事故发生。开展 2018 年“安全生产月”和“安全生产金州行”等安全生产活动。

【社会教育活动】 2018 年，利用标语、展板开展 2018“5 · 18 国际博物馆日”宣传；联合州内文博系统 2018“文化和自然遗产日”社教活动，制作 2 个宣传展板，宣传黔西南州博物馆，增进

2018 年 6 月 9 日，州内文博系统 2018“文化和自然遗产日”活动现场
（李璇 摄）

2018年4月27日，共青团黔西南州委组织易地扶贫搬迁安置点学生到州博物馆参观
（马俊峰　摄）

群众对博物事业的了解。

【考古成果展】 2018年，国际山地旅游暨户外运动大会期间，成功举办“夜郎的疑问”考古成果展，展出文物400余件。贵州省人民政府副省长卢雍政、王世杰，省人大常委会副主任何力等领导及嘉宾巡展后对展览给予很高的评价，广大群众参观展览后纷纷留言赞扬，《黔西南日报》《兴义之窗》等媒体纷纷对展览进行宣传报道。

【项目实施】 2018年，实施州博物馆展陈扩容、扩容提级等项目，实施考古成果展、现代艺术展、文化产品售卖区、茶之源、茶文化体验馆。争取2018年国家文物保护专项资金682万元，实施馆藏文物预防性保护项目；实施文物及艺术品征集项目，征集文物及艺术品338件（套），其中竹编艺术品3件（套）、文物335件（套），包括铜器229件（套）、铁器4件（套）、陶器9件（套）、石器7件（套）、竹木器7件（套）、瓷器79件（套）。争取基础设施建设资金480万元，实施州博物馆基础设施建设。

（马俊锋）

州文化馆

【概况】 2018年，黔西南州文化馆为正科级事业单位，隶属黔西南州民族文化中心管理。黔西南州文化馆负责面向基层开展各类文化艺术培训活动；开展各项文艺演出工作和宣传工作；抓好群众文艺队伍建设工作，辅导、培训群众文艺骨干；为州内各项文化活动提供志愿服务；主办主题静态展；开展群众文化志愿者的队伍建设工作；组建文艺创作队伍，开展文化作品创作工作；开展文化业务学习和交流活动；协助开展非物质文化遗产的搜集、整理、研究、保护、传承工作。核定编制49名，在职在编42人。

【文化扶贫】 2018年，开展少数民族村寨春节系列活动节目指导工作及资金器材支持活动，给予兴义市小米村2万元，望谟县乐旺村、望谟县新屯村、兴义市泥凼镇昂甲布依寨、册亨县秧佑村各1万元的文化扶贫资金支持，赠予望谟县乐旺村、新屯村换代灯光器材。开展“扶贫攻坚·我们在行动”赴基层系列慰问演出、“我们的中国梦”文化进万家系列演出等活动，主办“送文化下乡”系列演出活动，黔西南州及兴义市“三下乡”系列活动的文艺演出工作，主办“文艺七进”系列活动——进农村系列活动，主办“文化扶贫”工程赴尖山苗寨少儿艺术培训班，主办“文化扶贫”在行动——免费暑期少儿培训走进洒金新市民社区，主办“民族文化进村寨”“民族文化进校园”系列培训班走进民族村寨和民族学校。派出业务骨干，深入州内各新市民居住区，开展舞蹈、声乐、器乐培训活动，提供灯光器材等文艺设备。

【基础设施】 2018年，建成“布依八音艺术展厅”“布依八音民族文化展廊”并投入使用；州民族文化中心一楼功能厅免费对外开放，全年对外开放约为5.4万人次。

【文化活动】 2018年，配合做好2018国际山地旅游大会开幕式的礼仪培训、服装、灯光音响保障等工作；配合做好第六届万峰林峰会启动仪式开幕式的导演、迎宾节目指导、礼仪培训、服装、灯光音响保障等工作；组织做好首届多彩贵州服饰设计大赛的节目排练、后勤、服装、灯光音响保障等工作；做好册亨县《榕朵》情景音乐剧的执排工作；配合做好健康黔西南 2018“贵州动起来”红红火火过大年全民健身活动启动仪式的演出工作；配合做好贵州省体育局主办的 2018 中国·贵州青少年冬季阳光体育大会的文艺演出工作；协办“一树杯”贵州省第二届电视广场舞大赛海选赛、2018 年黔西南州暨兴义市“八一”建军节双拥文艺晚会等；赴义龙实验学校、兴义中学、州职院、望谟县六中等地举办“高雅艺术进校园”“文化艺术进校园”系列演出活动；承办“激情广场·欢乐金州”“五一”大舞台大型广场文艺演出活动舞蹈、器乐、声乐 3 场专场演出及“致敬改革开放 40 周年·喜迎国庆佳节”“十一”群众文艺展演活动 3 场演出和兴义市 2018 年庆祝国庆暨喜迎山旅会召开群众文艺展演等系列文艺演出活动；主办“发展群众文化·共创美好生活”文艺汇报演出、“促文化繁荣 展群团风采”2018 年黔西南州暨兴义市群团联谊交流演出等活动；主办义行世界、生活艺术、《论语》专题读书沙龙等 8 期文化讲座。

【志愿服务】 2018 年，志愿协助做好义龙新区教育系统 2018 年迎新职工文体系列活动（文艺类）、2018 兴义市“好家庭、好家教、好家风”家庭文化风采大赛、黔西南州消防支队《金州消防》合唱比赛、黔西南州原创歌曲大赛、2018 多彩贵州歌唱大赛黔西南州复赛等多项文艺赛事的评委、评审工作。志愿为州委办迎新晚会节目、义龙新区迎新晚会演出、州供电系统迎新晚会、兴义市教工合唱团新春音乐会等多项文艺活动提供艺术指导、节目辅导。志愿为 2018 金秋之夜姜旭学生小提琴专场音乐会、册亨县 2018 年春节联欢晚会、“文化助力脱贫攻坚，军地携手共建小康”小米村联合文艺演出活动、2018 滴水十六届布依民族风情节、义龙新区尖山苗寨小学“六一”文艺演出等州内多场活动，提供业务指导和音响保障、灯光、舞台安全监管等服务。

【文艺培训】 2018 年，实现舞蹈、声乐、器乐等免费艺术公开课培训常态化，并分阶段作教学成果汇报表演；开展对则戎中学、马岭中学、兴义五小、万峰林民族学校、洋坪小学、向阳路小学、尖山苗寨小学等 20 余所学校的“民族文化进校园”系列培训活动；免费为州武警支队二中队、中国人民银行黔西南州中心支行等州市单位辅导培训；形成为星舞团、钟声管弦乐团、盘江艺术团等馆办团队进行多门类文艺辅导工作常态化。承办黔西南州京剧表演培训班、黔西南州戏剧化妆培训班、黔西南州书法培训班等培训。主办“乡村教师音乐、舞蹈系列活动培训”、乃言村“八音坐唱”“快乐工间操”培训班、三期“三区”艺术人才支持乡村、社区文艺队骨干培训班等，对兴义市“三区”文化艺术人才支持计划乡镇文化站专职干部进行培训；实施“民族文化进乡村”计划。

【摄影展出】 2018 年，主办“政通人和·国泰民安”“劳动者风采”“花儿朵朵”“夕阳无限好”等主题摄影展，并走进黔西南州盲聋哑学校、义龙新区尖山苗寨小学、兴义市沧江乡小米村等地展出；主办“摄影作品展进校园”“摄影进村寨”——走进秧佑摄影展等系列摄影展出活动，协办“6·26”国际禁毒日 2018 年摄影书画展——走进黔西南州民族职业技术学院活动、“辉煌四十年”——黔西南州庆祝改革开放 40 周年系列文化展。

【业务交流】 2018 年，选送原创舞蹈《我们的节日》《大山里的踢踏》参加“美育圆梦”第十八届校园春节大联欢·上海专场活动并获金奖、优秀组织单位奖；参加黔东南黎平肇兴侗寨央视春晚贵州分会场《布依八音》节目录制，获先进单位和先进个人荣誉；组织推送节目参加贵州省第二届小提琴公开赛，获“优秀组织奖”；选送《打起板凳跳竹鼓》，参加全国广场舞展演活动贵州省级展演，获优秀组织奖、优秀展演奖；选送《生如胡杨》参加 2018 年贵州省“庆祝改革开放 40 周年”暨首届“群文杯”中华经典朗诵大赛，获三等奖；选送《远方的家》参加 2018 贵州省“群星奖”文艺作品选拔决赛，获三等奖、优秀组织奖；参加“2018 贵州省文化馆系统现代公共文化服务最新文化政策解读暨推广应用国家公共文化云培训班”培训；参加“2018 演艺创作营销大师班”培训；赴宜宾参加“川滇黔”三省区京剧艺术展演交流活动；赴广西柳州对“2018全区彩调小戏汇演”进行观摩学习。

【文艺创作】2018年，主创健身舞《快乐工间操》、舞蹈《映山红》《杨柳依依》《梨花颂》等文艺类作品，创作《布依族舞蹈的原生性与现代化传承探究》（《魅力中国》2018年第3期）、《舞台服装的使用及管理探讨》（《魅力中国》2018年第3期）、《浅谈黔西南州族群剧〈布依八音〉的精神内涵》［《民间故事》2018年5月（下）］及摄影作品《兴义万峰林》（《艺术品鉴》2018年6月）等文化理论类作品。

（岑士琦）

州广播电视网络信息传输中心

【概况】2018年，黔西南州广播电视网络信息传输中心为副县级事业单位，负责中央和省级广播电视频率、频道的收转和州级自办广播频率、电视频道的发射、传输、覆盖及地方政务、资讯的集成与发布等社会公益性综合信息服务工作，负责全州广播电视无线覆盖直属站的规划、建设、技术维护、收转播出、值机值守及对各级广播电视转播台站的业务技术指导，负责全州广播电视无线覆盖网新技术及新业务建设、开发和营运、管理，代办州广电履行省广电网络股份应有的权力和利益，确保国有资产的保值增值。内设办公室等5个科室，核定编制33名，在职在编25人。

【广播电视转播】2018年，黔西南州大老子山转播发射台现有模拟电视发射机4台、调频广播发射机3台，转播中央、省、州4套电视节目、3套广播节目，国标数字电视发射机房共发射国标数字电视节目2个频点16套数字电视节目；黔西南州将台营台站现有2台调频广播发射机，负责转播本州广播节目。

【传输保障】2018年，细化目标任务，理清责任，定人定岗，规范管理，确保安全播出，提升工作质量效率。健全完善大老子山转播发射台站机房管理、值班制度、检修测试制度、重要播出保障制度等15项工作制度、配电室事故应急处置流程等3项流程、低压配电室等3项操作规程，做好重要安全播出保障期技术维护检修工作，排除安全播出隐患。每月不定期对卫星接收、发射机、光缆传输等设备设施进行巡查，处理各类故障6起，进行月巡检9次，季度大巡检3次；针对性的周巡检16次，处理光缆信号传输故障4次，设备检修维护4次。

【基础设施建设】2018年，改造和完善大老子山台站基础设施建设。全州范围内率先实施低压双回路电源供电建设，更换模拟电视、调频广播发射机、分米波发射天线等设备，更换和改造11频道米波发射天线和发射硬馈系统，提高11频道贵州卫视的各项发射功率，提升模拟电视、调频广播发射硬馈系统的稳定性。更换调频发射天线，建成模拟电视发射机三备一设施，实施监控系统升级改造，实施电源避雷系统改造和发射铁塔接地设施建设。

（陈 焰）

黔西南广播电视台

【概况】黔西南广播电视台为正县级全额拨款事业单位。内设机构22个：办公室、总编室、财务室、人事教育科、策划部、通联部、民语译制部、广播新闻部、广播社教文艺部、广播技术播出部、电视新闻部、电视民生节目部、旅游文艺部、电视特别节目组、电视录制部、电视技术部、广告管理部、市场活动部、网络信息部、保卫科、工会、党建办（筹）。核定事业编制117名，领导职数7名，科级职数35名。2018年在编人员106人，其中管理人员40人：副处级4人，正科级18人，副科级13人，科员及以下5人；专业技术人员67人（含部分双肩挑正副科级人员）：正高级职称1人，副高级职称4人，中级职称24人，初级职称38人；工勤人员8人：技师1人，高级工3人，中级工3人，初级工1人。现有台聘用职工51人。

主要职能是承担全州广播和电视节目宣传工作；对广播和电视宣传内容、安全播出进行管理；定期制播广播和电视新闻、社教文艺、旅游、财经、法制、少儿等广播电视类别节目。

【新闻内宣】 2018 年，完成《黔西南新闻联播》制播 365 期，播出稿件 3700 余条，《金州之声》244 期，播出稿件 2840 余条，《金州新视线》275 期，播出稿件 2380 余条，《布依语新闻》和《苗语新闻》各 52 期。

在《黔西南新闻联播》和《金州之声》中开设《深入学习党的十九大精神》和《牢记嘱托·感恩奋进》《新时代、新气象、新作为》和《新时代、新气象、新篇章》《不忘初心·牢记使命》等专栏，对全州各级干部群众贯彻落实党的十九大精神和习近平总书记在贵州省代表团重要讲话精神进行了全面报道。开设《脱贫攻坚·同步小康》《脱贫攻坚·春风行动》《脱贫攻坚群英谱》《发起总攻夺取全胜·先锋力量》等专栏，共播发稿件 750 余条；在财经栏目《金州财经》开设《脱贫攻坚看金州》《脱贫攻坚政策权威解读》等专栏，播发稿件 310 余条，全方位报道全州各级领导干部，特别是奋战在脱贫攻坚第一线的干部群众取得的新成效、新业绩，对在脱贫攻坚中涌现出来的先进人物和先进事迹进行了生动展现。完成全国“两会”、省“两会”和州“两会”、山地旅游大会、万峰林峰会宣传报道工作，围绕州委、州政府重要工作、重大活动开设了《改革进行时》《推动山地旅游·共享山地发展》《山海携手 黔甬共进》《创建全国民族团结进步示范州》等专栏，对全州重要工作、重大活动、重要典型进行了有深度、有力度的报道。在扫黑除恶专项斗争中，积极配合州委、州政府以及相关部门做好宣传报道工作，在《黔西南新闻联播》《金州之声》《金州新视线》等栏目播发相关稿件 100 余条。

【新闻外宣】 2018 年，黔西南广播电视台电视外宣共发稿 370 余条次，其中贵州卫视各栏目发稿 240 余条，央视各栏目发稿 130 余条次。广播外宣共发稿件 390 余条，其中在贵州台综合广播发稿 240 余条，综合排名全省前三；在中央台中国乡村之声发稿 210 余条，综合排名全国前三。

黔西南广播电视台外宣工作成效明显，获得全省 2017 年度新闻通联工作品质奖；4 月，收到贵州广播电视台发来感谢信，7 月，黔西南广播电视台矩阵号被央视新闻移动网授予优秀合作账号称号。

【特色信息】 2018 年，在《金州财经》《金州新视线》等栏目开设《扶贫信息》《商机无限》等版块，免费播发农特产品广告信息 160 余条次，折合金额 50 余万元。积极向上级媒体传递产业信息。在中央电视台《第一时间》栏目、贵州广播电视台播发特色农产品信息 30 余条，有效推动了泉涌出山。

【意识形态】 2018 年，坚持党管媒体，坚持政治家办台，建立健全意识形态工作组织机构，成立主要负责人任组长、班子成员为副组长、各科室负责人为成员的意识形态工作责任制领导小组，台主要领导负总责，亲自抓，与业务工作同部署、同安排、同推进。分管领导具体抓分管部室的意识形态工作，各部室主任负责具体落实，把意识形态工作落小落细到每个职工。同时把意识形态工作纳入两个责任备案，每月开展一次集体提醒约谈，要求全体职工提高政治站位，增强“四个意识”不乱想、不乱说、不乱做，自觉做到同频共振，全力维护意识形态安全，做到守土尽责、守土有效。加强对意识形态工作领域情况的分析研判和部署，严格新闻采编播队伍管理，严格各项规章制度的执行，把意识形态工作与三审制度紧密结合起来，从意识形态角度严格把关，确保阵地安全、事业安全。管好意识形态主阵地，结合部门职能特点，抓常抓长，凡有业务工作、会议，均强调意识形态工作。通过抓微信群、微信平台等多媒体管理，把意识形态工作覆盖到新媒体，防止微信上出现不当言论和违规转发，切实维护意识形态的安全。

【技术平台建设】 2018 年，投资 800 万元建成高清电视转播车系统，并已正式启用。完善媒资系统使用流程，使该系统投入正常使用，广播电视技术支撑平台建设进一步加强。

【媒体融合】 2018 年，积极探索传统媒体和新媒体有效结合，充分利用“金州广播网”“黔西南网络电视网”和“黔西南手机台”客户端，“黔西南广播电视台”今日头条号、微信公众号、微博号等新媒体平台，对黔西南广播电视台各类节目进行发布。《黔西南新闻联播》《金州新视线》《金州财经》《法治黔西南》《金色童年》等栏目在“黔西南手机台”共发布信息4400余条（含视频38600余分钟）访问阅读量达400余万；“黔西南广电”发布信息3700余条（含视频27700余分钟），访问阅读量250余万，“黔西南广播电视台今日头条号”发布信息2860余条，点击播放330余万次。“黔西南广播电视台微博号”发布信息3890余条，阅读量350余万次。“黔西南广播电视台微信公众号”发布信息2400余条，阅读量80余万次，扩大了新闻宣传的深度和广度。

【安全播出】2018年，进一步补充完善安全保卫制度、消防安全制度、广播电视安全播出预案和网络安全预案，进一步规范了节目送播流程。先后完成春节、全国“两会”、省“两会”等重要安全播出保障期的安全播出工作，全州脱贫攻坚暨七一表彰大会等重要会议的直播工作，广播和电视节目均做到了无播出事故发生。

【党建工作】2018年，制定《黔西南广播电视台2018年党建工作计划》《黔西南广播电视台2018年党风廉政建设工作要点》，成立以台长任组长，班子成员任副组长，各部门负责人为成员的党建和党风廉政建设工作领导小组，将责任层层分解落实，按照党建“一岗双责”的要求，把党建工作和党风廉政建设工作与业务工作同安排、同部署、同实施、同检查、确保了台党建工作和党风廉政建设工作落到实处。召开党员大会8次、支部委员会21次、党小组会22次。组织党员重点学习了中共十九大精神和习近平总书记在贵州代表团重要讲话精神、习近平新时代中国特色社会主义思想，撰写心得体会60余篇。围绕学习贯彻习近平新时代中国特色社会主义理论，坚定文化自信，努力做好本职工作，新闻工作者在意识形态领域斗争中的职责等方面的内容共上党课8次，开展党建约谈和交心谈心活动80余人次。认真开展“干部驻村、精准扶贫、同步小康”工作。协调相关单位人力物力、设备、项目、资金等为群众办好事实事20余件，得到当地党委、政府和群众的认可。

在党风廉政建设方面，强化主体责任的落实，强化廉政教育，狠抓制度执行，通过台例会认真传达学习州纪委、州监委相关文件精神，召开党风廉政教育警示大会，结合广电媒体工作特点开展警示教育。要求全体党员干部深刻吸取严重违反政治纪律和政治规矩典型案例的教训，在政治立场、政治方向、政治原则、政治道路上同以习近平同志为核心的党中央保持高度一致。确保全体党员干部能够把握正确政治方向。全年预防提醒约谈49人次，廉政约谈49人次，全台职工无人因违规违纪收到党纪政纪处分和约谈，有效提高党员干部廉政意识。

【工作成果】2018年，被州委、州政府表彰为2017国际山地旅游暨户外运动大会筹备服务工作先进集体、2018国际山地旅游暨户外运动大会和“中国美丽乡村·万峰林峰会”先进集体。被黔西南州大美黔菜展示品鉴推广活动组委会表彰为2017年黔西南州大美黔菜展示品鉴推广活动优秀支持单位。外宣工作成绩突出，获中央人民广播电台2017年度新闻报道优秀供稿奖，贵州广播电视台2017年度新闻通联工作品质奖；认真做好贵州新闻奖和贵州广播电视节目奖的参评工作，《金州财经》获得贵州广播电视栏目类一等奖、7件作品获二等奖、10件作品获三等奖。广播新闻“90后‘卧底’女警的选择与坚守”获得贵州省禁毒好新闻唯一一个一等奖。少儿节目《金色童年》“圆梦行动”在全国电视艺术家协会主办的首届全国优秀公益电视节目推选活动中获得公益宣传类好作品奖和公益专题类优秀作品奖两个奖项，是贵州省唯一获奖作品。《金色童年》通过国家广电总局2017年度少儿节目精品发展专项资金扶持项目的审核，得到10万元的项目扶持资金，2018年12月《金色童年》在国家广电总局举办的“庆祝改革开放40周年优秀少儿节目创作扶持活动”中获三等奖并受到通报表扬，获15万元资金扶持。2018年，单位集体共获州级以上的表彰11项，有50余人次受到各级各部门的表彰和奖励。在全州大会上，黔西南广播电视台还多次得到州主要领导的表扬和肯定。

（余冬梅）

黔西南日报社

【概况】 黔西南日报社为州级财政全额预算管理正县级事业单位，内设机构有总编室、记者部、要闻部、综合新闻部、科教文体部、社会生活部、特刊副刊部、网络管理部、《今日黔西南》编辑部、广告发行部、办公室、财务科、录入校对室13个部（室、科）。2018年，领导班子编制7人，实有副县级以上领导干部5人。职工97人（在编人员50人，聘用人员23人，退休人员24人），其中，采编业务人员57人，行政后勤16人。具有新闻专业高级职称9人，中级职称15人。

【发展业绩】 2018年，在“全省新媒体推进工作会暨2017年度贵州新媒体排行榜发布仪式”上，中国黔西南网、“中国黔西南”微博分获“贵州十大最具影响力新闻网站、媒体微博”称号，并获得互联网新闻信息服务业务许可证。中宣部《三项学习教育通讯》刊文介绍《黔西南日报》践行“四向四做”深化“走转改”纪实情况。2018年，被中国报业协会表彰为“报业融合发展创新单位”，黔西南日报社“2+N”新媒体宣传平台项目被中国报业融合创新联盟评为“2017—2018年度中国报业新媒体项目优秀奖”。年内，“2018年第二季度贵州省新媒体影响力排行榜”发布，黔西南日报社官方网站“中国黔西南”、微博“中国黔西南”，分别位列全省第三和第七。2018年，报社记者新闻作品分别获贵州新闻奖一等奖1个、二等奖1个、三等奖3个；贵州人大新闻奖一等奖1个、二等奖1个、三等奖2个；中国城市党报新闻奖一等奖2个、二等奖5个、三等奖5个。

【媒体融合】 2018年，黔西南日报社坚持宣传思想工作围绕中心、服务大局，用政治家智慧办好媒体，持续在媒体融合与转型创新服务方面下功夫。全面提升“2+N”宣传平台传播力，实现传统媒体与新媒体的深度融合。制定《黔西南日报社“媒体融合工作大提升大转型”活动总体方案》，召开“媒体融合工作座谈会”，开展“我为媒体融合建言献策”活动，与宁波日报社达成帮扶合作协议，其中，宁波日报社帮助黔西南日报社打造“北纬25°的黔西南”手机APP客户端，宁波日报社通过“甬派移动客户端”免费为黔西南日报社提供技术、培训、同步升级等方面的服务。客户端除具备手机APP所有功能外，还专门为全州干部职工开设在线学习栏目，服务群众、引领导向，充分发挥主流媒体作用。

【全媒发力】 2018年，黔西南日报社全媒体平台准确无误做好全国“两会”和省“两会”报道，完成州“两会”的全程报道，以及州委重大活动、重大会议和州四大家领导的调研报道；完成2018国际山地旅游暨户外运动大会、第六届“中国美丽乡村·万峰林峰会”、首届多彩贵州民族服饰设计大赛等报道；完成2018中国国际大数据产业博览会相关报道转载，以及省委宣传部要求同步刊发、转载的省内重大新闻。通过“北纬25°的黔西南”手机客户端对2018国际山地旅游暨户外运动大会、第六届“中国美丽乡村·万峰林峰会”、文化旅游体育产业融合发展峰会、首届多彩贵州民族服饰设计大赛、外国嘉宾双升村“乡愁集市”赶大集进行现场视频、图文直播，总点击率达151.96万次，在第四届黔西南州旅游产业发展大会对开幕式及其系列活动进行图文、小视频直播，点击率达12.13万次。

【强化传播】 2018年，黔西南日报社聚焦州委、州政府中心工作，宣传主题上接“天线”下接“地气”。年内，社长、总编辑、副总编辑带队，深入到全州3个深度贫困县4个极贫乡镇165个深度贫困村，就产业结构调整、基层党建、通组路建设、易地扶贫搬迁等进行蹲点报道，共采写《把支部建在产业上》《二泥村脱贫攻坚“蹄疾步稳”》《坡老不老，青春焕发》等近200篇新闻作品。通过专题策划，开设栏目聚焦精准报道，在重要版面加大对基层一线脱贫攻坚、同步小康的报道力度。2018年，一版至四版分别开设了《在习近平新时代中国特色社会主义思想指引下——新时代、新气象、新作为》栏目，文图刊发《“全靠好政策，过上好日子”》等新闻200余篇幅；开设《决战深度贫困地区脱贫攻坚——蹲点报道》栏目，文图刊发《邮亭村：校农结合　力拔穷根》等新闻60余篇幅；开设《脱贫攻坚·春风行动》《脱贫攻坚·夏秋攻势》栏目，文图刊发《想都是问题　干才是答案》等新闻200余篇幅；开设《来一场振兴农村经济的深刻的产业革命》栏目，文图刊发《举目已是千山绿》等新闻近400篇幅；开设《新春走基层》栏目，文图刊发《我向总书记汇报村庄变化与个人成长》等新闻作品20余篇幅；开设《工业强州》栏目，文图刊发《兴仁：煤制乙二醇基地呼之欲出》等作品100余篇幅；开设《走向生态文明新时代》栏目，文图刊发《退渔还湖治水体恶化之痛》等新闻60余篇幅；开设《践行社会主义核心价值观》栏目，刊发《用真情守护乡邻和睦》等稿件400余篇幅。开设“脱贫攻坚群英谱·黔西南好人”征文大赛，发稿近70篇。是年，在《黔西南日报》要闻一版开设《壮阔东方潮　奋进新时代——庆祝改革开放40周年》专栏，目前共刊发稿件《迈进“高速”时代》等深度报道21篇；推出四开92版《庆祝改革开放40周年特刊》；在副刊版面上开设《见证——纪念改革开放40周年》栏目，共刊发《告别饮水难》等文章近70篇。

【能力提升】2018年，黔西南日报社继续加大《人民日报》《贵州日报》《黔西南日报》头版头条学习的督查力度，把准政治方向。开展党委中心组学习13次。分批次赴媒体融合先进党媒、党网进行考察学习，形成考察调研报告，提出报社媒体融合工作、网站以及APP客户端升级改版、新媒体平台发展建设等意见、建议。邀请萧山日报社原社长王平、贵州日报记者左国辉、宁波日报社副总编辑王存政到黔西南日报社，围绕新媒体融合做大做强宣传作专题讲座，让职工开阔眼界、提升业务能力。

【政治建设】2018年，黔西南日报社切实提高政治站位，深入开展“不忘初心、牢记使命”主题教育，开展向姜仕坤学习活动，持续推进“两学一做”学习教育常态化制度化，严格落实意识形态工作责任制。2018年，党委书记与领导班子成员进行“签字背书”，党委班子成员与各部室负责人签订《黔西南日报社2018年度党风廉政建设责任书》，召开党风廉政专题会议23次，开展党风廉政建设约谈3次。与33名副科级以上干部及党员签订《黔西南日报社2018年度党风廉政建设责任制承诺书》，与全体干部职工分别签订《2018年节庆期间廉洁自律承诺书》《不操办和不参加“升学宴”“谢师宴”承诺书》等，层层传导责任。

（罗　康）

体　育

【概况】2018年，黔西南州体育局领导班子职数3人，内设科室4个，机关编制8人，其中，行政编制7人，工勤编制1人。局下属事业单位有州射击射箭运动管理中心、州国民体质监测中心2个。州体育局与2个下属事业单位共有57人（其中，在职职工20人，退休职工37人）。

【群众体育】2018年，黔西南州开展健康黔西南“贵州动起来”红红火火过大年全民健身活动、年度“万峰林”杯QBA篮球联赛、云贵广第三届亲情健身徒步活动、四国女子篮球赛、黔西南州“迎新杯”足球联赛、黔西南州第35届足球锦标赛、黔西南州业余足球联赛、黔西南州小篮球推广赛、瑞士台湾黔西南乒乓球交流活动以及8月8“全民健身日”系列活动等群众体育活动。借助2018国际山地旅游暨户外运动大会平台，举办“全景贵州”女子国际公路自行车赛、中国热气球表演赛暨飞行体验活动、晴隆“二十四道拐”中国汽车拉力暨汽车场地越野锦标赛、2018第26届全国攀岩锦标赛、贞丰三岔河国际露营大会、中国·兴义白龙山国际山地越野跑公开赛、“海峡杯”女子垒球赛等户外运动赛事活动。在省第十届运动会中，96名群体项目运动员参加篮球、武术、健身气功等8个大项，取得11金6银8铜的成绩，排全省第三名。

【竞技体育】2018年，黔西南州竞技体育项目在贵州省第十届运动会中共获金牌19枚、银牌25枚、铜牌13枚，其中4人达国家一级运动员水平、29人达国家二级运动员水平，输送8名运动员到贵州省体育工作大队、3名运动员到国家青年队训练。组队参加贵州省射箭冠军赛，获12金7银5铜。组队参加贵州省青少年锦标赛，在田径、拳击、武术、射箭等9个项目，获金牌21枚、银牌28枚、铜牌20枚。全国青年女子锦标赛、全国女子垒球锦标赛与“海峡杯”女子垒球赛同时在义龙新区棒垒球场体育公园举办，得到国家体育总局手曲棒垒球运动管理中心、中国垒球协会、贵州省体育局的充分肯定。

2018年8月7日，省体育局局长吴涛（左七）、副局长宋广强（右六）与黔西南州参加贵州省第十届运动会代表团部分人员合影　（州体育局　提供）

【设施建设】 2018年，黔西南州完成100千米健身绿道建设，其中，兴义市8千米，兴仁市10千米，安龙县20千米，贞丰县28千米，普安县13.5千米，晴隆县5千米，册亨县2.5千米，望谟县6千米，义龙新区10千米。启动实施10个运动休闲特色小镇项目。建成册亨县万重山生态体育公园，并获批省级生态体育公园项目。安龙笃山生态体育公园、兴仁放马坪生态体育公园设施得到进一步完善，并通过省体育局验收。建成义龙新区棒垒球体育公园并投入使用。完成8个乡镇级、60个村级“农体工程”建设，在易地移民搬迁安置点实施10套“路径工程”项目。实施中央和省预

2018年，国际山地旅游暨户外运动大会热气球飞行活动现场　（州体育局　提供）

2018 年，国际山地旅游暨户外运动大会万峰林国际徒步活动现场

（州体育局　提供）

算投资项目 24 个，其中，五人制足球场 5 个、七人制足球场 3 个、十一人制足球场 11 个、县级体育活动中心 1 个，县级全民健身中心 4 个。

【老年体育】2018 年，黔西南州组织老年人体育队伍到山东参加全国老年人持杖健走交流活动，获得手杖操规定套路和自编套路全国第 1 名的好成绩；到山西参加全国健身球操交流活动，获得女子规定套路优胜奖、自编套路优胜奖、健身套路优秀奖、最佳编排奖和最佳表演奖。参加贵州省老年人持杖健走交流活动，获得手杖操规定套路、自编套路总分第一；参加贵州省健身球操交流活动，获得最佳编排奖、规定套路、自编套路优胜奖等。举办兴义城区老年人网球、门球交流活动，黔西南州第 32 届老年人门球比赛，黔西南州老年人健身球操、手杖操交流活动。

【体彩销售】2018 年，黔西南州体育彩票全年完成销售额达 5.2 亿元，销量全省排名第三，市场份额全省排名第一，销售额为全州福利彩票的 2.5 倍。

（张　伟）

赵伟　摄

卫　生

黔西南州卫生和计划生育

【概况】 2018年，黔西南布依族苗族自治州卫生计生委内设19个科室，机关编制32人，其中，行政编制27人，工勤人员编制5人；州计划生育协会和州卫生监督局参公事业编制42人，实有27人；州卫生计生委下属事业单位有州人民医院、州中医院、疾控中心、州妇幼保健院、州紧急救援中心、州中心血站、州计划生育执法支队、州计划生育药具站、医疗事故鉴定办、爱卫办、卫生应急办、新农合办、信息办等13个单位，有2274人（其中正式职工1039人，聘用1235人），离退休531人。

黔西南州有医疗卫生机构2095个，其中：医院123个，包括综合医院91个（其中，州人民医院、兴义市人民医院为三级甲等医院），中医院7个（其中，州中医院为三级甲等医院），中西医结合医院3个，专科医院22个，疗养院1个；基层医疗卫生机构1941个，其中卫生院131个，社区卫生服务中心（站）61个，村卫生室1497个，诊所、卫生所、医务室248个，门诊部4个；专业公共卫生机构30个，包括9个疾控中心、9个卫生监督局（所）、9个妇幼保健院、1个紧急救援中心、1个中心血站和1个皮肤病与性病防治所（中心）。

全州医疗卫生机构有在岗职工21711人（包括乡村医生和卫生员），其中卫生技术人员15859人，按全州2017年末常住人口286万人计算平均每千人拥有卫生技术人员数5.55人；卫生技术人员中有执业（助理）医师5322人，平均每千人拥有1.86人；有注册护士6528人，平均每千人拥有2.28人。全州医疗机构有床位15128张，平均每千人拥有5.29张。

【重要事项】 2018年3月8日，州委书记刘文新到州卫计委调研，肯定全州卫计系统干部各项工作取得新的成效。州人民政府州长杨永英在12月12日全州卫计系统党风廉政建设集中约谈会议上，对全州卫计系统认真全面落实从严治党、推进“一岗双责”、州卫计委党组切实履行主体责任等给予肯定。

“国家医师资格实践技能考试基地”通过国家复评验收；全州医改工作全省排名第一；州卫计委获国家健康委员会通报表扬为“基层宣传工作先进单位”，获贵州省禁毒委员会通报表扬为“全省禁毒人民战争先进集体”，获州委、州政府通报表扬为“2018国际山地旅游暨户外运动大会和第六届中国‘美丽乡村·万峰林峰会’先进集体”“黔西南参加贵州省第十届运动会先进集体”；州计生协创建“计划生育优生优育指导中心项目点”通过国家评估确定；州中心血站再次获全国无偿献血先进城市奖；州中医院、兴义市医院三级甲等复核评审顺利通过；县级医院全部通过二甲复审；处置“晴隆7·2燃爆”事件、“仓更10·28中毒”事件、“义龙12·23垮塌”事件等突发公共卫生事件医学紧急救援，成功举办“5·12”护士节、“8·19”首届医师节等。卫生监督执法工作位列全省第四，州紧急医疗救援中心接警调度实现零投诉；州计生协“五有”“六服务”在全省率先创新家庭服务中心。

【医药卫生体制改革】2018年1月，推行药品购销“两票制”，督促各县（市、新区）落实政府“六项投入”7844.92万元，化解公立医院债务1.45亿元，对取消药品加成政府补助纳入财政预算，补助资金1323.18万元。全州8个县级综合医院推进5+2重点学科建设56个重点学科100%完成。调整城市及县级医疗服务价格项目分别为1673项、186项。

【公共卫生】2018年，黔西南州甲、乙类传染病报告发病7383例，发病率259.60/10万；报告死亡70人，死亡率2.46/10万。报告发病数居前五位的是肺结核、肝炎、梅毒、淋病、艾滋病，占甲、乙类传染病报告发病总数的95.37%。报告死亡主要是艾滋病和肺结核，占甲、乙类传染病报告死亡总数的92.86%。2018年，全州丙类传染病中，风疹、斑疹伤寒、黑热病、包虫病、丝虫病无发病和死亡病例报告，其余6种丙类传染病报告发病6592例，死亡1例（手足口病）。报告发病数居前三位的依次为手足口病、流行性腮腺炎、其他感染性腹泻病，占丙类传染病报告发病总数的92.57%。做好布氏病、狂犬病防治，全年报告布氏病2例，比2017年同期下降8例，狂犬病2例，比2017年同期下降3例。

【疟疾防治】2018年，全州报告输入疟疾疫情4起，确诊输入疟疾现症病例4例（间日疟4例）。4例疟疾现症病例均为到非洲、大洋洲打工人员感染发病回归输入。比2017年增长33.33%，其中该州户籍3例（兴仁市2例，晴隆县1例），比2017年增长200%，均为从非洲输入性散发病例。

年内，兴义市、安龙县、义龙新区顶效镇等3个鼠疫固定监测点均按月开展动物鼠疫监测12次，册亨县鼠疫流动监测点开展动物鼠疫监测4次，兴仁市鼠疫流动监测点开展动物鼠疫监测2次。全州5个鼠疫监测点捕鼠1786只，捕蚤613组。

2018年，黔西南州儿童乙肝疫苗、卡介苗、脊灰疫苗、百白破疫苗和麻疹疫苗、流行性脑脊髓膜炎疫苗、流行性乙型脑炎疫苗和甲肝疫苗等疫苗的接种率均达95%以上。

【艾滋病防治】2018年，新增艾滋病初筛实验室1间（施达中医院），全州建有各类艾滋病检测实验室218间，年内检测77.1万人次，达到常住人口的27.3%（77.1万/282.22万）。印发《黔西南州遏制与防治艾滋病“十三五”行动计划》《2018年黔西南州青年学生艾滋病防治知识电视竞赛系列宣传活动实施方案》《黔西南州艾滋病随访转介治疗工作方案》《黔西南州艾滋病重点人群急性期检测及治疗工作方案》。

成立“黔西南州艾滋病诊疗质量控制中心”，州内艾滋病防治专业人员组成该质控中心成员。全市有美沙酮药物维持治疗门诊3个，有1个延伸服药点在建。全州提供免费咨询服务11129人次，进行HIV抗体检测11129人次。HIV感染者和病人随访检测率91.4%，感染者和病人的配偶或固定性伴检测率90.2%。

【结核病防治工作】2018年，登记活动性肺结核3634例，其中初治涂阳924例，复治涂阳71例，重症涂阴141例，初治涂阴2289例，复治涂阴34例，初治未查痰9例，结核性胸膜炎166例。成功治疗患者3426例，成功治疗率94.28%，初、复治涂阳患者治愈率分别为90.27%和79.13%。提高耐多药结核病可疑者筛查率，登记筛查耐多药结核病可疑患者150例，确诊耐多药结核病患者7例，耐多药结核病可疑者筛查率61.64%。

【慢性非传染性疾病防控】2018年，全州创建健康社区19家，健康单位36家，健康学校13家，健康食堂14家，健康餐厅15家，健康小屋3个，全年累计培养健康指导员799人。年内，全州管理高血压患者161413人，规范管理率

71.27%，控制率62.21%；管理2型糖尿病患者45797人，规范管理率67.66%，控制率61.11%。

【儿童口腔疾病】2018年，继续实施2017年度中央资金儿童口腔疾病综合干预，兴义市为项目实施单位。全州窝沟封闭项目工作结束，检查摄生脱落214颗，未脱落1887颗，合格率90%。

【精神卫生工作】2018年，黔西南州精神病专科医院达到20家，9县（市、新区）专科医院全覆盖；2015—2018年，培训合格并加注精神科医师21人；全州完成诊断复核及危险性评估患者14494人；年内全州在册精神障碍患者12717人，在管严重精神障碍患者11650人，报告患病率4.47‰，严重精神障碍患者管理率91.61%，规范管理率73.37%，服药率55.58%。

【食品安全监测】2018年全年化学污染物及有害因素监测360份样检测，获得2601个数据，形成食品安全风险监测简报3期；完成对2018年食品安全风险监测技术分析报告，并通报相关部门。

【水质监测】2018年，饮用水卫生监测完成枯水期298份，丰水期298份596份检测，完成率100%。年内全州监测水样合格率56.04%，农饮水合格率47.46%，城饮水合格率88.71%。

【职业病防治】2018年，推进全州重点职业病监测与职业健康风险评估工作，以县为单位，实现100%全覆盖。全州193家企业进行职业健康检查，各县（市、新区）职业健康体检机构均进行网络直报：开展劳动者职业健康检查31166人次，发现职业禁忌征821例，疑似职业病1613例，确诊职业病人67人。

【卫生应急】2018年5月18日，黔西南州人民医院流感样病例（调查时病例痊愈）标本中检出1份H9亚型阳性，经省疾控中心复核，结果仍为H9核酸阳性，证实兴义市木贾街道东贡社区发生1例人感染H9N2禽流感病例，为贵州省首次报告人感染H9N2禽流感病例。

2018年，黔西南州报告突发公共卫生事件21起，其中较大事件2起，一般事件15起，未分级事件4起；传染病疫情18起，食物中毒2起，其他事件1起。事件涉及全州9个县（市区）18个乡镇，发病（或中毒）412例，死亡3例。与2017年同期相比，事件发生起数（22起）持平，发病（或中毒）数（372例）下降4.54%，死亡数（2例）上升50%。

18起传染病疫情中乙类传染病1起（输入性恶性疟1起），丙类传染病4起（流行性腮腺炎3起、手足口病1起），其他传染病13起（水痘11起、人感染猪链球菌病1起、H9N2人禽流感1起），受威胁人口14501人，发病375人，死亡1人。疫情涉8个县市区15个乡镇。与2017年同期相比，事件发生起数（17起）上升5.88%，发病数（304例）上升23.36%，死亡数持平。

食物中毒2起，受威胁人口11人，中毒9人，死亡2例。发生在2个县区2个乡镇。与2017年同期相比，事件发生起数（5起）下降60%，中毒人数（68例）下降86.76%，死亡数（1人）上升100%。完成2018年年初低温凝冻天气、两会、春运、高考等重要时节的卫生医疗保障工作；完成晴隆县沙子镇三合村蒋家坝“6·10”中石油天然气管道燃爆事故卫生医疗保障工作，做好汛期防汛减灾工作等。

【爱国卫生工作】2018年，贞丰县获得国家级卫生县城授牌。兴义市继续申报创建国家卫生城市、普安县成功申报创建国家卫生县城、国家卫生乡镇22个、贵州省卫生乡镇19个，同时创卫乡镇辖30%以上行政村申报创建贵州省卫生村。普安县通过省级病媒生物防制的验收。全部完成消除疟疾行动计划任务，全州达到消除本土无疟疾病例水平。全州网络报告布病疫情2起（普安县1起、晴隆县1起）。

【医政管理】2018年，通过网上办事大厅受理医疗机构设置、医疗机构执业许可、西医医疗广告审批、麻醉药品和第一类精神药品购用印鉴卡核发等行政审批事项141件，并全部办结，其中，西医医疗广告审批办结42件，医疗机构执业登记办结5件，医疗机构执业许可证校验办结12件，医疗机构执业许可证变更办结29件，医疗机构设置审批9件，麻醉药品和第一类精神药品购用印鉴卡核发44件，艾滋病筛查实验室验收1件。

【电子化注册管理改革】2018年，发放州卫计委审批的47家医疗机构管理账号，全州在册医师总数6059人，激活账户医师5970人，电子化注册进度98.53%；护士总数9352人，护士账户激活8915人，电子化注册进度99.18%；医疗机构总数2383家，电子化注册数2636家，电子化注册进度99.2%。

【医疗机构建设】2018年，批准设置兴义铭仁耳鼻喉医院、兴义安琪儿妇产医院、兴仁丰赫精神病医院等8家民营医疗机构；上报省卫计委审批兴义长生血液透析中心、晴隆青青血液透析中心、安龙青青血液透析中心、贞丰青青血液透析中心、贞丰守正血液透析中心等9家民营医疗机构；评审验收贞丰金康精神病医院（二级）、兴义吉光眼科医院、兴仁丰赫精神病医院、册亨县人民医院（变更执业地址及科室验收）、义龙利民精神病康复医院（一级，变更法人及执业地址）、兴义康民精神病专科医院（一级，变更法人及执业地址）等13家医疗机构。

【药品集中采购】2018年，全州通过州县、乡镇医疗卫生机构依据上年药品使用情况，结合全省新一轮药品集中采购的规定，梳理统计应采购药品总数5398个，网上议价成功3932个，占72.84%，经网上公示及双方确认3625个，6月20日始全部通过省的交易平台进行网上采购；推进药品购销“两票制”，加强药品出入库管理。开展2017年度基层医疗卫生机构实施国家基本药物制度绩效考核。

【医疗转诊】2018年，黔西南州二、三级医院向基层医疗卫生机构、接续性医疗机构转诊263人次，基层医疗卫生机构、接续性医疗机构向二、三级医院转诊2715人次。

【对口帮扶】2018年，宁波市各支援三级医院派出支援医师191人，到州内受援县市医院开展门诊15936人次，教学查房900次，学术讲座234次，业务培训330次，开展手术1037例，手术示教750次，会诊及疑难病例讨论751次。帮助建设骨科、产科、神经外科、儿科、眼科、急诊科、ICU等20多个特色专科。全州各受援医院派出医务人员145名，分别到对应支援医院进修学习。宁波市为黔西南州医疗机构捐赠医疗设备价值约1132.03万元。

【妇幼保健】2018年，贞丰县妇幼保健院投入使用；兴仁、望谟妇幼保健院竣工验收；兴义市、册亨、晴隆、安龙妇幼保健院主体工程完工。建成州级危重孕产妇和新生儿救治中心4个，县级救治中心7个。1月至9月，抢救危重孕产妇1512例，成功1509例；抢救危重新生儿2769例，成功2766例。

【能力提升计划】2018年，全州护士执业资格考试工作报名人数3002人，资格审查合格2997人，护士资格考试全面实行人机对话考试；全国卫生专业技术资格考试报名人数4729人，资格审查合格4030人；年内执业医师、助理医师资格考试及实践技能考试报名人数2177人。2017年执业、助理医师合格人员全州人数558人，通过率达40.73%。

省人社厅发放2016年度卫生专业技术省内合格证书421本，省卫生计生委发放2017年护士资格证书884人，2017年卫生专业技术资格证书1172人。2018年度，36名医务人员参加全省基层医疗卫生机构全科医生转岗培训；本科层次农村订单定向免费医学生招生录取任务数73名；专科层次农村订单定向免费医学生招生录取任务数62名；本科订单定向签订协议73名，专科签订协议54名。

做好143名住院医师规范化培训招录、25名助理全科医生培训工作；15名基层计生骨干到贵州医科大学附属医院，进修医学B超及妇科腹腔镜诊疗技术、院前急救工作、医学检验技术等。根据《黔西南州2017级乡村医生中专学历教育项目实施方案》，全州2017级中专学历提升人员321名；继续组织实施“金州卫生人才计划”，续开展“金州医疗卫生人才计划”第二批培训工作，培训人员53名。

【中医药工作】2018年，建成乡镇卫生院中医馆83个，县级中医院完成5+2重点学科建设14个科室。

【计划生育】2018年，全州常住人口出生35599人，全州常住人口出生率13.13‰，同比下降1.14个千分点；常住人口自然增长率8.3‰，同比上升0.97个千分点；全年出生人口性别比104，出生人口性别比结构趋向平衡；全年查处“两非”案件40件（其中重大案件5件、典型案件16件、一般案件19件），没收违法所得5.1517万元，罚款达37.635万元。

流动人口生育服务管理952558人，其中省外流入44868人，流向省外634723人；省内跨县流动109536人，县内跨乡镇流动81688人。

【医疗健康扶贫】 2018年，落实724122建档立卡贫困人口医疗保障，44726人次享受先诊疗后付费、“一站式”结报，57214人受益医疗救助，住院报销比95.73%；落实家庭医生签约服务142.03万人，签约服务率50.04%，农村建档立卡贫困户737850人，实际签订家庭医生服务协议691326人，在家签约率服务93.69%；落实建档立卡贫困人口高血压、糖尿病、结核病、重症精神病等4种慢性病规范管理；7类13种大病救治339人，报销比98.05%；370名贫困白内障患者得到“复明工程”救治。

164个深度贫困村建设成规范化卫生室；按“1+3服务体系建设”等“10项任务清单”推进27个新市民居住区新市民健康服务保障工程；全州990个乡村校医医务室的诊疗设备全部配送到位；援黔医疗卫生对口帮扶191人到黔西南州驻点，捐赠医疗设备1132万元。“食堂+公司+农户”多模式加大产业扶贫。对全州100多名驻村第一书记进行健康扶贫政策培训。年内州及各县（市）开展健康扶贫政策培训37场，参加培训人员3481人次。

【卫生领域生态环境整治】 2018年，建成5个集中处置中心，日处理能力达20余吨，实现全州范围医疗废物应收尽收、应处尽处的无害化处置。

【卫生项目工程】 2018年，全州争取建设项目16个，社区设备采购项目21个，总投资6.39亿元，其中中央、省补助资金2.92亿元（中央预算内投资补助资金1.566亿元，省级项目建设补助资金1.35亿元）；争取上级卫生易地安置建设项目扶贫资金9400万元（全省卫生系统3.9亿元）。1—11月争取上级项目建设专项资金3.86亿元。实施州妇幼保健院和州儿童医院“两院合一”项目建设，安龙、望谟等县级妇幼健康保障工程，加强县级疾控体系建设力度；结合“千企引进”行动计划及医疗卫生体制改革相关政策，加大招商引资工作力度，全年大健康产业招商引进项目19个，投资金额18.5亿元。

【远程医疗信息化建设】 2018年，全州远程医疗服务体系项目建设2016年至2018年，省、州、县三级投入资金达1.3亿元，县级以上公立医疗机构实现全覆盖，全州133个乡镇卫生院实现与上级医疗机构开展远程会诊的能力。全州累计完成远程会诊4918例（全省6083例），占全省完成量的80.1%；成功承办“数博会黔西南分会场—智慧医疗分论坛”活动等。

【老龄事业】 2018年，全州老年人口47.04万人，其中城镇老年人10.86万人，农村老年人36.18万人；百岁老人148人，年龄最大的111岁。全州新增养老服务设施65个。全州9县（市、新区）均建立80周岁以上无固定收入老人高龄津贴制度，为45278名80岁以上老年人发放高龄补贴2977万元。兴仁县将百岁老人补贴标准提高到每人每月1200元，普安县提高到每人每月600元，全州发放百岁老人生活补贴17.76万元、百岁老人春节慰问金8.88万元。

（陈隆彬）

黔西南州中医院

【概况】 2018年，州中医院·骨科医院、黔西南州第二人民医院是政府主办、合署挂牌的一家集综合医疗、教育、科研为一体的“国家三级甲等医院”。是黔西南州人民政府认定的“黔西南州工伤医院”和“黔西南州血栓病防治中心”，发展“中西医并重，兼容中西医精华”的现代技术型综合性医院。2011年被评为“中国全民健康扶贫工程协作医院”，2015年6月被贵州省卫生和计划生育委员会及共青团贵州省委认定为“春晖行动，爱心医院”，同年底获黔西南州卫计委批准挂牌成立“黔西南州民族医药健康产业发展研究中心”及“黔西南州3D数字医疗培训中心”。

医院编制床位500张，副高以上专家近60名，“贵州省名中医”1名，“黔西南州名中医”8名，有国家、省、州级科技奖10余个。拥有美国先进的核磁、CT、C臂，日本原装进口彩超、DR；意大利高精尖的胃肠机及一批国外高端的外科微创诊疗设备及康复器材等医疗设备；拥有全州首家移动体检车、州内首台全飞秒近视眼治疗系统等先进医疗设备，拥有一流的层流净化手术中心、重症医学中心和舒适温馨的就医环境。医院设有内科、外科、妇产科、儿科、眼科、耳鼻喉、口腔、中医、治未病、针灸、康复、推拿等临床科室25个，医技科室8个；在专病治疗方面，医院积累丰富的临床经验，培育成熟一批国家级、省级、州级重点学科：骨科为国家级重点专科，老年病、针灸为省级重点专科，血栓病为医院重点学科；开设糖尿病、痛风、眩晕病、面瘫、带状疱疹、痤疮、近视眼、白内障8个极具特色的专病门诊；眼科（白内障）、肾病（终末期治疗）、乳腺癌、脑梗等重大疾病列为贵州省重大疾病定点救治医院。

【业务指标】2018年，黔西南州中医院总诊疗人次26.33万人次，门急诊人次22.86万人次，同比增长2.63万人次，增长率12.99%；入院人数2.07万人次，同比增长1039人次，增长率5.28%；手术台次10004台，同比增长1439台，增长率16.8%；病历甲级率91.4%，急危重病人抢救成功率95.89%，病床使用率117.02%；体检5.07万人次，同比增加8263人次，增长19.47%。2018年，业务总收入2.74亿元，同比增长2100万元，增长率8.3%。

【管理工作】2018年，建立健全《黔西南州中医院劳动纪律管理规定》《黔西南州中医院医德医风考核实施方案》《黔西南州中医院开展特色护理质量评价工作制度》《黔西南州中医院科研课题管理制度》《黔西南州中医院生活垃圾管理制度（试行）》等制度，为医院各项工作提供制度保证。

【安全保障】2018年，后勤部维修组每日2人负责消防自动控制系统的监视、记录填写；每月参与消防自动控制系统的维保工作，合计12次；电梯救援电话接听，监控录像管理、调取，出勤600余人次；接受消防培训2次，消防演练2次，迎接消防检查7次。

全年全院投入资金4万余元，更换全院过期灭火器及冲装203个、水带31条、灭火器箱23个，疏散指示灯牌81块，应急照明灯34个，更换8、9楼防火门2扇，接受省级考核2次，州、市检查4次。

全年处置感染性医疗废物12.37万千克；病理性医疗废物789.33千克；损伤性医疗废物9072.9千克；化学性医疗废物41千克；药物性医疗废物25千克。处理医疗废物13.36万千克，污水处理站污泥转移处置1次，重718千克，处理费用3231元。监管医院污水的处置及排放10.20万吨，全年投入污水处理站药品费用1800元；维护、维修污水处理站30余次，费用4000余元；污水处理后的水质检测全检2次，检测费10000元。

实现洗涤、消毒被服18.69万件，加工制作各临床用品1.29万件、缝补1.98万件，创造价值57.68万元；全年安全行驶里程达到20.88万千米同比增长7365千米，增长率3.66%。全年出车3455次，其中急救出车767次。

【科研教学成果】2018年，组织各科室及部门申报省级中医重点专科（专病）建设项目4项，未获立项通知；组织申报省中医药、民族医药科学技术研究课题5项，获立项1项，获基金1万元；组织省卫生计生委科学技术基金项目3项，未获立项通知；组织申报州级科技计划项目4项，获基金资助立项1项，获基金1万元，获自筹资金项目立项3项。

发表学术论文71篇，其中，国家级期刊57篇，省级期刊14篇。组织举办院级学术讲座及技能培训24次，承办省级Ⅰ类继教项目2项，承办省级二类继教项目5项。

【人才培养】2018年8月，安排20名规培生在黔西南州中医院轮转培训，按照国家中管局关于中医住院医师规范化培训大纲要求进行规培，把握好住院医师轮转，把规培工作纳入科室考核，建立规范的管理台账。执行“请进来、走出去”的人才发展战略，医院选派47名医护人员到国内知名医院进修学习，外出参加学术会议及短期培训190人次。

黔西南州中医院“贵州省名中医”指导老师胡德华和继承人郭广梅、罗国宏统一进岗。建立省级、州级、院级师承教育体系，以1名省级和8名州级名老中医药学术经验继承工作室为载体，组织师承学员深入学习中医经典论著、整理和发掘名老中医学术思想和临床经验。

【扶贫工作】2018年，坚持应建尽建和“党支部建在科室上”原则，将原有的7个党支部进行撤并、组建，调整为25个党支部；建立党建工作经费专户；医院党委班子成员到扶贫点开展调研6次，与村“两委”班子召开座谈会；春节前到扶贫点开展慰问，慰问贫困户6户、驻村干部4人，发放慰问金5000元、慰问品3000元；医院直接出资2万元帮扶安龙县招堤街道办板磨村和栖凤街道办箐山村。

【医联体建设及对口帮扶】2018年，医院每年定期拟派12名医务人员（每个医院拟派4名）分别到普安县中医院、贞丰县中医院、晴隆县人民医院开展日常诊疗服务。年内，到帮扶医院开展专题学术讲座58次、基本技能操作培训19次、业务查房2次、疑难病例讨论20次、手术示教19次，服务病人（门诊、住院）660人次。同时院领导5次带领多学科专家到医联体及对口帮扶单位开展大型巡诊活动。

宁波市中医院领导2次携带相关职能科室负责人、临床科室主任、专家、名老中医药专家17名到黔西南州中医院实地调研、帮扶和指导工作。开展大型义诊活动1次、全院学术讲座2次、科内小讲座3次、教学查房7次、疑难病例讨论4次、专家坐诊6次；免费接收黔西南州中医院12名医务人员参加短期培训和长期进修学习。

【社会责任】2018年，派出24名医护人员完成州看守所3月至8月医疗任务，独立承担该州纪委医务室医疗服务工作，黔西南州中医院全年开展义诊服务67次，接诊患者4974人次，免费发放药品25351.22元，免费发放资料3000多份。

【医院荣誉】2018年，州中医院获中国“卒中中心”称号；胡德华获“贵州省名中医”学术经验继承工作指导老师称号；9名优秀医生荣获黔西南州首届“百名优秀医生”称号，外三科医生陈宏被评为“医坛新秀”称号、内一科主任许涛获“内科翘楚”称号、儿科主任刘丽获“儿科天使”称号、急诊科副主任杨家兴获“急诊先锋”称号、体检科邓蜓蜓获“扶贫榜样”称号、内三科主任李发荣获“杏林高手”称号、特检科主任书玉萍获“医技达人”称号，眼科主任王大萍和外五科医生田全良获“外科能手”称号。

护理团队获“贵州省康复护理技能大赛暨全国首届康复护理技能大赛选拔赛”团体优秀奖，获黔西南州护理质量成果改善奖，一等奖1项，三等奖1项。护理团队在“贵州省第二届中医护理技能竞赛决赛”中获团体二等奖及多个个人单项奖，其中，参赛代表倪扬获拔罐法优秀奖，沈丹获技能竞赛能手优秀奖、隔姜灸优秀奖、拔罐法优秀奖，张芳获心肺复苏优秀奖、技能竞赛能手优秀奖、拔罐法优秀奖。

（戴珊珊）

黔西南州妇幼保健院

【概况】2018年，黔西南州妇幼保健院为黔西南州卫健局下属副处级事业单位，是贵阳市妇幼保健院、黔西南州人民医院医联体单位，宁波市妇女儿童医院对口帮扶医院，黔西南州产前筛查机构、危重孕产妇及危重新生儿救治中心之一。黔西南州妇幼保健院成立于1994年5月，2012年州编委批准成立黔西南州儿童医院，与州妇幼保健院实行一个机构、两个牌子的管理体制。2015年7月卫计机构改革将州计划生育技术指导所与州妇幼保健院整合，成立黔西南州妇幼保健与计划生育技术服务中心，与州妇幼保健院、州儿童医院实行一个机构、三块牌子的管理体制机制。医院占地面积3670平方米，业务用房面积约1万平方米，编制床位300张，实际开放床位200余张。

【医院管理】2018年，设置保健部、医务部、护理部、行政后勤保障部、财经部等5个职能部门，各业务、职能部门下设临床、医技、行政后勤等科室60余个。

州妇幼保健院（州儿童医院、州妇幼保健计划生育技术服务中心）编制床位300张，实际开放床位180张，人员编制61名，员额510名，实有干部职工351名，其中专业技术人员285名，技术人员中副高以上职称27名，中级职称37名，初级职称221名。2018年州妇幼保健院实现门诊人次86164人次，出院人次8125人次，住院分娩4158例，手术4526台次。

【妇幼保健工作】2018年，州妇幼保健院孕产妇健康管理率达90.52%，0~6岁儿童保健管理率达91.45%。全州活产数42681人，住院分娩活产数42002人，住院分娩率98.41%；孕产妇死亡8例，孕产妇死亡率18.74/10万；婴儿死亡336例，婴儿死亡率7.87‰；五岁以下儿童死亡438例，5岁以下儿童死亡率10.26‰。

【艾滋病、梅毒和乙肝母婴阻断项目】2018年，全州产妇总数4.69万人，艾滋病检测4.68万人，检测率99.75%。梅毒检测4.68万人，检测率99.79%。乙肝检测4.68万人，检测率99.76%。艾滋病检出阳性孕产妇34例，其中34例分娩，阳性产妇用药29例，干预率85.29%；阳性产妇分娩活产婴儿34例，干预32例，干预率94.12%。检出梅毒阳性孕产妇165人，分娩147例，产妇治疗141例，干预率95.92%；新生儿治疗129例，干预率92.81%；先天性梅毒患儿1例。检出乙肝阳性孕产妇1619例，阳性产妇分娩活产1615例，新生儿乙肝免疫球蛋白接种率99.69%。

【“两癌”筛查项目】2018年宫颈癌任务数5.5万人，完成TCT 55122人，完成任务数的100.22%人，结案率92.35%。乳腺癌任务数16000人，完成任务数16318人，筛查完成率101.99%。

【儿童营养改善项目】2018年，兴义、兴仁两个项目县（市）收到营养包12.82万盒，发放11.02万盒营养包，月均服用儿童人数1.10万人，项目任务完成率110.3%，月均有效服用儿童人数1.06万人，有效服用率95.9%。6月，新增安龙、册亨、望谟、兴仁、贞丰、普安6个县实施营养改善项目，项目实施7个月以来，6个新增项目县发放9.89万包，月平均发放1.41万包，发放率50.8%，月均有效服用儿童人数1.33万人，有效服用率93.9%。

【新生疾病筛查项目】2018年，兴义、兴仁两个项目县代谢性疾病筛查4.23人，任务完成率529%。兴义、兴仁两个项目县（市）免费听力筛查8000人。全州听力筛查27967人，筛查出可疑听障儿17名，确诊8名听障儿童，8名听障儿童及时得到残联救助和干预治疗，其中1名儿童获人工耳蜗手术救助。

【医疗帮扶协作】2018年9月，“汪期明主任团队工作室”成立一周年，宁波市妇儿医院“周黎明主任团队工作室”在黔西南州妇幼保健院正式挂牌成立，周黎明坐诊该院生殖科。选派该院妇科知名专家、主任医师汪期明教授为首的知名专家团队，每月不定期到州妇幼保健院进行坐诊和开展示范带教。

2018年，宁波市妇女儿童医院的专家到州妇幼保健院接诊妇科、产科、儿科、新生儿科等疑难病例58例，召开妇科、产科、麻醉、护理等知识专题讲座和培训17次，开展妇科、产科和儿科、新生儿科教学查房16次，完成妇产科手术带教22例，开通远程会诊服务63次，接受相关项目进修培训26人次。

【等级妇幼保健院创建】2018年，院根据《省医疗卫生事业改革发展领导小组办公室关于切实加强新形势下妇幼健康工作的意见》文件精神，于2017年10月启动“三级乙等”妇幼保健院创建工作。

【新院建设】2018年，黔西南州儿童医院、黔西南州妇幼保健院“两院合一”建设项目，是中央预算内投资的重大民生项目，项目总投资3.3亿，新院区建筑规模7.3万平方米，建设地点位于义龙新区东峰林大道，占地面积213.07亩。

（陆锐豪）

民族宗教

综　述

【概况】黔西南州民族和宗教事务委员会机关行政编制14名，工勤编制2名，列入财政全额预算，领导职数：主任1名，副主任3名；非领导职数调研员、副调研员2名；科级领导职数7名；主任科员或副主任科员1名。内设机构：办公室、政策法规科、经济建设科、文化教育科、宗教一科、宗教二科。2018年末，在编11人，主任1人，副主任3人，科室（长）5人，工勤人员2人。下属事业机构1个（民族研究中心），列入州级财政全额预算。民族研究中心编制数9名（其中，管理岗位6名，专业技术人员3名），设领导职数2名（主任1名，副主任1名）。2018年末，在职在编7人，主任兼专业技术职称十级1人，副主任1人，七级管理岗1人，八级管理岗1人，九级管理岗2人，参公管理1人。

【全国民族团结进步示范州创建工作】2018年，州政府为确保创建全国民族团结进步示范州工作如期推进，3月26日，召开全州民族团结进步创建工作冲刺大会；6月12日，召开州委七届53次常委会议研究创建工作；9月25日，召开全州民族团结进步创建工作会议等，保证民族团结进步创建工作成效。2018年4月，邀请贵州民大教授杨昌儒和院长董强到黔西南州开展民族团结进步创建工作培训，重点培训民族理论、政策等，培训人员50余人。3月15日、8月16日州领导先后带队赴国家民委专题汇报全州创建工作，于6月9—11日，争取到国家民委调研组赴全州调研指导民族团结进步创建工作；5月份完成2018年州级民族团结进步创建示范单位命名177家，并从已获国家及省、州命名的民族团结进步示范创建单位中选出100家单位作为巩固提高单位；5月31日，州、市民建办及州民宗委和市民宗局共同举办以“民族团结一家、同心同向奔小康”为主题的宣传教育活动，发放宣传单1万余张、围裙100余条。聘请1987人作为民族团结义务宣传员，宣传党和国家的民族政策，传递民族团结好故事、好声音，筑牢民族团结进步的思想基础。同时，制作黔西南州民族团结进步宣传图标、宣传视频；编印《不忘初心　决胜小康》《习近平“平语近人”》《黔西南州民族团结进步示范州工作“十二进”成果篇》《黔西南州民族团结进步示范州工作故事篇》宣传书籍，在贵州省民宗委门户网上增设黔西南州民族团结进步创建专栏；在《贵州民族报》《黔西南州日报》发表民族团结进步创建刊物，全方位、多渠道宣传民族团结，营造良好的创建舆论氛围。2018年获省级命名9个，发挥示范典型阵地作用，带动引领一批新的示范创建，为巩固创建成果提供有利条件；2018年通过国家民委考核验收，2018年12月28日，义龙新区麻山社区被国家民委命名为“全国民族团结进步创建示范单位”；12月29日，黔西南州被国家民委命名为“全国民族团结进步创建示范州”。

【脱贫攻坚战略实施工作】2018年黔西南州获少数民族发展资金4524万元，其中：中央资金3160万元（兴义市299万元，兴仁市324万元，安龙县394万元，贞丰县430万元，晴隆县440万元，普安县294万元，册亨县425万元，望谟县504万元，义龙新区50万元）；省级资金1134万元（兴义市19万元，兴仁市50万元，安龙县75万元，贞丰县50万元，晴隆县190万元，普安县45万元，册亨县300万元，望谟县400万元，义龙新区5万元）；州级资金230万元（兴义市32万元，兴仁市40万元，安龙县61万元，贞丰县5万元，晴隆县35万元，普安县8万元，册亨县16万元，望谟县30万元，义龙新区3万元）。

一是实施基础设施项目122个、资金2622万元。投入资金1427.76万元，新建改建通村通组公路、串户路及硬化30.35千米，建设5座便民桥，新建机耕路25.6千米，农田保护河堤80米，解决4654户19344人的出行困难、运输困难问题；投入资金20万元，用于木新建生活污水管网排污工程，全长1.534千米，受益人数138户720人；投入资金138万元，维修、修建水井、水池5个，解决250户1129人的饮水问题；新建排洪沟渠1900米，灌溉高位水池3个，输水管道1100米，解决672户1262人的1960亩水田、西贡蕉和蔬菜基地灌溉问题；投入资金702.2万元，安装太阳能路灯2151盏，解决6956户28674人的夜间出行安全问题，提高广大农民的生活质量，提升农村人居环境和农村社会文明，完善农村基础设施建设；投入资金110万元，补助少数民族民居改造1200平方米，解决24人住房困难问题，对30户贫困户进行民居改造，改善30户158人的住房环境问题；投入资金105万元，补助少数民族特色村镇建设，受益939户3989人；投入资金285万元，用于改善农村人居环境建设，受益3080户9788人；投入资金40万元，建配套水冲式公厕1座，垃圾池2口，硬化集贸场地850平方米；挡土墙约470立方米，改善村容村貌受益人数2471人。

二是实施产业发展项目18个、资金372万元。投入资金122万元，扶持发展毛竹种植500亩、辣椒种植200亩、刺梨种植100亩、百香果种植50亩，花椒种植100余亩，增加收入130余万元，食用菌种植配套设施建设，有贫困户139户660人受益；投入资金70万元、实施新建泵房1个、200亩滴灌系统、有贫困户60户240人受益；投入资金80万元，扶持发展猪、牛养殖610头、竹鼠200对，增加收入70万元，有贫困户120户480人受益；投入资金55万元，扶持少数民族传统手工艺项目7个，解决140人就业，企业创收65万元；投入资金10万元、对贫困户71人进行为期10天少数民族传统手工艺培训，解决36人就业，为企业创收3.6万元。

【依法开展民族成分变更】2018年，全州审批变更民族成份136人。其中兴义市43人、安龙县36人、兴仁市8人、晴隆县8人、贞丰县8人、册亨县2人、普安县12人、望谟县19人。在审批的总人数中，有67人申请变更为布依族，占总变更人数的49.3%；有16人申请变更为苗族，占总变更人数的11.8%；13人申请变更为黎族，占总变更人数的9.6%；有13人申请变更为彝族，占总变更人数的9.6%；有7人申请变更为回族，占总变更人数的5.1%；有7人申请变更为仡佬族，占总变更人数的5.1%；有1人申请变更为土家族，占总变更人数的0.7%；有5人申请变更为壮族，占总变更人数的3.7%；有1人申请变更为侗族，占总变更人数的0.7%；有3人申请变更为白族，占总变更人数的2.2%；有1人申请变更为蒙古族，占总变更人数的0.7%；有2人申请变更为汉族，占总变更人数的1.5%。

【民族传统节庆活动扶持】2018年，黔西南州深入挖掘原生态山地民族文化的内涵，将传统民族节庆文化逐步打造成具有鲜明地域特点和民族特色的节庆品牌。扶持民族传统节庆，望谟布依族“三月三”、贞丰“六月六”布依风情节、贞丰苗族“二月二”走亲节、兴仁“八月八”苗族风情节、晴隆彝族“火把节”等主要传统民族节庆活动。

【参加第九届贵州省少数民族传统体育运动会】2018年，州政府争取到州级资金100万元，组成118人的代表团参加第九届省少数民族传统体育运动会。在该次比赛中，射弩项目获一等奖1个，二等奖7个，三等奖5个；板鞋竞速一等奖1个，二等奖2个，三等奖2个；高脚竞速一等奖1个，三等奖1个；打陀螺二等奖1个，三等奖2个；蹴球获得一等奖1个，二等奖2个，三等奖2个；独竹漂分别获60米、100米、200米项目三等奖各1个（已提前比赛）；2个表演项目（布依狼牙棒、布依钵铃魂）获得二等奖。

【民族特色教育】2018年，黔西南州争取中央及省、州各级教育资金扶持民族教育发展，扎实开展民族文化进校园活动。继续支持“册望民族高中特色班”，加强对安龙县一中、普安县一中和晴隆一中民族高中班办班工作指导，推广“民族班”办班模式。册望民族高中班的94名学生参加高考，一本上线率大幅度提高，二本上线率达到100%。其中兴义一中理科34人，最高分594分，一本上线人数29人，一本上线率为85%；文科15人，最高分662分，600分以上有8人，一本上线人数为12人，上线率达80%。兴义八中就读的50名学生，一本上线率达到94%。两校“册望班”二本上线率达到100%，一本以上上线创历史新高。

【民族语言文字开展工作】2018年，开展少数民族汉语障碍的摸底调查工作，根据“加强双语培训·助推脱贫攻坚”工作要求，黔西南州民宗委对各县市、新区的指导，摸底调查，最后统计，黔西南州汉语言障碍的少数民族群众有19161人，其中，男性有6233人，女性有12928人，16岁以下有1350人，16至59岁有10026人，60岁以上7693人。建档立卡少数民族群众有9675人。按照省民宗委要求，考虑到脱贫攻坚实际，重点将16至59周岁的10026人存在汉语言障碍群众作为培训对象，截只2018年，黔西南州投入资金130万元对2018年脱贫的少数民族群众2339人进行培训，聘请知晓双语的土专家对少数民族群众进行汉语语言障碍、民族刺绣、民族民间文化（布依小打音乐、布依八音、芦生、苗族板凳舞、舞狮、唢呐等）、土法染布、传统赶香、农业农村实用技术（蘑菇种植、薏仁米种植、生姜种植、猕猴桃种植、瘦牛培肥、鹅鸭养殖等）等培训。抓好民语过级考试和高考学生的双语预科班录取工作，组织全州116人报名参加民语过级考试。配合各县市抓好三文函牌的翻译工作。完成三文函牌的翻译100余条。完成《贵州省民汉双语学校简句》句子草拟、布依语翻译、校对、出版工作。

【民族古籍保护传承工作】2018年，完成《布依法词典》三校和验收工作。该词典于2015年8月13日与贵州布依学会合作翻译整理，在2018年8月完成全部工作，并在8月13日在贵州民族大学组织验收。省政协原副主席、省布依学会会长吴嘉甫出席会议。省少数民族古籍办公室、省少数民族语言文字办公室、黔西南州民宗委、黔西南州布依学会、贵州省布依学会、课题组成员，布依语专家共20余人参加会议。抓好少数民族古籍条目的搜集整理工作。在全州开展少数民族古籍普查，普查古籍条目501条，终审合格的501条，其中布依族有326条，苗族155条，彝族20条。

【首届多彩贵州民族服饰大赛举办】2018年10月10—14日贵州省首届多彩贵州民族服饰设计大赛在黔西南州兴义市成功举办。由9个市州代表队和省直高校及省外征集到6000余套“民族传统服饰”“民族元素职业工作装”“民族元素旅游休闲装”参展参赛。参加该届大赛数达1000余人，观众人数超过8000人。该届大赛有96件作品获奖，一等奖4件，二等奖12件，三等奖20件，优秀奖60件。黔西南州、安顺市、黔南州、贵阳市各有1件作品获得一等奖，黔西南州、遵义市、铜仁市、贵阳市、黔南州、六盘水市、安顺市、黔东南州各有1件作品获得二等奖，毕节市、省直高校及省外作品各有2件获得二等奖，黔西南州、黔东南州各有3件作品获得三等奖，遵义市、贵阳市、六盘水市、安顺市、省直高校及省外作品各有2件作品获得三等奖，铜仁市、毕节市各有1件作品获得三等奖。中国服装设计师协会原主席助理、高级服装设计师、中国服装功勋人物李欣，华南农业大学教授金惠获得特别贡献奖。为参与首届多彩贵州民族服饰设计大赛，黔西南州划拨50万元资金作为黔西南州专场工作经费，组织布谷鸟、晶晶服饰及册亨县、贞丰县、兴义市职业技术学校等有关服装设计人员设计出“职业工作装”和“旅游休闲装”共100余件（套）进行海选，通过专家们认真筛选，选出49套服装参加首届多彩贵州民族服饰设计大赛比赛。获得一等奖一套、二等奖一套，三等奖三套，优秀奖九套，是该次比赛获得奖项最多的市州。还承担全省民族服饰展销和全省民族服饰大赛的各项工作。

【民族特色村镇建设】 2018年，黔西南州按照省民宗委要求报送黔西南州第三批省级少数民族特色村镇推荐材料，报送71个少数民族特色村镇材料。向上争取资金，重点打造望谟县大观纳丁村、册亨县冗渡镇等5个民族特色村镇建设示范点。

【中央和省宗教工作会议精神贯彻落实】 2018年，黔西南州召开全州宗教工作培训会议，邀请省民宗委巡视员吴建民围绕怎样看待宗教工作、怎样把握宗教政策法规、怎样做好宗教工作、怎样坚持宗教中国化方向、解决宗教领域的突出问题等方面进行专题授课，指明新形势下做好宗教工作的具体方法和措施。

【宗教活动场所安全检查及维修】 2018年，黔西南州结合全州各县市宗教活动场所的危旧程度，按照轻重缓解的原则，研究下达2017年度省级第三批危旧宗教活动场所维修补助经费。组织指导各县（市、新区）做好宗教危旧房的调查摸底工作，申报2018年度省级宗教场所危旧宗教活动场所维修补助经费和2018年度州级宗教场所危旧宗教活动场所维修补助经费。

2018年6月，民族特色村寨——纳西特色民居 （义龙新闻中心 供稿）

【依法开展宗教事务管理】2018年，按照中央统战部（国家宗教局）治理违规建设大型露天宗教造像推进会精神及省民宗委相关要求，组织力量开展大型露天宗教造像的专项排查和治理工作。配合省民宗委做好伊斯兰教调研工作。开展全州基督教工作专题调研，进一步掌握全州基督教基本情况，探索加强基督教管理工作的方法和措施。开展宗教领域突出问题调研，理清工作切入点，为解决好宗教领域突出问题奠定基础。加强意识形态及宗教传播管理工作，对全州宗教场所组织举办假期学习班、培训班、主日班、唱诗班、托管班及未成年人进入宗教场所参与宗教活动等情况进行深入排查处理工作。

【维护宗教界和谐稳定】2018年，做好元旦、春节、伊斯兰教开斋节等各个节点宗教领域热点重点、信访维稳方面情况的排查化解等各项工作。开展佛教环城绕佛活动的排查工作，做好维护佛教领域和谐稳定工作。

【宗教关系和谐示范区创建】2018年，黔西南州做好2017年度创建示范单位考评，通过省委统战部和省民宗委组织的验收，对12个创建单位进行挂牌公示。对2018年创建宗教关系和谐示范区工作进行安排部署，向省申报25个宗教活动场所为年内的创建示范单位。

【宗教领域问题整改落实】2018年，成立州民宗委意识形态工作宗教领域问题整改落实专班，明确整改责任人员和责任。按照（州委办字〔2018〕87号）文件要求，对中央巡视组反馈的问题逐一分解、逐一分析，于8月14日，州民宗委召开全州民族宗教重点工作会议，对存在问题建立责任清单，与各县（市、区）民宗局签订《黔西南州宗教工作突出问题整改责任书》。9月28日举办全州宗教事务管理专题培训班，在28日全天及晚上进行培训，培训人员160余人。组成督查暗访组深入各县市区开展整改督查和暗访，做好整改工作。针对存在问题逐一进行整改落实，整改全面完成。

【黔西南州回族学学会成立】2018年7月30日，黔西南州回族学学会成立大会在兴义举行，大会选举理事会21名，由理事会产生会长1人，副会长5人，秘书长1人，副秘书长4人。中国回族学会会长、教授、博士生导师、原云南大学党委书记高发元，省回族学学会党支部书记马光树到会指导。州委常委、州委统战部部长罗春红出席并讲话，州委常委、州委宣传部部长范华，州人大常委会副主任张合建出席并为黔西南州回族学学会授牌，州政协副主席陈晴等出席。

（王　峰）

首届多彩贵州民族服饰设计大赛颁奖仪式现场　（邢贵龙　摄）

县市概貌

兴义市

【概况】兴义市位于贵州省西南部，滇黔桂三省（自治区）交界，地处东经104° 51′ ~ 104° 55′，北纬24° 38′ ~ 25° 23′，是黔西南布依族苗族自治州州府所在地，贵州省四大区域中心城市之一，南（宁）贵（阳）昆（明）经济圈的中心，西南地区重要的交通通信枢纽、工业基地及商贸旅游服务中心。

区域内地势西北高、东南低，山峦起伏、河流纵横，属典型的喀斯特地貌，自然资源极其丰富，被地质学家誉为中国第二个“金三角”。境内海拔主要在900 ~ 1400米范围，最高海拔2207.7米，位于西部七舍镇的白龙山，最低海拔625米，位于东南角的马别河与南盘江汇合处，相对高差1582.7米。全境均属亚热带山地季风湿润性气候，热量充足，雨水充沛，多云寡照，无霜期长。2018年度年平均气温16.9℃，较常年偏高0.5℃；年降雨量1323.0毫米，较常年偏少8.6%；年日照时数为1638.1小时，较常年偏多55.3小时。市内河流属珠江流域南盘江水系，大小河流77条，总长868.7千米。

境内野生动物100多种，其中国家一级保护动物有蟒蛇、金雕等；二级保护动物有猕猴、穿山甲、小灵猫、白腹锦鸡等；省重点保护动物有啄木鸟、蛇、蛙类等。植物资源有95科230属382种，其中被子植物81科207属346种，蕨类植物10科19属32种，裸子植物4科4属4种。有国家二级保护植物树种楸树、红椿、刺楸、清香木、任木、川桂，国家保护植物苏铁等；有古大珍稀树木1000余种。

境内发现矿产16种，探明资源储量9种。其中能源矿产有煤矿，保有资源储量1.24亿吨；金属矿产有3种，铁矿保有资源储量112.22万吨，金矿保有资源储量0.55吨，钼矿保有资源储量2446吨；非金属矿产5种，水泥用灰岩保有资源储量5036.02万吨，水泥配料用砂岩保有资源储量400.4万吨，陶瓷土保有资源储量73.76万吨，砖瓦用黏土保有资源储量102万立方米，水泥配料用黏土保有资源储量150.40万吨。

下辖黄草、兴泰、桔山、丰都、坪东、木贾、下五屯、万峰林8个城区街道办事处，马岭、清水河、威舍、乌沙、白碗窑、三江口、鲁布格、捧乍、七舍、敬南、泥凼、仓更、南盘江、顶效、鲁屯、郑屯、万屯17个镇，雄武、洛万、沧江、则戎、猪场坪5个乡。经核算，兴义市辖国土面积2908.21平方千米，其中，耕地面积832.5平方千米，园地面积71.94平方千米，草地562.68平方千米，林地1422.04平方千米，水域及水利设施用地面积86.95平方千米（因存在部门统计标准不同，各类面积总和与国土总面积存在差异）。人口83.26万，少数民族主要有布依族、彝族、苗族、回族、黎族、壮族、土家族、蒙古族、侗族、白族、仡佬族等。

2018年，兴义市生产总值完成450.07亿元，同比增长12.2%。一般公共预算收入36.34亿元，较上年增长479万元，同比增长0.13%，其中兴义32.43亿元，义龙实验区兴义片区3.91亿元。500万元以上固定资产投资增长19.2%；产业投资占全部固定资产投资比重24.8%。城镇居民人均可支配收入32369元，同比增长9.5%；农村居民人均可支配收入12078元，同比增长10.4%。社会消费品零售总额完成144.6亿元，同比增长8.9%；汽车销售同比增加18.8%，中西药销售同比增速88.0%。金融机构人民币各项存款余额714.95亿元，比年初增加0.82亿元，增长0.11%；金融机构人民币各项贷款余额544.73亿元，比年初增加75.35亿元，增长16.05%。兴义市建筑业总产值71.6亿元，同比增长29.5%；商品房销售面积253.4万平方米，同比增长15.6%。招商引资到位资金313.29亿元，同比增长15.75%；引进恒大集团、红星美凯龙等全国500强企业入驻。"文明在行动·满意在贵州"活动综合考核在全省88个县（市）排第三位，经济发展综合测评在贵州省18个城区方阵中排第5位，较上年提高10个位次，中国西部百强县市第10位，中国县域经济投资潜力百强县第46位，"中国营商环境百强县"第72位，中国县域经济综合竞争力百强县第62位，全国创新创业（双创）百强县（市）第100位。

第一产业增加值41.29亿元，同比增长7.3%，地区生产总值贡献率6.5%，拉动兴义市经济增长0.8个百分点。农林牧渔业总产值68.61亿元，同比增长7.5%，农林牧渔业增加值43.71亿元，同比增长7.3%。农业产业化项目建设现场观摩考评位列黔西南州第一。粮食总产量25.5万吨；肉类总产量4.28万吨。发展建设安格斯肉牛、艾草、三角梅、百合等特色产业24个，陆基高效循环水渔业项目建成养殖箱573套。培育州级以上龙头企业15家，农民专业合作社122个；兴义市无公害产地认定基地62个，"三品一标"认证产品56个，地理标志6个。"一县一业"矮脚鸡存栏20万羽；大牲畜存栏45万头。调整产业结构，调减低效籽粒玉米种植面积107.07平方千米，种植热带精品水果21.07平方千米，温凉特色作物339.13平方千米，优质牧草7.33平方千米。

第二产业增加值156.46亿元，同比增长13.1%，地区生产总值贡献率39.5%，拉动兴义市经济增长4.8个百分点。规模以上工业总产值336.71亿元，增长17.3%；规模以上工业增加值同比增长12.3%；工业产品产销率97.6%，同比增长1.3%。新增规模以上工业企业17家，总数108家。引进工业项目44个，总投资54亿元。兴义电力、贵州苗药、鸿鑫玉石、新滢工艺等19家企业纳入省、州"千企改造"计划，完成技改投资22.04亿元。煤矿基本实现生产矿井综合机械化挖掘，兴电脱硫石膏综合利用、金州电力天然气分布式发电、森乾25000千伏安矿热电炉硅锰生产线等7个项目建成投产。

第三产业增加值252.33亿元，同比增长13.1%，地区生产总值贡献率54.0%，拉动兴义市经济增长6.6个百分点。完成马岭河峡谷、万峰林和万峰湖三大景区提质改造；新增民宿客栈200余家。旅游接待4377万人次，同比增长40%；综合收入355亿元，同比增长40%。培育电商企业500余家，电子商务网络零售额10.85亿元，同比增长47.55%。建成西南医药现代物流中心、兴义市农产品"泉涌"配送中心。

【城镇建设】 2018年，商品房销售面积250万平方米，同比增长22.21%；新增城镇人口3730人，城镇化率58.1%；示范小城镇建设累计投资16.27亿元。建成桔鑫路、桔群路和桔泰路，启动桔园路、桔盛路和园陵路建设；建成湾塘河水景公园、中央湿地公园和马岭河湿地公园；改造丰都杨柳和冬瓜林棚户区，启动湖南街、沙井街、将台营等13个片区14459户棚户改造。"三违"清理行动拆除违法违章建筑15万平方米；绿化植物补植、补种4.3万平方米。

【新农村建设与扶贫】2018年，推进“四在农家·美丽乡村”工作，投入3.36亿元，建成12个乡镇污水处理厂，实施45个行政村污水处理项目，改造3630户农户卫生厕所和50个村级公共卫生厕所。打造万峰林双升“乡愁集市”乡村振兴示范点，“美丽乡村”示范村增加到26个。清水河雨补鲁获评“中国美丽休闲乡村”，万峰林上纳村获评“全国生态文化村”。

兴义市出列贫困村33个，减少贫困人口1991户7456人，贫困村全部出列；贫困发生率降低到1.33%，比2017年下降1.33个百分点。建成“组组通”公路242条，共475千米；投入4010.27万元实施农村安全饮水工程，解决5.6万人饮水安全，贫困人口4400人；获批12个扶贫产业项目子基金10.97亿元，到位3.58亿元；落实财政专项扶贫资金3755.28万元，实施项目99个，覆盖贫困户21933人；与宁波余姚市东西部扶贫协作，争取帮扶资金1030万元，实施三角梅育苗及示范基地4个产业项目，覆盖贫困户1885人。投入资金4438万元，改造农村危房同步“三改”1238户；拆除旧房689户，复垦复绿637户。安置随迁学生2701人，发放各类教育精准扶贫学生资助金7264.55万元。贫困户全员参保，医疗保障收益6524人次，住院产生医疗费用3837万元，报销3751万元，报销比例98%；规范82个贫困村卫生室，配齐乡村医生。贫困劳动力就业培训105个班次4883人，成功转移就业3195人。5541人纳入兜底保障，发放低保金5608万元。

【基础设施建设】2018年，改扩建246国道猪场志补西垭口段、赵家渡至小湾段；改造县道13.71千米；完成生命防护工程130千米；万峰林机场改扩建项目投入运营。兴义市升级改造城区污水收集管网23千米；建成贵州省首个城市公园地埋式污水处理厂；建成18个垃圾临时中转站。新增农业灌溉面积1.96平方千米。建成35千伏清水河20兆瓦每小时调峰调频储能电站，建成110千伏双凤变电站和110千伏清双线、110千伏龙双线；升级改造敬南镇农网。330千米“四好农村路”示范项目获交通部、农业部和国务院扶贫办联合授予兴义市“全国四好农村路”示范县（市）称号。

【生态环境保护】2018年，兴义市新一轮退耕还林54.6平方千米，治理石漠化20平方千米，恢复森林植被5.07平方千米，建设国家储备林0.67平方千米，森林覆盖率提高至58.5%。拆除万峰湖养殖网箱430.15万平方米，管理棚2612个，钓鱼棚1227个，水上餐厅（超市）40余家。兴义市主要河流、地表水及兴西湖、木浪河集中饮用水源水质达标率100%。全面推广清洁能源，取缔城区生活燃煤188户，整治散煤用户270户；安装烟尘颗粒物在线监控系统16家，实现工业废气污染在线监管；黄标车清零，二氧化硫和二氧化氮排放量分别下降30%、5.9%，空气质量优良率100%。

【文化教育】2018年，兴义市（含义龙实验区兴义片区）有各级各类学校校点588所，在校学生22.98万人。其中，幼儿园305所，在园3.64万人；小学校点198所（个），在校学生9.51万人；初中学校59所，在校学生5.43万人，其中九年一贯制学校27所；高中学校22所，在校学生3.92万人，其中完全中学11所，高级中学9所，十二年一贯制学校2所；中等职业学校2所，在校学生4348人；特殊教育学校2所，在校学生366人。有教职工18524人，其中，幼儿园教职工4426人，小学教职工5494人，中学教职工8321人，中职教职工191人，特殊学校教职工92人。投入13.79亿元，实施教育项目64个，建成兴义五中新校区、洒金万峰中学并投入使用，新增校舍面积24.36万平方米、新增学位1.02万个。小学、初中教学质量监测及格率分别提高至91.75%、79.11%；高考录取率90.65%，14名学子被清华北大录取。阳光书院列入全国百佳创新校园，兴义八中迈入全国百强中学行列。

入选州级非物质文化遗产传承人40人，非物质文化遗产项目9个，南盘江镇获“中国民间文化艺术之乡”称号。组织各类文艺演出活动120余场次；文化馆、图书馆、乡镇科技宣教文化信息服务中心免费对外开放，接待167595人次，借阅图书报刊（过刊）104597册次；建成33个村级文体工程项目；新增9000户多彩贵州“广电云”户户用。举办世界华人篮球赛、四国女篮邀请赛、中国·兴义白龙山国际山地越野跑公开赛及兴义万峰林国际徒步大会等大型国际性赛事。

2018 年兴义市普通高考（普通高中类）录取情况

学校	报考人数	一本		二本		专科		合计	
		录取人数	录取率	录取人数	录取率	录取人数	录取率	录取人数	录取率
一中	1282	844	65.83%	406	31.67%	11	0.86%	1261	98.36%
二中	363	3	0.83%	98	27.00%	212	58.40%	313	86.23%
三中	882	17	1.93%	307	34.81%	384	43.54%	708	80.27%
五中	1372	224	16.33%	895	65.23%	156	11.37%	1275	92.93%
六中	694	62	8.93%	448	64.55%	138	19.88%	648	93.37%
八中	1088	1007	92.56%	71	6.53%	0	0.00%	1078	99.08%
九中	373	44	11.80%	202	54.16%	76	20.38%	322	86.33%
兴义中学	1308	429	32.80%	721	55.12%	98	7.49%	1248	95.41%
天赋中学	578	32	5.54%	190	32.87%	274	47.40%	496	85.81%
龙盘中学	394	2	0.51%	40	10.15%	286	72.59%	328	83.25%
赛文学校	788	131	16.62%	487	61.80%	86	10.91%	704	89.34%
崇文中学	477	13	2.73%	154	32.29%	212	44.44%	379	79.45%
乌沙中学	257	1	0.39%	27	10.51%	181	70.43%	209	81.32%
同源中学	324	6	1.85%	52	16.05%	207	63.89%	265	81.79%
社会考生	73	1	1.37%	24	32.88%	35	47.95%	60	82.19%
合计	10253	2816	27.47%	4122	40.20%	2356	22.98%	9294	90.65%

【社会保障】2018 年，兴义市新增就业人员 8605 人，城镇登记失业率 3.7%；失业人员再就业 821 人，就业困难人员实现就业 531 人；组织转移农业劳动力 10679 人，农民工返乡就业创业 11566 人。劳动人事争议仲裁立案 801 件，涉及用人单位 115 家 806 人 3165.12 万元。结案 776 件，结案率 97.5%。城乡居民基本养老保险参保人数 323979 人；基金征收 3158.38 万元。城镇职工基本养老保险参保 23751 人，基金征缴 30902.88 万元；城镇职工基本医疗保险参保 39209 人，征缴基金 14382.94 万元；工伤保险参保 35800 人，基金征缴 2154.77 万元；事业保险参保 24095 人，基金征缴 1194.02 万元；生育保险参保 30026 人，征缴基金 722 万元。城乡居民基本医疗保险常住人口参保率 99.95%；111.65 万人次患者受益，减免报销 39607 万元。

【医疗卫生】2018 年，兴义市有各级各类医疗卫生技术机构 730 所，病床 3974 张，千人卫生床位 4.78 张；执业医师 2651 人，执业助理医师 673 人，护士 4596 人；千人拥有执业医师 4.0 人，千人拥有注册护士 5.5 人。兴义市人民医院荣获国家卫健委授予“2018 年度改善医疗服务示范医院”称号，通过三级甲等综合医院复审，建成综合楼一期工程，床位总数增至 1500 张。建设兴义市中医院，规划建筑面积约 8 万平方米，投资 1.7 亿，争取中央项目资金 4660 万元。建设兴义市计划生育妇幼保健院，建筑面积 5983 平方米，其中改造 2323 平方米，新建 3660 平方米；投资 1079 万元，其中中央资金 660 万元，县级投入 419 万元。投入 1600 万元，建设乡镇远程医疗中心；招考 114 名医技人员充实兴义市人民医院和乡镇卫生院。

【第四届国际山地旅游暨户外运动大会】2018 年，第四届国际山地旅游暨户外运动大会在兴义市举行。大会由文化和旅游部、国家体育总局、贵州省人民政府主办，以“天人合一 · 高品质生活”为主题。贵州省委书记、省人大常委会主任孙志刚宣布大会开幕，贵州省委副书记、省长谌贻琴，国家体育总局副局长杨宁致辞，埃塞俄比亚文化和旅游部国务部长布珠尼斯 · 梅瑟特，《中国国家地理》杂志社社长、总编辑李栓科演讲。韩国忠清南道政务副知事罗绍烈，国际山地旅游联盟理事弗兰西斯科 · 弗朗加利，全国人大农业与农村委员会副主任、民盟中央专职副主席龙庄伟，欧美同学会副会长程东红，全国政协常委、副秘书长何丕洁，贵州省领导何力、卢雍政、王世杰、左定超等出席。开幕式由副省长卢雍政主持。来自亚洲、欧洲、美洲、非洲等多个国家和地区的1200余名嘉宾参加。大会期间举办国际山地户外运动挑战赛、2018年亚洲山地竞速赛、第26届全国攀岩锦标赛、山地越野跑公开赛、汽车拉力赛等系列山地户外运动赛事，来自国内外8000余名专业运动员和超过2万名户外运动爱好者参加活动。

【第六届“中国美丽乡村 · 万峰林峰会”】2018年10月15日，第六届“中国美丽乡村 · 万峰林峰会”在兴义市举行，峰会由各民主党派中央、全国工商联黔西南“星火计划、科技扶贫”实验区联合推动组，贵州省人民政府，欧美同学会联合主办。黔西南州委书记刘文新致辞，贵州省政协副主席、民进贵州省委主委左定超，全国人大常委会委员、农业与农村委员会副主任、民盟中央专职副主席、中华职业教育社副理事长龙庄伟讲话。全国人大常委会委员、农业与农村委员会副主任委员、民进中央副主席王刚主持会议。峰会围绕“聚焦脱贫攻坚助力乡村振兴”主题，对黔西南州脱贫攻坚工作，美丽乡村发展，建言献策，助力同步小康，共同富裕。

（刘德发）

兴仁市

【概况】兴仁市地处贵州省西南部，黔西南州中部，是滇、桂、黔三省（自治区）接合部的中心市。全市国土面积1778平方千米，耕地面积6.24万公顷。森林覆盖率48.87%。居住有汉、布依、苗、彝、回、仡佬、瑶等16个民族。2018年末总人口89.36万，人口较多的少数民族分别是布依族、苗族、回族。城镇人口50.45万人，乡村人口38.91万人。全市辖11个镇、1个乡（鲁础营回族乡）、4个街道，134个村民委员会、19个居民委员会、12个社区。移动、联通网络全覆盖；邮件快递通达各乡镇、街道、社区和部分村居。县境内探明无烟煤储量21亿吨，黄金远景储量超过100吨，铊储量约10万吨，其他矿产资源还有铁、锑、汞、硫黄和重晶石等。国家级文物保护单位交乐汉墓群出土的抚琴俑、连枝灯、铜车马等珍贵文物，被誉为“凝固的汉代文化乐章”。全市境内著名自然景观有放马坪万亩草场、三道沟竹海、马宝树峡谷、马马崖峡谷“一线天”、三家寨道堂、鲤鱼坝苗族风情村、巴铃绿荫河和马金河长寿康养园等。

2018年，全市地区生产总值完成164.53亿元，同比增长12.3%。人均GDP达39164元；农林牧渔业总产值48.57亿元，同比增长7%。工业总产值130.46亿元，工业增加值完成39.01亿元，同比增长11.3%。年内固定资产投资同比增长19.1%。社会消费品零售总额同比增长7.5%。全市财政总收入累计完成24.39亿元，同比增长6.11%，其中地方财政收入15.75亿元，增长5.19%，财政总支出44.04亿元，增长10.08%。税收收入完成19.54亿元，同比增长7.3%。城镇、农村常住居民人均可支配收入分别达29515元、9383元，同比分别增长9.4%、10.3%。全面小康实现程度97%。经济发展综合测评在全省县域第一方阵排第10位，比2017年上升4位。

【脱贫攻坚】2018年，兴仁市按照“三率一度”“一达标、两不愁、三保障”脱贫要求，建成饮水保障工程54个、通组路853千米，实现安全饮水、通组路全覆盖。硬化串户路1057千米、庭院35万平方米，硬化率均达90%以上。安装太阳能路灯59362盏。实施农网改造项目175个。建成城南田坝、东湖陆关安置点，建成易地扶贫搬迁住房2600套，搬迁安置2247户9468人。农低保转城低保228人，解决就业3537人，就学313人。统筹安排财政专项扶贫资金6256.7万元，实施扶贫项目353个。大力发展种植、养殖短中长期产业，深化“村社

兴仁市人民政府与清博大数据达成战略合作 （兴仁市史志办 提供）

合一”合作模式，兴仁市创建薏仁米种植、加工、研发、交易、康养5个产业园区，打造一个以薏仁米为元素、健康长寿为主题的特色小镇和田园综合体。建成全球最大的种植基地、加工中心、研发中心、信息交换中心和康养中心。带动2942户贫困户户均增收15471元，促进3530个贫困劳动力就业，户均增收2160元，实现薏仁产业覆盖全市57个贫困村。投入4.6亿元实施危改、“温心愿”17907户，实现“应改尽改”。教育保障资助贫困学生45210人，实现“应助尽助”。建档立卡贫困人口医保参保全覆盖，实现“应保尽保”。开发“四员”公益岗位，带动就业1429人。对“两无”人员等特殊困难群体实行政策性兜底保障。争取帮扶资金8760万元，实施项目30个。推进“千企帮千村”行动。年内，仅剩7个贫困村全部退出，减少贫困人口999人，贫困发生率下降到1.65%，脱贫攻坚成效考核走在全省前列。2018年9月，经国家评估验收和省政府批准，实现贫困县脱贫退出，是黔西南州唯一脱贫退出县。

【现代农业】 2018年，兴仁市完成低效玉米调减7.42万亩，种植薏仁米32万亩、蔬菜13万亩、烤烟4.7万亩，茶叶发展到2.8万亩，新增精品水果5100亩、中药材3400亩、食用菌950亩，粮经比提高到31∶69。盘江黄牛养殖、巨菌草种植初具规模。完成21个500亩以上坝区农业产业结构调整方案编制。新增龙头企业6家，州级以上龙头企业达42家。新增农民专业合作社76户。成功举办2018中国（兴仁）薏仁米博览会，“兴仁薏仁米”荣获中国百强农业区域品牌，获“中国好品质”荣誉，以“薏仁米一二三产融合发展”为主题的兴仁市国家农村产业融合发展示范园被7部委认定为国家首批示范园，“兴仁薏仁米”品牌价值全面提升。完成“三品一标”认证20个、认证面积19.32万亩，“一县一业、一乡一特、一村一品”产业格局基本形成。

【工业经济】 2018年，兴仁市投入25.47亿元，实施20个“千企改造”项目。9家煤矿“六化”建设通过省、州验收，煤炭过站量402万吨，同比增长22.6%。工业园区水、电、物流、交通等保障能力不断增强，实现南方电网和地方电网“两网融合”，兴仁登高第一条12.5万吨/年铝液生产线、锦兴轻量化交通装备第一条挤压生产线、金州纺织、鑫侑手机触控屏等一批重大项目建成投产，完成煤制乙二醇中试，正推进60万吨/年煤制乙二醇产业化，新增规模工业企业15户，产业链条不断完善，带动就业1万余人，园区工业产值突破70亿元，成为全省55个五十亿级工业园区之一，登高煤电铝成为拉动全州工业用电量和工业经济增长的引擎项目，“大电强网+大产业”的工业发展格局初步形成。

【新兴产业】 2018年，兴仁市大数据与实体经济深度融合发展加快，大数据企业主营业务收入6924万元。电商网络全面铺开，实现进村入户，网络零售额4337.3万元，“泉涌”工程农产品销售额7.2亿元。国家电子商务进农村示范县建设通过验收。现代物流业快速发展，农商旅互联综合体项目建设有序推进。

【旅游康养产业】 2018年，兴仁市长寿康养园成功申报省级医养结合试点、被评为国家森林康养基地，出台宁波游客赴兴仁疗休养优惠政策，接待优惠城市游客2万人次。放马坪、鲤鱼坝景区等5个建设项目列入全省旅游

"1+5 个 100"工程建设。成功举办 2018 国际山地旅游暨户外运动大会兴仁分会场活动。全年接待游客 522 万人次，旅游收入 38.73 亿元，均增长 40% 以上。

【城乡基础设施建设】 2018 年，兴仁市大力实施交通、水利、电力、信息基础设施建设。G354 龙场至兴仁公路、S318 计屯至百德至巴铃公路提级改造，巴铃至百德区域扶贫大道、西北环线坪上至高武段等项目建设加快推进。创建"四好农村路"150 千米。完成 526 千米农村公路安全生命防护工程建设。行政村通畅率 100%。崩土山、响水水库基本建成，完成尖山水库大坝主体工程建设，兴仁水库、木桥水库等 9 座水库前期工作。新增供电线路 956 千米、配变 444 台。建设通信基站 406 个、光缆 1280 千米，行政村光纤、4G 网络实现全覆盖。完成城镇建设投资 36.5 亿元，建成区面积 20.2 平方千米，城镇化率 48.29%。新增城镇道路 14.7 千米，建成环湖东路等 10 条城市道路，北外环路等 7 条城市道路建设加快推进。陆关、真武山公交停保场、体育南路城市停车场建设全面推进，新增城市公共停车位 510 个。东大门、北大门改造、城西客运站建设有序实施。建成兴仁国际会展中心、城市规划馆。东湖生态湿地公园海绵城市示范区基本建成。投入 8.69 亿元，推进棚户区改造。房地产业健康发展，投资 7.5 亿元，潘家庄、百德小城镇基本建成，下山、鲁础营小城镇建设稳步推进。"四在农家·美丽乡村"小康行动投资 15 亿元，建成清水河等 40 个美丽乡村示范村。城乡生活垃圾无害化处理率达 85.29%。新增市场主体 5940 户，从业人员 45089 人。新引进重大项目 14 个，签约项目总投资 66.1 亿元。

【科教文卫工作】 2018 年，兴仁市教育均衡发展成效显著，完成 6 所农村义务教育薄弱学校改造，建成特校、真武山小学、西池幼儿园等 5 所城区学校，改善办学条件。实施农村学前教育、义务教育营养计划。深化"校农结合"，助农增收 3174 万元。综合科技进步水平指数达 73.6%。编纂完成《兴仁县志（1978—2012）》。开展文化科技卫生"三下乡"活动。建设完成多彩贵州"广电云"户户用工程 1.35 万户。建成 13 个村级农体工程、4 个全民健身路径工程。兴仁市获"省妇幼健康优质服务示范市"称号。乡镇（街道）卫生院远程医疗全覆盖，下山、马马崖成功创建国家卫生乡镇。搭建创业平台，引导扶持返乡人员就业创业，创业园区入驻企业 13 家。城镇新增就业 5621 人。城乡居民基本医疗保险参保 43.36 万人，养老保险参保 26.61 万人。城镇职工医疗保险参保 2.2 万人。出租出售保障性住房 1788 套。城乡低保标准分别提高 7%、10%。落实残疾人两项补贴和高龄老人津贴。

【生态文明建设】 2018 年，兴仁市完成 283 平方千米生态保护红线划定，生态文明示范区建设深入推进。抓好中央环保督察及"回头看"问题整改，远程煤矿环境恢复治理成效明显，金兴公司环境隐患整改有序推进。开展重点行业大气污染治理，淘汰黄标车和老旧车 933 辆，实现黄标车"清零"。疏堵结合，加强秸秆综合利用和露天焚烧管控，环境空气质量长期优良。启动麻沙河流域二期 4 座污水处理厂建设，全市 9 座污水处理厂正常运行，城镇污水处理率达 96.1%。157 名三级河（库）长认真履行河（库）长职责，常态化开展巡河。加强集中式饮用水源地保护，主要河（库）和集中式饮用水源地水质全部达标。市医疗废物处置中心建成投用。完成营造林 10.85 万亩，石漠化治理 20 平方千米，水土保持综合治理 3800 亩，实现林业产值 28.08 亿元。

【干部任用与管理】 2018 年，兴仁市 11 名干部获得州委提拔或转重，其中提拔正处级 2 名、副处级 5 名、专任重要岗位 4 名。新提拔科级干部 18 名，其中正科级 10 名、副科级 8 名，领导职务 14 名、非领导职务 2 名、非领导职务转任同级领导职务 2 名，少数民族干部 5 名，女干部 4 名；完成 46 名公务员晋升与职级晋升，其中晋升副处级 9 名、晋升正科级 15 名、晋升副科级 22 名。截至 2018 年底，全市科级干部 838 人（正科级 257 人，副科级 581 人），女干部 133 人、占 15.87%；少数民族干部 263 人，占 31.38%；党派干部 108 人，占 12.89%；大学本科级硕士研究生以上学历 499 人，占 60%，大专学历 326 人，占 39%，其余学历占 1%。全市 9724 名干部投身脱贫攻坚一线，27名表现优秀的干部获得州委、市委提拔、重用；100余名党员干部获得省、州、市脱贫攻坚“七一”表彰；先后选派100余名干部到省、州、市直机关重要岗位和宁波挂职锻炼。受理举报信访件11件，取消2名公示拟提拔干部任职资格。组织人事部门共开展提醒谈话7人次、诫勉谈话6人次。

【市政府印章正式启用】 2018年9月28日，根据《民政部关于同意贵州省撤销兴仁县设立县级兴仁市的批复》和《省人民政府关于撤销兴仁县设立兴仁市的通知》精神，同意撤销兴仁县，设立兴仁市，以原兴仁县的行政区域为兴仁市的行政区域，兴仁市人民政府驻城北街道民主路20号。兴仁市由黔西南布依族苗族自治州管辖。按照《省人民政府办公厅关于印发贵州省国家行政机关和企业事业单位社会团体印章管理规定的通知》规定，经省人民政府同意，刻制“兴仁市人民政府”印章正式启用。原“兴仁县人民政府”印章即日停止使用并交回省人民政府办公厅。

【坡耕地治理项目调研】 2018年7月21日，水利部副部长陆桂华一行到兴仁县调研2018年坡耕地水保综合治理项目。调研组对兴仁县2018年坡耕地治理水土保持综合治理项目取得的成效、创新推广“村民自主建设和政府监管服务”模式给予肯定。兴仁县2018年坡耕地水土流失综合治理项目位于城北街道办事处丰岩村、黄土佬村。根据项目批复，该项目新建3600亩石坎坡改梯，40立方米蓄水池10口，新建蓄水池截（引）水沟1061米，新建沉沙池10口，新建机耕道4340米，硬化机耕道2252米，新建作业便道5106米。项目总投资1250万元，其中，中央资金1000万元，省、州两级配套资金各125万元。项目于2018年1月19日开工建设，2018年6月30日完成建设任务。项目完成直接工程投资1155.38万元，独立费用94.6万元。

2018年7月21日，水利部副部长陆桂华（右二）一行，到兴仁市调研2018年坡耕地水保综合治理项目 （兴仁市史志办 提供）

【魏国楠到兴仁调研】 2018年3月13日，贵州省副省长魏国楠一行到兴仁对登高煤电铝一体化项目、放马坪山地旅游发展情况进行调研。在登高煤电铝一体化项目现场，魏国楠认真听取该工程项目建设、厂区规模、管理方式及区位优势、交通优势、电价优势等情况汇报。登高煤电铝一体化项目，是全省“四个一体化”重点项目。魏国楠一行还到放马坪高山草原AAAA级旅游景区进行调研，详细了解景区的建设情况。

【脱贫攻坚工作调研】 2018年5月24日，省人大常委会副主任、秘书长陈鸣明到兴仁县调研脱贫攻坚减贫摘帽工作。调研期间，陈鸣明先后到兴仁县百德小城镇建设、水库建设、产业发展等项目实施点进行实地调研，并召开座谈会，听取全县及百德镇脱贫攻坚减贫摘帽工作情况汇报。当天，陈鸣明还到巴铃重工区登高铝业有限公司调研，了解该工程项目建设情况。

【美丽乡村推进小康水项目建设】 2018年，兴仁市中央财政小型农田水利建设项目，投资40万元，在新龙场镇虎场村建排洪渠工程，新建渠道313.3米、混凝土管道66米，保护灌溉面积为300亩；大山镇耳期村葡萄基地灌溉工程，投资40万元，建泵站、高位调节水池、管道解决灌面200亩；投资2147.5万元，在马马崖镇长箐村、马鞍山村、阿藏村、九盘村新建调节水池11座，管道安装76338米，闸阀井67个，给水栓井681个，机耕道3095米，解决灌面8415亩，其中，长箐村核桃节水管灌区540亩，马鞍山村核桃节水管灌区1200亩，阿藏村核桃节水管灌区、李子节水灌区2865亩，九盘村枇杷节水灌区3810亩；兴仁县贞龙中型灌区节水配套改造工程，投资1400万元，在屯脚镇九头村、新山村解决灌面3790亩，新建提水泵站1座、改造提水泵站1座、新安装提水管0.66千米/2条、新建高位水池900米/3座、新建过滤反冲房45米/1座、新安装输水管1.5千米/1条、新安装干管9.25千米/10条、新安装支管11.903千米、新安装毛管40.97千米、新安装站管6.019千米、新建闸阀165座、新安装喷头3344个、新安装过滤反冲设备1套、新建排涝渠4.65千米/5条、新建标示牌1块。提高兴仁市水利基础设施抵御自然灾害能力，基本能达到"抗得住，灌得上，排得出"的防洪抗旱要求，改善农民生产生活条件，促进粮食增产、农业增效和农民增收。

【城乡安全用水建设】2018年，兴仁市完成供水量1592.32万立方米，占全年计划1515万立方米的105.1%。售水量1170万立方米，占全年计划1090万立方米的107.34%。营业总额3829万元，占全年计划3000万元的127.63%，其中，水费收入2726万元，安装及材料销售收入1103万元。供水管网改扩建51.72千米，占全年计划60千米的86.2%。新增改造市政消防栓53台。新增用水户9903户，占全年计划2000户的495.2%。清收欠缴水费、材料费185万元，占全年计划200万元的92.5%。城镇管网漏失率下降到26.5%，比2017年同期下降2.3个百分点。城镇供水普及率达到100%，供水保证率为99%、供水水质综合合格率达到99%、集中饮用水源水质合格率达到100%。完成城镇污水处理量804.01万吨，占全年计划890万吨的90.34%。城镇污水处理率达到96.25%。完成COD、氨氮减排809.48吨和160.84吨，占全年计划1020吨、200吨的79.36%和80.42%。完成固定资产投资1.5979亿元，占全年计划1.2亿元的133.16%。

【薏仁米博览会】2018年3月31日，由贵州泛亚实业（集团）有限公司主办的第二届中国（兴仁）薏仁米博览会系列活动脱贫攻坚"春风行动"兴仁薏仁米产业招商暨产业研讨会在京举行。会上，兴仁县政府主要领导、知名专家学者以及来自全国的薏仁米经销商代表共同就薏仁米产品规划、品牌建设、产业发展、市场拓展等焦点问题展开研讨。截至2018年底，兴仁薏仁米加工贸易企业达385家，年加工能力达到40万吨，年产值达20余亿元。周边地区、国家种植的薏仁米，每年有20余万吨汇集到兴仁加工，销往国内各大中城市及台湾地区，并出口到日本、韩国、美国等及欧洲各国，占全球同行业市场份额的80%以上，形成全球最大的种植基地和集散、加工、研发、信息交换中心。贵州省级龙头企业贵州兴仁聚丰薏苡股份有限公司于2018年1月首批入选国家粮食局、中国农业发展银行重点支持粮油产业化龙头企业。

2018年9月16日，中国质量万里行走进贵州·兴仁2018中国薏仁米品牌国际论坛暨贸易洽谈会在兴仁县举行。来自法国、印度尼西亚、菲律宾、泰国、柬埔寨等国嘉宾，全国薏仁米产区政府代表，国内各大科研院所专家、30余个省市、地区相关企业代表及省内各地政府代表等700余人参加会议。贵州省工商局向兴仁县授予"兴仁薏仁米地理标志商标产业园（创建）"牌匾，中国质量万里行促进会也授予兴仁薏仁米"中国好品质"牌匾。在兴仁县特色产品展示区上、以薏仁米为原料制作的精油、代餐粉、酒类、面膜、保健品等吸引来宾的关注洽谈。会上发布《2018中国薏仁米产业发展蓝皮书》《薏仁米生态因子与品质大数据分析报告》。

【农业大数据助力"中国薏仁米之乡"】2018年9月16日，中国（兴仁）薏仁米博览会"兴仁薏仁米与农业大数据论坛"在兴仁县举办，兴仁县人民政府与清博大数据正式签订战略合作协议，双方将在农业大数据应用、融媒体建设等方面开展合作。助力"中国薏仁米之乡"兴仁县智慧发展。截至2018年底，兴仁市是世界薏仁米最大的生产销售集散市场，在全国薏仁产业占具核心重要位置，在市场需求开拓、产品开发与品牌文化传播等方面，潜力提升空间也较大。中央政法委信息中心原主任陈里、国家邮政局发

兴仁薏仁米产品　　（兴仁市史志办　提供）

展研究中心主任助理方玺、工信部信息中心信通所所长张明钟、财政部机关党委宣传部部长刘江华、北京大学教授李虹、北京大学农业大数据研究中心副主任温晗秋子、中国食品安全报副总编牛安春、字节跳动创新业务部扶贫运营总监张楠、腾讯内容平台三农主编吴晓倩、中国农业新媒体联盟理事长耿怀民就农业邮政大数据、大数据赋能、农业品牌传播、食品安全、智能算法及内容公益等话题进行分享，册亨县、晴隆县、贞丰县等薏仁米产区的副县长就薏仁米发展情况进行介绍，并签订《薏仁米产区政府联合倡议书》。

【“地理标志产品区域品牌”】2018年5月9日，由国家市监总局主导的“2018中国品牌价值评价信息发布暨第二届中国品牌发展论坛”在上海举行。在大会发布的“地理标志产品区域品牌”百强榜单评价结果中，黔西南州兴仁薏仁米以显著优势上榜，位列“地理标志产品区域品牌”榜单第19位。全县薏仁加工贸易企业达385家，年加工能力达40万吨，年产值达20亿元，成为世界上最大的薏仁米加工集散地，控制着全球70%左右的原米供应量，出口美国、日本及欧洲、东南亚各国。兴仁县也因此被国家粮食行业协会授予“中国薏仁米之乡”称号，被国家工商行政总局授予“兴仁薏仁米”地理保护商标，被国家质监总局授予“兴仁薏仁米”产品保护标志，获得省农委颁发的“无公害农产品生产地”证书，还得到“国家科技富民强县专项行动计划”“国家农业综合开发产业化经营”等多个项目扶持，“兴仁薏仁米”被国家商标总局认定为中国驰名商标，成为市场认可的品牌。

11月3日，2018国际山地旅游暨户外运动大会兴仁分会场·全国第二届“兴仁放马坪”露营风筝大赛在兴仁市放马坪高山草原景区举行
（兴仁市史志办　提供）

【“兴仁放马坪”露营风筝赛】2018年11月3日，国际山地旅游暨户外运动大会兴仁分会场·全国第二届“兴仁放马坪”露营风筝大赛在兴仁市放马坪高山草原景区举行。该次大赛由国家体育总局社会体育指导中心支持，中国风筝协会、贵州省体育局、黔西南州人民政府主办，贵州省社众体育管理中心、黔西南州旅游发展委员会、黔西南州体育局、兴仁市人民政府承办，兴仁市文体广电旅游局、黔西南州山地旅游开发有限公司协办。全国各省（市、区）风筝协会、风筝爱好者及游客8000余人参加风筝大赛。国家体育总局社会体育指导中心业务三部主任刘北剑，中国

体育用品联合会副秘书长候秋玲，贵州省社会体育管理中心副主任朱四新，州人大常委会主任、州山旅会指挥部指挥长邓家富，州人大常委会原主任、州旅游发展和改革领导小组顾问贺登祥，州人大常委会副主任、市委书记方俊，副州长、州山旅会指挥部副指挥长黄曼，市委副书记、市长方先红等领导出席。

【彝族大年节暨山地旅游徒步穿越彝家洞活动举行】2018年11月10日，兴仁彝族大年节暨山地旅游徒步穿越彝家洞活动在新龙场镇杨柳村举行，活动以“千年彝韵，最美乡村”为主题。活动以挖掘、传承、展示、推广中国传统非物质文化遗产为主。杨柳村村民抓住全省大力发展山地旅游业的历史性机遇，自筹资金成立彝家洞旅游开发有限公司，充分利用彝家洞的神奇美丽的自然景观，走乡村旅游的路子，通过企业带动、农户参与的方式，在弘扬和传承彝族文化的同时，发展山地旅游经济，带动当地群众脱贫致富奔小康。

（梁正伟）

安龙县

【概况】安龙县位于贵州省西南部，隶属于黔西南布依族苗族自治州，素有“西南屏障”“黔桂锁钥”之称，地跨东经北纬24°55′～25°33′，104°59′～105°41′。东与册亨县、东北与贞丰县、北与兴仁县、西与兴义市相接，南隔南盘江与广西壮族自治区百色市隆林各族自治县相望。全县国土面积2237.6平方千米，耕地总面积20.30万公顷。2018年末，辖招堤、栖凤、钱相3个街道和龙广、德卧、万峰湖、龙山、普坪、洒雨、木咱、新桥、海子、笃山10个镇（其中龙广、德卧、新桥、木咱4镇由黔西南州义龙试验区负责管理），下设147个村民委员会、42个社区居民委员会。县境居住着汉族、布依族、苗族、回族、仡佬族、彝族等30余个民族，人口较多的民族有汉族、布依族、苗族、回族等，至2018年末，全县户籍总人口49.27万人，其中非农户21.3万人、农业人口27.98万人，年末常住人口36.5万人。县境已发现的矿产有金矿、煤矿、铁矿（硫铁矿、褐铁矿、磁铁矿、菱铁矿）、锰矿、钾矿、汞矿、水泥用石灰岩、电石用石灰岩、方解石、冰洲石、水晶等多种矿种，共有矿床5处、矿点40余处。全县森林覆盖率为53.55%。

2018年，全县生产总值129.5亿元，比上年增长13.3%；农林牧渔业总产值53.56亿元，增长9.89%；规模工业总产值87.9亿元，增长14.3%；规模以上工业增加值完成24.69亿元，增长13%；财政总收入20.80亿元，增长8.41%，其中一般公共预算收入11.14万元，增长10.7%；一般公共预算总支出40.66亿元，增长14.40%。年内完成规模以上固定资产投资101.6亿元，增长18.8%。全县全年社会消费品零售总额15.72亿元，增长7.9%；实现旅游接待人数380万人次，旅游综合收入17.55亿元，同比分别增长215.51%和96.31%。年末互联网固定宽带接入户数、移动电话用户分别为6.74万户、37.88万户，比上年分别增长54.94%和-1.46%。年末金融机构各项人民币存款余额156.45亿元，比上年增长-3.11%；各项人民币贷款余额123.71亿元，比上年增长16.28%，全部金融机构人民币存贷款余额增速为4.59%。全年环境空气质量优良率98.5%，城乡生活垃圾无害化处理率90%以上。全县经济发展综合测评列全省县域第二方阵第4位。

安龙县是贵州省唯一建立过皇都的地方、贵州省政府首批公布的历史文化名城、“全国武术之乡”“中国文化生态旅游示范地”“中国最美的小城（五十佳）”“中国十大最具发展潜力的小城”“中国（安龙）木纹石之乡”“中国剪粉之乡”及贵州省“文明城市”。安龙成功获评“2017年中国宜居宜业宜游旅游目的地”，境内有国家级森林公园——仙鹤坪、国家湿地公园（省级风景名胜区）——招堤、全国首个国家户外运动示范公园——安龙国家山地户外运动示范公园（笃山攀岩公园），招堤景区获评“贵州省十大魅力旅游景区”。

【政治建设】2018年，全县深入推进“两学一做”学习教育常态化和“牢记使命·感恩奋进”主题教育，广泛开展三大主题宣传教育（“组织发动学、领导带头学、党员率先学”“立体化宣传、多层面宣讲、全覆盖培训”“遍访贫困户、宣讲十九大、精准再识别”）和“基层群众感恩奋进巡回宣讲报告会”等活动，各级党委（党组）开展专题学习100余次，举办各类培训班11期培训716人次，“新时代学习大讲堂”培训党员领导干部2万余人次，远程教育站点、在线学习平台等全覆盖培训县乡村三级党员干部。以329个“道德讲堂”、153个新农（市）民讲习所为阵地，常态化开展“七进”宣讲1000余场、参与人数2万余人次。成立安龙县学习习近平新时代中国特色社会主义思想领导小组，印发《关于进一步做好党委（党组）理论学习中心组学习工作的通知》，健全全县各级党组织党内学习制度并确保规范运行，推动各级党委（党组）和每个党支部都定期按照“八有”要求开展中心组学习，完成研究成果60余篇。

【脱贫攻坚】2018年，安龙县组织开展“春风行动”“夏秋攻势”“秋后喜算丰收账”“冬季充电”行动，召开县委十二届六次全会。成立县委书记任指挥长的总指挥部，将全县划分为东西南北中5大战区。成立县级领导任指挥长的13个镇（街道）一线指挥部，设立187个村指挥所、1891个前沿工作组，下派7613名干部。县级指挥部成立11个专班、7个工作组，构建“县级统战、镇级主战、村级主攻、干部主歼和专班专抓、帮扶到户、精准到人”网格化作战指挥体系。全县全年减少贫困人口2789户共10044人，出列贫困村29个，贫困发生率下降至1.52%，全县综合贫困发生率下降到3%以下，贫困人口漏评率在2%以内，贫困人口错退率在2%以内，人民群众对脱贫攻坚工作的认可度达90%以上，年内通过州级贫困县退出审查。全县全年获省委表彰全省脱贫攻坚优秀共产党员1人、优秀党组织书记4人、优秀村第一书记2人、先进党组织2个；获州委表彰全州脱贫攻坚优秀共产党员8人、先进党组织9个。

安龙县在产业上补齐“八要素”短板，整合涉农资金3.24亿元，依托“一主三辅”产业体系，构建“五全模式”，探索形成食用菌“1210”、温氏养殖“13013”产业扶贫模式，形成“五园争春”的产业脱贫格局。全县种植食用菌866.67公顷、建成投产温氏养殖家庭农场22个、高标准建设中药材（铁皮石斛、白及、薏仁等）种植基地159.07平方千米，发展烤烟种植3400公顷、收购烟叶5770吨、烟农户均收入7.1万元；完成村社合一、贫困户入社、技术服务覆盖3个100%，全域推广“公司+村级合作社+农户”利益联结机制，产业实现对20899户87075人贫困人口全覆盖。在就业上，实施贫困劳动力全员培训5268人次，开发护林员、护路员、护水员、保洁员公益性岗位3899个，解决贫困劳动力就业2832人，积极筹备“环保监督员”“社区管理员”等岗位开发工作。全力打好易地扶贫搬迁硬仗，紧扣“搬得出、稳得住、快融入、能致富”目标，把握“六个坚持”原则，以新市民计划为抓手，按照“九个一”和“七先七后”思路，建成五福小镇、双龙小镇、蘑菇小镇3个新市民居住区，完成搬迁14442人，旧房拆除复垦复绿491户。明确“产业企业入区、就业创业入户、转产培训入心”的“三入”思路，“一个新市民一亩食用菌、一户种菇户一年十万元”“楼宇车间”等“先产后搬”模式获国家、省州好评，搬迁对象就业创业6686人，实现有劳动力搬迁户每户一人以上就业目标。实施“新市民计划”，落细落实“1+13”系列政策措施，成立“中共安龙县新市民临时工作委员会”和“安龙县新市民临时管理委员会”，在4个新市民居住区分别成立综合服务中心，形成以党建为引领的“一构架五清单”。年内，安龙县受邀参加国务院扶贫办、国家发改委举办的“全国扶贫日易地扶贫搬迁论坛”，并作主题发言。

建成通组硬化路1079千米、串户路727千米，基本实现农村公路硬化全覆盖，完成交通固定资产投资18.5亿元，动工建设六安高速公路，龙万公路建成投用，王马公路、戈塘至大坝公路进入项目招投标程序；完成水利固定资产投资7.8亿元，平桥、科花水库等骨干水源工程顺利推进，投入资金3.15亿元，实施农村饮水安全巩固提升全覆盖工程，全县集中供水率99%；投入资金1.66亿元，加快电力通信基础设施建设，实现全县行政村生产用电、4G网络、光纤宽带全覆盖。

打好教育医疗住房三保障硬仗，落实教育扶贫政策全覆盖，资助贫困学生95365人次共1.43亿元，实施营养改善计划4.9万余人次共3272.9万元，办理生源地助学贷款5315笔共3602.84万元，新市民子女就近入学1359人，入学率100%。落实健康扶贫医疗保障救助政策，全县建档立卡贫困群众参加基本医疗保险率100%，家庭医生签约服务率100%，实行“先诊疗后付费”和“一站式结算”服务，并报销住院总费用的90%。坚持“逢危必改”，完成危房改造5149户、老旧房透风漏雨修缮整治5686户、“三改”17285户。全县纳入低保5984户共16133人、特困供养653人、孤儿37人。

全县开展漏评错评和错退专项治理，按时“一达标两不愁三保障”识别标准，清退贫困人口181户共314人，增加贫困人口940人，贫困人口识别准确率达100%；按照“一达标两不愁三保障”标准和“七个不能退”原则，发现全县错退贫困人口123户共608人，实现整改率100%。开展农村危房改造不到位专项治理，对危房改造过程中对象和等级认定不准、超面积建设、改造质量不高、违规开展竣工验收等问题，以及建档立卡贫困户、农村低保户、分散供养特困人员、贫困残疾人家庭等4类重点对象住房保障情况进行排查治理，杜绝因住房安全未得到保障导致的漏评和错退现象。开展财政资金使用不规范专项治理，清理闲置扶贫资金48.25万元，整改资金使用不规范项目7个，2016—2017年竣工的72个项目全部完成验收。开展扶贫领域腐败和不正之风专项治理，立案查处扶贫领域案件99件，结案85件，党纪政务处分70件共70人、组织处理15件共15人。

年内，安龙县落实扶贫资金向深度贫困村聚焦，落实扶贫资金2661万元，集中用于7个深度贫困村壮大村集体经济、基础设施、食用菌产业和温氏养殖发展，提升贫困群众自我发展能力；落实东西部扶贫协作向深度贫困村聚焦，向深度贫困村投入东西部协作项目6个、资金1040万元，引入浙江永利达鞋业有限公司、宁波方太厨具有限公司等7家企业实现村企结对、投入帮扶资金3927万元、组织就业1173人；落实基础设施建设向深度贫困村聚焦，完成7个深度贫困村“组组通”公路建设任务，基本解决工程性缺水问题和贫困户脱贫产业用水问题；落实帮扶力量向深度贫困村聚焦，民进中央继续加大支持力度，帮助推动美女山水库、温氏养猪、教育、医疗等领域工作。县委常委领导挂点7个深度贫困村，选优配强7名优秀干部任“第一书记”。

同时，安龙县选优配强“发展型党组织书记”130人、“服务型社区党组织书记”12人，落实驻村工作组食宿补助，为驻村干部配备“四件套”，为驻村干部每人购买100万元保额的人身意外保险。出台《安龙县加强脱贫攻坚一线干部约束激励的实施方案》，强化驻村干部日常管理，问责处理驻村干部47人次。抓好“能人党员创业示范创建工程”“党员创业带富工程”，全县284名“党员创业示范户”带动3320余户贫困群众走产业脱贫路。继续用好发展村级集体经济的“五把钥匙”，投入财政扶贫项目资金5740万元，以入股形成资产发展壮大村集体经济。

【生态环境建设】2018年，安龙县坚持生态优先、绿色发展，打通绿水青山向金山银山的转化路径，以建设“三城六乡”山地经济绿色新安龙为抓手，加强生态建设，成功创建省级生态示范镇1个，州级示范镇1个、示范村10个。完成各类造林工程3466.67公顷，森林覆盖率达54%，林业产值达30亿元。石漠化综合治理工程实施封山育林460公顷，完成免补小流域综合治理项目建设。启动实施山地刺梨大健康特色全产业链项目，加快推进266.67平方千米（40万亩）林业“碳汇”交易工程前期工作。

全县全年立案查处环境违法企业15家、处罚款149.06万元，完成第二次全国污染源普查入户调查和质量核查工作，关停百兴焦化厂、南海炼锑厂，淘汰黄标车、老旧车159辆，开展建筑工地和道路扬尘、秸秆垃圾焚烧等专项整治行动，常态化开展影响空气质量重点领域巡查，全县环境空气质量优良率达98.5%。推行河长制，各级河长巡河4699次，编制“一河（湖）一策”方案38个；万峰湖、平班等水域159万平方米网箱全部拆除，推动环境和社会治理实现“由乱到治”；城东污水处理厂投入试运行，城南、城北污水处理厂及其配套管网建设步伐加快；集中式饮用水源地水质达标率100%。建立土壤环境基础数据库，确定土壤污染重点行业企业31家，建成豹子洞、万人洞金矿等7个标准化渣场，完成百兴焦化厂、东平煤矿、黑金煤矿煤固废整治工作，建成投用医疗废弃物处置中心。

2018年，中央环保督察安龙县反馈22个问题，至年底，整改完成15个，7个长期坚持；移交15件信访投诉案件，整改完成13件、1件正在整改、1件长期坚持。中央环保督察“回头看”移交信访投诉案件21件，年内已办结17件。

【社会事业建设】2018年，安龙县修改完善《安龙县“三重一大”工作制度》，建立健全风险评估系列制度，开展反渗透反间谍反分裂反恐怖反邪教斗争，对县内的90家网络媒体进行台账化管理。

年内，全县破获非法集资、金融诈骗等案件4起。县委常委会召开专题研究债务风险会议2次，推进补短板、保民生、脱贫攻坚、生态建设四类项目，停建风险较高的基础设施项目2个、涉及资金8.69亿元。年内，安龙县按照“有黑扫黑、无黑除恶、无恶治乱”的方针，集中组织“雷霆行动”“夏秋风暴”2轮共10次，先后组织大规模的集中统一行动4次，成功摧毁一批破坏生态环境和妨碍公务的黑恶势力、一批侵害基层政权危害群众利益的黑恶势力、一批借特殊身份非法上访非法集资的黑恶势力、一批徇私抱团阻挠国家重点建设项目的恶势力团伙，全域开展“扫黑除恶、护航脱贫攻坚”主题法治宣讲活动，形成扫黑除恶宣传氛围，巩固和拓展了专案打击效果。

年内，安龙县贯彻落实习近平总书记“党政同责、一岗双责、齐抓共管、失职追责”和“管行业必须管安全、管业务必须管安全、管生产经营必须管安全”等指示精神，县委常委会召开安全生产工作研究部署会议7次，出台《安龙县安全生产巡查工作制度》等一系列制度。在全县29个重点行业领域开展安全隐患大排查、大整治专项行动，全县全年组织开展各类执法检查2641次，排查整改隐患8375条。

【经济建设】2018年，全县地区生产总值预计（下同）完成132亿元，同比（下同）增长13.5%；固定资产投资完成95亿元，增长21%；一般公共预算收入完成11.14亿元，增长10.76%；税收收入占比达72.77%；城镇、农村居民人均可支配收入分别完成29050元、9100元，分别增长10.5%、11.5%；全部金融机构人民币存贷款余额为280.2亿元，增长4.59%。上半年经济发展综合测评在全省县域第二方阵排第3位，位次上升1位。

2018年，安龙县推进农业供给侧结构性改革，第一产业总产值完成53.56亿元。产业革命取得新成效。扎实推进农村经济产业革命，调减玉米种植9013.33公顷，经济作物种植39220公顷，实现粮经比32：68。省级现代高效农业示范园区7个，其中省级重点园区达3个，入驻企业50家、合作社74家；围绕链条培育壮大农产品加工企业400余家，成立农村合作经济组织525个；食用菌龙头企业19家，投产精深加工生产线1条，食用菌产业年产值10.2亿元，菌种生产、废菌棒综合处理等项目落地建设，实现外地鲜菇到县集散交易，食用菌“四个中心”建设取得实效；成功申报“安龙白及”等3个“三品一标”认证，“安龙小红米”获农特产品气候认证，开展以“安龙石斛”“安龙香菇”为主的安龙系列特色农产品品牌创建。充分利用东西部扶贫协作、民进中央定点帮扶等资源，通过订单销售、展会销售、电商销售、商超定点销售等，“走出去、引进来”扩大农产销售渠道，农产品订单1亿元、销售额突破1.9亿元。全县规模以上工业总产值完成82.54亿元、增长25.21%。安龙工业园区建设完成投资32亿元，累计入园企业70家，总投资125.63亿元，投产50家，规模以上工业总产值42亿元，推进慈溪—安龙共建产业园区前期工作。推动传统产业升级改造，完成“千企改造”投资17.25亿元，实施“千企改造”工程15个；完成黑金、鑫发、炜烽3家煤矿年产30万吨主体矿建设，黑金煤矿“五化”改造顺利推进，原煤过站量190万吨，增长18%；石材产业园建成投产企业5家。“大电强网+大产业”发展加快，2×35万千瓦热电联产动力车间项目完成投资19亿元，恢复建设海子风电项目；装配式建筑建成投产，推进金源铁合金一期第二台30兆瓦直流矿热炉建设。

年内，安龙县旅游接待人数和旅游总收入分别达320万人次、13.5亿元。招堤国家湿地公园正式获批，招堤国家AAAA级旅游景区创建初步通过省级评审、笃山国家山地户外运动示范公园国家AAA级旅游景区创建通过州级复评，成功承办国际滑翔伞邀请赛、全国攀岩锦标赛等国内外赛事活动4次。明十八先生忠义文化园、兴义府试院等一批修复工程有序推进。加快电商物流业发展，引导和培育物流商贸企业2家，建成村级服务站点110个、镇级综合服务社3个、规模化农业基地电商服务站点5个，电商交易额达1100万元。房地产销售18.8万平方米。

年内，安龙县以打造“四在农家·美丽乡村”行动计划升级版为主要载体，全年投入美丽乡村建设资金4.75亿元，实施乡村振兴“十项行动计划”，统筹推进实施乡村产业融合提升、乡村基础设施提升、乡村生态建设提升等十大工程，打造3个精品型、8个提升型、6个普及型美丽乡村示范村，农村小康路、小康水、小康电等全面推进，大部分农村垃圾实现收集处理、集中式水源地有效保护，便民设施、文体活动设施、污水处理设施、照明设施得到完善。培育乡村产业，立足资源优势，着力发展生态、高效、观光农业，重点扶持农民专业合作社，成功打造一批产业发展典型。同年，安龙县坚持把城市发展和农村建设有机结合起来，统筹城镇建设与新市民居住区建设，启动“中国·安龙蘑菇小镇”申报工作，城市建成区面积15.6平方千米，城镇化率达48.52%。棚户区改造完成签约1442户共41万平方米，启动南部商业街区建设。尚水上城等城市房地产项目完成投资4.49亿元。建筑业企业11家，完成总产值17.53亿元。完成城镇基础设施建设投资29.74亿元，新增城市道路12.5千米，融媒体中心、图书馆、规划馆及标准化政务大厅即将建成投用，新增城市停车位2000个。拆除违建1.25万平方米，改造县城老旧供水管网10千米，管网漏损率严格控制在15%以内。年内，安龙县坚持规定动作不走样、自选动作有创新，完成监察体制和盐业体制改革，深入推进国企改革，机构改革顺利推进。基本完成农村土地承包经营权确权登记颁证工作，农村集体产权交易改革试点、土地股份制改革试点、农村“三变”改革试点初见成效。深化财税体制改革，全力支持民营经济发展，减免税费5769.17万元。推进综合医改，加强医疗、医保、医药“三医”联动，基本医保、大病保险、医疗救助实现全覆盖。推进“放管服”改革，编制公布新版权力清单和责任清单，取消行政审批和行政许可6项。推进“减证便民”行动，清理取消证明材料35个。推行“互联网+政务服务”，梳理跑腿次数清单事项629项，进驻政务大厅政务服务261大项、532小项。

安龙县内工业园区、农业园区等开放平台完成投资57亿元，实现产值52.44亿元，金蕙花卉、喜莱莹建材等7个项目纳入省“一带一路”建设重点企业库，花卉、木纹石等进出口总额达523万美元，浙江万洋、中企财富、山东琦泉、辽宁三友、天剌力等优强企业落户安龙，新增规上省外投资项目60个，新签约项目26个，到位资金83.94亿元。储备重大项目335个，总投资587.49亿元，编制完成PPP三年滚动项目28个、纳入省州PPP规划库21个；实施省、州重大工程和重点项目31个，完成投资91.4亿元。

【民主法治建设】2018年，县人大常委会对县人民政府“十三五”规划实施进行中期评估，开展专题调研15次、集中视察1次、执法检查3次，听取和审议专项工作报告22个，提出审议意见建议141条。组织开展《贵州省大扶贫条例》执法检查和专题调研，组织县十七届人大代表50人围绕脱贫攻坚“春风行动”产业建设和项目建设开展集中视察，提出“解决好资金筹措和报账难问题”等意见和建议。人大常委会班子成员全部担任一线指挥长、执行指挥长等，组织开展“脱贫攻坚·人大代表在行动”主题活动，动员各级人大代表和人大干部主动投身脱贫攻坚主战场。

安龙县政协突出脱贫攻坚中心工作开展专题调研视察，组织开展课题调研8次、专题视察3次，形成《安龙县食用菌产业发展现状及对策建议》等一批调研视察报告。修订完善《政协安龙县委员会关于提案办理督办工作方案》等提案工作规章制度，十三届二次会议以来共征集提案100件、立案79件。落实《政协委员履行主体作用规则》，动员全县政协系统全力投入脱贫攻坚主战场，县政协班子成员全部担任一线指挥长等，18个委员企业参与86个村的脱贫攻坚工作，帮扶资金总计1671.6万元，75名委员履行包保责任，占委员总数55.6%。

安龙县落实法治考核评价体

系、组织管理体系、全面推进机制、监督管理机制“四项机制”，着力构建“一线三面一张网”工作推进机制，推动建成法治建设新格局。落实“党建扶贫·法治惠民”工程，开展一村（居）一法律顾问工作，全县受聘法律顾问代写法律文书203份、修订合同27份、代理案件290件、调解矛盾纠纷266起、法律顾问进村开展法治宣传151场次。人民法院受理各类案件4962件，审（执）结4583件，结案率92.36%。人民检察院办理扶贫领域职务犯罪、扶贫项目建设刑事犯罪、侵害企业家合法权益等案件22件103人，审查起诉19件88人；批准逮捕、审查起诉涉黑涉恶犯罪嫌疑人4件99人。将司法救助与精准扶贫、精准办案相结合，2件司法救助案件被评为全州十大精品案例，入选全省精品案例。《全面创新诉调对接实现社会和谐稳定》的做法在贵州领导专刊第21期进行刊载推广。

安龙县落实习近平总书记关于民族团结进步的讲话精神，抓好“全国民族团结进步示范县”创建巩固提升工作，栖凤街道栖凤居委会获“贵州省民族团结进步模范集体”称号。贯彻党的宗教工作方针，深入开展宗教领域“大排查、大调研”，依法拆除宗教违法建筑，完成宗教场所“四进”工作，推动全县宗教工作实现“由单一到系统、由被动到主动、由孤立到联合”的转变。发挥民进中央的协商民主优势，推进“四新”工作示范基地建设。坚决担起党管武装政治责任，大力支持驻县部队和国防后备力量建设，圆满完成基干民兵、普通民兵建编整组和新兵征集任务，接收退役士兵并组织退役士兵就业技能培训并推荐就业，县人武部被省军区表彰为“全面建设先进单位”，被兴义军分区表彰为“民兵整组工作先进单位”“安全稳定先进工作单位”。

【宣传思想工作】2018年，安龙县落实意识形态工作责任制，贯彻落实习近平总书记关于意识形态工作系列重要讲话精神和中央、省委、州委关于意识形态工作的要求，共召开3次常委会议，组织召开全县宣传思想工作会议和2次意识形态工作联席会议，对全县意识形态领域、宗教领域存在的问题进行研究部署。将意识形态工作纳入各级领导班子和领导干部年度考核内容，将意识形态工作责任制落实情况纳入执纪监督范围。坚持正面宣传为主，唱响主旋律，传播正能量，讲述安龙好故事、传递安龙好声音，中央及省、州等主流媒体刊发安龙相关稿件400余篇、县级媒体刊发480余篇，树立了安龙好形象，传播了安龙好声音。筹建“融媒体”中心。把培育和践行社会主义核心价值观作为文明城市、文明村镇、文明单位、文明家庭、文明校园创建的根本任务，加强社会公德、职业道德、家庭美德、个人品德建设，注重家风建设，培育道德模范、先进典型，先后向省州文明办推荐10个身边好人事迹，其中“安龙好人”共2人分别当选“中国好人”“贵州好人”。

【社会民生建设】2018年，安龙县以“教育立州”战略为指导，投资4.74亿元，实施学前教育、义务教育、高中教育保障工程等项目90个，继续推进九峰、文峰和珠泉3所书院建设。购买教育优质服务，打造优秀教学团队，教育教学质量不断提升，高考一本上线首次突破百人、本科上线首次突破1000人，九年义务教育巩固率、高中阶段毛入学率分别提高到96.43%、90.8%。深化校企合作、校校合作，县中等职业技术学校实现招生996人。全县全年获评全省优秀教师2人、“贵州省特级教师”1人。

年内，全县城镇新增就业5509人，失业人员实现再就业662人，转移农业劳动力7760人。发放创业贷款183户共2342万元，带动高校毕业生、返乡农民工、农村妇女等392人就业创业。开工建设县人民医院住院综合大楼，完成12个卫生院（分院）数字化预防接种门诊建设。继续推进国家级卫生县城创建，海子、龙山、万峰湖国家级卫生镇创建工作进入验收阶段。加大社会保险扩面，企业职工养老、工伤、失业等保险参保达4.2万人，城乡居民养老保险参保人数达17.41万人、占符合参保人数的97.26%。继续推进老年养护楼、社会福利院、社区老年人日间照料中心等项目建设，城乡低保全面提标，保障标准分别增长7.1%、10%。围绕“推进社会治理体系和治理能力现代化”的总体目标，积极抓好社会治安综合治理、信访维稳、矛盾纠纷排查化解等工作，人民群众安全感、满意度全省测评结果排名分别比上年提升30、24位。

【党的建设】 2018年，安龙县继续推进村级活动阵地规范化建设工作，对84个未达到200平方米的村级活动阵地进行完善。制定《选优配强贫困村党组织书记方案》等系列措施，从县乡机关事业单位选派21名年轻干部到村任职；建立村级后备干部库，从致富能手、返乡能人、退役军人等人员中储备村级后备干部728人。探索创新“五个建强”措施，加强新市民社区党建，抓好公立医院、学校、国企、非公社会组织等领域党的建设。

坚持党管干部原则，注重在基层和脱贫攻坚一线发现培养选拔干部，共提拔科级干部33人，其中35岁以下年轻干部20人，占60.61%，从镇（街道）、第一书记和村干部中提拔16人，占48.5%。选派3名干部到宁波市挂职，选派干部364人担任村第一书记和驻村干部，选派专业技术人员211人到基层一线精准服务脱贫攻坚。招录公务员39人，其中定向从优秀村干部、驻村第一书记和驻村干部中招录公务员7人；招聘事业人员100人。巩固提高作风建设成果，围绕4大类型12种表现形式的形式主义官僚主义，严肃查处8起共8人，开展纠“四风”督查337次，发现问题24个，立案13件共13人，发出通报4期曝光共12人。全县民生领域监督执纪中共发现问题407个，立民生案件136件，结案112件，党纪政务处分98人，组织处理16人，涉案金额145.01万元。围绕脱贫攻坚减贫摘帽目标任务开展督战督查，组成9个督查组对9个镇（街道）及具有脱贫攻坚任务的135个村进行全覆盖督查，共发现问题490余个，组织约谈1127人、通报263人，立案查处脱贫攻坚作风不实案件11件共11人、党纪政务处分7件共7人。常态化开展纪律教育“一刻钟”700余次、党风廉政“大约谈”180余次，受到警示教育2.4万余人次。

年内，安龙县推进国家监察体制改革，成立县监察委员会，探索创新监察委员会向9个镇（街道）派出监察办公室和监察专员，持续推进向县管中学、医院及平台公司监察全覆盖。推进干部约谈常态化，全县全年共约谈1977人。开展“访重助”专项行动共走访135个村，走访群众1186户，接访群众187人次，发现问题238个，立案查处6件，党纪政务处分4人。全县纪检监察机关共立案206件共208人，同比增长1.48%，党纪处分160件共156人，政纪处分21件共21人，采取留置措施3件共3人，移送司法机关4件共4人，双重处分4件共4人，一案双查2件共2人。把抓好巡视整改作为最重要的政治任务，收到中央第四巡视组移交问题线索16件，办结16件、办结率100%，立案2件，党纪处分2人。省委第三轮巡视第三巡视组反馈的7个方面65个具体问题，年内完成阶段性整改51个，继续推进整改14个，整改完成率78.46%，追究相关责任人206人；收到巡视组移交问题线索84件，办结84件、结案率100%，立案1件，党纪处分1人。修订《十二届中共安龙县委巡察工作规划（2017—2021）》，明确巡察对象223个。统筹推进全县年度巡察工作，启动5轮政治巡察，共巡察15个县直单位、4个镇（街道）、19个村（居）党组织。巡察办、巡察组编制调整充实到18个、到岗人员16人。

【安龙国家户外运动公园熔岩美术馆获美国Architizer A+奖】 2018年7月13日，在2018年美国Architizer A＋Awards奖评选中，安龙国家山地户外运动示范公园溶岩美术馆获专业评审奖。

安龙国家山地户外运动公园由群山环抱围合而成，山谷呈口袋形，北侧是一面垂直耸立的巨大岩壁，高逾165米，安龙溶岩美术馆就建在此上。美术馆建筑面积1350平方米，室内建设面积800平方米，建筑分为室内2层，室外2层。室外2层位于建筑的屋顶和底部，分别是公共观景平台和内部户外平台。室内2层是美术馆和会议室。美术馆的正立面呈月牙弧形，通体由玻璃幕墙组成，可以最大限度地将山谷的壮美景色尽收眼底。同时，玻璃的质感也很好地协调了建筑与所在场地的关系，“用玻璃的轻透来对话悬崖和石壁的坚硬奇峻，从而使作为外来物的建筑和崖壁融为一体”。该美术馆2016年建成。

【考察调研定点扶贫工作】 2018年7月20日，全国人大常委会副委员长、民进中央主席蔡达峰到安龙考察调研民进中央定点扶贫相关工作，实地走访安龙县温氏白秧坪养殖小区、景地生物科技有限公司，调研脱贫攻坚、安龙县生态河堤治理、古城改造，召开民进中央定点扶贫工作推进会。

全国人大常委会委员、农业与农村委员会副主任委员、民进中央副主席王刚等到县参加调研。

【翱翔贵州——国际滑翔伞邀请赛在安龙举行】2018年8月29日，2018年翱翔贵州——国际滑翔伞邀请赛（安龙站）在安龙县国家山地户外运动示范公园举行，来自土耳其、奥地利、英国、法国、中国、荷兰、澳大利亚等20多个国家和地区的80余名选手参加比赛，内容包括直升机宣传飞行、翼装飞行表演等。翱翔贵州——国际滑翔伞邀请赛（安龙站）为2018“中国人民保险”杯翱翔贵州——国际滑翔伞比赛第三站。贵州团省委副书记刘锐、贵州省山地户外运动管理中心副主任向文明等到县参加活动。

【全省第十四届健身气功交流赛在安龙举行】2018年9月18—20日，贵州省“体育彩票杯”第十四届健身气功交流赛在安龙县举行，来自全省各市、州的16支代表队共124人参加比赛。该次活动是2018年国际山地旅游暨户外运动大会安龙分会场系列活动之一，由贵州省健身气功管理中心、黔西南州文体广电新闻出版局、安龙县人民政府承办。比赛设集体易筋经、五禽戏、八段锦、气舞等10余个项目，男女个人项目易筋经、六字诀、八段锦、马王堆等9个项目，以中国健身气功协会审定的《健身气功竞赛规则》及《健身气功竞赛功法（试行）》教材为评分标准。比赛设置集体一等奖10名、二等奖15名、三等奖21名，个人项目9个，每个个人项目取前8名获奖。其中安龙代表队获八段锦、大舞、气舞3个集体项目第一名；获个人项目易筋经第一名、第四名，五禽戏第一名、第四名，六字诀第一名，太极养身杖第一名、第七名，大舞胡琴第四名，马王堆导引术第四名。

【专题调研定点扶贫工作】2018年10月16日，全国政协副主席、民进中央常务副主席刘新成率调研组到安龙县专题调研定点扶贫。实地走访万峰湖镇坝盘村脱贫群众，了解群众生产生活和精准扶贫推进情况，与驻村干部交流，听取村情和脱贫产业发展介绍，了解民进支持的民宿项目建设经营情况等，对黔西南州及安龙县脱贫攻坚工作给予肯定。鼓励民进中央尽职尽责，继续发挥界别特色优势和桥梁纽带作用，在扶“智”与扶“志”上下功夫，抓好人才培训工作，继续做好微公益活动，强化产业扶贫，吸引更多企业家到安龙投资兴业，助推黔西南打赢脱贫攻坚这场硬仗。

全国人大常委会委员、农业与农村委员会副主任委员、民进中央副主席王刚，民进中央社会服务部副部长刘文胜，省政协副主席、民进贵州省委主委左定超，州人大常委会主任邓家富，州政协主席陈国芳等到县参加调研。

【全省第二次项目建设现场观摩会第五组到安龙观摩】2018年10月22日，省委常委、省委组织部部长李邑飞率2018年全省第二次项目建设现场观摩会第五组到安龙观摩，现场观摩安龙县装配式房屋建设管理有限公司厂区建设项目、安龙县石材产业园玉林石材有限公司饰面用大理石转型升级园区建设项目，了解安龙县经济社会发展和“产业大招商突破年行动”推进情况。对安龙县贯彻落实创新、协调、绿色、开放、共享的发展理念，着力推动建造方式创新，大力推广绿色建筑和装配式建筑以及千企引进、千企改造和工业园区建设发展取得的成绩给予肯定，建设目标明确、思路清晰，起到很好的示范带动作用。省交通运输厅厅长高卫东，省外事办主任陈力，省妇联主席杨玲，贵州师范大学校长肖远平，贵州商学院校长罗兵等观摩团成员参加，州委常委、州委组织部部长顾先林，州委常委、兴义市委书记许风伦等到县陪同观摩。

【招堤国家湿地公园试点建设通过验收】2018年12月，国家林业和草原局发布《关于2018年试点国家湿地公园验收情况的通知》，安龙招堤湿地公园试点建设通过验收，正式成为“国家湿地公园”。安龙招堤国家湿地公园，以招堤为中心，从巧硐水库沿陂塘河，经荷花池至绿海子的湿地及周边山体，规划总面积507.7公顷。湿地公园涉及湖泊、河流、沼泽与人工4个湿地类，有淡水湖泊、草本沼泽、永久性河流、喀斯特溶洞、库塘等9个湿地型，构成以岩溶湖泊为主体，以招堤为魂，以荷花为特色，以城镇—湿地—森林为依托的独特复合生态系统。该湿地于2013年12月获国家林业局批复试点建设。

（唐保华）

贞丰县

【概况】贞丰县位于贵州省西南部，黔西南布依族苗族自治州东部，地处北纬25° 07′～25° 44′，东经105° 25′～105° 56′。东邻安顺市镇宁布依族苗族自治县、黔西南州望谟县，南接册亨县，西与兴仁县、安龙县相接，北与安顺市关岭布依族苗族自治县相邻。东西最大距离52千米，南北最大距离67千米。国土面积1511平方千米，辖3个乡、9个镇、2个街道，134个村民委员会、2个居民委员会、26个社区。年末总人口426368人，其中城镇人口135972人，农村人口290396人。常住人口人口出生率11.97‰，人口自然增长率5.92‰，人口较多的少数民族有布依族、苗族、回族、仡佬族。主要矿藏有金、煤、锡、铁、镁、铝、大理石等。主要旅游景区（点）有贞丰古城、双乳峰、三岔河、北盘江峡谷、纳孔布依寨、岩鱼布依寨、必克布依寨、小花江布依寨、纳马苗寨等。

2018年，全县生产总值133.67亿元，同比增长12.8%；农林牧渔业总产值476837万元，增长7.3%；工业生产总值63.99亿元，增长14.45%；财政总收入191483万元，同比增长1.35%；财政总支出434742万元，同比增长22.75%；500万元以上项目固定资产投资119.36亿元；社会消费品零售总额122889.5万元；城镇居民人均可支配收入29366元；农民人均纯收入9187元；金融机构存款余额125.5亿元，贷款余额71.45亿元。全县经济发展综合排位在全省非经济强县中排第6位。全县贫困发生率由2017年的8.99%降至5.78%。

2018年1月，贞丰县者相镇卫生院获得卫生和计划生育委员会授予的“全国2016—2017年度群众满意的乡镇卫生院”称号；同年7月，者相镇纳孔村获得司法部、民政部授予的第七批“全国民主法治示范村（社区）”称号；4月，兴义公路管理局贞丰段牛场机化站副站长韦长生获得中华全国总工会授予的“‘全国五一劳动奖章’获得者”称号；5月，贞丰县白层镇潘应芬家庭获得中华全国妇女联合会授予的“全国‘五好家庭’”称号。

【全省2018年第一次项目建设现场观摩会第八观摩组到贞丰县观摩】2018年5月9—10日，贵州省人民政府副省长王世杰率观摩组到贞丰县开展全省2018年第一次项目建设现场观摩会。5月9日下午，观摩组一行到达龙场镇龙山阳光田园综合体，通过听取汇报、观看汇报片、实地观摩等形式进行观摩。5月10日，观摩组先后观摩者相镇旗上村万亩花椒基地、鲁容乡杧果科技示范园、珉谷街道易地扶贫搬迁安置点，通过现场汇报、实地观摩等形式进行观摩。在者相镇旗上村万亩花椒种植基地，观摩组了解基地采取花椒种植＋养蜂＋其他农作物套种，实现立体高效的农业种植。在鲁容乡杧果科技示范园，全省极贫乡镇鲁容乡通过大力发展以杧果、百香果、火龙果等为主的低热河谷气候精品水果，助推群众脱贫增收的发展模式。最后，观摩组观摩珉谷街道易地扶贫搬迁安置点，该社区占地200亩，投资6.16亿元，共规划安置2248户10290人，达到入住条件1580套，分房1197户5489人。省相关部门，相关地市（州）负责人，中共黔西南州委副书记、州人民政府常务副州长穆嵘坤，州委常委、兴义市委书记许风伦，州人民政府副州长黄曼，中共贞丰县委书记陈湘飚，县政协主席冯勇，县委副书记蒙立胜，县委常委、鲁容乡党委书记郑锐，县委常委、县人民政府副县长郭锐，县委常委、县人民政府副县长黄列，县人民政府副县长王仕祥参加观摩。

【贞丰“布依灰粽”亮相第十四届中国粽子文化节】2018年4月27—29日，由中国食品工业协会粽子行业委员会、中共桑植县委、桑植县人民政府主办，张家界康华实业有限公司、张家界市经济发展投资集团有限公司承办的2018第十四届中国粽子文化节暨张家界西线旅游（桑植）推介会在湖南省张家界市桑植县贺龙体育馆举行，文化节由产品评审、开幕式、行业分析、产品讲评、中国食品工业协会工作报告、粽子现场包裹表演、论坛暨颁奖典礼等活动组成。全国51家生产企业的107个产品参展，贞丰县选派贵州巷诺旅游开发有限责任公司、贵州胖四娘食品有限公司、贞丰县熊大妈食品有限公司、贞丰特色原味一小吃有限公司、贞丰县吉英布依答娘粑店、贵州余记食品有限公司、贞丰县岩鱼农业观光专业合作社等20家糯食企业参加。在此次文化节的粽子产业发展高峰论坛上，中共贞丰县委常委、贞丰县人民政府副县长李正渊作第十五届中国粽子文化节申办陈述；经中国食品工业协会粽子专业理事会评审通过，贞丰县获得2019年第十五届中国粽子文化节的举办权。贞丰县岩鱼农业旅游观光合作社选送的岩鱼糯米获得第十四届中国粽子文化节全国粽子（糕团）技艺大赛指定用米优质奖，贵州胖四娘食品有限公司生产的“排骨板栗粽”获得“粽子产品最佳风味奖”“鲜肉板栗粽”获得“粽子产品特等奖”“熊代芬糕粑”获得“糕团产品一等奖”，贞丰特色原味一小吃有限公司生产的“豆沙粑”获得“糕团产品一等奖”。

2018年4月27—29日，贞丰县选派参加2018第十四届中国粽子文化节暨张家界西线旅游（桑植）推介会的贞丰县特色产品展　（贞丰史县志办　提供）

2018年4月27—29日，贞丰县选派参加2018第十四届中国粽子文化节暨张家界西线旅游（桑植）推介会的获奖代表合影　（贞丰县史志办　提供）

【纳孔村获得第七批“全国民主法治示范村（社区）”称号】在各地层层推荐、严格考核的基础上，经司法部、民政部认真审核，2018年7月13日，司法部、民政部印发《关于表彰第七批“全国民主法治示范村（社区）”的决定》名单，全国803个村（社区）获得为“第七批‘全国民主法治示范村（社区）’”称号，贞丰县者相镇纳孔村名列其中。

【全省2018年天然商品林区划界定工作推进会在贞丰县召开】2018年9月11日，由贵州省天然林保护工程管理中心主办，贞丰县林业局承办的全省2018年天然商品林区划界定工作推进会在贞丰县召开。中共贞丰县委书记陈湘飚致辞；省天然林保护工程管理中心副主任杨健通报非天然保护区18个县天然商品林区划界定工作进度；各有关市（州）单位分管领导汇报2018年天然商品林管护和区划界定工作完成情况及四季度工作推进措施；贞丰县、罗甸县先后介绍集体和个人天然商品林区划界定经验；讨论《贵州省集体和个人天然商品林区划界定验收办法》，安排部署下半年天然商品林停伐管护工作；全体参会人员考察贞丰县珉谷街道顶肖村戎岩组天然商品林区划界定。省林业厅、省天然林保护工程管理中心、省林业调查规划院及36个有关市、州、县林业局、生态文明建设委、百里杜鹃管理委员会、金海湖新区管理委员会、农村工作委员会、农林水务移民局等相关负责人参加会议。

【2018年“贞丰一品”贞丰糯米饭品牌扩张“燎原计划”招商发布会举行】2018年7月7日，由贞丰县绿色农产品销售“泉涌”工程指挥部、贞丰县脱贫攻坚“一县一业”糯食产业发展办公室指导，贵州贞丰糯米饭餐饮管理有限公司主办的“贞丰一品”贞丰糯米饭品牌扩张“燎原计划”招商发布会在贵阳举行。县委书记陈湘

飚致辞；县委常委、县人民政府副县长李正渊介绍贞丰县糯食产业发展情况；与30余家投资加盟者签订合作意向协议。县委常委、县人民政府副县长郭锐，县政协副主席张勇参加。

（胡　超）

普安县

【概况】 普安县位于贵州省西南部，东接晴隆，南邻兴仁、兴义，西靠盘州，北连水城、六枝。县人民政府驻地距贵州省人民政府驻地贵阳198千米（沪昆高速公路里程227千米）；距黔西南州人民政府驻地兴义79千米（晴兴高速公路、汕昆高速公路里程112.7千米）；距云南省人民政府驻地昆明238千米（沪昆高速公路、杭瑞高速公路里程289千米）。全县国土面积1453平方千米，耕地面积4.73万公顷。辖2个乡、8个镇、2个街道，75个村民委员会、17个居民委员会。2018年末总人口35.32万人，其中少数民族人口9.96万人，城镇人口6.42万人，乡村人口28.90万人。人口出生率16.1‰，自然增长率11.4‰。以汉族为主，人口较多的少数民族有苗族、回族、布依族、彝族等。主要矿藏有煤、黄金、铁、硅、铅、锌、磷矿、石膏、大理石等28种。旅游资源有全国第七批重点文物保护单位的茶马古道（普安段俗称白沙古驿道，含“金州十八景”之中的崧岿寺）、普安铜鼓山遗址（夜郎遗址）、青山千年古镇、普纳山古战场等名胜古迹；歪梳苗芦笙舞、大花苗多声部合唱、布依族斗弹达吟、彝族嗨马舞等独具特色。

2018年，实现生产总值89.35亿元，同比增长12.1%；农林牧渔业总产值31.66亿元，增长7.2%；农业增加值完成20.29亿元，增长7.0%；工业总产值52.67亿元，同比增长9.0%；规模以上（2000万元及以上）工业增加值增长11.3%；财政总收入13.22亿元，同比增长0.4%，其中地方财政收入预算8.82亿元，同比增长4.0%；公共财政预算支出31.06亿元，同比增长5.6%；固定资产投资88.11亿元；社会消费品零售总额完成10.49亿元，增长9.5%；服务业增加值（第三产业）完成34.75亿元，增长15.3%；城镇居民人均可支配收入29164元，增长9.6%；农村居民人均可支配收入8822元，增长10.6%。金融机构各项存款余额86.98亿元，同比下降10.7%；各项贷款余额87.92亿元，同比增长17.9%。全面小康预计实现程度96.6%。

位于普安县青山镇哈马村马家坪组的四球古茶树　（田有才　摄）

【脱贫攻坚】 2018年，以脱贫攻坚统揽经济社会发展全局，贯彻落实省委、省政府脱贫攻坚“3856”和“4541”战略部署，推进“春风行动”“夏秋攻势”“冬季充电”等脱贫攻坚重大行动。建成“组组通”公路172.9千米，实现30户以上村民组“组组通”硬化路，全县所有村（社

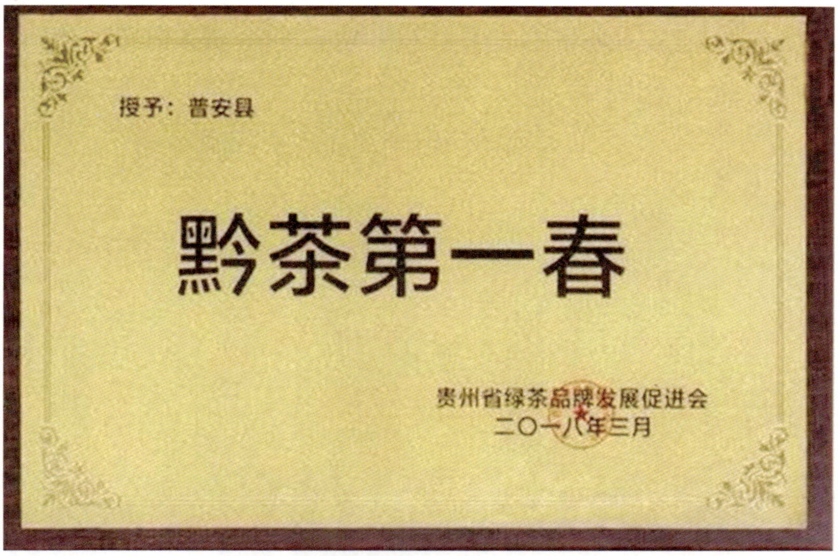

2018年3月，贵州省绿茶品牌发展促进会授予“普安县黔茶第一春”称号　（县茶办　提供）

区）通村路硬化率达100%；完成20个农村安全饮水工程，解决5.48万人安全饮水问题；完成48个农网改造升级项目，贫困村通动力电100%，行政村光纤覆盖率90%以上、4G网络覆盖率100%。建成易地扶贫搬迁安置住房4163套，完成旧房拆除复垦复绿1226套；“新市民计划”深入实施，配套建设学校、医院、警务室等服务设施，建成2个新市民社区，办理新市民居住证9093人、“安居险”1.9万人，解决搬迁群众就业5277人，实现一户一人就业。全面落实教育医疗住房保障政策，资助学生3.7万人次2560.46万元，贫困学生100%入学；实现贫困户参保率100%，救助住院建档立卡贫困患者9796人次4193.55万元，实际补偿比例90%；完成农村“危改”“三改”2569户，小康房建设300户，启动农村老旧危房整治工作和6个贫困村人居环境整治工程。围绕“一红一白”脱贫主导产业，按照“八要素”要求大力推进农村产业革命。实施“退一进十”工程，完成低效玉米替代作物种植6046.67公顷，累计收购烟叶6535吨（13.07万担），种植蔬菜6866.67公顷、精品水果2966.67公顷、中药材613.33公顷，经济作物比重60%以上，完成“三品一标”无公害产地认证5353.33公顷，获全州农业产业化建设综合评比二等奖。新植茶园2933.33公顷，实现干茶产量7150吨，茶叶综合产值11.6亿元，带动7022户茶农增收；“普安红”农产品地理标志通过农业农村部审核，“中国红茶联盟”在普安成立，并发布引领中国红茶发展方向的《中国红茶联盟普安宣言》，省内外“普安红”专卖店（销售中心）56家。建成“白叶一号”感恩茶园133.33公顷，覆盖贫困人口2577人。全年长毛兔存栏5.88万只，兔毛销售额602.94万元，带动511户贫困户增收；新建长毛兔养殖小区178个，实现村（社区）全覆盖，与浙江新大集团合作在西城区打造全产业链长毛兔产业园区，长毛兔扶贫镇海模式入选国家东西部扶贫协作案例汇编，成为全国20个产业合作案例之一。投入财政资金0.18亿元，整合资金2.67亿元，推进贫困村基础设施建设、扶贫产业发展。公安部加大定点帮扶力度，选派干部到3个深度贫困村担任第一书记，投入帮扶资金6969.21万元，实施教育、医疗、警务、产业四大提升工程。东西部扶贫协作投入帮扶资金4644.96万元，重点对人才交流、劳务输出、长毛兔产业等进行帮扶。贵州省工行贷款26.57亿元，帮助推进县城棚户区改造、白水水库、县医院等项目建设。贵阳市南明区帮助引进老干妈公司建立辣椒订单农业种植基地，惠及贫困群众387人。解决一批贫困人口漏评错评、错退、农村危房改造不到位、扶贫资金使用不规范、扶贫领域腐败和不正之风等5个方面的问题。实现7个贫困村出列，2742户1.13万人脱贫，年末有贫困村11个，有贫困人口1.8万人，贫困发生率7.19%。

落户于普安县青山镇的火电厂（田有才　摄）

【风险防范攻坚】2018年，出台《普安县偿债风险基金管理办法》，建好风险偿债基金池，化解2014年以前债务23.09亿元，按期还本付息10.2亿元。规范项目融资，国有平台公司实体化、市场化。打击违法违规金融活动，地方政府性债务风险、金融领域风险总体可控。排查整改煤矿、非煤矿山、道路交通、食品安全、烟花爆竹及危险化学品等重点行业领域安全隐患，全年排查治理一般事故隐患1.24万条（处），重大隐患7条（处），事故发生起数和死亡人数实现“双降”，未发生较大以上安全事故。巩固“三维一体”信访源头防控工作机制，化解信访案95件，化解率90.4%。推进“1+N”

大数据警务模式，深入开展扫黑除恶“雷霆行动”“夏秋风暴”等专项行动，全年刑事案件、治安行政案件实现“双降”。

【污染防治】2018年，完成营造林7000公顷、水土保持综合治理20.58平方千米，森林覆盖率52%。发放国家和地方公益林生态补偿基金538万元，补助护林员487万元，实现林业产值30亿元。建成青山等4个乡镇污水处理厂，城镇污水处理率89%。推进“河（库）长制”，完成甲金水库饮用水源一二级保护区划分和县城集中式饮用水源替换工作，主要河流水质达标率、集中式饮用水源地水质达标率均100%。实施新一轮大气污染防治计划，淘汰黄标车及老旧车208辆，严控秸秆焚烧，划定县城禁燃区，城市环境空气质量优良率98.9%。推进全国第二次污染源普查和土壤环境状况详查，建成县医疗废物处置中心和13座城镇垃圾转运站，垃圾收纳转运日处理能力595吨，城乡生活垃圾无害化处理率81.88%、医疗废物无害化处理率90%以上。

【产业发展】2018年，完成工业投资32.83亿元，实现规模以上工业总产值51.5亿元。完成6对煤矿智能化升级改造，8对煤矿实现综采，10对煤矿实现综掘，关闭天普等5对煤矿，合理化解产能90万吨，煤炭过站量167万吨。完成工业园区投资13.12亿元，新增入园企业7家，实现总产值45.5亿元。中电（普安）电厂一期项目实现投产发电，助推全州

位于普安县白沙乡红寨村的桫椤　（田刚　摄）

电力装机突破1000万千瓦。滚动实施“双千工程”，完成11户企业改造，引进省外项目51个，合同投资总额53.42亿元。推进农商联动示范县项目建设，推动农特产品触网销售，开办电商企业32家，新建农村淘宝服务站19个，形成县、乡、村三级物流快速通道，完成电子商务交易额6500万元、各类农特产品网络零售额1121.39万元。横冲梁子风力发电场和青山、新店等4个光伏发电站发电3.12亿千瓦时，实现产值2.47亿元。建成自行车主题公园、神农祠等旅游项目，完善世界茶源谷景区旅游配套设施。打造马家坪古茶树保护区、茶马古道等旅游景点，推出“奇行圣境、溯源朝圣、古道探秘、健康养生”等观光线路。举办黔西南州第四届旅游产业发展大会及系列活动，全年接待游客148.2万人次，增长58.6%，旅游收入11.1亿元，增长56.3%。

【城镇建设】2018年，启动《普安县城乡规划大纲》编制工作，抓住棚改、易地扶贫搬迁、晴普拓展区建设机遇，推进“一城两区”发展。县城劳动街、教育局、消防队等棚户区改造完成投资16.09亿元，完成建筑面积22万平方米，城市印象商业街区投入运营；启动瓦厂、石灰窑等6个片区棚改工程，完成房屋征收2877户，签约率99.9%，拆除率93.3%。建设县城至东西城区连接线，沪昆高铁普安县站至县城城市主干道、普安县城至县城东区旅游快速通道累计完成投资16.76亿元；将东城区建设布局融入晴普拓展区发展定位，推进布依茶源小镇二区、民族实验学校、古茶文化城等重点项目建设，完善交通、水利、电力等配套设施；推进西城区龙溪石砚小镇易地扶贫搬迁安置区、教育城等项目。完成普兴一级公路项目前期工作，S216龙吟至普安段提等升级工程建成投用，重建修复灾毁、水毁公路129.48千米，建成通村通组路网全覆盖项目900余千米。完成水利固定资产投资6.8亿元，五嘎冲水库大坝实现封顶，大湾、荒田、三岔河、白水等水库工程建设有序推进；县城供水管网正式贯通，甲金水库实现向县城供

水，解决县城长期以来季节性供水困难的历史性难题。完成5个乡镇控规及71个行政村村庄规划编制，启动青山铜鼓山夜郎文化展览馆、夜郎城基础设施建设，完成古镇一条街房屋修复与保护工程；投入资金1.05亿元，完成龙吟州级示范小城镇移民主体工程、生活垃圾转运站、污水处理厂等项目建设。

【民生保障】 2018年，教育持续均衡发展，教育政策、资金、项目、人才持续向薄弱学校倾斜，建成农村边远艰苦地区教师周转宿舍3个，教师交流比例11%，基本消除小学、初中大班额现象，小学辍学率控制在0.6%以下，初中辍学率控制在1.8%以下。争取教育资金9691万元，实施项目66个，建设校舍7.8万平方米。推进医疗卫生建设，完成县人民医院新院区、县中医院建设项目投资1.8亿元，新（改）建乡镇（街道）标准化卫生院6家、农村标准化卫生室（服务站）117个，实现村卫生室全覆盖。县卫生监督所成功创建贵州省卫生监督机构规范化建设样板单位。文化事业发展，建成2个多彩贵州“广电云”户户用服务站，覆盖43个行政村。创作《云上之爱》《香遇普安红》等电影作品，《天下普安》原创歌曲在央视音乐频道播出，启动“苗族芦笙舞”“布依小打音乐”非物质文化遗产数字化保护工作，持续开展“送文化下乡”等活动43场。城乡低保标准每人每年分别提高到6840元、3876元，发放城乡低保1.3亿元、养老保险3958万元、特困供养585万元、城乡医疗救助1202万元、临时救助584万元。军民融合发展，加强国防动员和国防后备力量建设，“双拥”工作取得新成果；关心下一代、工青妇、宗教、老龄、残联、消防、外事、侨务、档案、史志、科普、禁毒等各项事业取得新进步。

（田有才　秦汉娣）

晴隆县

【县情概况】 全县总面积1309.8平方千米，辖2个街道办、4个乡（其中1个民族乡）、8个镇、30个社区，69个村民委员会。全县年末总人口34.68万人，常住人口24.85万人，其中少数民族20.28万人。人口出生率20.46‰，人口自然增长率15.71‰。人口较多的少数民族有布依族、苗族、彝族。主要矿藏有煤、锑矿、黄金、大理石、贵翠等。森林覆盖率43.7%。

【经济发展】 全年粮食作物种植面积2.12万公顷。全县地区生产总值完成82.98亿元，增长11.9%；固定资产投资增长18.4%；规上工业增加值增长11.7%；社会消费品零售总额完成8.59亿元，增长8.6%；财政总收入完成11.21亿元，增长13.15%；公共财政收入完成6.03亿元，增长7.27%；城乡居民人均可支配收入分别完成28792元和8356元，增长9.8%和10.2%；金融机构存款及贷款余额分别完成77.26亿元和42.51亿元。其他服务业（含营利性及非营利性服务业）增加值增长21.3%，农林牧渔业增加值增长6.4%。节能减排降碳指标控制在省下达计划范围内。在全省经济发展综合测评县域第三方阵15个甲类县中综合排名第6位，实现年初预定保7争6目标。

【脱贫攻坚】 聚焦“四场硬仗”，抓好“五个专项治理”，落实落细“四个聚焦”，推进“一场产业革命”，先后发起脱贫攻坚“春风行动”“夏秋攻势”，实现减贫22326人、出列贫困村4个，贫困发生率从18.37%下降至11.29%。基础设施逐步提升。建成“组组通”公路416千米，提前一年实现30户以上村民组100%通硬化路。投入1510.76万元，解决农村2.3万人饮水安全问题；完成水利总投资4亿元，西泌河水库下闸蓄水，鲁打水库、塘边寨水库、箐口水库建设项目和三宝水库防渗补漏工程加快推进，县城供水管网改造工程基本完成；投入9377.19万元，新建（改造）供电线路976.13千米、新建（更换）配变387台；投入7500万元，建成基站160个，4G通信网络覆盖率达到98%，光纤宽带覆盖率达到85%。产业扶贫成效明显。整合涉农资金2.9亿元，争取到位扶贫产业子基金1.97亿元。引进贵州卡拉哈生态牧业有限公司等6家龙头企业带动羊产业发展。建成晴隆县兴鑫茶叶综合加工厂。引进光秀集团、泌泽苗木公司发展脐橙产业。“晴隆羊”“晴隆脐橙”“晴隆糯薏仁”成功通过农业部农产品地理标志评审登记。辣木产业快速发展，与中国老年保健医学研究会签订对口扶贫协议，县乡村医养一体化项目被列为国家卫健委重点扶贫项目。羊存栏7.9万只、出栏8.8万只。调减玉米8.79万亩，种植茶叶1.5万亩、柑橘3800亩、糯薏仁2.6万亩、蔬菜9.5万亩、食用菌1800万棒，收购烤烟3.36万担。带动1.85万人脱贫。获批省级龙头企业1家、州级8家。易地搬迁扎实推进。建成沙子、南环路、阿妹戚托特色小镇三个安置点；县城拓展区安置点完成总工程量的77%。2016年度、2017年度6243户27823人全部搬迁入住；2018年度30018人搬迁稳步推进。三宝整乡搬迁签订协议1145户5352人，其中选房领钥匙1020户4787人，实际搬迁入住602户2828人。“新市民”计划大力实施，持续盘活“三块地”，确权颁证5167户，流转土地2768亩；发放林地管护补助235.49万元，培训新市民6238人，就业4054人；全县5个安置点全部配套设立卫生服务站、社区党组织、社区管理组织、警务室；阿妹戚托特色小镇卫生院建成投用；完成农低保转城低保595户1968人；落实最低生活保障1542人，新市民养老保险、基本医疗保险全部按规定完成代缴，购买安居险13428人；新市民子女全部实现就近入学。“三保障”全面覆盖。完成东观教育园区（第四幼儿园、第六小学、第六中学）主体工程建设；资助贫困家庭学生5204人次，发放资助金1740.66万元。投入1184万元，建成41个贫困村标准化卫生室；全县123所（点）农村中小学校实现校园医务室全覆盖；贫困人口医疗保险参合率100%、住院报销4514万元，报销比例达90%。改造农村危房（含“三改”）2639户；专项治理农村老旧房（透风漏雨）300户。对口帮扶取得突破。获中央统战部、省军区、省委办公厅、省民政厅、贵州中烟公司以及东西部协作等帮扶资金2亿元（含物资折价），实施项目60余个，受益贫困人口4万余人，开展培训7期570人次。

【风险防控】 加大政府债务风险防控，筹措资金，按期还本付息，用好用足政府债券置换政策，政府债务率下降至58.13%，全县政府性债务风险总体可控。加大金融领域风险防控，构建金融安全保障体系，坚决打击非法集资行为，加大银行存量不良贷款处置，有效防控金融风险。加大安全生产风险防控，落实安全生产、食品药品安全责任制，有效遏制重特大事故发生，全县安全生产形势总体平稳。加大社会矛盾风险防控，持续巩固“三维一体”信访维稳源头防控机制，深入开展“扫黑除恶”专项斗争，社会治安持续稳定。

【污染防治】 抓好中央环保督查反馈问题整改，22个问题完成整改20个，13件环境信访举报件完成整改11件。严格落实河（库）长制，实现三级河（库）长全覆盖。露天煤矿复垦复绿建设项目加快推进，全面取缔光照湖网箱养殖，完成西泌河水源地一级保护区环境整治。光照湖国家湿地公园通过国家林业和草原局评审验收。实施营造林11万亩，森林覆盖率达43.7%。集中式饮用水源地水质达标率保持100%；报废淘汰黄标车289辆，完成率100%；城市环境空气质量优良率保持100%。

【工业经济】 投资16亿元，实施“千企改造”项目9个。完成全伦、新华煤矿主体矿井建设，裕华煤矿主体矿井建设稳步推进；完成源兴、久丰、紫马、全伦、锦源等煤矿“五化”改造。产煤367万吨，销售283万吨，实现税收3.5亿元。“千企引进”深入实施，引进项目52个，总投资57.25亿元。完成工业投资项目14个（其中亿元以上7个），实现投资20亿元。入统规模以上工业企业26户。完成发电量23亿千瓦时，生产水泥200万吨。实现民营经济增加值50亿元，工业增加值万元工业能耗下降4.5%。

【服务产业】 山地旅游加快发展。推进二十四道拐国家AAAA级景区巩固提升工程；建成旅游厕所5个；引进中天城投集团投资建设阿妹戚托特色小镇民宿酒店；与军事科学院签订《建设二十四道拐抗战文化项目意向书》，着力打造二十四道拐红色旅游升级版。成功举办2018年国际山地旅游暨户外运动晴隆分会场活动（汽车拉力赛、汽车越野赛、第八届彝族火把节）。接待旅游总人数255.9万人次，同比增长65.2%，旅游业总收入17.6亿元，同比增长61.1%。物流电商同步推进。新增物流企业47家，累计建成贫困村电商服务站点37个、电商扶贫示范点14个、网上B2B市场1个，培育电商市场主体34家，开展电商扶贫培训3200人次，网络零售额完成5000万元，同比增长39%。

【城乡统筹】 城乡规划全覆盖。完成县城总体规划编制，并报州城规委审查待批复；完成阿妹戚托特色小镇、沙子、小箐等安置点规划和县城地下综合管廊规划；完成紫马、安谷、鸡场等乡镇总规编制及96个村（社区）村庄规划编制。城镇面貌不断改善。完成法院至南环路、民族风情街至晴隆收费站、原煤炭局至老干局道路建设。启动建设畜禽屠宰场。取缔县城三轮车，投入营运城市出租车。建成城镇公共卫生厕所14个。南街片区棚户区改造回迁安置点项目建设稳步推进，启动县城南街二期、张家瓦窑、国税局、教育局等片区棚户区改造项目，货币化安置1503户，兑现补偿款3.1亿元；加快推进大厂、花贡、鸡场等乡镇4200套棚户区改造综合整治项目建设。完成房地产投资5.02亿元、建筑业产值5.69亿元。加快推进茶马、鸡场、中营、大厂等小城镇建设。城镇化率达到42.38%。拓展区建设有序推进。完成概念性规划和总体规划，快速通道完成可行性研究报告。测量土地1.19万亩，征收土地4053亩，兑现土地补偿款1.48亿元；丈量房屋953户1071栋，兑现房屋拆迁安置费652万元。拓展区易地扶贫搬迁安置点建设完成投资6亿元，蒋坝营回迁安置点建设完成投资8000万元。完成中石化输油管道迁改初步方案；中石油天然气管道迁改完成管道焊接敷设42千米。

【民生保障】 培训就业不断提高。完成劳动力全员培训6136人，通过劳务输出、多渠道开发就业岗位、鼓励创业、公益性岗位兜底安置等方式，解决就业9617人，农村劳动力转移就业6235人。教育事业不断发展。实施“全面改薄”项目128个，建成117个。创新办学模式，引进贵州三联教育集团与晴隆三中“合作办学”，带动提升全县教育教学水平。县域义务教育基本均衡发展通过国家评估认定，语言文字工作通过省级督导评估。医疗卫生不断完善。建成县疾控中心、县妇幼保健院，县中医院建设项目和县医院改扩建项目快速推进。县医院开设“5+2”重点科室（学科），14个乡镇（街道）开设疫苗数字化预防接种门诊。成功创建省级妇幼健康优质服务示范县。大厂镇、花贡镇通过国家卫生镇评审考核，鸡场镇、茶马镇通过省级卫生镇评审考核。常住人口出生率为9.9‰，自然增长率为5.53‰。文化体育不断丰富。完成“广电云”户户用工程9000户。建成紫马乡广播电视综合服务站和10个村级综合文化服务中心。开展春节系列文化活动及“送文化下乡”演出等活动110场次。社会保障不断加强。建成村（社区）幸福院4个，建成日间照料中心3个，县城中心敬老院建成投用。医疗救助6241人，发放救助金541万元。民族团结进步示范创建取得阶段性成果，成功创建省级民族团结进步示范县。关心下一代、工青妇、红十字、老龄、残联、国防、国安、人防、国教、外事、侨务、对台、气象、档案、史志、宗教等各项事业全面发展。

册亨县

【概况】 册亨县位于贵州省西南部，黔西南布依族苗族自治州东南端，地处珠江上游两大支流南、北盘江交汇的夹角地带，于北纬24°38′～25°19′，东经105°27′～106°12′之间。东临北盘江与望谟县相邻，南隔南盘江同广西壮族自治区的田林、乐业、隆林三县相望，西连安龙县，北抵贞丰县。南北最大距离73千米，东西最大距离76千米。县城距州府驻地兴义市区120千米，距省城贵阳市区330千米。全县国土总面积2598平方千米，其中耕地总面积37478.93公顷。辖9镇1乡2街道，下设123村委会、7个居委会、2个社区。2018年末，全县总人口246542人，其中，城镇居民人口54035人，农村居民人口192507人。城镇户籍人口的比重为21.9%。男女性别比（以女性为100）为106.78。全年出生人口4376人，出生率为17.84‰；死亡人口1287人，死亡率为5.25‰；自然增长率为12.59‰。人口较多的少数民族有布依族和苗族，其中布依族占总人口的74.9%，建州前曾是全国唯一的布依族自治县。境内主要矿藏有金、锑、砷、汞、褐铁、水晶、煤、水泥灰岩、黏土、炼镁白云岩、大理石岩、硝、石油、天然气和温泉等。

【经济综合实力】 2018年，地区生产总值增长12.5%。固定资产投资增长19%。一般公共预算收入3.61亿元，增长6.32%。一般公共预算支出30.38亿元，增长27.77%。社会消费品零售总额增长10.4%。城镇居民人均可支配收入达28780元，增长9.9%。农村居民人均可支配收入达8278元，增长10.7%。在第三方阵乙类县综合测评中，排全省第二位。

【脱贫攻坚工作】 年内，完成17个村贫困村出列目标，脱贫14848人，贫困发生率下降6.63个百分点。实施好易地扶贫搬迁工作，基本完成2016年度旧房拆除复垦复绿任务和2017年度13675人搬迁入住任务。2018年度13437套安置房主体工程基本建成，11625套达到入住条件，累计搬迁入住和分房36295人。实施"新市民计划"工程，建设7个新市民居住区，培训新市民1.9万人次，解决就业9436人，解决就近入学4024人，办理新市民居住证1.9万余张，办理"安居险"1.3万余人。深入开展产业扶贫，落实产业革命"八要素"，调减玉米种植10.52万亩，实施"农调扶贫险"承保5.83万亩，聘用生态护林员1569名，加快推进木材、糯米蕉、甘蔗、油茶、刺绣、电商等产业扶贫，带动3万余名贫困群众增收。落实好"三保障"工作，实现学前和义务教育阶段营养改善计划全覆盖，发放学生助学金3007.94万元，惠及学生43270人次。办理助学贷款3325笔2178万元。贫困户全部参加城乡医疗保险，贫困人口享受医疗保障政策6502人次，报销费用3144.65万元，实补比例超过90%。实施农村危房改造、"三改"1038户。开展东西部扶贫协作和中央单位定点帮扶工作，争取财政专项扶贫资金和中国联通、保利集团、宁波江北等帮扶资金2.33亿元。创新财政扶贫资金使用利益联结机制，实施"五员"脱贫，激发贫困群众劳动增收、光荣脱贫内生动力，带动1976户贫困户脱贫。

【基础设施建设】 年内，建成"组组通"公路70条290.2千米，提前一年实现30户以上村民组通硬化路。实施43个农村饮水工程，解决17757人的饮水安全。实施"1+16"骨干水源工程，推进册亨水库供水灌溉工程、丫他水库等7个在建水库建设和8个水库前期工作，者述、三岔河水库具备下闸蓄水条件。市政建设不断取得新突破，启动高洛新区大道建设和城市供水、供电、污水管网工程。建成城区停车位676个，拆除老旧小区2处，棚户区改造完成征收6756户。完成4个特色小镇规划和109个村庄规划评审。丫他镇板万村被列入中国传统村落保护发展"示范村"，岩架镇板弄村、秧坝镇福尧村获评全州第二批"十佳美丽乡村"。新建庆坪、坝赖、秧坝供电所，完成坝赖35千伏变电站增容扩建，升级改造双江极贫乡镇、贫困村电网项目16个，推进第三批农村电网改造升级工程62个。安装电动汽车充电桩10个。新建自然村寨4G基站129个，扩容4G基站25个，完成30个村宽带接入工程、15个新市民居住区网络建设。新建县全民健身中心、5个足球场、9个农民体育健身工程、18个乡村广播影视综合服务站房、通组光缆552千米，新增"广电云"户户用8500户，覆盖率65%。放映农村电影1476场次。实施"数字图书进农家""数字图书推广""网络书香工程"手机APP在线学习阅读，打造"书香册亨"品牌。

【生态环境】 完成中央和省委环保督察反馈问题整改21个，完成信访投诉问题整改12个。完成营造林11.44万亩，石漠化治理35平方千米，实施水土保持综合治理8.6平方千米，森林面积达268万亩，森林覆盖率提升至68.62%。完成坝朝水库集中式饮用水水源地专项整治。建成千人以上集中式饮用水水源地10个，正在实施11个。建成县环境监测三级站和县工业园区、坡妹、丫他污水处理厂，建成庆坪、板万等6个农村环境综合整治项目。开展"四清行动"，完成网箱养殖综合整治，荣获全州河湖治理"清网行动"集体二等功。蓝天、碧水、净土、固废治理、乡村环境整治"五大战役"和"河（库）长制""林长制"扎实推进，县城空气质量综合指数2.28，优良率100%，排全省第三、全州第一。国控、省控、州控断面地表水和集中式饮用水源、纳入"河长制"管理的河（库）水质均在Ⅲ类水质以上，达标率

100%。蝉联全国“百佳深呼吸小城”荣誉称号，成为全省首批、全州首个省级森林城市。

【风险防控】严格落实政府债务风险防控措施，一般债务率降低40%、专项债务率降低24.22%、综合债务率降低25.93%。落实安全生产、食品药品安全责任制，有效遏制重特大事故发生。巩固“全国平安建设先进县”成果，开展扫黑除恶专项斗争，成功创建“全省禁毒示范城市”，连续10年荣获“无毒害创建先进县”称号。

【产业发展】山地农业结构持续优化，“北畜、中菜、南林”产业带加速成型，规模养殖场达480个，存栏大牲畜5.8万头（匹）、生猪12.9万头、羊8.3万只、禽120.6万羽、禽蛋产量3955吨；香蕉加工厂建成试产，推进香蕉大数据扶贫产业园、分拣中心建设，新增种植甘蔗9000亩、蔬菜6000亩、糯米蕉7500亩，被授予“中国糯米蕉之乡”称号；2018年有杉木90万亩、桉树30万亩、油茶15.5万亩，核桃、板栗和花椒等特色经济林10万余亩，被授予“国家森林生态标志产品生产基地创建试点县”称号。新增省级高效农业园区1个，无公害农产品产地认定12万亩，无公害农产品认证8个，地理标志登记保护1个，完成一产增加值20.25亿元，增长6.8%。山地工业转型升级，丫他光伏电站、大顶柱风电项目1号机组建成发电。完成工业投资7.31亿元，“千企改造”11家，“两化融合”示范改造4家，新增规上工业企业5家、限上商贸企业6家，建成农产品直营店5家，完成工业总产值16.59亿元，增长24.4%，规模以上工业增加值增长12.8%。政府“聚通用”数据录入563项。山地旅游业方面，福尧福寨被批准为国家AAA级旅游景区，万重山、岩架布依风情园等景区基础设施不断完善。弘扬和挖掘民族传统文化，册亨县被命名为“贵州省布依转场舞民间文化艺术之乡”“贵州省布依戏民间文化艺术之乡”；1家企业被认定为“全国民族特需商品定点生产企业”，8家企业被命名为“第三批贵州省少数民族传统手工艺传习所”，红旗村等8个村寨被命名为第三批“贵州省少数民族特色村寨”。举办国际山地旅游暨户外运动大会册亨系列活动，全年旅游接待人次、总收入同上年相比，分别增长43.59%、50%。完成服务业增加值30.31亿元，增长16.1%。

【深化改革】扎实推进“放管服”改革，各部门统一到县政务服务中心集中办公，推行“一窗式”改革和“集成套餐服务”，投资项目审批、核准、备案办理时限大幅缩减。整合财政涉农资金3.68亿元，探索“村社合一”，持续深化农村“三变”改革。实施“公司＋合作社＋农户”模式，加快推进产业脱贫。颁发“多证合一”营业执照708份，引进省外投资项目51个，省外投资达产项目63个。不断扩大投资规模，争取中央、省、州专项资金18.32亿元，增长31.85%。其中，中央和省预算内项目资金8.38亿元，排全州第一。投资78亿元，实施重大工程、重点项目50个。推进就业创业工作，招引人才250人，新增城镇就业2363人，再就业855人，劳动力转移就业7758人，城镇登记失业率2.25%。实施“锦绣计划”，新增锦绣坊1个、刺绣作坊4个，培训绣娘9期，带动近5000名妇女就业。新增小微企业60家，发放创业小额贷款2000万元、创业补贴86万元。市场主体增加至1.07万户，增长65.4%。

【社会事业】2018年，册亨县投入24.49亿元用于民生支出，占一般公共预算支出80.59%，增长37.25%。城乡教育基本均衡，投资8.64亿元，建成和改造册亨中学、册亨四中及13所幼儿园、4栋教师周转房、37个“全面改薄”项目，教学环境得到明显改善。深化与兴义一中教育帮扶合作办学，教育质量稳步提升，义务教育基本均衡发展通过国家评估认定，语言文字工作通过省州督导评估验收。医疗卫生服务方面，基本完成县中医院、县妇幼保健院、县疾控中心改扩建主体工程，建成29个深度贫困村标准化卫生室、6个新市民社区卫生室、36个农村中小学标准化医务室，建立危重孕产妇和新生儿救治中心。县医院通过“二级甲等”复审，争取宁波市第一医院、第九医院等6家医院支援县医院，深入推进“5+2”重点学科，新设4个科室。创建2个国家级、2个省级卫生乡镇。社会保障方面，城乡居民养老保险、医疗保险参保任务完成率分别为101%、99.67%，基本社会保险覆盖率93%。发放农村低保34469人8340万元，城市低保2008人290万元，特困供养资金526人538万元，实施医疗救助3553人次270万元，临时救助1029人次97万元。

【中国糯米蕉之乡】2018年12月14日，中国产学研合作促进会授予册亨县“中国糯米蕉之乡”牌匾。册亨县按照省委、省政府“来一场振兴农村经济的深刻产业革命”决策部署，牢牢把握产业发展“八要素”，立足册亨得天独厚的自然环境，坚持生态与脱贫并重，按照“政府推动、企业带动、群众联动”原则，大力推进农业供给侧结构改革，初步形成了“北畜、中菜、南林、全旅”的产业发展格局，在南北盘江孕育了“册亨糯米蕉”品牌；同时，依托南北盘江低河谷地区自然条件优势，采取“公司+基地+合作社+农户”模式，大力发展糯米蕉产业，走出了一条绿色生态的产业发展和扶贫新路。截至2018年12月，册亨县成立糯米蕉种植专业合作社28个，糯米蕉种植面积6.8万亩，亩产量4000~6000斤。在国务院扶贫办等九部委联合发文确定由中国联通结对帮扶贵州省黔西南州册亨县后，进一步助力了册亨县脱贫攻坚工作，给册亨县带来了资金和智力帮扶。在帮扶过程中，通过创新扶贫模式机制体制，以产业扶贫、电商扶贫为抓手，因地制宜推进产业发展、拓展销售市场，将册亨香蕉从不到6000亩发展到了6万余亩。

2018年12月14日，中国产学研合作促进会授予册亨县“中国糯米蕉之乡”牌匾 （册亨县史志办 提供）

【高洛新区入住第一批新市民】2018年9月28日，来自百口、八渡等乡镇1000多户易地扶贫搬迁群众汇聚于册亨县城布依广场喜选新房。该次所分安置房有二人户到七人户共6种不同户型，搬迁群众按照户型分组抽取分房序号，再根据序号顺序依次抽取属于自家的房屋号，完成分房。整个分房过程公平、公正、公开，册亨县公证处派专人现场公证。近年来，册亨县把易地扶贫搬迁作为决胜脱贫攻坚、改善人居环境、推进乡村振兴的重大历史机遇，规划从2016年至2018年，利用3年的时间搬迁87540人，涉及整寨搬迁977个68940人。截至2018年9月底，已经顺利搬迁26092人。高洛新区是册亨县2018年度7个易地搬迁安置点之一，地处册亨县城东端，总规划面积5000亩，规划总投资23.03亿元。2018年规划建设安置房288栋7516套，计划安置33844人，其中建档立卡贫困户3833户16441人。该次高洛新区第一批分房1009户，搬入4287人。

册亨县2018年易地搬迁现场 （册亨县史志办 提供）

歌舞剧《音画布依》场景　　（册亨县史志办　提供）

【布依文化年活动】 2018年11月15日，以“共同团结奋斗·决胜脱贫攻坚”为主题的2018国际山地旅游暨户外运动大会“中国册亨2018布依文化年活动”在册亨县纳福广场隆重举行。次布依文化年活动围绕一个签约仪式、一次参观考察、一场绣娘大赛、一场特色商品及图片展、两场演出等系列活动进行，旨在为决战脱贫攻坚鼓劲加油，向改革开放40周年献礼，集中展示册亨特色浓郁的民族风情和丰富多彩的民族民间艺术，全面呈现册亨日新月异的发展变化和大有可为的发展前景，充分彰显册亨各族人民团结进取的精神风貌和对美好生活的憧憬向往，进一步展现册亨开放、合作、包容的发展环境，让各方有识之士走进册亨、投资册亨、开发册亨，共同凝聚社会各界智慧和力量投入到决战脱贫攻坚、决胜全面小康的主战场，奋力开创百姓富、生态美的美好册亨新未来。开幕式上，册亨县人民政府分别与云南帝贝文化产业发展有限公司、贵州索源新能源开发有限公司、深圳鑫玺海纳投资发展有限公司等就产业扶贫、加工业、旅游业、新能源开发、医疗卫生、产销合作等方面的10个项目进行了签约，签约总投资26亿元。开幕式结束后，出席开幕式的领导、嘉宾及册亨县广大干部群众共同观看大型布依歌舞剧《音画布依》。

（余启佳　陈如达）

望谟县

【概况】 望谟县地处北纬24° 53′ ~ 25° 37′，东经105° 50′ ~ 106° 32′之间的云贵高原向广西丘陵过渡的斜坡地带，东西宽69.2千米，南北长79.2千米，北盘江、红水河护绕于西、南；县境位于贵州省南部，黔西南布依族苗族自治州东部，黔、桂两省（自治区）四州（市）交界处，东与黔南布依族苗族自治州罗甸县相接，南与广西壮族自治区乐业县隔红水河相望，西与贞丰、册亨两县以北盘江为界，北与安顺市紫云苗族布依族自治县、镇宁布依族苗族自治县毗邻。境内山地占76.76%，丘陵占20.38%，河谷盆地占2.86%。国土面积3018.44平方千米，占全州国土面积的17.89%，是黔西南州国土面积最大的县。有耕地面积2.54万公顷，占全县国土面积的8.41%，草地2.01万公顷，占全县国土面积的6.7%，林地16.91万公顷，占全县国土面积的56.02%；有水域面积8000公顷，航道133千米，可通行千吨级船舶。县境地势西北高、东南低，平均海拔550米，最高处为打易镇跑马坪，海拔1718.1米，最低处为昂武镇打乐村，海拔375米。年平均降雨量1236.8毫米，年平均日照时数1401.6小时，无霜期平均341天，年平均温度19.3℃，有“贵州天然温室”之称。主要矿产有金矿、水晶石、大理石等。辖1个瑶族乡、11个镇、3个街道，161个村民委员会5个居民委员会。2018年底户籍8.14万户32.55万人，其中，男16.73万人，女15.82万人，常住人口21.99万人，常住人口自然增长率5.76‰，少数民族占户籍人口的80%以上，布依族为人口最多的民族。县人民政府驻王母街道，距州府所在地兴义市157千米，距省会贵阳市239千米。省道209、省道312、余（庆）安（龙）高速罗甸至安龙段、尚在建设的赤（水）望（谟）高速穿境而过，预计2019年底赤望高速紫云至望谟段实现通车，届时望谟县高速路网可实现黔西南、安顺、黔南三市州高速公路网互通。

【党的建设】2018年，望谟县先后召开县委常委会专题研究党建工作21次，印发学校、医院等行业党建实施方案，对各行业领域进行两轮全覆盖督导，派单81份督办整改。完成县税务局、县法院、县卫生监督所、河西社区、县六中、大观镇联村党支部（村与村之间联合党支部）的党建示范点创建工作。将习近平总书记对贵州工作指示批示精神学习贯彻落实情况“回头看”工作分解细化为23条具体任务，明确到人、到事、到时落实整改。培训干部41期4725人次，其中举办党组织书记、党务工作者专题培训7期786人，开展“两委一队三个人”（指村“两委”，同步小康驻村工作队，第一书记、支书、主任）培训4期924人次，组织各级干部参加新时代学习大讲堂117次，运用新时代文明实践中心（站、所）开展宣讲1120余次。实行“两个责任”网上备案，全县使用智慧党建云平台“两个责任”网上备案率100%，备案内容4497条。开展全县作风建设年活动，县纪委立案270件280人，结案258件，处分252人，留置2人，移送司法机关2人。开展作风专项督查90次，问责党组织1个，问责106人。在县电视台进行通报曝光11期，责令38人上县电视台向全县人民作检讨。查处扶贫领域“蝇贪”“村霸”案件49件51人，给予党政纪处分36件38人。推荐上报获得全省脱贫攻坚优秀个人19人、先进党组织11个，全州脱贫攻坚优秀个人17人、先进党组织17个，推荐表彰全县脱贫攻坚优秀个人122人、先进党组织66个。继续推行“固定报酬+工龄工资+五星差额绩效”的村常务干部管理办法，村主任工资提升至月均2200元以上，其余村常务干部月均2000元以上，村常务干部商业险、体检费等由财政负担。新屯街道新屯村成立全省首个村级离退休干部党组织助力脱贫攻坚。派驻50余名干部、教师到义龙新区搬迁安置点，协助新区抓好新市民社区党建及其他各项工作。指导组建22个党小组、选派48名驻组帮扶干部、增派41名干部结对帮扶，组建产业专班、攻坚突击连、党建宣传专班等10余股力量到脱贫攻坚任务较重的乡镇开展工作。全县排查识别软弱涣散党组织后进村18个，经整顿，18个后进村整改全部“合格”。在各村推广农村产业革命“3个模式9种做法18个案例”（“3个模式”指组织发动模式、产销对接模式、利益联结模式；“9种做法”指联村党委、村社合一、思想动员、农校对接、电商销售、企业带动、资产量化、契约订单、反租倒包；“18个案例”指全省各地区运用“五步工作法”，积极探索和创造的一批适应新时代、推动产业调整和农业产业发展的18个典型案例），调整农业产业结构，截至年末，全县村集体经济超5万元的有53个，超10万元的有21个。全县3097名干部与1.56万户贫困户结对帮扶，调整不胜任第一书记、驻村干部3人。把全县15个乡镇（街道）分成5个片区，围绕党建扶贫工作制定观摩调研主题，开启“观摩+分享+交流”的互学互促模式，全年开展3个乡镇党建片区调度工作会。组织县乡两级系统联动对全县党员档案进行审核、督促整改和全面规范，全年发展党员308名，其中村（社区）发展对象148名，占总数量的48%。

【经济发展】2018年，全县地区生产总值71.2亿元，比2017年度增长13.2%，增速排全州第二。完成税收7.10亿元，增长13.87%，公共财政收入3.75亿元，增长10.2%，增速排全州第二；限额以上固定资产投资完成63.08亿元，增长20.8%，增速全州第一；社会消费品零售总额5.88亿元，增长9.5%，增速全州第三；农村居民人均可支配收入8082元，增长10.8%，增速全州第一；城镇居民人均可支配收入28602元，增长9.8%，增速全州第二；金融机构人民币存、贷款余额109.65亿元、71.05亿元，分别增长5.5%、23.8%，增速均为全州第一。在全省经济社会发展综合测评中，排县域第三方阵乙类10个县第三位，实现保位目标。

【脱贫攻坚】2018年初，全县有71个村未脱贫，有精准扶贫系统贫困户1.31万户4.88万人，其中五保贫困户1292户1479人，低保贫困户9739户38538人，一般贫困户2040户8973人，贫困发生率16.31%。4月，将全县乡镇（街道）划分为4个战区，县委、人大、政府、政协主要负责人分别担任战区长，干部3097人结对帮扶贫困人口4.88万人。全年发放“特惠贷”1266笔4995.73万元，贴息资金1812.86万元。完成易地搬迁户17478人的选房工作，18430人协议签订工作。落实新市民计划，发放新市民居住证6591个，完成搬迁群众农低保转城低保693人，累计实现就业13327人，协调转学学生1612人，调整1000万元财政扶贫资金到义龙新区发展食用菌产业。安排财政扶贫资金8424.6万元，争取到中央和省专项扶贫资金8424.6万元，实施项目121个；中央统战部投入及协调帮扶资金2424.8万元，实施项目32个；宁波余姚市投入及协调帮扶资金5773万元，实施项目20个；省发改委帮助谋划申报2018年中央和省预算内投资项目110个，争取到上级资金4.12亿元；贵阳市编制《贵阳市帮扶望谟县脱贫攻坚工作方案（2018—2020年）》，每年从市财政划拨5000万元帮扶望谟，全年投入帮扶资金1082.5万元，实施项目15个；省移动公司投入帮扶资金600万元，实施项目3个。成立县人力资源服务有限公司，出台《抓党建促就业扶贫补贴办法（试行）》，对接宁波、贵阳、贵安新区、沿海发达地区，做好劳动力转移工作，实现劳动力转移就业7.6万人；完成贫困劳动力全员培训7305人。年末，实现19个贫困村出列，19520人脱贫目标，贫困发生率从16.31%降至10.99%。

【项目建设】 实施省、州两级重大工程和重点项目61个，总投资314.85亿元，全年计划完成投资65.45亿元，实际完成投资78.26亿元，为计划的119.57%。争取到中央及省预算内项目114个，争取到上级补助资金4.15亿元；争取到扶贫产业子基金项目5个，总投资8.03亿元，获批基金6.37亿元，已投放项目4个，到位资金1.94亿元。余（庆）安（龙）高速罗甸至望谟段建成通车，县城至贵阳用时由原来的5小时缩短到2.5小时左右，继续实施赤（水）望（谟）高速紫云至望谟段工程，望谟西到打易建成通车，打易到边饶段具备交工验收条件，完成县城至蔗香高速公路形象进度的77%。建成国道552县城至油迈段二级公路，完成省道318县城至乐元二级公路形象进度70%，完成打易至郊纳二级公路形象进度的67%。新增组组通公路994千米，产业路252千米，串户路143千米。纳坝、纳戎、乐元水库具备综合验收条件，桑郎水库具备蓄水条件，上亭、大观、八一水库主体完工，新屯水库施工至大坝填筑。完成三中至甘莱段、边饶镇坎边段、大观镇伏开段等12千米防洪堤建设。完成2.6万人农村饮水安全巩固提升工程，启动实施12.44万人农村安全饮水工程建设。实施新一轮农网改造工程，建成110千伏变电站1座，新建和改造10千伏及以下线路324千米，新增变压器410台。建成4G基站217个、无线4G小基站48个、高速公路宏站16个，新增宽带光纤1451千米，实现行政村4G网络全覆盖。完成《望谟县总体规划（2014—2030）》中期评估，完成《望谟县县域乡村建设规划》和148个行政村村庄规划编制。建成新宁波桥、县城二期污水处理工程、团结路改造、人社农业环保便民服务中心、汇金财富广场（二期）、锦湖华庭（一期）、同昂央（高车）移民安置点、景阳新城保障性住房等项目。继续实施城市棚户区改造项目（一期）、坝算小学至老油库大道、档案馆、司法业务用房、看守所、县城二期供水、农产品综合批发市场（冷库）、观山水公馆等项目。汇金财富广场商业街、布依之春农贸市场、大鸿发超市等便民项目投入使用。启动第二期城市棚户区改造项目，完成征收签约工作，签约率100%，启动危旧房改造1750户，农村“三改”3020户。启动余（庆）安（龙）高速南互通至新解放桥大道（易地扶贫搬迁安置点一号路）、城镇生活垃圾收运系统项目建设。完成纳丁、水秧、邮亭等美丽乡村建设。实验高中、中职学校、第三小学、郊纳中心小学、同昂央幼儿园建成投用，第一中学恢复独立办学，第五中学、第五小学、坝算小学改扩建项目、桑郎第二幼儿园、油迈中心幼儿园、打易第二幼儿园、乐旺蛮结幼儿园、昂武渡邑幼儿园主体工程完工，继续实施平洞小学改扩建、打易中心小学迁建、郊纳第二幼儿园、边饶第二幼儿园、打易长田幼儿园等项目，启动实施甘莱小学和李子园、甘莱、平绕幼儿园项目。

【农业产业】 2018年，望谟县种植粮食25.6万亩，产量5.3万吨，种植经济作物59.29万亩，产量47.39万吨。截至2018年底，全县板栗面积规模25万亩、油茶21万亩、中药材3.5万亩、八

2018 年 3 月，望谟县被国家质检总局授予板栗国家地理标志保护产品牌匾
（望谟县市场监督局　提供）

步紫茶6100亩。年末，猪存栏16.6万头，出栏25万头；牛存栏11.39万头，出栏3.3万头；羊存栏11.2万只，出栏17.4万只；家禽存栏119万羽，出栏163万羽。实现肉类总产2.43万吨，禽蛋产量1867吨，水产品6350吨。全年培育州级农业龙头企业2户、省州重点专业合作社20个。获国家无公害农产品产地认定面积13万亩、畜牧业产地认定8个、畜牧产品认证9个。全州2018年上半年农业产业化现场观摩会评比中被授予第二名。被中国经济林协会授予“板栗名县”称号，望谟板栗被国家质检总局授予“国家地理标志保护产品”称号。全年第一产业增加值25.07亿元，增长6.6%。

【工业企业】2018年，全县新增规模以上工业企业5家，全县规模以上工业企业达到24户，规模以上工业总产值12.44亿元、增加值3.72亿元，与2017年相比，分别增长11.6%、12.9%。全年生产中成药202.8吨，增长118.1%；水泥102.45万吨，增长25.74%；黄金184.5千克，减少36.7%；砖1.18亿块，增长5.36%；工业用电量0.93亿千瓦时，同比增加5.59%。启动“千企改造”工程，完成省级重点企业改造1个，州级重点企业改造1个，县级重点企业改造8个，完成技改投资4亿元。高技术制造业完成0.62亿元，占规模以上增加值18%，排全省第三方阵乙类10个县第一位。商品房销售面积15.8万平方米，增长33.35%；建筑业增加值4.27亿元，增长13.9%。全年第二产业增加值8.20亿元，增长12.8%，增速排名全州第一。

【生态建设】2018年荒山造林8万亩，完成石漠化治理26平方千米，累计完成新一轮退耕还林51万亩，为全省退耕还林面积最大的县，年末森林覆盖率提高至67.27%。兑现退耕还林补助资金2.48亿元，公益林补偿补助资金1863.122万元，1264名贫困人口就地转化为生态护林员。河长巡河制工作常态化，完成22个1000人以上集中式饮用水源地划定保护工作，累计清理养殖网箱4190亩，完成中央环境保护督察反馈问题的整改。立案查处环境违法行为2起，处罚人民币11.35万元，淘汰黄标车及老旧车38辆。2018年，北盘江和红水河国省控监测断面、县城集中式饮用水水源地水质、城市空气质量达标率均为100%。2018年县城环境空气质量优良天数达标率100%，水质达标率100%。

【法治工作】2018年，望谟县公安机关立各类刑事案件520起，破280起，破案率53.8%，与2017年相比，立案数减少19起，下降3.5%，破案数增加52起，上升21.9%，破案率上升11.5个百分点；抓获犯罪嫌疑人481人，刑拘218人，取保候审175人，监视居住24人，报捕199人，批捕144人，批捕率72.4%，移送起诉279人；全年无命案发生，破获历年命案1起，抓获历年命案逃犯1人，2010年至2017年连续8年实现命案全破；受理各类治安行政案件1068起，查处739起，查处率69.1%，打击处理405人。检察机关批捕各类刑事犯罪案件96件132人，起诉136件218人。批准逮捕扰乱公共秩序类案件8件16人、危害公共安全案件8件16人、涉毒类案件6件6人，起诉黑恶势力案件1件11人。受理民事执行监督案件1件，审判程序违法监督案件1件，行政申诉案件1件，支持起诉案件1件。发出检察建议169件，整改率100%。公益诉讼立案100件，追回国有资产280余万元。法院受理各类案件2645件，审结2535件，结案率95.84%。其中，受理刑事案件150件，审结146件，判处罪犯221人；受理民商事案件1825件，审结1752件，结案率96.00%（以调解、撤诉结案929件，调撤率57.88%）；受理司法救助案件10件；受理行政非诉案件3件，结案率100%。受理执行案件657件，执结624件，执结率94.98%，执行到位标的3899.72万元。为57名失信被执行人设置“失信彩铃”，累计发布失信被执行人名单4期159人，司法拘留116人，倒逼54名失信被执行人自动履行义务。年末，群众安全感排全省第71位。

【社会事业】2018年，望谟县有中学校（校点）、幼儿园114所，在园儿童8299人，有小学生26797人，初中生15400人，普通高中生6492人，中等职业学校1417人，特殊教育学校105人，有教职工4784人。全年学前三年毛入园率87.03%，小学入学率99.16%，初中毛入学率114.92%，高中毛入学率89.86%。2018年高考人数1653人，本科上线826人，上线率50%，比上年提升6.52个百分点。录取本科716人，其中，一本38人，二本678人，比2017年增加80人，本科录取率43.32%，排全州第5位，与2017年的39.90%相比，增加3.42个百分点，本科录取人数在全州排第4位。专科录取1181人，升学率91.64%。

2018年，全县有医疗机构195所，其中，二级综合医院2个（县人民医院和县中医院），公共卫生机构3个（县疾病预防控制中心、县妇幼保健院、县卫生监督所），乡镇卫生院12个，街道社区卫生服务中心3个，行政村卫生室161个，民营医疗机构14个（一级综合医院6个、专科医院1个、个体诊所6个、社区卫生服务站1个）。全县各类医疗机构床位1136张，每千人拥有床位3.55张；卫生技术人员1200人（含民营），常住人口每千人拥有卫生技术人员5.2人；有执业医师（含助理）311人，常住人口每千人拥有执业医师（含助理）1.33人，全县执业护士615人，常住人口每千人拥有注册护士数2.65人；全县有转岗全科医师70人，常住人口每万人口拥有全科医师3人。2018年，城乡居民医疗保险参保率96.13%，全年医疗报销41.50万人次，报销医疗费用9818.41万元。新建的县妇幼保健院竣工验收，新建的县疾病预防控制中心完成主体施工，县医疗废物无害化处理中心完成主体施工和设备采购，县中医院完成工程量的78.33%。“五个全面”（即乡镇卫生院远程医疗服务体系全覆盖、全面建成县级以上统一预约挂号平台、全面建成全省医疗监管平台、全面建成全民健康信息平台、全面建成乡镇卫生院规范化数字预防门诊全覆盖）建设除昂武镇卫生院外，其余建成投入使用。全年常住人口新生儿2997人，人口出生率13.56‰，人口自然增长率为5.76‰。全县社会养老保险参保率98.7%，发放60岁以上到龄领取待遇人员3.81万人养老金3854.29万元；农村低保标准提高到3876元/年，全年发放17358户50261人低保金11386.17万元；城市低保金提高到570元/月，发放203户266人低保金193.65万元；发放优抚对象各类优抚金535.79万元；发放特困人员临时救助金77.22万元；医疗救助5330人次，发放救助金566.33万元；发放94人孤儿生活费118.92万元。新增就业2800人，失业人员实现再就业527人，就业困难人员实现就业306人，城镇登记失业率3.26%以内，完成贫困劳动力全员培训6975人，农村劳动力转移就业6200人。

开展各类“文艺三下乡”“文艺七进”文艺演出活动11场，各类村级文化活动17场，组织举办“三月三”大型布依文化节系列文化活动及新屯镇弄林村“杨梅节”、多彩贵州歌唱大赛望谟海选赛、2018年“非遗周末聚”文艺演出、首届电信天翼高清广场舞大赛望谟赛区海选赛活动、2018年望谟第二届板栗文化节、桑郎“七星浪哨·相约桑郎”布依情人节、2018年望谟首届菊花节文艺演出等大小活动40余场次，新屯布依寨景区被授予三星级景区称号。全年接待旅客136.31万人次，实现旅游收入8.68亿元。

【望谟县监察委员会挂牌成立】2018年1月13日，望谟县第十七届人民代表大会第三次会议选举李明海为县监委主任，1月15日，望谟县监察委员会在望谟县电商大楼正式挂牌，县人大常委会主任韦炫章，县委常委、县纪委书记、县监委首任主任李明海共同为新成立的县监委揭牌。县监察委员会与县纪委合署办公，主要承担县境监督执纪问责和监督调查处置双重职责，监察对象为党政机关、人大机关、政协机关、人民团体、企事业单位公职人员，实现监察全覆盖。县纪委县监委内设机构11个，分别为办公室、干部室、党风政风监督室（案件申诉复查复议办公室牌子）、信访室、案件监督管理室、第一纪检监察室、第二纪检监察室、第三纪检监察室、第四纪检监察室、第五纪检监察室（重大责任事故调查办公室）、案件审理室。设立县纪委县监委派驻9个纪检监察组。核定编制99名（纪委监委机关行政编制37名；所属参公事业单位编制21名；派驻纪检监察组编制41名），在编人员66人。

县监察委员会成立后，实现对县直50个党政机关、司法机关、事业单位监督全覆盖，通过在学校、医院、县属国有企事业单位设监察员，推动监察体制改革向基层一线延伸。2018年，县监委采取12项措施585次，其中，谈话99次，查询136次，调证221次，询问123次，勘验1次，扣押2次，搜查1次，留置2人。共对47名监察对象启动监察调查，给予政务处分35人，问责23人，提出监察建议4次。

2018年1月15日，望谟县监察委员会正式挂牌成立，县人大常委会主任（左二）韦炫章与县委常委、县纪委书记、县监委主任李明海（左一）共同为新成立的县监察委员会揭牌（谢臣浩　摄）

【望谟启动第二轮棚户区综合改造项目】 2018年，望谟决定启动第二轮城市棚户区改造。改造区域位于县城老城区核心区内的朝阳路和解放路交叉口周边，包括解放路片区、中心球场片区、加拉片区、老一中片区、高车片区和天主堂片区。主要特点为建筑历史时间长，大部分30年以上，缺少规划或规划设计不合理，拥挤、老旧，部分为2011年“6·6”洪灾受损严重区域。改造惠及3000余户12000人，改造总建筑面积39.30万平方米，项目总投资约25亿元。

2018年1月26日启动，先后完成入户调查、征收意见收集、房屋测量和房屋评估机构选定、下达公示房屋征收决定、“四规划一计划”评估（国民经济和社会发展规划、土地利用总体规划城乡规划、专项规划、年度计划）、确权评估、评估公示、试算工作等。11月6日，召开望谟县2018年城市棚户区改造项目房屋征收签约工作动员大会，11月14日开展启动房屋征收项目抽签工作，11月15日启动房屋征收签约工作，截至12月29日结束，签约期45天，完成征收总面积392966平方米（其中，私人自建房301210平方米，房改房28880平方米，单位公产62879.13平方米），完成签约率100%，腾房交房率100%（不含公产）。

项目采用“新城新生活”的理念，将公益设施与环境绿化同步配套到位。项目规划分为12个地块，其中1～6地块位于望谟河北岸，7～12地块位于望谟河南岸，总建设用地面积28.11万平方米，规划用地性质为商住用地，计容建筑面积67.36万平方米，综合容积率为2.40，住宅类型为8～30楼高层住宅，3666户，商业为住宅底商两层或三层的风情商业街。

项目由县人民政府平台公司贵州红水河开发有限公司作为业主单位负责实施，项目建设周期为30个月。资金来源为中央补助资金和地方贷款资金，其中，中央补助资金11975.79万元，县人民政府平台公司分别向农发行、工商银行、农业银行贷款24.5亿元，截至年底，放款7.41亿元。

2018 年 9 月 10 日，望谟县王母街道第三小学建成投入使用 （蒙锡定 摄）

【余（庆）安（龙）高速罗甸至望谟段建成通车】 2018 年 9 月 30 日上午 6 点，望谟南收费站正式开闸通车，标志着余（庆）安（龙）高速罗甸至望谟段建成通车。余（庆）安（龙）高速是《贵州省高速公路网规划》（2008—2030）“6 纵 7 横 8 联”中“第 6 横”，是贵州省高速公路主骨架的重要组成部分。罗甸至望谟段是环南部三州（黔西南、黔南、黔东南）高速公路的重要路段，全长 92.72 千米，罗甸至望谟南 76.02 千米，望谟南互通至蔗香支线 16.7 千米。望谟县境总长 64.9 千米（含蔗香支线），主线起于罗甸县罗悃镇布苏，接惠水至罗甸高速公路，经布苏、逢亭、罗苏、桑郎、纳夜、大观、望谟南，止于望谟坝算，通过坝算枢纽互通，接余（庆）安（龙）望谟至安龙段，支线从望谟南到蔗香码头。主线桥隧比 66.7%，设计速度为 80 千米 / 小时。主线和支线工程总投资 129.72 亿元，全线采用四车道高速公路标准建设，路基宽度 24.5 米，设计时速 80.0 千米 / 小时，全线共设置 2 处互通立交，望谟县设置桑郎、纳夜、麻山、望谟南 4 个收费站，计划建设工期 4 年，批复建设工期 3 年。2015 年 12 月 31 日举行开工仪式，2016 年 4 月 25 日实质性动工建设，历时 2 年零 5 个月完成主线通车目标任务，比初步设计批复的工期提前 7 个月实现通车。贵阳至望谟行车时间由 5 小时缩短到 2.5 小时，罗甸至望谟车程从 4 小时缩短到 1 小时。蔗香支线预计可于 2019 年度下半年竣工通车。

【望谟县部分新建学校投入使用，校点重新调整】 2018 年 4 月，县政府进行校点布局点调整，批复成立望谟县实验高中、望谟县第一中学、望谟县第五中学，同时撤销部分乡镇中学和乡镇九年制学校初中部，乡镇初级中学集中到县城办学。同年，新建的县中等职业学校和王母街道第三小学建成投入使用。

9 月 10 日，王母街道第三小学 1350 名学生和 83 名教师从甘莱村平郎组旧址搬入三小新址学习生活，第三小学投入使用。王母街道第三小学新址占地面积 61.58 亩，总建筑面积 2.53 万平方米，位于王母街道甘莱村平坝组，背靠天马山，望谟河三面环绕学校。学校于 2017 年 10 动工建设，总投资 7076.90 万元，台湾慈济慈善事业基金会捐赠 3200 万元，其余资金由县人民政府和上级匹配资金承担，建设有教学楼、男女生公寓、学生膳食中心、风雨操场、图书馆等设施，是一所寄宿制公办小学。学生主要来源于进城务工人员子女、易地移民搬迁子女。第三小学始建于 1987 年，原名“平朗小学”，经过多次改名，2016 年 6 月改名为“王母街道第三小学”。

9 月 19 日，新建的望谟县中等职业学校建成投入使用，县职中 1402 名学生、102 名教师从东风路 340 号（11 月改成纯初中学校望谟一中）搬进新学校学习。望谟县中等职业技术学校新址位于平洞街道平洞村，望谟西收费站旁 500 米左右，望谟县第六中学对面。学校总投资 1.74 亿元（含设备采购 0.24 亿元），于 2017 年开工建设，占地面积 313 亩，建筑面积 5.27 万平方米，建有教师公寓楼、学生宿舍、食堂、图书馆、实训楼、风雨操场、运动场、商铺、综合楼等配套设施，可容纳3100名学生，是一所公办全日制现代化职业技术学校。职业中学为1983年成立的望谟县民族职业技术学校，1990年更名为“望谟县民族职业高级中学”，2013年更名为“望谟县中等职业学校”，学校先后迁址4次，开设有林学、医学（士）、农学、果蔬、畜牧兽医、财会、制糖、建筑、水电、机电、计算机、电子技术应用、电工、电焊、家电维修、药学、护理、酒店管理、厨师、汽车驾驶与维修、民族服装与服饰等专业，主要承担中等职业教学，与高职院校联合办学和培训县境短期劳动技能人才。

11月19日，望谟二中高中部整体搬进新成立的县实验高中，2485名学生、154名教师正式步入实验高中生活，标志着望谟县实验高中投入使用。望谟县实验高中总投资1.6亿元，位于县城王母街道望谟河畔，望谟县第三中学附近，2017年动工建设，占地面积122.6亩，总建筑面积6.04万平方米，可容纳3600名学生，全日制公办普通高级中学，建有现代化综合教学楼、理化生综合实验楼、学生公寓楼、学生餐厅、计算中心、塑胶运动场、风雨运动场、体育馆、图书馆、多功能礼堂、教师宿舍、学术报告厅等附属设施。至此，望谟县有县民族中学、县实验高中两所全日制普通高级中学，在校普通高中生5000余名。

11月1日，纳夜中学、石屯中学、麻山九年制初中部撤销，全部到集中到县第一中学办学。县一中位于王母街道东风路340号，学校占地67.5亩，建筑面积2.16万平方米，望谟河绕校而行，先后为望谟县民族中学和为望谟县中等职业学校办学地址，学校于2011年遭遇“6・06”特大洪灾，部分设施损毁，后恢复重建。

11月18日，乐旺中学、岜饶九年制初中部撤销，全部集中到县第二中学办学。县第二中学位于县城新桥路，原为全日制完全中学，设初中部和高中部，同时，高中部全部移交县实验高中，县第二中学改隶为全日制普通初级中学。

县第五中学占地196.05亩，总投资2.05亿元，可容纳寄宿制学生3000余名，将于2019年3月投入使用，届时，乐元中学、坎边中学、油迈中学、大观九年制学校、昂武九年制学校、蔗香九年制初中部全部撤销，集中到县第五中学办学，乡镇仅剩打易中学、新屯中学和桑郎中学等3所初级中学，县城一至六中全部为寄宿制初级中学。

【“三月三”系列活动】 2018年4月15日至19日，由望谟县人民政府主办，中共望谟县委宣传部、望谟县文体广电旅游局、望谟县民族宗教事务局、新屯街道办事处、王母街道办事处等承办的“走进新时代・相约三月三・建设新望谟”2018国际山地旅游暨户外运动大会系列活动之中国・望谟“三月三”系列活动在县城、新屯街道新屯村、弄林村和王母街道甘莱村举行。先后举办“锦绣布依”服饰设计大赛、“户外嘉年华　寻宝三月三”大型户外运动、布依人文始祖布罗陀祭祀仪式研讨会、“王母之星”选秀大赛、布依文化及摄影作品展览、“三月三”文化节展演、原汁布依特色商品展销等主体活动。

15日至18日，分别在新屯街道新屯村、弄林村、王母街道甘莱村开展“户外嘉年华、寻宝三月三”大型户外运动，全国各地1200多名户外运动人士及游客参加野外CS、帐篷露营、汽车文化、越野运动、寻宝、采风等活动。

18日，中国・望谟“三月三”布依族文化展演在王母广场举行，设新屯、甘莱分会场。贵州省布依学会会长、原副省长、省政协副主席吴嘉甫，贵州省文化厅党组成员、常务副厅长黎盛翔，黔西南州政协副主席廖星，黔西南州政协副主席、望谟县委书记李建勋，东南亚国家（越南、缅甸、泰国、老挝等）布依族海外华人华侨，宁波余姚市、省州布依协会、州直有关部门领导，贵州民族大学等高校专家学者，新浪网、人民网、《贵州日报》等20余家媒体及全县2.6万名群众参加活动，军旅歌手、中国人民解放军海军政治部文工团独唱演员曾小燕献唱，先后举行方队巡演、布依感恩大典、布依糠包万人舞、“民族团结同昂央・社会和谐丽甲刁”文艺会演、“天籁布依”古歌展唱、“王母的故事”大型原生态歌舞晚会等活动。

【第七届红水河野钓大赛】 由望谟县钓鱼协会主办，县文体广电旅游局、昂武镇人民政府承办的2018国际山地旅游暨户外运动大会系列赛之望谟县第七届红水河野钓大赛于2018年11月15日16：00至11月20日8：00在望谟县昂武镇昂武村举行，为期88小时。全国88支队伍352人参赛，大赛设奖金28.16万元，大赛对录取团体前25名及排名前三的最大单尾重给予奖励进行表彰，其中设一二三等奖各1名，奖金分别为8.8万元、4万元和2万元，最大单尾前三名奖金分别为0.1万元、0.08万元和0.06万元。经过五天角逐，兴义市勇发队以105.15公斤的成绩荣获团体赛第一名；广西隆林鑫悦酒店野钓队以62.4公斤获第二名；安龙渔乐无穷队以61.7公斤获第三名。云南昆明渔缘黑坑野战队以7.1公斤获单尾第一名；贵州三都钓协代表队一队以7.05公斤获得第二名；贵阳市依肯队以6.25公斤获得第三名。

（唐大江）

义龙新区

【概况】 义龙新区管辖顶效镇、郑屯镇、鲁屯镇、万屯镇、新桥镇、德卧镇、龙广镇、木咱镇、雨樟镇9个镇。全区总面积1258.5平方千米，耕地面积2.83万公顷，基本农田保护面积2.49万公顷，核心区规划控制面积236平方千米，规划人口100万人。辖94个行政村（社区居委会）1202个村（居）民小组。户籍人口33.86万人，其中城镇人口19.79万人，城镇化率为58.42%。人口出生率9.68‰，自然增长率6.29‰，死亡率4.68‰。主要矿藏有煤、大理石、石灰石。森林覆盖率为57.5%。年平均气温15.75 ℃，雨量1246.9毫米，全年日照1592.3小时，全年无霜期324天。

2018年，全区经济稳中有进、进中提质，地区生产总值145.09亿元，增速13%；工业总产值96.8亿元，增长16%，增加值完成23.85亿元，增长16%；农业增加值25.07亿元，增长7%，限额以上批零住餐业完成销售额32亿元，增长12%；全社会固定资产投资完成160.4亿元，增长25%。一般公共财政预算收入完成7.31亿元，增长10%；一般公共财政预算支出25.04亿元，增长17.78%；城镇居民人均可支配收入31672元，增长10%；农村居民人均可支配收入10616元，增长10.5%；社会消费品零售总额33亿元，同比增长13.2%。金融机构各项存款余额71亿元，贷款余额49.99亿元，融资8.77亿元。城乡环境质量指数实现程度为99.54%，全面小康实现程度达98.7%。人均GDP、城乡居民人均收入、环境质量指数“三项核心指标”均得到提升。

【脱贫攻坚】 2018年，落实“春风行动”“夏秋攻势”“四场硬仗”“十大攻坚战”，2018年末脱贫997户3532人，对贫困村、贫困人口进行动态监测管理，贫困发生率下降至1.77%。年内实现14个贫困村出列，至此，全区实现贫困村全部出列。雨樟镇与兴仁市一起实现减贫摘帽，安龙片区四镇脱贫499户1629人，贫困发生率降至1.35%。年内组织干部培训5期1686人次，安排1100名干部长期下沉脱贫攻坚一线，轮换工作岗位干部达409人次，脱贫攻坚一线干部到省内外参加精准素能培训500余次。实施种养业产业扶贫贫困人口4295人，户均增收6000元以上；生态扶贫选聘贫困户护林员257人，人均增收1万元；投资1558.45万元建成8446人饮水安全水利扶贫项目，带动建档立卡贫困户1161人；医疗健康扶贫重点人群签约服务率62.15%、建档立卡贫困户签约服务率98.06%、计划生育特殊家庭签约服务率100%、残疾人签约服务率100%。实现医保“先诊先疗后报销”一站式服务，开展“万医下基层”健康扶贫义诊9万余人，建成农村中小学校标准化医务室92个；全员劳动力创业培训115人，贫困劳动力培训1797人，实现就业创业1123人。新市民培训10934人次，举办东西部对口帮扶劳务协作招聘会3场，贫困劳动力达成就业意向2189人；电商扶贫新增电子商务市场主体19户，电商扶贫示范点2个，建成农村淘宝服务站点66个；小康电电网供电可靠率达99.84%。小康讯覆盖率达97%，392个30户以上自然村寨实现4G网络覆盖，覆盖率达96%；“组组通”建成164条，总长200千米；实施危房改造706户，三改706户；教育扶贫资助学生57750人次，“农校对接”覆盖贫困户1270户4445人。

义龙新区扶贫对象动态管理增减人口统计表

单位：户、人

镇（街道）	2014年农村人口基数	截至12月底系统未脱贫人数	年初计划脱贫数（目标任务）		脱贫退出		拟综合贫困发生率%
			户数	人数	户数	人数	
新桥镇	23733	349	117	409	174	510	1.46
德卧镇	38944	534	97	341	152	525	1.37
龙广镇	49243	637	186	650	158	535	1.29
木咱镇	11074	154	14	50	15	59	1.39
安龙片区	122994	1674	414	1450	499	1621	1.35
顶效镇	50209	1061	38	132	74	291	2.12
郑屯镇	29623	524	11	40	22	77	1.77
鲁屯镇	23504	586	38	134	65	251	2.49
万屯镇	44603	942	170	594	333	1273	2.08
兴义片区	147939	3113	257	900	494	1892	2.10
兴仁片区（雨樟镇）	31611	588	16	50	4	11	1.85
全区合计	302544	10162	687	2400	997	3532	1.77

义龙新区贫困村出列信息统计表

单位：元

序号	乡镇	贫困村（名称）	贫困村类	年末贫困发生率预测%	截至本月村集体经济积累（元）	基础设施建设	公共服务情况
1	郑屯镇	大箐村	一类	2.64	40000	通水、通电、通村组路	有村卫生室、有图书馆、有垃圾集中堆放点
2	郑屯镇	岩峰村	二类	2.45	336000	通水、通电、通村组路	有村卫生室、有图书馆、有垃圾集中堆放点
3	鲁屯镇	七一村	二类	1.76	230000	通水、通电、通村组路	有村卫生室、有图书馆、有垃圾集中堆放点
4	万屯镇	海丰村	二类	1.73	160000	通水、通电、通村组路	有村卫生室、有图书馆、有垃圾集中堆放点
5	万屯镇	佐舍村	二类	1.64	130000	通水、通电、通村组路	有村卫生室、有图书馆、有垃圾集中堆放点
6	万屯镇	全心村	一类	0.97	120000	通水、通电、通村组路	有村卫生室、有图书馆、有垃圾集中堆放点
7	顶效镇	查白村	一类	2.47	650000	通水、通电、通村组路	有村卫生室、有图书馆、有垃圾集中堆放点
8	顶效镇	大蚌村	二类	2.25	80000	通水、通电、通村组路	有村卫生室、有图书馆、有垃圾集中堆放点
9	龙广镇	五台村	二类	1.4	50000	通水、通电、通村组路	有村卫生室、有图书馆、有垃圾集中堆放点
10	龙广镇	烂滩村	一类	1.41	30000	通水、通电、通村组路	有村卫生室、有图书馆、有垃圾集中堆放点
11	龙广镇	干田村	三类	0.91	100000	通水、通电、通村组路	有村卫生室、有图书馆、有垃圾集中堆放点
12	德卧镇	扁占村	一类	2.4	30000	通水、通电、通村组路	有村卫生室、有图书馆、有垃圾集中堆放点
13	新桥镇	巧烂村	二类	2.36	35750	通水、通电、通村组路	有村卫生室、有图书馆、有垃圾集中堆放点
14	新桥镇	高普陇村	一类	1.21	42950	通水、通电、通村组路	有村卫生室、有图书馆、有垃圾集中堆放点

义龙新区脱贫攻坚农村危房改造完成情况统计表

单位：户

序号	乡镇（街道）	省、州危房改造任务									
		危改					三改				
		任务数	开工数	开工率	竣工数	竣工率	任务数	开工数	开工率	竣工数	竣工率
1	顶效镇	138	138	100.00%	138	100.00%	138	138	100.00%	138	100.00%
2	郑屯镇	75	75	100.00%	75	100.00%	75	75	100.00%	75	100.00%
3	鲁屯镇	37	37	100.00%	37	100.00%	37	37	100.00%	37	100.00%
4	万屯镇	194	194	100.00%	194	100.00%	194	194	100.00%	194	100.00%
5	新桥镇	113	113	100.00%	113	100.00%	113	113	100.00%	113	100.00%
6	德卧镇	41	41	100.00%	41	100.00%	41	41	100.00%	41	100.00%
7	龙广镇	25	25	100.00%	25	100.00%	25	25	100.00%	25	100.00%
8	木咱镇	8	8	100.00%	8	100.00%	8	8	100.00%	8	100.00%
9	雨樟镇	75	75	100.00%	75	100.00%	75	75	100.00%	75	100.00%
10	义龙新区	706	706	100.00%	706	100.00%	706	706	100.00%	706	100.00%

填报单位（章）：义龙新区规划和交通建设管理局

义龙新区2018年农村“组组通”公路、串户路项目进度表

组组通项目												
2018年目标计划		省州计划	各镇新增项目		项目概况		建设进度					
总里程（千米）	项目数（个）	总里程（千米）	项目数（个）	总里程（千米）	项目数（个）	总里程（千米）	完成路基（千米）	完成路面（千米）	概算总投资（万元）	完成投资（万元）	形象进度	备注
3	4	5	8	9	10	11	14	15	16	17	18	19
186.935	118	190.7835	11	14.978	118	186.935	210.8465	212.6417	11169.229	14331.809	100.00%	
32.993	11	32.993			11	32.993	38.073	39.126	1319.7	4482.280	100.00%	2018年7月23日下达第二批计划
28.9	18	28.875	4	7.398	18	28.9	36.252	36.252	2031.271	2031.271	100.00%	
10.617	9	10.617	1	0.376	9	10.617	10.976	10.976	787.600	787.600	100.00%	
26.765	27	26.765			27	26.765	26.765	26.766	1380.896	1380.896	100.00%	
19.139	20	19.139			20	19.139	19.139	19.139	765.560	765.560	100.00%	
35.18	18	39.0535			18	35.18	39.0535	39.0535	2446.362	2446.362	100.00%	
20.761	7	20.761			7	20.761	20.804	21.5452	1605.971	1605.971	100.00%	
					0							未下达计划
12.58	8	12.58	6	7.204	8	12.58	19.784	19.784	831.870	831.870	100.00%	

【易地扶贫搬迁】2018年，义龙新区分步实施、分批推进易地扶贫搬迁，建成住房69栋4804套，完成2017年度4450户20763人任务安置。新建顶效步马安置点67栋3287套住房，安置区内2018年度144户666人及跨区域13502人。整合义龙望谟易地扶贫搬迁产业发展资金1000万元，建设食用菌产业解决500人就业；全年开展搬迁劳动力就业技能培训10934人次，新增搬迁群众就业460人，东西部协作招聘达成就业意向2189人；按照2‰比例为搬迁群众开发80名公益性岗位，培养积极分子9名，发展党员1名，就业落实率达100%。解决搬迁群众子女入学2488人（其中，学前575人、小学1173人、初中566人、高中169人、中职5人）。有效衔接医疗保险1728人、养老保险675人、低保762人、户口迁移2603人，办理新市民居住证14920人，评选新市民“文明家庭”48户。

2018年省委常委、省委组织部部长李邑飞（中）率队参加全省第二轮项目建设观摩会，在义龙货车帮智慧物流港观摩 （义龙新区 提供）

【污染防治】2018年，中央、省委环保督查反馈的24个问题实施整改17个，转办信访案件35件，办结35件。开展“十小”企业、芭蕉芋淀粉非法加工作坊、马岭河流域、围山湖地级集中式饮用水源地专项排查整治。对48家煤焦货场进行清理，督促红星医药产业园区50家企业增加污水处理设施。郑屯、万屯、德卧污水处理厂改造调试结束，顶效污水处理厂改扩建工程建成投运。河湖库“清四乱”“大体检”“固体废物”等专项整治行动撤除网箱596口2.15万平方米。持续开展各级河长巡河活动，实施“一河（库）一策”编制审定及区管河流楼纳河、者磨河、坡贡河等河湖划界工作。

【风险防范】2018年，成立债务清理工作专班，初步厘清隐性债务存量。开展土地出让及土地指标流转，实现土地资源增值最大化。实施存量债务置换进度，申请省级债券置换资金和省级债券再置换资金，年内全区系统内债务余额94.21亿元全部转化为债券类债务。坚持“三管三必管”原则，全力抓好安全生产。抓实信访维稳和矛盾纠纷排查化解，开展扫黑除恶专项行动，确保社会安全稳定。

【招商引资和项目建设】2018年，义龙新区组建工业、城市开发、山地高效农业、大数据、文旅医教五个招商引资产业组，采取“走出去”“请进来”方式全力招大商，招引项目85个，500万元以上省外投资项目80个，总投资118.89

2018年5月22日，州委书记刘文新（中）到义龙新区调研项目建设情况（振华二期项目建设现场） （义龙新区 提供）

亿元，项目到位资金104.12亿元。全年安排79个省州重点产业和重大项目，总投资277.36亿元，完成投资上报199.38亿元。考核认定开工项目57个，亿元以上新开工项目27个，总投资106.71亿元，累计完成投资42.37亿元。十大标志性项目总投资101.65亿元，完成投资45.5亿元。建成新能源、新材料、大数据、大健康医药产业园区。2018年易地扶贫搬迁、楼纳村田园综合体、康养智能小镇、振华二期、大数据二期、光伏发电、鹏昇纸业、裕国食用菌等一批重大项目和重点产业建设有序推进。

【财政与金融】2018年，义龙新区全面推进“数据铁笼”建设，强化财政预算执行，逐步规范财政资金支付行为，实施国库集中支付电子化改革。全年财政总收入完成15.31亿元，同比增长6.35%；一般公共财政预算支出7.31亿元，同比增长2.52%。其中，税收收入2.32亿元，同比增长4.22%；非税收入3.31亿元，同比增长0.49%。一般公共预算支出累完成25.05亿元，较2017年同期增加3.58亿元，同比增长16.73%。投入九大民生领域资金15.47亿元，增长0.42%。安排财政专项扶贫资金2.86亿元，实施扶贫项目41个，争取财政专项扶贫资金1778.99万元，新区自筹资金26852.11万元。强化债务管理，成立债务专班，全年置换债券达94.21亿元，有效缓解偿债能力，减轻财政支出压力。

【农业生产】2018年，义龙新区粮食播种面积24.85万亩，总产量18.8万吨。烤烟种植3.4637万亩，生产收购7.41万担，财税收入2274万元。核定500亩以上坝区27个，面积126854亩，以“稻+鱼（虾、蟹）”“水旱轮作”“粮经轮作”等模式调整坝区农业产业结构，发展种草养畜、芭蕉芋、百香果等产业6.65万亩。划定粮食生产功能区19万亩，重要农产品保护区（重叠区，油菜）5万亩。农产品农药残留速测完成2116个，农业种植业保险水稻6.1064万亩，涉及农户23906户；农调扶贫险5.033万亩，涉及合作社（企业）85家，农户3611户。年内存栏牛、生猪和家禽分别为6.03万头、18.3万头、183.6万羽，出栏2.3万头、23.5万头、213.8万羽，活畜检疫28.3万头（匹），非洲猪瘟得到有效监测控制。山地水果公园农旅一体化示范园区、食用菌产业基地及500个标准大棚、有机蔬菜种植基地、精品水果种植基地等农业产业项目塑造精品村8个、提升村13个、普及村29个；申报无公害产地认证企业与合作社19家，产品16个，产地认证面积6.7万亩。

【工业经济】2018年，新增规上企业入库15家，达到87家，工业总产值完成96.8亿元，同比增长39.22%，增加值完成23.85亿元，同比增长16%，工业增值税完成2.4亿元，同比增长40%，工业经济占GDP比重66.72%。固定资产投资完成160.4亿元，新增5000万元以上投资项目入库93个。实施“千企改造”14家，州级重点8家，省级6家，完成投资38亿元。“两化融合”示范改造39家，清理“僵尸企业”137家，盘活16家。通过“小微贷”“贵园信贷通”“贵工贷”等金融扶持政策为企业争取资金8000万元，争取工业和信息化资金1120万元。申报各类专利76件、发明72项、著名品牌12个。

【第三产业】2018年，第三产业总产值达到33亿元，同比增长12%。批零住餐企业入库11户，其他营利性服务业入库2户，限额以上批零住餐完成限上营利性服务业企业完成营业收入1.82亿元，同比增长255%，有力提升全区商贸流通水平。举办中意山地地学旅游和世界地质公园交流展示会、黔西南地域建筑民居营造体验活动、“全景贵州”女子国际公路自行车赛等国际山地旅游暨户外运动大会系列活动和“全国青年棒垒球锦标赛”“全国棒垒球锦标赛”“海峡杯”女子垒球赛。实施景区景点改造提升工程，建成并开放云屯国际生态体育公园、神木营，开展元宵灯会、“大明边屯古驿道户外体验”等活动。培育乡村旅游，新增三星级农家旅馆4家，查白等15个村进入全省1418个乡村旅游示范村，举办查白歌节、楼纳开秧节、绿化桃花节、底西苗族采花节等民族节日，全年旅游达到41万人次，实现旅游综合收入约4亿元。

【全面同步小康】2018年，选派25名同步小康驻村“第一书记”和51名优秀干部开展帮扶工作，组建9个调研组对94个村（居）深入考察调研履职情况，对发挥作用不好、履职差、身份不符的59名“第一书记”和驻村干部进行调整。从2018年6月起，3名符合条件的村党组织书记每月待遇报酬按照4352元发放，为脱贫一线干部130人购买“脱贫攻坚关爱险”78000元。落实第一书记和驻村干部每天55元生活补贴，每月2次交通补助费，每年至少组织一次体检和调整浮动工资，享受艰苦边远津贴等待遇保障。

【东西部协作】 2018年，义龙新区制定《义龙新区2018年东西部协作工作方案》和《东西部协作2018—2020三年行动计划》，组建8个工作专班，梳理出19项重点任务。向宁波市海曙区选派5名党政干部挂职，宁波赴新区挂职党政干部2名，组织4批次257名区镇村三级领导干部赴浙江大学学习培训。497名建档立卡贫困劳动力进行职业技术培训，实现325名建档立卡贫困劳动力在宁波企业就业。全年得到浙江省对口1630万元财政资金支持，9家东部企业在新区落地投资，其中浙江企业4家，实际投资额达8.2559亿元，吸纳75户贫困户就业，带动319名贫困群众实现脱贫。与宁波市海曙区合力打造国家AAA级旅游景区和“千村示范、万村整治”贵州升级版—楼纳田园综合体项目，总投资10亿元，年内完成投资2亿元。两地乡镇结对3对、村结对9对、学校结对6对、医院结对3对，完成三年结对任务，促进两地支教、支医、支农工作。2018年“国际扶贫日”活动东部落户新区企业捐资128万元、物资27万元。

【道路交通】 2018年，义龙新区建设“村村通”21.07千米、“组组通”164条200千米、“四好农村路”10个100.32千米，全区公路总里程达到2082.88千米。开工建设兴义环城高速公路（义龙段），土地征收1654.93亩，拆迁房屋133栋，支付征拆款9.08亿元。投入运营9条公交线路，公交车53辆，新增义龙至兴义城际快速公交线路3条（会展中心—西南骨科医院、兴达市场—会展中心，九九克拉城—会展中心）。建成木咱、新桥2个农村客运站，面积各5491.51平方米、7650平方米，总投资192万元，“村村通”得到宣传推广。超限超载检查货车720余辆，查扣、处理超限货车180余辆，处罚金39.159万元。开展道路交通安全违法整治382次，检查车辆87850余台，教育纠正违法行为17320起，现场开具简易程序处罚单31147张，开具违停处理通知书4612张，查获饮酒驾驶189起，查获醉酒驾驶案件91起。办理小型汽车、摩托车登记注册入户4279起，办理摩托车驾驶证业务803本。

【生态文明建设】 2018年，义龙新区利用林权惠农政策实施大苗绿化造林3.7万亩，各类造林6.85万亩，退耕还林4万亩，带动15037户户均增收1330元；兑现公益林和退耕还林补助金3082.77万元。采取“1115模式（1贫困户1亩1年产值5000元）”实施多类苗木基地建设1800亩，带动贫困户1113户户均增收8086元；采取龙头带农户，适度规模经营流转土地2000亩发展花卉苗木，带动751户户均增收2130元；引进龙头企业流转土地1600亩发展生态苗木育苗，带动农户890户户均增收1798元。林业总投资8.96亿元，实现林业总产值19.15亿元。强化森林资源管理，森林火灾受害率控制在0.6‰以下，查办森林保护“六个严禁”专项行动案件117件。森林覆盖率达到57.5%。

【雪亮工程】 2018年，义龙新区以顶效镇试点开展“地网”安防系统建设，辖区摩托车、电瓶车安装

2018年5月24日，华为数据铁笼·数惠民生论坛活动现场
（义龙新区　提供）

防盗芯片10000个、2385个，购买1849个手环为留守儿童佩戴，全区技防建设稳步推进。

【市政建设】 2018年，义龙新区500万元以上城镇基础设施项目固定投资26.05亿元，建成顶效污水处理改扩建工程、义龙污水处理及垃圾收运一体化项目、顶效开发区扩区供水工程、东峰林大道（三期）、樱花大道、雄屯大道、关兴大道等工程，新增城镇道路10千米，新建城市公共停车位300个，建成同心湖、浪哨湖湿地公园2个海绵城市项目，4座城镇社区公共厕所。雨樟等5个示范小城镇及特色小镇建设完成投资5.1亿元，新增城镇人口3060人，城镇化率达58.42%。

【社会民生事业】 2018年，完成34个村庄规划编制，全区84个村庄规划全部完成。统筹推进基础设施、生态补偿、教育医疗卫生、社会保障、产业发展、住房保障、"农村三变"改革等社会民生工程。棚户区改造建成8000套保障性住房（其中公租房3000套、棚户区改造5000户），并进行分配入住，分配率98.15%。

持续推进民族特色村寨建设，利用民族节日开展民俗文化活动，增强民族团结凝聚力，民族文化进校园活动建成10所省级示范学校。加强公共文化服务体系建设，94个村（居）补充图书13420册，申报非物质文化遗产传承人2人。建成多彩贵州"广电云"户户用工程新增用户10500户，扫黄打非销毁非法出版物3万余（册、张、盘）。投资271万元，

2018年义龙新区"四好农村路"示范创建工作会议 （义龙新区 提供）

建设文物项目2个（鲁屯防雷工程、万屯墓群安防工程）。建设农民体育健身工程项目10个，建成义龙新区棒垒球场体育公园及附属设施，总投资1381万元。申报"最美风情小镇"7个、重点乡村旅游村寨17个、国家AAA级旅游景区2个、国家AAAA级旅游景区1个、47户残疾人同步小康创业就业示范户。将盲人保健按摩机构纳入规范化建设，实施重度残疾人阳光家居托养项目46人、无障碍设施改造10户，年内发放重度残疾人护理补贴1630人60.15万元，办理残疾证5422本，一级证629人，二级证1173人。开展肢体残疾儿童康复训练11人、孤独症儿童康复训练6人、智力残疾儿童康复训练4人、助听康复2人，组织12名残疾人参加贵州省第六届残疾人运动会。

推动民族宗教示范区创建，订制发放民族团结进步宣传资料8万余份，悬挂宣传横幅300余幅，顶效镇麻山社区被国家民委命名为"全国民族团结进步创建示范区"。撤除乱建露天宗教造像、寺庙2处，关停顶效基督教临时活动点。推进基层民主自治，村（居）务公开得到巩固提升。落实双拥优抚和低保工作，年内发放在乡复员军人定期生活补助271.75万元、带病回乡退伍军人定期生活补助164.1万元、参战退役人员生活补助481.44万元、伤残人员伤残抚恤金111.8万元、"三属"抚恤金84.54万元、60周岁以上农村籍退役士兵895人次生活补助211.81万元、部分烈士子女4人定期生活补助2.21万元，兑现义务兵家庭优待金409.36万元，接收退役士兵，救助散居孤儿26人28.24万元。排查留守儿童420人，将45名困境留守儿童纳入低保，年内发放农村低保42936户次86376人次1812.3182万元、城市低保5796户次12072人次465.08万元、易地搬迁农村低保转城低保279户763人279.55万元、医疗救助3738人次300.99万元、建档立卡贫困患者医疗扶助4543人次507.54万元、临时救助1100人332.54万元、80周岁以上低收入老人津

大数据中心　　　　（义龙新区　提供）

贴4868人155.97万元、低收入失能高龄老年人困难津贴809人46.67万元、救助流浪乞讨人员72人24.8万元、特困供养291人287.94万元，护理费23万元。

全年征缴职工各项社会保险费24457万元，城乡居民基本养老保险参保127615人，征缴基金1280万元，全年待遇发放475896人次4127万元，基金支出4332.78万元；发放企业职工养老待遇7920人次1560万元、机关事业单位退休金10320人次6200万元、机关事业单位养老保险866人513万元。城乡居民基本医疗保险参保273160人，征缴基金3277万元；辖区234家医疗机构全部纳入定点医院协议管理，实现“健康医疗保障”一站式结算。

【全面从严治党】2018年，开展“两学一做”常态化制度化学习教育和“不忘初心·牢记使命”主题实践活动。参加贵州省“新时代学习大讲堂”业务知识专题讲座培训125期、贵州省“新时代学习大讲堂”时代前沿知识专题讲座培训11期、黔西南州“新时代学习大讲堂”专题讲座培训13期，培训干部19953人次。推行领导包案接访制度，深化“放管服”、党政机构改革。召开庆祝中国共产党成立97周年暨义龙新区脱贫攻坚“七一”表彰大会、党风廉政建设警示教育大会，开展干部选拔任用“一报告两评议”、工管委领导班子和州管干部年度考核民主测评，提拔科级领导干部4名，批准10名党政干部和事业人员放弃身份到企业工作，对37名干部在脱贫攻坚不认真履职、不担当不作为进行示警约谈、书面检查、通报批评、调整岗位。全年接受群众信访举报137件，问题线索177件，立案112件，给予党纪政务处分111人、组织措施处理6人。查处形式主义、官僚主义案件10件，问责处理14人，通报批评11人，约谈50余人。围绕民生、扶贫和作风建设领域开展执纪审查，配齐村级民生监督员94名，发现民生问题158个，结案71件，党政纪处分75人，涉案金额268.68万元；扶贫领域立案35件39人，结案34件，党纪政务处分38人，涉案金额29.84万元；查处形式主义7人，问责3人；开展作风督查检查12次，通报7期8人。梳理涉黑涉恶问题线索10件，党纪处分1人、组织处理3人；政治巡察发现问题及线索187个，办结中央巡视组案件23件、省委巡视组34件、州委巡察组13件，抓实中央、省委、州委巡视巡察反馈问题整改，全面落实问题整改主体责任。

（陈　程）

人　物

领导名录

（姓名后面有 ※ 号的为 2018 年内已去职。此名录仅供参阅，不作确定级别、待遇等用。）

中国共产党黔西南州委员会

书　　记　刘文新
副 书 记　杨永英（女，布依族）　穆嵘坤
常　　委　刘　良　罗春红（女，布依族）
　　　　　顾先林（苗族）　许风伦
　　　　　冉　博（苗族）　张　谦　范　华
秘 书 长　张　谦
常务副秘书长　陈林涛 ※
副秘书长　何长锁（兼，满族）　廖福刚　秦昌政（兼）
　　　　　王定芳（布依族）　何　杨（布依族）
　　　　　徐祖荣（女）　魏平胜 ※　李文胜 ※
　　　　　辛汉坤 ※　刘国兴　陶星明　张艳军

州委办公室
主　　任　张　谦
副 主 任　张艳军 ※　罗　智（布依族）

州委州政府督查督办局
局　　长　徐祖荣（女）
副 局 长　罗　智（布依族）※

州目标绩效管理办公室
专职副主任　刘龙兴

州委机要局（密码管理局）
局　　长　杨明选

州委保密委办公室（国家保密局）
主任（局长）　贝启真（布依族）

群众工作部（信访局、群众工作中心）
部长（局长、主任）　刘国兴

常务副部长（常务副局长、常务副主任） 刘国兴 ※
副部长（副局长、副主任） 张鸿恩 项祖培 任 波
正处长级督查专员 蒙万林（布依族）

州委组织部
部 长 顾先林（苗族）
常务副部长 罗定超（布依族）
副 部 长 王丽琼(兼,女,苗族)※ 王 军(兼,女)
刘海峰（兼，彝族） 谭云临（苗族）
鲁永明
部 务 委 员 易应学 ※ 黄 丽（女，布依族）
吴 勇

州委农村党员干部现代远程教育管理办公室
主 任 易应学 ※

州委组织员办公室
主 任 匡忠畅

州非公有制经济和社会组织工委
书 记 宁福义（布依族）

州人才工作领导小组办公室
主 任 郑 锐（壮族）※

离退休干部局
局 长 刘海峰（彝族）
副 局 长 陈文智（女，彝族）
高开益（布依族）※
州关工委秘书长 高开益（布依族）※

离退休干部工作委员会
书 记 刘海峰（彝族）
专职副书记 张兴华

州委宣传部
部 长 冉 博（苗族）※ 范 华（回族）
常务副部长 娄 勇
副 部 长 陆才美（女，布依族） 杨建萍（女）
戴时昌（兼，彝族） 吕天华（兼）
王才丽（兼，女）※

文化体制改革和文化产业发展工作办公室
主 任 王才丽（女）※

精神文明建设指导委员会办公室
主 任 吴舟记

州委对外宣传办公室（州政府新闻办公室）
主 任 金加祥

州委统战部
部 长 罗春红（女，布依族）
常务副部长 蒋 静（女,黎族）※ 胡 祥（侗族）
副 部 长 胡 祥(兼,侗族)※ 张 睿(女,苗族)

台湾工作办公室
主 任 杨丽敏（女）
副 主 任 戴学云（女）

“星火计划、科技扶贫”试验区联络办公室
主 任 孟 云

州委政法委
书 记 穆嵘坤 ※ 冉 博
副 书 记 陈喜扩（分管常务工作） 唐朝海
政治部主任 易 菊（女）
综治办主任 陈喜扩（兼）
综治办专职副主任 张焕坤（回族）

政策研究室
副 主 任 王沾云（布依族）

州委深化改革领导小组办公室
主 任 王定芳（布依族）
副 主 任 莫武龙（黎族） 张丙乾
王定芳（兼，布依族）※
班庭源（兼，满族） 高振敏（兼）

全面建设小康办公室
主 任 陈 浪（黎族）

机构编制委员会办公室

主　　任　　牟庆芳（女）

副 主 任　　陈福兴　巫　敏（女，壮族）

直属机关工委

书　　记　　周光磊

副 书 记　　邹　浩　车志敏（女，彝族）

　　　　　　钟　海

纪工委书记　钟　海

州史志办公室

主任、党组书记　王淑芳（女，布依族）

副主任、党组成员　杨　堉（女，布依族）

　　　　　　　　李正江

州委讲师团

团　　长　　邓一平（侗族）

副 团 长　　王思彩（女，布依族）

州老年大学

校　　长　　朱　琳（女）

副 校 长　　胡静勇

州委党校

校　　长　　穆嵘坤

副校长、校务委员会委员　林可华

　　　　　　　　　　　周玉华（布依族）

　　　　　　　　　　　王天洋　蔡　平

教育长、校务委员会委员　刘远尧（苗族）

组织人事处处长　曾宪辉

行政管理处处长　张作义

教务处处长　邓　芳（女，土家族）

学员工作处处长　帅斌付

基层党校工作处处长　瞿　强

马克思主义理论教研部主任　王正勇

经济学教研部主任　刘培林

党史党建教研部主任　张杰彬（苗族）

公共管理教研部主任　石　鑫

法学教研部主任　邓连引（苗族）

文化与现代科技教研部主任　王玉玲（女，布依族）

校刊编辑部主任　戴卫平 ※

信息工作部主任　瓦龙文（回族）

州离退休干部党校

常务副校长　刘海峰（彝族）

副 校 长　　周玉华（兼，布依族）

专职副校长　田　青（布依族）

州直属机关党校

常务副校长　周光磊（兼）

中国共产党黔西南州纪律检查委员会黔西南州监察委员会

纪委书记、监委主任　刘　良

纪委副书记、监委副主任　李书红

　　　　　　　　　　　周玉芬（女，布依族）

　　　　　　　　　　　黄小兵（布依族）

纪委常委　　蒋若勇　王世继（布依族）

　　　　　　韩锡才 ※　张六海（苗族）　曹明华

监委委员　　王世继（布依族）　曹明华　王　卫

秘书长、办公室主任　王　波 ※

　　　　　　　　　蒋开云（仅任办公室主任）

组织部部长　魏劲松（苗族）※　方文毅

宣传部部长　马　强

调研法规室主任　张力文（黎族）※

调研法规室（案件申诉复查复议办公室）主任

　　　　　　孔德跃

党风政风监督室（纠正部门和行业不正之风办公室）

主　　任　　曹明华 ※

党风政风监督室主任　冉青青（女，布依族）

案件审理室（案件申诉复查复议办公室）主任

　　　　　　龚　倞（女）※

案件审理室主任　田　霖

案件监督管理室主任　罗玉坤

信访室主任　彭印英（女）※　查　敏（布依族）

干部监督室主任　胡丽娟（女）※

第一纪检监察室主任　韩锡才 ※　彭印英（女）

第二纪检监察室主任　甘　彬（彝族）

第三纪检监察室主任　甘　彬（彝族）※

第四纪检监察室主任　潘仕合（布依族）

第五纪检监察室主任　龚　巍 ※
第五纪检监察室（重大责任事故调查办公室）主任
　　李超超
第六纪检监察室主任　陈洪伟 ※

非公有制经济发展侵权投诉中心
主　任　毛继红

州纪委州监委派驻第一纪检监察组
组　长　孙立旺

州纪委州监委派驻第二纪检监察组
组　长　李远冲

州纪委州监委派驻第三纪检监察组
组　长　黄政权

州纪委州监委派驻第四纪检监察组
组　长　陈洪伟

州纪委州监委派驻第五纪检监察组
组　长　舒　华（女）

州纪委州监委派驻第六纪检监察组
组　长　龚　巍

州纪委州监委派驻第七纪检监察组
组　长　龚　倞（女）

州纪委州监委派驻第八纪检监察组
组　长　胡丽娟（女）

州纪委州监委派驻第九纪检监察组
组　长　李红军（土家族）
副处长级专职纪检监察员　彭永仙（女，黎族）

州纪委州监委派驻第十纪检监察组
组　长　邹锡鹏

州纪委州监委派驻第十一纪检监察组
组　长　杨式明

州纪委州监委派驻义龙新区纪检监察组（第十二纪检监察组）
组　长　罗静坤

州纪委州监委派驻州中级人民法院纪检监察组（第十三纪检监察组）
组　长　钱丽琼（女）

州纪委州监委派驻州人民检察院纪检监察组（第十四纪检监察组）
组　长　谭云疆（苗族）

州纪委州监委派驻州公安局纪检监察组（第十五纪检监察组）

黔西南州人大常务委员会

主　任　邓家富
副主任　张合建（回族）
　　黄健勇　张成刚 ※　方　俊　刘兴吉
　　王丽蓉（女，布依族）　田大宝（苗族）
秘书长　徐芝桦
副秘书长　郑国兴 ※　韦　刚 ※　向光发　雷太平
机关党组书记、办公室主任　徐芝桦
机关党组副书记　郑国兴 ※
机关党组成员　向光发　雷太平　邱国权
　　秦黔玲（女）

内务司法工作委员会
主　任　柳云龙（仡佬族）
副主任　郑国兴

财政经济工作委员会
主　任
副主任　陈　昆

教科文卫工作委员会
主　任　刘远雄（苗族）※　张利中

民族宗教侨务工作委员会
主　　任　　刘远雄（苗族）
副 主 任　　王学敏（女）

农业与农村工作委员会
主　　任　　廖　静（女）
副 主 任　　吴春晴

选举任免联络工作委员会
主　　任　　邱国权
副 主 任　　王义文

环境与资源保护工作委员会
主　　任　　陈先华
副 主 任　　王宏坤

研究室
主　　任　　秦黔玲（女）
副 主 任　　王　军（女）※

法制工作委员会
主　　任　　李云林

州人民代表大会常务委员会代表服务中心
主　　任　　李正海

黔西南州人民政府

州　　长　　杨永英（女，布依族）
副 州 长　　穆嵘坤（分管常务工作）　黄　曼（女）
　　　　　　范　华（回族）※　李　杰
　　　　　　邓修宇（苗族）※　周　舟（布依族）
　　　　　　李　淞　滕伟华　王丽琼（女，苗族）
秘 书 长　　詹丹志
州政府党组成员　曹静秋
副秘书长　　张　鸿※　班庭源（满族）　谭代武
　　　　　　廖顺海　刘　刚　左应江
　　　　　　魏晓双（女）　靳龙方（黎族）
　　　　　　王尧忠　王　波
兼职副秘书长　蒋　静（女，黎族）※　刘彦海

州政府办公室（外事办、法制办、行政复议办）
主任、党组书记　詹丹志
副秘书长 党组成员　张　鸿※　班庭源（满族）
　　　　　　　　　谭代武
机关事务局局长　俞蜀波（女，苗族）
驻贵办主任　席大中
兼职副秘书长　蒋　静（女，黎族）※　刘彦海
副主任、党组成员　刘祖慰
副 主 任　　董顺飞　张洪波（女）（兼）　席大中
　　　　　　肖　芳（女）　俞蜀波（女，苗族）
外事侨务办主任　张洪波（女）
外事侨务办专职副主任　张旭丽（女）
法制办（行政复议办、州政府法律顾问室）主任
　　　　　　肖　芳（女）
专职副主任　罗桂奇（布依族）
行政复议办专职副主任　刘治钧（回族）
应急办（总值班室）主任　李安辉

驻北京联络处
主　　任　　蒋　静（女，黎族）※
副 主 任　　刘文生

驻贵阳办事处
主　　任　　席大中

州委州政府机关事务管理局
局　　长　　俞蜀波（女，苗族）
副 局 长　　高安荣

政务服务中心
主　　任　　蒋芙蓉（女）
副 主 任　　冉　昕　杨朝贤　赵良忠

金融工作办公室
主　　任　　左应江
副 主 任　　沈堂江

经济发展研究室
主　　任　　岑大明（布依族）

民意调查中心

主　　任　　何　杨（布依族）

副 主 任　　赵良忠　杨朝贤（兼）

发展和改革委员会

主任、党组书记　高振敏

副主任、党组副书记　刘　华 ※

副主任、党组成员　涂立德　陈建林（苗族）

副 主 任　　罗佐臣 ※

党组成员、机关党委书记　方　洪

总经济师、党组成员　王绥鸿

铁建办主任　邓勤田

州政府节能办（州节能减排监察支队）

主任（支队长）　金道林

州投资促进局

局　　长　　罗佐臣

副 局 长　　樊　荣（黎族）

州教育局

局长、党组书记　梁喜明

副局长、党组副书记　谢　毅（苗族）

副局长、党组成员　李　坤（苗族）

党组成员、州教育工会主席　封　蠡（女）

正处长级督学、党组成员　陈丽芬（女）

副处长级督学　陈运忠 ※

教育考试中心主任　岑顺林（布依族）

州科学技术局（知识产权局）

局长、党组书记　王一中

副局长、党组成员　罗立军　王敬黔

党组成员，防震减灾局局长　项　超（布依族）

州工业和信息化委员会

主任、党组书记　黄明亚（布依族）

常务副主任、党组副书记　林荣俊 ※

副主任、党组副书记　林荣俊

副主任、党组成员　袁大江（黎族）

潘　勇（布依族）※

党组成员、机关党委书记　冯全明

总工程师、党组成员　陈元里（苗族）

总经济师　　周胜华

州大数据发展管理局

局　　长　　黄明亚（布依族）（兼）

副 局 长　　龙声卫（黎族）（兼）

州民营经济发展局（中小企业局）

局　　长　　洪玉华

州园区管理办公室

主　　任　　龙声卫（黎族）

州民族和宗教事务委员会

主任、党组书记　王相宾（布依族）

副主任、党组成员　梁启超（黎族）※　李景兴（回族）

吴贞亮（苗族）　刘　舟（苗族）

州公安局

局长、党委书记、督察长　李　淞

常务副局长　王克华

党委副书记　王克华　贺春秀（女，布依族）

副局长、党委委员　翟东风（兼）

王克华 ※　赵俊国

魏昌银（挂）※　曾孔阳

党委委员、政治部主任　许　波（女）

特（巡）警支队支队长　宁福兴（布依族）

特（巡）警支队政委　王海涛

禁毒工作支队支队长　罗福荣（布依族）

监所管理支队支队长　宁福兴（布依族）※

警卫处处长

网络安全保卫支队支队长　谢　佳

网络安全保卫支队政委　王海涛 ※

国内安全保卫支队支队长　赵慧平

法制支队支队长　吴成锴（布依族）

兴义机场公安分局局长　岑义富

兴义机场公安分局政委　赵光胜

义龙新区（顶效经济开发区、安龙经济开发区）

分局局长　覃元提（布依族）

分局政委　罗福荣（布依族）※

交警支队（公安局公路巡逻民警支队）

支 队 长　翟东风

政　　委　王征宇

民政局

局长、党组书记　张学敏

副局长、党组副书记　李定益（苗族）

党组副书记　唐贤义（布依族）※

副局长、党组成员　李开斌　杜流祥

机关党委书记　何声普

党组成员　王贵英（女）

社会救助局局长　张廷华（回族）

老龄工作委员会办公室

主　　任　唐贤义（布依族）※

专职副主任　王贵英（女）

司法局

局长、党组书记　秦昌政

副局长（分管常务工作）、党组副书记

岑华斌（布依族）※

副局长、党组副书记　岑华斌（布依族）

副局长、党组成员　龚飞燕（女）

韦仕斌（布依族）

纪检组组长、党组成员　蒋问玲（女）

政治部主任、党组成员　谭诗久

依法治理办主任　余举华（布依族）

公证处主任　梁正文

州委依法治州工作领导小组办公室

主　　任　秦昌政

常务副主任　岑华斌（布依族）

专职副主任　余举华（布依族）　吴望江（布依族）

州强制隔离戒毒所

第一政委　秦昌政（兼）

政　　委　王　玲（女）

副 政 委　杨洪彬（回族）

副 所 长　阮伯华　刘友良

政治处主任　魏劲松（苗族）

财政局

局长、党组书记　王　林※　张玉龙

常务副局长、党组副书记　朱继民※

副局长、党组副书记　朱继民

副局长、党组成员　刘建津　陈　江

总经济师、党组成员　雷　霞（女）

总会计师、党组成员　张宏全

党组成员，国有资产管理局局长　吕纪焱※

国库集中支付中心主任　黎峥嵘（女）

州农业综合办主任　黄弘彦（彝族）

州财政局监督检查执法支队支队长　蒋　丹

人力资源和社会保障局

局长、党组书记　王丽琼（女，苗族）※　王　军（女）

常务副局长、党组副书记　马崇曾（回族）※

副局长、党组成员　黄　莉（女）　肖堂友

机关党委书记、党组成员　肖堂友※

总经济师　陈淑琳（女）

总会计师　岑　丽（女，布依族）

社会保险事业局局长　方　针（女）

就业局局长　罗　雄

党组成员、州人才服务局局长　张仕伟

劳动监察局（劳动保障监察支队）局长（支队长）

杨学斌

医疗保险管理中心主任　孙学耕（女，回族）

国土资源局

局长、党组书记　符治龙

副局长、党组成员　潘维维（布依族）　陈　阳（女）

机关党委书记、党组成员　申　杰（仡佬族）

总工程师、党组成员　温安贵

总规划师　龙　剑（黎族）

党组成员、执法监察支队支队长　罗启荣

环境保护局

局长、党组书记　唐昌应

副局长、党组成员　韩　龙　齐红奕（女）

环境监察局局长　刘　路

城乡规划局

局长、党组书记　李锦洪

副局长（分管常务工作）、党组副书记
黄清勇（布依族）※
副局长、党组副书记 黄清勇（布依族）
总规划师 马达祥（回族）

住房和城乡建设局
局长、党组书记 滕伟华 ※ 段 棚（布依族）
副局长（分管常务工作）、党组副书记 陈林涛 ※
副局长、党组成员 李启斌 秦永刚（布依族）
李文胜
总工程师、党组成员 范 磊
城市管理委员会办公室主任 陈良品 ※

设计院
院 长 范 磊 ※

交通运输局
局长、党组书记 袁金富 ※ 陈林涛
常务副局长、党组副书记 褚万霖 ※
副局长、党组副书记 褚万霖 ※
副局长、党组成员 李 江
兼职副局长 邵卫春（女）
党组成员、机关党委书记 黄正国
总工程师、党组成员 刘启耀（布依族）
总经济师、党组成员 马发猛（回族）
道路运输管理局局长
地方海事局局长 吴永福（布依族）
航务管理局局长 张祖其
交通勘察设计院院长
公路处处长 刘建平

农业委员会
主任、党组书记 王相宾（布依族）※ 龙 强 ※
徐 炼
副主任（分管常务工作）、党组副书记 吴文忠 ※
副主任、党组副书记 吴文忠
副主任、党组成员 齐红秋（女）
副 主 任 徐发俊 ※ 刘兴安
机关党委书记 韦永祥（布依族）※
总农艺师、党组成员 朱晓康（土家族）
总经济师、党组成员 葛建明
党组成员、农业区划办主任 石 明
草地畜牧业发展中心主任 蔡宏鑫
渔业发展中心主任 刘兴安

水务局
局长、党组书记 许 军（回族）
副局长、党组副书记 李本荣
副局长 钟 瑜 林以彬
党组成员、机关党委书记 刘远忠（苗族）
党组成员、水资源费征收管理处处长
郭 锐（布依族）
重点水资源工程建设管理局局长 邓安祥（布依族）

商务和粮食局
局长、党组书记 刘 华
常务副局长、党组副书记 张利中 ※
副局长、党组成员 王文海（布依族） 陆文广
党组成员 谢剑辉
口岸办主任 李 琳
兴义国家粮食储备库主任 谭 山

文体广电新闻出版局（版权局）
党组书记、局长 何长锁（满族）
党组副书记、副局长 蒙荣荣（布依族）※
党组成员、副局长、黔西南广播电视台台长 吕天华
党组成员、机关党委书记 王 政（苗族）※
党组成员、副局长 林昌平（布依族）
党组成员、文物局局长 范国玲
党组成员、副局长 李祖平 ※
总工程师 韩利春 ※
文化市场综合执法支队支队长 丁连勇
广播电视网络信息中心总工程师 刘 浩（女）
民族文化中心（休闲体育产业指导中心）主任
金 漫
老年人体育协会主席 田忠明
副主席 吕天华 ※ 王 政（苗族）
体育局局长、党组书记 王才丽
副局长、党组成员 王 政（苗族） 李祖平

卫生和计划生育委员会
主任、党组书记 梁龙甫（布依族）

副主任（分管常务工作）、党组副书记　付汝奎 ※
副主任、党组副书记　曾四清（女）　付汝奎
副主任、党组成员　何正义（布依族）
唐鹏程 ※　胡顺金（苗族）
副主任　王大燕（女，布依族）
机关党委书记　朱曼华 ※
卫生监督局副局长　罗声玲（女）　刘　聘（苗族）

州深化医药卫生体制改革领导小组办公室

主　　任　梁龙甫（布依族）
专职副主任　王　梅（女）

市场监督管理局

局长、党组书记　周茂萍（女、水族）
副局长、党组成员　唐正泽　张德秀（女）
李厚辰（侗族）
食品安全总监　杨明江
药品安全总监　柳红英（女，布依族）
总工程师　岑仕斌（布依族）
总经济师　吴克俊
州市场监督管理局综合执法支队支队长　聂山林
州检验检测中心副主任　林廷龙　农文明（布依族）

审计局

局长、党组书记　雷宪春
副局长、党组成员　沈浩廷（回族）
龙　敏（苗族）
党组成员、领导干部经济责任审计工作联席会议
办公室主任　张时龙
总审计师　张亚非（女）

林业局

局长、党组书记　胡丹录 ※　刘凌云（彝族）
副局长（分管常务工作）、党组副书记
陈兴林（布依族）
副局长、党组成员　陶星明 ※　黄秀忠

森林公安局

局　　长　巫　松（壮族）
政　　委　王从刚

安全生产监督管理局

局长、党组书记　陈远华
副局长、党组成员　华　雄（回族）　李端虎
叶劲松（彝族）
总工程师、党组成员　姚开元
安全生产应急救援中心主任　张　笠
安全生产委员会办公室主任　陈远华
专职副主任　姚友斌（彝族）

统计局

局长、党组书记　陈　晴（回族）※　辛汉昆
副局长、党组成员　孙远庆 ※　黄长春
总统计师、党组成员　赖香如（女）
总经济师　李启政
执法支队队长　章艾林

州旅游发展委员会（州风景名胜区管理局）

副主任（副局长）、党组副书记　王才丽（女）
副主任（副局长）、党组成员　冉　兵
总规划师、党组成员　庹　铸

畜牧水产局

局长、党组书记　王相宾 ※
副局长、党组成员　项祖培 ※
副局长　刘兴安 ※

人民防空办公室（交通战备办公室、民防局）

主任（局长）、党组书记　陈　勇（布依族）
副主任（副局长）、党组成员　曾勋华
保国才（回族）

能源局

党组书记　张　颖（回族）
局　　长　任爱佳
副局长、党组副书记　李　鑫
副局长、党组成员　杨　枫（苗族）　陈仕曦
总工程师、党组成员　胡永华

扶贫开发办公室

主任、党组书记　廖福刚
副主任（分管常务工作）、党组副书记　李选志 ※

副主任、党组成员　刘凡林（苗族）　李选志
总经济师、党组成员　余泽漱

档案局（档案馆）
局长（馆长）、党组书记　蔡玉龙 ※
马崇曾（回族）
副局长（副馆长）、党组成员　刘　平（女）※
李明海（布依族）

水库和生态移民局
党组书记　王敬贵
局　长　王尧忠
副局长、党组副书记　梁富忠（布依族）
副局长、党组成员　李　文　黄其兴（布依族）
总工程师、党组成员　余　红（女，布依族）

住房公积金管理中心
主任、党组成员　胡雨生
副主任、党组成员　赵仕成
总会计师、党组成员　张　春（女）

供销合作社联合社
主任、党组书记　王大文（布依族）
副主任、党组成员　余洪江（布依族）　武　俊 ※
龙汉勇（黎族）

国防教育办公室
主　任　国　萍（女）

公共资源交易中心
主　任　杨贵莲（女）※　张时龙
副主任　刘灿儒　杨黔明（女）

政协黔西南州委员会

主　席　陈国芳
副主席　王　林　廖　星　黄榜泉（布依族）
蒋　静（女，黎族）　李建勋
莫武安（黎族）　陈　晴（回族）
秘书长　李如晴（布依族）
常务副秘书长　范　进 ※
副秘书长　邓　笑（女，苗族）　范　进　宋　赢

州政协办公室
机关党组书记、办公室主任　李如晴（布依族）
机关党组副书记　范　进
机关党组成员　朱曼华　赵克难

提案法制委员会
主　任　马丽红（女，回族）
副主任　李　勇（兼）　陈　鸣（女，回族）

经济委员会
主　任　岑南昌（布依族）
副主任　朱继民（兼）
胡雨生（兼）　杨社风（女，回族）

科教文卫体委员会 ※
科教文卫体与文史委员会
主　任　王应琼（女）
副主任　陈国祥（苗族）※
王应琼（兼，女）※
杨绍芸（女，布依族）
罗　敏（兼，女，布依族）

农业农村委员会
主　任　陈亚琼（女，彝族）
副主任　陈国祥（苗族）

民族宗教联谊委员会
主　任　吴评说（女，布依族）※
副主任　杨社风（女，回族）※　梁启超（黎族）

人口资源环境委员会
主　任　吕纪进
副主任　黄　倩（女，回族）　唐鹏程（兼）
温安贵（兼）

研究室
主　任　赵克难（女）

副 主 任　　陈　钢（苗族）

智力支边联系小组办公室
副 主 任　　潘纯清

黔西南州政协委员服务中心
主　　任　　罗成武

黔西南州中级人民法院　人民检察院

黔西南州中级人民法院
院长、党组书记　高　峰（仡佬族）
常务副院长、党组副书记　李　勇
副院长、党组成员　岑吉善（布依族）
　　　　　　　　　岑　卫（布依族）
副 院 长　　李华敏（女，布依族）
政治部主任、党组成员　龙春燕（女，侗族）
审判委员会专职委员　张黔川　金　涛（女）
党组成员　　杨再官（侗族）　杨德莉（女）
执行局局长　杨德莉（女）
刑事审判工作局局长　刘远益

黔西南州人民检察院
检察长、党组书记　刘　青（布依族）
常务副检察长、党组副书记　周仕刚（苗族）
副检察长、党组成员　姚　福
　　　　　　　　　　李群芳（女，回族）
副检察长　　冯剑平（黎族）
政治部主任、党组成员　朱　波（女）
反贪污贿赂局局长
党组成员　　曾　英（女）
检察委员会专职委员
侦查监督局局长　柏莲丽（女，布依族）
公诉局局长　魏　巍
反渎职侵权局局长　吴玉祥
职务犯罪预防局　王夏林（布依族）
刑事执行检查局　渠　沛

民主党派和工商联

中国国民党革命委员会黔西南州工作委员会
主任委员　　黄榜泉（布依族）
秘 书 长　　陈　敏（女）

中国民主同盟黔西南州委员会
主任委员　　黄　曼（兼，女）
副主任委员　吴　军（兼，苗族）
　　　　　　罗　敏（女，布依族）
　　　　　　朱　琦（兼，女，蒙古族）
　　　　　　周洪斌（兼）
秘 书 长　　周锡纯（回族）

中国民主促进会黔西南州委员会
主任委员　　黄健勇
副主任委员　廖　静（兼，女）　杨玉林（兼）
　　　　　　黎　虹
秘 书 长　　王晓燕（女，侗族）

工商业联合会（商会）
主席（会长）　莫武安（黎族）
党组书记　　胡　祥（侗族）※
副主席（副会长）　胡　祥（侗族）
　　　　　　　　　吴玉方　保　琨（女，回族）
　　　　　　　　　李自庚（彝族）
秘书长、党组成员　戴　云（布依族）
党组成员　　李自庚（彝族）

社会团体

总工会
主　　席　　田大宝（苗族）
党组书记、副主席　李祖胜（布依族）※
　　　　　　　　　胡丹录
副主席、党组成员　王建波
党组成员　　左秋芳（女）

党组成员、工会经费审查委员会主任
王　琼（女，布依族）

共青团黔西南州委

书记、党组书记　刘　洁（女）※　钟代刚
副书记、党组成员　朱登琳（女，苗族）
邹一帅（布依族）

妇女联合会

主席、党组书记　王婷菊（女，布依族）
副主席、党组成员　卢卫民（女，彝族）
副 主 席　陈维娟（女）

科学技术协会

主席、党组书记
副 主 席　李　坤（兼）朱晓康（兼，土家族）
余正华（布依族）

文学艺术界联合会

名誉主席　黄健勇
主席、党组书记　桂　兵（回族）
副主席、党组成员　夏　萍（女）岑　岚（布依族）
秘 书 长　夏　萍（女）

贸易促进会黔西南州支会

会　　长　谢剑辉

残疾人联合会

主　　席　范　华（回族）
副 主 席　韦光兴（苗族）※　王得声（苗族）※
王　琴（女，布依族）
王定芳(布依族)※　班庭源(兼,满族)
理事长、党组书记　韦光兴（苗族）※
王　琴（女，布依族）
副理事长　郎凤琴（女，布依族）
蒙廷跃（布依族）
副理事长、党组成员

红十字会

会　　长　陈国芳※　张　谦
常务副会长、党组书记　周争春※　吴评说(女,布依族)

副 会 长　马崇曾（兼，回族）※　廖顺海（兼）
娄　勇（兼）胡顺金（兼，苗族）※
李开斌（兼）肖堂友（兼）
付汝奎（兼）朱登琳（兼，女，苗族）
副会长、党组成员、秘书长　赵玉芬（女）
秘书长、党组成员　杨正琴（女）※

计划生育协会

会　　长　邓家富
常务副会长　梁龙甫（布依族）
专职副会长　王文正
秘 书 长　李斯红（女，布依族）

社会科学界联合会

主席、党组书记　秦廷华（黎族）
副 主 席　丁湘梅（兼，女）许新晓（兼）
刘远尧（兼，苗族）陈　琳（兼，女）
王思彩（兼，女，布依族）
副主席、秘书长、党组成员　余　波（布依族）

归侨侨眷联合会

主席、党组书记　杨黔生
副主席、党组成员　赵克难（兼，女）

黔西南州院校

兴义民族师范学院

党委书记　吕国富（穿青人）
院长、党委副书记　刘照惠
党委副书记、纪委书记　李晋文※
党委副书记　李可迅（布依族）※
副院长、党委委员　龙　渊（苗族）※
邱国俊（女）丁湘梅（女）
彭光明（黎族）
党委委员、纪委书记　马必静（女）

黔西南民族职业技术学院

党委书记　秦廷书（彝族）※　袁金富
院长、党委副书记　韦国民（布依族）

党委副书记　黄　波（布依族）
副院长、党委委员　肖永璘　王媛莛（女，布依族）
　　　　　　　　　李光武
党委委员、纪委书记　贺芝鑫
党委委员、工会主席　韦仕平（布依族）

行政学院

院　　长　　穆嵘坤
副 院 长　　林可华　周玉华（布依族）
　　　　　　王天洋　蔡　平
教 育 长　　刘远尧（苗族）
组织人事处处长　曾宪辉
行政管理处处长　张作义
教务处处长　邓　芳（女，土家族）
学员工作处处长　帅斌付
基层党校工作处处长　瞿　强
马克思主义理论教研部主任　王正勇
经济学教研部主任　刘培林
党史党建教研部主任　张杰彬（苗族）
公共管理教研部主任　石　鑫
法学教研部主任　邓连引（苗族）
文化与现代科技教研部主任　王玉玲（女，布依族）
校刊编辑部主任　戴卫平 ※
信息工作部主任　瓦龙文（回族）

社会主义学院

院　　长　　罗春红（兼，女，布依族）
副 院 长　　林可华　周玉华（兼，布依族）

广播电视大学

校长、党委副书记　傅　强
党委副书记、纪委书记　罗荣忠 ※
党委委员、纪委书记　罗荣忠
副 校 长　　封怀忠（彝族）

兴义一中

党委书记　　胡静林 ※
校长、党委副书记　黄利君
副校长、党委委员　饶正雄　王甫尤（布依族）
　　　　　　　　　马　波（回族）
副 校 长　　曾　旭

党委委员、纪委书记　解天录
党委委员、工会主席　杨凌霄（女，回族）

新闻单位

黔西南日报社

党委书记、社长　戴时昌（彝族）
党委副书记、总编辑　许新晓
党委委员、副社长
党委委员、副总编辑　邓伯祥　查必芳（女，布依族）

黔西南广播电视台

台　　长　　吕天华
副台长、副总编辑　冯安全　张　克
总工程师　　张　翔
工会主席　　胡秀青

州广播电视网络信息传输中心（广播电视转播发射台）

主任（台长）
总工程师　　刘　洁（女）

医院　卫生机构

州人民医院

名誉院长　　廖　星
党委书记、院长　张传跃
党委副书记　杜　晖 ※
副院长、党委委员　白宁艳（女）　李文茂
副 院 长　　黄玉梅（女）
党委委员、工会主席　代时莉（女）
总会计师、党委委员　景　秋（女）

州中医院（工伤医院、工伤康复中心）

党委书记、院长（主任）　李　明
党委副书记　谢远志 ※
副院长（副主任）、党委委员　谢远志　王开化　吴　涛

州疾病预防控制中心

主　　任　　唐鹏程
副 主 任　　陆洪潮（壮族）※　潘　牛（苗族）
　　　　　　刘　松

州紧急医疗救援中心

主　　任　　张合俊（回族）

州管国有企业

黔西南州宏升资本营运公司（州扶贫开发投资有限责任公司）

董事长、总经理　陈学农（彝族）※
总 经 理　　吕纪焱
副总经理　　叶祥君

黔西南州工业投资（集团）公司

董事长、总经理　徐声健
副总经理　　姚明朝　邓麟宇 ※　王文波（布依族）
总会计师　　岑玉梅（女，布依族）

黔西南州城市建设投资有限公司

董事长、总经理　梁永松（布依族）
副总经理　　吴　华　罗　宇（布依族）舒　江

黔西南州水资源开发投资有限公司（州金农生态产业发展有限公司）

董 事 长　　周寿黔
总 经 理　　皮祖乔
副总经理　　陈　永　贺正凯（布依族）

黔西南州金州投资有限责任公司

董 事 长　　熊　秋
总 经 理　　熊　秋 ※　邓麟宇
副总经理　　龙远平（女）

黔西南州财信担保有限责任公司

副总经理　　常晓强（主持工作）※　何信彰

黔西南州畅达交通投资有限责任公司

副总经理　　杨　文（主持工作）
　　　　　　杨　怡（女，彝族）熊建兴

兴义汽车运输总公司

党委书记　　黄兴玉
党委副书记、总经理　周学诗
党委副书记　　杨　荔（女）
党委委员、副总经理　韦智勇（布依族）
　　　　　　　　　　杨　斌　周维志
总经济师　　王　刚
工会主席　　龙远平（女）※

贵州金州电力有限责任公司

董事长、总经理　吕世霖
副总经理　　韦延宏

兴义民航有限责任公司

总 经 理　　陈秀玲（女，布依族）
副总经理　　裴钜潜

黔西南州黄金公司

总 经 理　　刘民元

其他机构

普晴林场

党委书记、场长　张卫龙
党委副书记、副场长　陈昌远（彝族）※
副场长、党委委员　罗天书（布依族）吴祥学
党委委员、工会主席　吴祥学 ※

南盘江林场

党委书记、场长　陈昌远（彝族）

喀斯特区域发展研究院

名誉院长　　李　杰
院　　长　　魏晓双（女）
副 院 长　　龙声卫（黎族）张丙乾　赵　伟

民族文化中心（休闲体育产业指导中心）

主　　任　　金　漫

兴义国家粮食储备库

主　　任　　谭　山

县市区党委、纪委、人大、政府、政协、法院、检察院

兴义市

中国共产党兴义市委员会

书　　记　　许风伦

副 书 记　　袁建林　王美强（土家族）

常　　委　　张玉龙※　何宏辉　兰有祥

吴贵森（彝族）　黄　晨（彝族）

刘启万※　谢　娜（女）　周遵桂

中国共产党兴义市纪律检查委员会

书　　记　　兰有祥

兴义市人大常委会

主　　任　　蒋蜀安

副 主 任　　何兰云　钟世友（苗族）　唐　钢

文筑邑（女）　任登华　晋永坤

兴义市人民政府

市　　长　　袁建林

副 市 长　　张玉龙※　何宏辉　青　松（女）

熊华禹（回族）　张　超　荀　刚

政协兴义市委员会

主　　席　　熊和金（布依族）

副 主 席　　葛佳华（女）　姚继武　刘胜兴

聂建强　田进领　郑代平（女）

李兴富

兴义市人民法院

院　　长　　杨再官（侗族）

兴义市人民检察院

检 察 长　　曾　英（女）

兴仁市

中国共产党兴仁市委员会

书　　记　　方　俊

副 书 记　　方先红（女）　徐　炼※

冯子建（布依族）

常　　委　　冯子健（布依族）※　张　桂（女,回族）

李泽军（彝族）　袁　军　周国辉※

马　莉（女，回族）※　杨　睿

中国共产党兴仁市纪律检查委员会

书　　记　　张　桂（女，回族）

兴仁市人大常委会

主　　任　　邱国权※　范国美（女）

副 主 任　　陈　勇　张普华（回族）

刘远昌（苗族）　梁大勇（布依族）

陈登鳌

兴仁市人民政府

市　　长　　方先红（女）

副 市 长　　冯子健（布依族）※　王长贵　陈　刚

黄　勇（回族）　马安平（回族）

政协兴仁市委员会

主　　席　　范国美（女）※　周国辉

副 主 席　　陈朝洪（黎族）　王启斌（布依族）

邱锦林　钟邦伟（女，布依族）

白品华（回族）　胡光帅　付光翔

兴仁市人民法院

院　　长　　王　柱

兴仁市人民检察院

检 察 长　　唐　力

安龙县

中国共产党安龙县委员会

书　　记　　钱正浩

副 书 记　　冉隆斌　黄思勇（布依族）

常　　委　　魏松林（苗族）　郑逢春

吴道峻（回族）　罗　锦（女，彝族）

陈　胜　谭　宏　马子奎（回族）

谭　峰

中国共产党安龙县纪律检查委员会

书　　记　　吴道峻（回族）

安龙县人大常委会

主　　任　　黄朝文（布依族）

副 主 任　　韦安忠（布依族）　梅秀文

韦世欧（布依族）　辛富康　尤光祥

杨　梅（女，布依族）

安龙县人民政府
县　　长　　冉隆斌
副 县 长　　魏松林（苗族）　郑逢春
　　　　　　李洋国（布依族）　郑少典
　　　　　　雷　玷（回族）　罗佳梅（女，布依族）
政协安龙县委员会
主　　席　　梅　俊
副 主 席　　颜仕亮（布依族）　杨　琨
　　　　　　杨盛意（苗族）　胡荣鑫
　　　　　　张元培（回族）※　黄显旷（布依族）
　　　　　　唐素炎
安龙县人民法院
院　　长　　潘建林
安龙县人民检察院
检 察 长　　吴　军

贞丰县
中国共产党贞丰县委员会
书　　记　　陈湘飚
副 书 记　　郑梦英（女）　蒙立胜（布依族）※
常　　委　　赵　鑫※　李正渊　夏　飞※
　　　　　　梁　宇※　陈　磊（回族）
　　　　　　潘吉友（布依族）　杜一平（女，黎族）
　　　　　　易应学　马　莉（女，回族）
　　　　　　郑　锐（壮族）
中国共产党贞丰县纪律检查委员会
书　　记　　夏　飞※　易应学
贞丰县人大常委会
主　　任　　段　鹏※　蒙立胜（布依族）
副 主 任　　梁　峰（布依族）　毛　跃（布依族）
　　　　　　卓国虎　雷启才（苗族）　皮成伍※
贞丰县人民政府
县　　长　　郑梦英（女）
副 县 长　　赵　鑫※　李正渊　贺志强
　　　　　　钟代刚※　王仕祥　徐正祥
政协贞丰县委员会
主　　席　　冯　勇（苗族）
副 主 席　　涂章友　杨光武　龙又兴※　窦万文
　　　　　　黄桂荣（女）　韦昌荣（布依族）
　　　　　　张　勇（回族）
贞丰县人民法院
院　　长　　赵　鸿
贞丰县人民检察院
检 察 长　　史顺宁（回族）

普安县
中国共产党普安县委员会
书　　记　　农文海（布依族）
副 书 记　　毛仕诚（布依族）※　龙　强（苗族）
　　　　　　刘启万
常　　委　　岑建芳（布依族）　龚德雄
　　　　　　邓召秦（苗族）　吴立社
　　　　　　罗　立（女，布依族）
　　　　　　龙　金（苗族）　潘　伟（布依族）
中国共产党普安县纪律检查委员会
书　　记　　邓召秦（苗族）
普安县人大常委会
主　　任　　张盛琦
副 主 任　　张建英（女）　李国奉（苗族）
　　　　　　李学富　陈太阳　戴　松（彝族）
普安县人民政府
县　　长　　毛仕诚（布依族）※　龙　强（苗族）
副 县 长　　岑建芳（布依族）　龙　金（苗族）
　　　　　　刘明江　时　俊　郭真向
　　　　　　罗娄燕（女，苗族）
政协普安县委员会
主　　席　　孙有林
副 主 席　　孔祥顺　王　强　黄玉能（女，苗族）
　　　　　　姜文静（女，黎族）　纪承隆　张　祥
　　　　　　袁　敏（女）
普安县人民法院
院　　长　　朱维文（黎族）
普安县人民检察院
检 察 长　　国　刚

晴隆县
中国共产党晴隆县委员会
书　　记　　张国志
副 书 记　　查世海（布依族）　王　琴（女，布依族）※
　　　　　　潘　龙※　刘先国　付明勇　黄代波
　　　　　　文龙生（彝族）　覃国洲（布依族）

潘　琼（女，苗族）　封汪鑫

中国共产党晴隆县纪律检查委员会

书　　记　　刘先国

晴隆县人大常委会

主　　任　　青祖辉※　吴金山

副 主 任　　张玉竺　唐　飞（黎族）

李秀琼（女，苗族）　杜昌益（苗族）

罗　勇（苗族）　马群明

晴隆县人民政府

县　　长　　查世海（布依族）

副 县 长　　潘　龙※　付明勇　封汪鑫

刘　英（女）　龙汉勇（黎族）※

曹　琨（布依族）　贺伯果

政协晴隆县委员会

主　　席　　吴金山※　潘　龙（布依族）

副 主 席　　李少敏（布依族）　潘盛江　周兴峰

张大权※　夏开国　易　勇

晴隆县人民法院

院　　长　　郑登洋（黎族）

晴隆县人民检察院

检 察 长　　王成刚

册亨县

中国共产党册亨县委员会

书　　记　　邓启鹏

副 书 记　　张　茂（回族）　刘凌云（彝族）※

刘　洁（女）

常　　委　　李　涛　谢　坤　邓志豪

孙取利（女，回族）※　罗佐文

王思卫（布依族）　谭显荣

易　翔（彝族）

中国共产党册亨县纪律检查委员会

书　　记　　邓志豪

册亨县人大常委会

主　　任　　王永忠

副 主 任　　符宁平　梁群英（女，布依族）

李克彬　杨兴文　冷正楷

黄锦周（布依族）

册亨县人民政府

县　　长　　张　茂（回族）

副 县 长　　李　涛　方　华　朱明琳（仡佬族）

谢　坤　王国杰　郭媛媛（女，布依族）

政协册亨县委员会

主　　席　　王　专（布依族）

副 主 席　　张显文　王邦成（布依族）　陈光益

岑仕香（女，布依族）

李尚成（布依族）　刘曜熙（苗族）

册亨县人民法院

院　　长　　农文勇（布依族）

册亨县人民检察院

检 察 长　　王　卫※

望谟县

中国共产党望谟县委员会

书　　记　　李建勋

副 书 记　　何正祥（布依族）　刘　灵

常　　委　　贺孝斌（布依族）　李天维

刘　涵（苗族）　李明海（布依族）※

黄锦睿（布依族）　刘　桢（回族）

夏　飞　伍定英（女，布依族）

中国共产党望谟县纪律检查委员会

书　　记　　李明海（布依族）※　夏　飞

望谟县人大常委会

主　　任　　韦炫章（布依族）

副 主 任　　黄祖军（布依族）

韦寒冬（女，布依族）　韦定德（布依族）

田太奇　杨再尧（布依族）

望谟县人民政府

县　　长　　何正祥（布依族）

副 县 长　　贺孝斌（布依族）　谢金金　黄　云

龚义杰　刘　涵（苗族）　王永蓉（女）

政协望谟县委员会

主　　席　　张若谷

副 主 席　　胡　亦　韦家坤（布依族）

黄锦艳（布依族）　谭承顶（布依族）

李　彬（布依族）　岑显芬（女，瑶族）

张恒跃（苗族）

望谟县人民法院

院　　长　　陈大林（布依族）

望谟县人民检察院

检 察 长　　孙国祥（布依族）

威舍经济开发区

中国共产党威舍经济开发区工委

副 书 记　　王才祥

威舍经济开发区管委会

副 主 任　　王才祥

清水河经济开发区

清水河经济开发区党工委

书　　记

委　　员　　田维林※

清水河经济开发区管委会

副 主 任　　田维林※

兴义万峰林景区

兴义万峰林景区党工委

书　　记　　许风伦

副 书 记　　何宏辉

兴义万峰林景区管委会

主　　任　　何宏辉

万峰林现代服务业开发区

万峰林现代服务业开发区党工委

书　　记　　许风伦

义龙试验区（顶效经济开发区、安龙经济开发区）

义龙试验区（顶效经济开发区、安龙经济开发区）党工委

书　　记　　周　舟※　田　涛

副 书 记　　田　涛※　张　鸿　潘维维（布依族）
　　　　　　钟贵华（壮族）

委　　员　　肖华东　吕　祥　胡庭洪　李启明
　　　　　　彭永仙（女，黎族）※　李明刚

义龙试验区人大工委

主　　任　　雷乃祥

副 主 任　　马艳贵（回族）

义龙试验区（顶效经济开发区、安龙经济开发区）纪工委

书　　记　　彭永仙（女，黎族）※

义龙试验区（顶效经济开发区、安龙经济开发区）管委会

主　　任　　田　涛※　张　鸿

副 主 任　　潘维维（布依族）　钟贵华（壮族）
　　　　　　肖华东　吕　祥　胡庭洪
　　　　　　李启明　李明刚

义龙试验区政协工委

主　　任

副 主 任　　江　旭（黎族）

兴仁经济开发区

兴仁经济开发区党工委

书　　记　　方　俊

副 书 记　　方先红（女）

委　　员　　李　青（彝族）　吴　韬

兴仁经济开发区管委会

主　　任　　方先红（女）

副 主 任　　李　青（彝族）　吴　韬

（州委组织部　范春明　罗　倩　张延磊　张彦良）

黔西南州2018年度“道德模范”“中国好人”“贵州好人”“新时代好少年”

序号	姓名	类别	住址或单位	备注
1	张玉会	第六届全省助人为乐道德模范	贞丰县老鹰山特色养殖农民专业合作社理事长	2018年全省道德模范6人、提名奖3人
2	毛玉开	第六届全省见义勇为道德模范	贞丰县沙坪镇这年村村民	
3	柏国军	第六届全省见义勇为道德模范	兴仁市工业园区驾驶员	
4	余必丽	第六届全省诚实守信道德模范	兴仁市城南街道鹧鸪园村党支部书记	
5	姜仕坤	第六届全省敬业奉献道德模范	晴隆县委原书记	
6	刘　仙	第六届全省孝老爱亲道德模范	望谟县人民法院书记员	
7	张文经	第六届全省助人为乐道德模范提名奖	兴仁市东湖街道东湖社区居民	
8	查连敏	第六届全省诚实守信道德模范提名奖	安龙县万峰湖镇永和居委会支委委员	
9	勾光应	第六届全省孝老爱亲道德模范提名奖	兴仁市屯脚镇坪寨村治保主任	
10	张光飞 杜正春 张德刚	2018年2月见义勇为“中国好人”	册亨县坡妹镇四合村村民	2018年“中国好人”2例4人
11	孔庆宇	2018年9月敬业奉献“中国好人”	安龙县龙山镇安监站工作员	
12	张光飞 杜正春 张德刚	2018年1月见义勇为“贵州好人”	册亨县坡妹镇四合村村民	2018年“贵州好人”15例17人
13	胡白云	2018年1月孝老爱亲“贵州好人”	兴仁县新龙场镇杨柳村村民	
14	黄国辉	2018年2月助人为乐“贵州好人”	贞丰县永丰街道办第一小学教师	
15	陈孝娟	2018年3月诚实守信“贵州好人”	兴义市鸿鑫农业发展有限责任公司董事长	
16	杨启兵	2018年3月敬业奉献“贵州好人”	兴仁县回龙镇金子田村党支部书记	
17	岑德伟	2018年4月孝老爱亲“贵州好人”	册亨县坡妹镇纳塘村村民	
18	勾光应	2018年5月孝老爱亲“贵州好人”	兴仁县屯脚镇坪寨村治保主任	
19	袁仁洪	2018年6月助人为乐“贵州好人”	贞丰县北盘江镇查尔岩村大石板采石厂厂长	
20	杨　伟	2018年7月助人为乐“贵州好人”	安龙县金贝幼儿园园长	
21	刘朝峰	2018年7月敬业奉献“贵州好人”	兴义市乌沙派出所所长	
22	孔庆宇	2018年8月敬业奉献“贵州好人”	安龙县龙山镇安监站工作员	
23	赵关美	2018年9月孝老爱亲“贵州好人”	贞丰县林业局林业工程师	
24	莫云香	2018年10月助人为乐“贵州好人”	兴义市乌沙镇乌沙村三组村民	
25	查连敏	2018年11月诚实守信“贵州好人”	安龙县万峰湖镇永和居委会支委委员	
26	肖启友	2018年12月敬业奉献“贵州好人”	兴仁市委党校派驻巴铃镇战马田村第一书记	
27	文　敏	全国第一届新时代好少年	兴仁市民族职业技术学校护理专业学生	2018年全国“新时代好少年”1人、贵州省“新时代好少年”5人
28	黄玺霖	2017年贵州省“新时代好少年”	兴义市清华慧源学校九年级学生	
29	丁梦凡	2017年贵州省“新时代好少年”	兴仁市屯脚镇鲤鱼学校九年级学生	
30	韦　婷	2017年贵州省“新时代好少年”	册亨县丫他民族中心小学五年级学生	
31	潘立夫	2017年贵州省“新时代好少年”	普安县南湖街道民族希望小学六年级学生	
32	王恩徽	2017年贵州省“新时代好少年”	安龙县海子镇民族小学六年级学生	

（州文明办　提供）

全州脱贫攻坚优秀共产党员名单

（共100名，排名不分先后）

廖福刚	黔西南州委副秘书长，州扶贫开发办公室党组书记、主任
石　明	黔西南州农业委员会党组成员，州农业区划办公室主任（保留正处级领导待遇）
滕伟华	黔西南州住房和城乡建设局（州综合行政执法局、州城市管理局）党组书记、局长
张　茂（回族）	册亨县委副书记，县政府县长
吴金山	晴隆县政协主席、三宝彝族乡易地扶贫搬迁指挥部指挥长
刘　涵（苗族）	望谟县委常委，县政府副县长，县水库和生态移民局局长
郑　锐（壮族）	贞丰县委常委，鲁容乡党委书记
黎必杰（布依族）	望谟县新屯街道纳包村党支部书记
彭先海	册亨县秧坝镇农业服务中心副主任，秧望村同步小康驻村工作队员
彭　杨	贵州省亚热带作物研究所农艺师，挂任贞丰县鲁容乡科技副乡长，鲁容村同步小康驻村工作队员
郭成林	兴义市乌沙镇普梯村党支部书记
丁光华（回族）	兴仁县真武山街道六村党支部书记
杨文祥	普安县地瓜镇人民政府扶贫工作站站长
卢　红（女，水族）	黔西南州住房公积金管理中心望谟管理部主任
李丽萍（女）	晴隆县沙子镇人民政府社会事务办科员
向基红	晴隆县碧痕镇新坪社区主任
蒋正卫	兴仁县城南街道政务中心副主任，城南街道保驹村同步小康驻村工作队员、村党支部书记
姚　宽（布依族）	望谟县乐元镇董万村党支部书记
江　鹏	普安县水库和生态移民局生态移民股负责人
李超明	晴隆县供销社主任，兼县农业局副局长
曹宗尧	望谟县发改局工作员，乐元镇拉么村同步小康驻村工作队员
吴章秋（苗族）	贞丰县挽澜镇农业服务中心主任
韦小华（布依族）	望谟县打易镇边王村委会主任
周　飞	兴义市猪场坪乡农业服务中心工作员、猪场坪乡长湾村同步小康驻村工作队队员
顾有权	贞丰县纪委机关服务中心主任，鲁贡镇打嫩村第一书记、同步小康驻村工作组组长
王枢宁	望谟县水务局副局长
李　杰	普安县南湖街道规划环境办工作员，南湖街道云庄村驻村干部
罗　斌（布依族）	晴隆县安谷乡白岩村党支部书记
杨胜娇（女，布依族）	册亨县雲娇布依特色染织刺绣有限公司董事长
谭家军（布依族）	望谟县平洞街道岜赖村委会主任
谭贵斌	晴隆县长流乡人武部武装干事、扶贫站工作员
郭丙辉（苗族）	普安县龙吟镇北盘江村委会主任
韦　豪（布依族）	安龙县全面小康建设服务中心调研股股长
陈立社	晴隆县扶贫开发办公室技术指导中心副主任
田景谋	册亨县丫他镇党委委员、镇政府副镇长
樊兴忠（布依族）	兴仁县巴铃镇花坝村党支部书记
刘凡勇	义龙新区扶贫开发办公室主任、党组书记
王德意（布依族）	望谟县桑郎镇社会事务办负责人
安国军	册亨县冗渡镇党委委员、人大主席团主席
贺红梅（女，布依族）	安龙县龙山镇下坛村人口主任
林　鹏（苗族）	安龙县普坪镇文化服务中心副主任，安龙县普坪镇总科村同步小康驻村工作组组长
陈　娟（女）	普安县高棉乡嘎坝社区党支部书记
韦永松（布依族）	望谟县乐旺镇乐旺村党支部书记
杜平忠	兴义市丰都街道永安党支部书记
岑如建（瑶族）	望谟县油迈瑶族乡油迈村党支部书记

续表

杜　松	册亨县坡妹镇安监站站长、秧亚村同步小康驻村工作队员	罗永飞（女）	兴义市委干部档案管理中心主任，兴义市敬南镇高山村第一书记
张　琪	贞丰县水库和生态移民局党组成员、副局长	李成恩	册亨县岩架镇党委书记
杜玉龙（黎族）	黔西南州扶贫开发办公室中药材产业发展办公室副主任	赵福友	兴仁县民族职业技术学校汽修运用与维护专业主任、兴仁县巴铃镇大普村第一书记
冯　坤	册亨县巧马镇尾贤村党支部书记	聂顺江	安龙县笃山镇坡老村党支部书记
卢俊安	兴仁县统计局工作员、大山镇老里旗村党支部书记	黄胜江（布依族）	贞丰县委政法委风险评估中心工作员，贞丰县鲁容乡里秀村第一书记
李显军	兴义市统计局普查计算中心工作员	张　玉（女）	普安县政协办公室委员服务中心工作员、兴中镇小山坡村第一书记
皇甫亚宏	中国黄金集团副处长级干部，贞丰县珉谷街道纳尧村第一书记	覃　华	贞丰县人民政府办公室党组成员、副主任
赵　红（女）	安龙县栖凤街道九龙党支部书记	王一明	兴义市三江口镇扶贫站负责人
郭万坤	兴义市则戎乡长冲村党支部书记	白德昭（回族）	黔西南州纪律检查委员会非公有制侵权投诉中心副主任，安龙县钱相街道麻油村第一书记
谭　斌	黔西南州人民政府公报编辑室副主任、晴隆县沙子镇联盟村第一书记	陆朝茂（布依族）	贞丰县委组织部副部长、县委企业工委书记，鲁容乡脱贫攻坚前线工作队副队长
陈　翔（侗族）	望谟县委办公室主任、县委办党支部书记	赵福万	黔西南州综合行政执法局监察支队工作员、安龙县招堤街道顶庙村第一书记
杨再会（女）	册亨县妇联主席、县妇联党支部书记	罗成华	安龙县招堤街道西河社区居委会主任
祁泓翔	普安县基本建设投资管理中心副主任、楼下镇磨舍村第一书记	王　诚	贞丰县全面小康建设服务中心主任
郑明相（布依族）	黔西南州市场监督管理局党建办副主任，机关第三支部书记	胡　伟（布依族）	普安县罗汉镇金竹林村委会主任
岑南京（布依族）	册亨县会计核算中心文教股股长，百口乡各江村第一书记	王明伦	晴隆县莲城街道坡荣村党总支书记
张泽席	望谟县边饶镇边坝村党支部副书记、村委会主任	蒋家富（黎族）	义龙新区卫生和计划生育局工作员、德卧镇扁占村第一书记
刘　玲（女）	黔西南州委组织部干部教育科科长、望谟县乐元镇弄寒村第一书记	鄢　娇（女）	晴隆县三宝彝族乡人民政府政法委专职副书记、综治办主任
李　瑞	晴隆县沙子镇兴合村党支部书记	方　健	宁波市市场监管局杭州湾新区分局正处长级干部，挂任普安县委常委、副县长
程显臣	公安部办公厅秘书处主任科员、兴仁县新龙场镇民裕村第一书记	岑一凤（女，布依族）	晴隆县委组织部干部人事档案管理中心副主任
曹子全	贞丰县龙场镇坪坝村党支部书记	李如志（苗族）	望谟县第三中学副校长、望谟县大观镇纳丁村第一书记
鄢代江	义龙新区顶效镇马别社区党支部书记	秦昌盛（苗族）	兴义市人民检察院正科级干部，望谟县郊纳镇水秧村第一书记
韦朝辉（布依族）	册亨县双江镇洛央村党支部书记	王国能	望谟县残联副主任科员、石屯镇打岩村同步小康驻村干部
李本洪	普安县兴中镇小山坡村党支部书记	翟清建	义龙新区政法与群众工作部工作员、万屯镇纳玉村第一书记
田玉秀（女）	兴仁县波阳镇新寨村党支部书记	赵衍军（苗族）	望谟县麻山镇社会事务办主任、麻山镇牛场村同步小康驻村队员
韦坤秋（布依族）	册亨县冗渡镇大寨村党支部书记	杨世美（女）	义龙新区党工委政治部工作员、郑屯镇大箐村第一书记
陈明龙	义龙新区社会事务局工作员、鲁屯镇平坝村第一书记		
杨启兵（苗族）	兴仁县回龙镇金子田村党支部书记		
陈　刚	普安县楼下镇泥堡村党支部书记		
姚应华	兴仁县东湖街道西洋村党支部书记		
袁　力（苗族）	晴隆县茶马镇党委书记		

（州党发〔2018〕14号）

附　录

州委重要文件

【州委〔2018〕61号】　为表彰先进、树立典型，进一步激发全州广大干部职工投身维护社会和谐稳定的主战场，为法治黔西南、平安黔西南建设凝聚力量，不断提升全州信访维稳安保工作水平，2018年7月6日，州委、州政府研究印发《关于表彰党的十九大和2018年全国“两会”信访维稳安保工作突出集体和个人的决定》。

【州委〔2018〕74号】　为进一步加强耕地保护和改进占补平衡工作，建立以数量为基础、产能为核心的占补新机制，落实占一补一、占优补优、占水田补水田，促进耕地数量、质量和生态三位一体保护，2018年8月8日，州委、州政府下发了《印发〈关于加强耕地保护和改进占补平衡推进绿色发展的实施方案〉的通知》。

【州委〔2018〕145号】　为进一步巩固扩大办会成果，鼓励先进，树立榜样，州委、州政府决定，对在“同期两会”承办中作出突出贡献的兴义市委等103个先进集体和代先芬等751名先进个人予以通报表扬，2018年12月26日，州委、州政府下发了《关于通报表扬2018国际山地旅游暨户外运动大会和第六届“中国美丽乡村·万峰林峰会”先进集体、先进个人的通知》。

【州党发〔2018〕1号】　为深入贯彻落实《中共中央国务院关于实施乡村振兴战略的意见》和《中共贵州省委贵州省人民政府关于实施乡村振兴战略的实施意见》，2018年2月26日，州委、州政府印发了《关于实施乡村振兴战略的实施方案》。

【州党发〔2018〕5号】　为深入贯彻习近平总书记在中央农村工作会议、在四川成都主持召开打好精准脱贫攻坚战座谈会的重要讲话精神，全面落实省委农村工作会议精神和省委、省政府2018年脱贫攻坚春风行动令，州委、州政府研究决定，集中精力、集中火力，扎实抓好2018年脱贫攻坚春风行动，2018年2月26日，州委、州政府下发了《黔西南州2018年脱贫攻坚春风行动方案》。

【州党发〔2018〕11号】 为进一步加大全州对外开放力度，提高对外开放水平，推动形成全面开放新格局，根据省委、省政府推进贵州内陆开放型经济试验区建设的战略部署，2017年4月6日，州委、州政府印发了《关于全面扩大对外开放的意见（2018—2020年）》。

【州党发〔2018〕16号】 为大力表彰宣传信念坚定、对党忠诚、担当作为、干事创业的新时代典型，州委决定，在全州深入开展向姜仕坤同志学习活动，掀起学先进、赶先进、当先进热潮，不断汇聚脱贫攻坚磅礴力量，深入实施打赢脱贫攻坚战三年行动，坚决夺取脱贫攻坚战全面胜利，2018年7月4日，州委出台了《关于深入开展向姜仕坤同志学习活动掀起学先进赶先进当先进热潮坚决夺取脱贫攻坚战全面胜利的决定》。

【州党发〔2018〕18号】 为深入学习贯彻习近平扶贫思想，全面落实《中共中央　国务院关于打赢脱贫攻坚战三年行动的指导意见》《中共贵州省委关于深入实施打赢脱贫攻坚战三年行动发起总攻夺取全胜的决定》，确保与全省、全国同步全面建成小康社会，结合我州实际，现就全州打赢脱贫攻坚战，全面发起总攻，奋力夺取全胜，2018年7月5日，州委出台了《关于打赢脱贫攻坚战三年行动全面发起总攻奋力夺取全胜的实施意见》。

【州党发〔2018〕22号】 为深入贯彻省委、省政府2018年脱贫攻坚夏秋攻势行动令，全面落实州委七届六次全会部署，从7月至12月，用6个月时间，集中精力、集中火力，全面发起脱贫攻坚夏秋攻势，确保脱贫攻坚连战连捷。2018年7月31日，州委、州政府发布了《2018年脱贫攻坚夏秋攻势行动令》。

【州党发〔2018〕26号】 为深入贯彻落实习近平新时代中国特色社会主义思想和中央关于进一步激励广大干部新时代新担当新作为的部署要求，2018年11月26日，州委出台了《关于进一步激励脱贫攻坚一线干部新时代新担当新作为的实施意见》。

【州党发〔2018〕27号】 为深入贯彻落实习近平总书记在深度贫困地区脱贫攻坚座谈会上的重要讲话和《中共中央　国务院关于打赢脱贫攻坚战三年行动的指导意见》《中共贵州省委　贵州省人民政府关于深入实施打赢脱贫攻坚战三年行动发起总攻夺取全胜的决定》，确保全州三个深度贫困县到2020年实现“减贫摘帽”目标，2018年12月19日，州委、州政府印发《关于支持晴隆册亨望谟三个深度贫困县打赢脱贫攻坚战行动方案》。

【州党发〔2018〕28号】 为深入贯彻落实《中共中央国务院关于推进安全生产领域改革发展的意见》（中发〔2016〕32号）、《中共贵州省委贵州省人民政府关于全面推进安全生产领域改革发展的实施意见》（黔党发〔2017〕26号）精神，州委、州政府制定了《关于全面推进安全生产领域改革发展的实施意见》。

【州党办发〔2018〕4号】 为贯彻落实《中共中央办公厅　国务院办公厅印发〈关于加强乡镇政府服务能力建设的意见〉的通知》精神，加快乡镇政府职能转变，强化服务功能，推进乡镇治理体系和治理能力现代化，2018年1月24日，州委办公室 州政府办公室印发《关于加强乡镇政府服务能力建设的实施意见》。

【州党办发〔2018〕8号】 为贯彻落实《中共中央办公厅、国务院办公厅印发〈关于建立健全村务监督委员会的指导意见〉的通知》（中办发〔2017〕67号）文件精神，进一步加强和规范村务监督工作，护民生、促脱贫，州委、州政府出台了《关于进一步加强村务监督工作的实施意见》。

【州党办发〔2018〕15号】 为深入贯彻落实党的十九大关于“认真做好离退休干部工作”的总体要求，根据《中共中央办公厅国务院办公厅印发〈关于进一步加强和改进离退休干部工作的意见〉的通知》（中办发〔2016〕3号）和《中共贵州省委办公厅贵州省人民政府办公厅印发〈关于进一步加强和改进离退休干部工作的实施意见〉的通知》（黔党办发〔2017〕30号）精神，2018年5月11日，州委办公室　州政府办公室印发了《关于深入贯彻落实党的十九大精神认真做好新时代离退休干部工作的实施意见》。

【州党办发〔2018〕34号】 为加快推进全州城乡社区治理现代化进程，根据中共中央、国务院《关于加强和完善城乡社区治理的实施意见》（中发〔2017〕13号）和省委、省政府《关于加强和完善城乡社区治理的实施意见》（黔党发〔2018〕10号）精神，2018年12月21日，州委办公室、州政府办公室印发了《关于加强和完善城乡社区治理的实施方案》。

【州委办字〔2018〕13号】 为切实发挥项目带动、投资拉动在经济社会发展中的重大支撑作用，2018年2月26日，州委办公室、州政府办公室印发了《黔西南州"2018项目攻坚年"工作方案》。

【州委办字〔2018〕32号】 为认真落实中央环境保护督察反馈问题整改要求，切实加大万峰湖水污染防治力度，全面改善和提升万峰湖水生态环境质量，2018年3月30日，州委办公室、州政府办公室印发了《黔西南州万峰湖污染综合整治攻坚战实施方案》。

【州委办字〔2018〕65号】 为着力化解全州煤矿"五化"改造及主体矿建设存在的突出问题和困难，2018年6月8日，州委办公室、州政府办公室印发了《黔西南州解决推进煤矿"五化"改造及主体矿建设存在的主要问题攻坚工作方案》。

【州委办字〔2018〕85号】 为全面落实省委、省政府和州委、州政府2018年脱贫攻坚夏秋攻势行动令，全力打好全州2018年脱贫攻坚硬仗，2018年7月31日，州委办公室、州政府办公室印发了《黔西南州2018年脱贫攻坚夏秋攻势行动方案》。

【州委办字〔2018〕114号】 根据习近平总书记关于深度贫困地区脱贫攻坚工作的重要指示精神，按照省、州脱贫攻坚工作部署，为推进全州极贫乡镇脱贫攻坚进程，确保如期打赢脱贫攻坚战，同步实现全面小康，2018年11月28日，州委办公室、州政府办公室印发了《黔西南州极贫乡镇脱贫攻坚项目攻坚总方案》。

【州委办字〔2018〕116号】 为深入学习贯彻习近平新时代中国特色社会主义思想和党的十九大以及全国、全省生态环境保护大会精神，贯彻落实中共中央国务院《关于全面加强生态环境保护坚决打好污染防治攻坚战的意见》和省委省政府《关于全面加强生态环境保护坚决打好污染防治攻坚战的实施意见》（黔党发〔2018〕25号），深入实施大生态战略行动，全面加强生态环境保护，打好污染防治攻坚战，加快推进全州生态文明建设，2018年12月3日，州委办公室、州政府办公室印发《黔西南州极贫乡镇脱贫攻坚项目攻坚总方案》。

赵伟 摄

州政府重要文件

【州府发〔2018〕1号】 为贯彻落实习近平总书记关于文物工作的重要指示批示和《国务院关于进一步加强文物工作的指导意见》（国发〔2016〕17号）、《省人民政府关于全面加强文物工作的实施意见》（黔府发〔2017〕29号），切实加强全州文物工作，全面推动全州文物事业发展，2018年3月19日，州人民政府印发《黔西南州全面加强文物工作实施方案》。

【州府发〔2018〕3号】 为进一步加强全州物业服务管理活动的监管，提高物业服务管理水平，建立和谐社区，创建文明城市，构建和谐社会。依据《中华人民共和国物权法》（主席令第六十二号）、《物业管理条例》（中华人民共和国国务院令第504号）、《贵州省物业管理条例》（贵州省第十一届人民代表大会常务委员会公告〔2010〕第19号）等有关规定，2018年4月3日，州人民政府出台《州人民政府关于进一步加强物业服务管理工作的意见》。

【州府发〔2018〕4号】 为全面深化行政审批制度改革，规范行政权力运行，根据《州人民政府办公室关于对州县两级权力清单和责任清单实行动态管理的通知》（州府办函〔2016〕148号）要求，2018年4月27日，州人民政府出台《州人民政府关于公布部分州直部门权力清单和责任清单动态调整结果的决定》。

【州府发〔2018〕5号】 为深入贯彻落实党的十九大精神，根据《国务院办公厅关于清理规范国务院部门行政审批中介服务的通知》（国办发〔2015〕31号）部署要求，2018年4月27日，州人民政府出台《州人民政府关于公布清理规范州政府部门行政审批中介服务事项及保留为州政府部门行政审批必要条件的中介服务事项的决定》。

【州府发〔2018〕15号】 为贯彻落实《省人民政府关于进一步激发民间有效投资活力促进经济持续健康发展的实施意见》（黔府发〔2018〕5号）精神，2018年9月12日，州人民政府印发《黔西南州进一步激发民间有效投资活力促进经济持续健康发展的实施方案》。

【州府发〔2018〕16号】 为贯彻落实党的十九大精神和习近平总书记参加贵州省代表团讨论时的重要讲话精神，根据《贵州省实施“万企融合”大行动打好“数字经济”攻坚战方案》，2018年9月21日，州人民政府印发《黔西南州实施“万企融合”大行动打好“数字经济”攻坚战方案》。

【州府发〔2018〕22号】 为全面贯彻《国务院关于加强质量认证体系建设促进全面质量管理的意见》（国发〔2018〕3号）《省人民政府关于加强质量认证体系建设促进全面质量管理的实施意见》（黔府发〔2018〕17号）精神，进一步加强我州质量认证体系建设、加快经济高质量发展步伐、深入推进质量强州建设，2018年12月19日，州人民政府印发《黔西南州加强质量认证体系建设促进全面质量管理实施方案》。

【州府发〔2018〕23号】 为深入贯彻落实党的十九大精神，顺应新时代高质量发展要求，尽快建立适应黔西南州经济社会发展需要的快速交通网络，解决区域发展不平衡不充分问题，州政府决定从2018年起，在全州范围内开展新时代高速公路建设五年决战。根据《省人民政府关于印发贵州省新时代高速公路建设五年决战实施方案的通知》（黔府发〔2018〕15号）精神，2018年12月30日，州人民政府印发《黔西南州新时代高速公路建设五年决战实施方案》。

【州府办发〔2018〕4号】 为贯彻国务院办公厅《关于加快发展健身休闲产业的指导意见》（国办发〔2016〕77号）《省人民政府办公厅关于加快发展健身休闲产业的指导意见》（黔府办发〔2017〕7号）精神，满足全州群众多层次、多样化的健身休闲需求，进一步发展全民健身事业，加快山地和民族特色体育大州、强州建设进程，2018年2月1日，州政府办公室出台《州人民政府办公室关于加快发展健身休闲产业的实施意见》。

【州府办发〔2018〕5号】 为贯彻落实《国务院办公厅关于深化改革推进出租汽车行业健康发展的指导意见》（国办发〔2016〕58号）和《网络预约出租汽车经营服务管理暂行办法》（交通运输部、工业和信息化部、公安部、商务部、工商总局、质检总局、国家网信办令2016年第60号）及《省人民政府办公厅关于深化改革推进出租汽车行业健康发展的实施意见》（黔府办发〔2016〕41号）有关要求，为积极稳妥深化改革推进该州出租汽车行业健康发展，更好地满足人民群众出行需求，2017年2月2日，州人民政府办公室印发《黔西南州深化改革推进出租汽车行业健康发展实施意见》。

【州府办发〔2018〕8号】 为贯彻落实《国务院办公厅关于推进农村一二三产业融合发展的指导意见》（国办发〔2015〕93号）、《省人民政府办公厅关于推进农村一二三产业融合发展的实施意见》（黔府办发〔2017〕81号）精神，深入实施乡村振兴战略，推动我州农村三产融合发展，加快推进农业农村现代化，2018年3月6日，州人民政府办公室印发《黔西南州推进农村一二三产业融合发展工作方案》。

【州府办发〔2018〕28号】 根据《国务院办公厅印发关于支持戏曲传承发展若干政策的通知》（国办发〔2015〕52号）和《省人民政府办公厅关于加强戏曲传承发展的意见》（黔府办函〔2017〕218号）文件精神，为促进戏曲繁荣发展，弘扬优秀传统文化，丰富人民群众精神文化生活，2018年7月19日，州人民政府办公室印发《黔西南州加强戏曲传承发展实施方案》。

【州府办发〔2018〕34号】 为认真贯彻国家新一轮退耕还林还草政策，保质保量完成全州新一轮退耕还林还草建设任务，从根本上治理水土流失，改善生态，提高林地生产力，有效促进林农增收，加快农村群众脱贫致富奔小康步伐，达到“退得下、稳得住、不反弹、能致富”的目的，2018年8月16日，州人民政府办公室出台《州人民政府办公室关于进一步加强新一轮退耕还林还草工程的实施意见》。

【州府办发〔2018〕37号】 为维护残疾人的合法权益，发展残疾人事业，保障残疾人平等地充分参与社会生活，共享社会物质文化成果，根据《中华人民共和国残疾人保障法》《残疾人教育条例》《残疾预防和残疾人康复条例》《贵州省残疾人保障条例》《贵州省残疾人就业办法》以及其他法律、行政法规，2018年9月11日，州人民政府办公室印发《黔西南布依族苗族自治州残疾人保障办法》。

【州府办发〔2018〕42号】 为深入贯彻落实全国、全省卫生与健康大会精神，根据《国务院办公厅关于推进分级诊疗制度建设的指导意见》（国办发〔2015〕70号）、《省人民政府办公厅关于印发〈贵州省加快推进分级诊疗制度建设实施方案〉的通知》（黔府办发〔2016〕51号）要求，2018年9月30日，州人民政府办公室印发《黔西南州加快推进分级诊疗制度建设实施方案》。

【州府办发〔2018〕46号】 为有效防范和消除我州大型城市综合体、居民住宅小区电动自行车充电引发的火灾隐患，根据国务院安委会电视电话会议精神和《贵州省安全生产委员会办公室关于开展电动自行车消防安全综合治理工作的通知》（黔安办〔2018〕20号）要求，2018年11月2日，州人民政府办公室印发《黔西南州电动自行车存放充电库（棚）建设指导意见》。

【州府办发〔2018〕47号】 为进一步加快推进该州城镇生活垃圾无害化处理设施建设，提升全州城镇生活垃圾无害化处理能力和水平，根据《省人民政府办公厅关于印发贵州省城镇污水处理设施建设三年行动方案（2018—

2020年）和贵州省城镇生活垃圾无害化处理设施建设三年行动方案（2018—2020年）的通知》（黔府办发〔2018〕27号）部署安排，2018年11月9日，州人民政府办公室印发《黔西南州城镇生活垃圾无害化处理设施建设三年行动方案（2018—2020年）》。

【州府办发〔2018〕48号】 根据《中华人民共和国土地管理法》《贵州省国土资源厅　贵州省财政厅　中国人民银行贵阳中心支行　中国银行业监督管理委员会贵州监管局关于贯彻落实〈土地储备管理办法〉的实施意见》（黔国土资规〔2018〕4号）及相关法律法规，2018年11月22日，州人民政府办公室印发《黔西南州储备土地开发管理与“净地”出让改革实施方案》。

【州府办发〔2018〕56号】 为贯彻落实《国务院办公厅关于印发〈生态环境监测网络建设方案〉的通知》（国办发〔2015〕56号）、《中共中央办公厅　国务院办公厅关于省以下环保机构监测监察执法垂直管理制度改革试点工作的指导意见》（中办发〔2016〕63号）等有关文件和全国、省、州环境保护大会精神，根据《省人民政府办公厅关于印发贵州省生态环境监测网络与机制建设方案的通知》（黔府办发〔2018〕9号）要求，2018年12月26日，州人民政府办公室印发《黔西南州生态环境监测网络与机制建设实施计划（2018—2020年）》。

（宋应翔）

赵伟　摄

2018年黔西南州国民经济和社会发展统计公报

黔西南州统计局　国家统计局黔西南调查队

（2019年5月29日）

2018年，在州委、州政府坚强领导下，全州坚持以习近平新时代中国特色社会主义思想为指导，认真贯彻党的十九大精神和习近平总书记在贵州省代表团重要讲话精神，全面落实中央、省和州委、州政府各项决策部署，坚持稳中求进工作总基调，坚持以脱贫攻坚统揽经济社会发展全局，坚持以供给侧结构性改革为主线，坚持守好发展和生态两条底线，坚决打好三大攻坚战，深入实施三大战略行动，统筹推进稳增长、促改革、调结构、惠民生、防风险、保稳定各项工作，经济社会发展继续保持总体平稳、稳中有进的良好态势，决战脱贫攻坚、决胜同步小康取得新进展。

一、综合

初步核算，2018年全州地区生产总值（GDP）1163.77亿元，比上年增长12.0%。按产业分，第一产业增加值212.92亿元，增长6.9%；第二产业增加值375.80亿元，增长11.5%；第三产业增加值575.05亿元，增长14.3%。第一产业、第二产业、第三产业增加值占地区生产总值的比重分别为18.3%、32.3%、49.4%。全州人均地区生产总值为40608元，比上年增长11.4%。

图1　2015—2018年地区生产总值及其增长速度

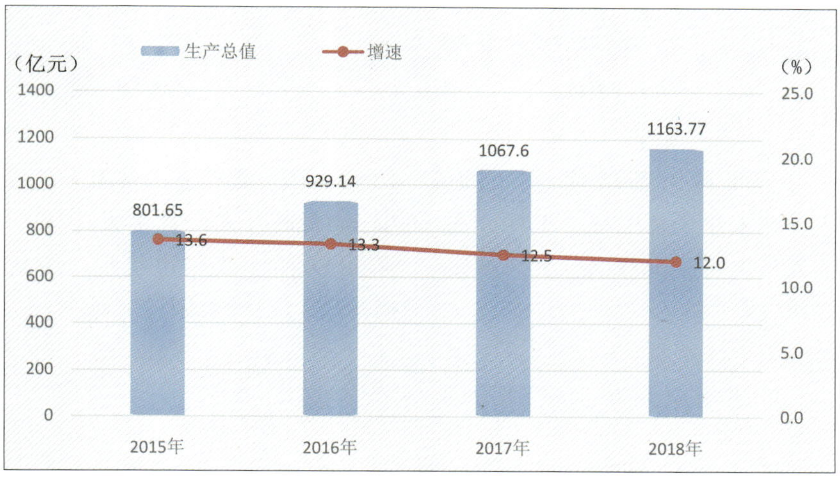

图2　2015—2018年三次产业增加值占地区生产总值比重

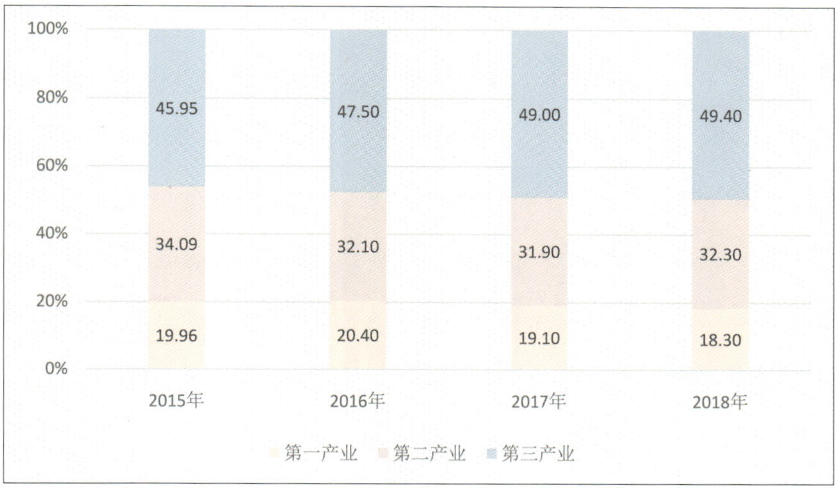

年末户籍人口 365.17 万人，比上年末增加 4.56 万人。其中城镇户籍人口 128.88 万人，占年末户籍人口的比重为 35.3%。男女性别比（以女性为 100）为 108.53。全年出生人口 6.52 万人，出生率为 18‰；死亡人口 1.93 万人，死亡率为 5.33‰；自然增长率为 12.64‰。

2018 年年末户籍人口数及其构成

表 1

指标名称	绝对数（万人）	占年末户籍人口比重（%）
年末户籍人口	365.17	100
按城乡分		
城镇	128.88	35.3
乡村	236.29	64.7
按性别分		
男性	190.06	52.0
女性	175.11	48.0
按年龄分		
0–17 岁	97.69	26.8
18–59 岁（含不满 60 周岁）	222.06	60.8
60 周岁及以上	45.42	12.4

全年城镇新增就业 3.65 万人，比上年增长 1.7%。其中，失业人员再就业 5682 人。年末城镇登记失业率 3.46%。

二、脱贫攻坚

2018 年全州减少贫困人口 10.52 万人，建档立卡贫困人口减少至 15.86 万人，贫困发生率下降至 5.02%。兴仁市实现“脱贫摘帽”，142 个贫困村出列。

图 3　2015—2018 年农村建档立卡贫困人口及贫困发生率

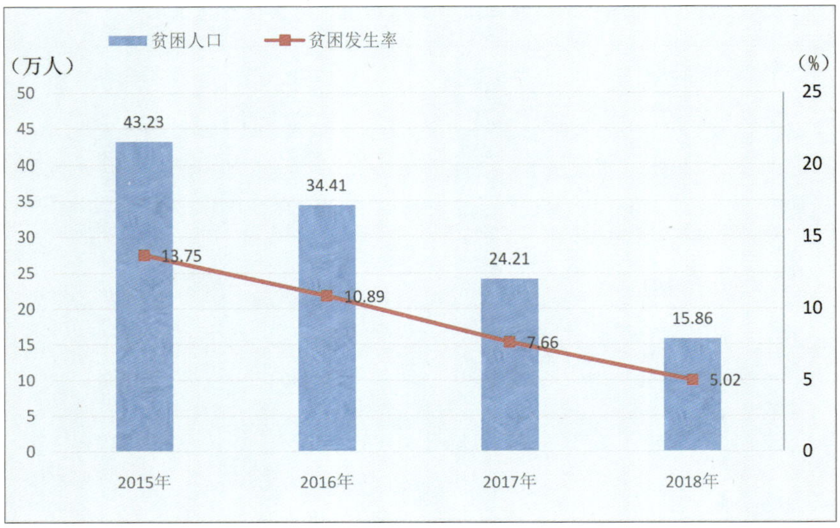

全年建成易地扶贫安置房 2.56 万套，易地扶贫搬迁入住 11.31 万人。保障性安居工程（含公共租赁住房、棚户区改造住房）基本建成 58357 套，改造农村危房 13712 套。下达 2017—2018 学年教育精准扶贫学生资助资金 8529.254 万元，资助建档立卡贫困学生共计 30337 人。

三、农业

全年农林牧渔业增加值 226.0 亿元，比上年增长 6.9%。

2018年农林牧渔业增加值及其增长速度

表2

指标名称	绝对数（亿元）	比上年增长%
农林牧渔业增加值	226.0	6.9
种植业	139.3	9.7
林业	16.5	11.5
畜牧业	50.9	5.2
渔业	6.3	-30.1
农林牧渔专业及辅助性活动	13.1	6.9

全年种植业增加值139.3亿元，比上年增长9.7%。粮食种植面积315.9万亩，下降13.3%（产品产量以2017年农普修正数为基数，下同）。籽粒玉米种植面积大幅调减，经济作物种植面积增加，蔬菜及食用菌种植面积139.0万亩，增长12.1%；年末实有果园面积60.4万亩，增长53.6%；年末实有茶园面积37.3万亩，增长13.5%。

2018年主要农作物种植面积及其增长速度

表3

指标名称	种植面积（万亩）	比上年增长%
粮食作物		
稻谷	71.5	5.6
小麦	72.7	-14.7
经济作物		
蔬菜及食用菌	139.0	12.1
果园	60.4	53.6
茶园	37.3	13.5

全年粮食总产量101.5万吨。其中，稻谷产量34.0万吨；玉米产量32.9万吨。主要经济作物中，蔬菜及食用菌产量192.2万吨，比上年增长13.2%；园林水果产量23.8万吨，增长49.3%；茶叶产量0.8万吨，增长13.0%。

全年林业增加值16.5亿元，比上年增长11.5%。全年畜牧业增加值50.9亿元，比上年增长5.2%。猪牛羊禽肉产量18.1万吨，比上年增长3.9%；禽蛋产量2.6万吨，增长27.0%。年末猪存栏122.2万头，比上年末下降3.0%；牛存栏48.3万头，下降5.8%；羊存栏49.0万只，下降4.9%；家禽存栏849.0万羽，增长5.1%。全年猪出栏153.3万头，比上年增长2.8%；牛出栏16.9万头，增长7.6%；羊出栏36.9万只，下降3.9%；家禽出栏1021.7万羽，增长5.1%。

全年渔业增加值6.3亿元，比上年下降30.1%。水产品产量3.4万吨，比上年下降36.5%，其中，养殖水产品产量3.1万吨，下降38.2%。

全年农业机械总动力290.6万千瓦，新增节水灌溉面积1.5万亩。

四、工业和建筑业

全年规模以上工业增加值比上年增长11.4%。分经济类型看，国有控股企业增加值增长4.8%，股份制企业增长12.9%，外商及港澳台商投资企业增长28.2%，私营企业增长18.4%。分门类看，采矿业增长5.3%，制造业增长20.0%，电力、热力、燃气及水生产和供应业增长8.0%。

全年规模以上工业中，煤炭开采和洗选业增加值比上年增长7.0%，电力、热力生产和供应业增长7.8%，医药制造业增长15.0%，酒、饮料和精制茶制造业增长16.9%，非金属矿物制品业增长17.4%，有色金属冶炼和压延加工业增长27.4%，黑色金属冶炼和压延加工业增长31.2%。

2018 年规模以上工业主要行业增加值增速及其占比

表 4

指标名称	比上年增长（%）	占规模以上工业增加值的比重（%）
规模以上工业增加值	11.4	100.0
煤炭开采和洗选业	7.0	36.4
有色金属矿采选业	–97.9	0.0
非金属矿采选业	–34.4	0.1
农副食品加工业	16.3	3.1
食品制造业	–53.8	0.3
酒、饮料和精制茶制造业	16.9	2.9
烟草制品业	–10.5	0.5
纺织业	59.3	0.1
纺织服装、服饰业	6.4	2.0
皮革、毛皮、羽毛及其制品和制鞋业	50.0	0.4
木材加工和木、竹、藤、棕、草制品业	15.2	0.8
家具制造业	16.8	0.1
造纸和纸制品业	30.6	0.2
印刷和记录媒介复制业	–9.9	0.1
文教、工美、体育和娱乐用品制造业	38.8	0.1
石油、煤炭及其他燃料加工业	–11.1	0.1
化学原料和化学制品制造业	–15.5	1.5
医药制造业	15.0	3.0
橡胶和塑料制品业	8.8	0.9
非金属矿物制品业	17.4	10.3
黑色金属冶炼和压延加工业	31.2	2.8
有色金属冶炼和压延加工业	27.4	9.5
金属制品业	16.8	0.5
通用设备制造业	46.9	0.2
专用设备制造业	35.0	0.2
汽车制造业	3.9	0.0
电气机械和器材制造业	1239.0	1.7
计算机、通信和其他电子设备制造业	23.8	0.1
废弃资源综合利用业	125.5	0.1
电力生产	5.3	16.7
电力供应	20.5	4.3
水的生产和供应业	5.3	0.8

全年高技术制造业增加值比上年增长 15.6%，占规模以上工业增加值的比重为 4.7%。

2018 年规模以上工业主要产品产量增长速度

表 5

指标名称	比上年增长（%）
发电量	4.3
精制食用植物油	79.7
成品糖	62.8
饮料酒	35.6
饮料	-10.6
精制茶	56.1
人造板	28.4
家具	8.6
中成药	60.6
塑料制品	97.5
硅酸盐水泥熟料	13.8
水泥	6.9
商品混凝土	51.0
水泥混凝土排水管	165.6
天然大理石建筑板材	-6.3
平板玻璃	120.2
钢材	173.4
铁合金	5.3
十种有色金属	49.4
黄金	32.8
电梯、自动扶梯及升降机	-60.1
电子元件	36.8
自来水生产量	41.0

全年规模以上工业企业利润总额 29.1 亿元，比上年增长 37.9%。分经济类型看，国有控股企业利润 6.3 亿元，增长 558.3%；股份制企业 16.5 亿元，增长 66.7%；外商及港澳台商投资企业 3.8 亿元，增长 40.7%；私人控股企业 21.4 亿元，增长 8.1%。分门类看，采矿业利润 10.0 亿元，下降 9.9%；制造业 12.9 亿元，增长 65.4%；电力、热力、燃气及水生产和供应业 6.3 亿元，增长 186.4%。规模以上工业企业资产负债率为 69.6%，比上年下降 0.1 个百分点；主营业务收入利润率为 5.1%，比上年提高 0.9 个百分点；工业企业每百元主营业务收入中的成本为 83.8 元，比上年增加 0.2 元。

2018 年末具有资质等级的总承包和专业承包建筑业企业 122 个，比上年末增加 17 个。其中，一级资质建筑业企业 1 个，增加 1 个；二级资质企业 47 个，增加 2 个；三级资质企业 74 个，增加 14 个。建筑业总产值 119.01 亿元，比上年增长 46.1%。

图 4　2015—2018 年建筑业总产值

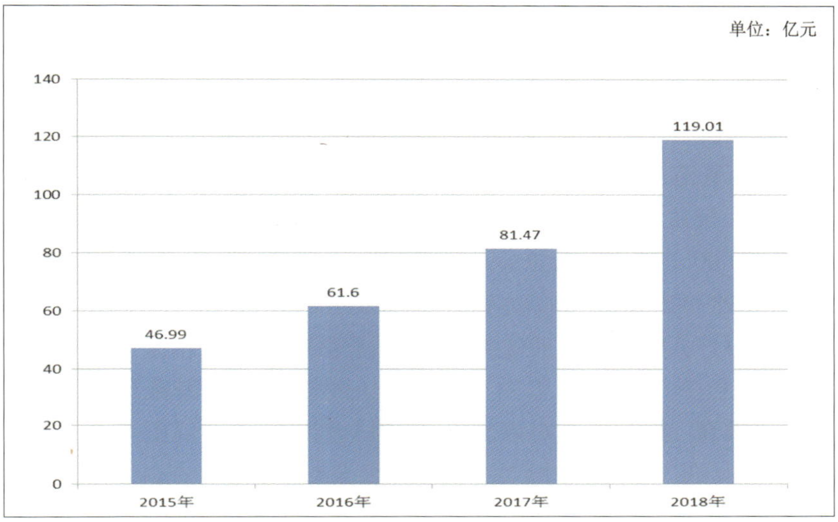

五、固定资产投资

全年固定资产投资比上年增长 18.8%。其中，第一产业投资增长 58.2%，占固定资产投资的比重为 9.8%；第二产业投资增长 18.3%，比重为 21.7%；第三产业投资增长 16.4%，比重为 68.5%。基础设施投资比上年增长 0.75%。

图 5　2018 年三次产业投资占固定资产投资比重

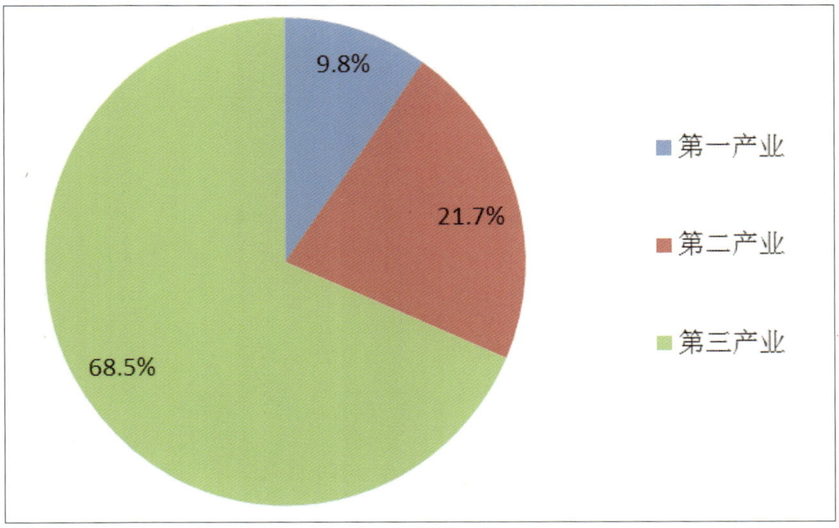

2018 年分行业固定资产投资增长速度

表 6

指标名称	比上年增长 %
固定资产投资	18.8
农、林、牧、渔业	58.2
采矿业	258.9
煤炭开采和洗选业	297.8
制造业	21.9
酒、饮料和精制茶制造业	148.9
化学原料和化学制品制造业	-61.2
医药制造业	-66.7
黑色金属冶炼和压延加工业	-54.1
有色金属冶炼和压延加工业	-28.6
电力、热力、燃气及水生产和供应业	-12.7
交通运输、仓储和邮政业	-10.1
水利、环境和公共设施管理业	13.9
教育	60.7
卫生和社会工作	20.7
信息传输、软件和信息技术服务业	-45.9
租赁和商务服务业	-60.0
科学研究和技术服务业	-56.0

2016-2018 年居民消费价格指数

表 7

指标名称	2016 年	2017 年	2018 年
居民消费价格总指数	102.1	101.1	101.3
食品烟酒	104.3	101.2	100.1
衣着	99.4	99.9	101.6
居住	103.1	101.2	100.8
生活用品及服务	99.1	99.6	102.4
交通和通信	99.8	103.2	102.0
教育文化和娱乐	101.5	100.4	103.4
医疗保健	100.8	101.8	101.3
其他用品和服务	102.1	101.3	101.1

注：上年同期 =100

全年房地产开发投资比上年增长 42.5%，其中住宅投资增长 53.9%。商品房销售面积 408.95 万平方米，比上年增长 21.8%。

六、市场与物价

全年社会消费品零售总额比上年增长 8.8%。按经营地统计，城镇消费品零售额增长 9.1%，乡村消费品零售额增长 7.4%。按消费类型统计，商品零售额增长 8.7%，餐饮收入额增长 10.3%。

全年居民消费价格比上年上涨 1.3%，八大类消费价格指数中，食品烟酒类价格上涨 0.1%，衣着类价格上涨 1.6%，居住类价格上涨 0.8%，生活用品及服务类上涨 2.4%，交通和通信类上涨 2%，教育文化和娱乐类上涨 3.4%，医疗保健类上涨 1.3%，其他用品和服务类上涨 1.1%。

七、对外经济

全年进出口总额 3803 万美元，同比下降 34.8%。其中，出口额 3679 万美元，下降 36.90%；进口 124 万美元，增长 2500%。实际利用外商直接投资 24653 万美元，增长 23.3%。

全年共引进招商引资项目 632 个，省外到位资金 926.25 亿元，比上年增加 87.34 亿元，增长 10.4%。

八、旅游发展

全年接待总人次为 6338.76 万人次，同比增长 47.3%；旅游总收入为 509.01 亿元，同比增长 48.6%。

年末国家 AAAA 级旅游景区

图 6　2015—2018 年旅游总收入

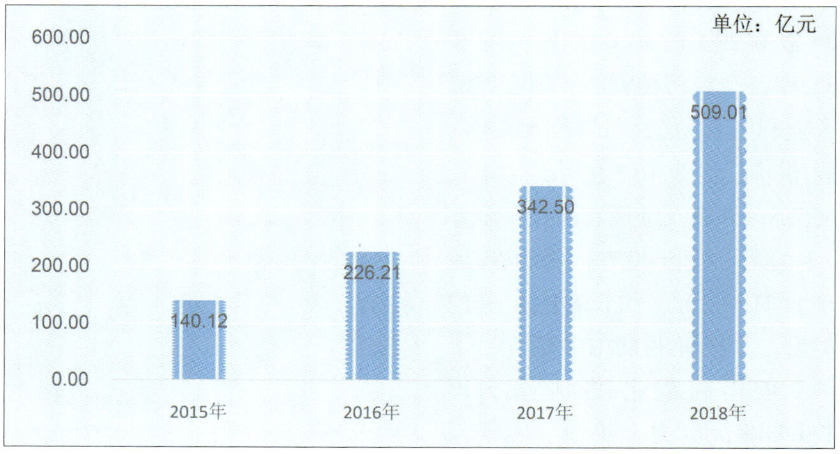

8个，比上年末增加3个。

九、交通运输

年末全州公路通车里程17830.43千米，比去年增长1.7%，其中，高速公路通车里程470.7千米，比上年增长9.2%；内河航道里程1017.33千米，其中，四级航道260千米、五级航道511.5千米、六级航道117.23千米、七级航道65.6千米、等外级航道63千米。

年末全州机动车拥有量为72.88万辆，比上年增长7.0%。其中，轿车和SUV拥有量为29.09万辆，比上年增长19.4%。

十、邮电通信

年末光缆线路长度6.5万千米，互联网用户总数259.97万户。

全年邮政行业业务总量累计完成3.0亿元，同比增长9.2%；电信业务总量158.27亿元，增长179.8%。年末移动电话用户数335.3万户，增长24.7%。

全年快递服务企业业务量累计完成714.71万件，同比增长10.5%；业务收入累计完成1.4亿元，同比增长30.9%。

图7　2015-2018年快递业务量

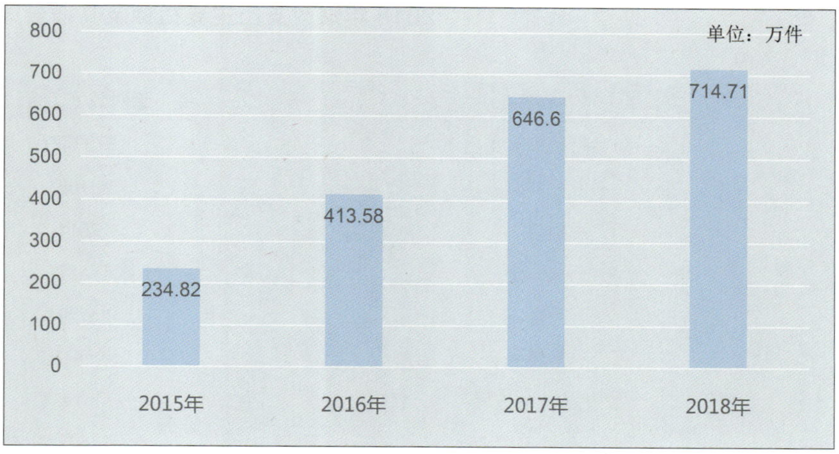

十一、财政和金融

全年财政总收入187.45亿元，同比增长8.2%。其中，税收收入151.37亿元，增长7.3%。一般公共预算收入117.89亿元，增长3.1%。

2018年财政收入主要指标及其增长速度

表8

指标名称	绝对数（万元）	比上年增长%
财政总收入（万元）	1874454	8.2
公共财政预算收入	1178917	3.1
税收收入	823602	-0.1
增值税	206378	24.6
营业税	61	0.0
企业所得税	54582	18.7
个人所得税	25873	11.8
城市维护建设税	39995	23.9
耕地占用税	149348	-21.6
契税	90052	-1.7
非税收入	355315	11.1
专项收入	34593	12.2
行政事业收费收入	50388	-15.7
罚没收入	50607	-20.5
国有资源（资产）有偿使用收入	181729	30.9

全年一般公共预算支出379.98亿元，比上年增长14.7%。其中，教育支出86.78亿元，增长8.1%；农林水支出50.67亿元，增长7.8%；社会保障和就业支出35.58亿元，增长27.3%。

2018年财政支出主要指标及其增长速度

表9

指标名称	绝对数（万元）	比上年增长（%）
公共财政预算支出	3799777	14.7
一般公共服务	431093	6.1
国防	2614	15.0
公共安全	175373	4.1
教育	867794	8.1
科学技术	95818	28.6
文化体育与传媒	46193	7.8
社会保障和就业	355772	27.3
医疗卫生	360197	3.6
节能环保	114254	-9.1
城乡社区事务	185543	67.4
农林水事务	50662	7.8
交通运输	149718	37.6
国土资源气象等事务	44589	12.9
粮油物资储备等管理事务	6227	117.7
其他支出	13762	45.2

年末金融机构人民币各项存款余额1488.62亿元，同比下降0.7%。其中，储蓄存款余额599.13亿元，同比增长11.9%。

年末金融机构人民币各项贷款余额1129.75亿元，同比增长14.9%。

2018年末金融机构人民币各项存款余额及较年初增加额

表10 单位：亿元

指标名称	绝对数	比年初增加额
金融机构人民币各项存款余额	1488.62	-11.03
境内存款	1488.53	-10.93
住户存款	684.82	94.17
活期存款	369.69	27.77
定期及其他存款	315.13	66.40
非金融企业存款	426.10	-80.60
活期存款	346.57	-74.78
定期及其他存款	79.52	-5.82
广义政府存款	352.56	-34.13
财政性存款	18.11	-6.43
机关团体存款	334.45	-27.70
非银行业金融机构存款	25.06	9.63
境外存款	0.09	-0.10

2018 年末金融机构人民币各项贷款余额及较年初增加额

表 11　　单位：亿元

指标名称	绝对数	比年初增加额
金融机构人民币各项贷款余额	1129.75	146.17
境内贷款	1127.87	144.30
住户贷款	511.21	95.76
短期贷款	249.31	59.75
消费贷款	52.58	13.91
经营贷款	196.73	45.84
中长期贷款	261.90	36.01
消费贷款	168.36	35.06
经营贷款	93.54	0.95
非金融企业及机关团体贷款	616.66	48.55
短期贷款	49.77	-1.31
中长期贷款	562.30	46.51
票据融资	4.54	3.97
各项垫款	0.05	-0.62
境外贷款	1.88	1.87

全年保险公司原保险保费收入 24.78 亿元，比上年增长 23.9%。其中，财产险保费收入 13.97 亿元，增长 26.4%；人身险保费收入 10.81 亿元，增长 20.8%。各项赔付支出 9.97 亿元，增长 34.6%。

2018 年保险业主要指标及其增长速度

表 12

指标名称	绝对数（万元）	比上年增长 %
原保险保费收入	247773	23.9
财产险	139699	26.4
机动车辆保险	110771	16.5
人身险	108074	20.8
人寿保险	64260	0.2
健康保险	34347	77.5
意外伤害保险	9467	58.1
赔付支出	99735	34.6
财产险	62511	32.0
机动车辆保险	52105	21.7
人身险	37224	39.2
人寿保险	18673	14.6
健康保险	16139	79.5
意外伤害保险	2412	66.8

十二、人民生活

全年全体居民人均可支配收入18735元。按常住地分，城镇常住居民人均可支配收入30407元，增长9.5%；农村常住居民人均可支配收入9485元，增长10.3%。

2018年城乡常住居民人均可支配收入

表13

指标名称	绝对数（元）	占可支配收入的比重%
城镇常住居民人均可支配收入	30407	—
工资性收入	19025	63
经营净收入	7003	23
财产净收入	2598	8
转移净收入	1781	6
农村常住居民人均可支配收入	9485	—
工资性收入	4430	47
经营净收入	3483	37
财产净收入	199	2
转移净收入	1372	14

全年城镇常住居民人均消费支出19906元，比上年增长10.5%；农村常住居民人均消费支出8759元，比上年增长11.9%。

2018年城乡常住居民人均消费支出

表14

指标名称	绝对数（元）	占消费支出的比重%
城镇常住居民人均消费支出	19906	—
食品烟酒	4875	25
衣着	1519	8
居住	4271	21
生活用品及服务	1415	7
交通通信	3962	20
教育文化娱乐	2380	12
医疗保健	1073	5
其他用品和服务	411	2
农村常住居民人均消费支出	8759	—
食品烟酒	2247	26
衣着	450	5
居住	1793	20
生活用品及服务	590	7
交通通信	1548	18
教育文化娱乐	1191	13
医疗保健	770	9
其他用品和服务	169	2

城镇居民人均自有现住房建筑面积35平方米，农村居民人均自有现住房建筑面积38平方米。

2018 年每百户城镇常住居民家庭耐用消费品拥有情况

表 15

指标名称	计量单位	数量
洗衣机	台	103
电冰箱	台	105
彩色电视机	台	105
摩托车	辆	70
计算机	台	59
空调	台	20
固定电话	部	7
移动电话	部	296

2018 年每百户农村常住居民家庭耐用消费品拥有情况

表 16

指标名称	计量单位	数量
洗衣机	台	91
电冰箱	台	90
彩色电视机	台	98
计算机	台	16
摩托车	辆	80
固定电话	部	4
移动电话	部	313

年末参加城镇职工基本养老保险人数 21.52 万人，比上年末增长 2.8%，其中企业职工 11.18 万人，增长 3.8%；城乡居民基本养老保险参保人数 179.92 万人，增长 3.6%；失业保险参保人数 10.56 万人，增长 9.0%；工伤保险参保人数 21.09 万人，增长 7.9%。

2018 年社会保险情况

表 17

指标名称	单位	2018 年	比上年增长 %
城乡居民社会养老保险参保人数	万人	179.92	3.6
基本养老保险参保人数	万人	21.52	2.8
其中：企业职工	万人	11.18	3.8
退休人员社区管理服务率	%	70.51	0.4
城镇基本医疗保险参保人数	万人	315.44	3.5
工伤保险参保人数	万人	21.09	7.9
其中：农民工	万人	6.39	3.9
生育保险参保人数	万人	15.41	1.6
失业保险参保人数	万人	10.56	9.0
领取失业金人数	万人	0.18	−18.2

年末共有 1.7256 万人享受城市居民最低生活保障，比上年末下降 1.7%；25.31 万人享受农村居民最低生活保障，比上年末下降 3.9%。各类提供住宿的社会服务机构收养救助 225 人，其中养老服务机构收养救助 181 人。全州销售社会福利彩票 1.95 亿元，比上年增长 4.0%；筹集社会福利资金 6200 万元。

十三、科技创新

全年技术合同登记 61 项，比上年增长 38.6%，合同成交额 15.77 亿元。

全年专利申请 2240 件，比上年增长 52.7%；授权专利 762 件，增长 88.6%。

省级名牌 40 个，有机产品认证证书 51 张。

十四、教育、文化、卫生和体育

全年普通高等教育招生 6108 人，在校生 18359 人；普通高中招生 30751 人，在校生 88124 人；中职教育招生 12750 人，在校生 35363 人；初中招生 60409 人，在校生 170344 人；普通小学招生

57568人，在校生325339人；特殊教育招生273人，在校生479人；幼儿园在园幼儿数121815人。九年义务教育巩固率89.6%，高中阶段毛入学率91.9%。

年末完成光缆建设5964千米，新安装有线数字电视用户92486户，新建乡镇广播影视综合服务站21个，新建“远程医疗+广电云”问诊、巡诊点1113个。广播人口覆盖率96.46%，电视人口覆盖率96.87%。

年末拥有医疗卫生机构2145个，卫生机构床位数17228张，卫生机构人员23272人，卫生技术人员17257人。执业（助理）医师数5725人，执业医师数4225人，助理医师数1500人。

参加贵州省第十届运动会，共获得金牌30枚、银牌31枚、铜牌21枚，其中竞技体育项目获得金牌19枚、银牌25枚、铜牌13枚，群众体育项目获得金牌11枚、银牌6枚、铜牌8枚。参加全国青少年锦标赛、全国青少年冠军赛、全国青年分龄赛和全国U系总决赛中，共获得16枚奖牌（6项冠军、2项亚军、8项季军）。全民健身器材安装9套；乡镇体育健身工程8个；村级农民体育健身工程60个，增长7.8%。

十六、生态环境

全州水、气、土、声、重金属、核辐射各项指标均达到预定目标，生态环境指数为“良”。纳入“水十条”考核的16个地表水考核断面水质优良率保持100%。地级集中式饮用水水源地水质达标率100%，县城集中式饮用水水源地水质达标率100%。全州各县级城市环境空气质量等级为二级；AQI优良率为99.3%，同比下降0.5个百分点；综合指数为2.67，同比上升6.4%。开展两江一河“四清”行动，837.5万平方米水产养殖网箱全部拆除“清零”。城镇生活污水处理率提高到93%。全州共划定生态保护红线面积4529.07平方公里，占全州国土面积的26.95%。开展“守护多彩贵州　严打环境犯罪”环境执法行动、长江经济带县级饮用水源环境整治、固体废物大排查等专项行动，共依法查处环境违法案件186件，罚款总额3896万元。

注释：

1. 本公报中数据均为初步统计数。

2. 地区生产总值、规模以上工业增加值及其分类项目增长速度按可比价计算，为实际增长速度；其他指标除特殊说明外，按现价计算，为名义增长速度。

3. 地区生产总值是指一个地区内所有常住单位在一定时期内生产的全部最终产品和服务的价值总和。

4.2016年后，建档立卡贫困人口登记开展动态调整，存在新识别、返贫、人口自然增减影响，上下年度数据与减少贫困人口数据不闭合。

5. 固定资产投资的统计范围为计划总投资500万元以上的固定资产项目投资及所有房地产开发项目投资。固定资产投资是指以货币形式表现的在一定时期内完成的建造和购置固定资产的工作量以及与此有关的费用的总称。

6. 规模以上工业的统计范围为年主营业务收入2000万元及以上的工业企业。

7. 社会消费品零售总额统计中限额以上单位是指年主营业务收入2000万元及以上的批发业企业（单位）、500万元及以上的零售业企业（单位）、200万元及以上的住宿和餐饮业企业（单位）。

8. 社会消费品零售总额包括实物商品网上零售额，不包括非实物商品网上零售额。

9. 居民消费价格指数是指反映一定时期内城乡居民所购买的生活消费品价格和服务项目价格变动趋势和程度的相对数。

10. 部分数据因四舍五入的原因，存在总计与分项合计不等的情况。

索　引

1．本索引采用主题分析法编制。索引范围全书条目和各部类具体内容，书中“特载”“专文”“州情概览”“大事记”“附录”“先进人物”内容和条目多次出现如“概况”“综述”等，未作索引。

2．本索引按主题词首字汉语拼音音序排列，若首字拼音相同则按第二字音序排列，以此类推。非音序集中列在本索引末。

3．索引由主题词和位置组成，索引中的 a、b、c 表示主题内容在该页码的栏别（从左到右）。

A

B

C

D

E

F

G

H

J

K

L

M

N

P

Q

R

S

T

W

X

Y

Z

非音序